박문각 공인중개사

성공을 위한 가장 확실한 선택

박문각은 1972년부터의 노하우와 교육에 대한 끊임없는 열정으로 공인중개사 합격의 기준을 제시하며 경매 및 중개실무 연계교육과 합격자 네트워크를 통해 공인중개사 합격자들의 성공을 보장합니다.

01

공인중개사의 시작 박문각

공인중개사 시험이 도입된 제1회부터
제36회 시험까지 수험생들의 합격을
이끌어 온 대한민국 유일의 교육기업입니다.

02

오랜시간 축적된 데이터

1회부터 지금까지 축적된 방대한 데이터로
박문각 공인중개사는 빠른 합격 & 최다
합격률을 자랑합니다.

03

업계 최고&최다 교수진 보유

공인중개사 업계 최다 교수진이
최고의 강의로 수험생 여러분의
합격을 위해 끊임없이 연구하고 있습니다.

04

전국 학원 수 규모 1위

전국 20여 개 학원을 보유하고 있는
박문각 공인중개사는 업계 최대 규모로서
전국 학원 수 규모 1위 입니다.

박문각 공인중개사

2026 합격 로드맵

합격을 향한 가장 확실한 선택

박문각 공인중개사 수험서 시리즈는 공인중개사 합격을 위한 가장 확실한 선택입니다.

---

01 기초입문

합격을 향해
기초부터 차근차근!

합격 자신감 UP! **합격지원 플러스 교재**

합격설명서 | 민법 판례 | 핵심용어집 | 기출문제해설

—
기초입문서 총 2권

---

02 기본이론

기본 개념을
체계적으로 탄탄하게!

—
기본서 총 6권

---

03 필수이론

합격을 향해
저자직강
필수 이론 과정!

—
저자필수서

04 기출문제풀이

기출문제 풀이로
출제경향 체크!

―
핵심기출문제 총 2권
회차별 기출문제집 총 2권
저자기출문제

| 핵심기출문제 |

| 회차별 기출문제집 |

| 저자기출문제 |

05 예상문제풀이

시험에 나오는
모든 문제유형 체크!

―
합격예상문제 총 6권

06 핵심마무리

단기간 합격을 위한
핵심만을 정리!

―
핵심요약집 총 2권
파이널 패스 100선

| 핵심요약집 |

| 파이널 패스 100선 |

07 실전모의고사

합격을 위한
마지막 실전 완벽 대비!

―
실전모의고사 총 2권
THE LAST 모의고사

| 실전모의고사 |

| THE LAST 모의고사 |

1위 박문각

Since 1972

박문각의 유일한 목표는 여러분의 합격입니다.
1위 기업으로서의 자부심과 노력으로 수험생 여러분의 합격을 이끌어 가겠습니다.

2025
고객선호브랜드지수 1위
교육(교육서비스)부문 1위

2024
고객선호브랜드지수 1위
교육(교육서비스)부문 1위

2023
고객선호브랜드지수 1위
교육(교육서비스)부문 1위

2022
한국 브랜드 만족지수 1위
교육(교육서비스)부문 1위

2021
조선일보 국가브랜드 대상
에듀테크 부문 수상

2021
대한민국 소비자 선호도 1위
교육부문 1위

2020
한국 산업의 1등
브랜드 대상 수상

2019
한국 우수브랜드
평가대상 수상

2018
대한민국 교육산업 대상
교육서비스 부문 수상

랭키닷컴 부동산/주택
교육부문 1위 선정

브랜드스탁 BSTI
브랜드 가치평가 1위

박문각 www.pmg.co.kr

2026

전면개정 | 제37회 공인중개사 시험대비 | 방송대학TV 무료강의 | 첫방송 2026.1.12(월) 오전 7시

박문각 공인중개사

기본서 1차
민법·민사특별법

김덕수 외 박문각 공인중개사연구소 편

브랜드만족 1위 박문각

동영상강의
www.pmg.co.kr

합격까지 박문각
세대교체 혁신 기본서!

PREFACE

이 책의 머리말

공인중개사 시험 중 민법·민사특별법은 분량이 방대하고, 최근 들어 점점 어렵게 출제되어 시험을 준비하는 많은 수험생들에게 큰 부담이 되고 있습니다. 방대한 분량으로 인해 공부하는 과정에서 많은 시간을 필요로 하고, 그 과정에서 앞서 학습한 내용을 잊어버리기 때문에 학습해야 하는 분량은 여전히 줄어들지 않는 악순환이 이어지기도 합니다. 또한 기존의 대다수 기본서는 시험과 관련이 있는 모든 내용을 하나도 빠짐없이 담고 있어서 그 분량이 700페이지 이상을 넘고 있습니다.

그러나 공인중개사 시험은 다른 수험생보다 하나라도 더 맞아야 합격하는 상대평가 시험이 아니라 60점 이상을 맞으면 무조건 합격하는 절대평가 시험입니다. 우리는 이러한 시험의 특징을 잘 활용하여 공부해야 합니다.

따라서 고민 끝에 객관식 절대평가 시험에 맞는 기본서를 집필하게 되었습니다.

본서의 특징은 다음과 같습니다.

01 · 출제가능성이 있는 모든 지문에 강조 표시를 하였습니다. 이는 빠른 시간 안에 이론의 핵심을 파악하고 그 이론을 문제에 정확하게 적용할 수 있게 하기 위함입니다.

02 · 자주 출제되는 부분은 어떤 형태의 문제로 출제되어도 정답을 고를 수 있도록 정리하였습니다. 더불어 출제가능성이 거의 없거나 출제가 되더라도 풀기 어려운 내용은 과감하게 삭제하였습니다.

03 · 출제가능성이 높은 기출문제를 본문 예제로 수록하여 이론을 문제에 적용하는 연습을 병행할 수 있게 하였습니다.

04 판례를 단순히 나열하는 것이 아니라 효율적으로 정리하여 수록하였습니다. 시험에 자주 출제되거나 출제가능성이 높은 판례뿐만 아니라 최근에 나온 중요 판례도 반영하였습니다.

05 민법의 기본은 법조문입니다. 관련 내용을 이해하는 데 필수적인 조문들은 본문에 수록하였고, 법령집은 언제든 찾아볼 수 있도록 책속의 책 형태로 구성하였습니다.

군더더기 없고, 시험에 효율적으로 대응할 수 있도록 교재를 집필하는 것에 중점을 두었습니다. 더불어 기본서를 혼자 공부하는 것보다는 학원강의나 동영상강의를 들으면서 공부한다면 학습효과를 극대화 할 수 있을 것입니다.

쉽지 않은 시험에 본 교재가 도움과 위안이 될 수 있기를 바라며, 항상 꿈과 용기를 간직하고 앞날에 승전보가 전해지기를 기원합니다.

끝으로 이 책이 출간되도록 애써주신 박문각 출판사 임직원 여러분께 감사드립니다.

편저자 일동

GUIDE

공인중개사 개요 및 전망

"자격증만 따면 소자본만으로 개업할 수 있고
'나'의 사업을 능력껏 추진할 수 있다."

공인중개사는 자격증만 따면 개업하고, 적당히 돌아다니기만 해도 적지 않은 수입을 올릴 수 있는 자유직업. 이는 뜬구름 잡듯 공인중개사가 되려는 사람들의 생각인데 천만의 말씀이다. 예전에도 그랬고 지금은 더하지만 공인중개사는 '부동산 전문중개인다워야' 제대로 사업을 유지할 수 있고 괜찮은 소득도 올릴 수 있는 최고의 자유직업이 될 수 있다.

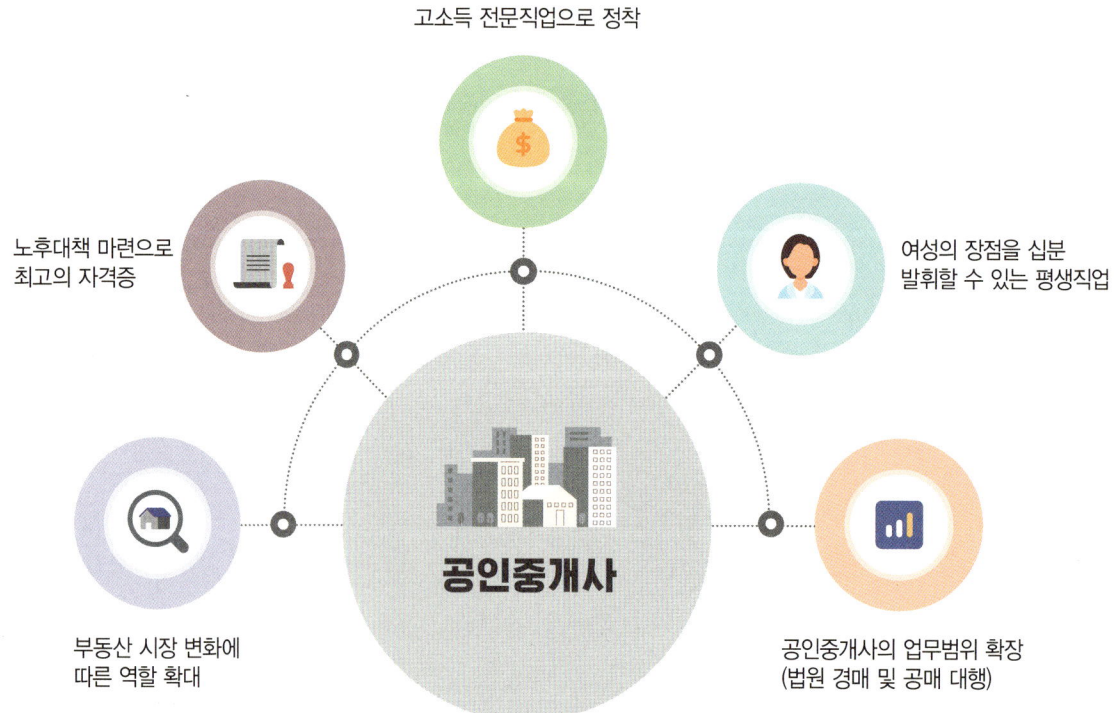

"자격증 취득하면 무슨 일 할까?"

공인중개사 자격증에 대해 사람들이 가장 많이 궁금해하는 점이 바로 '취득 후 무슨 일을 하나'이다. 하지만 공인중개사 자격증 취득 후 선택할 수 있는 직업군은 생각보다 다양하다.

개업공인중개사로서의 공인중개사 업무는 알선·중개 외에도 중개부동산의 이용이나 개발에 관한 지도 및 상담(부동산컨설팅)업무도 포함된다. 부동산중개 체인점, 주택 및 상가의 분양대행, 부동산의 관리대행, 경매 및 공매대상 부동산 취득의 알선 등 부동산의 전문적 컨설턴트로서 부동산의 구입에서 이용, 개발, 관리까지 폭넓은 업무를 다룰 수 있다.

GUIDE

공인중개사 시험정보

시험일정 및 시험시간

1. 시험일정 및 장소

구 분	인터넷 / 모바일(App) 원서 접수기간	시험시행일	합격자발표
일 정	매년 8월 2번째 월요일부터 금요일까지(2026. 8. 3 ~ 8. 7 예정)	매년 10월 마지막 주 토요일 시행(2026. 10. 31 예정)	11월 중
장 소	원서 접수시 수험자가 시험지역 및 시험장소를 직접 선택		

> **TIP** 1. 제1·2차 시험이 동시접수·시행됩니다.
> 2. 빈자리 접수(2일간)는 정기접수 환불로 발생한 수용인원 범위 내에서 선착순으로만 이루어져 조기마감될 수 있습니다.

2. 시험시간

구 분	교시	시험과목 (과목당 40문제)	시험시간	
			입실시간	시험시간
제1차 시험	1교시	2과목	09:00까지	09:30 ~ 11:10(100분)
제2차 시험	1교시	2과목	12:30까지	13:00 ~ 14:40(100분)
	2교시	1과목	15:10까지	15:30 ~ 16:20(50분)

* 수험자는 반드시 입실시간까지 입실하여야 함(시험 시작 이후 입실 불가)
* 개인별 좌석배치도는 입실시간 20분 전에 해당 교실 칠판에 별도 부착함
* 위 시험시간은 일반응시자 기준이며, 장애인 등은 유형에 따라 편의제공 및 시험시간 연장가능(유형별 편의제공 및 시험시간 연장 등 세부내용은 큐넷 공인중개사 홈페이지 공지사항 참조)
* 2차만 응시하는 시간연장 수험자는 1·2차 동시응시 시간연장자의 2차 시작시간과 동일 시작

> **TIP** 시험일시, 시험장소, 시험방법, 합격자 결정방법 및 응시수수료의 환불에 관한 사항 등은 '제37회 공인중개사 자격시험 시행공고'시 고지

응시자격 및 합격자 결정방법

1. 응시자격: 제한 없음

다만, 다음의 각 호에 해당하는 경우에는 공인중개사 시험에 응시할 수 없음
① 공인중개사시험 부정행위자로 처분 받은 날로부터 시험시행일 전일까지 5년이 지나지 않은 자(공인중개사법 제4조의3)
② 공인중개사 자격이 취소된 후 합격자발표일까지 3년이 지나지 않은 자(공인중개사법 제6조)
③ 이미 공인중개사 자격을 취득한 자

2. 합격자 결정방법

제1·2차 시험 공통. 매 과목 100점 만점으로 하여 매 과목 40점 이상, 전 과목 평균 60점 이상 득점한 자

> **TIP** 제1·2차 시험 응시자 중 제1차 시험에 불합격한 자의 제2차 시험은 무효로 합니다(「공인중개사법 시행령」 제5조 제3항).

* 제1차 시험 면제대상자: 2025년 제36회 제1차 시험에 합격한 자

시험과목 및 출제비율

구 분	시험과목	시험범위	출제비율
제1차 시험 (2과목)	부동산학개론 (부동산 감정평가론 포함)	부동산학개론 • 부동산학 총론[부동산의 개념과 분류, 부동산의 특성(속성)] • 부동산학 각론(부동산 경제론, 부동산 시장론, 부동산 정책론, 부동산 투자론, 부동산 금융론, 부동산 개발 및 관리론)	85% 내외
		부동산 감정평가론(감정평가의 기초이론, 감정평가방식, 부동산가격 공시제도)	15% 내외
	민법 및 민사특별법 중 부동산중개에 관련되는 규정	민 법 • 총칙 중 법률행위 • 질권을 제외한 물권법 • 계약법 중 총칙·매매·교환·임대차	85% 내외
		민사특별법 • 주택임대차보호법 • 집합건물의 소유 및 관리에 관한 법률 • 가등기담보 등에 관한 법률 • 부동산 실권리자명의 등기에 관한 법률 • 상가건물 임대차보호법	15% 내외
제2차 시험 1교시 (2과목)	공인중개사의 업무 및 부동산 거래신고 등에 관한 법령 및 중개실무	공인중개사법	70% 내외
		부동산 거래신고 등에 관한 법률	
		중개실무	30% 내외
	부동산공법 중 부동산중개에 관련되는 규정	국토의 계획 및 이용에 관한 법률	30% 내외
		도시개발법	30% 내외
		도시 및 주거환경정비법	
		주택법	40% 내외
		건축법	
		농지법	
제2차 시험 2교시 (1과목)	부동산공시에 관한 법령 및 부동산 관련 세법	부동산등기법	30% 내외
		공간정보의 구축 및 관리 등에 관한 법률 제2장 제4절 및 제3장	30% 내외
		부동산 관련 세법(상속세, 증여세, 법인세, 부가가치세 제외)	40% 내외

TIP 답안은 시험시행일에 시행되고 있는 법령 등을 기준으로 작성

GUIDE

제36회 공인중개사 시험총평

2025년 제36회 공인중개사 시험
"1차는 비교적 쉬웠고, 2차는 어려웠다."

제36회 공인중개사 시험에서 1차 과목인 부동산학개론은 계산문제가 11문제 출제되었지만 9문제가 전형적인 패턴의 문제여서 풀이에 어려움이 없었고, 이론문제가 쉽게 출제되어 전체적인 난이도는 '하' 수준이었다. 민법은 전체적으로 평이하게 출제되었지만 민사특별법 부분에서는 다소 어렵게 출제되어 체감 난이도는 전년도와 비슷하였다.

2차 과목의 공인중개사법·중개실무는 최근 2년간의 시험보다 쉽게 출제되었고, 부동산세법과 부동산공시법령, 부동산공법은 비교적 평이하거나 전년도와 비슷한 중상 수준으로 출제되었다. 하지만 부동산공시법령과 부동산공법에서 일부 생소한 유형의 문제, 지엽적인 법률 문제가 출제되어 수험생들의 체감 난이도는 높아졌다고 볼 수 있다.

제36회 시험의 과목별 출제 경향은 다음과 같다.

1차

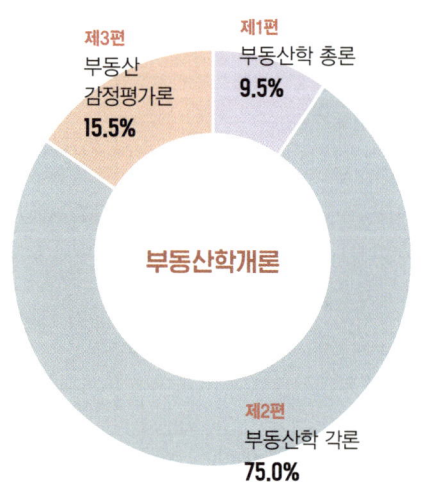

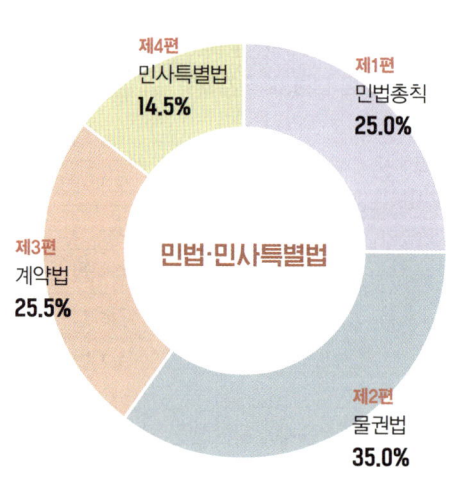

부동산학개론은 계산문제가 11문제 나왔지만 전형적인 패턴의 문제여서 충분히 풀 수 있었고, 이론문제가 쉽게 출제되어 전체적으로 역대급 쉬운 시험이었다.

전체적으로 평이하게 출제되었지만, 민사특별법 부분에서 다소 어렵게 출제되었다.

2차

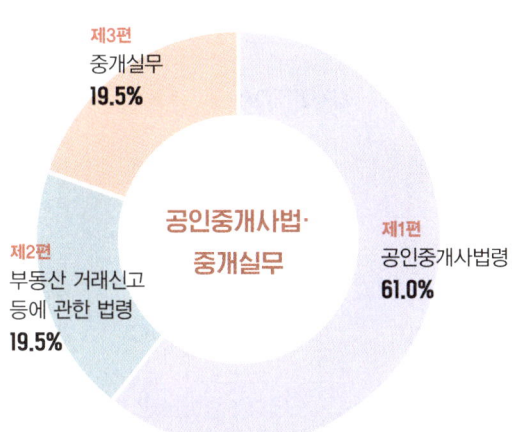

공인중개사법·중개실무는 최근 2년간의 시험보다 쉽게 출제되어 안정적인 고득점이 가능하였다.

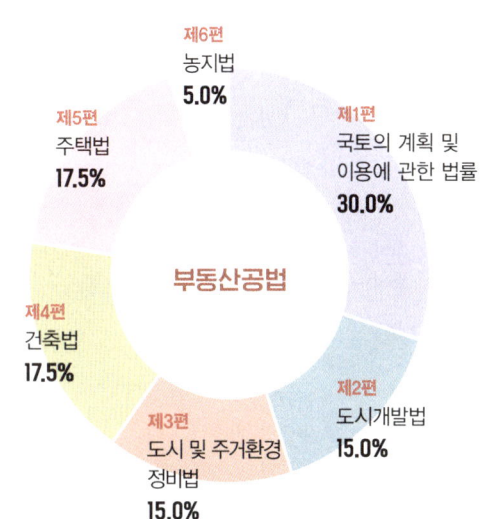

부동산공법의 전체적인 난이도는 전년도와 비슷하게 출제되었으나, 일부 법률에서 최근 출제된 적 없는 매우 지엽적인 문제가 출제되어 체감 난이도는 높아졌다.

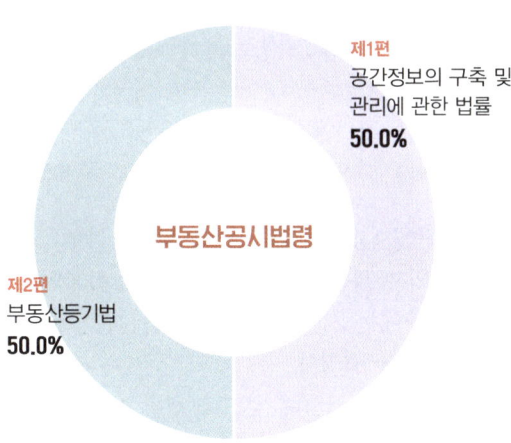

'공간정보관리법'은 기출유형을 크게 벗어나지 않은 평이한 난이도를 유지했고, '부동산등기법'은 생소한 모습의 극상 문제들이 일부 출제되어 다소 까다로웠다.

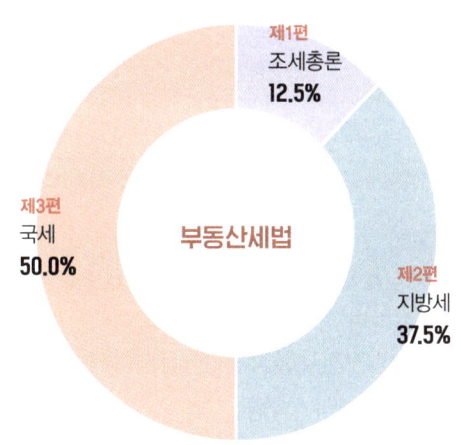

부동산세법은 기본개념을 이해하였는지를 중점적으로 물어보았고 단순 법조문을 묻는 문제, 사례형 문제, 계산문제를 혼합하여 출제하였다.

GUIDE

출제경향 분석 및 수험대책

어떻게 출제되었나?

▶ 출제경향 분석

구 분		제32회	제33회	제34회	제35회	제36회	총 계	비율(%)
민법 총칙	법률관계와 권리변동	0	0	1	0	0	1	0.5
	법률행위	3	2	2	1	2	10	5.0
	의사표시	1	1	1	4	3	10	5.0
	법률행위의 대리	3	4	3	2	2	14	7.0
	법률행위의 무효와 취소	2	2	2	2	2	10	5.0
	조건과 기한	1	1	1	1	1	5	2.5
	소 계	10	10	10	10	10	50	25.0
물권법	물권법 일반	2	3	2	2	2	11	5.5
	물권의 변동	2	0	2	2	2	8	4.0
	점유권	1	2	1	1	0	5	2.5
	소유권	3	3	2	2	3	13	6.5
	용익물권	3	3	3	4	4	17	8.5
	담보물권	3	3	4	3	3	16	8.0
	소 계	14	14	14	14	14	70	35.0
계약법	계약법 총론	5	5	3	8	5	26	13.0
	계약법 각론	5	5	7	2	5	24	12.0
	소 계	10	10	10	10	10	50	25.0
민사 특별법	주택임대차보호법	2	1	1	1	1	6	3.0
	상가건물 임대차보호법	1	1	1	2	1	6	3.0
	가등기담보법	1	1	1	1	1	5	2.5
	집합건물법	1	2	1	1	1	6	3.0
	부동산실명법	1	1	2	1	2	7	3.5
	소 계	6	6	6	6	6	30	15.0
총 계		40	40	40	40	40	200	100.0

제36회 민법 시험은 제35회 시험에 비해 다소 쉽게 출제된 것으로 보인다. 41번부터 74번까지는 3문제 정도를 제외하면 평이한 문제들이 출제되어 기출문제와 동형 모의고사를 충실하게 공부한 수험생이라면 명확하게 답을 찾을 수 있었다. 75번부터 80번 중에는 2문제가 상당히 어렵게 출제되었는데, 최근 판례를 응용한 문제여서 답을 찾기가 매우 어려웠을 것이다.

객관식 절대평가시험은 누구도 풀 수 없는 문제가 다수 출제되기 때문에 모든 문제를 읽으면서 풀면 안 되고, 수험생 자신이 확실하게 외운 문제를 먼저 골라내어 천천히 정확하게 풀어야 한다. 제37회 시험을 준비하는 수험생은 이러한 시험의 특성을 미리 염두에 두고 처음 공부할 때부터 자주 출제되고 확실하게 맞힐 수 있는 문제를 집중적으로 암기하는 습관을 들여야 한다.

공인중개사 시험은 절대평가이고, 80점 이상의 점수는 필요하지 않다는 점에 포인트를 두고 내가 맞힐 수 있는 주제에 대하여 중점을 두고 공부하면서 정확성을 높이면 합격에는 큰 문제가 없을 것이다.

🖥️ 이렇게 준비하자!

민법·민사특별법의 출제비중을 살펴보면, 판례가 차지하는 비중이 절대적이다. 민법 공부는 판례 공부라고 해도 결코 지나치지 않다. 따라서 법조문을 기본으로 하여 판례를 반복학습하고 사례형 문제를 해결하기 위한 능력을 키우는 것이 무엇보다 중요하다.

다음에서는 각 단원별 꼭 학습해야 할 핵심부분을 정리하였다.

▶ 민법총칙
- **권리변동과 법률행위**: 원시취득과 설정적 승계, 준법률행위의 종류, 반사회질서 법률행위, 불공정한 법률행위
- **의사표시와 대리**: 진의 아닌 의사표시, 통정허위표시, 착오·사기·강박에 의한 의사표시, 협의의 무권대리, 표현대리, 권한을 넘은 표현대리의 요건
- **무효와 취소**: 토지거래허가제, 전환, 추인의 대상과 소급효, 취소의 소급효, 추인의 요건, 법정추인, 행사기간
- **조건과 기한**: 정지조건과 해제조건, 불법조건, 기성조건, 소급효, 기한의 이익

▶ 물권법
- **물권법 일반**: 일물일권주의, 관습상의 물권, 물권적 청구권의 개념, 청구권자, 상대방
- **물권의 변동**: 등기의 유효요건, 무효등기의 유용, 중간생략등기, 등기의 추정력, 가등기, 소멸시효, 혼동
- **점유권**: 점유보조자, 간접점유, 자주점유, 타주점유, 추정력
- **소유권**: 주위토지통행권, 취득시효 사례, 부합, 공유, 합유, 총유
- **용익물권**: 법정지상권, 지역권의 처분, 시효취득, 전세권의 처분, 경매신청권
- **담보물권**: 부종성, 수반성, 유치권의 성립요건, 저당권의 피담보채권 범위, 특수저당권

▶ 계약법
- **계약법 총론**: 쌍무계약, 편무계약, 청약, 승낙, 계약체결상의 과실책임, 동시이행항변권, 위험부담, 제3자를 위한 계약, 수익자의 지위, 합의해제, 해제권의 발생요건
- **계약법 각론**: 예약완결권, 계약금, 매도인의 담보책임, 임대차 비용상환청구권, 지상물매수청구권, 부속물매수청구권, 임차권의 양도·전대

▶ 민사특별법
- **주택임대차보호법**: 주택임대차의 대항력, 우선변제권, 임차권등기명령, 임차권의 승계
- **상가건물 임대차보호법**: 주택임대차와 비교(계약갱신요구권), 권리금
- **집합건물의 소유 및 관리에 관한 법률**: 구분소유권, 대지사용권, 관리단·관리인·관리단 집회
- **가등기담보 등에 관한 법률**: 적용범위, 귀속청산 절차, 경매
- **부동산 실권리자명의 등기에 관한 법률**: 적용범위, 중간생략형 명의신탁, 계약명의신탁

GUIDE

이 책의 구성 및 특징

핵심개념 학습

방대한 민법의 학습분량을 효율적으로 정리·서술하였고, 중점적으로 학습해야 할 내용을 강조 처리하여 수험생들이 스스로 학습의 강약을 조절할 수 있도록 하였다.

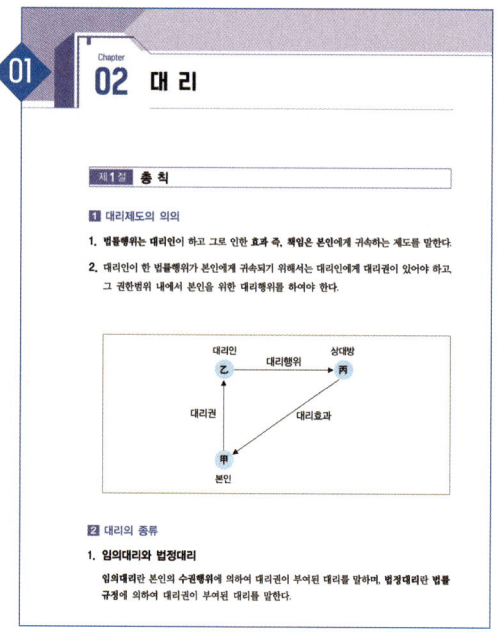

다양한 학습 tip

① 핵심다지기: 반드시 암기해야 하는 사항을 놓치지 않도록 체계적으로 정리
② 넓혀보기: 본문과 관련하여 더 알아두어야 할 내용들을 정리하여 제시함으로써 보다 폭넓은 학습 가능
③ 예제: 이론학습이 끝난 뒤에 문제풀이를 통해서 완벽 마스터
④ 판례: 판례가 다수 출제되는 최근 시험경향에 맞추어 최신 판례는 물론 중요 판례도 빠짐없이 수록
⑤ 체계도: 이해하기 어려운 이론을 알기 쉽게 체계도로 정리

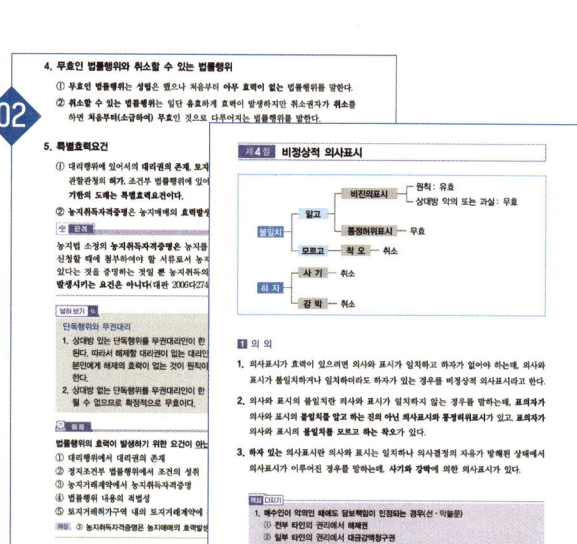

부록_기출문제

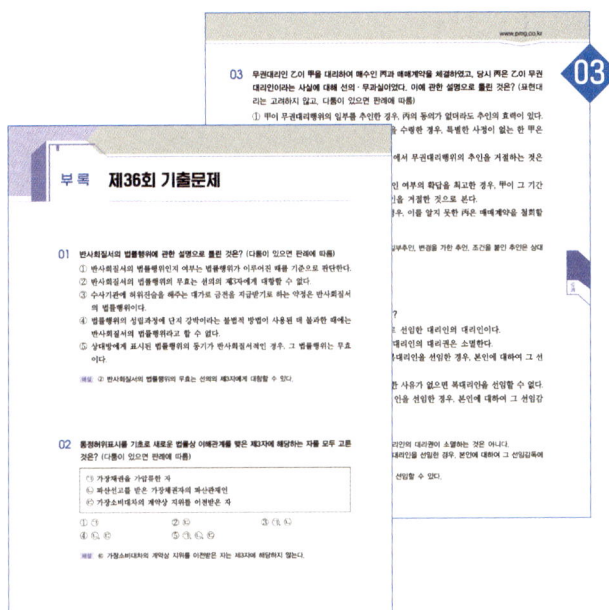

제36회 공인중개사 기출문제와 명쾌한 해설을 수록하여 기출 유형을 파악하고 실전에 대비할 수 있도록 하였다.

INDEX_찾아보기

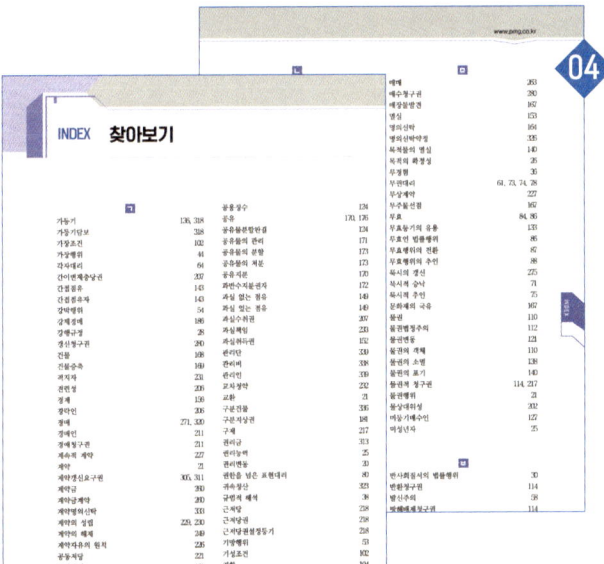

찾아보기(색인)를 통해 공인중개사 시험을 공부하면서 접하는 생소한 용어들을 기본서 내에서 쉽고 빠르게 찾을 수 있다.

CONTENTS

이 책의 차례

PART 01 민법총칙

제1장 법률행위
제1절 총 칙 ···· 20
제2절 법률행위의 목적 ···· 26
제3절 법률행위의 해석 ···· 38
제4절 비정상적 의사표시 ···· 40
제5절 의사표시의 효력발생시기 ···· 57

제2장 대 리
제1절 총 칙 ···· 60
제2절 대리권 ···· 61
제3절 대리행위 ···· 65
제4절 복대리인 ···· 69
제5절 무권대리 ···· 73

제3장 무효와 취소
제1절 총 칙 ···· 84
제2절 무 효 ···· 86
제3절 취 소 ···· 93

제4장 조건과 기한
제1절 조 건 ···· 100
제2절 기 한 ···· 104

제1장 물권법 총론
- 제1절 총 설 ···· 110
- 제2절 물권적 청구권 ···· 114
- 제3절 물권변동 ···· 121
- 제4절 부동산물권변동 ···· 123
- 제5절 부동산등기 ···· 132
- 제6절 물권의 소멸 ···· 138

제2장 물권법 각론
- 제1절 점유권 ···· 142
- 제2절 소유권 ···· 156
- 제3절 용익물권 ···· 178
- 제4절 담보물권 ···· 201

CONTENTS

이 책의 차례

PART 03 계약법

제1장 계약법 총론
제1절 서 론 · · · · 226
제2절 계약의 성립 · · · · 229
제3절 민법상 불능 · · · · 233
제4절 동시이행항변권 · · · · 239
제5절 제3자를 위한 계약 · · · · 245
제6절 계약의 해제 · · · · 249

제2장 계약법 각론
제1절 매 매 · · · · 260
제2절 임대차 · · · · 275

PART 04 민사특별법

제1장 주택임대차보호법 · · · · 292
제2장 상가건물 임대차보호법 · · · · 308
제3장 가등기담보 등에 관한 법률 · · · · 318
제4장 부동산 실권리자명의 등기에 관한 법률 · · · · 326
제5장 집합건물의 소유 및 관리에 관한 법률 · · · · 336

제36회 기출문제	···· 346
▶ 찾아보기	···· 364
▶ 방송시간표	···· 372

박문각 공인중개사

제1장 법률행위
제2장 대 리
제3장 무효와 취소
제4장 조건과 기한

PART

01

민법총칙

Chapter 01 법률행위

제1절 총칙

1 권리변동

1. 의의

권리변동이란 권리가 발생, 변경, 소멸하게 되는 것을 의미하며, 이러한 권리변동을 생기게 하는 원인에는 법률행위와 법률규정이 있다.

2. 권리변동의 원인

법률행위에 의한 권리변동이란 당사자의 의사에 따라 권리변동의 효과가 발생하는 경우를 의미하고, **법률규정**에 의한 권리변동이란 **당사자의 의사와는 관계없이** 법률규정에 따라 권리변동의 효과가 발생하는 경우를 의미한다.

> **넓혀 보기**
>
> **권리변동**
> 1. 원시취득
>   ① 타인의 권리에 기초하지 않고 새롭게 권리를 취득하는 경우를 말한다.
>   ② 건물신축, 시효취득, 무주물선점, 유실물습득, 매장물발견, 부합 등이 그 예이다.
> 2. 승계취득
>   (1) 이전적 승계
>   ① 특정승계: 개개의 취득원인에 의하여 개개의 권리를 취득하는 경우로 매매, 교환, 증여 등이 그 예이다.
>   ② 포괄승계: 하나의 취득원인에 의하여 수 개의 권리를 일괄적으로 취득하는 경우로 상속, 포괄유증 등이 그 예이다.
>   (2) 설정적 승계
>   ① 권리자의 권리 중 일부 권능을 다른 자가 취득하는 경우를 말한다.
>   ② 지상권설정, 지역권설정, 전세권설정, 저당권설정 등이 그 예이다.

2 법률행위

1. **법률행위**란 권리변동을 목적으로 하는 하나 또는 수개의 **의사표시**를 요소로 하는 법률요건이다.

2. **법률행위**로 인하여 **부동산물권이 변동**하기 위해서는 반드시 **등기를 해야 한다.** 따라서 부동산매수인은 소유권이전등기를 해야 소유권을 취득한다.

3 법률행위의 종류

1. 단독행위와 계약

① **단독행위**: 행위자 한 사람의 **한 개의 의사표시**로만 성립하는 법률행위를 말하며, 효력이 발생하려면 의사표시가 상대방에게 도달하여야 하는 **상대방 있는 단독행위**와 상대방에게 도달할 필요가 없고 성립과 동시에 효력이 발생하는 **상대방 없는 단독행위**가 있다.

상대방 있는 단독행위	동의·추인·취소·해제·해지·채무면제·상계·공유지분의 포기·시효이익의 포기·제한물권의 포기
상대방 없는 단독행위	유언·유증·재단법인 설립행위·소유권의 포기

② **계약**: 청약과 승낙이라는 **두 개의 의사표시의 합치**에 의하여 성립하는 법률행위를 말한다. 증여, 합의해제, 합의해지, 매매예약은 계약이다.

2. 채권행위(의무부담행위)와 물권행위(처분행위)

① **채권행위**: **채권**·채무관계를 발생시키는 법률**행위**로서 증여·매매·교환·임대차계약이 전형적인 채권행위이다. 채권행위에 의하여 일방(채권자)은 채권을 취득하고 타방(채무자)은 채무를 부담하므로 채무자에 의한 이행이라는 문제를 남긴다.

② **물권행위**: **물권**의 발생·변경·소멸을 목적으로 하는 법률**행위**로서 더 이상 이행이라는 문제를 남기지 않는다. 소유권이전행위, 지상권이나 저당권과 같은 제한물권의 설정행위는 물권행위이다.

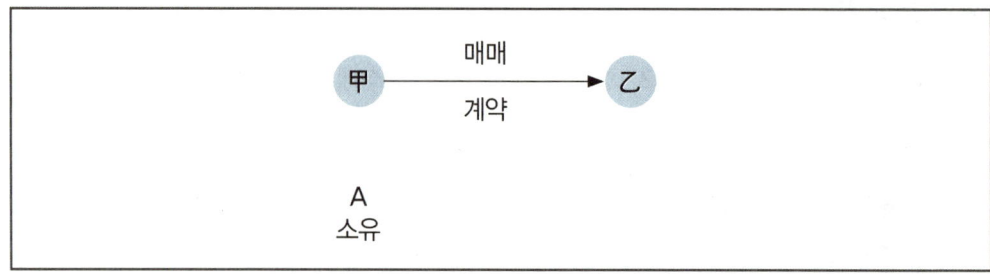

③ **의무부담행위인 채권행위**는 이행기까지 이행하면 되므로 처분권한 없는 자가 하더라도 유효이다. 즉, **타인권리매매나 타인권리임대차는 유효**이다.

④ 이에 반해 **처분행위**가 유효하기 위해서는 **처분권한**이 있어야 하므로 처분권한 없는 자의 처분행위 즉, **무권리자의 처분행위는 무효**이다.

⑤ **무권리자의 처분행위를** 진정한 권리자가 **추인하면 소급해서 유효로** 된다(대판 2001다44291).

3. 요식행위와 불요식행위

① **요식행위**: 의사표시가 법률규정에 의해 일정한 방식에 따라 행해져야 성립하는 법률행위를 말한다.

② **불요식행위**: 의사표시가 일정한 방식에 따라 행하여질 필요가 없는 법률행위를 말한다. 법률행위 자유의 원칙상 **불요식행위가 원칙**이다. 따라서 의사표시는 명시적(구두 또는 서면)으로 할 수도 있고, **묵시적(행동)으로 할 수도 있다.**

예제

1. 상대방 있는 단독행위에 해당하지 <u>않는</u> 것은? (다툼이 있으면 판례에 따름) 제32회
① 공유지분의 포기
② 무권대리행위의 추인
③ 상계의 의사표시
④ 취득시효 이익의 포기
⑤ 재단법인의 설립행위

해설 ⑤ 재단법인 설립행위는 상대방 없는 단독행위이다.   ▶ 정답 ⑤

2. 상대방 없는 단독행위에 해당하는 것은? 제33회
① 착오로 인한 계약의 취소
② 무권대리로 체결된 계약에 대한 본인의 추인
③ 미성년자의 법률행위에 대한 법정대리인의 동의
④ 손자에 대한 부동산의 유증
⑤ 이행불능으로 인한 계약의 해제

해설 ①②③⑤ 상대방 있는 단독행위 ▶ 정답 ④

4 법률행위의 성립요건과 효력요건

1. 법률행위가 그 본래의 법률효과를 완전하게 발생하기 위해서는 **성립요건**이 갖추어진 다음에 **효력요건**이 구비되어야 한다. 법률행위가 성립요건을 결여하면 법률행위의 부존재로 취급되고, 효력요건을 결여하면 무효가 되거나 취소할 수 있는 법률행위가 된다. 즉 법률행위의 성립, 불성립의 문제는 법률행위의 유효, 무효, 취소의 문제에 선행한다.

2. 법률행위가 **성립하지 않은 경우**에는 **무효, 취소**에 관한 민법규정은 **적용될 여지가 없다.**

3. 일반적 성립요건과 일반적 효력요건(**법률행위 당시를 기준으로 판단**)

일반적 성립요건	일반적 효력요건
당사자의 존재	당사자에게 권리능력, 의사능력, 행위능력이 있어야 한다.
목적의 존재	목적이 확정성, 가능성, 적법성, 사회적 타당성이 있어야 한다.
의사표시의 존재	의사표시에 있어서 의사와 표시가 일치하고, 하자가 없어야 한다.

무효인 법률행위	취소할 수 있는 법률행위
① 의사무능력자의 법률행위 ② 확정가능성이 없는 법률행위 ③ 원시적 불능인 법률행위 ④ 강행규정(효력규정)에 위반한 법률행위 ⑤ 반사회질서의 법률행위 ⑥ 불공정한 법률행위 ⑦ 비진의표시(상대방의 악의 또는 과실이 있는 경우) ⑧ 통정허위표시	① 제한능력자의 법률행위 ② 착오에 의한 의사표시 ③ 사기에 의한 의사표시 ④ 강박에 의한 의사표시

▷ ⑦⑧은 상대적 무효, ②③④는 상대적 취소

4. 무효인 법률행위와 취소할 수 있는 법률행위

① **무효인 법률행위**는 **성립**은 했으나 처음부터 **아무 효력이 없는** 법률행위를 말한다.
② **취소할 수 있는 법률행위**는 일단 **유효**하게 효력이 발생하지만 취소권자가 **취소**를 하면 **처음부터(소급하여) 무효**인 것으로 다루어지는 법률행위를 말한다.

5. 특별효력요건

① 대리행위에 있어서의 **대리권의 존재**, **토지거래허가구역 내**의 토지를 거래하는 경우에 관할관청의 **허가**, 조건부 법률행위에 있어서 **조건의 성취**, 기한부 법률행위에 있어서 **기한의 도래는 특별효력요건이다.**
② **농지취득자격증명**은 농지매매의 **효력발생요건이 아니다.**

판례

농지법 소정의 **농지취득자격증명은** 농지를 취득하는 자가 그 소유권에 관한 등기를 신청할 때에 첨부하여야 할 서류로서 농지를 취득하는 자에게 농지취득의 자격이 있다는 것을 증명하는 것일 뿐 농지취득의 원인이 되는 **매매 등 법률행위의 효력을 발생시키는 요건은 아니다**(대판 2006다27451).

예제

법률행위의 효력이 발생하기 위한 요건이 아닌 것은? (다툼이 있으면 판례에 따름) 제24회
① 대리행위에서 대리권의 존재
② 정지조건부 법률행위에서 조건의 성취
③ 농지거래계약에서 농지취득자격증명
④ 법률행위 내용의 적법성
⑤ 토지거래허가구역 내의 토지거래계약에 관한 관할관청의 허가

해설 ③ 농지취득자격증명은 농지매매의 효력발생요건이 아니다. ▶▶ 정답 ③

5 당사자의 능력

1. 권리능력

① 권리·의무의 주체가 될 수 있는 자격을 말한다.

② 자연인은 생존하는 동안 권리능력이 있으며, 법인은 법인설립등기를 한 때부터 권리능력이 생긴다.

2. 의사능력

① 정상적인 의사결정을 할 수 있는 정신능력을 말한다.

② **의사무능력자**가 한 법률행위는 **무효**이다. 따라서 의사무능력자가 매매계약을 한 경우에는 매매계약이 성립은 하지만 효력은 발생하지 않으므로 당사자 간에 권리의무가 발생하지 않는다.

3. 행위능력

① 단독으로 완전히 유효한 법률행위를 할 수 있는 능력을 말하며, 이러한 능력이 없는 자를 **제한능력자**라고 한다. 민법은 미성년자, 피한정후견인, 피성년후견인을 제한능력자로 규정하여 이들을 **보호**하는 제도를 두고 있다.

② **미성년자**는 만 19세 미만인 자를 말하며, 이를 보호하기 위해 친권자(부모)가 법정대리를 하도록 하고 있다.

③ **피한정후견인**은 질병, 장애, 노령, 그 밖의 사유로 인한 정신적 제약으로 **사무를 처리할 능력이 부족한 사람**으로 법원으로부터 한정후견개시의 심판을 받은 자를 말하며, 이를 보호하기 위해 한정후견인이 법정대리를 하도록 하고 있다.

④ **피성년후견인**은 질병, 장애, 노령, 그 밖의 사유로 인한 정신적 제약으로 **사무를 처리할 능력이 지속적으로 결여된 사람**으로 법원으로부터 성년후견개시의 심판을 받은 자를 말하며, 이를 보호하기 위해 성년후견인이 법정대리를 하도록 하고 있다.

⑤ **제한능력자**가 단독으로 한 법률행위는 **취소**할 수 있다. 따라서 미성년자가 단독으로 매매계약을 한 경우에는 일단 계약은 유효하게 효력이 발생하지만 미성년자 측에서 매매계약을 취소할 수 있다.

제2절 법률행위의 목적

1 의의

1. 법률행위의 목적이란 당사자가 그의 법률행위에 의하여 달성시키려고 하는 법률효과를 말한다.

2. 법률행위가 당사자가 의도한대로 효과가 발생하려면 그 목적이 확정할 수 있어야 하고, 실현이 가능하여야 하며, 적법성과 사회적 타당성이 있어야 한다.

2 목적의 확정성(확정가능성)

1. 법률행위의 목적은 법률행위당시 확정되어 있거나 **확정할 수 있어야 한다.**

2. 즉, 법률행위의 **성립 당시**에 반드시 확정될 필요는 없고, 목적이 실현될 시점(이행기)까지 확정될 수 있으면 된다.

3. 목적의 확정성은 법률행위의 해석을 통해 이루어지며, 해석을 통해서도 그 **목적을 확정할 수 없는 법률행위는 무효**이다.

> **판례**
>
> 1. **매매 목적물과 대금은 반드시 그 계약 체결 당시에 구체적으로 확정하여야 하는 것은 아니고 이를 사후에라도 구체적으로 확정할 수 있는 방법과 기준이 정하여져 있으면 족하다**(대판 96다26176).
>
> 2. 매매계약은 매도인이 재산권을 이전하는 것과 매수인이 대금을 지급하는 것에 관하여 쌍방 당사자가 합의함으로써 성립하므로 **매매계약 체결 당시에 반드시 매매 목적물과 대금을 구체적으로 특정할 필요는 없지만**, 적어도 **매매계약의 당사자인 매도인과 매수인이 누구인지는 구체적으로 특정되어 있어야만** 매매계약이 성립할 수 있다(대판 2018다223054).

3 목적의 가능성

1. 의 의

① 법률행위의 효력이 발생하기 위해서는 법률행위 당시에 그 목적의 실현이 가능한 경우라야만 한다.

② 목적의 실현가능 여부는 사회통념에 따라 결정되며, 불능은 확정적이어야 하므로 일시적 불능은 불능이 아니다.

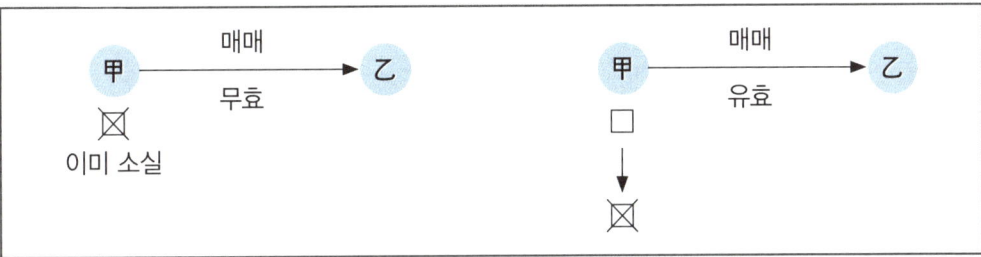

2. 원시적 불능

① 법률행위 성립 당시 **이미** 목적이 실현 **불가능**한 것을 말하며, X가옥에 대해 매매계약을 체결하였는데 그 가옥이 매매계약 체결 전에 **이미 소실**된 경우가 원시적 불능이다.

② 원시적 불능인 법률행위는 **무효**이고, **계약체결상의 과실책임**의 문제가 발생한다.

③ **일부**가 원시적 **불능**인 경우에는 일부무효의 법리에 따라 **원칙적으로 전부를 무효로 하고**, 예외적으로 불능부분이 없었더라도 법률행위를 하였을 것이라고 인정될 때에는 일부불능부분을 제외한 나머지 부분은 유효하게 취급된다.

3. 후발적 불능

① 법률행위 **성립 당시**에는 **실현가능**하였으나 법률행위의 **성립 후** 이행기 전에 목적이 **불능**으로 된 것을 말하며, X가옥에 대해 매매계약을 체결하였는데 그 가옥이 **매매계약 성립 후 소실**되었으면 후발적 불능이다.

② 후발적 불능이 있더라도 법률행위는 **유효**하다. 다만, **채무자의 귀책사유**(고의 또는 과실)로 인한 불능이면 **채무불이행책임(이행불능)**으로 계약해제와 손해배상책임의 문제가 되고, 채무자에게 귀책사유가 없는 경우에는 **위험부담**의 문제가 발생한다.

4 목적의 적법성

1. 강행규정과 임의규정

강행규정이란 **당사자의 의사에 의하여** 그 규정의 적용을 **배제할 수 없는 규정**을 말하며, 임의규정이란 당사자의 의사에 의하여 그 규정의 적용을 **배제할 수 있는 규정**을 말한다.

2. 효력규정과 단속규정

강행규정은 다시 효력규정과 단속규정으로 구분할 수 있는데, 효력규정은 그 규정에 위반하는 행위는 **무효**가 되는 규정이며, 단속규정은 그에 위반하여도 처벌은 하나 행위의 효력에는 영향이 없는 것을 말한다. 예컨대 **무허가** 음식점의 음식물판매행위, 무허가 숙박영업행위는 **유효**이다.

3. 강행규정위반의 효과

① **강행규정에 위반하는 법률행위는 절대적 무효**이다.

② **강행규정에 위반한 자가 스스로 그 약정의 무효를 주장하는 것은** 특별한 사정이 없는 한 **신의칙에 반하는 것이라고 할 수 없다**(대판 2003다1601). 따라서 **강행규정에 위반한 자도 스스로 그 약정의 무효를 주장할 수 있다**.

③ **강행규정에 위반한 행위라도 그것이 사회질서에 위반하지 않는 경우에는 불법원인급여에 해당하지 않는다.**

④ **강행규정위반의 무효는 선의의 제3자에게도 주장할 수 있다.**

⑤ **강행규정을 위반**하여 무효인 법률행위는 **추인**에 의해 유효로 될 수 **없다**.

⑥ 법률행위가 **강행규정에 위반하여 무효**인 경우에도 **무효행위의 전환규정에 따라 유효로 될 수 있다**(대판 2020다211762).

⑦ **강행규정에 위반하여 무효**인 계약의 상대방이 그 위반사실에 대하여 선의·무과실이더라도 **표현대리의 법리가 적용될 여지는 없다.**

판례

1. 이미 중간생략등기가 경료된 경우에는 관계 계약당사자 사이에 적법한 원인행위가 성립되어 이행된 이상 **중간생략등기는 유효**이다(대판 79다847).
2. 주택법의 전매행위제한을 위반하여 한 **전매약정은 유효**이다(대판 95다47343).
3. **개업공인중개사가** 중개의뢰인과 **직접 거래하는 행위를 금지**하는 공인중개사법 규정은 **단속규정**이다(대판 2016다259677).

4. **중개보수약정**
   ① 공인중개사법상 개업공인중개사가 법령에 규정된 중개보수 등을 **초과**하여 금품을 받는 행위를 **금지**하는 규정은 **강행법규**에 해당하므로, 법령에서 정한 한도를 **초과하는 중개보수약정은 그 한도를 초과하는 범위 내에서 무효이다.** 따라서 초과하는 중개보수를 지급한 자는 **초과분에 대한 반환을 청구할 수 있다**(대판 2005다32159).
   ② **공인중개사 자격이 없는 자**가 중개사무소 **개설등록을 하지 아니한 채** 부동산중개업을 하면서 체결한 중개보수 지급약정은 **전부가 무효**이다(대판 2008다75119).
   ③ 공인중개사 자격이 없는 자가 **우연한 기회에 단 1회** 거래행위를 중개한 경우에는 중개보수 지급약정은 **유효**이다(대판 2010다102991).
5. **국유재산**에 관한 사무에 종사하는 직원이 **타인의 명의로 국유재산을 취득하는 행위는** 강행법규위반으로 **무효**이고, 나아가 그 규정들에 위반하여 취득한 국유재산을 **제3자가 전득하는 행위 또한 무효**이다(대판 94다43207).

예제

효력규정이 <u>아닌</u> 것을 모두 고른 것은? (다툼이 있으면 판례에 따름) 제32회

> ㄱ. 부동산등기 특별조치법상 중간생략등기를 금지하는 규정
> ㄴ. 공인중개사법상 개업공인중개사가 중개의뢰인과 직접 거래를 하는 행위를 금지하는 규정
> ㄷ. 공인중개사법상 개업공인중개사가 법령에 규정된 중개보수 등을 초과하여 금품을 받는 행위를 금지하는 규정

① ㄱ ② ㄴ ③ ㄷ
④ ㄱ, ㄴ ⑤ ㄴ, ㄷ

해설 ㄱ. 중간생략등기 규정은 단속규정이다(대판 92다39112).
ㄴ. 공인중개사법상 개업공인중개사가 중개의뢰인과 직접 거래를 하는 행위를 금지하는 규정은 단속규정이다(대판 2016다259677). ▶ **정답** ④

5 목적의 사회적 타당성

> **제103조【반사회질서의 법률행위】** 선량한 풍속 기타 사회질서에 위반한 사항을 내용으로 하는 법률행위는 **무효**로 한다.
> **제746조【불법원인급여】** 불법의 원인으로 인하여 재산을 급여하거나 노무를 제공한 때에는 그 이익의 반환을 청구하지 못한다. 그러나 **그 불법원인이 수익자에게만 있는 때에는 그러하지 아니하다.**

1. 의 의

① 법률행위가 유효하기 위해서는 그 목적이 **사회적 타당성**이 있어야 한다. 따라서 **반사회질서의 법률행위는 무효이다.**
② 반사회질서의 법률행위에 해당하는지 여부는 **법률행위 당시를 기준**으로 판단해야 한다. 따라서 **매매계약체결 당시에 정당한 대가를 지급하고** 목적물을 **매수하는 계약을 체결**하였다면 비록 그 후 매매의 목적물이 범죄행위로 취득된 것을 알게 되었다 하더라도 그 매매계약은 **반사회질서의 행위로서 무효가 아니므로** 매수인은 목적물의 소유권을 주장할 수 있다(대판 2001다44987).

2. 사회질서위반행위의 유형

① **범죄행위를 하지 않는 조건으로** 금전을 지급하기로 한 약정은 **무효**이다.
② **첩계약**은 처의 동의 유무에 관계없이 **무효**이다. **부첩관계의 종료를 해제조건으로 하는 증여계약**은 그 조건만이 무효인 것이 아니라 증여계약 자체가 **무효**이다.
③ **부첩관계를 단절**하면서 첩의 생활유지와 출생한 자녀의 양육을 위한 금전지급의 약정은 **유효**하다(대판 80다458).
④ **어떠한 일이 있더라도 이혼하지 않겠다는 약정**은 신분행위의 의사결정을 구속하는 것으로 **무효**이다.
⑤ 동기의 불법이 있는 법률행위라도 원칙적으로 반사회질서의 법률행위가 아니다. 그러나 **불법동기**가 법률행위 당시에 **표시**되거나 상대방에게 **알려진 경우**에는 반사회적인 행위가 되어 **무효**로 된다(대판 99다38613).

⑥ **도박**자금을 제공할 목적으로 하는 당사자의 금전소비대차계약은 반사회질서의 법률행위로 **무효**이다. 따라서 도박으로 부담한 채무의 변제로서 토지를 양도하는 계약도 **무효**이다.

⑦ **도박채무의 변제를 위하여** 채무자로부터 **부동산의 처분을 위임받은** 채권자가 그 부동산을 제3자에게 매도한 경우, **도박채무 부담행위 및 그 변제약정은 사회질서에 위반되어 무효**이지만, **부동산 처분에 관한 대리권을 수여한 행위까지 무효라고 볼 수는 없으므로**, 제3자가 **매수한 행위까지 무효가 된다고 할 수는 없다**(대판 94다40147).

판례

1. 단지 법률행위의 성립과정에서 **강박이라는 불법적 방법**이 사용된 데 불과하다면 의사표시의 하자를 이유로 그 효력을 논할 수 있을지언정, **반사회질서의 법률행위로 무효라고 할 수는 없다**(대판 2002다21509).

2. 국가기관이 헌법상 보장된 국민의 기본권을 침해하는 위헌적인 공권력을 행사하여 **강박상태**에서 의사표시를 하였다 하더라도 항상 그것이 **반사회성을 띠어 당연히 무효가 되는 것은 아니다**(대판 95다40038).

3. **양도소득세를 회피할 목적으로** 실제 거래대금보다 낮은 금액으로 계약서를 작성하여 매매계약을 체결한 행위는 **반사회적 법률행위에 해당되지 않는다**(대판 91다6627).

4. **조세포탈목적으로** 부동산을 **명의신탁**한 경우, 그 명의신탁은 부동산실명법 위반으로 무효인 것이지 **반사회질서의 법률행위로서 무효로 되지는 않는다**(대판 91다16334).

5. **투기의 목적**으로 세입자입주권 15매를 매수하였다고 하더라도 그것만으로 **사회질서에 반하는 법률행위로 무효로 된다고 할 수 없다**(대판 90다19770).

6. **강제집행을 면할 목적으로** 부동산에 허위의 근저당권설정등기를 경료하는 행위는 특별한 사정이 없는 한 **반사회적 법률행위에 해당되지 않는다**(대판 2003다70041).

7. 행정기관에 진정서를 제출하여 상대방을 **궁지에 빠뜨린 다음** 이를 취하하는 조건으로 거액의 급부를 제공받기로 약정한 경우에는 **반사회질서의 법률행위에 해당한다**(대판 99다56833).

8. 수사기관에서 **허위진술**을 하는 대가로 작성된 각서에 기한 급부의 약정은, **그 급부의 상당성 여부를 판단할 필요 없이** 반사회질서의 법률행위로서 **무효이다**(대판 2000다71999).

9. 소송에서 **사실대로 증언**하여 줄 것을 조건으로 어떠한 급부를 할 것을 약정한 경우, 그 급부가 통상적으로 용인될 수 있는 수준을 **초과한다면 무효이다**(대판 98다52483).

10. **형사사건**에 관하여 체결된 **성공보수약정**은 사회질서위반으로 **무효이다**(대판 2015다200111).

11. **민사사건**에 관하여 체결된 **성공보수약정**은 **반사회질서의 법률행위에 해당하지 않는다**.

12. **변호사 아닌 자가** 승소를 조건으로 하여 그 대가로 소송당사자로부터 소송물 일부를 양도받기로 하는 약정은 **사회질서위반으로 무효이다**.

13. 공무원의 **직무에 관하여 특별한 청탁**을 하고 그 대가로 금전을 지급할 것을 내용으로 한 약정은 **사회질서위반으로 무효이다**.

14. 반사회적 행위로 조성된 '**비자금**'을 소극적으로 **은닉하기 위하여 임치하는 행위**는 **반사회질서의 법률행위에 해당하지 않는다**(대판 2000다49343).

15. **보험금을 부정 취득할 목적으로** 보험계약을 체결한 경우, 이러한 보험계약은 **반사회질서의 법률행위로서 무효이다**.

16. **위약벌의 약정이** 그 의무의 강제에 의하여 얻어지는 채권자의 이익에 비하여 **과도하게 무거운 경우**에는 **반사회질서의 법률행위에 해당한다**.

17. 해외파견 근로자의 귀국 후 **일정기간** 소속회사에 근무토록 한 약정은 특별한 사정이 없는 한 **반사회적 법률행위라고 할 수 없다**(대판 82다카90).

18. 전통사찰의 주지직을 거액의 금품을 대가로 양도·양수하기로 하는 약정이 있음을 알고도 이를 묵인 혹은 방조한 상태에서 한 종교법인의 **주지임명행위는 반사회질서의 법률행위에 해당하지 않는다**(대판 99다38613).

3. 사회질서위반행위의 효과

① 반사회질서의 법률행위는 무효이므로, 당사자가 이행하기 전이면 이행할 필요가 없다. 그러나 이미 이행한 경우에는 **불법원인급여에 해당하여 사회질서위반자는 어떠한 이유로도 그 반환을 청구할 수 없다**.

② 불법원인이 상대방에게만 있거나 상대방의 불법성이 현저히 큰 경우에는 예외적으로 반환청구가 허용된다.

③ 반사회질서의 법률행위는 **절대적 무효**이므로 **선의의 제3자에게도 대항할 수 있다**.

④ 반사회질서의 법률행위는 당사자가 나중에 **추인하여도 유효로 될 수 없다**.

6 부동산이중매매의 법리

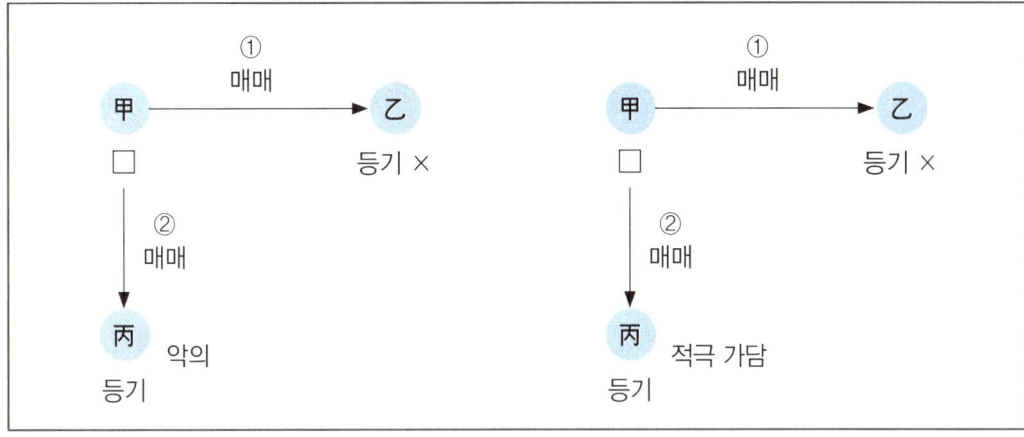

1. 의 의

① 부동산이중매매란 매도인이 자신의 부동산을 제1매수인에게 매도하고 **중도금이나 잔금을 수령한 후에** 다시 제2매수인에게 매도하고 제2매수인에게 소유권이전등기를 경료한 경우를 말한다.

② 따라서 매도인이 계약금을 수수한 후 제1매수인이 **이행에 착수하기 전(중도금을 지급하기 전)**에 제2매수인에게 해당 부동산을 매도하였다면 **부동산이중매매의 법리는 적용되지 않는다.**

> 甲이 乙에게 자기소유의 토지를 **매도**하고 **매매대금을 수령**하였으나 乙 앞으로 이전등기를 하지 않고 있던 중 이를 기화로 토지를 다시 丙에게 **매도**하여 丙의 명의로 **소유권이전등기**가 경료되었다. 이 경우 甲, 乙, 丙의 법률관계는?

2. 유효인 경우의 법률관계

① 사적자치의 원칙상 丙이 **악의이더라도** 甲과 丙 사이의 이중매매는 **유효**이다. 따라서 丙은 **선악을 불문**하고 소유권을 취득한다.

② 甲의 乙에 대한 소유권이전등기의무는 이행불능이 되므로, 乙은 매매계약을 **즉시 해제**하고 **손해배상(이행이익)**을 청구할 수 있다(채무불이행책임).

③ 손해배상을 산정하는 시기는 丙 **앞으로 소유권이전등기가 경료된 때**를 기준으로 한다.

④ 甲의 행위가 불법행위의 요건을 갖춘 때에는 **불법행위책임**을 물을 수도 있다.

3. 무효인 경우의 법률관계

① 丙이 甲의 **배임 행위에 적극 가담**한 때의 이중매매는 반사회질서행위로 **무효**가 된다.
② 적극 가담하는 행위는 丙이 乙에게 매매목적물이 매도된 것을 **안다는 것만으로는 부족하고**, 적어도 그 매도사실을 **알고도** 매도를 **요청**하여 매매계약에 이르는 정도가 되어야 한다(대판 93다55289).
③ 부동산이중매매가 무효인 경우, 甲과 丙은 **불법원인급여**가 되어 甲은 丙에게 등기말소를 청구할 수 없다.
④ 그러나 乙은 甲을 **대위**하여 丙을 상대로 **소유권이전등기의 말소를 청구할 수 있고**, 이에 기초하여 甲에게 매매를 원인으로 소유권이전등기를 청구할 수 있다.
⑤ 乙은 **직접 말소청구할 수는 없으므로** 진정명의회복을 원인으로 한 이전등기를 청구할 수도 없다. 또한 금전채권자가 아니므로 **채권자취소권을 행사할 수도 없다**.
⑥ 丙으로부터 전득한 **제3자는** 선의이더라도 **소유권을 취득하지 못한다**.
⑦ 乙은 불법행위를 한 丙에게 **직접 손해배상을 청구할 수 있다**.

4. 이중매매법리의 확장

① 부동산이 매매된 사실을 **알면서** 저당권설정을 **요청하여** 저당권등기를 한 경우, 이는 사회질서에 반하는 행위로서 **무효**이다(대판 97다362).
② 임대차계약이 체결된 부동산을 그 사실을 **알면서도 요청**하여 이중으로 임대차계약을 체결한 경우, 이는 사회질서에 반하는 행위로서 **무효**이다(대판 2011다5813).
③ 부동산소유자가 자신의 부동산에 대하여 **취득시효가 완성된 사실을 알고 이를 제3자에게 처분한** 경우, 제3자가 부동산소유자의 이와 같은 불법행위에 **적극 가담**하였다면 이는 사회질서에 반하는 행위로서 **무효**이다(대판 94다52416).
④ 명의신탁의 경우, 수탁자로부터 그 부동산을 취득한 자는 수탁자에게 매도나 담보의 제공 등을 적극적으로 권유함으로써 **수탁자의 배임행위에 적극 가담한 것이 아닌 한** 명의신탁 사실을 알았는지의 여부를 불문하고 부동산의 소유권을 **유효**하게 취득한다(대판 91다6221).

1. 반사회질서의 법률행위에 해당하여 무효로 되는 것을 모두 고른 것은? 제27회

ㄱ. 성립 과정에서 강박이라는 불법적 방법이 사용된 데 불과한 법률행위
ㄴ. 강제집행을 면할 목적으로 허위의 근저당권을 설정하는 행위
ㄷ. 양도소득세를 회피할 목적으로 실제로 거래한 매매대금보다 낮은 금액으로 매매계약을 체결한 행위
ㄹ. 이미 매도된 부동산임을 알면서도 매도인의 배임행위에 적극 가담하여 이루어진 저당권 설정행위

① ㄷ   ② ㄹ   ③ ㄱ, ㄴ
④ ㄱ, ㄷ   ⑤ ㄴ, ㄹ

해설 ㄹ. 이미 매도된 부동산임을 알면서도 매도인의 배임행위에 적극 가담하여 이루어진 저당권 설정행위는 반사회질서의 법률행위에 해당하여 무효이다.   ▶ 정답 ②

2. 甲이 자신의 부동산을 乙에게 매도하였는데, 그 사실을 잘 아는 丙이 甲의 배임행위에 적극 가담하여 그 부동산을 매수하여 소유권이전등기를 받은 경우에 관한 설명으로 틀린 것은? 제25회

① 甲·丙 사이의 매매계약은 무효이다.
② 乙은 丙에게 소유권이전등기를 청구할 수 없다.
③ 乙은 甲을 대위하여 丙에게 소유권이전등기의 말소를 청구할 수 있다.
④ 丙으로부터 그 부동산을 전득한 丁이 선의이면 소유권을 취득한다.
⑤ 乙은 甲·丙 사이의 매매계약에 대하여 채권자취소권을 행사할 수 없다.

해설 ④ 丙으로부터 전득한 丁은 선의이더라도 소유권을 취득하지 못한다.   ▶ 정답 ④

3. 반사회질서의 법률행위에 관한 설명으로 틀린 것은? (다툼이 있으면 판례에 따름) 제30회
① 반사회질서의 법률행위에 해당하는지 여부는 해당 법률행위가 이루어진 때를 기준으로 판단해야 한다.
② 반사회질서의 법률행위의 무효는 이를 주장할 이익이 있는 자는 누구든지 주장할 수 있다.
③ 법률행위가 사회질서에 반한다는 판단은 부단히 변천하는 가치관념을 반영한다.
④ 다수의 보험계약을 통하여 보험금을 부정취득할 목적으로 체결한 보험계약은 반사회질서의 법률행위이다.
⑤ 대리인이 매도인의 배임행위에 적극 가담하여 이루어진 부동산의 이중매매는 본인인 매수인이 그러한 사정을 몰랐다면 반사회질서의 법률행위가 되지 않는다.

해설 ⑤ 대리인이 매도인의 배임행위에 적극 가담하여 이루어진 부동산의 이중매매는 본인인 매수인이 그러한 사정을 몰랐다 하더라도 반사회질서의 법률행위로서 무효이다.   ▶ 정답 ⑤

7 불공정한 법률행위(폭리행위)

제104조 【불공정한 법률행위】 당사자의 궁박, 경솔 또는 무경험으로 인하여 현저하게 공정을 잃은 법률행위는 **무효**로 한다.

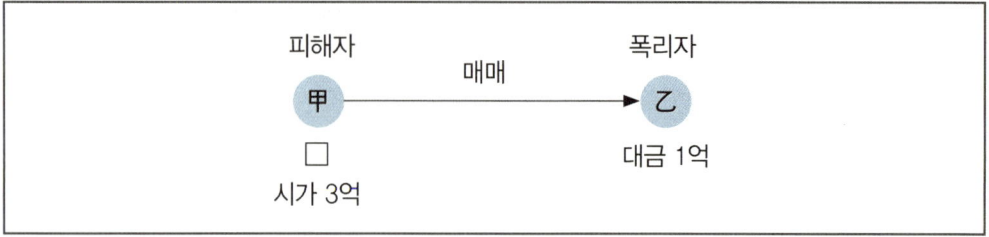

1. 의의

당사자의 궁박, 경솔 또는 무경험으로 인하여 급부와 반대급부와의 사이에 현저하게 공정을 잃은 법률행위는 무효이다.

2. 요건(법률행위 당시를 기준으로 판단)

① **급부와 반대급부와의 사이에 현저한 불균형**이 있어야 한다. 이는 **법률행위 당시를 기준으로** 당사자의 주관적 가치가 아닌 당사자의 궁박, 경솔, 무경험의 정도를 고려하여 거래상의 **객관적 가치**에 따라 판단하여야 한다.

② 궁박·경솔 또는 무경험 중 **하나의 사유만 있으면 족하며,** 이때 궁박의 원인은 경제적 궁박에 한하지 않고 **정신적·심리적 궁박도 포함된다.**

③ **무경험**이라 함은 일반적인 생활체험의 부족을 의미하는 것으로서 어느 **특정영역**에 있어서의 경험부족이 **아니라 거래일반에 대한 경험부족을 의미한다.**

④ 법률행위가 대리인에 의해 이루어진 경우 경솔과 무경험은 대리인을 기준으로, **궁박은 본인**을 기준으로 판단하여야 한다.

⑤ 폭리자에게 **폭리의사** 즉, 피해자의 궁박 등의 사정을 **알고도** 이를 **이용**하여 폭리를 취하려는 의사가 있어야 한다. 따라서 폭리의사가 없었다면 불공정 법률행위는 성립하지 않는다.

⑥ 불공정한 법률행위로서 무효를 주장하려면 **주장자 측에서** 모든 요건을 **주장·입증**해야 한다. 따라서 현저한 불균형이 있더라도 피해자의 궁박 등이 **추정되지 않는다.**

3. 적용범위

① **증여계약**과 같이 아무런 대가관계 없이 당사자 일방이 상대방에게 일방적인 급부를 하는 **무상행위**는 불공정한 법률행위에 해당될 수 **없다**.
② **경매**에 있어서 경락가격이 경매부동산의 시가에 비하여 현저히 저렴한 경우라도 불공정한 법률행위는 적용될 여지가 **없다**.
③ **대가관계를 상정할 수 있는 한 단독행위**의 경우에도 제104조가 **적용될 수 있다**.

4. 효 과

① 불공정한 법률행위는 무효이므로, 아직 이행하기 전이라면 이행할 필요가 없다. 이미 이행한 후에는 **피해자**는 급부한 것의 **반환을 청구할 수 있지만, 폭리자는 반환을 청구할 수 없다**.
② 불공정한 법률행위는 **절대적 무효**이므로 **선의의 제3자에게도 무효를 주장할 수 있다**.
③ 불공정한 법률행위로서 무효인 경우에는 **무효행위의 추인**에 의하여 유효로 될 수 **없다**.
④ 불공정한 법률행위로서 무효인 경우에도 **무효행위의 전환**에 의하여 유효로 될 수 **있다**.
⑤ 민법 제104조의 불공정한 법률행위의 요건을 완전히 갖추지 못한 법률행위라도 민법 제103조의 **반사회질서의 법률행위규정**에 의하여 무효로 될 수 있다.
⑥ 매매계약이 **불공정한 법률행위에 해당하여 무효**인 경우, 특별한 사정이 없는 한 그 계약에 관한 **부제소 합의도 무효가 된다**.

예제

불공정한 법률행위(민법 제104조)에 관한 설명으로 틀린 것은? (다툼이 있으면 판례에 따름)
제28회

① 경매에는 적용되지 않는다.
② 무상계약에는 적용되지 않는다.
③ 불공정한 법률행위에 무효행위 전환의 법리가 적용될 수 있다.
④ 법률행위가 대리인에 의하여 행해진 경우, 궁박상태는 대리인을 기준으로 판단하여야 한다.
⑤ 매매계약이 불공정한 법률행위에 해당하는지는 계약체결 당시를 기준으로 판단하여야 한다.

해설 ④ 법률행위가 대리인에 의하여 행해진 경우, 궁박은 본인을 기준으로 판단하여야 한다.

▶ 정답 ④

제3절 법률행위의 해석

1 법률행위의 해석방법

1. 자연적 해석

① 표의자가 의사를 잘못 표시한 경우에 표시된 문자적·언어적 의미에 구속되지 않고 **표의자의 실제의사(내심적 효과의사, 진의)**를 밝히는 것을 말한다.
② **상대방 없는 단독행위, 오표시무해의 원칙**이 자연적 해석의 전형적인 예이다.
③ 상대방 있는 의사표시에 있어서 **상대방이 표의자의 진정한 의사를 안 경우**에는 **자연적 해석**이 적용된다.
④ **자연적 해석**을 통하여 그 표시가 무엇을 의미하는지에 관하여 당사자 간에 공통의 의사가 인정되는 때에는 **착오는 성립하지 않는다.**

2. 규범적 해석

① 상대방의 시각에서 **표시행위의 객관적 의미(표시상의 효과의사)**를 밝히는 것을 말한다.
② **상대방 있는 의사표시**에 전형적으로 적용된다.

3. 보충적 해석

① 당사자가 미처 생각지 못했던 사정이 발생하여 법률행위의 내용에 공백(흠결)이 있는 경우 법원에서 그 공백을 보충하는 해석방법이다.
② 보충적 해석은 **계약**에 있어서 커다란 기능을 발휘한다.

2 판례사례

> 매도인 甲과 매수인 乙은 지번 969-36에 있는 **X토지**를 같이 둘러보고 그 토지를 매매의 목적물로 하는 **매매계약에 합의**를 하였으나, 그 목적물의 **지번에 관하여 착오를 일으켜** 지번이 969-39로 되어 있는 甲소유의 **Y토지**를 매매의 목적물로 표시한 **매매계약서를 작성**하고 말았다. 그 후 乙 앞으로 Y토지에 대하여 **소유권이전 등기**가 경료되었고, 乙은 이를 다시 丙에게 처분하고 소유권이전등기까지 마쳤다(대판 93다2629·2636).

1. 표의자의 잘못된 표시에도 불구하고 상대방이 표의자의 진의를 올바로 파악하였을 때에는 표의자의 진의에 따른 법률효과가 주어지게 되므로 **자연적 해석방법**이 적용된다.

2. 따라서 사안의 경우, **X토지**에 관하여 **매매계약이 성립**한다.

3. 자연적 해석에서는 표의자가 의욕한 대로 법률효과가 주어지므로, **착오를 이유로 취소할 수 없다**.

4. X토지에 관하여는 매매계약은 있으나 등기가 없고, Y토지에 관하여는 등기는 있으나 매매계약이 없으므로 **물권변동은 X토지와 Y토지 모두에 관하여 일어나지 않은 상태에 있다**.

5. Y토지에 관한 매수인 乙명의의 소유권이전등기는 원인 없이 경료된 것으로서 **무효**이다. 따라서 丙은 **선의이더라도 부동산 소유권을 취득하지 못한다.**

예제

"부동산 매매계약에서 당사자 쌍방이 모두 X토지를 그 목적물로 삼았으나 X토지의 지번에 착오를 일으켜 계약체결 시에 계약서상으로는 그 목적물을 Y토지로 표시한 경우라도, X토지를 매매 목적물로 한다는 당사자 쌍방의 의사합치가 있는 이상 그 매매계약은 X토지에 관하여 성립한 것으로 보아야 한다."고 하는 법률행위의 해석방법은? 23. 행정사

① 문언해석 ② 통일적 해석
③ 자연적 해석 ④ 규범적 해석
⑤ 보충적 해석

해설 ③ 당사자 쌍방의 의사합치에 따라 X토지에 관하여 매매계약이 성립된 것으로 보는 경우이므로 자연적 해석이다.
▶ 정답 ③

제4절 비정상적 의사표시

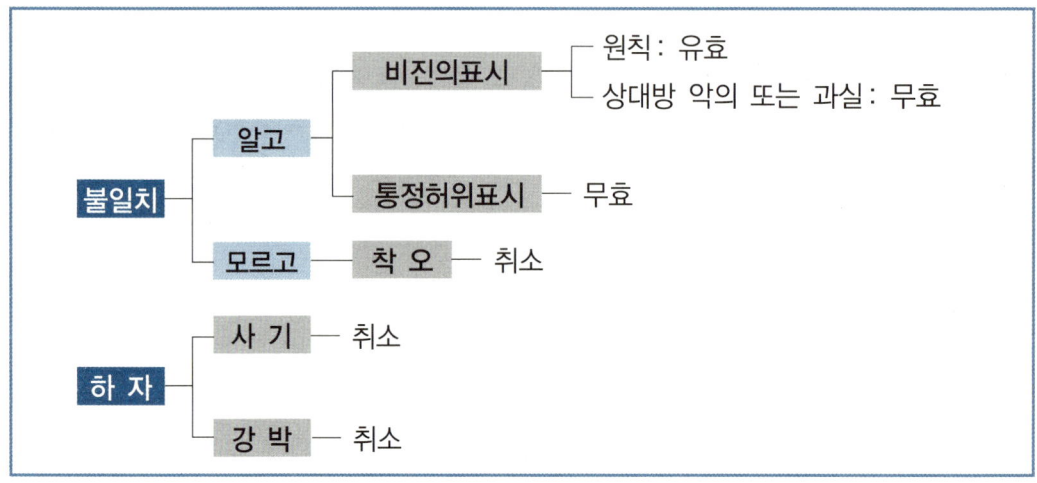

1 의 의

1. 의사표시가 효력이 있으려면 의사와 표시가 일치하고 하자가 없어야 하는데, 의사와 표시가 불일치하거나 일치하더라도 하자가 있는 경우를 비정상적 의사표시라고 한다.

2. 의사와 표시의 불일치란 의사와 표시가 일치하지 않는 경우를 말하는데, **표의자가** 의사와 표시의 **불일치를 알고 하는 진의 아닌 의사표시와 통정허위표시**가 있고, **표의자가** 의사와 표시의 **불일치를 모르고 하는 착오**가 있다.

3. **하자 있는** 의사표시란 의사와 표시는 일치하나 의사결정의 자유가 방해된 상태에서 의사표시가 이루어진 경우를 말하는데, **사기와 강박**에 의한 의사표시가 있다.

2 비정상적 의사표시규정(법 제107조~제110조)의 공통점

1. 신분행위(가족법상 행위), **공법상 행위, 소송행위**에는 적용이 없다.

2. 무효나 취소의 효력은 **선의의 제3자에게 대항하지 못한다.**

3. **제3자는 선의이면 족하고 무과실일 필요는 없다.** 따라서 제3자는 선의이기만 하면 과실이 있더라도 보호된다.

4. **제3자는 선의로 추정**되므로 제3자의 악의에 대한 입증책임은 무효나 취소를 주장하는 자가 부담한다.

3 진의 아닌 의사표시(비진의표시)

> 제107조 【진의 아닌 의사표시】 ① 의사표시는 표의자가 진의 아님을 알고 한 것이라도 그 **효력이 있다**. 그러나 **상대방이** 표의자의 진의 아님을 **알았거나 알 수 있었을 경우**에는 **무효**로 한다.
> ② 전항의 의사표시의 무효는 **선의의 제3자에게 대항하지 못한다**.

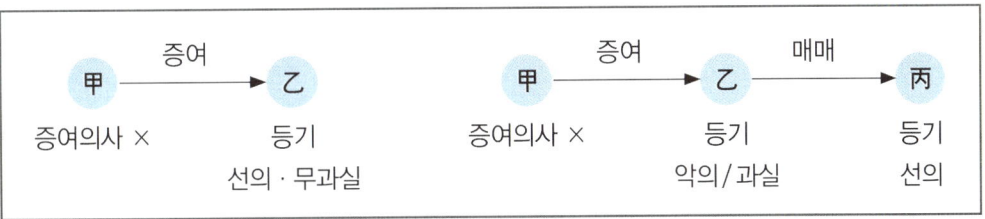

1. 의 의

① 표의자가 진의 아님을 알고 한 의사표시를 진의 아닌 의사표시 또는 비진의표시라고 한다.

② 비진의표시는 상대방과 통정이 없다는 점에서 통정허위표시와 구별된다.

2. 원 칙

① **비진의표시는** 표시된 대로 **효력이 발생하는 것이 원칙이다.**

② 비진의표시는 **상대방이 선의무과실**인 때에는 언제나 **유효**이다. 따라서 상대방으로부터 권리를 전득한 제3자는 선의·악의를 불문하고 권리를 취득한다.

3. 예 외

① 비진의표시는 **상대방이** 표의자의 진의 아님을 **알았거나 알 수 있었을 경우**, 즉 악의 또는 과실이 있는 경우에는 **무효**이다.

② 상대방의 악의 또는 과실유무에 대한 **입증책임은 무효를 주장하는 표의자에게 있다**.

③ 비진의표시는 표의자의 **상대방이** 표의자의 진의 아님을 **과실로 알지 못하는 경우에도 무효**이다.

④ 비진의표시의 무효는 **선의의 제3자에게 대항하지 못한다**.

4. 甲이 자신의 X토지를 증여의사 없이 乙에게 증여하고 이전등기를 한 후 乙이 丙에게 다시 매매하여 이전등기를 한 경우

① 乙이 선의·**무과실**이라면 乙이 소유권을 취득하므로, 丙은 악의라도 소유권을 취득한다.

② 乙이 **과실**로 알지 못한 경우에는 乙은 소유권을 취득하지 못한다.

③ ②의 경우, 丙은 **선의라면** 과실이 있더라도 소유권을 취득한다.

5. 적용범위

① 근로자가 회사의 경영방침에 따라 사직원을 제출하고 회사가 이를 받아들여 퇴직처리를 하였다가 즉시 재입사하는 형식을 취함으로써 근로자가 그 퇴직전후에 걸쳐 **실질적인 근로관계의 단절이 없이 계속 근무하였다면** 그 사직원제출은 비진의표시에 해당하고 재입사를 전제로 사직원을 제출케 한 회사 또한 그와 같은 진의 아님을 알고 있었다고 봄이 상당하다 할 것이므로 위 사직원제출과 퇴직처리에 따른 **퇴직의 효과는 생기지 아니한다**(대판 87다카2578).

② **공무원이 사직의 의사표시를 하여** 의원면직처분을 하는 경우, 비록 사직원제출자의 내심의 의사가 사직할 뜻이 아니었다고 하더라도 진의 아닌 의사표시에 관한 제107조는 그 성질상 사인의 **공법행위에는 준용되지 아니하므로** 그 의사가 외부에 표시된 이상 **그 의사는 표시된 대로 효력이 발생한다**(대판 97누13962).

③ 당사자의 진의가 가장 중시되는 혼인·입양 등과 같은 **신분행위**에는 제107조의 적용이 없고 언제나 무효이다.

④ 계약, 상대방 있는 단독행위, 상대방 없는 단독행위 모두 적용된다.

판례

1. '진의'란 **특정한 내용의 의사표시를 하고자 하는 표의자의 생각을 말하는 것이지** 표의자가 **진정으로** 마음속에서 원하는 사항을 뜻하는 것은 **아니다**.

2. 비록 재산을 **강제**로 뺏긴다는 것이 표의자의 본심으로 잠재되어 있었다 하여도, 표의자가 **강박**에 의하여서나마 증여를 하기로 하고 그에 따른 증여의 의사표시를 한 이상, **증여의 내심의 효과의사가 결여된 것이라고 할 수는 없다**(대판 2000다47361).

3. **대리권남용**
대리인이 오직 자기 이익을 꾀할 목적으로 **대리권을 남용**한 경우, **비진의표시에 관한 규정이 유추적용된다**(대판 94다29850).

4. 명의를 대여하여 대출약정을 맺은 경우
① 법률상 또는 사실상의 장애로 자기 **명의로 대출**받을 수 없는 자를 위하여 대출금채무자로서의 명의를 빌려준 자에게 그와 같은 채무부담의 의사가 없는 것이라고는 할 수 없으므로 그 의사표시를 **비진의표시에 해당한다고 볼 수 없다**(대판 96다18182).
② 학교법인이 사립학교법상의 제한규정 때문에 그 학교의 교직원들의 **명의를 빌려서** A로부터 금원을 차용한 경우에 A 역시 그러한 사정을 알고 있었다고 하더라도 교직원들의 대출의사는 **유효이다**(대판 80다639).
③ 동일인 대출한도제한을 회피하기 위하여 실질적인 주채무자가 실제 대출받고자 하는 채무액에 대하여 **금융기관의 양해 하에** 제3자 명의로 작성된 대출약정은 **통정허위표시**에 해당하여 **무효**인 법률행위이다(대판 2001다11765).

예제

1. 비진의표시에 관한 설명으로 틀린 것은? (다툼이 있으면 판례에 의함) 20. 행정사
① 공무원의 사직의 의사표시와 같은 공법행위에는 비진의표시에 관한 규정이 적용되지 않는다.
② 대리인이 대리권을 남용한 경우, 비진의표시에 관한 규정이 유추적용될 수 있다.
③ 비진의표시에서 '진의'는 특정한 내용의 의사표시를 하고자 하는 표의자의 생각을 의미하는 것은 아니다.
④ 재산을 강제로 뺏긴다는 인식을 하고 있는 자가 고지된 해악이 두려워 어쩔 수 없이 증여의 의사표시를 한 경우 이는 비진의표시라 할 수 없다.
⑤ 甲이 법률상 또는 사실상의 장애로 자기명의로 대출받을 수 없는 乙을 위하여 대출금채무자로서의 명의를 빌려준 경우, 甲의 의사표시는 비진의표시라고 할 수 없다.

해설 ③ '진의'란 특정한 내용의 의사표시를 하고자 하는 표의자의 생각을 말하는 것이지 표의자가 진정으로 마음속에서 원하는 사항을 뜻하는 것은 아니다(대판 2000다51919). ▶ 정답 ③

2. 비진의표시에 관한 설명으로 틀린 것은? 제25회
① 대출절차상 편의를 위하여 명의를 빌려준 자가 채무부담의 의사를 가졌더라도 그 의사표시는 비진의표시이다.
② 비진의표시에 관한 규정은 원칙적으로 상대방 있는 단독행위에 적용된다.
③ 매매계약에서 비진의표시는 상대방이 선의이며 과실이 없는 경우에 한하여 유효하다.
④ 사직의사 없는 사기업의 근로자가 사용자의 지시로 어쩔 수 없이 일괄사직서를 제출하는 형태의 의사표시는 비진의표시이다.
⑤ 상대방이 표의자의 진의 아님을 알았다는 것은 무효를 주장하는 자가 증명하여야 한다.

해설 ① 법률상 또는 사실상의 장애로 자기 명의로 대출받을 수 없는 자를 위하여 대출금채무자로서의 명의를 빌려준 자에게 그와 같은 채무부담의 의사가 없는 것이라고는 할 수 없으므로 그 의사표시를 비진의표시에 해당한다고 볼 수 없다(대판 96다18182). ▶ 정답 ①

4 통정허위표시

> **제108조【통정허위표시】** ① 상대방과 **통정**한 허위의 의사표시는 **무효**로 한다.
> ② 전항의 의사표시의 무효는 **선의의 제3자에게 대항하지 못한다.**

1. 의 의

① 통정허위표시란 상대방과 **통정해서** 허위표시를 하는 것을 말하며, 통정허위표시에 의하여 하는 법률행위를 **가장행위**라고 한다.

② 표의자의 진의와 표시가 불일치함을 상대방이 명확하게 인식하였더라도 그 불일치에 대하여 양자 간에 **합의가 없다면 통정허위표시는 성립할 수 없다.**

2. 당사자 사이의 효력

① 통정허위표시는 **당사자 사이**에서는 **언제나 무효**이다. 따라서 당사자가 가장매매를 한 경우에는 매도인은 매수인에게 이행 전이면 이행할 필요가 없다.

② 통정허위표시는 **사회질서에 위반한 것은 아니므로,** 당사자가 가장매매를 원인으로 소유권이전등기를 한 경우에는 **매도인은** 매수인에게 언제든지 **소유권이전등기말소 또는 진정명의회복을 원인으로 한 소유권이전등기를 청구할 수 있다.**

③ 가장양도인의 채권자는 채권자취소권의 요건을 구비한 때에는 **채권자취소권을** 행사할 수 **있다.**

④ 통정허위표시에 의하여 감추어진 **은닉행위**는 그 요건을 갖추고 있으면 **유효**이다. 따라서 甲이 乙에게 자신의 토지를 **증여**하면서 세금문제를 염려하여 **매매로 가장**하여 이전등기를 한 경우에는 **가장매매는 무효**이지만 **증여는 유효**이므로 乙은 토지의 소유권을 취득한다.

3. 제3자에 대한 효력

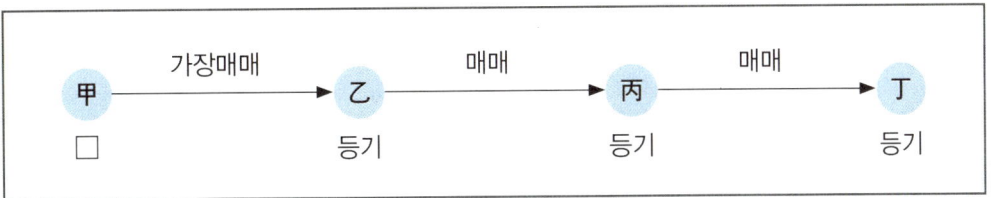

① 제3자라 함은 당사자와 그의 포괄승계인 이외의 자 중에서 통정허위표시를 기초로 하여 **새로운 이해관계를 맺은 자**를 말한다.
② 선의의 제3자에 대해서는 통정허위표시의 당사자뿐만 아니라 **그 누구도 통정허위표시의 무효로 대항할 수 없다.**
③ **제3자는 선의이면 족하고 무과실일 필요는 없다.** 따라서 제3자는 선의이기만 하면 과실이 있더라도 보호된다.
④ **제3자는 선의로 추정**되므로 제3자가 악의라는 사실의 **입증책임은 무효를 주장하는 자**에게 있다.
⑤ **선의의 제3자로부터 권리를 전득한 자**는 악의라도 선의의 제3자의 권리를 승계하므로 권리를 취득한다.
⑥ **제3자가 악의라도 그 전득자**가 통정허위표시에 대하여 **선의인 때에는** 전득자에게 허위표시의 **무효를 주장할 수 없다.**

예제

1. 甲은 자신의 X토지를 乙에게 증여하고, 세금을 아끼기 위해 이를 매매로 가장하여 乙명의로 소유권이전등기를 마쳤다. 그 후 乙은 X토지를 丙에게 매도하고 소유권이전등기를 마쳤다. 다음 설명 중 옳은 것을 모두 고른 것은? (다툼이 있으면 판례에 따름) 제29회

> ㄱ. 甲과 乙 사이의 매매계약은 무효이다.
> ㄴ. 甲과 乙 사이의 증여계약은 유효이다.
> ㄷ. 甲은 丙에게 X토지의 소유권이전등기말소를 청구할 수 없다.
> ㄹ. 丙이 甲과 乙 사이에 증여계약이 체결된 사실을 알지 못한데 과실이 있더라도 丙은 소유권을 취득한다.

① ㄱ　　　② ㄱ, ㄷ　　　③ ㄴ, ㄹ
④ ㄴ, ㄷ, ㄹ　　　⑤ ㄱ, ㄴ, ㄷ, ㄹ

해설 ⑤ 가장매매는 무효이지만 증여는 유효이므로 乙은 토지의 소유권을 취득한다. 따라서 丙도 소유권을 취득한다.
▶ 정답 ⑤

2. 甲은 자신의 부동산에 관하여 乙과 통정한 허위의 매매계약에 따라 소유권이전등기를 乙에게 해주었다. 그 후 乙은 이러한 사정을 모르는 丙과 위 부동산에 대한 매매계약을 체결하고 그에게 소유권이전등기를 해주었다. 다음 설명 중 틀린 것은? _{제27회}

① 甲과 乙은 매매계약에 따른 채무를 이행할 필요가 없다.
② 甲은 丙을 상대로 이전등기의 말소를 청구할 수 없다.
③ 丙이 부동산의 소유권을 취득한다.
④ 甲이 자신의 소유권을 주장하려면 丙의 악의를 증명해야 한다.
⑤ 丙이 선의이더라도 과실이 있으면 소유권을 취득하지 못한다.

해설 ⑤ 제3자는 선의이면 족하고 무과실일 필요는 없으므로, 丙은 선의이기만 하면 과실이 있더라도 소유권을 취득한다. ▶▶ 정답 ⑤

3. 甲은 강제집행을 피하기 위해 자신의 X부동산을 乙에게 가장매도하여 소유권이전등기를 해 주었는데, 乙이 이를 丙에게 매도하고 소유권이전등기를 해 주었다. 다음 설명 중 틀린 것은? (다툼이 있으면 판례에 따름) _{제35회}

① 甲과 乙사이의 계약은 무효이다.
② 甲과 乙사이의 계약은 채권자취소권의 대상이 될 수 있다.
③ 丙이 선의인 경우, 선의에 대한 과실의 유무를 묻지 않고 丙이 소유권을 취득한다.
④ 丙이 악의라는 사실에 관한 증명책임은 허위표시의 무효를 주장하는 자에게 있다.
⑤ 만약 악의의 丙이 선의의 丁에게 X부동산을 매도하고 소유권이전등기를 해 주더라도 丁은 소유권을 취득하지 못한다.

해설 ⑤ 제3자가 악의라도 그 전득자가 통정허위표시에 대하여 선의인 때에는 전득자에게 허위표시의 무효를 주장할 수 없으므로, 丁은 소유권을 취득한다. ▶▶ 정답 ⑤

4. 제3자에 해당하는 자

① 가장채권을 **가압류한** 채권자
② 가장전세권자의 전세권부채권을 **가압류한** 자
③ 가장행위에 기한 근저당권부채권을 **가압류한** 자
④ 가장양수인으로부터 **저당권을 설정받은** 자
⑤ 통정허위표시에 의해 설정된 전세권에 대해 **저당권을 설정받은** 자
⑥ 가장양수인으로부터 소유권이전등기청구권 보전을 위한 **가등기를 경료받은** 자
⑦ 가장채무를 보증하고 **그 보증채무를 이행하여 구상권을 취득한** 보증인
⑧ 파산선고를 받은 가장채권자의 **파산관재인**

5. 제3자에 해당하지 않는 자

① **상속인**
② 대리인이 가장매매를 한 경우에 있어서 **본인**
③ **제3자를 위한 계약에 있어서 수익자**
④ **채권**의 가장**양도**에 있어서 **채무자**
⑤ 저당권 **가장포기시** 후순위저당권자
⑥ 가장매수인의 **일반채권자**
⑦ 채권의 가장양수인으로부터 **추심을 위하여** 채권을 양수한 자
⑧ 차주와 통정하여 **가장소비대차계약**을 체결한 금융기관으로부터 **그 계약을 인수한 자**
⑨ 자신의 채권을 보전하기 위해 **가장양도인의** 가장양수인에 대한 **권리를 대위행사하는 채권자**

판례

1. **통정**한 허위표시에 의하여 형성된 법률관계로 생긴 **채권을 가압류**한 채권자가 있는 경우, 그 가압류채권자가 선의라면 그에게 허위표시의 무효를 가지고 대항할 수 없다.
2. 파산자가 상대방과 통정한 허위의 의사표시에 의해 성립된 가장채권을 보유하고 있다가 파산이 선고된 경우, **파산관재인은 제3자에 해당한다**. 단, **선의악의는** 파산관재인이 아니라 **총파산채권자를 기준으로 판단해야 하므로, 파산관재인은** 그가 비록 통정허위표시에 대해 악의였다고 하더라도 **파산채권자 모두가 악의로 되지 않는 한 선의의 제3자로 인정된다**(대판 2004다10299).
3. 제3자를 위한 계약이 통정허위표시에 해당하여 **무효**인 경우, 제3자가 선의인 경우에도 요약자는 제3자에게 **무효로 대항할 수 있다**.
4. 임대차보증금반환채권을 담보할 목적으로 임대인과 임차인이 체결한 **전세권설정계약**은 특별한 사정이 없는 한 **임대차계약의 내용과 양립할 수 없는 범위에서만** 통정허위표시로 인정된다.

> **예제**

1. 통정허위표시에 관한 설명으로 틀린 것은? (다툼이 있으면 판례에 따름)   제30회
① 통정허위표시가 성립하기 위해서는 진의와 표시의 불일치에 관하여 상대방과 합의가 있어야 한다.
② 통정허위표시로서 무효인 법률행위라도 채권자취소권의 대상이 될 수 있다.
③ 당사자가 통정하여 증여를 매매로 가장한 경우, 증여와 매매 모두 무효이다.
④ 통정허위표시의 무효로 대항할 수 없는 제3자의 범위는 통정허위표시를 기초로 새로운 법률상 이해관계를 맺었는지 여부에 따라 실질적으로 파악해야 한다.
⑤ 통정허위표시의 무효로 대항할 수 없는 제3자에 해당하는지의 여부를 판단할 때, 파산관재인은 파산채권자 모두가 악의로 되지 않는 한 선의로 다루어진다.

해설 ③ 가장매매는 무효이지만 증여는 유효이다.   ▶ 정답 ③

2. 통정허위표시를 기초로 새로운 법률상 이해관계를 맺은 제3자에 해당하지 않는 자는? (다툼이 있으면 판례에 따름)   제31회
① 가장채권을 가압류한 자
② 가장전세권에 저당권을 취득한 자
③ 채권의 가장양도에서 변제 전 채무자
④ 파산선고를 받은 가장채권자의 파산관재인
⑤ 가장채무를 보증하고 그 보증채무를 이행한 보증인

해설 ③ 채권의 가장양도에서 채무자는 제3자에 해당하지 않는다.   ▶ 정답 ③

3. 통정허위표시를 기초로 새로운 법률상 이해관계를 맺은 제3자에 해당하는 자를 모두 고른 것은? (다툼이 있으면 판례에 따름)   제34회

> ㄱ. 파산선고를 받은 가장채권자의 파산관재인
> ㄴ. 가장채무를 보증하고 그 보증채무를 이행하여 구상권을 취득한 보증인
> ㄷ. 차주와 통정하여 가장소비대차계약을 체결한 금융기관으로부터 그 계약을 인수한 자

① ㄱ   ② ㄷ   ③ ㄱ, ㄴ
④ ㄴ, ㄷ   ⑤ ㄱ, ㄴ, ㄷ

해설 ㄷ. 계약을 인수한 자는 계약당사자의 지위를 승계한 것이므로 제3자에 해당하지 않는다.
  ▶ 정답 ③

5 착오로 인한 의사표시

> **제109조 【착오로 인한 의사표시】** ① 의사표시는 법률행위의 **내용의 중요부분에** 착오 있는 때에는 **취소할 수 있다.** 그러나 그 착오가 표의자의 **중대한 과실**로 인한 때에는 **취소하지 못한다.**
> ② 전항의 의사표시의 취소는 **선의의 제3자**에게 대항하지 못한다.

1. 의 의

① 착오에 의한 의사표시란 의사와 표시의 **불일치를 표의자가 모르고 한 의사표시**를 말한다.

② 착오가 있더라도 **상대방이** 표의자의 **진의에 동의한 경우**에는 표의자의 진의대로 계약이 성립하므로, 표의자는 **착오**를 이유로 의사표시를 **취소할 수 없다.**

③ 따라서 매매계약 당사자 모두 매매목적물인 X토지의 **지번에 착오를 일으켜** 계약서에 목적물을 Y토지로 표시한 경우, **착오**를 이유로 의사표시를 **취소할 수 없다.**

④ 장래의 미필적 사실의 발생에 대한 기대나 예상이 빗나간 것에 불과한 것은 착오라고 할 수 없다.

2. 동기의 착오

① 동기는 법률행위를 하게 된 자신만의 이유에 불과하므로, 동기의 착오를 이유로는 **원칙적으로 취소할 수 없다.**

② 동기의 착오를 이유로 표의자가 법률행위를 취소하려면 그 동기를 **표시하여** 법률행위의 내용으로 되어 있다고 인정되면 충분하고, 당사자들 사이에 별도로 그 동기를 의사표시의 내용으로 삼기로 하는 **합의까지 이루어질 필요는 없다**(대판 2000다12259).

③ 동기의 착오가 상대방으로부터 **유발 또는 제공된 경우**에는 **표시되지 않았다 하더라도** 착오를 이유로 법률행위를 **취소할 수 있다.**

3. 법률행위의 내용의 중요부분에 착오가 있어야 취소할 수 있다.

① 중요부분의 착오란 **표의자가** 착오를 알았더라면 의사표시를 하지 않았을 정도로 중요하고, **일반인도** 표의자의 입장에서 그 착오를 알았더라면 의사표시를 하지 않았을 정도로 중요한 경우를 말한다.

② 법률행위의 효력을 **부인하려는 표의자(착오자)**는 법률행위의 내용의 중요부분의 착오가 있음을 **입증**해야 착오를 이유로 취소할 수 있다.

③ 착오로 인하여 표의자가 **경제적인 불이익을 입은 것이 아니라고 한다면** 이를 법률행위의 내용의 **중요부분의 착오라고 할 수 없다**(대판 98다47924).

④ 가압류등기가 없다고 믿고 보증하였더라도 **그 가압류가 원인 무효인 것으로 밝혀진 경우**, 착오를 이유로 의사표시를 취소할 수 없다.

⑤ 착오로 인한 **불이익**이 법령의 개정 등 사정의 변경으로 **소멸하였다면** 착오를 이유로 한 **취소권의 행사는** 신의칙에 의해 **제한될 수 있다.**

⑥ 토지매매에 있어서 **시가에 관한 착오는** 토지를 매수하려는 의사를 결정함에 있어 동기의 착오에 불과할 뿐 법률행위의 **중요부분의 착오라고 할 수 없다**(대판 84다카890).

⑦ 건물과 그 부지를 현상대로 매수한 경우에 부지의 **지분이 미미하게 부족**한 것은 그 매매계약의 **중요부분의 착오라고 할 수 없다**(대판 83다카1328).

⑧ **토지의 현황·경계**에 관한 착오(매수인이 경작 가능한 **농지**로 알고 매수했는데 대부분이 **하천부지**인 경우)는 **중요부분의 착오에 해당한다.**

⑨ **법률에 관한 착오**라도 그것이 법률행위의 내용의 **중요부분**에 관한 것인 때에는 표의자는 그 의사표시를 **취소할 수 있다**(대판 80다2475).

⑩ **물상보증인의 채무자의 동일성에 관한 착오**는 중요부분의 착오에 해당한다.

4. 착오가 표의자의 중대한 과실로 인한 때에는 취소하지 못한다.

① 중대한 과실이란 표의자의 직업, 행위의 종류, 목적 등에 비추어 보통 요구되는 주의를 현저히 결여하는 것을 말한다(대판 2017다227264).

② 표의자에게 **중대한 과실이** 있다는 점은 **법률행위의 효력을 주장하려는 상대방이 입증**해야 한다.

③ 표의자는 **경과실**이 있더라도 중과실이 아니라면 **취소할 수 있다.**

④ 표의자에게 **중과실**이 있다고 하여도 **상대방이 표의자의 착오를 알면서 이를 이용한 경우**에는 상대방을 보호할 필요가 없으므로 표의자는 그 의사표시를 **취소할 수 있다**(대판 2013다49794).

⑤ 토지매매에 있어서 **매수인이 측량을 통하여** 매매목적물이 지적도상의 그것과 정확히 일치하는지 **확인하지 않은 경우, 매수인에게 중대한 과실은 인정되지 않는다.**

⑥ **부동산중개업자가** 다른 점포를 매매 목적물로 **잘못 소개**하여 매수인이 매매목적물에 관하여 착오를 일으킨 경우에는 **매수인에게 중대한 과실은 인정되지 않는다.**

⑦ **공인중개사를 통하지 않고** 토지거래를 하는 경우, **토지대장 등을 확인하지 않은 매수인은** 매매목적물의 동일성에 착오가 있더라도 **중대한 과실이 있으므로** 착오를 이유로 매매계약을 취소할 수 없다(대판 2009다40356).

⑧ **공장을 경영하는 자가** 공장이 협소하여 새로운 공장을 설립할 목적으로 토지를 매수하면서 토지상에 **공장을 건축할 수 있는지 여부를 관할관청에 알아보지 않았다면** 이는 **중대한 과실에 해당한다.**

5. 착오와 사기

① 타인의 **기망**행위에 기하여 **중요부분의 착오**가 발생한 때에는 그 요건을 입증하여 착오 또는 사기를 **선택적으로 주장**할 수 있다.

② 그러나 **제3자의 기망에 의해** 신원보증서류에 서명날인한다는 착각에 빠진 상태에서 연대보증서면에 서명날인한 경우와 같은 **서명의 착오는 표시상의 착오에 해당하므로**, 비록 위와 같은 착오가 제3자의 기망행위에 의하여 일어난 것이라 하더라도 **사기에 관한 규정을 적용할 것이 아니라, 착오에 의한 규정만을 적용하여 취소권 행사의 가부를 가려야 한다**(대판 2004다43824).

6. 착오와 담보책임

매매계약 내용의 **중요부분에 착오**가 있는 경우, 매수인은 **매도인의 하자담보책임이 성립하는지와 상관없이 착오를 이유로 매매계약을 취소할 수 있다**(대판 2015다78703).

7. 해제 후 취소

매도인이 매수인의 중도금 지급채무불이행을 이유로 매매계약을 적법하게 **해제한 후라도** 매수인으로서는 계약해제의 효과로서 발생하는 손해배상책임을 지거나 매매계약에 따른 계약금의 반환을 받을 수 없는 불이익을 면하기 위하여 착오를 이유로 한 **취소권을 행사할 수 있다**(대판 95다24982).

8. 착오와 불법행위

표의자가 **착오**를 이유로 의사표시를 **취소**하여 상대방이 **손해**를 입은 경우라도 상대방은 **불법행위를 이유로 손해배상을 청구할 수는 없다**(대판 97다13023).

9. 임의규정

당사자의 합의로 착오로 인한 취소규정의 **적용을 배제할 수 있다.** 따라서 당사자가 착오를 이유로 의사표시를 취소하지 않기로 약정한 경우에는 표의자는 의사표시를 취소할 수 없다(대판 2013다97694).

예제

1. 착오에 관한 설명으로 틀린 것은? (다툼이 있으면 판례에 따름) 제28회

① 당사자가 착오를 이유로 의사표시를 취소하지 않기로 약정한 경우, 표의자는 의사표시를 취소할 수 없다.
② 건물과 그 부지를 현상대로 매수한 경우에 부지의 지분이 미미하게 부족하다면, 그 매매계약의 중요부분의 착오가 되지 아니한다.
③ 부동산거래계약서에 서명·날인한다는 착각에 빠진 상태로 연대보증의 서면에 서명·날인한 경우에는 표시상의 착오에 해당한다.
④ 상대방이 표의자의 착오를 알고 이용한 경우에도 의사표시에 중대한 과실이 있는 표의자는 착오에 의한 의사표시를 취소할 수 없다.
⑤ 상대방에 의해 유발된 동기의 착오는 동기가 표시되지 않았더라도 중요부분의 착오가 될 수 있다.

해설 ④ 표의자에게 중과실이 있다고 하여도 상대방이 표의자의 착오를 알면서 이를 이용한 경우에는 상대방을 보호할 필요가 없으므로 표의자는 그 의사표시를 취소할 수 있다(대판 2013다49794).

▶ 정답 ④

2. 착오에 관한 설명으로 옳은 것을 모두 고른 것은? (다툼이 있으면 판례에 따름) 제31회

> ㄱ. 매도인의 하자담보책임이 성립하더라도 착오를 이유로 한 매수인의 취소권은 배제되지 않는다.
> ㄴ. 경과실로 인해 착오에 빠진 표의자가 착오를 이유로 의사표시를 취소한 경우, 상대방에 대하여 불법행위로 인한 손해배상책임을 진다.
> ㄷ. 상대방이 표의자의 착오를 알고 이용한 경우, 표의자는 착오가 중대한 과실로 인한 것이더라도 의사표시를 취소할 수 있다.
> ㄹ. 매도인이 매수인의 채무불이행을 이유로 계약을 적법하게 해제한 후에는 매수인은 착오를 이유로 취소권을 행사할 수 없다.

① ㄱ, ㄴ ② ㄱ, ㄷ ③ ㄱ, ㄹ
④ ㄴ, ㄷ ⑤ ㄴ, ㄹ

해설 ㄴ. 표의자가 착오를 이유로 의사표시를 취소하여 상대방이 손해를 입은 경우라도 상대방은 불법행위를 이유로 손해배상을 청구할 수는 없다(대판 97다13023).
ㄹ. 매도인이 매수인의 채무불이행을 이유로 계약을 적법하게 해제한 후에도 매수인은 착오를 이유로 취소권을 행사할 수 있다(대판 95다24982).

▶ 정답 ②

6 사기, 강박에 의한 의사표시(하자 있는 의사표시)

제110조【사기, 강박에 의한 의사표시】 ① 사기나 강박에 의한 의사표시는 취소할 수 있다.
② 상대방 있는 의사표시에 관하여 **제3자가 사기나 강박을 행한 경우**에는 **상대방**이 그 사실을 **알았거나 알 수 있었을 경우에 한하여** 그 의사표시를 **취소할 수 있다**.
③ 전2항의 의사표시의 취소는 **선의의 제3자**에게 대항하지 못한다.

1. 의 의

하자 있는 의사표시란 의사와 표시는 일치하나 의사결정 과정에 타인의 위법한 간섭에 의하여 의사표시가 이루어진 경우를 말한다.

2. 2단의 고의가 있을 것

① 사기를 이유로 의사표시를 취소하기 위해서는 사기자에게 표의자를 기망하여 착오에 빠지게 하려는 고의와 다시 그 착오에 기하여 표의자로 하여금 의사표시를 하게 하려는 고의가 있어야 한다.
② 따라서 **과실**에 의한 경우는 사기를 이유로 취소할 수 없다.

3. 기망행위

① 중대한 고지의무 위반은 **부작위 또는 침묵**에 의한 기망행위가 될 수 있다.
② 아파트분양자가 아파트단지 인근에 **공동묘지가 조성되어 있다는 사실**을 분양계약자에게 **고지하지 않은 경우**에는 **기망행위에 해당한다.**
③ 아파트 분양자가 아파트 인근에 **쓰레기매립장이 건설될 예정이라는 사실**을 분양계약자에게 **고지하지 않는 것은 기망행위에 해당한다.**
④ 교환계약의 당사자가 목적물의 **시가를 묵비**하여 상대방에게 고지하지 아니하거나 허위로 시가보다 높은 가액을 시가라고 고지한 경우라도 **사기에 해당하지 않는다.**
⑤ 분양회사가 상가를 분양하면서 그 곳에 첨단 오락타운을 조성하여 수익을 보장한다는 **다소 과장된 선전광고를 하는 것은 기망행위에 해당하지 않는다.**
⑥ **기망행위로 인하여** 법률행위의 중요부분에 관하여 착오를 일으킨 경우뿐만 아니라, **동기에 관하여 착오**를 일으킨 경우에도, 표의자는 그 법률행위를 **사기**에 의한 의사표시로써 **취소할 수 있다**(대판 85도167).
⑦ **재산상의 손해**를 입히려고 하는 의사가 기망행위를 하는 자에게 있을 것을 요하지 않는다.
⑧ 따라서 신의칙에 반하여 정상가격을 높이 책정한 후 할인하여 원래 가격으로 판매하는 백화점 **변칙세일은 기망행위에 해당한다.**

4. 강박행위

① 법률행위의 성립과정에 **강박**이라는 불법적 방법이 사용된 것에 불과한 때에는 **반사회질서의 법률행위라고 할 수 없다.**

② **강박**에 의해 증여의 의사표시를 하였다고 하여 **비진의표시라고 할 수 없다.**

③ **강박**에 의한 법률행위가 **무효**로 되기 위하여는 강박의 정도가 극심하여 의사표시자의 의사결정의 자유가 **완전히 박탈**된 상태에서 이루어져야 한다(대판 92다7719).

④ **고소·고발**하겠다고 하는 것은 강박이 되지 않는 것이 원칙이나, **부정한 이익**의 취득을 목적으로 하거나 목적이 정당하더라도 **행위나 수단 등이 부당한 때**에는 위법성이 있어 **강박**이 될 수 있다.

⑤ 상대방이 **불법적인 해악의 고지 없이** 각서에 서명날인할 것을 강력히 요구하는 것만으로는 **강박이 되지 않는다.**

⑥ 상대방이 불법으로 해악을 고지했더라도 표의자가 이로 말미암아 **공포심을 느끼지 않았다면 강박이 되지 않는다.**

5. 제3자의 사기·강박의 경우

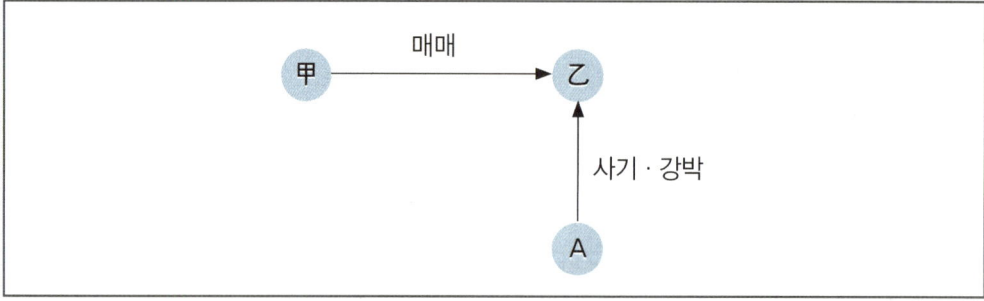

① 상대방 있는 의사표시에 관하여 **제3자가 사기나 강박을 행한 경우**에는 **상대방**이 그 사실을 **알았거나 알 수 있었을 경우**에 한하여 그 의사표시를 **취소할 수 있다.**

② 따라서 **상대방**이 선의무과실인 경우에는 **취소하지 못한다.**

③ 제3자의 사기행위 자체가 불법행위를 구성하는 이상 제3자로서는 그 불법행위로 인하여 피해자가 입은 손해를 배상할 책임을 부담하는 것이므로, **피해자가 제3자를 상대로 손해배상청구를 하기 위하여 반드시 그 분양계약을 취소할 필요는 없다**(대판 97다55829). 따라서 피해자는 **분양계약을 취소하지 않고 제3자를 상대로 손해배상을 청구할 수 있다.**

④ 상대방의 **피용자가 표의자를 사기·강박**한 경우에는 **제3자의 사기·강박에 해당한다.** 그러나 상대방의 피용자라도 **상대방과 동일시할 수 있는 자는 제3자에 해당하지 않는다.**

6. 대리인의 사기·강박(언제나 취소)

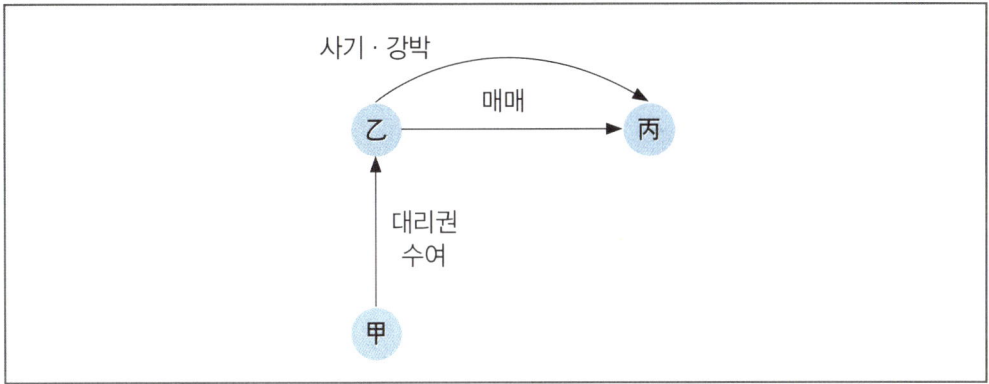

① **대리인**은 본인과 동일시할 수 있는 자이므로 **제3자에 해당되지 않는다**. 따라서 대리인이 상대방을 사기·강박한 경우, 상대방은 **본인의 선의·악의를 불문하고 취소할 수 있다**.

② 甲의 **대리인 乙의 사기**로 乙에게 매수의사를 표시한 丙은 **甲이 그 사실을 알지 못한 경우에도**, 사기를 이유로 법률행위를 **취소할 수 있다**.

7. 제3자와의 관계

① 사기·강박에 의한 의사표시의 취소는 **선의의 제3자에게는 대항하지 못한다.**

② **제3자는 선의로 추정**되므로, 사기로 인하여 의사표시를 취소하려는 자가 제3자의 악의를 증명하여야 한다(대판 70다2155).

8. 사기와 담보책임과의 관계

① 매수인이 **매도인의 기망에 의하여 타인의 물건을 매도인의 것으로 알고 매수한 경우**, 매수인은 **사기를 이유로 취소할 수 있다**(대판 73다268).

② 사기를 이유로 의사표시를 취소하거나 담보책임을 선택적으로 행사할 수 있다.

9. 공법행위와 소송행위

① 공법행위와 소송행위에는 비정상적 의사표시에 관한 민법규정이 적용되지 않는 것이 원칙이다.

② 따라서 **소송행위**는 착오, 사기 또는 강박에 의하여 이루어진 것임을 이유로 **취소할 수 없는 것이 원칙이다**(대판 96다35484).

예제

1. 사기·강박에 의한 의사표시에 관한 설명으로 틀린 것은? (다툼이 있으면 판례에 의함)

제25회

① 사기나 강박에 의한 소송행위는 원칙적으로 취소할 수 없다.
② 대리인의 기망행위로 계약을 체결한 상대방은 본인이 선의이면 계약을 취소할 수 없다.
③ 강박으로 의사결정의 자유가 완전히 박탈되어 법률행위의 외형만 갖춘 의사표시는 무효이다.
④ 교환계약의 당사자 일방이 자기 소유 목적물의 시가를 묵비한 것은 특별한 사정이 없는 한 기망행위가 아니다.
⑤ 제3자의 사기로 계약을 체결한 경우, 피해자는 그 계약을 취소하지 않고 그 제3자에게 불법행위책임을 물을 수 있다.

해설 ② 대리인은 본인과 동일시할 수 있는 자이므로 제3자에 해당되지 않는다. 따라서 대리인이 상대방을 사기·강박한 경우, 상대방은 본인의 선의·악의를 불문하고 취소할 수 있다. ▶ 정답 ②

2. 사기·강박에 의한 의사표시에 관한 설명으로 틀린 것은?

22. 감평사

① 상대방의 기망행위로 의사결정의 동기에 관하여 착오를 일으켜 법률행위를 한 경우, 사기를 이유로 그 의사표시를 취소할 수 있다.
② 상대방이 불법적인 해악의 고지 없이 각서에 서명날인할 것을 강력히 요구하는 것만으로는 강박이 되지 않는다.
③ 부작위에 의한 기망행위로도 사기에 의한 의사표시가 성립할 수 있다.
④ 제3자에 의한 사기행위로 계약을 체결한 경우, 표의자는 먼저 그 계약을 취소하여야 제3자에 대하여 불법행위로 인한 손해배상을 청구할 수 있다.
⑤ 매수인이 매도인을 기망하여 부동산을 매수한 후 제3자에게 저당권을 설정해 준 경우, 특별한 사정이 없는 한 제3자는 매수인의 기망사실에 대하여 선의로 추정된다.

해설 ④ 피해자가 제3자를 상대로 손해배상청구를 하기 위하여 반드시 그 분양계약을 취소할 필요는 없다(대판 97다55829). ▶ 정답 ④

제 5 절 의사표시의 효력발생시기

1 도달주의

> 제111조【의사표시의 효력발생시기】① 상대방 있는 의사표시는 그 통지가 상대방에 **도달한 때로부터** 그 효력이 생긴다.
> ② 표의자가 그 통지를 발한 후 **사망**하거나 **행위능력을 상실**하여도 의사표시의 효력에 영향을 미치지 아니한다.

1. 도달주의의 원칙

① 상대방 있는 의사표시는 그 통지가 상대방에 **도달한 때로부터** 그 효력이 생긴다.

② 도달이란 사회통념상 그 통지의 내용을 **알 수 있는 객관적 상태에 놓인 때**를 말한다. 따라서 **상대방이 이를 현실적으로 수령하거나** 그 통지의 내용을 **알았을 것까지 요하지는 않는다**(대판 97다31281).

③ 동거하는 가족이 수령했다면 본인에게 전달되지 않았더라도 도달로 인정되며, **상대방이 정당한 사유 없이 수령을 거절하더라도** 상대방이 그 통지의 내용을 **알 수 있는 객관적 상태에 놓인 때에 도달된 것으로 본다**(대판 2008다19973).

④ 표의자는 의사표시가 상대방에게 **도달하기 전까지만 철회할 수 있다**. 따라서 의사표시가 상대방에게 **도달한 후에는** 상대방이 요지하기 전이라도 **철회할 수 없다**.

⑤ 도달주의를 취하기 때문에 의사표시의 **연착 또는 불착은 표의자가 불이익**을 부담해야 한다.

⑥ 의사표시의 **효력을 주장하는 자가** 도달사실을 **입증**하여야 한다.

⑦ **보통우편**의 방법으로 발송되었다는 사실만으로는 그 우편물이 상당기간 내에 **도달하였다고 추정할 수 없고** 송달의 효력을 주장하는 측에서 증거에 의하여 도달사실을 입증하여야 한다(대판 2000다25002).

⑧ **내용증명우편**이나 **등기우편**으로 우편물이 발송되고 달리 반송되지 않았다면 특별한 사정이 없는 한 이는 **그 무렵에 송달되었다**고 봄이 상당하다(대판 2007다51758).

2. 발신 후 도달 전의 사정의 변화

① **표의자가** 그 통지를 발한 후 **사망하거나 행위능력을 상실**하여도 의사표시의 **효력에 영향을 미치지 아니한다.**

② 매매의 청약이 상대방에게 도달하기 전에 청약자가 **사망**한 경우에도 청약은 상대방에게 도달함으로써 그 **효력이 발생한다.**

③ 표의자가 의사표시를 발한 후 **행위능력을 상실**하여도 의사표시를 **취소할 수 없다.**

2 의사표시의 수령능력

> 제112조【제한능력자에 대한 의사표시의 효력】 의사표시의 상대방이 이를 받은 때에 **제한능력자**인 경우에는 의사표시자는 그 의사표시로써 대항할 수 없다. 다만, 그 상대방의 **법정대리인이** 의사표시가 **도달한 사실을 안 후**에는 그러하지 아니하다.

1. **제한능력자는** 원칙적으로 의사표시의 **수령무능력자이므로**, 의사표시를 **제한능력자가 수령한 때**에는 표의자는 **도달을 주장하지 못한다.**

2. 상대방이 제한능력자인 경우에는 그 **법정대리인이** 의사표시의 도달을 **안 후**에 표의자는 그 의사표시의 **도달을 주장할 수 있다.**

3 의사표시의 공시송달

1. 표의자가 **과실 없이** 상대방을 알지 못하거나 상대방의 소재를 알지 못하는 경우에는 **공시송달을 할 수 있다**(제113조).

2. 표의자의 **과실로 인하여** 상대방을 알지 못하거나 상대방의 소재를 알지 못하는 경우에는 **공시송달을 할 수 없다.**

4 발신주의가 적용되는 경우(도달주의의 예외)

1. 무권대리인의 상대방의 최고에 대한 본인의 확답(법 제131조)

2. 격지자 간의 계약에 있어서 승낙(법 제531조)

예제

1. 상대방 있는 의사표시의 효력발생에 관한 설명으로 옳은 것은? 22. 감평사

① 의사표시의 도달은 표의자의 상대방이 이를 현실적으로 수령하거나 그 통지의 내용을 알았을 것을 요한다.
② 제한능력자는 원칙적으로 의사표시의 수령무능력자이다.
③ 보통우편의 방법으로 발송된 의사표시는 상당기간 내에 도달하였다고 추정된다.
④ 표의자가 의사표시를 발송한 후 사망한 경우, 그 의사표시는 효력을 잃는다.
⑤ 표의자가 과실로 상대방을 알지 못하는 경우에는 민사소송법 공시송달의 규정에 의하여 의사표시의 효력을 발생시킬 수 있다.

해설 ① 도달이란 사회통념상 요지할 수 있는 상태에 달한 때를 말한다. 따라서 상대방이 이를 현실적으로 수령하거나 그 통지의 내용을 알았을 것까지 요하지는 않는다.
③ 보통우편의 방법으로 발송되었다는 사실만으로는 그 우편물이 상당기간 내에 도달하였다고 추정할 수 없다(대판 2000다25002).
④ 표의자가 그 통지를 발한 후 사망하거나 행위능력을 상실하여도 의사표시의 효력에 영향을 미치지 아니한다.
⑤ 표의자의 과실로 인하여 상대방을 알지 못하거나 상대방의 소재를 알지 못하는 경우에는 공시송달을 할 수 없다.
▶ 정답 ②

2. 甲은 乙과 체결한 매매계약에 대한 적법한 해제의 의사표시를 내용증명우편을 통하여 乙에게 발송하였다. 다음 설명 중 옳은 것은? (다툼이 있으면 판례에 따름) 제30회

① 甲이 그 후 사망하면 해제의 의사표시는 효력을 잃는다.
② 乙이 甲의 해제의 의사표시를 실제로 알아야 해제의 효력이 발생한다.
③ 甲은 내용증명우편이 乙에게 도달한 후에도 일방적으로 해제의 의사표시를 철회할 수 있다.
④ 甲의 내용증명우편이 반송되지 않았다면, 특별한 사정이 없는 한 그 무렵에 乙에게 송달되었다고 봄이 상당하다.
⑤ 甲의 내용증명우편이 乙에게 도달한 후 乙이 성년후견개시의 심판을 받은 경우, 甲의 해제의 의사표시는 효력을 잃는다.

해설 ① 표의자가 그 통지를 발한 후 사망하거나 행위능력을 상실하여도 의사표시의 효력에 영향을 미치지 아니한다.
② 도달이란 사회통념상 요지할 수 있는 상태에 달한 때를 말한다. 따라서 상대방이 이를 현실적으로 수령하거나 그 통지의 내용을 알았을 것까지 요하지는 않는다.
③ 의사표시는 도달 후에는 철회할 수 없다.
⑤ 의사표시를 수령할 당시에는 능력자이었으므로 수령 후에 제한능력자가 되어도 의사표시의 효력에는 아무런 영향이 없다.
▶ 정답 ④

Chapter 02 대리

제1절 총칙

1 대리제도의 의의

1. **법률행위는 대리인**이 하고 그로 인한 **효과 즉, 책임은 본인**에게 귀속하는 제도를 말한다.

2. 대리인이 한 법률행위가 본인에게 귀속되기 위해서는 대리인에게 대리권이 있어야 하고, 그 권한범위 내에서 본인을 위한 대리행위를 하여야 한다.

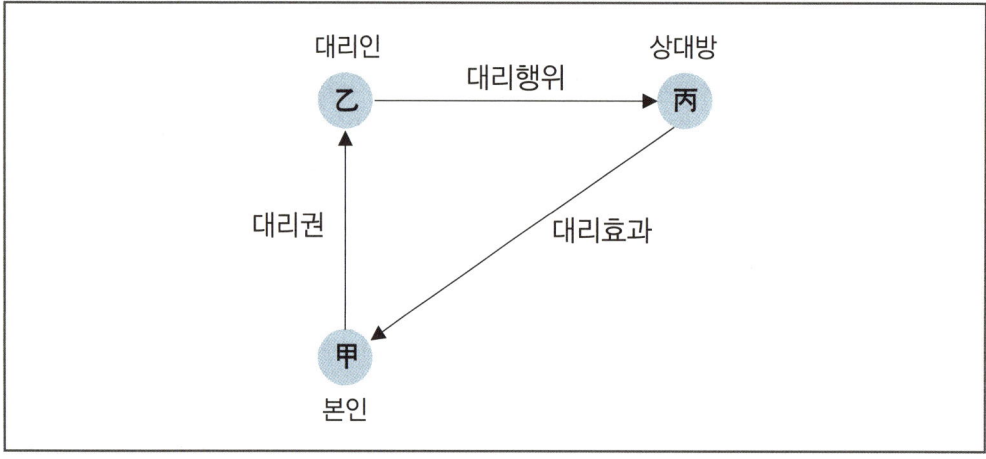

2 대리의 종류

1. 임의대리와 법정대리

임의대리란 본인의 **수권행위**에 의하여 대리권이 부여된 대리를 말하며, **법정대리**란 **법률규정**에 의하여 대리권이 부여된 대리를 말한다.

2. 능동대리와 수동대리

대리인이 상대방에 대하여 의사표시를 하는 대리가 능동대리이며, 상대방이 하는 의사표시를 수령하는 대리를 수동대리라고 한다.

3. 유권대리와 무권대리

유권대리행위에 대해서는 본인에게 그 법률효과가 귀속하나, 무권대리행위에 대해서는 본인에게 법률효과가 귀속되지 않고 본인이 추인하면 소급해서 유효가 되고, 추인을 거절하면 확정적으로 무효로 된다(유동적 무효).

제2절 대리권

1 대리권의 발생원인

1. 법정대리권의 발생원인 ⇨ 법률규정

① 친권자, 한정후견인, 성년후견인
② 부부 간의 일상가사대리권

2. 임의대리권의 발생원인 ⇨ 수권행위

① 수권행위는 본인이 대리인에게 대리권을 수여하는 상대방 있는 단독행위로서 위임계약이나 고용계약과 같은 원인된 법률관계(기초적 내부관계)와는 구별된다.
② **수권행위는** 특별한 방식을 요하지 않는 **불요식행위이므로, 묵시적으로도 가능하다**(대판 2016다203315).
③ **수권행위는** 특별한 사정이 없는 한 **언제든지 철회할 수 있다.** 따라서 본인은 원인된 법률관계가 종료되기 전에도 수권행위를 철회할 수 있다.

2 임의대리권의 범위

1. 임의대리권의 범위는 본인의 수권행위의 합리적 해석에 의하여 결정된다.

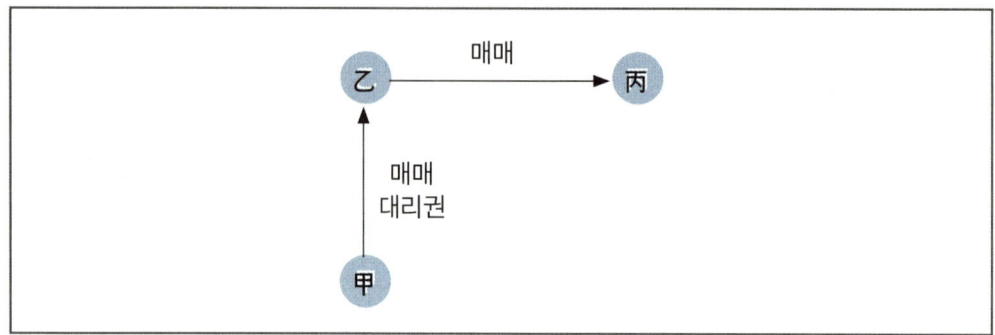

① 부동산의 소유자를 대리하여 **매매계약을 체결할 권한**이 있는 대리인은 특별한 사정이 없는 한 **매매대금을 수령할 권한이 있다.** 따라서 **대리인이 상대방으로부터 대금 전부를 지급받고** 아직 본인에게 전달하지 않았더라도 특별한 사정이 없는 한 **상대방의 대금지급의무는 변제로 소멸한다.**

② 매매계약의 체결과 이행에 관하여 **포괄적으로 대리권을 수여받은 대리인은** 특별한 사정이 없는 한 **매매대금지급기일을 연기해 줄 권한도 있다**(대판 91다43107).

③ 매매계약을 체결할 권한을 수여받은 대리인에게 본래의 계약관계를 **해제나 취소할 대리권은 없다**(대판 92다39365).

④ 강제경매절차에서 본인을 대리하여 **경매입찰에 임하는 대리권에는** 경락허가결정이 있은 후 채권자의 강제경매신청 '취하'에 동의할 권한까지 **포함되는 것은 아니다.**

⑤ **예금계약체결을 위임받은 대리인에게** 당연히 그 예금을 담보로 하여 대출을 받거나 이를 **처분할 수 있는 대리권이 포함되는 것은 아니다**(대판 2000다38992).

⑥ **대여금의 영수권한만을 위임받은 대리인이** 그 대여금 채무의 일부를 **면제**하기 위하여는 **본인의 특별수권이 필요하다**(대판 80다3221).

2. 대리권의 범위를 정하지 않은 경우

> 제118조【대리권의 범위】 권한을 정하지 아니한 대리인은 다음 각호의 행위만을 할 수 있다.
> 1. 보존행위
> 2. 대리의 목적인 물건이나 권리의 **성질을 변하지 아니하는 범위**에서 그 이용 또는 개량하는 행위

① 대리권의 범위가 불분명한 대리인도 **보존행위**는 **제한 없이** 할 수 있다.

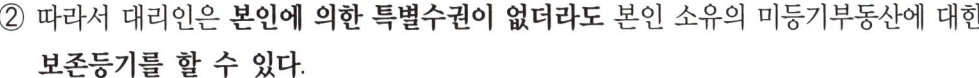

② 따라서 대리인은 **본인에 의한 특별수권이 없더라도** 본인 소유의 미등기부동산에 대한 **보존등기를 할 수 있다**.
③ 대리권의 범위가 불분명한 대리인도 본인의 채권의 **소멸시효를 중단시킬 수 있다.**
④ **이용 또는 개량행위**는 대리의 목적인 물건이나 권리의 **성질을 변하지 아니하는 범위에서만** 할 수 있다.
⑤ 따라서 본인의 **예금을 인출하여** 주식을 매입하거나 이자부로 타인에게 대여하는 행위는 물건이나 권리의 성질을 변하게 하는 행위로서 인정되지 않는다.

3 대리권의 제한

1. 자기계약, 쌍방대리의 금지

> **제124조【자기계약, 쌍방대리】** 대리인은 **본인의 허락이 없으면** 본인을 위하여 자기와 법률행위를 하거나 동일한 법률행위에 관하여 당사자 쌍방을 대리하지 못한다. 그러나 **채무의 이행**은 할 수 있다.

① 대리인 자신이 본인과 직접 법률행위를 하는 것을 자기계약이라고 하며, 동일한 법률행위에 대해 대리인이 당사자 쌍방 모두를 대리하는 것을 쌍방대리라고 한다.
② 자기계약과 쌍방대리는 본인의 이익을 침해할 염려가 있으므로 원칙적으로 금지된다.
③ **본인의 허락**이 있는 경우에는 당연히 자기계약과 쌍방대리가 **허용된다**.
④ 본인의 허락이 없더라도 **기한이 도래한 다툼이 없는 확정된 채무이행**은 할 수 있다.
⑤ 따라서 대리인에 대한 본인의 금전채무가 **기한이 도래한 경우에는** 대리인은 **본인의 허락 없이 그 채무를 변제할 수 있다**.
⑥ **등기신청행위**는 이미 확정된 채무를 이행하는 것이므로 자기계약과 쌍방대리가 허용된다.
⑦ 기한이 도래하지 않은 채무이행, 다툼이 있는 채무이행, 경개(更改), 대물변제는 본인의 허락이 없는 한 자기계약과 쌍방대리가 허용하지 아니한다.
⑧ 자기계약과 쌍방대리의 금지규정에 위반한 대리행위는 무권대리가 된다. 따라서 본인의 추인 여부에 따라 본인에게 그 효과가 발생할 여지가 있다.
⑨ **부동산 입찰절차에서** 동일물건에 관하여 **이해관계가 다른 2인 이상의 대리인이 된 경우에는** 그 대리인이 한 입찰은 **무효**이다(대결 2003마44).

2. 각자대리의 원칙

> 제119조【각자대리】대리인이 **수인**인 때에는 **각자**가 본인을 대리한다. 그러나 법률 또는 수권행위에 다른 정한 바가 있는 때에는 그러하지 아니하다.

① 대리인이 **수인**인 경우, 특별한 사정이 없는 한 **각자가 본인을 대리하는 것을 원칙으로 한다.**
② 대리인이 수인인 경우, 본인의 수권이나 법률규정에 의해 공동대리제한을 둔 경우에만 공동으로 대리해야 한다.

4 대리권의 소멸

1. 법정대리·임의대리에 공통된 소멸사유

> 제127조【대리권의 소멸사유】대리권은 다음 각 호의 어느 하나에 해당하는 사유가 있으면 소멸된다.
> 1. **본인의 사망**
> 2. **대리인의** 사망, **성년후견의 개시** 또는 **파산**

① 본인이 사망하면 대리권은 소멸한다.
② 본인의 성년후견의 개시 또는 파산은 대리권소멸사유가 아니다.
③ 대리인이 사망하면 대리권은 대리인의 상속인에게 상속되는 것이 아니라 소멸한다.
④ 대리인이 성년후견의 개시 또는 파산선고를 받게 되면 대리권은 소멸한다.
⑤ **대리인의 한정후견의 개시는 대리권소멸사유가 아니다.**

2. 임의대리의 특유한 소멸사유

> 제128조【임의대리의 종료】법률행위에 의하여 수여된 대리권은 전조의 경우 외에 그 원인된 법률관계의 종료에 의하여 소멸한다. 법률관계의 종료 전에 본인이 수권행위를 철회한 경우에도 같다.

① 임의대리권은 **원인된 법률관계의 종료**에 의하여 소멸한다.
② **원인된** 법률관계가 종료되기 전이라도 본인이 **수권행위를 철회하면** 임의대리권은 소멸한다.

제3절 대리행위

1 현명주의(대리의사의 표시)

> 제114조【대리행위의 효력】 ① 대리인이 그 권한 내에서 **본인을 위한 것임을 표시한** 의사표시는 직접 본인에게 대하여 효력이 생긴다.
> 제115조【본인을 위한 것임을 표시하지 아니한 행위】 대리인이 **본인을 위한 것임을 표시하지 아니한 때에는** 그 의사표시는 자기를 위한 것으로 본다. 그러나 **상대방이** 대리인으로서 한 것임을 **알았거나 알 수 있었을 때**에는 전조 제1항의 규정을 준용한다.

1. 대리의사의 표시

① 대리인이 본인을 위한 것임을 표시하여야 대리행위로써 본인에게 효력이 있다. 따라서 **현명하지 않고 한 경우에는 무권대리나 표현대리도 적용될 여지가 없다.**

② 본인을 위한다는 것은 본인에게 법률효과를 귀속시키려는 의사를 의미하는 것이지 **본인의 이익을 위해서란 뜻이 아니다.**

③ 표시방법은 서면상에 표시되는 것이 전형적이지만 구두로도 가능하다. 또한 명시되지 아니하더라도 행위 당시의 사정으로 판단하여 대리행위란 취지가 명백하면 된다. 즉, **묵시적으로도 가능하다.**

④ 따라서 계약서 등에 **대리인이 직접 본인의 성명만을 기재하고 본인의 인장을 날인하는 경우**에도 주위의 사정에 비추어 보아 대리인에게 **대리의사가 있는 것으로 인정되는 한** 유효한 **대리행위로 볼 수 있다.**

2. 대리의사의 표시가 없는 경우

① 대리인이 **본인을 위한 것임을 표시하지 아니한 때에는** 그 의사표시는 **대리인 자신을 위한 것으로 본다.** 따라서 대리인은 착오를 주장하지 못한다.

② 그러나 **상대방이** 대리인으로서 한 것임을 **알았거나 알 수 있었을 때**에는 대리행위가 성립하고 **직접 본인에 대하여 그 효과가 발생한다.**

③ **매매위임장을 제시하고** 매매계약을 체결하는 자는 특단의 사정이 없는 한 소유자를 대리하여 매매행위를 하는 것이라고 보아야 한다(대판 81다1349).

2 대리권남용(비진의표시 유추적용)

① 대리인이 **대리권의 범위 내에서** 대리행위를 하였지만, **본인의 이익을 위해서가 아니라 대리인 자신의 이익을 위해서** 대리행위를 하는 것을 말한다.

② **대리권남용에는 비진의표시에 관한 규정이 유추적용된다**(대판 94다29850).

③ 따라서 대리인이 **매매대금을 횡령할 생각으로** 대리행위로서 매매계약을 체결한 경우에도 **원칙적으로 유효한 대리행위**로서 본인은 상대방에게 계약상 책임을 진다.

④ 그러나 **상대방이** 대리권남용을 **알았거나 알 수 있었던 경우에는** 매매계약은 **본인에게 효력이 없다.**

⑤ 대리권 남용에 대해 진의 아닌 의사표시에 관한 민법 제107조 제1항 단서가 유추적용되어 무효로 되는 경우, 선의의 제3자 보호에 관한 동조 제2항도 함께 유추적용되므로, **선의의 제3자에 대하여는 무효로 대항할 수 없다**(대판 2016다3201).

3 대리행위의 하자

> **제116조【대리행위의 하자】** ① 의사표시의 효력이 의사의 흠결, 사기, 강박 또는 어느 사정을 알았거나 과실로 알지 못한 것으로 인하여 영향을 받을 경우에 그 사실의 유무는 **대리인을 표준**하여 결정한다.
> ② 특정한 법률행위를 위임한 경우에 대리인이 **본인의 지시에 좇아** 그 행위를 한 때에는 본인은 자기가 안 사정 또는 과실로 인하여 알지 못한 사정에 관하여 대리인의 부지를 주장하지 못한다.

1. 원칙(대리인을 기준)

① 대리에 있어서 **행위당사자는 대리인이므로** 의사표시의 요건은 **대리인을 표준으로 결정한다**. 그러나 대리행위의 하자로 인하여 생기는 **효과는 본인에게 귀속한다**.

② 대리인이 상대방의 배임행위에 **적극 가담**하여 부동산을 이중으로 매수한 경우에는 본인이 그러한 사정을 몰랐다 하더라도 매매계약은 **무효**이다.

③ 대리인이 **착오**에 의해 계약을 체결한 경우 **대리인을 기준**으로 착오사실과 중과실 여부를 판단하여 **본인이 취소권을 행사**할 수 있다.

④ **대리인이** 상대방으로부터 **사기ㆍ강박을 당한 경우에는 본인은** 대리행위를 **취소할 수 있다.**

2. 예외(본인을 기준)

① **본인의 지시에 좇아** 대리인이 물건을 매수한 경우 본인이 그 물건에 하자가 있음을 **알고 있었다면** 대리인이 몰랐다 하더라도 하자담보책임을 주장할 수 없다.

② 대리행위가 **불공정한 법률행위**에 해당되는가의 여부를 판단함에 있어서는 경솔·무경험은 대리인을 기준으로 하여 판단하고, **궁박** 상태에 있는지의 여부는 **본인**을 기준으로 하여 판단하여야 한다(대판 2002다38927).

4 대리인의 능력

> 제117조 【대리인의 행위능력】 대리인은 행위능력자임을 요하지 아니한다.

1. 대리인은 적어도 **의사능력**은 있어야 한다. 의사무능력자가 한 대리행위는 무효이다.

2. **대리인은 행위능력자임을 요하지 아니한다.** 즉, **제한능력자(미성년자, 피한정후견인, 피성년후견인)도 대리인이 될 수 있다.** 따라서 제한능력자를 대리인으로 선임한 이상 본인은 **대리인의 제한능력을 이유로 대리행위를 취소하지 못한다.**

5 대리의 효과

1. 대리인이 한 유권대리행위의 모든 효과는 본인에게 귀속한다.

2. 상대방이 채무를 불이행한 경우, 해제권은 본인에게 귀속하므로 **대리인은 계약을 해제할 권한이 없다.**

3. 본인의 채무불이행을 이유로 상대방이 계약을 해제한 경우
   ① 대리인이 수령한 상대방의 급부를 본인이 현실적으로 인도받지 못하였더라도, **본인이 해제로 인한 원상회복의무를 부담한다.**
   ② 상대방은 본인에게 손해배상을 청구해야지 **대리인에게 손해배상을 청구할 수는 없다.**

> **예 제**

1. 甲은 자신의 X토지를 매도하기 위하여 乙에게 대리권을 수여하였다. 다음 설명 중 틀린 것은? (다툼이 있으면 판례에 따름) 제30회
   ① 乙이 한정후견개시의 심판을 받은 경우, 특별한 사정이 없는 한 乙의 대리권은 소멸한다.
   ② 乙은 甲의 허락이 있으면 甲을 대리하여 자신이 X토지를 매수하는 계약을 체결할 수 있다.
   ③ 甲은 특별한 사정이 없는 한 언제든지 乙에 대한 수권행위를 철회할 수 있다.
   ④ 甲의 수권행위는 불요식행위로서 묵시적인 방법에 의해서도 가능하다.
   ⑤ 乙은 특별한 사정이 없는 한 대리행위를 통하여 체결된 X토지 매매계약에 따른 잔금을 수령할 권한도 있다.

   해설 ① 대리인의 한정후견의 개시는 대리권소멸사유가 아니다. ▶▶ 정답 ①

2. 甲은 자신의 X토지를 매도하기 위해 乙에게 대리권을 수여하였고, 乙은 甲을 위한 것임을 표시하고 X토지에 대하여 丙과 매매계약을 체결하였다. 다음 설명 중 틀린 것은? 제29회
   ① 乙은 특별한 사정이 없는 한 丙으로부터 매매계약에 따른 중도금이나 잔금을 수령할 수 있다.
   ② 丙이 매매계약을 적법하게 해제한 경우, 丙은 乙에게 손해배상을 청구할 수 있다.
   ③ 丙의 채무불이행이 있는 경우, 乙은 특별한 사정이 없는 한 계약을 해제할 수 없다.
   ④ 丙이 매매계약을 적법하게 해제한 경우, 해제로 인한 원상회복의무는 甲과 丙이 부담한다.
   ⑤ 만약 甲이 매매계약의 체결과 이행에 관하여 포괄적 대리권을 수여한 경우, 乙은 특별한 사정이 없는 한 약정된 매매대금 지급기일을 연기해 줄 권한도 가진다.

   해설 ② 상대방은 본인에게 손해배상을 청구해야지 대리인에게 손해배상을 청구할 수는 없다.
   ▶▶ 정답 ②

3. 甲으로부터 甲 소유 X토지의 매도 대리권을 수여받은 乙은 甲을 대리하여 丙과 X토지에 대한 매매계약을 체결하였다. 다음 설명 중 틀린 것은? 제34회
   ① 乙은 특별한 사정이 없는 한 매매잔금의 수령 권한을 가진다.
   ② 丙의 채무불이행이 있는 경우, 특별한 사정이 없는 한 乙은 매매계약을 해제할 수 없다.
   ③ 매매계약의 해제로 인한 원상회복의무는 甲과 丙이 부담한다.
   ④ 丙이 매매계약을 해제한 경우, 丙은 乙에게 채무불이행으로 인한 손해배상을 청구할 수 없다.
   ⑤ 乙이 자기의 이익을 위하여 배임적 대리행위를 하였고 丙도 이를 안 경우, 乙의 대리행위는 甲에게 효력을 미친다.

   해설 ⑤ 상대방이 대리권남용을 알았거나 알 수 있었던 경우에는 매매계약은 본인에게 효력이 없다.
   ▶▶ 정답 ⑤

제4절 복대리인

제120조 【임의대리인의 복임권】 대리권이 법률행위에 의하여 부여된 경우에는 대리인은 **본인의 승낙**이 있거나 **부득이한 사유** 있는 때가 아니면 복대리인을 선임하지 못한다.

제121조 【임의대리인의 복대리인선임의 책임】 ① 전조의 규정에 의하여 대리인이 복대리인을 선임한 때에는 본인에게 대하여 그 **선임감독에 관한 책임**이 있다.
② 대리인이 **본인의 지명**에 의하여 복대리인을 선임한 경우에는 그 부적임 또는 불성실함을 알고 본인에게 대한 통지나 그 해임을 태만한 때가 아니면 책임이 없다.

제122조 【법정대리인의 복임권과 그 책임】 법정대리인은 **그 책임으로** 복대리인을 선임할 수 있다. 그러나 **부득이한 사유**로 인한 때는 전조 제1항에 정한 책임만이 있다.

제123조 【복대리인의 권한】 ① 복대리인은 그 권한 내에서 본인을 대리한다.
② 복대리인은 본인이나 제3자에 대하여 대리인과 동일한 권리의무가 있다.

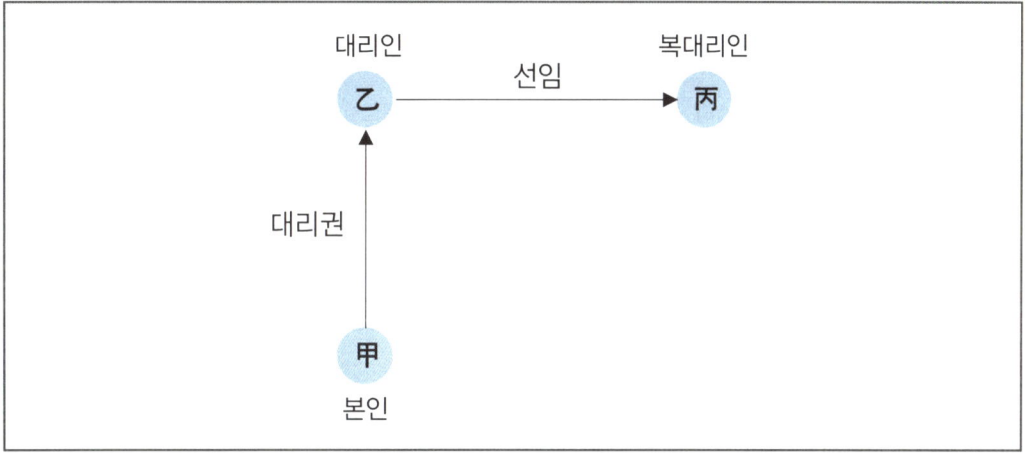

1 복대리인은 대리인이 선임한 본인의 대리인이다.

1. **대리인이** 자신의 이름(책임)으로 **선임**하는 자이므로 복대리인을 선임하는 행위는 대리행위가 아니다.

2. **복대리인은** 선임행위에 의하여 대리권이 발생하는 자이므로 **언제나 임의대리인**이다.

3. **복대리인은** 본인을 대리하는 자이므로 **본인의 이름으로 대리행위**를 한다.

2 대리인의 복임권과 책임

1. 임의대리인

① 임의대리인은 **원칙적으로 복임권이 없으나**, **본인의 승낙**이 있거나 **부득이한 사유**가 있는 때에 한하여 복대리인을 **선임할 수 있다.**

② 임의대리인이 복대리인을 선임한 때에는 본인에게 대하여 그 **선임감독상 책임(과실책임)**이 있다.

③ 다만, 임의대리인이 **본인의 지명**에 의하여 복대리인을 선임한 경우에는 그 부적임 또는 불성실함을 알고 본인에게 대한 통지나 그 해임을 태만한 때가 아니면 책임이 없다.

2. 법정대리인

① 법정대리인은 그 **책임으로** 복대리인을 **선임할 수 있다.**

② 따라서 법정대리인은 복대리인의 선임감독에 대하여 **과실이 없더라도 책임을 지는 것(무과실책임)이** 원칙이다.

③ 법정대리인이 **부득이한 사유**로 복대리인을 선임한 경우에는 **선임감독상 책임(과실책임)**만 있다.

3 복대리인의 지위

1. 대리인에 대한 관계

① 복대리인은 대리인의 감독을 받을 뿐만 아니라, 대리인의 대리권의 존재 및 범위에 의존한다.

② 따라서 대리인의 대리권보다 그 범위가 넓을 수 없고, **대리인의 대리권이 소멸하면 복대리인의 복대리권도 소멸하게 된다.**

2. 상대방에 대한 관계(대리인과 동일)

복대리인은 **제3자에 대하여** 대리인과 동일한 권리의무가 있다.

3. 본인에 대한 관계(대리인과 동일)

복대리인은 **본인에 대하여** 대리인과 동일한 권리의무가 있다.

4. 복대리인의 복임권

복대리인이 다시 복대리인을 선임할 수 있는가에 대하여 복대리인은 임의대리인과 동일한 조건으로 복임권을 가진다고 본다.

4 복대리권의 소멸사유

1. 대리권의 공통한 소멸원인에 의하여 소멸한다.
2. 대리인의 대리권이 소멸하면 복대리인의 복대리권도 소멸한다.
3. 대리인과 복대리인 사이의 수권행위의 철회에 의하여서도 소멸한다.

> **판례**
>
> 1. **묵시적 승낙**
>   ① 대리의 목적인 법률행위의 성질상 **대리인 자신에 의한 처리가 필요하지 아니한 경우에는** 본인이 **복대리 금지의 의사를 명시하지 아니하는 한** 복대리인의 선임에 관하여 **묵시적 승낙이 있는 것으로 볼 수 있다**(대판 94다30690).
>   ② **대리인의 능력에 따라 사업의 성공여부가 결정되는 사무에 대해서는 본인의 묵시적 승낙이 있는 것으로 볼 수 없다.**
>   ③ **아파트나 오피스텔 분양업무**는 성질상 대리인 자신에 의한 처리가 필요한 경우에 해당된다(대판 94다30690).
>
> 2. **복대리와 표현대리**
>   ① 대리인이 임의로 선임한 **복대리인의 권한도 권한을 넘은 표현대리**의 기본대리권이 될 수 **있다**(대판 97다48982).
>   ② 대리인이 대리권 소멸 후 **복대리인**을 선임하여 복대리인으로 하여금 상대방과 사이에 대리행위를 하도록 한 경우에도 **대리권소멸 후의 표현대리**가 성립할 수 **있다**(대판 97다55317).

예제

1. 복대리에 관한 설명으로 틀린 것은? (다툼이 있으면 판례에 따름) 제30회

① 복대리인은 본인의 대리인이다.
② 임의대리인이 본인의 승낙을 얻어서 복대리인을 선임한 경우, 본인에 대하여 그 선임감독에 관한 책임이 없다.
③ 대리인이 복대리인을 선임한 후 사망한 경우, 특별한 사정이 없는 한 그 복대리권도 소멸한다.
④ 복대리인의 대리행위에 대하여도 표현대리에 관한 규정이 적용될 수 있다.
⑤ 법정대리인은 부득이한 사유가 없더라도 복대리인을 선임할 수 있다.

해설 ② 임의대리인은 본인의 승낙을 얻어야 복대리인을 선임할 수 있으며, 본인에 대하여 그 선임감독에 관한 책임이 있다. ▶ 정답 ②

2. 복대리에 관한 설명으로 틀린 것은? (특별한 사정은 없으며, 다툼이 있으면 판례에 따름) 제34회

① 복대리인은 행위능력자임을 요하지 않는다.
② 복대리인은 본인에 대하여 대리인과 동일한 권리의무가 있다.
③ 법정대리인은 그 책임으로 복대리인을 선임할 수 있다.
④ 대리인의 능력에 따라 사업의 성공여부가 결정되는 사무에 대해 대리권을 수여받은 자는 본인의 묵시적 승낙으로도 복대리인을 선임할 수 있다.
⑤ 대리인이 대리권 소멸 후 선임한 복대리인과 상대방 사이의 법률행위에도 민법 제129조의 표현대리가 성립할 수 있다.

해설 ④ 대리인의 능력에 따라 사업의 성공여부가 결정되는 사무에 대해서는 본인의 묵시적 승낙이 있는 것으로 볼 수 없다. ▶ 정답 ④

제5절 무권대리

1 서 설

1. 의 의

① 무권대리란 **대리권 없이 한 대리행위**로서 표현대리가 성립하지 않은 협의의 무권대리와 표현대리가 있다.

② **협의의 무권대리의 경우**에는 본인의 추인이 없는 한 무권대리행위는 본인에게 아무런 책임이 없다.

③ **표현대리가 성립한 경우**에는 본인의 추인이 없더라도 상대방이 표현대리를 주장하면 본인은 그 주장에 따라 무권대리행위에 대하여 책임을 져야 한다.

2. 무권대리행위 자체가 강행규정위반 등으로 무효인 경우

① 본인이 **추인**하더라도 효력이 발생하지 않는다.

② **무권대리인의 상대방에 대한 책임**도 발생하지 않는다.

③ **표현대리**도 적용될 여지가 없다.

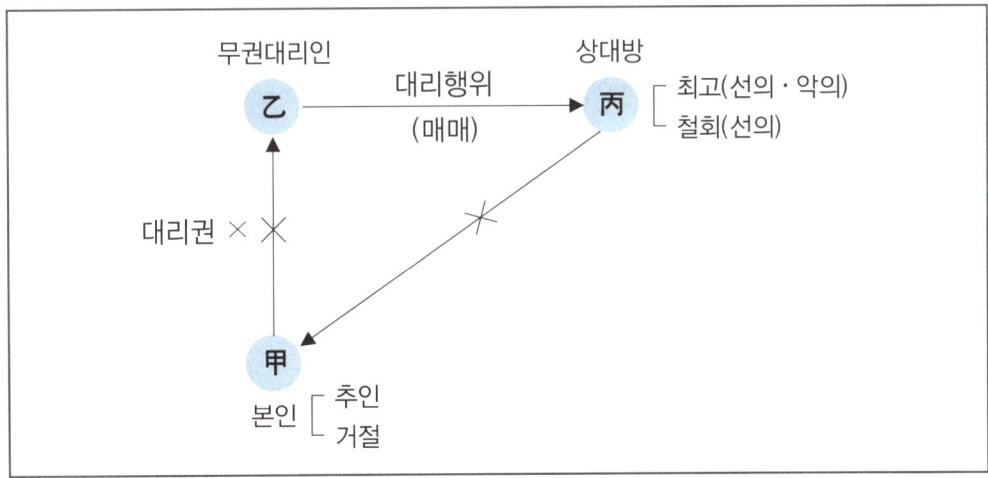

2 협의의 무권대리

1. 본인의 추인권 및 추인거절권

> 제130조 【무권대리】 대리권 없는 자가 타인의 대리인으로 한 계약은 본인이 이를 추인하지 아니하면 본인에 대하여 효력이 없다.
> 제133조 【추인의 효력】 추인은 다른 의사표시가 없을 때에는 계약시에 소급하여 그 효력이 생긴다. 그러나 제3자의 권리를 해하지 못한다.
> 제132조 【추인, 거절의 상대방】 추인 또는 거절의 의사표시는 상대방에 대하여 하지 아니하면 그 상대방에 대항하지 못한다. 그러나 상대방이 그 사실을 안 때에는 그러하지 아니하다.

① 본인의 **추인이 없는 한** 무권대리행위에 대하여 **본인은 아무런 책임이 없다**.
② **추인은** 다른 의사표시가 없을 때에는 **계약시에 소급하여** 그 효력이 생긴다. 그러나 제3자의 권리를 해하지 못한다.
③ 추인의 의사표시는 **상대방, 상대방의 특별승계인(전득자)**뿐 아니라 **무권대리인**에 대해서도 할 수 있다.
④ **무권대리인에게 한 추인**은 상대방이 그 사실을 알 때까지는 상대방에 대해 추인의 효력을 주장하지 못한다. 따라서 본인이 **무권대리인에게 추인한 경우에는 추인을 알지 못하는 상대방은** 자신의 의사표시를 **철회를 할 수 있다**(대판 80다2314).
⑤ 추인은 상대방의 동의가 필요 없으나, **일부추인, 변경을 가한 추인, 조건을 붙인 추인은 상대방의 동의를 얻지 못하는 한 무효이다**.
⑥ 추인의 의사표시는 **묵시적으로도 가능**하다.
⑦ **무권대리인이 본인을 상속하는 경우, 무권대리인은 추인을 거절할 수 없다**.
⑧ 본인이 무권대리인의 법률행위에 대하여 추인거절의 의사표시를 한 후에는 다시 추인할 수 없다.

판례

1. **묵시적 추인**(본인이 계약상 이행할 것처럼 행동한 경우)
   ① **본인**이 매매계약을 체결한 무권대리인으로부터 **매매대금의 일부를 수령한 경우** 특별한 사정이 없으면 이는 묵시적 추인으로 본다(대판 63다64).
   ② 무권대리인이 금원을 차용하는 계약을 체결한 후, 변제기일에 채권자가 본인에게 그 변제를 독촉하자 **본인이 그 지급의 유예를 요청**하였다면, 이로써 본인이 무권대리행위를 추인하였다고 볼 수 있다(대판 72다2309).
   ③ **본인**이 무권대리인이 서류를 위조하여 매도한 부동산을 **상대방에게 인도하고** 10여 년간 아무런 이의를 제기하지 않았다면 묵시적으로 추인한 것으로 볼 것이다(대판 81다151).
   ④ **본인**이 무권대리행위에 대해 즉시 **이의를 제기하지 아니하고 이를 장기간 방치한 사실만으로는** 추인한 것으로 볼 수 없다(대판 88다카181).
   ⑤ 무권대리행위가 범죄가 되는 경우에 그 사실을 알고도 **장기간 형사고소를 하지 아니하였다는 사실만으로** 무권대리행위에 대한 묵시적 추인이 인정될 수는 없다(대판 97다31113).

2. **무권대리인이 본인을 상속한 경우**
   무권대리인이 본인을 상속한 후 자신의 매매행위가 무권대리행위여서 무효였다는 이유로 상대방 앞으로 경료된 소유권이전등기가 **무효의 등기라고 주장**하여 그 등기의 **말소를 청구하거나** 부동산의 점유로 인한 **부당이득금의 반환을 구하는 것**은 금반언의 원칙이나 **신의성실의 원칙에 반하여 허용될 수 없다**(대판 94다20617).

2. 상대방의 최고권(선·악 불문)

> **제131조 【상대방의 최고권】** 대리권 없는 자가 타인의 대리인으로 계약을 한 경우에 상대방은 상당한 기간을 정하여 본인에게 그 추인 여부의 확답을 최고할 수 있다. 본인이 그 기간 내에 **확답을 발하지 아니한 때**에는 추인을 **거절**한 것으로 본다.

① 최고는 본인에게 추인할지 여부를 묻는 것일 뿐이고 추인할지 여부는 전적으로 본인이 결정하는 것이므로 **무권대리임을 알고 계약한 상대방도** 본인에게 **최고할 수 있다.** 즉, **악의인** 상대방도 **최고는 할 수 있다.**
② 본인이 그 기간 내에 **확답을 발하지 아니한 때**에는 추인을 **거절**한 것으로 본다. 따라서 확정적 무효가 된다.
③ 본인의 확답에 대해서는 발신주의가 적용된다.

3. 상대방의 철회권(선의만)

> **제134조 【상대방의 철회권】** 대리권 없는 자가 한 계약은 본인의 추인이 있을 때까지 상대방은 본인이나 그 대리인에 대하여 이를 철회할 수 있다. 그러나 계약 당시에 상대방이 대리권 없음을 안 때에는 그러하지 아니하다.

① 무권대리임을 몰랐던 **선의의 상대방은** 본인의 **추인의 효력이 발생하기 전까지** 계약을 **철회할 수 있다.**
② **악의의 상대방은 철회할 수 없다.** 이 때 상대방이 악의라는 점에 대한 **입증책임은** 철회의 효과를 부인하려는 **본인**에게 있다(대판 2017다213838).
③ 철회권이 행사되면 무권대리행위는 확정적으로 무효가 되므로, 그 후 본인은 추인하지 못한다.

4. 무권대리인의 상대방에 대한 책임

> **제135조 【무권대리인의 상대방에 대한 책임】** ① 타인의 대리인으로 계약을 한 자가 그 대리권을 증명하지 못하고 또 본인의 추인을 얻지 못한 때에는 **상대방의 선택에 좇아** 계약의 이행 또는 손해배상의 책임이 있다.
> ② 상대방이 **대리권 없음을 알았거나 알 수 있었을 때** 또는 대리인으로 계약한 자가 **행위능력이 없는** 때에는 전항의 규정을 적용하지 아니한다.

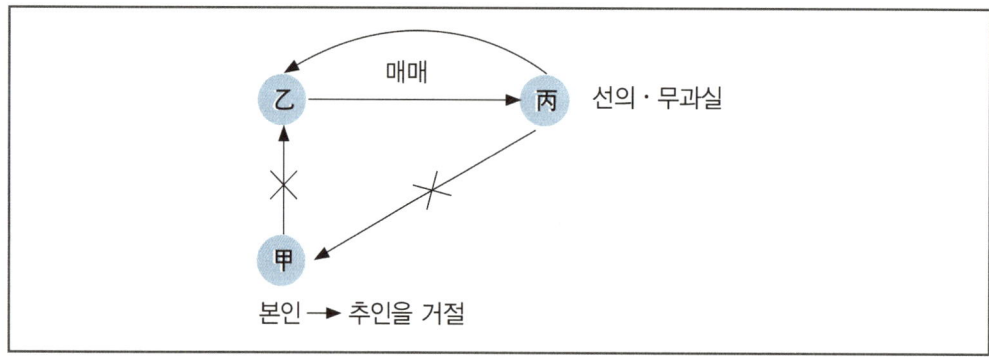

① 대리권을 증명하지 못하고 또 본인의 추인을 얻지 못한 무권대리인은 **상대방의 선택**에 따라서 계약의 이행 또는 손해배상책임을 부담한다.
② **상대방이** 대리권 없음을 **알았거나 알 수 있었을 때**에는 무권대리인에게 **책임을 물을 수 없다.** 이 때 상대방이 대리권 없음을 알았거나 알 수 있었다는 사실에 관한 **증명책임은 무권대리인에게 있다**(대판 2018다210775).
③ **제한능력자는 무권대리인의 책임을 부담하지 않는다.** 따라서 행위능력자에 한하여 책임이 발생할 수 있다.

④ 무권대리인은 자신에게 과실이 없는 경우에도 책임을 진다(**무과실책임**). 따라서 무권대리행위가 **제3자의 기망**이나 문서위조 등 위법행위로 야기되었다고 하더라도 **무권대리인의 책임은 발생한다**(대판 2013다213038).
⑤ 상대방이 철회권을 행사한 경우에는 무권대리인에게 책임을 물을 수 없다.

예제

1. 대리권 없는 乙이 甲을 대리하여 甲의 토지에 대한 임대차계약을 丙과 체결하였다. 다음 설명 중 틀린 것은? (다툼이 있으면 판례에 따름) 　　　　　　　　　　　　　　　제30회
① 위 임대차계약은 甲이 추인하지 아니하면, 특별한 사정이 없는 한 甲에 대하여 효력이 없다.
② 甲은 위 임대차계약을 묵시적으로 추인할 수 있다.
③ 丙이 계약 당시에 乙에게 대리권 없음을 알았던 경우에는 丙의 甲에 대한 최고권이 인정되지 않는다.
④ 甲이 임대기간을 단축하여 위 임대차계약을 추인한 경우, 丙의 동의가 없는 한 그 추인은 무효이다.
⑤ 甲이 추인하면, 특별한 사정이 없는 한 위 임대차계약은 계약시에 소급하여 효력이 생긴다.

해설　③ 무권대리임을 알고 계약한 상대방도 본인에게 최고할 수 있다.　▶ 정답 ③

2. 행위능력자 乙은 대리권 없이 甲을 대리하여 甲이 보유하고 있던 매수인의 지위를 丙에게 양도하기로 약정하고, 이에 丙은 乙에게 계약금을 지급하였다. 乙은 그 계약금을 유흥비로 탕진하였다. 이에 관한 설명으로 틀린 것은? (단, 표현대리는 성립하지 않으며, 다툼이 있으면 판례에 따름) 　　　　　　　　　　　　　　　제32회
① 매수인의 지위 양도계약 체결 당시 乙의 무권대리를 모른 丙은 甲의 추인이 있을 때까지 계약을 철회할 수 있다.
② 丙이 계약을 유효하게 철회하면, 무권대리행위는 확정적으로 무효가 된다.
③ 丙이 계약을 유효하게 철회하면, 丙은 甲을 상대로 계약금 상당의 부당이득반환을 청구할 수 있다.
④ 丙이 계약을 철회한 경우, 甲이 그 철회의 유효를 다투기 위해서는 乙에게 대리권이 없음을 丙이 알았다는 것에 대해 증명해야 한다.
⑤ 丙의 계약 철회 전 甲이 사망하고 乙이 단독상속인이 된 경우, 乙이 선의·무과실인 丙에게 추인을 거절하는 것은 신의칙에 반한다.

해설　③ 丙이 철회하면 계약은 확정적으로 무효가 되므로, 丙은 乙에게 계약금의 반환을 청구해야지 甲을 상대로 계약금 상당의 부당이득반환을 청구할 수 없다.　▶ 정답 ③

3. 대리권 없는 甲은 乙 소유의 X부동산에 관하여 乙을 대리하여 丙과 매매계약을 체결하였고, 丙은 甲이 무권대리인이라는 사실에 대하여 선의·무과실이었다. 이에 관한 설명으로 틀린 것은? (다툼이 있으면 판례에 따름) 제33회

① 丙이 乙에 대하여 상당한 기간을 정하여 추인여부를 최고하였으나 그 기간 내에 乙이 확답을 발하지 않은 때에는 乙이 추인한 것으로 본다.
② 乙이 甲에 대해서만 추인의 의사표시를 하였더라도 丙은 乙의 甲에 대한 추인이 있었음을 주장할 수 있다.
③ 乙이 甲에게 매매계약을 추인하더라도 그 사실을 알지 못하고 있는 丙은 매매계약을 철회할 수 있다.
④ 乙이 丙에 대하여 추인하면 특별한 사정이 없는 한, 추인은 매매계약 체결시에 소급하여 그 효력이 생긴다.
⑤ 乙이 丙에게 추인을 거절한 경우, 甲이 제한능력자가 아니라면 甲은 丙의 선택에 따라 계약을 이행할 책임 또는 손해를 배상할 책임이 있다.

해설 ① 본인이 그 기간 내에 확답을 발하지 아니한 때에는 추인을 거절한 것으로 본다. ▶▶ **정답** ①

넓혀 보기

단독행위와 무권대리

1. 상대방 있는 단독행위를 무권대리인이 한 경우에는 계약에 대한 무권대리규정이 준용된다. 따라서 해제할 대리권이 없는 대리인이 상대방에게 매매계약을 해제한 경우에는 본인에게 해제의 효력이 없는 것이 원칙이나 본인이 추인을 하면 해제의 효력이 발생한다.
2. 상대방 없는 단독행위를 무권대리인이 한 경우에는 계약에 대한 무권대리규정이 준용될 수 없으므로 확정적으로 무효이다.

3 표현대리

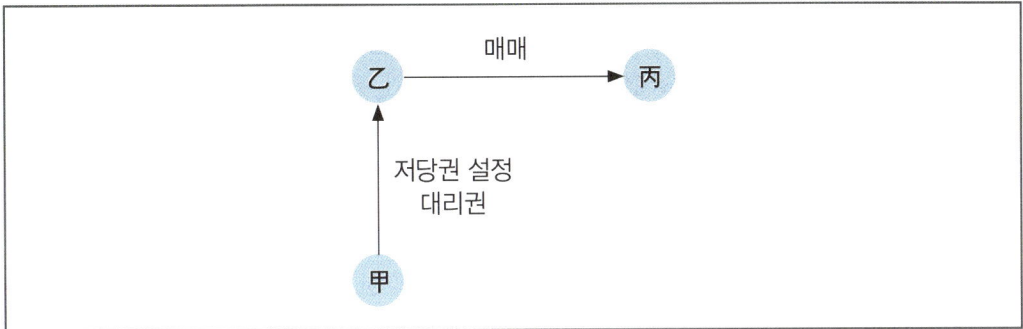

1. 의 의

① 대리인에게 대리권이 없음에도 불구하고 마치 **대리권이 있는 것과 같은 외관**이 있고, 또한 그러한 외관의 발생에 관하여 **본인이 어느 정도의 원인을 주고 있는 경우**에, 그 무권대리행위에 대하여 본인이 책임을 지게 함으로써 그러한 **외관을 신뢰한 제3자를 보호**하려는 것이 표현대리제도이다.

② **현명하지 않은 경우**에는 **표현대리는 성립하지 않는다**. 따라서 乙이 甲으로부터 부동산에 관한 담보권설정의 대리권만 수여받고도 그 부동산에 관하여 **자기 앞으로 소유권이전등기**를 하고 이어서 丙에게 그 소유권이전등기를 경료한 경우, 丙은 乙을 甲의 대리인으로 믿고서 행위한 것이 아니므로 **표현대리가 성립할 수는 없다**(대판 91다3208).

③ 대리인이 **본인의 인장과 등기서류 일체를 위조하여** 대리행위를 한 경우에는 표현대리는 성립할 수 없는 것이 원칙이다.

④ 상대방이 대리권이 없다는 사실을 알았거나 알 수 있었을 경우에는 표현대리는 성립하지 않는다. 따라서 **상대방은 선의무과실이라야 한다**.

⑤ **무권대리행위 자체가** 강행규정위반 등으로 **무효**인 경우에는 **표현대리는 적용될 여지가 없다**.

2. 대리권수여표시에 의한 표현대리

> **제125조 【대리권수여의 표시에 의한 표현대리】** 제3자에 대하여 타인에게 대리권을 수여함을 표시한 자는 그 대리권의 범위 내에서 행한 그 타인과 그 제3자간의 법률행위에 대하여 책임이 있다. 그러나 제3자가 대리권 없음을 알았거나 알 수 있었을 때에는 그러하지 아니하다.

① **대리권수여표시에 의한 표현대리**는 본인이 타인에게 대리권을 수여하지 않았지만 수여하였다고 상대방에게 통보한 경우, 그 타인이 **통보받은 상대방과** 본인을 대리하여 행위를 한 경우를 말한다.
② **대리권수여표시에 의한 표현대리는 임의대리에만 적용**되며, 법정대리의 경우에는 적용될 여지가 없다.
③ 대리권수여표시는 묵시적으로도 가능하며, 신문광고 등 불특정 다수인에게도 가능하다.
④ 본인이 타인에게 사회통념상 **대리권을 추단할 수 있는 직함이나 명칭의 사용을 승낙 또는 묵인한 경우**에는 본인에 의한 **대리권수여의 표시가 있는 것으로 볼 수 있다.**
⑤ **백지위임장을 교부하는 것**은 일반적으로 본인에 의한 대리권수여의 표시가 있는 것으로 볼 수 있다.
⑥ **인감증명서만의 교부**는 일반적으로 어떤 대리권을 수여하기 위한 행위라고 볼 수 없다.
⑦ **상대방은 선의무과실**이어야 한다.

3. 권한을 넘은 표현대리

> **제126조【권한을 넘은 표현대리】** 대리인이 그 권한 외의 법률행위를 한 경우에 제3자가 그 권한이 있다고 믿을 만한 정당한 이유가 있는 때에는 본인은 그 행위에 대하여 책임이 있다.

① 일정한 범위의 대리권을 가진 대리인이 그 권한을 넘는 대리행위를 한 경우로서 일명 **월권대리**라고도 한다.
② **기본대리권이 처음부터 존재하지 않는 경우**에는 권한을 넘은 표현대리는 **성립할 수 없다.**
③ **기본대리권과 월권행위 간에 동종유사성을 요하지 않는다.** 따라서 **전혀 별개의 행위**라도 권한을 넘은 표현대리가 성립할 수 있다.
④ **사자**, 일상가사대리권(법정대리권), 공법상 대리권(등기신청행위), 복대리권, 표현대리권도 권한을 넘은 표현대리의 **기본대리권**이 될 수 있다.
⑤ 월권행위를 할 대리권한이 있다고 믿을 만한 **정당한 이유**가 있어야 한다. 즉, **상대방은 선의무과실**이어야 한다.
⑥ 정당한 이유의 유무는 **대리행위 당시를 기준으로** 하여 판단하여야 하고 대리행위가 성립한 후의 사정은 고려할 것이 아니다.

1. **사자(使者)**에게 외견상 어떤 권한이 있다는 표시 내지 행동이 있어 상대방이 이를 신뢰할 만한 **정당한 사유**가 있으면 표현대리의 법리에 의하여 본인이 책임질 수 있다.
2. 부부 일방의 행위가 **일상가사**에 속하지 않더라도 그 행위에 특별수권이 주어졌다고 믿을 만한 **정당한 이유**가 있는 경우, 표현대리가 성립한다(대판 80다609).
3. **기본대리권이 등기신청행위**임에도 표현대리인이 대물변제를 한 경우와 같이 전혀 별개의 행위를 한 경우에도 권한을 넘은 표현대리가 성립할 수 있다(대판 78다282).
4. 대리인이 임의로 선임한 **복대리인**의 권한도 권한을 넘은 표현대리의 기본대리권이 될 수 있다(대판 97다48982).
5. **대리권 소멸 후의 표현대리로 인정되는 경우**에, 그 표현대리의 권한을 넘는 대리행위가 있을 때에는 권한을 넘은 표현대리가 성립될 수 있다.

4. 대리권소멸 후의 표현대리

> 제129조【대리권소멸 후의 표현대리】대리권의 소멸은 선의의 제3자에게 대항하지 못한다. 그러나 제3자가 과실로 인하여 그 사실을 알지 못한 때에는 그러하지 아니하다.

① 이전에는 대리권이 있었으나 대리권이 소멸한 후에 대리행위를 한 경우를 말한다.
② **기본대리권이 처음부터 존재하지 않는 경우**에는 대리권소멸 후의 표현대리는 **성립할 수 없다.** 따라서 **수권행위가 무효**인 경우에는 대리권 소멸 후의 표현대리는 **성립할 수 없다.**
③ **대리권소멸 후의 표현대리**에 관한 규정은 **법정대리에도 적용된다.**
④ **상대방은 선의무과실**이어야 한다.
⑤ 대리인이 대리권 소멸 후 **복대리인**을 선임하여 복대리인으로 하여금 상대방과 사이에 대리행위를 하도록 한 경우에도 **대리권소멸 후의 표현대리**가 성립할 수 **있다**(대판 97다55317).

5. 표현대리의 효과

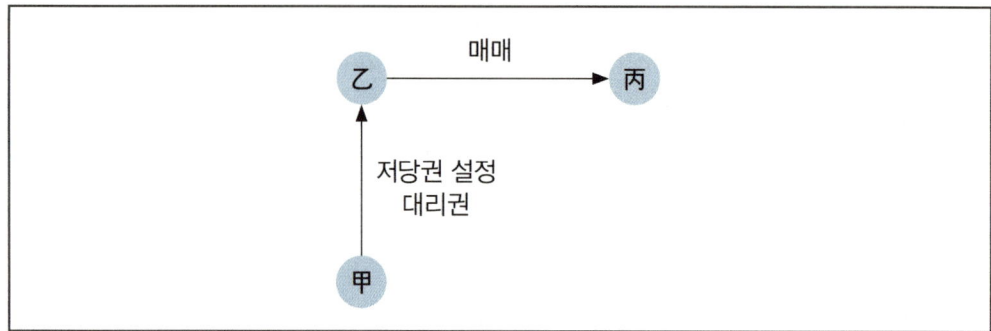

① **표현대리가 성립된다고 하여** 무권대리가 **유권대리로 전환되는 것은 아니므로, 유권대리의 주장** 속에 **표현대리의 주장**이 포함된 것으로 볼 수 **없다**. 따라서 상대방이 유권대리를 주장한 경우에는 법원은 표현대리의 성립 여부를 심리판단할 필요가 없다.

② 표현대리의 성립은 대리인의 **직접 상대방만이 주장**할 수 있다.

③ 표현대리는 상대방이 이를 주장할 때 비로소 문제되는 것이고, **본인이나 무권대리인은 표현대리를 주장할 수 없다.**

④ 직접 상대방에게 표현대리가 성립하지 않으면, 전득자가 선의무과실이라도 **전득자는 표현대리를 주장할 수 없다.**

⑤ 표현대리행위의 책임은 본인이 전적으로 져야 하고, 상대방에게 과실(약한 부주의)이 있어도 **과실상계의 법리를 유추적용할 수 없다**(대판 95다49554). 따라서 표현대리가 성립한 경우, **상대방에게 과실이 있더라도** 이를 이유로 **본인의 책임을 감경할 수 없다.**

⑥ 상대방은 표현대리를 주장하지 않고, 이를 무권대리행위로서 철회할 수 있고 본인에 대하여 추인 여부의 확답을 최고할 수 있다.

⑦ 표현대리는 거래안전을 보호하기 위한 제도이므로 공법상 행위, 소송행위에는 적용되지 않는다.

예제

1. 표현대리에 관한 설명으로 옳은 것은? 제20회
① 소멸한 대리권을 기본대리권으로 하는 권한을 넘은 표현대리는 성립할 수 없다.
② 일상가사대리권은 권한을 넘은 표현대리의 기본대리권이 될 수 없다.
③ 등기신청대리권을 기본대리권으로 사법상의 법률행위를 한 경우에도 권한을 넘은 표현대리가 성립할 수 있다.
④ 복대리인의 법률행위에 대해서는 표현대리의 법리가 적용되지 않는다.
⑤ 표현대리가 성립한 경우, 상대방에게 과실이 있으면 이를 이유로 본인의 책임을 감경할 수 있다.

해설 ①②③④ 소멸한 대리권, 일상가사대리권, 등기신청대리권, 복대리권에 기해서 표현대리가 성립할 수 있다.
⑤ 표현대리가 성립한 경우, 상대방에게 과실이 있더라도 이를 이유로 본인의 책임을 감경할 수 없다.
▶ 정답 ③

2. 권한을 넘은 표현대리에 관한 설명으로 옳은 것은? (다툼이 있으면 판례에 따름) 제33회
① 기본대리권이 처음부터 존재하지 않는 경우에도 표현대리는 성립할 수 있다.
② 복임권이 없는 대리인이 선임한 복대리인의 권한은 기본대리권이 될 수 없다.
③ 대리행위가 강행규정을 위반하여 무효인 경우에도 표현대리는 성립할 수 있다.
④ 법정대리권을 기본대리권으로 하는 표현대리는 성립할 수 없다.
⑤ 상대방이 대리인에게 대리권이 있다고 믿을 만한 정당한 이유가 있는지의 여부는 대리행위 당시를 기준으로 판정한다.

해설 ① 기본대리권이 처음부터 존재하지 않는 경우에는 권한을 넘은 표현대리는 성립할 수 없다.
② 복임권이 없는 대리인이 선임한 복대리인의 권한도 기본대리권이 될 수 있다.
③ 대리행위가 강행규정을 위반하여 무효인 경우에는 표현대리는 성립할 수 없다.
④ 법정대리권을 기본대리권으로 하는 권한을 넘은 표현대리도 성립할 수 있다.
▶ 정답 ⑤

3. 표현대리에 관한 설명으로 틀린 것은? (다툼이 있으면 판례에 따름) 20. 주택사 변형
① 표현대리가 성립된다고 하여 무권대리의 성질이 유권대리로 전환되는 것은 아니다.
② 대리권수여표시에 의한 표현대리가 성립하기 위한 대리권수여의 표시는 사회통념상 대리권을 추단할 수 있는 직함의 사용을 승낙한 경우도 포함한다.
③ 사실혼관계에 있는 부부의 경우, 일상가사대리권을 기본대리권으로 하는 권한을 넘은 표현대리가 성립할 수 있다.
④ 대리인이 사자(使者)를 통해 권한 외의 대리행위를 한 경우, 그 사자에게는 기본대리권이 없으므로 권한을 넘은 표현대리가 성립할 수 없다.
⑤ 법정대리의 경우에도 대리권 소멸 후의 표현대리가 성립할 수 있다.

해설 ④ 사자(使者)에게 외견상 어떤 권한이 있다는 표시 내지 행동이 있어 상대방이 이를 신뢰할 만한 정당한 사유가 있으면 표현대리의 법리에 의하여 본인이 책임질 수 있다.
▶ 정답 ④

Chapter 03 무효와 취소

제1절 총칙

1 의의

1. 법률행위의 무효, 취소는 법률행위의 성립을 전제로 한다.

법률행위가 **성립되지 않은 경우**에는 무효와 취소에 관한 규정은 **적용될 여지가 없다.**

2. 무효와 취소

무효는 특정인의 주장 여부와 관계없이 처음부터 당연히 효력이 발생하지 않는 것이지만, 취소는 일단 유효하게 성립한 법률행위를 그 후에 취소권자의 취소의 의사표시에 의하여 소급적으로 무효로 하는 것이다.

2 무효와 취소의 구별

1. 주장권자

무효는 누구라도 주장할 수 있으나, 취소권은 취소권자에 한하여 행사할 수 있다.

2. 주장기간

무효는 제한이 없으나, 취소는 제척기간의 제한이 있다.

3. 방치한 경우

무효원인은 치유되지 않으나, 취소원인은 제척기간이 도과하면 치유(취소권이 소멸)되어 확정적으로 유효가 된다.

4. 추인

무효행위는 추인이 있어도 아무런 효력이 없는 것이 원칙이나, 취소할 수 있는 법률행위는 추인이 있으면 확정적으로 유효가 된다.

5. 제3자에 대한 효력

무효의 경우 절대적 무효가 원칙이며, 비진의표시와 통정허위표시만 선의의 제3자에게 대항할 수 없는 상대적 무효이다. 취소의 경우 선의의 제3자에게 대항할 수 없는 상대적 취소가 원칙이며, 제한능력에 의한 취소만 절대적 취소이다.

6. 무효와 취소의 경합

법률행위에 무효사유와 취소사유가 모두 존재하는 경우, 당사자는 무효를 주장할 수도 있고 취소를 주장할 수도 있다. 따라서 **무효행위도 취소의 대상이 될 수 있다.**

3 유동적 무효와 유동적 유효

1. 유동적 무효

① 현재로서는 그 법률행위는 효력이 없지만, 나중에 추인을 얻거나 허가 등을 받으면 그 법률행위가 유효로 되는 것을 유동적 무효라고 한다.

② **무권대리행위, 무권리자의 처분행위, 토지거래허가구역 내에서 토지거래허가를 받지 않은 토지매매계약**

2. 유동적 유효

① 현재로서는 그 법률행위가 효력이 있지만, 나중에 취소되면 무효로 되는 것을 유동적 유효라고 한다.

② **취소할 수 있는 법률행위**

4 무효인 법률행위와 취소할 수 있는 법률행위

무효인 법률행위	취소할 수 있는 법률행위
① 의사무능력자의 법률행위 ② 확정가능성이 없는 법률행위 ③ 원시적 불능인 법률행위 ④ 강행규정(효력규정)에 위반한 법률행위 ⑤ 반사회질서의 법률행위 ⑥ 불공정한 법률행위 ⑦ 비진의표시(상대방의 악의 또는 과실이 있는 경우) ⑧ 통정허위표시	① 제한능력자(미성년자, 피한정후견인, 피성년후견인)의 법률행위 ② 착오에 의한 의사표시 ③ 사기에 의한 의사표시 ④ 강박에 의한 의사표시

제2절 무효

1 무효의 일반적 효과

1. 법률행위가 무효인 경우, **무효는 누구라도 주장할 수 있다.** 따라서 토지거래허가구역 내에서 토지매매계약이 **무효로 확정**된 경우, 그 계약이 무효로 되는데 **귀책사유가 있는 자도 무효를 주장할 수 있다.**

2. 무효인 법률행위는 아직 이행 전이면 이행할 필요가 없으며, 이행 후이면 상대방에 대하여 부당이득반환청구권을 행사할 수 있다. 다만, **사회질서에 위반한 자는 반환청구를 하지 못한다.**

3. 양 당사자가 서로 부당이득반환의무를 부담하는 경우에는 양자의 의무는 **동시이행의 관계에 있다.**

4. **무효인 법률행위**에 따른 법률효과를 침해하는 것처럼 보이는 위법행위가 있더라도 그 **손해배상을 청구할 수 없다**(대판 2002다72125).

5. 매매계약이 **무효인 경우**에는 **채무불이행책임 또는 담보책임**으로 인한 **손해배상책임**은 발생할 수 **없다.**

2 일부무효의 법리

> **제137조 【법률행위의 일부무효】** 법률행위의 일부분이 무효인 때에는 그 전부를 무효로 한다. 그러나 그 무효부분이 없더라도 법률행위를 하였을 것이라고 인정될 때에는 나머지 부분은 무효가 되지 아니한다.

1. 원 칙

① 법률행위의 **일부분이 무효인 때**에는 법률행위 **전부를 무효**로 한다.
② **토지거래허가구역 내의 토지와 건물을 일괄하여 매매한 경우**, 특별한 사정이 없는 한 **토지거래허가가 있기 전에는 건물만의 소유권이전등기를 청구할 수 없다**.

2. 예 외

① 법률행위의 **분할가능성**이 인정되고, 무효부분이 없더라도 법률행위를 하였으리라는 **가정적 의사**가 인정될 때에는 **나머지 부분은 유효**하다.
② 하나의 법률행위의 **일부분에만 취소사유가 있더라도 그 법률행위가 가분적이거나 그 목적물의 일부가 특정될 수 있다면**, 그 나머지 부분이라도 이를 유지하려는 당사자의 **가정적 의사가 인정되는 경우 그 일부만의 취소도 가능하다**(대판 2002다21509).
③ 법률행위의 내용이 **불가분인 경우**에는 일부 무효의 문제는 발생할 수 없으므로 언제나 전부가 무효로 된다.

3 무효행위의 전환

> **제138조 【무효행위의 전환】** 무효인 법률행위가 다른 법률행위의 요건을 구비하고 당사자가 그 무효를 알았더라면 다른 법률행위를 하는 것을 의욕하였으리라고 인정될 때에는 다른 법률행위로서 효력을 가진다.

1. **법률행위가 성립되지 않은 경우**에는 무효행위의 전환은 적용될 여지가 없다.

2. 매매계약이 약정된 매매대금의 과다로 말미암아 **불공정한 법률행위에 해당하여 무효인 경우에도 무효행위의 전환규정에 따라 유효로 될 수 있다**(대판 2009다50308).

3. 법률행위가 **강행규정에 위반하여 무효인 경우에도 무효행위의 전환규정에 따라 유효로 될 수 있다**(대판 2020다211762).

4 무효행위의 추인

> **제139조 【무효행위의 추인】** 무효인 법률행위는 추인하여도 그 효력이 생기지 아니한다. 그러나 당사자가 그 **무효임을 알고 추인한** 때에는 새로운 법률행위로 본다.

1. 무효행위의 추인은 그 **무효의 원인이 소멸한 후**에 당사자가 **무효임을 알고** 하여야 그 효력이 인정된다.

2. 무효행위의 추인은 반드시 명시적인 의사표시로 하여야 하는 것은 아니고, **묵시적으로도 가능하다**(대판 2012다112299).

3. 무효의 원인이 소멸한 후에 하여야 하므로 **강행규정위반, 사회질서위반, 불공정한 법률행위에 해당하여 무효인 법률행위는 추인의 대상이 될 수 없다.** 따라서 추인하여도 아무런 효력이 없다.

4. 무효행위는 당사자가 **무효임을 알고 추인**한 경우에는 **새로운 법률행위**를 한 것으로 본다. 따라서 **소급효가 없는 것이 원칙**이다.

5. **비진의표시로 무효인 법률행위**를 당사자가 그 무효임을 알고 추인한 때에는 **새로운 법률행위**로 본다.

6. **통정허위표시**에 해당하여 **무효인 가등기**를 당사자 간에 유효한 등기로 사용하기로 한 약정은 **그때부터 유효**로 될 수 있다.

7. **무효인 가등기를 유효한 등기로 전용키로 한 약정은 그때부터 유효하고** 이로써 위 가등기가 소급하여 유효한 등기로 될 수 없다.

8. 취소할 수 있는 법률행위가 **취소된 이후**에는 **취소할 수 있는 법률행위의 추인**에 의하여 다시 확정적으로 유효하게 **할 수 없고, 무효행위의 추인은 할 수 있다.** 따라서 **취소의 원인이 소멸한 후에 취소된 계약을 다시 추인**하게 되면 취소된 법률행위가 계약체결 시에 **소급하여 유효로 되는 것이 아니라 새로운 계약을 다시 한 것으로 본다.**

9. 무효행위의 추인은 **소급효가 없는 것이 원칙**이나, 예외적으로 당사자 사이에서는 제3자의 권리를 해하지 않는 범위 내에서 소급적 추인이 가능하다.

예제

1. 추인하여도 효력이 생기지 않는 무효인 법률행위를 모두 고른 것은? (다툼이 있으면 판례에 의함) 제25회

> ㄱ. 불공정한 법률행위
> ㄴ. 무권대리인의 법률행위
> ㄷ. 불법조건이 붙은 법률행위
> ㄹ. 통정허위표시에 의한 임대차계약

① ㄱ, ㄴ ② ㄱ, ㄷ ③ ㄴ, ㄹ
④ ㄱ, ㄷ, ㄹ ⑤ ㄴ, ㄷ, ㄹ

해설 ㄱ, ㄷ. 무효의 원인이 소멸한 후에 하여야 하므로 강행규정위반, 사회질서위반, 불공정한 법률행위에 해당하여 무효인 법률행위는 추인의 대상이 될 수 없다. ▶ 정답 ②

2. 법률행위의 무효에 관한 설명으로 틀린 것은? 제29회

① 불공정한 법률행위로서 무효인 경우, 무효행위 전환의 법리가 적용될 수 있다.
② 토지거래허가구역 내의 토지매매계약은 관할관청의 불허가 처분이 있으면 확정적 무효이다.
③ 매도인이 통정한 허위의 매매를 추인한 경우, 다른 약정이 없으면 계약을 체결한 때로부터 유효로 된다.
④ 이미 매도된 부동산에 관하여, 매도인의 채권자가 매도인의 배임행위에 적극 가담하여 설정된 저당권은 무효이다.
⑤ 토지거래허가구역 내의 토지거래계약이 확정적으로 무효가 된 경우, 그 계약이 무효로 되는데 책임 있는 사유가 있는 자도 무효를 주장할 수 있다.

해설 ③ 무효행위는 당사자가 무효임을 알고 추인한 경우에는 새로운 법률행위를 한 것으로 본다. 따라서 소급효가 없는 것이 원칙이다. ▶ 정답 ③

5 토지거래허가구역

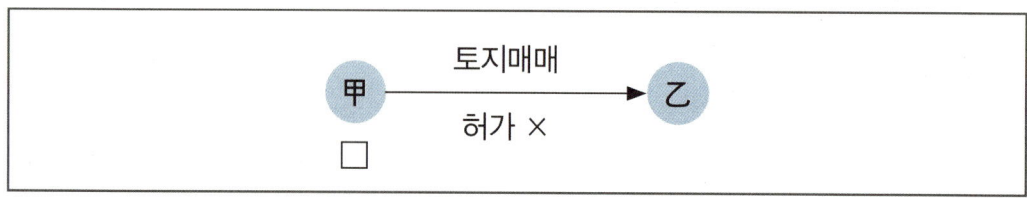

1. 유동적 무효

토지거래허가구역 내의 토지에 관하여 매매계약을 체결한 경우, **허가를 받기 전까지는 매매계약은 무효**이고, 나중에 **허가를 받게 되면** 계약시로 **소급해서 유효**하게 된다.

2. 허가 전 계약상 효력은 없다.

① 유동적 무효상태에서는 어떠한 내용의 이행청구도 할 수 없으므로 **채무불이행을 이유로 계약을 해제하거나 손해배상을 청구할 수 없다.**
② 매수인은 **토지거래허가가 있을 것을 조건으로 하여** 매도인에게 소유권이전등기절차의 **이행을 청구할 수 없다.**

3. 허가협력의무는 존재한다.

① 일방이 허가협력을 불이행하는 경우 **소구**할 수 있고, **손해배상**을 청구할 수 있다.
② 따라서 허가협력의무 위반에 따른 **손해배상액을 예정하는 약정은 유효하다.**
③ 다만 **허가협력의무 위반을 이유로** 유동적 무효상태에 있는 매매계약 자체를 **해제할 수는 없다.**

4. 계약 해제

① 채무불이행을 이유로 한 해제나 협력의무 위반을 이유로 한 해제는 할 수 없다.
② **허가 전** 유동적 무효 상태에서도 **해약금에 의한 해제는 할 수 있다.** 따라서 매수인은 계약금을 포기하고 해제할 수 있고, 매도인은 계약금의 배액을 상환하고 해제할 수 있다.
③ 계약금만 수수한 상태에서 **허가를 받았다** 하더라도 이행의 착수로 볼 수 없으므로, **해약금에 의한 해제는 할 수 있다.**

5. 계약금의 반환청구

① **허가 전 유동적 무효상태에 있는 한** 양당사자는 서로 허가협력의무가 있으므로, **매수인은 이미 지급한 계약금의 반환을 청구할 수 없다.**

② 매매계약이 **확정적으로 무효**가 되었을 때 매수인은 계약금의 **반환을 청구할 수 있다.**

6. 취소의 주장

① 유동적 무효상태에 있는 매매계약에 관해서도 착오·사기·강박을 이유로 **취소할 수 있다.**

② 따라서 매매계약이 매수인의 **사기**에 의해 체결된 경우, 매도인은 토지거래허가를 신청하기 전에 사기를 이유로 계약을 **취소함으로써 허가신청절차의 협력의무를 면할 수 있다.**

7. 토지거래허가구역 내에서의 중간생략등기

① **토지거래허가구역 안에 있는 토지에 관하여 중간생략등기의 합의가 있었다고 하더라도,** 이를 최초 매도인과 최종 매수인 사이에 **매매계약이 체결되었다고 볼 수는 없으므로,** 최종 매수인과 최초 매도인을 매매당사자로 하는 토지거래허가를 받아 최종 매수인 앞으로 경료한 소유권 이전등기는 **적법한 토지거래허가 없이 경료된 등기로서 무효이다**(대판 96다22464).

② 토지거래허가구역 안에 있는 토지에 관하여 중간생략등기의 합의가 있었다고 하더라도, 최종 매수인은 최초 매도인에 대하여 **직접 허가신청절차의 협력을 청구할 수 없다.**

8. 확정적 무효로 되는 경우

① 처음부터 허가를 **배제·잠탈할 목적**으로 계약을 체결한 경우에는 처음부터 확정적 무효이다.

② 당사자 **쌍방이** 허가신청을 하지 아니하기로 의사표시를 **명백히** 한 경우에는 그 때부터 무효로 확정된다.

③ 관할관청의 **불허가처분**이 있는 경우에는 그 때부터 무효로 확정된다.

④ 토지거래허가 전의 매매계약이 정지조건부 계약인 경우에 그 **정지조건**이 토지거래허가를 받기 전에 이미 **불성취**로 확정된 경우에는 그 때부터 무효로 확정된다.

⑤ **일정한 기간 안에 토지거래허가를 받기로 약정**하였다고 하더라도 특별한 사정이 없는 한 **약정기간이 경과하였다는 사정만으로 매매계약이 무효로 확정되는 것은 아니다.**

9. 확정적 유효로 되는 경우

① **허가를 받으면** 그 매매계약은 **소급하여 유효**하게 된다.

② 매매계약이 **유동적 무효인 상태**에서 허가구역 **지정이 해제되거나 재지정하지 아니한 경우**, 그 때부터 확정적으로 유효하게 된다.

③ 처음부터 허가를 **배제·잠탈할 목적**으로 계약을 체결한 경우에는 계약체결 후 허가구역 **지정이 해제**되더라도 **유효로 될 수 없다**.

④ 허가를 **잠탈**하는 내용으로 매매계약을 체결한 후에 허가구역 **지정이 해제되면** 무효의 원인이 소멸하였으므로, 계약당사자는 **무효행위의 추인에 의해** 새로운 법률행위로서 **유효하게 할 수 있다**(대판 2024다255328).

10. 토지거래허가협력의무와 매매계약상 의무는 동시이행관계가 아니다.

① 매수인은 **매매대금의 제공 없이도** 매도인에게 토지거래허가신청절차에 **협력할 것을 청구할 수 있다**.

② 매도인은 **매매대금의 이행제공이 없었음을 이유로** 거래허가와 관련된 매수인의 **협력의무이행청구를 거절할 수 없다**.

📘 예제

甲은 토지거래허가구역 내에 있는 그 소유 X토지에 관하여 乙과 매매계약을 체결하였다. 비록 이 계약이 토지거래허가를 받지는 않았으나 확정적으로 무효가 아닌 경우, 다음 설명 중 **틀린 것은?** (다툼이 있으면 판례에 따름) 제30회

① 위 계약은 유동적 무효의 상태에 있다.
② 乙이 계약내용에 따른 채무를 이행하지 않더라도 甲은 이를 이유로 위 계약을 해제할 수 없다.
③ 甲은 乙의 매매대금 이행제공이 없음을 이유로 토지거래허가 신청에 대한 협력의무의 이행을 거절할 수 없다.
④ 토지거래허가구역 지정기간이 만료되었으나 재지정이 없는 경우, 위 계약은 확정적으로 유효로 된다.
⑤ 乙이 丙에게 X토지를 전매하고 丙이 자신과 甲을 매매당사자로 하는 허가를 받아 甲으로부터 곧바로 등기를 이전받았다면 그 등기는 유효하다.

해설 ⑤ 토지거래허가구역 내에서의 중간생략등기 및 중간생략등기에 관한 합의는 무효이다.

▶ 정답 ⑤

제3절 취소

1 의의

1. 취소할 수 있는 법률행위는 취소권자가 **취소하면 처음부터(소급해서) 무효**로 되고, 취소권이 소멸하게 되면 그 때부터 유효로 확정된다.

2. 민법상 취소사유는 **제한능력, 착오, 사기, 강박**뿐이다. 따라서 취소사유가 인정되지 않는 이상 당사자 쌍방이 모두 취소의 의사표시를 하더라도 그 법률행위가 무효가 되는 것은 아니다(대판 93다58431).

2 취소권자

> 제140조 【법률행위의 취소권자】 취소할 수 있는 법률행위는 **제한능력자, 착오로 인하거나 사기·강박에 의하여 의사표시를 한 자, 그의 대리인 또는 승계인**만이 취소할 수 있다.

1. 제한능력자가 법정대리인의 동의 없이 단독으로 한 법률행위는 **제한능력자도 단독으로 취소할 수 있다.**

2. 따라서 제한능력자가 법정대리인의 동의 없이 단독으로 한 법률행위는 **제한능력자 및 법정대리인이 취소할 수 있다.**

3. 강박에 의한 의사표시를 한 자는 **강박상태를 벗어나기 전에도 이를 취소할 수 있다.**

4. 매매계약을 체결할 권한을 수여 받은 임의대리인이 상대방의 사기로 계약을 체결한 경우, 취소권은 본인에게 귀속되는 것이므로 **임의대리인은** 본인으로부터 취소에 대한 별도의 수권이 없는 한 계약을 **취소할 수 없다.**

5. **포괄승계인(상속인)도 취소할 수 있다.** 따라서 매도인이 매수인의 사기에 의해 매매계약을 한 후 사망한 경우에는 매도인의 **상속인이 매매계약을 취소할 수 있다.**

6. **특정승계인도 취소할 수 있다.** 따라서 전세권자의 사기에 의해 건물에 전세권이 설정되고 그 건물이 양도된 경우, **건물양수인은** 전세권자의 사기를 이유로 전세권설정계약을 **취소할 수 있다.**

3 취소권의 행사

> **제142조【취소의 상대방】** 취소할 수 있는 법률행위의 상대방이 확정한 경우에는 그 취소는 그 상대방에 대한 의사표시로 하여야 한다.

1. 취소의 상대방

① 취소할 수 있는 법률행위의 상대방이 확정된 경우에는 그 취소는 **그 상대방에 대한 의사표시로 하여야 한다.**

② 취소는 취소할 수 있는 법률행위의 상대방에게 대하여 하는 것이지 **상대방의 전득자에 대하여 하는 것이 아니다.**

2. 취소의 방식

① 취소권의 행사는 특별한 방식을 요하지 않으므로, 반드시 명시적인 의사표시로 하여야 하는 것은 아니고, **묵시적으로도 가능하다.**

② 매매를 원인으로 소유권이전등기를 한 후 **취소권자인 매도인이** 매수인에게 소유권이전등기의 **말소등기를 청구하는 것**은 그 전에 매매계약을 취소하는 의사표시가 포함된 것으로 해석할 수 있다.

4 취소의 효과

> **제141조【취소의 효과】** 취소된 법률행위는 **처음부터** 무효인 것으로 본다. 다만, **제한능력자**는 그 행위로 인하여 받은 **이익이 현존하는 한도에서** 상환(償還)할 책임이 있다.

1. 소급적 무효

① 취소권자가 취소하면 그 법률행위는 **처음부터(소급해서) 무효**가 된다.

② 취소권자가 취소하면 양 당사자는 서로 이행한 것에 대해서 부당이득반환의무를 부담하며, 이는 **동시이행관계**에 있다.

2. 제한능력자 보호

① **제한능력자**가 부당이득반환의무를 부담하는 경우에는 선의·악의를 묻지 않고 **현존이익만을 반환**하면 된다.

② 제한능력자가 수령한 금전을 **유흥비로 소비한 경우**에는 현존이익이 없으므로 상대방에게 반환할 의무가 없지만, **생활비로 사용한 경우**에는 이익이 현존하는 것으로 보아야 하므로 상대방에게 반환할 의무가 있다.

③ 제한능력을 이유로 취소한 경우에는 **선의의 제3자에게도 대항할 수 있다.** 따라서 미성년자 甲이 乙에게 매도한 부동산을 乙이 선의의 丙에게 처분하고 이전등기를 한 후에 甲이 취소한 경우에는 丙은 소유권을 취득할 수 없다.

5 취소할 수 있는 법률행위의 추인(취소하지 않겠다는 의사표시)

> 제143조 【추인의 방법, 효과】 ① 취소할 수 있는 법률행위는 제140조에 규정한 자가 추인할 수 있고 추인 후에는 취소하지 못한다.
> ② 전조의 규정은 전항의 경우에 준용한다.
> 제144조 【추인의 요건】 ① 추인은 **취소의 원인이 소멸된 후**에 하여야만 효력이 있다.
> ② 제1항은 **법정대리인 또는 후견인이 추인하는 경우**에는 적용하지 아니한다.

1. 의 의

① 취소할 수 있는 법률행위의 추인이란 취소권자가 상대방에게 취소하지 않겠다고 하는 의사표시를 말한다. 따라서 추인은 취소권자가 취소권의 존재를 알고 하여야 한다.

② 취소권자는 취소할 수 있는 법률행위를 **추인한 후**에는 더 이상 **취소할 수 없다.**

2. 추인의 요건

① 추인은 **취소의 원인이 소멸한 후**에 하여야만 효력이 있다. 따라서 **제한능력자는 능력자가 된 후**에, **착오나 사기는 그 사실을 안 후**에, **강박은 강박상태에서 벗어난 후**에 추인을 하여야 추인의 효력이 발생한다.

② **제한능력자**가 단독으로 한 법률행위에 대하여 **법정대리인이 추인하는 경우**에는 **취소의 원인이 소멸하기 전에도 추인의 효력이 있다.**

③ **제한능력자**는 단독으로 취소할 수는 있어도, **단독으로 추인할 수는 없다.**

6 법정추인(취소하지 않을 것처럼 행동한 경우)

> **제145조 【법정추인】** 취소할 수 있는 법률행위에 관하여 전조의 규정에 의하여 추인할 수 있는 후에 다음 각호의 사유가 있으면 추인한 것으로 본다. 그러나 이의를 보류한 때에는 그러하지 아니하다.
> 1. 전부나 일부의 이행
> 2. **이행의 청구**
> 3. 경개
> 4. 담보의 제공
> 5. **취소할 수 있는 행위로 취득한 권리의 전부나 일부의 양도**
> 6. 강제집행

1. 의 의

① 취소권자가 추인할 수 있는 후에 취소하지 않을 것처럼 행동한 경우에는 추인한 것으로 본다.

② 그러나 취소권자가 **이의를 보류한 때**(추인하는 것이 아니라고 명시한 때)에는 **법정추인이 되지 않는다**.

③ 추인과는 달리 법정추인은 취소권자가 취소권의 존재를 알고 있어야 하는 것은 아니다.

2. 법정추인이 되는 경우

① **취소의 원인이 소멸한 후에 취소권자가 이의를 유보하지 않고**, 상대방에게 이행하거나 상대방의 이행을 받은 경우에는 추인한 것으로 본다.

② **사기의 사실을 안 취소권자가** 채무자로서 상대방에게 채권의 담보로 저당권을 설정한 경우에는 법정추인이 된다.

③ **자신의 착오를 안 취소권자가** 취소할 수 있는 법률행위를 통하여 양도받은 건물을 타인에게 임대한 경우에는 법정추인이 된다.

3. 법정추인이 되지 않는 경우

① **미성년자가 스스로** 취소할 수 있는 법률행위로부터 생긴 채무를 **이행한 경우**에는 법정추인이 되지 않는다.

② 채무자가 **사기를** 당했음을 **알지 못하고** 채권자에게 계약상의 채무를 이행한 경우에는 그 계약을 **추인한 것으로 볼 수 없다.**

③ **상대방이** 취소권자에게 **이행을 청구**한 경우에는 **법정추인이 되지 않는다.**

④ **상대방이** 그 취소할 수 있는 행위로 취득한 권리를 **양도**하는 경우에는 **법정추인이 되지 않는다.**

7 취소권 행사기간의 경과

> **제146조 【취소권의 소멸】** 취소권은 추인할 수 있는 날로부터 3년 내에 법률행위를 한 날로부터 10년 내에 행사하여야 한다.

1. 취소권은 **추인할 수 있는 날로부터 3년** 내에 **법률행위를 한 날로부터 10년** 내에 행사하여야 한다.

2. 위 기간 중 **어느 것이든 먼저 경과하면 취소권은 소멸**하며, 취소권은 형성권이므로 행사기간의 성질은 **제척기간**이다.

3. 취소권의 행사기간의 경과여부는 당사자의 주장여부와 상관없이 **법원이 직권으로 조사해서 판단**해야 한다.

> **예제**

1. 취소할 수 있는 법률행위에 관한 설명으로 틀린 것은? 제29회
① 취소된 법률행위는 처음부터 무효인 것으로 본다.
② 제한능력자는 취소할 수 있는 법률행위를 단독으로 취소할 수 있다.
③ 제한능력자의 법률행위에 대한 법정대리인의 추인은 취소의 원인이 소멸된 후에 하여야 그 효력이 있다.
④ 제한능력자가 취소의 원인이 소멸된 후에 이의를 보류하지 않고 채무 일부를 이행하면 추인한 것으로 본다.
⑤ 취소할 수 있는 법률행위의 상대방이 확정된 경우에는 그 취소는 그 상대방에 대한 의사표시로 하여야 한다.

해설 ③ 법정대리인이 추인하는 경우에는 취소의 원인이 소멸하기 전에도 추인의 효력이 있다.
▶ 정답 ③

2. 법률행위의 취소에 관한 설명으로 틀린 것은? (다툼이 있으면 판례에 따름) 제33회
① 제한능력자가 제한능력을 이유로 자신의 법률행위를 취소하기 위해서는 법정대리인의 동의를 받아야 한다.
② 취소권은 추인할 수 있는 날로부터 3년 내에, 법률행위를 한 날로부터 10년 내에 행사하여야 한다.
③ 취소된 법률행위는 특별한 사정이 없는 한 처음부터 무효인 것으로 본다.
④ 제한능력을 이유로 법률행위가 취소된 경우, 제한능력자는 그 법률행위에 의해 받은 급부를 이익이 현존하는 한도에서 상환할 책임이 있다.
⑤ 취소할 수 있는 법률행위에 대해 취소권자가 적법하게 추인하면 그의 취소권은 소멸한다.

해설 ① 제한능력자가 단독으로 한 법률행위는 제한능력자도 단독으로 취소할 수 있으므로, 취소하기 위해서 법정대리인의 동의를 받을 필요가 없다.
▶ 정답 ①

3. 법정추인이 인정되는 경우가 아닌 것은? (단, 취소권자는 추인할 수 있는 상태이며, 행위자가 취소할 수 있는 법률행위에 관하여 이의보류 없이 한 행위임을 전제함) 제30회
① 취소권자가 상대방에게 채무를 이행한 경우
② 취소권자가 상대방에게 담보를 제공한 경우
③ 상대방이 취소권자에게 이행을 청구한 경우
④ 취소할 수 있는 행위로 취득한 권리를 취소권자가 타인에게 양도한 경우
⑤ 취소권자가 상대방과 경개계약을 체결한 경우

해설 ③ 상대방이 취소권자에게 이행을 청구한 경우에는 법정추인이 되지 않는다.
▶ 정답 ③

MEMO

Chapter 04 조건과 기한

제1절 조 건

1 의 의

1. 조건은 법률행위의 **효력**의 발생 또는 소멸을 **장래 불확실한 사실**의 성부에 의존케 하는 부관이다.

2. 조건은 법률행위의 효력의 발생 또는 소멸에 관계되는 것이며, 법률행위의 성립에 관계되는 것은 아니다. 즉 조건은 법률행위 효력의 **특별효력요건**이다. 법률행위가 성립하지 않은 경우에는 조건은 붙일 여지가 없다.

3. **조건이 되기 위해서는** 의사표시의 일반원칙에 따라 **조건의사와 그 표시가 필요하며, 조건의사가 있더라도 그것이 외부에 표시되지 않으면** 법률행위의 동기에 불과할 뿐이고 그것만으로는 법률행위의 부관으로서의 **조건이 되는 것은 아니다**(대판 2003다10797).

4. 조건은 당사자의 의사표시에 의하여 부가되는 것이므로 법률규정에 의한 **법정조건은 조건이 아니다.**

2 정지조건(효력발생조건)과 해제조건(효력소멸조건)

> 제147조【조건성취의 효과】① **정지조건** 있는 법률행위는 조건이 **성취한 때로부터 그 효력이 생긴다.**
> ② **해제조건** 있는 법률행위는 조건이 **성취한 때로부터 그 효력을 잃는다.**
> ③ 당사자가 조건성취의 효력을 그 성취 전에 **소급하게 할 의사를 표시한 때**에는 그 의사에 의한다.

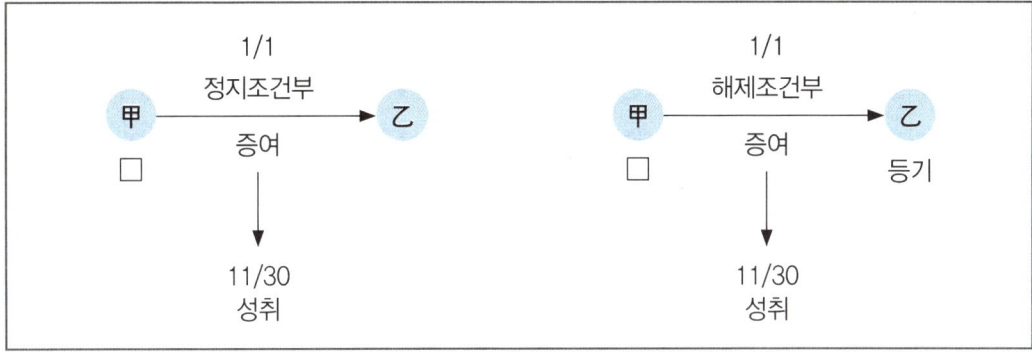

1. 정지조건(효력발생조건)

① **정지조건** 있는 법률행위는 조건이 **성취한 때로부터** 효력이 **발생한다**.

② **정지조건** 있는 법률행위는 조건이 **성취되지 않으면** 효력이 발생할 수 없으므로 **무효로 확정된다**.

③ 甲이 乙에게 공인중개사 시험에 합격하면 아파트를 증여하기로 한 경우, 이러한 정지조건부 증여는 지금은 무효이나, 조건이 성취되면 그때부터 유효하게 된다.

2. 해제조건(효력소멸조건)

① **해제조건** 있는 법률행위는 조건이 **성취한 때로부터** 효력이 **소멸한다**.

② **해제조건** 있는 법률행위는 조건이 **성취되지 않으면** 효력이 **소멸하지 않으므로 유효로 확정된다**.

③ 甲이 乙에게 아파트를 증여하고 소유권이전등기를 해 주면서 만일 공인중개사 시험에 불합격하면 증여는 효력을 상실하기로 한 경우, 이러한 해제조건부 증여는 지금은 유효이나 조건이 성취되면 그때부터 무효가 된다.

3. 조건성취의 효과

① 조건성취의 효력은 **원칙적으로 소급효가 없다**.

② 당사자가 조건성취의 효력을 그 성취 전에 **소급하게 할 의사를 표시한 때에는** 그 의사에 의해 **소급효를 인정할 수 있다**. 그러나 제3자의 권리를 해하지 못한다.

③ 해제조건부 증여로 인한 소유권이전등기를 마쳤다 하더라도 그 **해제조건이 성취되면 그 소유권은 증여자에게 복귀하며**, 이 경우 당사자 간에 별도의 의사표시가 없는 한 **그 조건성취의 효과는 소급하지 아니한다**(대판 92다5584).

4. 입증책임

① 법률행위에 **조건이 붙어 있다는 사실**은 그 조건의 존재를 주장하는 **자가 증명**해야 한다.
② **정지조건부 법률행위에 해당한다는 사실**은 그 법률행위로 인한 법률효과의 발생을 저지하는 사유로서 그 **법률효과의 발생을 다투려는 자에게 입증책임이 있다.**
③ 정지조건부 법률행위에 있어서 **정지조건이 성취되었다는 사실**은 법률행위의 **효력을 주장하는 자에게** 그 **입증책임이 있다**(대판 81다카692).

3 가장조건

> **제151조【불법조건, 기성조건】** ① 조건이 선량한 풍속 기타 사회질서에 위반한 것인 때에는 그 법률행위는 무효로 한다.
> ② 조건이 법률행위의 당시 이미 성취한 것인 경우에는 그 조건이 정지조건이면 조건 없는 법률행위로 하고 해제조건이면 그 법률행위는 무효로 한다.
> ③ 조건이 법률행위의 당시에 이미 성취할 수 없는 것인 경우에는 그 조건이 해제조건이면 조건 없는 법률행위로 하고 정지조건이면 그 법률행위는 무효로 한다.

1. 불법조건

① 사회질서에 반하는 조건을 붙인 법률행위는 그 **조건만이 무효인 것이 아니라 법률행위 전체가 무효이다.**
② 부첩관계의 종료를 **해제조건**으로 하는 증여계약은 그 **조건만이 무효인 것이 아니라 증여계약 자체가 무효이다**(대판 66다530).
③ **불법조건**은 정지조건이든 해제조건이든 **법률행위 전체가 무효**이다.

2. 기성조건과 불능조건

① 조건이 법률행위의 당시 **이미 성취한 것인 경우(기성조건)** 에는 그 조건이 **정지조건**이면 **조건 없는 법률행위**로 한다.
② 조건이 법률행위의 당시 **이미 성취한 것인 경우(기성조건)** 에는 그 조건이 **해제조건**이면 그 법률행위는 **무효**로 한다.
③ 조건이 법률행위의 당시에 **이미 성취할 수 없는 것인 경우(불능조건)** 에는 그 조건이 **정지조건**이면 그 법률행위는 **무효**로 한다.
④ 조건이 법률행위의 당시에 **이미 성취할 수 없는 것인 경우(불능조건)** 에는 그 조건이 **해제조건이면 조건 없는 법률행위**로 한다.

4 조건을 붙일 수 없는 법률행위

1. 혼인, 입양과 같은 신분행위(가족법상 행위)에는 원칙적으로 조건을 붙일 수 없다.

2. **단독행위**

   ① 추인, 취소, 해제, 해지, 상계와 같은 단독행위에 대해서는 **원칙적으로 조건을 붙일 수 없다**. 상대방의 지위가 불안정하게 되어 불리하게 되기 때문이다.
   ② 그러나 **상대방의 동의가 있는 경우에는 조건을 붙일 수 있다.**
   ③ **상대방에게 이익만을 주는 단독행위(채무의 면제, 유증)에는** 상대방의 동의 여부와 상관없이 조건을 붙일 수 있다.

3. **조건을 붙일 수 없는 법률행위에 조건을 붙인 경우**, 그 법률행위는 원칙적으로 **전부가 무효**가 된다.

5 조건부권리

> 제148조 【조건부권리의 침해금지】 조건 있는 법률행위의 당사자는 조건의 성부가 미정한 동안에 조건의 성취로 인하여 생길 상대방의 이익을 해하지 못한다.
> 제149조 【조건부권리의 처분 등】 조건의 성취가 미정한 권리의무는 일반규정에 의하여 처분, 상속, 보존 또는 담보로 할 수 있다.
> 제150조 【조건성취, 불성취에 대한 반신의행위】 ① 조건의 성취로 인하여 **불이익을 받을 당사자가** 신의성실에 반하여 **조건의 성취를 방해한 때**에는 상대방은 그 조건이 성취한 것으로 주장할 수 있다.
> ② 조건의 성취로 인하여 **이익을 받을 당사자가** 신의성실에 반하여 **조건을 성취시킨 때**에는 상대방은 그 조건이 성취하지 아니한 것으로 주장할 수 있다.

1. 조건의 성취가 미정인 동안의 권리의무는 일반규정에 의하여 **처분, 상속, 보존 또는 담보로 할 수 있다.**

2. 조건성취로 불이익을 받을 자가 고의가 아닌 **과실로** 신의성실에 반하여 **조건의 성취를 방해한 경우에도, 상대방은 조건이 성취된 것으로 주장할 수 있다.**

3. 조건의 성취로 인하여 불이익을 받을 당사자가 신의성실에 반하여 조건의 성취를 방해한 경우, **조건이 성취된 것으로 의제되는 시점은 이러한 신의성실에 반하는 행위가 없었더라면 조건이 성취되었으리라고 추산되는 시점이다**(대판 98다42356).

제2절 기한

> 제152조 【기한도래의 효과】 ① **시기** 있는 법률행위는 기한이 **도래한 때로부터 그 효력이 생긴다.**
> ② **종기** 있는 법률행위는 기한이 **도래한 때로부터 그 효력을 잃는다.**
> 제153조 【기한의 이익과 그 포기】 ① 기한은 채무자의 이익을 위한 것으로 추정한다.
> ② 기한의 이익은 이를 포기할 수 있다. 그러나 상대방의 이익을 해하지 못한다.

1 의 의

1. 기한은 법률행위의 **효력**의 발생 또는 소멸을 **장래 확실한 사실**에 의존케 하는 부관이다.

2. **시기** 있는 법률행위는 기한이 **도래한 때로부터 그 효력이 생긴다.**

3. **종기** 있는 법률행위는 기한이 **도래한 때로부터 그 효력을 잃는다.**

2 기한부 법률행위의 효력

1. 기한부 권리는 일반규정에 의하여 **처분, 상속, 보존 또는 담보**로 할 수 있다.

2. **기한은 반드시 도래한 때로부터 효력이 확정되므로, 당사자 사이의 의사에 의해서도 소급시킬 수 없다.**

3. 취소, 해제, 상계 등과 같은 법률행위에는 기한을 붙일 수 없다.

3 기한의 이익

1. 기한의 이익이란 기한이 아직 도래하지 않음으로써 그동안 당사자가 받는 이익을 말한다.

2. 기한은 **채무자의 이익**을 위한 것으로 **추정**한다.

3. 채무자는 **기한의 이익**을 포기할 수 있다. 그러나 상대방의 이익을 해하지 못한다.

판례

1. **조건과 불확정기한의 구별기준**
   부관이 붙은 법률행위에 있어서 **부관에 표시된 사실이 발생하지 아니하면 채무를 이행하지 아니하여도 된다고 보는 것이 상당한 경우에는 조건**으로 보아야 하고, **표시된 사실이 발생한 때에는 물론이고 반대로 발생하지 아니하는 것이 확정된 때에도 그 채무를 이행하여야 한다고 보는 것이 상당한 경우에는 불확정기한**으로 보아야 한다(대판 2003다24215).

2. **불확정기한의 도래**
   ① **불확정**한 사실이 발생한 때를 이행**기한**으로 정한 경우, **그 사실의 발생이 불가능하게 된 때에도 기한이 도래한 것으로 보아야 한다**(대판 2005다67353).
   ② 따라서 甲과 乙이 임대차계약을 합의해지하면서 해당 점포가 다른 사람에게 임대되는 때에 임대인 甲이 보증금을 반환하기로 약정한 경우, 甲이 제3자에게 무상으로 점포를 사용하게 하였다면, 더 이상 임대차는 불가능하게 된 것이므로 甲의 보증금반환채무의 이행기가 도래한 것으로 본다(대판 88다카10579).

3. **기한이익 상실의 특약**
   기한이익 상실의 특약은 일반적으로 채권자를 위하여 둔 것인 점에 비추어 명백히 **정지조건부** 기한이익 상실의 특약이라고 볼 만한 특별한 사정이 없는 이상 **형성권적 기한이익 상실의 특약으로 추정된다**(대판 2002다28340).

예제

1. 법률행위의 부관에 관한 설명으로 틀린 것은? (다툼이 있으면 판례에 따름) 제34회
   ① 조건이 선량한 풍속 기타 사회질서에 위반한 경우, 그 조건만 무효이고 법률행위는 유효하다.
   ② 법률행위에 조건이 붙어 있는지 여부는 조건의 존재를 주장하는 자에게 증명책임이 있다.
   ③ 기한은 특별한 사정이 없는 한 채무자의 이익을 위한 것으로 추정한다.
   ④ 조건부 법률행위에서 기성조건이 해제조건이면 그 법률행위는 무효이다.
   ⑤ 종기(終期) 있는 법률행위는 기한이 도래한 때로부터 그 효력을 잃는다.

   해설 ① 사회질서에 반하는 조건을 붙인 법률행위는 그 **조건만이 무효인 것이 아니라** 법률행위 전체가 무효이다.   ▶▶ 정답 ①

2. 법률행위의 조건과 기한에 관한 설명으로 옳은 것은? 　제29회

① 정지조건 있는 법률행위는 조건이 성취한 때로부터 그 효력을 잃는다.
② 기한은 채권자의 이익을 위한 것으로 추정하며, 기한의 이익은 포기할 수 있다.
③ 기한의 도래가 미정한 권리의무는 일반규정에 의하여 처분하거나 담보로 할 수 없다.
④ 조건이 법률행위 당시 이미 성취한 것인 경우, 그 조건이 해제조건이면 그 법률행위는 무효로 한다.
⑤ 당사자가 조건성취의 효력을 그 성취 전에 소급하게 할 의사를 표시한 경우에도 그 효력은 조건이 성취된 때부터 발생한다.

　해설　① 정지조건 있는 법률행위는 조건이 성취한 때로부터 그 효력이 발생한다.
② 기한은 채무자의 이익을 위한 것으로 추정된다.
③ 기한부 권리도 일반규정에 의하여 처분하거나 담보로 할 수 있다.
⑤ 당사자가 조건성취의 효력을 그 성취 전에 소급하게 할 의사를 표시한 경우에는 그 의사에 따라 소급해서 발생한다.　▶ 정답 ④

3. 조건과 기한에 관한 설명으로 옳은 것은? (다툼이 있으면 판례에 따름)　제30회

① 해제조건 있는 법률행위는 조건이 성취한 때로부터 그 효력이 발생한다.
② 기한이익 상실특약은 특별한 사정이 없는 한 정지조건부 기한이익 상실특약으로 추정한다.
③ 조건이 법률행위 당시에 이미 성취할 수 없는 것인 경우, 그 조건이 정지조건이면 그 법률행위는 무효로 한다.
④ 불확정한 사실의 발생시기를 이행기한으로 정한 경우, 그 사실의 발생이 불가능하게 되었다고 하여 이행기간이 도래한 것으로 볼 수는 없다.
⑤ 상계의 의사표시에는 시기(始期)를 붙일 수 있다.

　해설　① 해제조건 있는 법률행위는 조건이 성취한 때로부터 그 효력이 소멸한다.
② 기한이익 상실특약은 특별한 사정이 없는 한 형성권적 기한이익 상실특약으로 추정한다.
④ 불확정한 사실의 발생시기를 이행기한으로 정한 경우, 그 사실의 발생이 불가능하게 되면 이행기간이 도래한 것으로 본다.
⑤ 상계의 의사표시에는 시기(始期)를 붙일 수 없다.　▶ 정답 ③

MEMO

제1장 물권법 총론
제2장 물권법 각론

PART

02

물권법

Chapter 01 물권법 총론

제1절 총설

1 물권과 채권의 비교

1. 물권

① 물권은 **물건에 대한 지배권**이다.
② 물권은 **누구에게나 주장**할 수 있다.
③ 물권법은 **물권법정주의**가 지배하므로 대체로 **강행규정**이다.

2. 채권

① 채권은 **사람에 대한 행위청구권**이다.
② 채권은 **채무자에 대해서만 주장**할 수 있는 것이 원칙이다.
③ 계약법은 **계약자유의 원칙**이 지배하므로 대체로 **임의규정**이다.

2 물권의 객체

1. 물권의 객체는 현존하는 특정의 독립한 물건이다.

2. 민법상 물건은 부동산과 동산으로 구별되는데, 토지 및 그 정착물이 부동산이고, 부동산 이외의 물건이 동산이다.

3. 토지는 인위적으로 지표에 선을 그어 구획하고 구획된 토지가 지적공부에 등록된 경우에 하나의 독립된 토지로 인정된다. 이렇게 독립된 지번이 부여된 **1필이 1개의 토지가 된다.**

4. **건물은 토지와는 전혀 별개의 독립된 부동산이다.** 따라서 타인소유의 토지 위에 건물을 무단으로 신축한 경우에도 **건물은 토지에 부합되지 않으므로** 신축한 자가 건물의 소유권을 취득한다.

5. 소유권의 객체가 되기 위해서는 토지는 1필, 건물은 1동이라야 한다. 따라서 **1필 토지의 일부와 1동 건물의 일부는 소유권의 객체가 될 수 없다.**

6. 수목은 토지의 일부로서 독립하여 물권의 객체가 되지 못하는 것이 원칙이다.

7. 입목에 관한 법률에 의해 **등기된 수목(입목)**은 독립한 부동산으로서 소유권, 양도담보 및 저당권의 객체가 될 수 있다.

8. **명인방법을 갖춘 수목**은 소유권 및 양도담보의 객체가 될 수 있으나, 저당권의 객체는 될 수 없다.

9. 적법한 경작권 없이 타인의 토지를 무단으로 경작하였더라도 **농작물은 토지에 부합되지 않으므로**, 경작된 **농작물이 성숙하여** 독립한 물건으로서의 존재를 갖추었다면 그 **농작물의 소유권은 명인방법을 갖추지 않았더라도 경작자에게 귀속한다.**

10. 미분리의 과실도 명인방법을 갖추면 독립한 물건으로서 물권의 객체가 될 수 있다.

11. 지상권과 전세권을 목적으로 저당권을 설정하는 경우와 같이 예외적으로 권리도 물권의 객체가 되는 경우가 있다.

3 일물일권주의

1. 원 칙

① 하나의 물권의 객체는 하나의 독립된 물건이어야 한다.
② 따라서 원칙적으로 물건의 일부나 구성부분, 집합물은 물권의 객체가 될 수 없다.
③ 1필 토지의 일부와 1동 건물의 일부는 소유권의 객체가 될 수 없으므로, **부동산의 일부에는 저당권을 설정할 수 없다.**

2. 예 외

① **부동산의 일부도 점유할 수 있으므로, 부동산의 일부에 용익물권설정은 가능하다.**
② 부동산의 일부도 점유할 수 있으므로, **부동산의 일부에 유치권은 발생할 수 있다.**
③ 1동 건물의 일부도 구조상·이용상 독립성이 있으면 구분소유권의 객체가 될 수 있다.

> **예제**

1필의 토지의 일부를 객체로 할 수 없는 권리는? (다툼이 있으면 판례에 따름)   제33회
① 저당권   ② 전세권
③ 지상권   ④ 임차권
⑤ 점유권

해설 ① 1필 토지의 일부와 1동 건물의 일부는 소유권의 객체가 될 수 없으므로, 부동산의 일부에는 저당권을 설정할 수 없다.   ▶ 정답 ①

4 물권법정주의

> **제185조【물권의 종류】** 물권은 법률 또는 관습법에 의하는 외에는 임의로 창설하지 못한다.

1. 민법상 물권

① **동산물권**: **점유권, 소유권, 유치권,** 질권
② **부동산물권**: **점유권, 소유권,** 지상권, 지역권, 전세권, **유치권,** 저당권

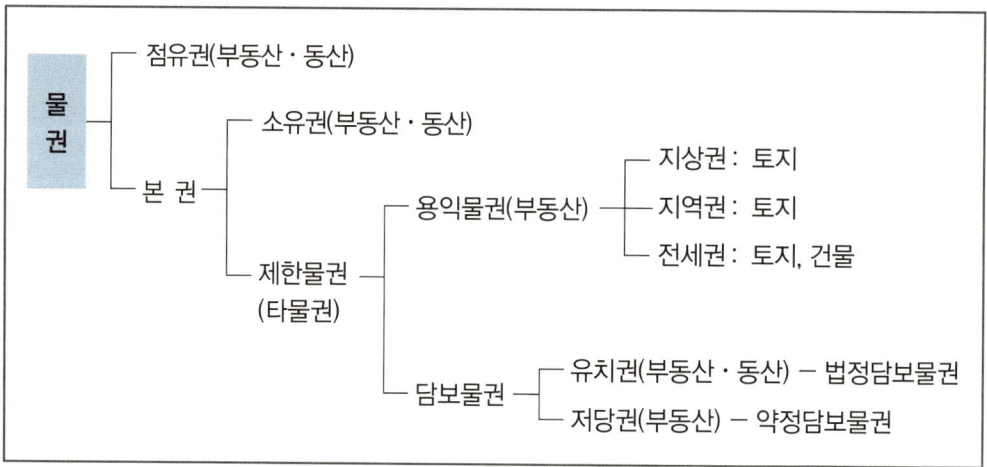

2. 관습법상 인정되는 물권

① 분묘기지권
② 관습법상 법정지상권

3. 관습법상 물권으로 인정되지 않는 경우

① 온천권
② 공원이용권
③ 관습상의 사도통행권

판례

1. **미등기 무허가 건물의 양수인**이라 할지라도 그 소유권이전등기를 경료받지 않는 한 건물에 대한 소유권을 취득할 수 없고, 그러한 건물의 취득자에게 소유권에 준하는 **관습상의 물권이 있다고 할 수 없다**(대판 98다59118).

2. **온천에 관한 권리**를 관습법상의 **물권이라고 볼 수 없다**(대판 69다1239).

3. 도시공원법상 근린공원으로 지정된 공원은 일반 주민들이 다른 사람의 공동 사용을 방해하지 않는 한 자유로이 이용할 수 있지만 그러한 사정만으로 인근 주민들이 누구에게나 주장할 수 있는 **공원이용권이라는 배타적인 권리를 취득하였다고는 할 수 없다**(대결 94마2218).

4. 민법 제185조는 이른바 물권법정주의를 선언하고 있고, 물권법의 강행법규성은 이를 중핵으로 하고 있으므로, 법률이 인정하지 않는 새로운 종류의 물권을 창설하는 것은 허용되지 아니한다. 따라서 **관습상의 사도통행권을 인정함은 물권법정주의에 위배된다**(대판 2001다64165).

제 2 절 물권적 청구권

1 총 설

1. 의 의

물권적 청구권이란 물권에 대해 침해가 있거나 침해할 염려가 있는 경우에 **현재 물권자가 현재 침해자 또는 침해할 염려가 있는 자를 상대로** 그 침해의 제거 또는 예방에 필요한 행위를 청구할 수 있는 권리를 말한다.

2. 종 류

① 물권적 **반환청구**권이란 목적물에 대한 점유가 침탈당하고 있는 경우에 침탈자에 대하여 그 **목적물 자체의 반환을 청구**하는 권리를 말한다.

② 물권적 **방해제거(방해배제)**청구권이란 점유침탈 이외의 방법으로 물권의 행사가 방해되는 경우에 물권자가 방해자에 대하여 **방해의 제거를 청구**하는 권리를 말한다. 건물**철거**청구, **말소등기**청구, **진정명의회복**을 원인으로 한 이전등기청구는 방해제거청구에 해당한다.

③ 물권적 **방해예방**청구권이란 물권의 침해가 현실적으로 발생하지는 않았지만 **침해할 염려가 있는 경우**에 방해예방 **또는** 손해배상의 담보를 **선택적으로 청구**하는 권리를 말한다.

> **판례**
>
> 1. 소유권에 기한 방해배제청구권에 있어서 '**방해**'라 함은 **현재에도 지속되고 있는 침해를 의미**하고, 법익 침해가 과거에 일어나서 이미 종결된 경우에 해당하는 '손해'의 개념과는 다르다 할 것이어서, 소유권에 기한 **방해배제청구권은 현재 계속되고 있는 방해의 원인을 제거하는 것을 내용으로 한다.** 따라서 **방해결과의 제거를 청구하는 것은** 손해배상청구로 해결할 문제이지 **방해배제청구권의 내용으로 할 수 없다**(대판 2009다3494).
>
> 2. 소유자가 침해자에 대하여 방해제거 행위 또는 방해예방행위를 하는 데 드는 **비용을 청구할 수 있는 권리는 물권적 청구권 규정에 포함되어 있지 않으므로**, 소유자가 **물권적 청구권에 기하여** 방해배제비용 또는 방해예방**비용을 청구할 수는 없다**(대판 2014다52612).

3. 손해배상청구권과의 관계

① **물권적 청구권은 침해자의 고의·과실을 요건으로 하지 않으나,** 손해배상청구권은 불법행위가 성립해야 하므로 침해자의 고의·과실을 요건으로 한다.

② 따라서 **손해배상청구권은 물권적 청구권의 행사 내용에 당연히 포함되는 것은 아니다.**

③ 침해자에게 고의·과실이 있는 경우에는 물권적 청구권과 손해배상청구권을 함께 행사할 수 있고, 침해자에게 고의·과실이 없는 경우에는 물권적 청구권은 행사할 수 있으나 손해배상청구권은 행사할 수 없다.

4. 성 질

① 물권적 청구권은 물권과 언제나 법률적 운명을 같이 하므로 **물권적 청구권만을 물권과 분리하여 양도할 수는 없다.**

② **소유권에 기한 물권적 청구권은 소멸시효에 걸리지 않는다.**

2 소유권에 기한 물권적 청구권

> 제213조【소유물반환청구권】소유자는 그 소유에 속한 물건을 점유한 자에 대하여 반환을 청구할 수 있다. 그러나 점유자가 그 물건을 점유할 권리가 있는 때에는 반환을 거부할 수 있다.
>
> 제214조【소유물방해제거, 방해예방청구권】소유자는 소유권을 방해하는 자에 대하여 방해의 제거를 청구할 수 있고 소유권을 방해할 염려있는 행위를 하는 자에 대하여 그 예방이나 손해배상의 담보를 청구할 수 있다.

1. 행사자

① 소유권에 기한 물권적 청구권은 **현재의 소유자만이 행사할 수 있다.**

② 소유자가 **제3자에게** 그 소유 물건에 대한 **처분권한을 유효하게 수여하였더라도** 제3자의 처분이 없다면 **소유자는** 그 제3자 이외의 자에 대해 **소유권에 기한 물권적 청구권을 행사할 수 있다.**

③ **미등기매수인**은 그 건물의 불법점유자에 대하여 **직접 소유권에 기하여** 건물의 **반환을 청구할 수 없고,** 매도인의 소유권에 기한 물권적 청구권을 대위행사할 수 있을 뿐이다.

④ 소유권을 양도한 **전소유자**는 불법점유자에 대하여 **소유권에 기한** 물권적 청구권을 행사할 수 **없다.**

⑤ **물권적 청구권을 종전소유자에게 유보하기로 하는 특약은 무효이다.**

2. 상대방

① **현재의 침해자 또는 현재 방해상태를 지배하고 있는 자**만을 상대로 하여야 한다.
② 甲소유의 토지 위에 乙이 무단으로 비닐하우스를 설치하고 이를 丙이 乙로부터 **매수하여 점유하는 경우, 甲은 丙에게** 비닐하우스의 **철거를 청구하여야 한다.**
③ 甲소유의 건물에 乙명의의 저당권등기가 불법으로 경료된 후 丙에게 **저당권이전등기가 경료되었다면, 甲은 丙에게** 저당권등기의 **말소를 청구하여야 한다.**
④ 소유자는 점유를 상실하여 **현실적으로 점유하고 있지 않은 자에게 소유물반환을 청구할 수 없다.**
⑤ 물권적 청구권은 **점유할 정당한 권원이 있는 자**에 대해서는 행사할 수 없다.
⑥ 따라서 甲소유의 토지를 **매수하여 토지를 인도받은 미등기매수인 乙로부터 丙이 임차하여 점유하고 있는 경우, 甲은 丙에게 소유물반환을 청구할 수 없다.**

3. 甲소유의 토지 위에 乙이 무단으로 건물을 신축한 경우

① 무단 신축된 건물이라도 **건물은 토지에 부합하지 않으므로, 건물은 乙소유에 속한다.**
② 甲은 乙을 상대로 건물의 철거와 토지인도 및 손해배상을 청구할 수 있을 뿐, 그 **건물에서 퇴거할 것을 청구할 수는 없다.**
③ 乙이 건물을 丙에게 임대차한 경우, **철거청구의 상대방은 여전히 乙이다.**
④ ③의 경우, **건물 철거를 실행하기 위해서** 甲은 자신의 소유권에 기한 방해배제로서 **丙에 대하여 건물에서 퇴거할 것을 청구할 수 있다.**
⑤ ④의 경우, 丙이 건물임차권의 **대항력**을 가진 경우에도 **건물에서 퇴거할 것을 청구할 수 있다.**
⑥ 乙이 丙에게 건물을 미등기 매매한 경우, 甲은 丙에게 철거를 청구할 수 있다.

예제

1. 물권적 청구권에 관한 설명으로 옳은 것을 모두 고른 것은? (다툼이 있으면 판례에 따름)
제33회

> ㄱ. 지상권을 설정한 토지의 소유자는 그 토지 일부의 불법점유자에 대하여 소유권에 기한 방해배제를 청구할 수 없다.
> ㄴ. 토지의 소유권을 양도하여 소유권을 상실한 전(前)소유자도 그 토지 일부의 불법점유자에 대하여 소유권에 기한 방해배제를 청구할 수 있다.
> ㄷ. 소유자는 자신의 소유권을 방해할 염려있는 행위를 하는 자에 대하여 그 예방이나 손해배상의 담보를 청구할 수 있다.

① ㄱ   ② ㄷ   ③ ㄱ, ㄴ
④ ㄴ, ㄷ   ⑤ ㄱ, ㄴ, ㄷ

해설 ㄱ. 토지의 소유자는 토지의 불법점유자에 대하여 소유권에 기한 방해배제를 청구할 수 있다.
ㄴ. 전(前)소유자는 토지의 불법점유자에 대하여 소유권에 기한 방해배제를 청구할 수 없다. ▶ **정답** ②

2. 甲소유 X토지에 대한 사용권한 없이 그 위에 乙이 Y건물을 신축한 후 아직 등기하지 않은 채 丙에게 일부를 임대하여 현재 乙과 丙이 Y건물을 일부분씩 점유하고 있다. 다음 설명 중 틀린 것은?
제27회

① 甲은 乙을 상대로 Y건물의 철거를 구할 수 있다.
② 甲은 乙을 상대로 Y건물의 대지부분의 인도를 구할 수 있다.
③ 甲은 乙을 상대로 Y건물에서의 퇴거를 구할 수 있다.
④ 甲은 丙을 상대로 Y건물에서의 퇴거를 구할 수 있다.
⑤ 乙이 Y건물을 丁에게 미등기로 매도하고 인도해 준 경우 甲은 丁을 상대로 Y건물의 철거를 구할 수 있다.

해설 ③ 甲은 건물소유자인 乙을 상대로 건물에서의 퇴거를 청구할 수 없다. ▶ **정답** ③

3 점유권에 기한 물권적 청구권(점유보호청구권)

> **제204조 【점유의 회수】** ① 점유자가 점유의 **침탈**을 당한 때에는 그 물건의 반환 및 손해의 배상을 청구할 수 있다.
> ② 전항의 청구권은 침탈자의 특별승계인에 대하여는 행사하지 못한다. 그러나 승계인이 악의인 때에는 그러하지 아니하다.
> ③ 제1항의 청구권은 침탈을 당한 날로부터 1년 내에 행사하여야 한다.
>
> **제205조 【점유의 보유】** ① 점유자가 점유의 방해를 받은 때에는 그 방해의 제거 및 손해의 배상을 청구할 수 있다.
> ② 전항의 청구권은 방해가 종료한 날로부터 1년 내에 행사하여야 한다.
> ③ 공사로 인하여 점유의 방해를 받은 경우에는 공사착수 후 1년을 경과하거나 그 공사가 완성한 때에는 방해의 제거를 청구하지 못한다.
>
> **제206조 【점유의 보전】** ① 점유자가 점유의 방해를 받을 염려가 있는 때에는 그 방해의 예방 또는 손해배상의 담보를 청구할 수 있다.
> ② 공사로 인하여 점유의 방해를 받을 염려가 있는 경우에는 전조 제3항의 규정을 준용한다.

1. 점유물반환청구권

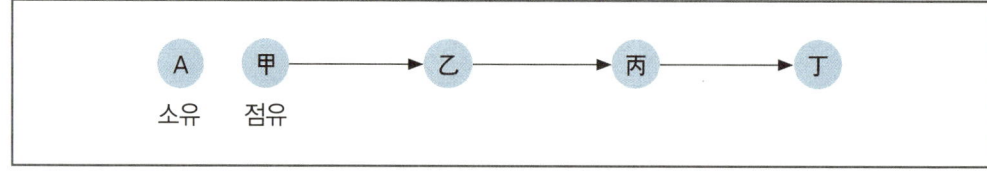

① 점유물반환청구권은 점유자가 점유의 **침탈을 당한 경우에 한하여 행사할 수 있다.** 따라서 乙이 甲을 **기망**하여 甲으로부터 점유물을 인도받은 경우에는 甲은 乙에게 **점유물반환청구권을 행사할 수 없다.**

② 점유물반환청구권은 침탈자의 **선의의 특별승계인(제3자)**에게는 행사하지 못한다. 따라서 甲이 점유하고 있는 물건을 乙**이 침탈하여 선의의** 丙**에게 양도**하고, 다시 丙이 악의의 丁에게 양도한 경우, 甲은 丁에게 **점유물반환청구권을 행사할 수 없다.**

③ 점유물반환청구권은 점유자가 점유의 침탈을 당한 날로부터 **1년 내**에 행사해야 한다. 1년은 반드시 그 기간 내에 소를 제기해야 하는 **출소기간**이다.

2. 간접점유자의 점유물반환청구권

① **제3자에 의해 직접점유가 침탈된 경우**에는 직접점유자는 물론 **간접점유자도 점유물반환청구권을 행사할 수 있다.**

② 다만, **간접점유자는 그 물건을 우선 직접점유자에게 반환할 것을 청구**하여야 하고 직접점유자가 그 물건의 반환을 받을 수 없거나 이를 원하지 아니하는 때에 한하여 자기에게 반환할 것을 청구할 수 있다.

3. 간접점유의 침탈은 직접점유의 침탈을 기준으로 판단한다.

① **직접점유자가 임의로 점유물을 타인에게 양도한 경우**, 그 점유이전이 간접점유자의 의사에 반한다고 하더라도 **간접점유자의 점유가 침탈된 경우에 해당하지 않는다.**

② 따라서 **직접점유자가** 점유물을 **제3자에게 양도**한 경우에는 **간접점유권은 소멸하므로, 간접점유자는 제3자에게 점유물반환청구권을 행사할 수 없다.**

4 민법의 규정체계

1. 소유권에 기한 물권적 청구권은 지상권, 지역권, 전세권, 저당권에 준용된다.

2. 지역권과 저당권

① **지역권과 저당권**은 점유할 권리가 없으므로 소유권에 기한 **반환청구권은 준용되지 않는다.**

② **지역권자는** 승역지의 불법점유자에게 토지의 **반환을 청구할 수 없다.**

③ **저당권자는** 저당목적물에서 제3자가 임의로 분리, 반출한 물건을 **자신에게 반환할 것을 청구할 수 없다.**

④ 지역권과 저당권은 **방해제거청구권과 방해예방청구권만 인정된다.**

3. 유치권

① 소유권에 기한 물권적 청구권은 유치권에는 준용되지 않으므로, **유치권에 기한 물권적 청구권은 인정되지 않는다.**

② 유치권자가 제3자에 의해 **점유를 침탈당한 경우**, 점유권에 기한 반환청구권을 행사할 수 있을 뿐 **유치권에 기한 반환청구권은 행사할 수 없다.**

4. 임차권

① 임차권은 채권이므로 임차권에 기한 물권적 청구권은 인정되지 않는다.
② 임차인은 제3자가 점유를 침탈하면 점유권에 기한 물권적 청구권을 행사할 수 있다.
③ **임차인은** 임대차목적물을 침해한 자에 대하여 **임대인의 소유권에 기한 물권적 청구권을 대위행사할 수 있다.**

예제

1. 점유물반환청구권에 관한 설명으로 틀린 것은?　　　제21회

① 乙의 점유보조자 甲은 원칙적으로 점유물반환청구권을 행사할 수 없다.
② 乙이 甲을 기망하여 甲으로부터 점유물을 인도받은 경우, 甲은 乙에게 점유물반환청구권을 행사할 수 있다.
③ 甲이 점유하는 물건을 乙이 침탈한 경우, 甲은 침탈당한 날로부터 1년 내에 점유물의 반환을 청구하여야 한다.
④ 직접점유자 乙이 간접점유자 甲의 의사에 반하여 점유물을 丙에게 인도한 경우, 甲은 丙에게 점유물반환청구권을 행사할 수 없다.
⑤ 甲이 점유하는 물건을 乙이 침탈한 후 乙이 이를 선의의 丙에게 임대하여 인도한 경우, 甲은 丙에게 점유물반환청구권을 행사할 수 없다.

해설 ② 점유물반환청구권은 점유가 침탈된 경우에 한하여 행사할 수 있으므로, 기망으로 인하여 점유물을 인도한 경우에는 甲은 乙에게 점유물반환청구권을 행사할 수 없다.　　▶ 정답 ②

2. 물권적 청구권에 관한 설명으로 틀린 것은? (다툼이 있으면 판례에 따름)　　제34회

① 저당권자는 목적물에서 임의로 분리, 반출된 물건을 자신에게 반환할 것을 청구할 수 있다.
② 진정명의회복을 원인으로 한 소유권이전등기청구권의 법적 성질은 소유권에 기한 방해배제청구권이다.
③ 소유자는 소유권을 방해하는 자에 대해 민법 제214조에 기해 방해배제비용을 청구할 수 없다.
④ 미등기 무허가건물의 양수인은 소유권에 기한 방해배제청구권을 행사할 수 없다.
⑤ 소유권에 기한 방해배제청구권은 현재 계속되고 있는 방해원인의 제거를 내용으로 한다.

해설 ① 저당권자는 목적물에서 임의로 분리, 반출된 물건을 자신에게 반환할 것을 청구할 수 없다.　　▶ 정답 ①

제3절 물권변동

1 공시의 원칙

1. 의 의

물권은 절대적 지배권이므로 물권변동은 외부에서 인식할 수 있는 표상, 즉 공시방법을 갖추어야 한다는 원칙을 말한다.

2. 공시방법

① 민법상 **부동산**물권의 공시방법은 **등기**이며, **동산**물권의 공시방법은 **점유**이다.
② 수목은 입목등기 또는 관습법상의 명인방법이 공시방법이며, 미분리의 과실은 관습법상의 명인방법이 공시방법으로 인정되고 있다.

2 공신의 원칙

1. 의 의

공시된 내용을 신뢰한 자는 그 공시내용이 실체적 권리관계와 일치하지 않더라도 보호되어야 한다는 원칙을 말한다.

2. 적용범위

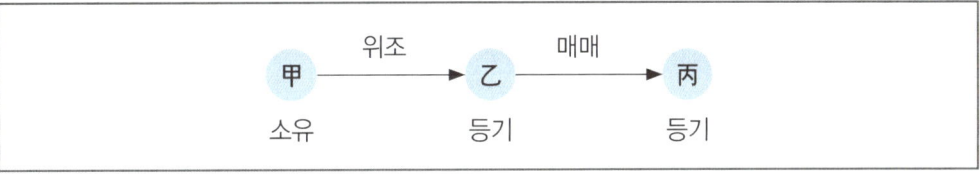

① **부동산의 등기에는 공신력이 인정되지 않는다.** 따라서 무권리자로부터의 부동산물권 취득은 불가능하다.
② 甲소유의 부동산을 乙이 등기서류 등을 **위조**하여 자기명의로 **이전등기**를 하고 그 후 이러한 사정을 **모르는** 丙에게 매도하고 丙명의로 **이전등기**를 한 경우, **丙은 소유권을 취득할 수 없다**.
③ ②의 경우, **甲은** 乙 및 丙에게 **말소등기**를 청구하거나 丙에게 **진정명의회복을 원인으로 한 소유권이전등기**를 청구할 수 있다.

판례

1. **무효인 소유권이전등기에 터 잡아** 이루어진 근저당권설정등기는 무효이므로, 무효인 근저당권에 기한 경매절차에서 **경락받은 자는 그 소유권을 취득할 수 없다.**
2. **피담보채권의 소멸 후** 저당권의 말소등기가 경료되기 전에 그 저당권부 채권의 압류 및 전부명령을 받아 저당권이전등기를 경료한 자는 그 **저당권을 취득할 수 없다.**

예제

부동산등기에 관한 설명으로 옳은 것은? (다툼이 있으면 판례에 따름) 15. 감평사

① 등기에 공신력이 인정된다.
② 지상권설정등기가 불법 말소된 경우 그 지상권은 소멸한다.
③ 동일인 명의로 보존등기가 중복된 경우 후등기가 무효이다.
④ 멸실된 건물의 보존등기를 그 대지 위에 신축한 건물의 보존등기로 유용할 수 있다.
⑤ 매매를 원인으로 하여 甲에서 乙 앞으로 마쳐진 소유권이전등기에 대해 甲이 매매의 부존재를 이유로 그 말소를 청구하는 경우, 乙은 등기의 추정력을 주장할 수 없다.

해설 ① 부동산등기에는 공신력이 인정되지 않는다(대판 2006다72802).
② 등기는 물권의 효력발생요건이고 효력존속요건은 아니므로, 물권에 관한 등기가 원인 없이 말소된 경우에도 그 물권의 효력에는 아무런 영향을 미치지 않는다(대판 87다카1232).
④ 멸실된 건물의 등기를 멸실 후에 신축한 건물의 등기로 유용하는 것은 허용되지 않는다(대판 75다2211).
⑤ 부동산에 관하여 소유권이전등기가 마쳐져 있는 경우에는 그 등기명의자는 제3자에 대하여 뿐만 아니라 그 전 소유자에 대하여서도 적법한 등기원인에 의하여 소유권을 취득한 것으로 추정되는 것이므로 이를 다투는 측에서 그 무효사유를 주장·입증하여야 한다(대판 94다10160).

▶▶ 정답 ③

제4절 부동산물권변동

1 등기를 요하는 부동산물권변동

> 제186조 【부동산물권변동의 효력】 부동산에 관한 **법률행위**로 인한 물권의 득실변경은 **등기**하여야 그 효력이 생긴다.
>
> 제245조 【점유로 인한 부동산소유권의 취득기간】 ① **20년간 소유의 의사로** 평온, 공연하게 부동산을 **점유**하는 자는 **등기함으로써** 그 소유권을 취득한다.

1. 법률행위

① **법률행위**에 의한 부동산물권변동은 **등기**한 때에 효력이 발생한다.

② 매매, 교환, 증여, 특정유증에 의한 부동산소유권이전은 **이전등기를 해야** 효력이 발생한다.

③ 지상권, 지역권, 전세권, 저당권 등 부동산제한물권의 설정은 **설정등기를 해야** 효력이 발생한다.

④ **법률행위**를 원인으로 이행소송이 제기되어 **이행판결**이 확정된 경우에도 **등기를 해야** 물권변동의 효력이 발생한다.

⑤ 부동산의 **매수인이** 매도인을 상대로 부동산소유권이전등기절차의 이행을 청구하는 소송을 제기하여 **승소판결이 확정**된 경우에도 **등기를 하여야** 소유권을 취득한다.

⑥ 소유권이전의 **약정**을 내용으로 하는 **화해조서**가 작성된 경우에도 **등기를 하여야** 소유권을 취득한다.

⑦ 공유물분할청구소송에서 현물분할의 **협의가 성립**하여 **조정조서**가 작성된 경우에도 **등기를 하여야** 분할의 효과가 발생한다(대판 2011두1917).

⑧ **공유지분의 포기는** 법률행위로서 상대방 있는 단독행위에 해당하므로, **등기를 하여야** 공유지분의 포기에 따른 물권변동의 효력이 발생한다(대판 2015다52978).

⑨ **합유지분의 포기는** 법률행위로서 상대방 있는 단독행위에 해당하므로, **등기를 하여야** 합유지분의 포기에 따른 물권변동의 효력이 발생한다(대판 96다16896).

2. 점유취득시효완성

① **점유취득시효완성**을 원인으로 한 부동산물권의 취득은 **등기**를 하여야 한다.

② **미등기부동산**에 대하여 **점유취득시효가 완성된 경우**에도 **등기를 하여야** 부동산의 소유권을 취득한다.

2 등기를 요하지 아니하는 부동산물권변동

> **제187조 【등기를 요하지 아니하는 부동산물권취득】** 상속, 공용징수, 판결, 경매 기타 법률의 규정에 의한 부동산에 관한 물권의 취득은 등기를 요하지 아니한다. 그러나 등기를 하지 아니하면 이를 처분하지 못한다.

1. 제187조의 적용범위

① 피상속인이 사망하면 부동산물권은 **등기 없이도 상속인에게 이전된다**. 포괄유증의 경우에도 상속과 마찬가지로 등기를 요하지 아니한다.

② 강제**수용**의 경우에는 수용기일에 **등기 없이** 물권변동의 효력이 발생한다.

③ 제187조에서 말하는 **등기를 요하지 않는 판결**은 판결자체에 의하여 효력이 발생하는 **형성판결만을 의미한다**. 따라서 **공유물분할판결**에 의한 물권변동의 효력은 **판결확정시에 등기 없이도** 발생한다.

④ **경매**의 매수인은 **대금완납시에 등기 없이도** 소유권을 취득한다.

2. 판례상 등기를 요하지 아니하는 부동산물권변동

① 자기 비용과 노력으로 **건물을 신축한 자는** 특별한 사정이 없는 한 **보존등기 없이도** 건물의 소유권을 원시취득한다(대판 2005다19415).

② **혼동**에 의한 물권의 소멸은 **말소등기 없이도** 그 효력이 발생한다.

③ 전세권의 **존속기간이 만료되면** 전세권의 용익물권적 권능은 **말소등기 없이도** 소멸한다.

④ **피담보채권이 소멸**하면 저당권은 **말소등기 없이도** 소멸한다.

⑤ **법정지상권자는** 그에 관한 **등기 없이도** 토지소유권을 취득한 선의의 제3자에게 지상권을 **주장할 수 있다**.

⑥ 전세권이 **법정갱신**된 경우에는 전세권자는 **등기 없이도** 전세목적물을 취득한 제3자에게 갱신된 권리를 **주장할 수 있다**.

⑦ 매매를 원인으로 매수인 명의로 소유권이전등기가 경료된 후 매매계약이 **취소, 해제, 합의해제, 해제조건이 성취된 경우에는 소유권은 등기 없이도 매도인에게 복귀한다.**

예제

1. 부동산물권을 등기 없이 취득할 수 있는 경우가 아닌 것은? 제24회
① 신축건물의 소유권 취득
② 분묘기지권의 취득
③ 상속에 의한 소유권 취득
④ 법정저당권의 취득
⑤ 점유취득시효에 의한 지역권의 취득

해설 ⑤ 점유취득시효완성을 원인으로 한 부동산물권의 취득은 등기를 하여야 한다. ▶ 정답 ⑤

2. 등기가 있어야 물권이 변동되는 경우는? 제27회
① 공유물분할청구소송에서 현물분할의 협의가 성립하여 조정이 된 때 공유자들의 소유권 취득
② 건물 소유자의 법정지상권 취득
③ 분묘기지권의 시효취득
④ 저당권 실행에 의한 경매에서의 소유권 취득
⑤ 법정갱신된 경우의 전세권 취득

해설 ① 공유물분할청구소송에서 현물분할의 협의가 성립하여 조정조서가 작성된 경우, 등기를 하여야 분할의 효과가 발생한다(대판 2011두1917). ▶ 정답 ①

3. 민법 제187조(등기를 요하지 아니하는 부동산물권취득)에 관한 설명으로 틀린 것은? (다툼이 있으면 판례에 따름) 제34회
① 상속인은 상속 부동산의 소유권을 등기 없이 취득한다.
② 민법 제187조 소정의 판결은 형성판결을 의미한다.
③ 부동산 강제경매에서 매수인이 매각 목적인 권리를 취득하는 시기는 매각대금 완납 시이다.
④ 부동산소유권이전을 내용으로 하는 화해조서에 기한 소유권취득에는 등기를 요하지 않는다.
⑤ 신축에 의한 건물소유권취득에는 소유권보존등기를 요하지 않는다.

해설 ④ 소유권이전의 약정을 내용으로 하는 화해조서가 작성된 경우, 등기를 하여야 소유권을 취득한다. ▶ 정답 ④

3 등기청구권

1. 의 의

등기청구권은 등기권리자가 등기의무자에 대하여 등기절차에 협력할 것을 청구하는 사법상의 권리를 말하며, **등기신청권**은 등기공무원에 대하여 등기를 신청하는 공법상의 권리를 말한다. 따라서 **등기청구권과 등기신청권은 다른 개념이다**.

2. 쟁점(소멸시효 여부)

소유권에 기한 **물권적 청구권**으로서의 등기청구권은 **소멸시효에 걸리지 않으나**, 물권을 아직 취득하지 못한 자가 물권을 취득하기 위하여 행사하는 등기청구권은 **채권적 청구권**으로서 **원칙적으로 10년의 소멸시효에 걸린다**.

3. 채권적 청구권인 경우

① **법률행위**에 의해 부동산물권을 취득하기 위해서는 **등기를 해야 하므로**, 매매나 교환으로 인해 발생하는 등기청구권은 **채권적 청구권이다.**

② **점유취득시효완성**에 의해 부동산물권을 취득하기 위해서는 **등기를 해야 하므로**, 점유취득시효완성으로 인해 발생하는 등기청구권은 **채권적 청구권이다.**

4. 물권적 청구권인 경우

① **현재 소유자**가 자신 소유의 부동산에 존재하는 **무효등기**의 명의인에게 행사하는 **말소등기청구권은 물권적 청구권이다.**

② 甲소유의 부동산을 乙이 **위조에 의해** 자기명의로 이전등기를 한 후 丙에게 매도하고 丙명의로 이전등기를 한 경우, 甲이 乙 및 丙에게 행사하는 **말소등기청구권**과 丙에게 행사하는 **진정명의회복을 원인으로 한 이전등기청구권은 물권적 청구권이다.**

③ 甲소유의 부동산을 **무효인 명의신탁**에 의해 乙명의로 이전등기를 한 경우, 甲이 乙에게 행사하는 **말소등기청구권과 진정명의회복을 원인으로 한 이전등기청구권은 물권적 청구권이다.**

④ 甲소유의 부동산이 매매를 원인으로 乙명의로 이전등기가 경료된 후 매매계약이 **취소, 해제, 합의해제, 해제조건이 성취된 경우**, 甲이 乙에게 행사하는 **말소등기청구권과 진정명의회복을 원인으로 한 이전등기청구권은 물권적 청구권이다.**

⑤ 법정지상권은 등기 없이도 발생하므로, **법정지상권을 취득한 자**가 소유자에게 행사하는 지상권설정등기청구권은 **물권적 청구권이다.**

5. 근저당권 설정 후 부동산소유권이 이전된 경우

근저당권 설정 후 부동산소유권이 이전된 경우에는 피담보채권의 소멸을 원인으로 **현재의 소유자(물권적 청구권)**뿐 아니라 근저당권설정자인 **종전의 소유자(채권적 청구권)**도 근저당권설정등기의 말소를 청구할 수 있다(대판 93다16338).

4 등기청구권의 양도

1. 미등기매수인의 등기청구권

① 매수인의 등기청구권은 **통상의 채권양도의 법리에 따라 양도할 수 없다.**

② 따라서 **매매로 인한 등기청구권은** 특별한 사정이 없는 한 그 권리의 성질상 양도가 제한되고 그 **양도에 채무자(매도인)의 동의를 요한다.**

2. 점유취득시효완성자의 등기청구권

① 시효완성자의 등기청구권은 **통상의 채권양도 법리에 따라 양도할 수 있다.**

② 따라서 시효완성자는 **소유자의 동의 없이 등기청구권을 양도할 수 있으며,** 양도한 사실을 소유자에게 **통지함으로써 대항할 수 있다.**

5 미등기 부동산매수인의 법적 지위

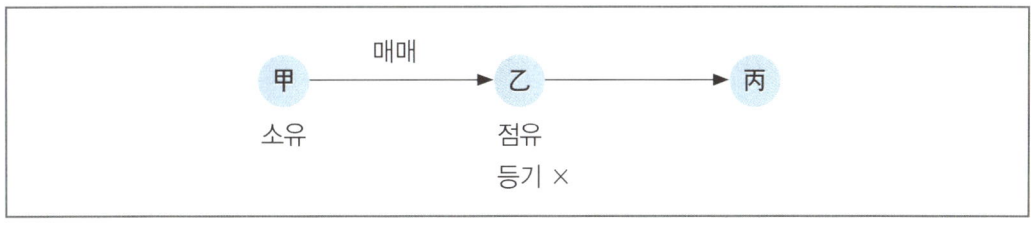

1. 소유권 미취득

미등기매수인은 매도인에게 대금을 완납하고 점유를 이전받았다 하더라도 **등기를 하지 않는 한 부동산의 소유권을 취득할 수는 없다.**

2. 점유·사용권 취득

토지의 매수인이 아직 소유권이전등기를 경료받지 아니하였다 하여도 그 토지를 인도받은 때에는 이를 점유·사용할 권리가 있으므로, **매도인은 매수인으로부터 다시 토지를 매수한 자 또는 임대차를 한 임차인에 대하여 토지소유권에 기한 물권적 청구권을 행사할 수 없다**(대판 97다42823).

3. 등기청구권의 소멸시효

① 매수인이 매도인에게 행사할 수 있는 등기청구권은 **채권적 청구권**으로서 **10년의 소멸시효에 걸리는 것이 원칙이다.**
② 매수인이 부동산을 **인도받아 계속 점유하는 경우**에는 매수인의 등기청구권은 **소멸시효에 걸리지 않는다.**
③ 부동산매수인이 **제3자에게 처분하고 점유를 승계하여 준 경우**에도 **소멸시효에 걸리지 않는다.**
④ 부동산매수인이 목적물을 인도 받아 사용·수익하다가 **점유를 침탈당한 경우**에는 **점유상실시부터 소멸시효가 진행한다**(대판 91다40924).

예제

1. 등기청구권에 관한 설명으로 옳은 것은? (다툼이 있으면 판례에 따름) 제30회

① 점유취득시효의 완성으로 점유자가 소유자에 대해 갖는 소유권이전등기청구권은 통상의 채권양도 법리에 따라 양도될 수 있다.
② 부동산을 매수하여 인도받아 사용·수익하는 자의 매도인에 대한 소유권이전등기청구권은 소멸시효에 걸린다.
③ 부동산 매수인이 매도인에 대해 갖는 소유권이전등기청구권은 물권적 청구권이다.
④ 가등기에 기한 소유권이전등기청구권이 시효완성으로 소멸된 후 그 부동산을 취득한 제3자가 가등기권자에 대해 갖는 등기말소청구권은 채권적 청구권이다.
⑤ 등기청구권과 등기신청권은 동일한 내용의 권리이다.

해설 ② 매수인이 부동산을 인도받아 계속 점유하는 경우에는 매수인의 등기청구권은 소멸시효에 걸리지 않는다.
③ 매수인의 소유권이전등기청구권은 채권적 청구권이다.
④ 등기말소청구권은 물권적 청구권이다.
⑤ 등기청구권과 등기신청권은 다른 개념이다. ▶▶ 정답 ①

2. 부동산 소유권이전등기청구권에 관한 설명으로 옳은 것은? (다툼이 있으면 판례에 따름)
제34회

① 교환으로 인한 이전등기청구권은 물권적 청구권이다.
② 점유취득시효완성으로 인한 이전등기청구권의 양도는 특별한 사정이 없는 한 양도인의 채무자에 대한 통지만으로는 대항력이 생기지 않는다.
③ 매수인이 부동산을 인도받아 사용·수익하고 있는 이상 매수인의 이전등기청구권은 시효로 소멸하지 않는다.
④ 점유취득시효완성으로 인한 이전등기청구권은 점유가 계속되더라도 시효로 소멸한다.
⑤ 매매로 인한 이전등기청구권의 양도는 특별한 사정이 없는 한 양도인의 채무자에 대한 통지만으로 대항력이 생긴다.

해설 ① 교환으로 인한 이전등기청구권은 채권적 청구권이다.
② 점유취득시효 완성으로 인한 등기청구권의 양도는 특별한 사정이 없는 한 양도인의 채무자에 대한 통지만으로 대항력이 생긴다.
④ 점유취득시효완성으로 인한 등기청구권은 점유가 계속되는 한 시효로 소멸하지 않는다.
⑤ 매매로 인한 등기청구권은 특별한 사정이 없는 한 그 권리의 성질상 양도가 제한되고 그 양도에 채무자(매도인)의 동의를 요한다.
▶▶ **정답** ③

6 중간생략등기

1. 단속규정

중간생략등기금지규정은 **단속규정**으로서 당사자 사이의 중간생략등기합의에 관한 사법상 효력까지 무효로 한다는 취지는 아니다(대판 92다39112).

2. 이미 경료된 중간생략등기의 효력

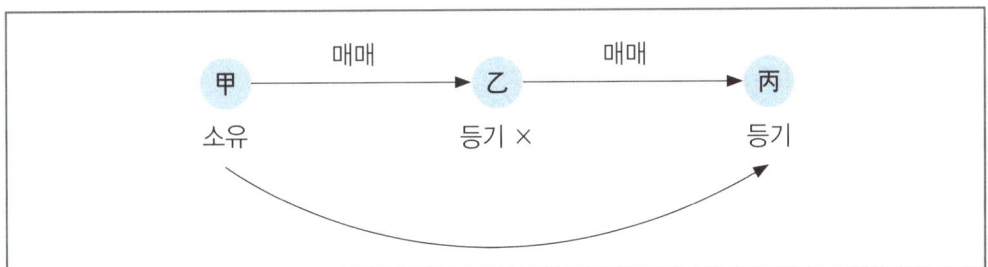

① 이미 경료된 중간생략등기는 **실체관계와 부합하면 유효**이다.
② 따라서 중간생략등기에 관한 **합의가 없었다 하더라도** 이미 경료된 중간생략등기는 **유효**이다(대판 79다847).

3. 중간생략등기청구권 인정여부(직접청구권)

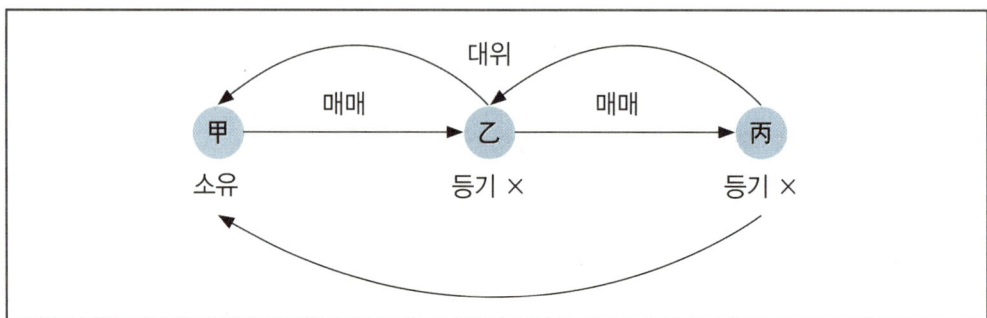

① 관계당사자 **전원의 합의**가 있었음이 요구된다. 따라서 중간생략등기에 대한 최초 양도인과 중간자의 동의가 있는 외에 최초양도인과 최종양수인 사이에도 합의가 있었음이 요구된다(대판 95다15575). 이러한 합의는 반드시 동시에 이루어질 필요는 없으며, 순차적으로도 가능하다.
② 중간생략등기의 **합의가 없는 한** 최종양수인은 중간자의 소유권이전등기청구권을 **대위행사할 수 있을 뿐이다**.
③ 중간생략등기의 합의가 있더라도 당사자 간의 **각 매매계약에는 아무런 영향을 미치지 않는다**.
④ 甲이 자기소유 토지를 乙에게 매도한 후, 乙이 다시 丙에게 이를 전매한 경우, 甲·乙·丙 전원의 **중간생략등기에 관한 합의가 있더라도 乙의 등기청구권이 소멸되는 것은 아니다**. 따라서 丙은 乙을 **대위해서** 甲에게 등기를 **청구할 수 있다**.
⑤ ④의 경우, 甲·乙·丙 전원이 합의를 한 후 甲과 乙 사이에 **매매대금을 인상하기로 약정한 경우**, 甲은 乙의 대금 미지급을 이유로 丙의 **등기청구를 거절할 수 있다**.
⑥ ④의 경우, 乙이 甲에 대한 **등기청구권을** 丙에게 **양도**하고 이를 甲에게 **통지**했더라도, **甲의 동의가 없는 한** 丙은 직접 甲에게 등기청구를 할 수 없다.

4. 토지거래허가구역 내 중간생략등기

① 토지거래허가구역 안에 있는 토지에 관하여 중간생략등기의 합의가 있었다고 하더라도, 이를 최초 매도인과 최종 매수인 사이에 **매매계약이 체결되었다고 볼 수는 없으므로**, 최종 매수인과 최초 매도인을 매매당사자로 하는 토지거래허가를 받아 최종 매수인 앞으로 경료한 소유권 이전등기는 **적법한 토지거래허가 없이 경료된 등기로서 무효이다**(대판 96다22464).
② 토지거래허가구역 안에 있는 토지에 관하여 중간생략등기의 합의가 있었다고 하더라도, 최종 매수인은 최초 매도인에 대하여 **직접 허가신청절차의 협력을** 청구할 수 없다.

5. 중간생략등기의 파생유형

① **미등기부동산의 매수인이 직접** 자신명의로 **보존등기를 한 경우라도 실체관계와 부합하면 유효**이다. 따라서 甲의 미등기건물을 매수한 乙이 직접 자기명의로 보존등기를 경료한 경우, 乙은 소유권을 취득한다.

② 상속재산의 매도시 피상속인으로부터 매수인에게 직접 이전등기가 경료된 경우라도 **실체관계와 부합하면 유효**이다. 따라서 乙이 甲의 토지를 상속한 뒤 丙에게 토지를 매도하고 직접 甲에서 丙으로 매매를 원인으로 하는 소유권이전등기가 이루어진 경우, 丙은 소유권을 취득한다.

예제

X토지는 甲 → 乙 → 丙으로 순차 매도되고, 3자간에 중간생략등기의 합의를 하였다. 이에 대한 설명으로 틀린 것은? (다툼이 있으면 판례에 따름) 제31회

① 丙은 甲에게 직접 소유권이전등기를 청구할 수 있다.
② 乙의 甲에 대한 소유권이전등기청구권은 소멸하지 않는다.
③ 甲의 乙에 대한 매매대금채권의 행사는 제한받지 않는다.
④ 만약 X토지가 토지거래허가구역에 소재한다면, 丙은 직접 甲에게 허가신청절차의 협력을 구할 수 없다.
⑤ 만약 중간생략등기의 합의가 없다면, 丙은 甲의 동의나 승낙 없이 乙의 소유권이전등기청구권을 양도받아 甲에게 소유권이전등기를 청구할 수 있다.

해설 ⑤ 乙이 甲에 대한 등기청구권을 丙에게 양도하고 이를 甲에게 통지했더라도, 甲의 동의가 없는 한 丙은 직접 甲에게 등기청구를 할 수 없다. ▶▶ 정답 ⑤

제5절 부동산등기

1 등기의 형식적 유효요건

1. 불법말소

① **등기는** 물권변동의 **효력발생요건이지 효력존속요건은 아니다.** 따라서 물권에 관한 등기가 **원인 없이 말소(불법말소)된 경우에도 물권은 소멸하지 않는다.**

② 甲소유 부동산에 설정된 **저당권이 불법으로 말소된 후 매매**로 乙에게 부동산소유권이 이전된 경우, 저당권은 **말소회복등기를 하지 않더라도 효력이 있다.**

③ ②의 경우, **말소회복등기청구의 상대방은** 현재 소유자 乙이 아니라 **말소당시의 소유자 甲**이다.

④ 甲소유 부동산에 설정된 **저당권이 불법으로 말소된 후 경매**로 乙에게 부동산소유권이 이전된 경우, 배당받지 못한 저당권자도 **말소회복청구를 할 수 없다.**

⑤ 乙소유의 부동산에 대한 **甲의 등기부취득시효가 완성된 후** 甲명의의 등기가 적법한 **원인 없이 말소되더라도 甲은 소유권을 상실하지 않는다.**

2. 이중보존등기(중복등기)

① 1부동산 1등기 용지주의에 위반하여 하나의 부동산에 대하여 이중으로 보존등기가 경료된 경우를 말한다.

② **사항란의 이중보존등기**

   ㉠ 등기명의인이 동일인인 경우에는 **선등기만 유효**하고, **후등기는 무효**이다. 따라서 甲이 자기소유 부동산에 대해 이중으로 보존등기를 경료하고 **나중에 경료된 보존등기에 기해** 乙에게 소유권이전등기를 경료한 경우, 乙은 소유권을 취득하지 못한다.

   ㉡ 등기명의인이 다른 경우에는 **선등기가 원인무효가 아닌 한 선등기가 유효하고, 후등기는 실체관계와 부합하더라도 무효**이다. 따라서 **甲으로부터 토지를 매수한 乙이** 甲명의로 된 유효한 보존등기에 기초하여 소유권이전등기를 하지 않고 새로 등기부를 개설하여 **乙명의로 보존등기를 한 경우**, 乙은 소유권을 취득하지 못한다.

③ 이중보존등기에 해당하여 무효인 후등기에 기초하여 **등기부취득시효의 완성을 주장할 수 없다**(대판 96다12511).

2 등기의 실질적 유효요건

1. 판례의 기본적 태도

① 절차상 하자가 있는 등기신청, **위조**문서에 의한 등기신청, 대리권 없는 자의 등기신청에 의하여 이루어진 등기도 **실체관계에 부합하면** 그 등기는 **유효**하다.

② 신축건물의 보존등기를 건물 완성 전에 하였더라도 **그 후 건물이 완성된 경우에는** 보존등기는 **유효**하다(대판 2013다59876).

③ **甲토지**에 관하여 **매매계약**이 있었으나 지번을 착오하여 乙**토지**에 관하여 **등기가** 경료된 경우에는 **실체관계와 부합하지 않으므로** 그 등기는 **무효**이다.

④ **증여**에 의하여 부동산을 취득하였지만 등기원인을 **매매**로 기재하였다고 하더라도 그 등기는 **실체관계에 부합하므로 유효**하다(대판 80다791).

2. 무효등기의 유용

① **표제부등기의 유용**은 허용되지 않는다. 따라서 **멸실된 건물의 보존등기를 멸실 후에 신축한 건물의 보존등기로 유용하는 것은 허용되지 않는다**(대판 80다441).

② **사항란등기의 유용**은 유용합의 이전에 **등기상 이해관계 있는 제3자가 나타나지 않는 한 가능하다**(대판 86다카716).

예제

등기의 유효요건에 관한 설명으로 틀린 것은? (다툼이 있으면 판례에 따름)　　23. 감평사

① 물권에 관한 등기가 원인 없이 말소되더라도 특별한 사정이 없는 한 그 물권의 효력에는 영향을 미치지 않는다.
② 미등기건물의 승계취득자가 원시취득자와의 합의에 따라 직접 소유권보존등기를 마친 경우, 그 등기는 실체관계에 부합하는 등기로서 유효하다.
③ 멸실된 건물의 보존등기를 멸실 후에 신축된 건물의 보존등기로 유용할 수 없다.
④ 중복된 소유권보존등기의 등기명의인이 동일인이 아닌 경우, 선등기가 원인무효가 아닌 한 후등기는 무효이다.
⑤ 토지거래허가구역 내의 토지에 관한 최초매도인과 최후매수인 사이의 중간생략등기에 관한 합의만 있더라도, 그에 따라 이루어진 중간생략등기는 실체관계에 부합하는 등기로서 유효하다.

해설　⑤ 토지거래허가구역 내에서 이루어진 중간생략등기는 무효이다.　　▶ 정답 ⑤

3 등기의 추정력

1. 의 의

① 등기의 추정력이란 **등기가 있으면** 그에 상응하는 실체적 권리관계가 존재하는 것으로 **추정되는 효력을 말한다.**

② 따라서 소유권이전청구권의 보전을 위한 **가등기**가 있다하여 소유권이전등기를 청구할 어떤 법률관계가 있다고 **추정되는 것은 아니다**(대판 79다239).

2. 소유권보존등기의 추정력

① 소유권보존등기는 소유권이 진실하게 보존되어 있다는 사실 즉, **원시취득한 사실에 관하여만 추정력이 있고,** 이와 다른 권리변동 사실은 추정되지 않는다.

② 보존등기명의인이 **원시취득한 것이 아니라는 사실이 밝혀진 경우에는** 보존등기의 **추정력은 깨진다.**

③ 소유권보존등기의 명의자가 **건물을 신축한 것이 아니라는 것이 밝혀지면** 보존등기의 추정력은 깨진다.

④ 토지에 관한 소유권보존등기의 추정력은 **그 토지를 사정받은 사람이 따로 있음이 밝혀진 경우에는** 깨진다.

⑤ **보존등기 명의인이** 전소유자로부터 **매수하였다고 주장**하는 데 대하여 전소유자가 매도사실을 부인하는 경우에는 보존등기의 추정력은 깨진다(대판 82다카707).

⑥ 임야소유권 이전등기에 관한 **특별조치법**에 의한 **소유권보존등기**가 경료된 임야에 관하여는 그 임야를 **사정받은 사람이 따로 있는 것이 사후에 밝혀진 경우라도,** 그 등기는 실체적 권리관계에 부합하는 등기로 **추정된다**(대판 97다14125).

3. 소유권이전등기의 추정력

① **소유권이전등기**가 경료되어 있는 경우 그 등기명의자는 **제3자**에 대하여서 뿐만 아니라, 그 **전소유자**에 대하여서도 적법한 등기원인에 의하여 소유권을 취득한 것으로 **추정된다.**

② **등기명의자가** 등기부상 기재된 **등기원인**에 의하지 아니하고 다른 원인으로 부동산을 적법하게 취득하였다고 **주장하는 경우,** 등기원인을 다소 다르게 주장한다고 하여 그 **등기의 추정력이 깨진다고 할 수 없다.**

③ 소유권이전등기의 원인으로 주장된 **계약서가 진정하지 않은 것으로 증명된 경우에는** 그 등기의 추정력은 깨진다.

4. 추정력의 범위

① 등기가 **적법한 절차**에 의하여 이루어졌을 것이라고 **추정된다.**

② 소유권이전등기가 **불법말소**된 경우, **말소된 등기명의인**은 그 회복등기가 경료되기 전이라도 **적법한 권리자로 추정된다.**

③ 乙이 甲의 **대리인**이라 칭하여 甲소유의 토지를 丙에게 매도하여 **丙명의의 소유권이전등기가 경료된 경우에는 乙의 대리권의 존재가 추정되므로**, 甲이 乙에게 대리권이 없었다는 사실을 입증해야 한다.

④ **근저당권등기**가 경료되어 있으면 **피담보채권의 존재는 추정되지만** 피담보채권을 성립시키는 **법률행위의 존재까지 추정되는 것은 아니다**(대판 2010다107408).

⑤ **허무인**으로부터의 이전등기는 추정력이 인정될 수 없다(대판 84다카2494).

⑥ **사망자 명의로 신청하여 이루어진 이전등기**에는 추정력이 인정되지 않으나, 등기의무자의 **사망 전에 그 등기원인이 이미 존재하는 때에는** 사망자 명의의 등기신청에 의해 경료된 등기라도 **추정력을 가진다**(대판 95다51991).

⑦ **등기를 신뢰**하고 거래한 자는 **선의무과실로 추정**된다. 따라서 부동산 **등기명의인이 매도인인 경우** 그를 소유자로 **믿고** 그 부동산을 매수하여 점유하는 자는 특별한 사정이 없는 한 **과실 없는 점유자**에 해당한다.

예제

등기의 추정력에 관한 설명으로 틀린 것은? (다툼이 있으면 판례에 따름) 17. 감평사 변형

① 신축건물에 소유권보존등기가 된 경우, 그 명의자가 신축한 것이 아니라도 그 보존등기는 실체관계에 부합하는 유효한 등기로 추정된다.
② 소유권이전등기 명의자는 제3자뿐만 아니라 전(前)소유자에 대해서도 적법한 등기원인에 의하여 소유권을 취득한 것으로 추정된다.
③ 등기의무자의 사망 전에 그 등기원인이 이미 존재하는 때에는 사망자 명의의 등기신청에 의해 경료된 등기라도 추정력을 가진다.
④ 전 소유명의자가 실재하지 아니한 경우에 현재의 등기명의인에 대한 소유권은 추정되지 않는다.
⑤ 소유권이전청구권 보전을 위한 가등기가 있다고 하여 소유권이전등기를 청구할 수 있는 법률관계가 존재한다고 추정되는 것은 아니다.

해설 ① 소유권보존등기의 명의자가 건물을 신축한 것이 아니라는 것이 밝혀지면 보존등기의 추정력은 깨진다. ▶ 정답 ①

4 가등기

| 1 | 甲 |
| 2 | 가등기 乙 4/1 | → 10/1 본등기 乙
| 3 | 丙 6/1 |

1. 의 의

① **가등기**는 부동산물권 및 이에 준하는 권리의 변동을 목적으로 하는 **채권적 청구권을 보전하기 위하여 하는 것이다**.

② 가등기는 주로 **정지조건부** 청구권 또는 **시기부** 청구권을 보전하기 위하여 하는 것이다.

③ **물권적 청구권**을 보전하기 위하여는 **가등기를 할 수 없다**(대판 81다카1110).

2. 본등기 전의 효력

① 가등기는 그 본등기시에 본등기의 순위를 가등기의 순위에 의하도록 하는 순위보전적 효력만이 있을 뿐이고, **가등기만으로는 아무런 실체법상 효력을 갖지 아니한다**(대판 2000다51285).

② 소유권이전청구권의 보전을 위한 **가등기**가 있다하여 소유권이전등기를 청구할 어떤 법률관계가 있다고 **추정되는 것은 아니다**(대판 79다239).

③ 가등기에 기한 본등기를 명하는 판결이 확정된 경우라도 **본등기를 경료하기 전까지는 가등기권리자는** 중복된 소유권보존등기가 무효이더라도 그 **말소를 청구할 권리가 없다**(대판 2000다51285).

④ 가등기상의 권리를 양도한 경우에는 그 **가등기상의 권리의 이전등기를 가등기에 대한 부기등기의 형식으로 경료할 수 있다**(대판 98다24105).

3. 본등기 후의 효력

① 소유권이전청구권을 보전하기 위한 가등기가 경료된 후에 소유자가 변경된 경우, **본등기는** 현재의 등기명의인에게 청구하는 것이 아니라 **가등기의무자(가등기 당시의 등기명의인)에게 청구**해야 한다.

② 가등기에 기한 본등기를 하게 되면 본등기의 **순위는** 가등기한 때로 **소급**하므로, 가등기 후 본등기 전에 등기된 권리 중 **양립할 수 없는 권리는 직권으로 말소된다.** 따라서 소유권이전청구권을 보전하기 위한 **가등기가 경료된 후에 이루어진 가압류등기나 저당권등기는 본등기가 되면** 등기관이 **직권으로 말소한다**(대결 2008마1883).

③ 가등기에 기한 본등기를 하더라도 **물권변동의 시기 자체가 가등기시로 소급하는 것은 아니다.** 따라서 소유권이전청구권을 보전하기 위한 가등기에 기해 본등기를 하게 되면 **소유권취득의 효력은** 본등기한 때로부터 발생하는 것이지 **가등기한 때로 소급하는 것이 아니다.**

예제

청구권보전을 위한 가등기에 관한 설명으로 틀린 것은? (다툼이 있으면 판례에 따름)

제32회

① 가등기된 소유권이전청구권은 가등기에 대한 부기등기의 방법으로 타인에게 양도될 수 있다.
② 정지조건부 청구권을 보전하기 위한 가등기도 허용된다.
③ 가등기에 기한 본등기 절차에 의하지 않고 별도의 본등기를 경료받은 경우, 제3자 명의로 중간처분의 등기가 있어도 가등기에 기한 본등기 절차의 이행을 구할 수 없다.
④ 가등기는 물권적 청구권을 보전하기 위해서는 할 수 없다.
⑤ 소유권이전청구권을 보전하기 위한 가등기에 기한 본등기를 청구하는 경우, 가등기 후 소유자가 변경되더라도 가등기 당시의 등기명의인을 상대로 하여야 한다.

해설 ③ 가등기권자가 가등기에 기한 본등기절차에 의하지 아니하고 가등기의무자로부터 별도의 소유권이전등기를 경료받은 경우, 가등기에 기한 본등기청구권은 혼동에 의해 소멸하지 않는 것이 원칙이므로, 제3자 명의로 중간처분의 등기가 있으면 가등기권자는 가등기의무자에 대하여 가등기에 기한 본등기를 청구할 수 있다(대판 95다29888).

▶ 정답 ③

제6절 물권의 소멸

1 혼동

> **제191조 【혼동으로 인한 물권의 소멸】** ① 동일한 물건에 대한 소유권과 다른 물권이 동일한 사람에게 귀속한 때에는 다른 물권은 소멸한다. 그러나 그 물권이 제3자의 권리의 목적이 된 때에는 소멸하지 아니한다.
> ② 전항의 규정은 소유권 이외의 물권과 그를 목적으로 하는 다른 권리가 동일한 사람에게 귀속한 경우에 준용한다.
> ③ 점유권에 관하여는 전2항의 규정을 적용하지 아니한다.

1. 혼동의 법리

① 소유권과 제한물권이 동일인에게 귀속하게 되면 제한물권은 더 이상 존재할 필요가 없으므로 소멸하는 것이 원칙이다.

② 그러나 그 제한물권이 본인 또는 제3자의 이익을 위하여 존속시킬 필요가 있는 경우에는 그 제한물권은 소멸하지 않는다.

③ **점유권**은 본권과 양립할 수 있으므로 **혼동으로 소멸하지 않는다**. 따라서 甲소유의 토지를 임차인으로서 점유하고 있던 乙이 甲으로부터 그 토지를 매수하여 소유권을 취득한 경우, 乙의 **임차권은 혼동으로 소멸하지만 점유권은 소멸하지 않는다**.

2. 甲소유의 토지에 乙의 1번 저당권, 丙의 2번 저당권이 있는 경우

① 乙이 매매로 토지소유권을 취득하더라도 乙의 1번 저당권은 소멸하지 않는다.

② 丙이 매매로 토지소유권을 취득하면 丙의 2번 저당권은 소멸한다.

3. 甲소유의 토지에 乙이 지상권을 취득한 후 丙이 乙의 지상권 위에 저당권을 취득한 경우

① 乙이 토지소유권을 취득하더라도 乙의 지상권은 소멸하지 않는다.

② 丙이 乙의 지상권을 취득하면 丙의 저당권은 소멸한다.

4. 혼동으로 인한 부동산물권변동

① 혼동이 일어나면 부동산물권은 **말소등기 없이** 당연히 소멸한다.

② 혼동을 생기게 한 원인이 취소, 해제 등으로 실효된 경우에는 소멸된 물권은 **말소회복 등기 없이도** 당연히 부활한다.

판례

1. 甲소유 토지에 乙이 임차권의 대항요건을 갖춘 다음 날 丙**의 저당권**이 설정된 때에 乙이 **매매로 그 토지소유권을 취득**하면 乙**의 임차권은 소멸하지 않는다**(대판 2000다12693).

2. 甲소유 토지에 관하여 乙이 대항력 있는 임차권을 취득한 후 丙이 위 토지에 관한 근저당권을 취득하였는데, 丙**의 근저당권**에 기한 **경매절차에서 乙이 소유권을 취득**한 경우, 乙**의 임차권은 혼동으로 소멸한다.**

3. 가등기권자가 가등기에 기한 본등기절차에 의하지 아니하고 가등기의무자로부터 별도의 소유권이전등기를 경료받은 경우, **가등기에 기한 본등기청구권은 혼동에 의해 소멸하지 않는 것이 원칙이므로, 제3자 명의로 중간처분의 등기가 있으면** 가등기권자는 가등기의무자에 대하여 가등기에 기한 **본등기를 청구할 수 있다**(대판 95다29888).

4. 그러나 **가등기 이후에** 가등기된 목적물에 관하여 **제3자 명의로 중간처분의 등기가 없으면 가등기에 기한 본등기청구권은 소멸되었다고 보아야 하므로**, 가등기권자는 가등기의무자에 대하여 더 이상 그 가등기에 기한 **본등기를 청구할 수 없다**(대판 2002다68683).

> **예제**

혼동에 의한 물권소멸에 관한 설명으로 옳은 것을 모두 고른 것은? 　　제22회

> ㄱ. 甲의 토지 위에 乙이 1번 저당권, 丙이 2번 저당권을 가지고 있다가 乙이 증여를 받아 토지소유권을 취득하면 1번 저당권은 소멸한다.
> ㄴ. 乙이 甲의 토지 위에 지상권을 설정받고, 丙이 그 지상권 위에 저당권을 취득한 후 乙이 甲으로부터 그 토지를 매수한 경우, 乙의 지상권은 소멸한다.
> ㄷ. 甲의 토지를 乙이 점유하다가 乙이 이 토지의 소유권을 취득하더라도 乙의 점유권은 소멸하지 않는다.
> ㄹ. 甲의 토지 위에 乙이 지상권, 丙이 저당권을 가지고 있는 경우, 丙이 그 소유권을 취득하면 丙의 저당권은 소멸한다.

① ㄱ, ㄴ　　② ㄴ, ㄷ　　③ ㄷ, ㄹ
④ ㄱ, ㄹ　　⑤ ㄱ, ㄷ

해설 ㄱ. 丙의 2번 저당권이 존재하므로, 乙의 1번 저당권은 혼동으로 소멸하지 않는다.
ㄴ. 丙의 저당권이 존재하므로, 乙의 지상권은 혼동으로 소멸하지 않는다.　　▶ 정답 ③

2 기타 소멸사유

1. 목적물의 멸실

① 목적물이 멸실되면 목적물에 대한 소유권이나 용익물권은 소멸한다.
② 토지가 **포락**되어 해면화 함으로써 복구가 심히 곤란하여 토지로서의 효용을 상실하면, **종전의 소유권은 영구히 소멸되고**, 그 후 포락된 토지가 **다시 성토화 되어도 종전의 소유권자가 다시 소유권을 취득할 수 없다**(대판 79다2094).

2. 소멸시효

① 소유권은 소멸시효의 대상이 아니다.
② 지상권, 지역권은 20년간 행사하지 않으면 소멸시효가 완성되어 소멸한다.

3. 물권의 포기(단독행위)

① 물권의 포기로 타인의 이익을 해칠 경우 그 타인의 동의를 필요로 한다.
② 지상권을 목적으로 저당권이 설정된 경우, 지상권자는 저당권자의 동의 없이 지상권을 포기할 수 없다.

MEMO

Chapter 02 물권법 각론

제1절 점유권

1 의 의

> **제192조【점유권의 취득과 소멸】** ① 물건을 사실상 지배하는 자는 점유권이 있다.
> ② 점유자가 물건에 대한 사실상의 지배를 상실한 때에는 점유권이 소멸한다. 그러나 제204조의 규정(점유물반환청구권)에 의하여 점유를 회수한 때에는 그러하지 아니하다.

1. 점유권과 본권

① 물건을 **사실상 지배**하는 것을 **점유권**이라고 한다.

② 점유를 **정당화시키는 권리**를 **본권**이라고 하며, 소유권, 지상권, 전세권, 임차권 등이 있다.

③ 물건을 사실상 지배하고 있으면 본권이 있는지 여부를 묻지 않고 그 점유라는 사실에 기초하여 점유권이 인정된다. 따라서 **불법점유자도** 그 점유를 **침탈한 자**를 상대로 **점유물반환을 청구할 수 있다**.

④ 점유권과 본권은 서로 영향을 미치지 아니한다. 따라서 **점유권에 기인한 소는 본권에 관한 이유로 재판할 수 없다**.

2. 토지점유

① **건물소유자가** 현실적으로 건물이나 그 부지를 점거하지 않더라도 특별한 사정이 없는 한 **건물의 부지에 대한 점유가 인정된다**.

② 건물 공유자 중 일부만이 당해 건물을 점유하고 있는 경우, 그 **건물의 부지는 건물 공유자 전원이 공동으로 점유하는 것으로 볼 수 있다.**

③ **건물임차인은 건물소유자가 아니므로** 실제로 그 건물을 점유하고 있다고 하더라도 특별한 사정이 없는 한 그 **건물의 부지를 점유하는 자로는 볼 수 없다**.

④ **미등기건물의 양수인은** 그 건물에 대한 사실상의 처분권을 보유하고 있으므로, **건물의 부지를 점유하는 것으로 볼 수 있다**(대판 2002다57935).

3. 점유권의 소멸

① 점유권은 **혼동이나 시효로 소멸하는 권리가 아니다.**
② 점유권은 점유자가 **사실상의 지배를 상실함으로써 소멸한다.**

2 점유보조자와 간접점유자

1. 점유보조자

> **제195조【점유보조자】** 가사상, 영업상 기타 유사한 관계에 의하여 타인의 지시를 받아 물건에 대한 사실상의 지배를 하는 때에는 그 타인만을 점유자로 한다.

① 가사상, 영업상 기타 유사한 관계(**점유보조관계**)에 의하여 **타인의 지시를 받아** 물건을 사실상 지배하는 자를 말한다.
② 점유보조자는 **점유자가 아니므로** 점유권을 갖지 못하고, 지시를 내리는 타인만이 점유자이다.
③ 점유보조자는 선의라도 과실취득권이 없으며, **점유권에 기한 물권적 청구권을 행사할 수도 없고, 물권적 청구권의 상대방이 될 수도 없다.**
④ 점유보조자는 점유자를 위하여 자력구제권은 행사할 수 있다.
⑤ 처가 부(夫)와 함께 타인소유의 토지 및 건물을 무단으로 점유·사용하면서 소유자의 명도요구를 거부하고 있는 경우, 처는 단순한 점유보조자가 아니라 공동점유자로서 반환청구소송의 피고가 될 수 있다(대판 98다16456).

2. 간접점유자

> **제194조【간접점유】** 지상권, 전세권, 질권, 사용대차, 임대차, 임치 기타의 관계로 타인으로 하여금 물건을 점유하게 한 자는 간접으로 점유권이 있다.

① 지상권, 전세권, 임대차 기타의 관계(**점유매개관계**)로 타인으로 하여금 물건을 점유하게 한 자는 간접점유권이 있다. 乙이 甲으로부터 건물을 임차한 경우, 임차인 乙이 직접점유자, 임대인 甲이 간접점유자이다.

② **점유매개관계**가 있어야 하며, 이는 **중첩적**으로 있을 수 있다. 따라서 乙이 甲으로부터 임차한 건물을 丙에게 **전대한 경우**에는 甲과 乙 모두 간접점유자이다.

③ **점유매개관계**는 법률행위가 아닌 **법률규정에 의해서도 발생할 수 있다.** 甲소유의 토지에 대하여 乙이 법정지상권을 취득한 경우에는 乙이 직접점유자, 甲이 간접점유자가 된다.

④ 점유매개관계는 **반드시 유효할 필요는 없다.** 따라서 임대차관계가 종료된 후 또는 임대차계약이 무효인 경우에도 점유매개관계는 인정될 수 있다.

⑤ 간접점유자도 **점유권을 가지므로** 점유보호청구권, 점유의 추정력 등이 인정된다.

⑥ **과실수취권**이 있는 선의의 점유자란 직접점유자와 간접점유자 모두 포함된다.

⑦ 부동산소유권을 시효취득하기 위해서는 **자주점유자**이어야 하는바, 직접점유자와 간접점유자 모두 포함된다.

⑧ **유치권을 행사하기 위한 점유**에는 직접점유, 간접점유를 불문한다.

⑨ **대항력은** 임차인이 당해 주택에 거주하면서 이를 직접점유하는 경우뿐만 아니라 타인의 점유를 매개로 하여 이를 간접점유하는 경우에도 인정될 수 있다.

예제

간접점유에 관한 설명으로 틀린 것은? (다툼이 있으면 판례에 따름) 제30회

① 주택임대차보호법상의 대항요건인 인도(引渡)는 임차인이 주택의 간접점유를 취득하는 경우에도 인정될 수 있다.
② 점유취득시효의 기초인 점유에는 간접점유도 포함된다.
③ 직접점유자가 그 점유를 임의로 양도한 경우, 그 점유 이전이 간접점유자의 의사에 반하더라도 간접점유가 침탈된 것은 아니다.
④ 간접점유자에게는 점유보호청구권이 인정되지 않는다.
⑤ 점유매개관계를 발생시키는 법률행위가 무효라 하더라도 간접점유는 인정될 수 있다.

해설 ④ 간접점유자도 점유자이므로 점유보호청구권이 인정된다. ▶ **정답** ④

3 자주점유와 타주점유

1. 의의

① **소유의 의사로 하는 점유를 자주점유**, 타인이 소유권을 가지고 있다는 것을 전제로 **소유의 의사 없이 하는 점유를 타주점유**라고 한다.

② 자주점유란 소유자와 동일한 지배를 하려는 의사를 가지고 하는 점유를 말하며, 반드시 소유권이 있다고 믿고서 하는 점유를 의미하는 것은 아니다(대판 85다카2230).

③ 자주점유와 타주점유의 구별은 점유자의 회복자에 대한 책임, 취득시효, 무주물선점 등에서 실익이 있다.

2. 판단기준

① **객관설**: 자주점유인지 여부는 **점유자의 내심의 의사에 의하여 결정되는 것이 아니라**, 점유취득의 원인이 된 **권원의 성질**에 의하여 **객관적으로 결정**되어야 한다.

② **자주점유의 추정**: 점유취득의 원인이 된 **권원의 성질이 불분명한 경우**에는 자주점유로 추정된다. 따라서 상대방이 점유자의 점유가 타주점유임을 입증하여야 한다.

3. 자주점유와 타주점유가 문제되는 경우

① **매매, 교환, 증여**로 점유를 취득한 경우에는 **자주점유**이다.

② 토지를 **매수취득**하여 점유를 개시함에 있어서 매수인이 착오로 인접 토지의 일부를 그가 매수취득한 토지에 속하는 것으로 믿고 분묘를 설치하고 점유하여 온 경우, **자주점유**에 해당한다.

③ 지상건물과 함께 대지를 **매수취득**하여 점유를 개시함에 있어서 착오로 인접토지의 일부를 그가 매수한 대지에 속하는 것으로 믿고 점유하여 온 경우, **자주점유**에 해당한다.

④ 다만, 매매대상 토지의 실제면적이 등기부상의 면적을 **상당히 초과**하는 경우에는 특별한 사정이 없는 한 그 초과 부분에 대한 점유는 **타주점유**에 해당한다.

⑤ 실제로 **매매계약**이 있었던 이상 그 계약이 **무효**인 경우에도 이를 **몰랐던 매수인**의 점유는 **자주점유**이다.

⑥ 다만, **처분권한이 없는 자**로부터 그 사실을 **알면서** 부동산을 취득하여 점유하거나, **매매계약이 무효**임을 **알면서** 점유하게 된 경우, 그 점유는 **타주점유**이다.

⑦ 점유자가 점유를 개시할 당시에 소유권취득의 원인이 될 수 있는 법률행위가 없다는 사실을 잘 알면서 타인 소유의 부동산을 점유한 것임이 증명된 **악의의 무단점유**의 경우에는 **타주점유**이다(대판 97다37661).

4. 권원의 성질상 타주점유인 경우

① **양자간 등기명의신탁**에 있어서 **명의수탁자**의 점유는 타주점유이다.
② **점유매개관계**에 있어서 **점유매개자(직접점유자)**의 점유는 타주점유이다. 따라서 지상권자, **분묘기지권자**, 전세권자, 임차인의 점유는 타주점유이다.
③ **유치권자**의 점유는 타주점유이다.
④ 토지를 **매도**하여 소유권을 이전한 후의 **매도인**의 점유는 타주점유이다.
⑤ **경매**로 인하여 경락인이 소유권을 취득한 후의 **종전 소유자**의 점유는 타주점유이다.
⑥ 매매계약이 적법하게 **해제**된 경우에 있어서 **매수인**의 점유는 타주점유이다.
⑦ 공유자 중 1인이 공유물 전부를 **점유**하고 있는 경우, **다른 공유자의 지분 범위 내의 점유**는 타주점유이다.

판례

계약명의신탁에서 **명의신탁자**가 명의신탁약정에 따라 부동산을 **점유한다면** 특별한 사정이 없는 한 명의신탁자는 소유권취득의 원인 없이 그와 같은 사실을 잘 알면서 타인의 부동산을 점유한 것이므로 **소유의 의사로 점유한다는 추정은 깨어진다**(대판 2019다249428).

5. 자주점유의 추정

① 점유자는 자주점유로 추정되므로, **점유자가 스스로 자주점유임을 입증할 책임이 없고, 상대방인 소유자**가 점유자의 점유가 **타주점유임을 입증할 책임이 있다.**
② **진정한 소유자**가 점유자를 상대로 소유권이전등기의 **말소소송을 제기하여** 점유자의 패소로 확정된 경우, 패소**판결 확정 후부터**는 점유자의 점유는 **타주점유로 전환**된다.

③ **점유자가 스스로** 매매와 같은 자주점유의 권원을 **주장하였으나** 이것이 인정되지 않은 경우에도 **자주점유의 추정이 번복되어 타주점유로 전환된다고 할 수 없다.**

④ **점유자가** 소유자를 상대로 소유권등기말소청구의 **소를 제기하였다가** 패소판결이 확정된 경우에도 자주점유의 추정이 번복되어 **타주점유로 전환된다고 할 수 없다.**

⑤ 소유의 의사로 점유를 개시한 자가 **나중에 자신의 소유가 아님을 알게 된 사정만으로** 타주점유로 **전환되는 것은 아니다.**

⑥ **부동산의 점유취득시효완성자가** 시효완성당시의 소유자에게 그 부동산의 **매수를 제의한 일이 있다고 하여도** 일반적으로 점유자는 취득시효가 완성된 후에도 소유자와의 분쟁을 간편히 해결하기 위하여 매수를 시도하는 사례가 허다함에 비추어 이와 같은 매수제의를 하였다는 사실을 가지고 **그 점유를 타주점유라고 볼 수 없다.**

⑦ **자주점유의 추정은 국가나 지방자치단체가 점유하는 경우에도 적용된다.** 따라서 국가 및 지방자치단체가 토지에 관하여 공공용 재산으로서의 취득절차를 밟았음을 인정할 증거를 제출하지 못하고 있다는 사유만으로 자주점유의 추정이 번복된다고 할 수 없다(대판 2015다241686).

6. 타주점유의 자주점유로의 전환

① 타주점유가 자주점유로 전환되기 위하여는 **새로운 권원**에 의하여 다시 소유의 의사로 점유하여야 한다.

② **상속은 점유취득의 새로운 권원이 될 수 없다.** 따라서 피상속인의 점유가 **타주점유**라면 **상속인은** 선의라 하더라도 **자주점유로 전환될 수 없다.**

③ 타주점유자인 피상속인을 상속한 자가 **새로운 권원에 의하여** 다시 소유의 의사로 점유한 경우에는 **자주점유로 전환된다**(대판 96다25319).

④ **타주점유자가** 자신에게 점유를 시켜 준 **소유자에 대하여 소유의 의사를 표시한 경우**에는 그 때부터 **자주점유로 전환된다**(대판 94다50595).

⑤ **타주점유자가** 점유토지에 관하여 자기 명의의 **소유권이전등기**를 하거나, **소유권보존등기**를 경료한 것만으로는 소유자에 대하여 소유의 의사를 표시하여 **자주점유로 전환되었다고 볼 수 없다**(대판 97다2344).

⑥ **타주점유자가** 그 지상에 **건물을 신축**하여 건축물관리대장에 건물소유자로 등재하였다는 사정만으로는 소유자에 대하여 소유의 의사를 표시하여 **자주점유로 전환되었다고 볼 수 없다**(대판 94다1449).

예제

1. 점유에 관한 설명으로 틀린 것은? (다툼이 있으면 판례에 따름) 17. 감평사
① 토지매도인의 매도 후의 점유는 특별한 사정이 없는 한 타주점유로 된다.
② 타인소유의 토지를 자기소유 토지의 일부로 알고 이를 점유하게 된 자가 나중에 그러한 사정을 알게 되었다면 그 점유는 그 사정만으로 타주점유로 전환된다.
③ 제3자가 토지를 경락받아 대금을 납부한 후에는 종래소유자의 그 토지에 대한 점유는 특별한 사정이 없는 한 타주점유가 된다.
④ 토지점유자가 등기명의자를 상대로 매매를 원인으로 소유권이전등기를 청구하였다가 패소 확정된 경우, 그 사정만으로 타주점유로 전환되는 것은 아니다.
⑤ 소유자가 점유자를 상대로 적극적으로 소유권을 주장하여 승소한 경우, 점유자의 토지에 대한 점유는 패소판결 확정 후부터는 타주점유로 전환된다.

해설 ② 소유의 의사로 점유를 개시한 자가 나중에 자신의 소유가 아님을 알게 된 사정만으로 타주점유로 전환되는 것은 아니다.   ▶▶ 정답 ②

2. 자주점유에 관한 설명으로 틀린 것은? (다툼이 있으면 판례에 따름) 23. 감평사
① 점유매개자의 점유는 타주점유에 해당한다.
② 부동산의 매매 당시에는 그 무효를 알지 못하였으나 이후 매매가 무효임이 밝혀지더라도 특별한 사정이 없는 한, 매수인의 점유는 여전히 자주점유이다.
③ 양자간 등기명의신탁에 있어서 부동산의 명의수탁자의 상속인에 의한 점유는 특별한 사정이 없는 한, 자주점유에 해당하지 않는다.
④ 공유토지 전부를 공유자 1인이 점유하고 있는 경우, 특별한 사정이 없는 한 다른 공유자의 지분비율 범위에 대해서는 타주점유에 해당한다.
⑤ 자주점유의 판단기준인 소유의 의사 유무는 점유취득의 원인이 된 권원의 성질이 아니라 점유자의 내심의 의사에 따라 결정된다.

해설 ⑤ 점유자의 점유가 소유의 의사 있는 자주점유인지 아니면 소유의 의사 없는 타주점유인지의 여부는 점유자의 내심의 의사에 의하여 결정되는 것이 아니라 점유 취득의 원인이 된 권원의 성질이나 점유와 관계가 있는 모든 사정에 의하여 외형적·객관적으로 결정되어야 한다(대판 95다28625).   ▶▶ 정답 ⑤

4 하자 없는 점유와 하자 있는 점유

1. 의 의

하자 없는 점유란 **선의·무과실·평온·공연·계속**의 사정이 있는 점유를 말하고, 하자 있는 점유란 **악의·과실·강폭·은비·불계속**의 사정이 있는 점유를 말한다.

2. 선의점유와 악의점유

① 선의점유란 **본권이 없음**에도 불구하고 있다고 오신하면서 하는 점유를 말하고, 악의점유란 본권이 없음을 알면서 또는 본권의 유무에 관해 의심을 품으면서 하는 점유를 말한다.

② **구별실익**: 점유자의 과실수취권, 점유자의 회복자에 대한 책임, 취득시효, 선의취득 등에서 구별의 실익이 있으나, **점유자의 유익비상환청구권에서는 원칙적으로 구별의 실익이 없다.**

3. 과실 있는 점유와 과실 없는 점유(선의점유가 기본전제)

① 본권이 없음에도 있다고 오신함에 있어서 주의를 하지 않은 경우를 과실 있는 점유, 주의를 한 경우를 과실 없는 점유라 한다.

② **구별실익**: 등기부취득시효에서 구별의 실익이 있다.

5 점유권의 효력

1. 점유의 태양의 추정

> 제197조 【점유의 태양】 ① 점유자는 소유의 의사로 선의, 평온 및 공연하게 점유한 것으로 추정한다.
> ② 선의의 점유자라도 본권에 관한 소에 패소한 때에는 그 소가 제기된 때로부터 악의의 점유자로 본다.

① 점유자는 소유의 의사로 선의·평온·공연하게 점유한 것으로 추정되나, **무과실은 추정되지 않는다.**

② 따라서 타주점유라는 사실 및 점유자의 악의·강폭·은비는 상대방이 입증하여야 하나, **무과실은 점유자가 스스로 입증해야 한다.**

③ **선의의 점유자가 본권에 관한 소에 패소**한 때에는 **그 소가 제기된 때**로부터 **악의의 점유자**로 본다.
④ **진정한 소유자**가 점유자를 상대로 소유권이전등기의 **말소소송을 제기하여** 점유자의 패소로 확정된 경우, 패소**판결 확정 후**부터는 점유자의 점유는 **타주점유로 전환**된다.

2. 점유계속의 추정

> **제198조【점유계속의 추정】** 전후양시에 점유한 사실이 있는 때에는 그 점유는 계속한 것으로 추정한다.

① 점유자는 전후 양 시점에 점유한 사실만 주장·입증하면 되고, 점유계속이 없었다는 사실은 상대방이 주장·입증해야 한다.
② 점유계속추정은 동일인이 전후 양 시점에 점유한 것이 증명된 때에만 적용되는 것이 아니고, **전후 양 시점의 점유자가 다른 경우에도 점유의 승계가 입증되면 점유계속은 추정된다**(대판 96다24279).

3. 점유의 승계의 주장과 그 효과

> **제199조【점유의 승계의 주장과 그 효과】** ① 점유자의 승계인은 자기의 점유만을 주장하거나 자기의 점유와 전점유자의 점유를 아울러 주장할 수 있다.
> ② 전점유자의 점유를 아울러 주장하는 경우에는 그 하자도 승계한다.

① 점유자의 승계인은 자기의 점유만을 주장하거나 자기의 점유와 전점유자의 점유를 아울러 주장할 수 있다. 전점유자의 점유를 **아울러 주장하는 경우**에는 그 **하자도 승계**한다.
② 전점유자의 점유가 악의의 10년, 자기의 점유는 선의의 10년인 경우, 점유자는 자기만의 선의점유 10년을 분리하여 주장할 수도 있고, 전점유자의 점유를 승계하여 20년의 악의점유를 주장할 수도 있다.
③ 점유자의 승계인이 자기의 전점유자의 점유를 **아울러 주장할 때에는** 전점유자의 **점유 개시시부터 승계를 주장할 수 있는 것이지** 전점유자의 **점유기간 중의 임의시점을 택하여 주장할 수는 없다**(대판 97다56822).
④ 전점유자의 점유가 타주점유라 하더라도 **점유자의 특정승계인은** 자기의 점유만을 주장할 수 있으며, 이 경우 승계인의 점유는 **자주점유로 추정된다**(대판 2006다82540).

⑤ 점유권은 점유자의 사망으로 인하여 당연히 **상속인**에게 이전된다. 즉, 상속인이 피상속인의 사망사실을 알았는지 여부를 불문하고, 그 물건에 대한 사실상의 지배를 취득하기 전이라도 당연히 이전된다.

⑥ **상속인은 새로운 권원에 의하여** 자기 고유의 **점유를 개시하지 않는 한** 피상속인의 점유를 떠나 **자기만의 점유를 주장할 수 없다**(대판 96다253191).

4. 점유자의 권리적법추정력

> 제200조 【권리의 적법의 추정】 점유자가 **점유물**에 대하여 행사하는 **권리**는 적법하게 보유한 것으로 **추정한다.**

① **점유**에 대한 **권리**의 적법**추정**은 점유로 권리를 공시하는 물건에 한하여 적용되며, **등기된 부동산에 대해서는 적용되지 않는다.**

② 등기된 부동산에 있어서는 점유의 추정력은 인정되지 않으므로 점유를 하고 있는 자에게 권리가 있다고 추정되는 것이 아니라 등기명의인이 권리자로 추정된다.

예제

점유권에 관한 설명으로 틀린 것은? (다툼이 있으면 판례에 따름) 제32회

① 특별한 사정이 없는 한, 건물의 부지가 된 토지는 그 건물의 소유자가 점유하는 것으로 보아야 한다.
② 전후 양 시점의 점유자가 다른 경우 점유승계가 증명되면 점유계속은 추정된다.
③ 적법하게 과실을 취득한 선의의 점유자는 회복자에게 통상의 필요비의 상환을 청구하지 못한다.
④ 점유자가 상대방의 사기에 의해 물건을 인도한 경우 점유침탈을 이유로 한 점유물반환청구권은 발생하지 않는다.
⑤ 선의의 점유자가 본권의 소에서 패소하면 패소 확정시부터 악의의 점유자로 본다.

해설 ⑤ 선의의 점유자가 본권의 소에서 패소하면 그 소가 제기된 때부터 악의의 점유자로 본다.
▶ 정답 ⑤

6 점유자와 회복자의 관계

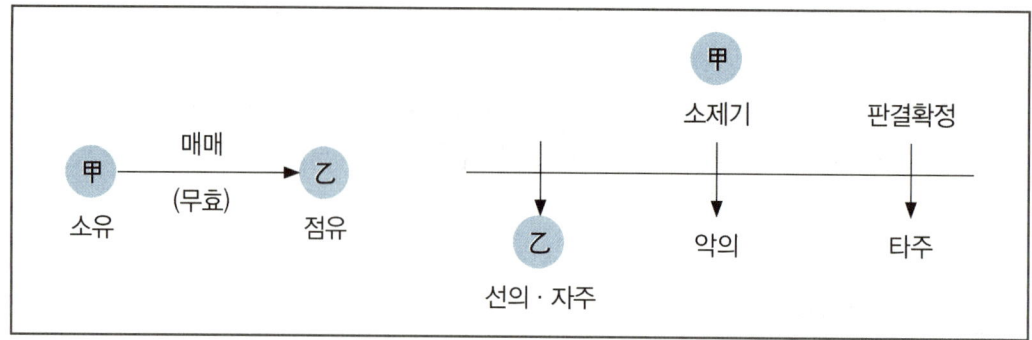

1. 의 의

① **현재 소유자**가 자신의 소유물을 **점유할 권리(본권) 없이 점유하고 있는 자**를 상대로 **소유물반환을 청구하는 경우**에 적용되는 관계를 말한다.
② 따라서 점유자에게 **본권이 있는 경우**에는 점유자와 회복자의 관계는 적용되지 않는다.

2. 선의점유자의 과실취득권

> 제201조【점유자와 과실】① 선의의 점유자는 점유물의 과실을 취득한다.
> ② 악의의 점유자는 수취한 과실을 반환하여야 하며 소비하였거나 과실로 인하여 훼손 또는 수취하지 못한 경우에는 그 과실의 대가를 보상하여야 한다.
> ③ 전항의 규정은 폭력 또는 은비에 의한 점유자에 준용한다.

① **선의의 점유자란 과실수취권을 포함하는 본권을 가지고 있다고 오신한 점유자**를 말하고 오신을 함에는 오신할 만한 근거가 있어야 한다(대판 99다63350).
② **선의의 점유자**는 과실취득권이 있으므로 취득한 과실을 **부당이득으로 반환할 의무가 없다**. 따라서 선의의 점유자가 과실을 취득함으로 인하여 **타인에게 손해를 입혔다 할지라도 부당이득반환의무는 없다**(대판 86다카1996).
③ **선의의 점유자**라 하더라도 본권에 관한 소에서 **패소한 때**에는 소제기시부터 악의로 전환되므로, **소제기된 이후에 취득한 과실은 반환해야 한다.**
④ 과실수취권이 있는 선의의 점유자라 하더라도 불법행위로 인한 손해배상책임까지 배제되는 것은 아니므로, 점유자에게 과실(過失)이 있는 경우에는 불법행위책임은 발생할 수 있다(대판 66다994).
⑤ 취득할 수 있는 과실에는 천연과실, 법정과실뿐만 아니라 **사용이익도 포함된다.**

⑥ **악의의 점유자는** 수취한 **과실을 반환하여야 하며**, 이 경우 악의의 점유자는 받은 이익에 **이자**를 붙여 반환하여야 하며, 위 이자의 이행지체로 인한 **지연손해금**도 지급하여야 한다(대판 2001다61869).
⑦ **악의의 점유자는 과실(過失)로 인하여** 과실(果實)을 수취하지 못한 경우에는 그 과실(果實)의 **대가를 보상하여야 한다.**
⑧ **악의의 점유자라도 과실(過失) 없이** 과실(果實)을 수취하지 못한 경우에는 그 과실(果實)의 **대가를 보상할 의무는 없다.**
⑨ **폭력** 또는 **은비**에 의한 점유자는 **악의**의 점유자로 다루어진다(제201조 제3항).
⑩ 매매계약이 **무효**이거나 **취소**된 경우에는 선의의 점유자에게 과실수취권이 **인정되지만**, 매매계약이 **해제**된 경우에는 원상회복의무가 발생하므로 선의의 점유자에게 과실수취권이 **인정되지 않는다.**

3. 목적물의 멸실, 훼손에 대한 책임

> **제202조【점유자의 회복자에 대한 책임】** 점유물이 점유자의 책임 있는 사유로 인하여 멸실 또는 훼손한 때에는 악의의 점유자는 그 손해의 전부를 배상하여야 하며 선의의 점유자는 이익이 현존하는 한도에서 배상하여야 한다. 소유의 의사가 없는 점유자는 선의인 경우에도 손해의 전부를 배상하여야 한다.

① 점유물이 **점유자의 책임 있는 사유**로 인하여 멸실 또는 훼손된 경우에 점유자가 회복자에게 손해배상 해야 하는 범위에 관한 문제이다.
② **선의의 자주점유자**는 이익이 **현존**하는 한도에서 배상하면 된다.
③ **선의의 타주점유자**는 **손해 전부를 배상**하여야 한다.
④ **악의의 점유자**는 자주점유든 타주점유든 **손해 전부를 배상**하여야 한다.
⑤ 선의의 자주점유자라도 본권에 관한 소에서 패소한 때에는 소제기시부터 악의점유로 전환되므로 **소제기된 이후에** 점유자의 책임 있는 사유로 인하여 **멸실 또는 훼손한 경우에는 손해 전부를 배상**하여야 한다.

4. 점유자의 비용상환청구권

> **제203조 【점유자의 상환청구권】** ① 점유자가 점유물을 반환할 때에는 회복자에 대하여 점유물을 보존하기 위하여 지출한 금액 기타 필요비의 상환을 청구할 수 있다. 그러나 점유자가 과실을 취득한 경우에는 통상의 필요비는 청구하지 못한다.
> ② 점유자가 점유물을 개량하기 위하여 지출한 금액 기타 유익비에 관하여는 그 가액의 증가가 현존한 경우에 한하여 회복자의 선택에 좇아 그 지출금액이나 증가액의 상환을 청구할 수 있다.
> ③ 전항의 경우에 법원은 회복자의 청구에 의하여 상당한 상환기간을 허여할 수 있다.

① **악의의 점유자는** 회복자에 대하여 **모든 비용상환을 청구할 수 있다.**

② 점유자가 **과실을 수취한** 경우에는 **통상의 필요비는 청구하지 못한다.**

③ **유익비**에 관하여는 그 가액의 증가가 **현존**한 경우에 한하여 **회복자의 선택**에 좇아 그 지출금액이나 증가액의 상환을 청구할 수 있다.

④ **유익비**의 경우에 법원은 회복자의 청구에 의하여 상당한 **상환기간을 허여**할 수 있다. **필요비**에 대해서는 상환기간의 허여가 **인정되지 않는다.**

⑤ **점유자의 비용상환청구권은** 점유자가 그 **점유물을 반환할 때** 비로소 회복자에 대해 **발생하는 것이므로** 소유권이전등기의 **말소만을 청구하는 경우**에는 그 **유익비상환청구권으로서 유치권을 행사할 수 없다**(대판 76다172).

⑥ 점유자는 그 비용을 지출할 당시의 소유자가 누구이었는지 관계없이 **점유회복 당시의 소유자 즉 회복자에 대하여 비용상환청구권을 행사할 수 있다**(대판 2001다40381). 따라서 **무효인 매매계약**의 매수인이 점유목적물에 필요비 등을 지출한 후 매도인이 그 목적물을 제3자에게 양도한 경우, **점유자인 매수인은 양수인에게 비용상환을 청구할 수 있다.**

예제

1. 점유자와 회복자의 관계에 관한 설명으로 틀린 것은? 제27회

① 선의의 점유자는 점유물의 과실을 취득하면 회복자에 대하여 통상의 필요비 상환을 청구하지 못한다.
② 점유물이 점유자의 책임 있는 사유로 멸실된 경우 소유의 의사가 없는 선의의 점유자는 손해의 전부를 배상해야 한다.
③ 점유물에 관한 필요비상환청구권은 악의의 점유자에게도 인정된다.
④ 필요비상환청구권에 대하여 회복자는 법원에 상환기간의 허여를 청구할 수 있다.
⑤ 악의의 점유자가 과실(過失)로 인하여 점유물의 과실(果實)을 수취하지 못한 경우 그 과실(果實)의 대가를 보상해야 한다.

해설 ④ 필요비상환청구권에 대하여는 회복자는 법원에 상환기간의 허여를 청구할 수 없다.

▶ 정답 ④

2. 점유자와 회복자의 관계에 관한 설명으로 옳은 것은? (다툼이 있으면 판례에 따름) 제34회

① 점유물이 점유자의 책임 있는 사유로 멸실된 경우, 선의의 타주점유자는 이익이 현존하는 한도에서 배상해야 한다.
② 악의의 점유자는 특별한 사정이 없는 한 통상의 필요비를 청구할 수 있다.
③ 점유자의 필요비상환청구에 대해 법원은 회복자의 청구에 의해 상당한 상환기간을 허여할 수 있다.
④ 이행지체로 인해 매매계약이 해제된 경우, 선의의 점유자인 매수인에게 과실취득권이 인정된다.
⑤ 은비(隱秘)에 의한 점유자는 점유물의 과실을 취득한다.

해설 ① 선의의 타주점유자는 손해 전부를 배상해야 한다.
③ 점유자의 필요비상환청구에 대해 법원은 상환기간을 허여할 수 없다.
④ 매매계약이 해제된 경우에는 원상회복의무가 발생하므로 선의의 점유자의 과실취득권은 인정되지 않는다.
⑤ 은비(隱秘)에 의한 점유자는 점유물의 과실을 취득할 수 없다.

▶ 정답 ②

제2절 소유권

1 상린관계(相隣關係)

1. 의 의

① 서로 **인접**하고 있는 부동산소유자 상호 간의 이용을 조절하기 위한 규정을 상린관계라고 하고, 이로부터 발생하는 권리를 상린권이라 한다.
② 상린관계는 인접한 부동산 상호 간의 이용의 조절을 위한 제도이므로, 그 규정의 성격은 **임의규정**이라고 본다(대판 80다1634).
③ 부동산 소유자에게만 인정되는 것이 아니고, **지상권자, 전세권자, 임차인에게도 준용된다.**

2. 경계에 관한 상린관계

① 토지소유자는 경계나 그 근방에서 담 또는 건물을 축조하거나 수선하기 위하여 필요한 범위 내에서 이웃 토지의 사용을 청구할 수 있다. 그러나 이웃사람의 승낙이 없으면 그 주거에 들어가지 못한다.
② 인접한 토지소유자 상호 간 통상의 경계표나 담을 설치할 경우, **설치비용**은 쌍방이 절반하여 부담한다. 그러나 **측량비용**은 토지의 면적에 비례하여 부담한다.
③ 담의 높이를 통상보다 높게 하거나 방화벽 등 **특수시설**을 하고자 하는 자는 자기의 비용으로 할 수 있다.
④ 경계에 설치된 경계표나 담은 상린자의 **공유로 추정**한다. 그러나 경계에 설치된 담이 공유인 경우에도 공유자는 그 **분할을 청구할 수 없다.**
⑤ 인접지의 **가지**가 경계를 넘는 경우 그 소유자에 대하여 가지의 **제거를 청구**할 수 있으며, 이때 그 청구에 응하지 않으면 임의로 제거할 수 있다. 그러나 수목의 **뿌리**가 경계를 넘은 때에는 **임의로 제거**할 수 있다.
⑥ 건물을 축조할 때에는 특별한 관습이 없는 한 경계로부터 반미터 이상의 거리를 두어야 하며, 경계로부터 2미터 이내의 거리에서 이웃주택의 내부를 관망할 수 있는 창을 설치할 경우 차면시설을 설치하여야 한다.
⑦ 우물을 파거나 용수, 하수 또는 오수 등을 저치할 지하시설의 설치는 경계로부터 2미터 이상의 거리를 두어야 하며, 지하실 공사의 경우 경계로부터 그 깊이의 반 이상의 거리를 두어야 한다.

3. 유상의 주위토지통행권(① 현재 ② 최소한 인정)

> **제219조 【주위토지통행권】** ① 어느 토지와 공로 사이에 그 토지의 용도에 필요한 통로가 없는 경우에 그 토지소유자는 주위의 토지를 통행 또는 통로로 하지 아니하면 공로에 출입할 수 없거나 과다한 비용을 요하는 때에는 그 주위의 토지를 통행할 수 있고 필요한 경우에는 통로를 개설할 수 있다. 그러나 이로 인한 손해가 가장 적은 장소와 방법을 선택하여야 한다.
> ② 전항의 통행권자는 통행지 소유자의 손해를 보상하여야 한다.

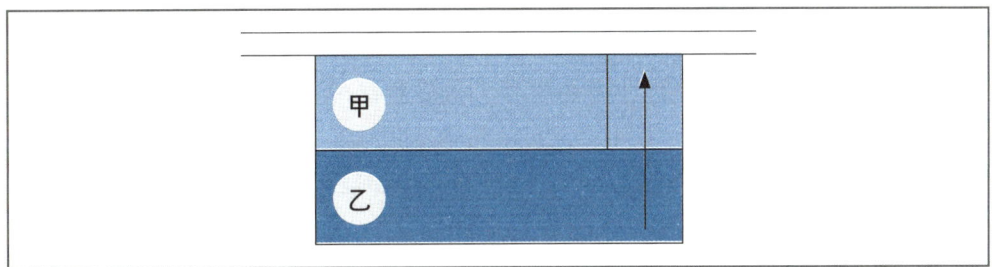

① 주위토지통행권은 어느 토지와 공로 사이에 토지의 용도에 필요한 통로가 없는 경우에, 토지소유자가 주위의 토지를 통행 또는 통로로 하지 아니하면 공로에 전혀 출입할 수 없는 경우뿐 아니라 과다한 비용을 요하는 때에도 인정할 수 있다(대판 92다36311).

② 주위토지통행권은 어느 토지가 타인 소유의 토지에 둘러싸여 공로에 통할 수 없는 경우뿐만 아니라, **이미 기존의 통로가 있더라도** 그것이 당해 토지의 이용에 부적합하여 **실제로 통로로서의 충분한 기능을 하지 못하고 있는 경우에도 인정된다**(대판 94다14193).

③ 이미 그 소유 토지의 용도에 필요한 통로가 있는 경우에는 그 통로를 사용하는 것보다 더 편리하다는 이유만으로 다른 장소로 통행할 권리를 인정할 수 없다(대판 95다1088).

④ 주위토지통행권은 **현재의 토지의 용법에 따른 이용의 범위에서 인정되는 것이지** 더 나아가 장차의 이용상황까지 미리 대비하여 통행로를 정할 것은 아니다(대판 96다33433).

⑤ 그 통행로의 폭이나 위치 등을 정함에 있어서는 피통행지의 소유자에게 가장 손해가 적게 되는 방법이 고려되어야 할 것이나, **건축법에 건축과 관련하여 도로에 관한 폭 등의 제한규정이 있더라도 이에 따라 결정하여야 하는 것은 아니다.**

⑥ 주위토지통행권은 통행을 위한 지역권과는 달리 **그 통행로가 항상 특정한 장소로 고정되어 있는 것은 아니고,** 주위토지 소유자가 그 용법에 따라 기존 통행로로 이용되던 토지의 사용방법을 바꾸었을 때에는 대지소유자는 그 주위토지 소유자를 위하여 보다 손해가 적은 다른 장소로 **옮겨 통행할 수밖에 없는 경우도 있다**(대판 2008다75300).

⑦ 민법 제219조는 주위토지통행권을 인정하면서 그 통행권자로 하여금 통행지소유자의 손해를 보상하도록 규정하고 있는 것이므로 **통행권자의 허락을 얻어 사실상 통행하고 있는 자에게는 그 손해의 보상을 청구할 수 없다**(대판 91다19623).

⑧ 주위토지통행권은 인접한 토지의 상호 이용의 조절에 기한 권리로서 토지의 소유자 또는 지상권자, 전세권자, 임차권자 등 토지사용권을 가진 자에게 인정되는 권리이다. 따라서 토지의 불법점유자나 명의신탁자에게는 주위토지통행권이 인정되지 아니한다.

⑨ 일단 주위토지통행권이 발생하였다고 하더라도 **나중에 그 토지에 접하는 공로가 개설됨으로써** 주위토지통행권을 인정할 필요성이 없어진 때에는 그 **통행권은 소멸한다**.

⑩ 통행지소유자가 주위토지통행권에 기한 통행에 방해가 되는 담장 등 축조물을 설치한 경우에는 주위토지통행권의 본래적 기능발휘를 위하여 통행지소유자가 그 철거의무를 부담한다.

⑪ 통행권자에게 통행지 소유자의 점유를 배제할 권능까지 있는 것은 아니므로 통행지 소유자는 그 통행지를 독점적으로 점유하고 있는 통행권자에게 그 통행지의 인도를 청구할 수 있다(대판 93다25479).

4. 무상의 주위토지통행권

> **제220조【분할, 일부양도와 주위통행권】** ① 분할로 인하여 공로에 통하지 못하는 토지가 있는 때에는 그 토지소유자는 공로에 출입하기 위하여 다른 분할자의 토지를 통행할 수 있다. 이 경우에는 **보상의 의무가 없다.**
> ② 전항의 규정은 토지소유자가 그 토지의 일부를 양도한 경우에 준용한다.

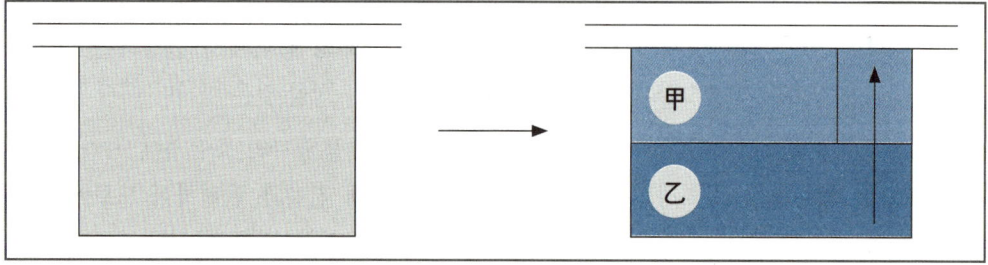

① 주위토지통행권은 통행지소유자에게 손해의 보상을 해야 하는 유상이 원칙이나, **토지의 분할 또는 일부양도**로 인하여 공로에 통하지 못하는 토지가 있는 때에는 그 토지소유자는 **무상으로** 다른 분할자 또는 양도인의 토지를 통행할 수 있다.

② 무상의 주위토지통행권은 **직접 분할자, 일부양도 당사자 사이에만 적용**되므로, 통행지 또는 피통행지의 **특정승계인은 무상의 주위토지통행권을 승계할 수 없다**.

2 취득시효

1. 의 의

① **부동산에 대한 취득시효 제도의 존재이유는** 부동산을 점유하는 상태가 오랫동안 계속된 경우, 권리자로서 외형을 지닌 사실 상태를 존중하여 이를 진실한 권리관계로 높여 보호함으로써 법질서의 안정을 도모하고, 장기간 지속된 사실 상태는 진실한 권리관계와 일치될 개연성이 높다는 사실을 고려하여 권리관계에 관한 분쟁이 생긴 경우 **점유자의 증명곤란을 구제하려는 데에 있다**(대판 2017다204629).

② 부동산에 관하여 **적법·유효한 등기를 하고 소유권을 취득한 사람이 자기 소유의 부동산을 점유하는 경우** 특별한 사정이 없는 한 **그러한 점유는 취득시효의 기초가 되는 점유라고 할 수 없다**. 이러한 경우에는 사실 상태를 권리관계로 높여 보호할 필요가 없고, 부동산의 소유명의자는 부동산에 대한 소유권을 적법하게 보유하는 것으로 추정되어 소유권에 대한 증명의 곤란을 구제할 필요도 없기 때문이다(대판 2017다204629).

2. 부동산소유권의 취득시효

① **20년간** 소유의 의사로 평온, 공연하게 부동산을 **점유**하는 자는 **등기함으로써** 그 소유권을 취득한다.

② 부동산의 소유자로 **등기**한 자가 **10년간** 소유의 의사로 평온, 공연하게 **선의이며 과실 없이** 그 부동산을 **점유**한 때에는 소유권을 취득한다.

3. 동산소유권의 취득시효

① 10년간 소유의 의사로 평온, 공연하게 동산을 점유한 자는 그 소유권을 취득한다.

② 전항의 점유가 선의이며 과실 없이 개시된 경우에는 5년을 경과함으로써 그 소유권을 취득한다.

4. 취득시효의 효과

① 법률규정에 의한 **원시취득**이다.

② 취득시효에 의한 소유권취득의 효력은 **점유를 개시한 때로 소급**한다.

5. 시효취득의 대상이 되는 권리

① 소유권, 지상권, 분묘기지권, 계속되고 표현된 지역권은 시효로 취득할 수 있다.
② 점유권과 유치권은 점유를 취득하면 바로 발생하는 권리이므로 일정기간 이상을 점유해야 하는 시효취득은 적용될 여지가 없다.
③ **저당권**은 점유를 수반하는 권리가 아니므로 **시효로 취득할 수 있는 권리가 아니다.**

6. 시효취득의 대상

① 소유권에 기초하여 부동산을 점유하는 사람이더라도 그 **등기를 하고 있지 않아 자신의 소유권을 증명하기 어려운 경우**에는 **자기 소유의 부동산에 대하여 취득시효를 주장할 수 있다**(대판 2017다204629).
② 시효로 인한 부동산소유권의 취득은 그 타인이 특정되어 있어야만 하는 것은 아니므로 **성명불상자의 소유물에 대하여 시효취득을 인정할 수 있다**(대판 91다9312).
③ **토지의 일부**에 대해서도 **점유취득시효는 가능하다.** 단 분필등기를 먼저하고 이전등기를 경료하여야 소유권을 취득한다.
④ **집합건물의 공용부분**은 별도로 취득시효의 대상이 **될 수 없다**(대판 2011다78200).
⑤ **국유재산**은 원칙적으로 취득시효의 대상이 **될 수 없으나**, 국유재산 중 **일반재산**은 취득시효의 대상이 **된다**.
⑥ 그러나 **일반재산**에 대한 취득시효가 완성된 후 그 **일반재산이 행정재산으로 된 경우**에는 취득시효완성을 원인으로 소유권이전**등기를 청구할 수 없다**(대판 96다10782).

예제

시효취득을 할 수 <u>없는</u> 것은? 제26회

① 저당권
② 계속되고 표현된 지역권
③ 지상권
④ 국유재산 중 일반재산
⑤ 성명불상자(姓名不詳者)의 토지

해설 ① 저당권은 점유를 수반하는 권리가 아니므로 시효로 취득할 수 있는 권리가 아니다.

▶ 정답 ①

3 부동산소유권의 점유취득시효

> **제245조 【점유로 인한 부동산소유권의 취득기간】** ① 20년간 소유의 의사로 평온, 공연하게 부동산을 점유하는 자는 등기함으로써 그 소유권을 취득한다.

1. 요 건

① 점유자는 20년간 소유의 의사로 평온·공연하게 부동산을 계속 점유하여야 한다.

② **소유권을 시효취득**하기 위해서는 반드시 **자주점유**하고 있어야 한다.

③ 자주점유이기만 하면 **간접점유자도 소유권을 시효취득할 수 있다**. 제3자를 점유매개자로 하여 농지를 간접적으로 점유하여 온 자는 비록 그가 농민이 아니라도 농지를 시효취득할 수 있다(대판 97다49053).

④ 등기부취득시효와는 달리 **선의·무과실은 점유취득시효의 요건이 아니다.**

⑤ **미등기부동산**에 대하여 **점유취득시효가 완성**된 경우에도 시효완성자는 **등기를 해야 소유권을 취득한다.**

⑥ 시효완성자는 등기를 해야 소유권을 취득하므로, 등기청구권의 법적 성질은 **채권적 청구권**이다.

⑦ **취득시효기간 중 등기명의인이 변동된 경우**에는 점유자는 기산점을 **임의로 선택할 수 없다.**

⑧ **취득시효기간 중 계속해서 등기명의인이 동일한 경우에는 점유자는 기산점을 임의로 선택할 수 있다**(대판 97다8496).

2. 시효완성자의 지위(등기청구권 취득)

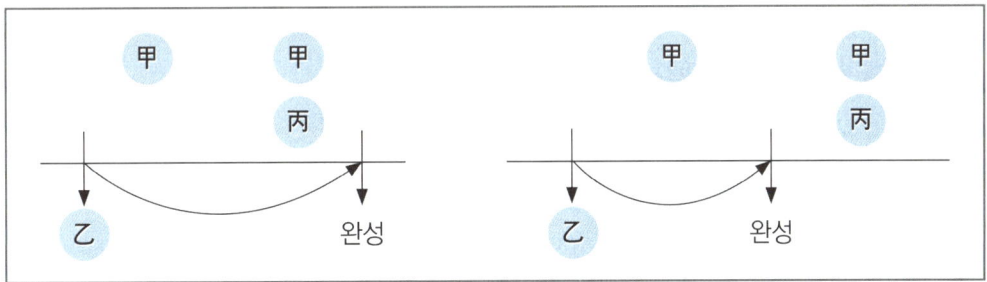

① 시효완성자는 **시효완성당시의 소유자**에게 등기를 청구하여야 한다.

② **시효완성당시의 소유권등기가 무효**라면 원칙적으로 **그 등기명의인은** 시효완성을 원인으로 한 **소유권이전등기청구의 상대방이 될 수 없다**(대판 2002다43417).

③ **시효완성 전에** 등기명의인이 **변경된 경우**에는 시효완성자는 **시효완성 당시의 등기 명의인에게** 시효완성을 **주장할 수 있다.**

④ **시효완성 후에** 등기명의인이 **변경된 경우**에는 시효완성자는 **변경된 등기명의인에게** 시효완성을 **주장할 수 없다.**

⑤ **시효완성 후에** 등기명의인이 **변경된 경우**, 등기명의가 **변경된 시점으로부터 다시** 시효기간이 **경과하면 시효완성자는** 변경된 등기명의인에게 시효완성을 주장할 수 있다.

⑥ 시효완성 후에 **완성당시 소유자가 제3자에게 처분한 후 다시 소유권을 회복한 경우에는 시효완성자는 완성당시 소유자에게 시효완성을 주장할 수 있다.**

⑦ 시효완성자가 등기하기 전에 완성당시의 소유자가 사망하고 **상속인**이 상속등기를 한 경우, 시효완성자는 **상속인에게 등기를 청구할 수 있다.**

⑧ 점유취득시효완성 후 완성당시의 소유자가 파산선고를 받은 경우, 시효완성자는 **파산관재인에게 시효완성을 주장할 수 없다.**

⑨ 시효완성자는 **완성당시의 소유자에게 시효이익을 포기할 수 있다.** 따라서 시효완성자가 **완성당시 무효등기의 등기부상 소유명의자에게 시효이익을 포기한 경우**에는 시효이익 포기의 효력은 발생하지 않는다(대판 2006다19177).

⑩ 시효완성자의 등기청구권은 **채권적 청구권**이지만, 점유자의 **점유가 계속되는 한 소멸시효가 진행되지 않는다.**

⑪ 시효완성자가 **점유를 상실**하였다고 하더라도 이미 취득한 등기청구권이 **바로 소멸되는 것은 아니다**(대판 93다47745). **이때부터 등기청구권의 소멸시효가 진행된다.**

⑫ 시효완성자의 등기청구권은 **통상의 채권양도 법리에 따라 양도할 수 있다.** 따라서 시효완성자는 **소유자의 동의 없이** 등기청구권을 **양도할 수 있으며**, 양도한 사실을 소유자에게 **통지함으로써 대항할 수 있다.**

⑬ **소유자는** 시효완성자에게 등기를 해 줄 의무가 있으므로, **시효완성자에게** 불법점유임을 이유로 건물의 철거 또는 **대지의 인도를 청구할 수 없고**, 점유로 인한 **부당이득의 반환청구도 할 수 없다.**

3. 시효완성 후 소유자가 처분한 경우

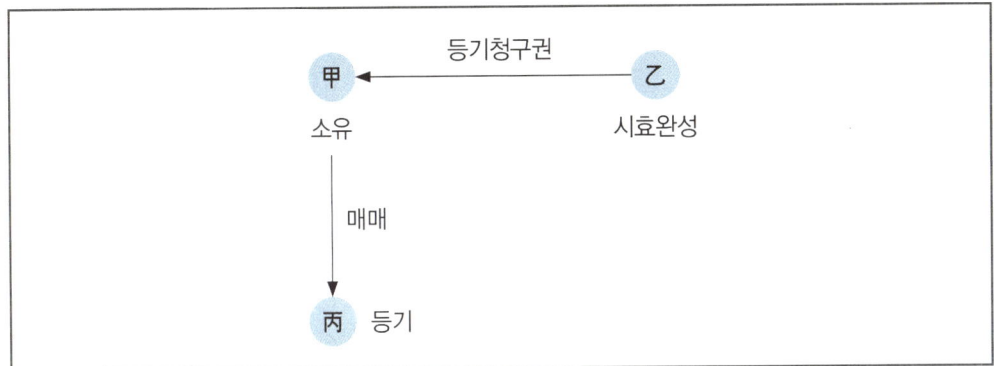

① 乙이 甲소유의 토지에 대하여 시효가 **완성된 후** 甲이 乙의 시효완성사실을 **모르고** **丙에게 처분**한 경우에는 乙은 甲에게 **불법행위책임을 물을 수 없다**.

② 乙이 甲소유의 토지에 대하여 시효가 **완성된 후** 甲이 乙의 시효완성사실을 **알고** **丙에게 처분**한 경우, 乙은 甲에게 **불법행위를 이유로 손해배상을 청구할 수 있다**. 그러나 시효완성으로 인한 甲과 乙의 채권관계는 법률규정에 의해 발생한 것이지 계약상 채권관계가 성립한 것은 아니므로 **채무불이행책임을 물을 수는 없다**.

③ ②의 경우, 丙이 甲의 배임행위에 **적극 가담**하여 토지를 매수하였다면 이는 사회질서에 반하는 행위로서 **무효**이다.

④ ③의 경우, 乙은 甲을 **대위**하여 丙의 등기를 **말소**하고, 시효완성을 이유로 甲에게 소유권이전등기를 청구할 수 있다.

⑤ 甲소유의 토지에 대하여 乙의 시효완성 후 토지가 **수용**되어 乙의 등기청구권이 이행불능으로 되었다면, **수용 전에** 乙이 **등기청구권을 행사한 경우에 한하여** 甲에게 **대상청구권을 행사할 수 있다**.

4. 시효완성자가 등기를 한 경우

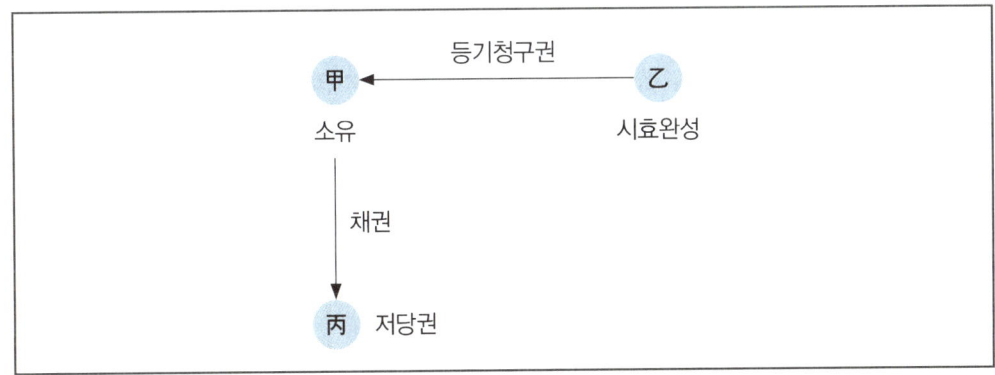

① 시효완성자가 등기를 하게 되면 소유권취득의 효력은 **점유를 개시한 때로 소급**한다.

② 그러나 완성당시의 소유자가 시효완성 후 그 등기 전에 그 토지를 제3자에게 처분하거나 제한물권을 설정한 것은 시효완성자에게 불법행위가 되는 것은 아니다. 따라서 **시효완성자는** 그 토지에 대하여 제한물권을 취득한 제3자에 대하여 시효완성으로 대항할 수 없고, **제한물권이 있는 소유권을 취득한다.**

③ 따라서 시효완성자가 완성당시의 소유자에 의하여 설정된 근저당권의 피담보채무를 **대위변제**한 경우, 시효완성자는 완성당시의 소유자에게 **구상권**을 행사하거나 **부당이득반환을 청구할 수는 없다**(대판 2005다75910).

5. 시효완성과 명의신탁

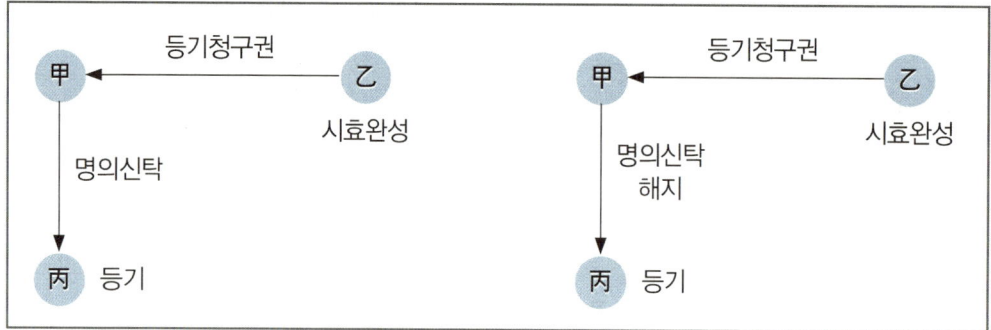

① 甲소유의 토지에 대하여 乙의 시효가 완성된 후에 甲이 丙에게 **명의신탁을 하여** 丙 앞으로 이전등기를 한 경우, 乙은 甲을 대위하여 丙 명의의 등기말소를 청구할 수 있으므로, 乙은 丙에게 **시효완성을 주장할 수 있다.**

② 丙이 甲에게 명의신탁한 토지에 대하여 乙의 시효가 완성된 후에 丙이 甲과의 **명의신탁을 해지**하고 丙 앞으로 이전등기를 한 경우에는 丙은 시효완성 후에 소유권을 취득한 자에 해당하므로, 乙은 丙에게 **시효완성을 주장할 수 없다**(대판 2000다8861).

6. 점유취득시효의 중단

① 점유취득시효가 중단되려면 점유자의 점유가 중단되어야 한다.

② 따라서 점유취득시효가 완성되기 전에 **부동산에 압류 또는 가압류**가 이루어졌다고 하더라도 이로써 종래의 점유상태의 계속이 파괴되었다고는 할 수 없으므로 이는 취득시효의 **중단사유가 될 수 없다**(대판 2018다296878).

예제

1. 부동산 점유취득시효에 관한 설명으로 옳은 것은? (다툼이 있으면 판례에 따름) 제34회

① 국유재산 중 일반재산이 시효완성 후 행정재산으로 되더라도 시효완성을 원인으로 한 소유권이전등기를 청구할 수 있다.
② 시효완성 당시의 소유권보존등기가 무효라면 그 등기명의인은 원칙적으로 시효완성을 원인으로 한 소유권이전등기청구의 상대방이 될 수 없다.
③ 시효완성 후 점유자 명의로 소유권이전등기가 경료되기 전에 부동산 소유명의자는 점유자에 대해 점유로 인한 부당이득반환청구를 할 수 있다.
④ 미등기부동산에 대한 시효가 완성된 경우, 점유자는 등기 없이도 소유권을 취득한다.
⑤ 시효완성 전에 부동산이 압류되면 시효는 중단된다.

해설 ① 일반재산에 대한 취득시효가 완성된 후 그 일반재산이 행정재산으로 된 경우에는 취득시효 완성을 원인으로 소유권이전등기를 청구할 수 없다(대판 96다10782).
③ 부동산 소유명의자는 시효완성자에 대해 점유로 인한 부당이득반환청구를 할 수 없다.
④ 미등기부동산에 대해 점유취득시효가 완성된 경우에도 등기를 해야 소유권을 취득한다.
⑤ 점유취득시효가 완성되기 전에 부동산에 압류 또는 가압류가 이루어졌다고 하더라도 이로써 종래의 점유상태의 계속이 파괴되었다고는 할 수 없으므로 이는 취득시효의 중단사유가 될 수 없다(대판 2018다296878).
▶ 정답 ②

2. 부동산 소유권의 점유취득시효에 관한 설명으로 틀린 것은? 21. 변리사

① 시효완성자는 취득시효완성에 따른 등기를 하지 않더라도 시효완성 당시의 등기명의인에 대하여 취득시효를 주장할 수 있다.
② 취득시효가 완성되기 전에 등기명의인이 바뀐 경우에는 시효완성자는 취득시효완성 당시의 등기명의인에게 취득시효를 주장할 수 있다.
③ 취득시효완성 후 등기명의인이 변경되면 설사 등기원인이 취득시효 완성 전에 존재하였더라도, 시효완성자는 변경된 등기명의인에게 취득시효를 주장할 수 없다.
④ 취득시효기간이 진행하는 중에 등기명의인이 변동된 경우, 취득시효기간의 기산점을 임의로 선택할 수 없다.
⑤ 취득시효완성 후 등기명의인이 바뀐 경우, 등기명의가 바뀐 시점으로부터 다시 취득시효기간이 경과하더라도 취득시효완성을 주장할 수 없다.

해설 ⑤ 시효완성 후에 등기명의인이 변경된 경우, 등기명의가 변경된 시점으로부터 다시 시효기간이 경과하면 시효완성자는 변경된 등기명의인에게 시효완성을 주장할 수 있다.
▶ 정답 ⑤

4 등기부취득시효

> **제245조** ② 부동산의 소유자로 등기한 자가 10년간 소유의 의사로 평온, 공연하게 선의이며 과실 없이 그 부동산을 점유한 때에는 소유권을 취득한다.

1. 시효완성자 명의로 등기가 경료되어 있을 것

① 등기부취득시효의 요건인 '부동산의 소유자로 등기한 자'에서 말하는 등기는 적법·유효한 등기일 필요는 없고 **무효의 등기라도 관계없다**(대판 2013다215515).

② 그러나 **이중보존등기**에 해당하여 무효인 등기에 기해서는 등기부취득시효가 **불가능**하다(대판 96다12511).

③ 등기의 승계가 인정되므로, 반드시 시효취득자 명의로 10년간 등기되어 있어야 하는 것은 아니고 앞 사람의 등기까지 아울러 10년 동안 부동산의 소유자로 등기되어 있으면 된다(대판 87다카2176).

④ **상속인**은 피상속인 명의로 소유권이전등기가 10년 이상 경료되어 있는 이상, **상속등기를 경료하지 않았다 하더라도** 피상속인과 상속인의 점유기간을 합산하여 10년을 넘을 때에 **등기부취득시효기간이 완성된다**.

2. 선의, 무과실의 점유일 것

① 선의, 무과실은 등기에 관한 것이 아니고 점유취득에 관한 것으로서, 점유자의 선의는 추정되나 **무과실은 추정되지 않으므로** 점유자가 스스로 무과실을 입증해야 한다.

② 점유자의 **선의, 무과실**은 점유개시 당시에만 있으면 되고, **전 시효기간을 통하여 인정되어야 하는 것은 아니다.**

③ 부동산 매수인이 매도인의 부동산 처분권한을 조사했더라면 그 처분권한이 없음을 알 수 있었음에도 이를 조사하지 않은 경우, 매수인의 등기부취득시효는 인정되지 않는다.

④ 점유의 승계도 당연히 인정되므로 전점유자의 점유기간과 합산하여 10년이면 족하다.

3. 효 과

① 등기부취득시효가 완성되면 시효완성자는 **곧바로 소유권을 취득한다**.

② **등기부취득시효가 완성된 후** 시효완성자 명의의 등기가 **적법한 원인 없이 말소**되더라도 시효완성자는 **소유권을 상실하지 않는다**(대판 98다20110).

예제

甲은 X토지에 대하여 등기부취득시효를 주장하고 있다. 이에 관한 설명으로 옳은 것을 모두 고른 것은? (다툼이 있으면 판례에 따름) 23. 변리사

ㄱ. 甲이 개인이 아니라 지방자치단체의 경우 등기부취득시효를 주장할 수 없다.
ㄴ. 甲의 무과실은 전 시효기간을 통하여 인정되어야 하는 것은 아니다.
ㄷ. 甲이 X토지에 대하여 무효의 중복된 소유권보존등기를 마친 경우에는 등기부취득시효를 주장할 수 없다.

① ㄱ ② ㄴ ③ ㄱ, ㄴ
④ ㄴ, ㄷ ⑤ ㄱ, ㄴ, ㄷ

해설 ㄱ. 국가나 지방자치단체의 경우에도 취득시효를 주장할 수 있다. ▶ 정답 ④

5 선점 · 습득 · 발견

1. 무주물선점(제252조)

① 무주의 동산을 소유의 의사로 점유한 자는 그 소유권을 취득한다.
② 무주의 부동산은 국유로 한다.

2. 유실물습득(제253조)

유실물은 법률에 정한 바에 의하여 공고한 후 **6월** 내에 그 소유자가 권리를 주장하지 아니하면 습득자가 그 소유권을 취득한다.

3. 매장물발견(제254조)

매장물은 법률에 정한 바에 의하여 공고한 후 **1년** 내에 그 소유자가 권리를 주장하지 아니하면 발견자가 그 소유권을 취득한다. 그러나 **타인의 토지 기타 물건으로부터 발견한 매장물**은 그 토지 기타 물건의 소유자와 발견자가 **절반하여 취득**한다.

4. 문화재의 국유(제255조)

① 학술, 기예 또는 고고의 중요한 재료가 되는 물건에 대하여는 국유로 한다.
② ①의 경우에 습득자, 발견자 및 매장물이 발견된 토지 기타 물건의 소유자는 국가에 대하여 적당한 보상을 청구할 수 있다.

6 부동산에의 부합

> **제256조【부동산에의 부합】** 부동산의 소유자는 그 부동산에 부합한 물건의 소유권을 취득한다. 그러나 타인의 권원에 의하여 부속된 것은 그러하지 아니하다.

1. 의 의

① 부합이란 훼손하지 아니하면 분리할 수 없거나 분리에 과다한 비용을 요하거나 분리하면 경제적 가치를 심하게 감소하는 경우를 의미한다(대판 2009다76546).

② **부동산의 소유자**는 그 부동산에 부합한 물건의 소유권을 원시취득한다.

③ 부합한 물건의 가격이 부동산의 가격을 **초과**하더라도 **부동산의 소유자**가 소유권을 취득한다.

④ 타인이 **정당한 권원**에 의하여 **부속**시킨 물건은 부동산 소유권에 부합되지 않고 부속시킨 자의 소유에 속한다.

2. 건물과 농작물

① **건물**은 토지와는 별개의 부동산으로 취급되므로 어떠한 경우에도 **토지소유권에 부합되지 않는다**. 따라서 타인의 토지 위에 무단으로 건물을 신축한 경우에도 신축자가 건물의 소유권을 취득한다.

② 타인의 토지에 권원 없이 **농작물**을 경작한 경우라도 **토지소유권에 부합되지 않고 경작자의 소유**가 되며, 이때는 명인방법을 갖출 필요도 없다.

3. 수 목

① 타인의 토지에 지상권, 전세권, 임차권, 사용대차권과 같은 **정당한 권원을 가진 자가 수목을 심은 경우**에는 수목은 토지에 부합되지 않고 **심은 자의 소유이다**(대결 89다카21095).

② 타인의 토지에 수목을 심은 자가 **권원이 없는 경우**에는 수목은 토지에 부합되므로 **토지소유자에게 소유권이 귀속된다.**

③ 따라서 甲이 **자기소유의 토지**를 乙에게 임대하였는데 丙이 乙의 **승낙만을 받아** 그 토지에 **나무**를 심은 경우, 丙은 甲에게 나무의 소유권을 주장할 수 없다(대판 2015다69907).

4. 건물증축

① **부동산 간에도 부합이 인정될 수 있다.**

② 임차인이 임차한 **건물**에 그 권원에 의하여 **증축**을 한 경우에 증축된 부분이 **부합**으로 인하여 **기존건물의 구성부분이 된 때**에는 증축된 부분에 별개의 소유권이 성립할 수 없으나, 증축된 부분이 **독립성이 있는 때**에는 구분소유권이 성립하여 증축된 부분은 독립한 소유권의 객체가 된다(대판 99다14518).

③ 건물의 **증축부분이** 기존건물에 **부합된 경우**에는 **기존건물에 대한 근저당권은 부합된 증축부분에도 효력이 미치는 것이므로**, 기존건물에 대한 **경매절차에서 경매목적물로 평가되지 않았다** 하더라도 **경락인은 증축부분의 소유권을 취득한다**(대판 2000다63110).

예제

부합에 관한 설명으로 옳은 것을 모두 고른 것은? (다툼이 있으면 판례에 따름) 제28회

> ㄱ. 지상권자가 지상권에 기하여 토지에 부속시킨 물건은 지상권자의 소유로 된다.
> ㄴ. 적법한 권원 없이 타인의 토지에 경작한 성숙한 배추의 소유권은 경작자에게 속한다.
> ㄷ. 적법한 권원 없이 타인의 토지에 식재한 수목의 소유권은 토지소유자에게 속한다.
> ㄹ. 건물임차인이 권원에 기하여 증축한 부분은 구조상·이용상 독립성이 없더라도 임차인의 소유에 속한다.

① ㄱ ② ㄴ, ㄹ ③ ㄱ, ㄴ, ㄷ
④ ㄴ, ㄷ, ㄹ ⑤ ㄱ, ㄴ, ㄷ, ㄹ

해설 ㄹ. 건물임차인이 증축한 부분이 독립성이 없는 경우에는 기존건물에 부합되므로 임대인의 소유에 속한다. ▶▶ 정답 ③

7 공유

> **제262조【물건의 공유】** ① 물건이 **지분**에 의하여 수인의 소유로 된 때에는 공유로 한다.
> ② 공유자의 지분은 균등한 것으로 추정한다.

1. 의의

① 공유란 하나의 물건에 대한 하나의 소유권을 수인이 지분에 의하여 소유하는 공동소유형태를 말한다.
② 따라서 공유는 **일물일권주의**의 예외적 현상이 아니다.

2. 공유지분

> **제263조【공유지분의 처분과 공유물의 사용, 수익】** 공유자는 그 지분을 처분할 수 있고 공유물 전부를 지분의 비율로 사용, 수익할 수 있다.
> **제267조【지분포기 등의 경우의 귀속】** 공유자가 그 지분을 포기하거나 상속인 없이 사망한 때에는 그 지분은 다른 공유자에게 각 지분의 비율로 귀속한다.

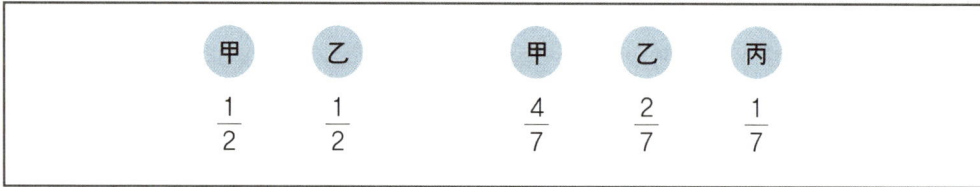

① 공유자는 자기의 지분을 다른 공유자의 동의 없이 **자유롭게 처분할 수 있다.** 따라서 **지분에 저당권을 설정하는 경우에는 다른 공유자의 동의가 필요 없다.**
② 공유자는 **지분의 비율로 공유물 전부를 사용, 수익할 수 있다.**
③ 공유자가 그 지분을 **포기하거나 상속인 없이 사망한 때**에는 그 지분은 **다른 공유자에게 각 지분의 비율로 귀속한다.**
④ **공유지분의 포기는** 법률행위로서 상대방 있는 단독행위에 해당하므로, **등기를 하여야** 공유지분의 포기에 따른 **물권변동의 효력이 발생한다**(대판 2015다52978).
⑤ 공유자는 단독으로 **자신의 지분에 관한** 제3자의 **취득시효를 중단시킬 수 있다.**
⑥ 공유자 중 1인은 **다른 공유자의 지분권을** 대외적으로 **주장할 수 없다.** 따라서 甲과 乙이 토지를 공유하고 있더라도 **甲의 지분에 관하여** 제3자 명의로 **원인무효의 등기가** 이루어진 경우, **乙은 그 등기의 말소를 청구할 수 없다.**

3. 공유물의 보존행위

> 제265조 【공유물의 관리, 보존】 공유물의 관리에 관한 사항은 공유자의 지분의 과반수로써 결정한다. 그러나 **보존행위는 각자가 할 수 있다.**

① 보존행위는 공유물의 멸실·훼손을 방지하고 현상유지를 위해서 하는 행위로서 긴급을 요하는 경우가 많고 다른 공유자에게도 이익이 되는 것이 보통이기 때문에 **각자가 단독으로 공유물 전부에 대해서 할 수 있다**(대판 2014다49425).

② 공유물에 대하여 **제3자 명의로 원인무효의 소유권이전등기가 경료되어 있는 경우** 각 공유자는 단독으로 **보존행위로서 제3자에 대하여 그 등기 전부의 말소를 청구할 수 있다**(대판 92다52870).

③ **공유자 1인이 공유물을 자신의 단독명의로 등기를 한 경우**에도 그 공유자의 지분 범위 내에서는 유효하므로, 다른 공유자는 **등기 전부의 말소를 청구할 수는 없고**, 해당 공유자의 지분을 제외한 나머지 부분에 대해서만 등기말소를 청구할 수 있다.

④ 제3자가 공유물을 불법점유하고 있는 경우, 각 공유자는 그의 지분에 기하여 **단독으로 공유물 전부의 반환이나 방해제거를 청구할 수 있다.**

⑤ 공유물의 불법점유자를 상대로 **손해배상금이나 부당이득금을 청구하는 것은 보존행위가 아니므로,** 각 공유자는 **자신의 지분비율**에 해당하는 것만큼만 청구할 수 있다.

4. 공유물의 관리행위

> 제265조 【공유물의 관리, 보존】 공유물의 **관리에 관한 사항은** 공유자의 **지분의 과반수로써 결정한다.** 그러나 보존행위는 각자가 할 수 있다.

① 관리행위는 공유물을 사용·수익할 구체적인 방법을 정하는 것으로서 공유자의 **지분의 과반수로써 결정**하여야 한다. 공유물에 대한 임대차, 임대차의 갱신 또는 해지 등이 관리행위에 해당한다.

甲	乙		甲	乙	丙
$\frac{1}{2}$	$\frac{1}{2}$		$\frac{4}{7}$	$\frac{2}{7}$	$\frac{1}{7}$

② 공유자 양인이 각 1/2 지분씩 균분하여 공유하고 있는 경우 1/2 지분권자로서는 다른 1/2 지분권자와의 협의 없이는 이를 배타적으로 독점 사용할 수 없다.

③ **과반수지분권자가** 공유물을 **배타적으로 점유**하고 있다면 이는 관리방법으로서 적법하므로 **소수지분권자는** 과반수지분권자에게 공유물의 **반환이나 방해배제를 청구할 수 없다.**

④ ③의 경우, 소수지분권자는 과반수지분권자에게 그 지분에 상응하는 임료 상당의 **부당이득반환을 청구할 수 있다.**

⑤ **소수지분권자가** 공유물을 **배타적으로 점유**하고 있는 경우, **다른 소수지분권자는** 공유물의 보존행위로서 그 **인도를 청구할 수는 없고**, 다만 자신의 지분권에 기초하여 공유물에 대한 **방해제거청구와 부당이득반환을 청구할 수 있다**(대판 2018다287522).

⑥ ⑤의 경우, **과반수지분권자는** 소수지분권자에게 공유물의 **인도를 청구할 수 있다.**

⑦ **과반수지분권자가** 다른 공유자 동의 없이 **단독으로 제3자에게 임대차**한 경우, **소수지분권자는 그 제3자에 대하여** 점유배제나 지분상당의 부당이득반환을 **청구할 수 없다**(대판 2002다9738).

⑧ ⑦의 경우, 소수지분권자는 **과반수지분권자에 대하여** 지분상당의 **부당이득반환을 청구**해야 한다.

⑨ **소수지분권자가** 과반수의 동의 없이 **단독으로 제3자에게 임대차**를 한 경우에도, **임대차계약은 유효**이다.

⑩ ⑨의 경우, **과반수지분권자는** 제3자에게 **공유물 전부**를 자신에게 **반환**할 것을 **청구**할 수 있다.

⑪ 공유자간의 공유물에 대한 **관리에 관한 특약은** 공유지분권의 **본질적 부분을 침해하지 않는 경우라면** 공유자의 **특정승계인에게 당연히 승계된다**(대판 2005다1827).

⑫ 지분권자로서의 **사용수익권을 사실상 포기하는 공유자 사이의 특약은** 공유지분의 본질적 부분을 침해하는 것이므로, 그 사실을 **알지 못하고 공유지분을 취득한 특정승계인에게 승계되지 않는다**(대판 2011다58701).

5. 공유물의 처분과 변경

> 제264조 【공유물의 처분, 변경】 공유자는 **다른 공유자의 동의 없이 공유물을 처분하거나 변경하지 못한다.**

① 공유자가 공유물을 처분하거나 변경하기 위해서는 **다른 공유자의 동의**를 얻어야 한다.

② 공유자 1인은 다른 공유자의 동의 없이 **공유물을 양도**하거나 공유물에 **제한물권을 설정**할 수 없다.

③ 甲과 乙이 공유하고 있는 X토지 전부를 甲이 乙의 동의 없이 丙에게 매도하고 소유권이전등기를 한 경우, **매매계약은 전부가 유효**이다.

④ ③의 경우, **이전등기는 甲의 지분 범위 내에서는 유효**하므로, 乙은 이전등기 전부에 대해서 말소등기를 청구할 수는 없고 자기 지분의 범위 내에서만 말소등기를 청구할 수 있다.

⑤ **과반수지분권자가 나대지에 건물을 신축하는 것은 관리의 범위를 넘는 것이므로 허용되지 않는다**(대판 2000다33638).

⑥ 대지공유자 중 일부가 대지에 적법하게 건축된 건물을 소유하고 있는데 그 **건물을 철거하게 하는 행위는** 공유물인 **대지의 변경에 해당하므로 공유자 전원의 동의가 있어야 한다**(대판 2024다202317).

6. 공유물의 분할

> 제268조 【공유물의 분할청구】 ① 공유자는 공유물의 분할을 청구할 수 있다. 그러나 5년 내의 기간으로 분할하지 아니할 것을 약정할 수 있다.
> ② 전항의 계약을 갱신한 때에는 그 기간은 갱신한 날로부터 5년을 넘지 못한다.
>
> 제269조 【분할의 방법】 ① 분할의 방법에 관하여 **협의가 성립되지 아니한 때에는** 공유자는 **법원에 그 분할을 청구할 수 있다.**
> ② 현물로 분할할 수 없거나 분할로 인하여 현저히 그 가액이 감손될 염려가 있는 때에는 법원은 물건의 경매를 명할 수 있다.

① **공유자는 언제든지 공유물의 분할을 청구할 수 있다.** 그러나 5년 내의 기간으로 분할금지특약을 할 수 있으며, 분할금지특약을 **갱신**한 때에는 그 기간은 갱신한 날로부터 **5년**을 넘지 못한다.

② **분할금지특약은 등기된 경우에 한하여** 공유자의 특정승계인에게 **대항할 수 있다.**

③ 협의로 분할하는 경우에는 **현물분할**, 공유물을 제3자에게 매각하고 매각대금을 나누는 **대금분할**, 한 사람이 다른 사람의 지분을 양수하고 그 가격을 지급하는 **가격배상**의 방법이 있다.

④ **재판상 분할은 현물분할이 원칙이나,** 현물분할이 불가능하거나 분할로 인하여 현저한 가액감소의 우려가 있는 경우에는 경매하여 대금을 분할한다(제269조).

⑤ 공유물분할청구의 소에서 **법원은** 원칙적으로 공유물분할을 청구하는 원고가 구하는 방법에 구애받지 않고 **재량에 따라** 합리적 방법으로 **분할을 명할 수 있다.** 따라서 특별한 사정이 있으면 **가격배상 하는 방법의 공유물분할판결도 가능하다.**

⑥ 공유자 사이의 **분할협의가 성립한 경우**에는 일부 공유자가 협의에 따른 이전등기에 협조하지 않더라도 더 이상 **재판상 분할청구는 허용되지 않는다**(대판 94다30348).

⑦ 협의분할이든 재판상 분할이든 **반드시 공유자 전원이 참가해야 한다.** 따라서 공유자 전원이 분할절차에 참가하지 않은 공유물분할은 협의분할이든 재판상 분할이든 무효이다.

⑧ 분할의 효과는 소급하지 않는다. **협의분할의 경우에는 등기시에 재판상 분할의 경우에는 판결확정시**(형성판결)에 **등기 없이도 분할의 효과가 발생한다.**

⑨ 공유자는 다른 공유자가 분할로 인하여 취득한 물건에 관하여 그 지분의 비율로 매도인과 동일한 **담보책임**을 진다(제270조).

⑩ **甲과 乙의 공유인 부동산 중 甲의 지분 위에 설정된 근저당권은** 특단의 합의가 없는 한 공유물분할이 된 뒤에도 종전의 지분비율대로 공유물 전부에 그대로 존속하고 **甲 앞으로 분할된 부분에 당연히 집중되는 것은 아니다**(대판 88다카24868).

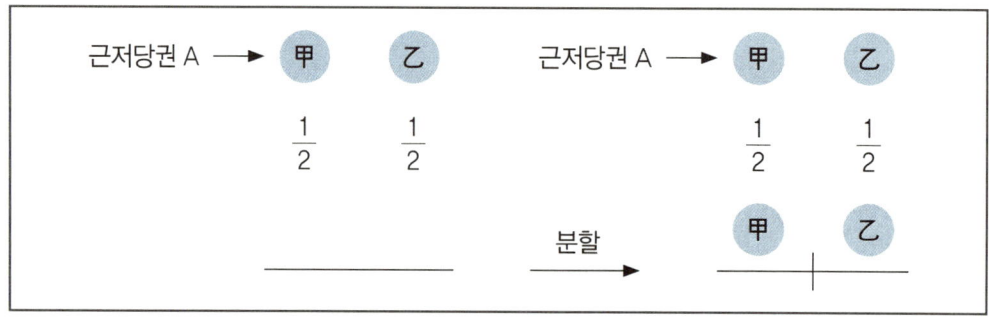

📝 **예제**

1. 甲은 3/5, 乙은 2/5의 지분으로 X토지를 공유하고 있다. 다음 설명 중 틀린 것은? (다툼이 있으면 판례에 따름) 제28회

① 甲이 乙과 협의 없이 X토지를 丙에게 임대한 경우, 乙은 丙에게 X토지의 인도를 청구할 수 없다.
② 甲이 乙과 협의 없이 X토지를 丙에게 임대한 경우, 丙은 乙의 지분에 상응하는 차임 상당액을 乙에게 부당이득으로 반환할 의무가 없다.
③ 乙이 甲과 협의 없이 X토지를 丙에게 임대한 경우, 甲은 丙에게 X토지의 인도를 청구할 수 있다.
④ 乙은 甲과의 협의 없이 X토지 면적의 2/5에 해당하는 특정 부분을 배타적으로 사용·수익할 수 있다.
⑤ 甲이 X토지 전부를 乙의 동의 없이 매도하여 매수인 명의로 소유권이전등기를 마친 경우, 甲의 지분범위 내에서 등기는 유효하다.

해설 ④ 乙은 소수지분권자이므로 甲과의 협의 없이 X토지를 배타적으로 사용·수익할 수 없다.

▶ 정답 ④

2. 甲, 乙, 丙은 X토지를 각 1/2, 1/4, 1/4의 지분으로 공유하고 있다. 이에 관한 설명으로 옳은 것은? (단, 구분소유적 공유관계는 아니며, 다툼이 있으면 판례에 따름) 제32회

① 乙이 X토지에 대한 자신의 지분을 포기한 경우, 乙의 지분은 甲, 丙에게 균등한 비율로 귀속된다.
② 당사자간의 특약이 없는 경우, 甲은 단독으로 X토지를 제3자에게 임대할 수 있다.
③ 甲, 乙은 X토지에 대한 관리방법으로 X토지에 건물을 신축할 수 있다.
④ 甲, 乙, 丙이 X토지의 관리에 관한 특약을 한 경우, 그 특약은 특별한 사정이 없는 한 그들의 특정승계인에게도 효력이 미친다.
⑤ 丙이 甲, 乙과의 협의없이 X토지를 배타적·독점적으로 점유하고 있는 경우, 乙은 공유물에 대한 보존행위로 X토지의 인도를 청구할 수 있다.

해설 ① 乙이 지분을 포기한 경우, 乙의 지분은 甲과 丙에게 각 지분의 비율로 귀속된다.
② 甲은 과반수지분권자가 아니므로 단독으로 임대할 권한이 없다.
③ 공유토지에 건물을 신축하는 행위는 공유자 전원의 동의가 있어야 할 수 있다.
⑤ 丙이 X토지를 배타적·독점적으로 점유하고 있는 경우, 乙은 과반수지분권자가 아니므로 X토지의 인도를 청구할 수 없다.

▶ 정답 ④

8 합유와 총유

1. 공유와 합유의 차이점

비 교	지분처분	지분상속	분할청구
공 유	자유	○	언제든지 가능(5년 내 금지특약 가능)
합 유	전원의 동의	×	합유관계가 존속하는 한 불가

2. 합 유

> 제271조 【물건의 합유】 ① 법률의 규정 또는 계약에 의하여 수인이 조합체로서 물건을 소유하는 때에는 합유로 한다. 합유자의 권리는 합유물 전부에 미친다.
> ② 합유에 관하여는 전항의 규정 또는 계약에 의하는 외에 다음 3조의 규정에 의한다.
> 제272조 【합유물의 처분, 변경과 보존】 합유물을 처분 또는 변경함에는 합유자 전원의 동의가 있어야 한다. 그러나 보존행위는 각자가 할 수 있다.
> 제273조 【합유지분의 처분과 합유물의 분할금지】 ① 합유자는 **전원의 동의 없이** 합유물에 대한 **지분을 처분하지 못한다.**
> ② 합유자는 **합유물의 분할을 청구하지 못한다.**
> 제274조 【합유의 종료】 ① 합유는 조합체의 해산 또는 합유물의 양도로 인하여 종료한다.
> ② 전항의 경우에 합유물의 분할에 관하여는 공유물의 분할에 관한 규정을 준용한다.

① 합유란 수인이 **조합체**로서 상호 출자하여 **공동사업을 경영할 목적으로** 물건을 소유하는 형태를 말한다.

② 합유지분의 양도는 조합원 지위의 양도를 의미하므로, 합유자는 **전원의 동의 없이** 합유물에 대한 **지분을 처분하지 못한다.**

③ 부동산의 **합유자 중 일부가 사망한 경우** 합유자 사이에 특별한 약정이 없는 한 사망한 **합유자의 상속인은 합유자로서의 지위를 승계하는 것이 아니므로** 해당 부동산은 잔존 합유자가 2인 이상일 경우에는 잔존 합유자의 합유로 귀속되고 잔존 합유자가 1인인 경우에는 잔존 합유자의 단독소유로 귀속된다(대판 93다39225).

④ 조합체가 존속하는 한 합유자는 **합유물의 분할을 청구하지 못한다.**

⑤ **보존행위는 각자가 단독으로 할 수 있다.** 따라서 합유물이 제3자 앞으로 원인무효의 등기가 되어 있는 경우에는 합유자 1인이 그 등기전부의 말소를 청구할 수 있고, 제3자가 합유물을 불법점유하고 있는 경우에는 합유자 1인이 전부의 반환을 청구할 수 있다(대판 96다16896).

3. 총유

> 제275조 【물건의 총유】 ① 법인이 아닌 사단의 사원이 집합체로서 물건을 소유할 때에는 총유로 한다.
> ② 총유에 관하여는 사단의 정관 기타 계약에 의하는 외에 다음 2조의 규정에 의한다.
> 제276조 【총유물의 관리, 처분과 사용, 수익】 ① 총유물의 관리 및 처분은 사원총회의 결의에 의한다.
> ② 각 사원은 정관 기타의 규약에 좇아 총유물을 사용, 수익할 수 있다.
> 제277조 【총유물에 관한 권리의무의 득상】 총유물에 관한 사원의 권리의무는 사원의 지위를 취득상실함으로써 취득상실된다.

① 총유란 종중이나 교회와 같은 법인이 아닌 사단의 사원이 **집합체**로서 재산을 소유하는 형태를 말한다.

② 소유권의 내용 중 관리·처분 등의 권능은 구성원의 총체에 속하고 사용·수익 등의 권능은 각 구성원에게 속한다. 지분이 없다는 점에서 지분이 존재하는 공유나 합유와 구별된다.

③ **총유물의 보존에 있어서는** 공유물의 보존에 관한 「민법」 제265조의 규정이 적용될 수 없고, 특별한 사정이 없는 한 **사원총회의 결의를 거쳐야 한다**(대판 94다28437).

제3절 용익물권

1 지상권

1. 의의 및 법적 성질

> **제279조【지상권의 내용】** 지상권자는 타인의 토지에 건물 기타 공작물이나 수목을 소유하기 위하여 그 토지를 사용하는 권리가 있다.
>
> **제282조【지상권의 양도, 임대】** 지상권자는 타인에게 그 권리를 양도하거나 그 권리의 존속기간 내에서 그 토지를 임대할 수 있다.

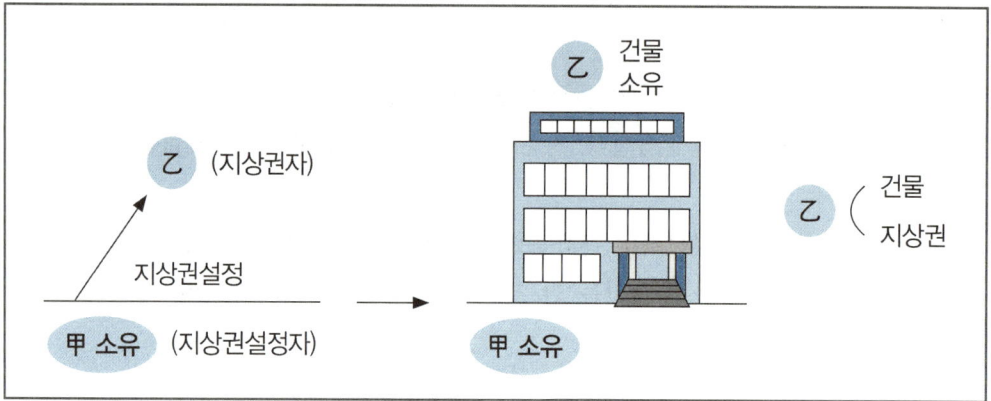

① 지상권은 건물 기타의 공작물이나 수목을 **소유**하기 위하여 타인의 토지를 **사용**할 수 있는 용익물권을 말한다.

② **지료의 지급은 지상권의 성립요소가 아니다.** 따라서 지상권설정계약에서 **지료에 관한 약정이 없다면 무상**의 지상권을 설정하기로 한 것으로 본다.

③ 지상권은 타인의 토지를 사용하는 것이 본질적 내용이므로, 지상권설정**계약 당시 지상물이 없더라도 지상권은 유효하게 성립할 수 있고, 기존의 지상물이 멸실되더라도** 존속기간이 만료되지 않는 한 **지상권은 소멸하지 않는다**(대판 95다49318).

④ 지상권은 독립된 물권이므로, 지상권자는 지상권을 유보한 채 **지상물 소유권만을 양도할 수도 있고,** 지상물 소유권을 유보한 채 **지상권만을 양도할 수도 있는 것이어서** 지상권자와 그 지상물의 소유자가 반드시 일치하여야 하는 것은 아니다(대판 2006다6126).

⑤ 지상권의 양도성은 절대적으로 보장되므로 **소유자의 의사에 반하여도** 자유롭게 **양도할 수 있다**(대판 90다15716).

⑥ 따라서 지상권자는 토지소유자의 **동의 없이** 지상권을 양도하거나 지상권에 저당권을 설정할 수 있고, 존속기간 내에서 그 토지를 임대**할 수 있다**.
⑦ **지상권양도금지특약은** 지상권자에게 불리한 것이므로 **효력이 없다**(편면적 강행규정).
⑧ 지상권은 1필의 **토지의 일부** 위에도 설정될 수 있다.
⑨ 토지를 점유할 수 있는 권리이므로 **지상권에 기한 물권적 청구권**뿐 아니라 **점유보호청구권**도 행사할 수 있으며, **상린관계**에 관한 규정이 준용된다.

2. 지상권의 지료

> **제287조【지상권소멸청구권】** 지상권자가 **2년 이상의 지료를 지급하지 아니한 때**에는 지상권설정자는 지상권의 소멸을 청구할 수 있다.
> **제286조【지료증감청구권】** 지료가 토지에 관한 조세 기타 부담의 증감이나 지가의 변동으로 인하여 상당하지 아니하게 된 때에는 당사자는 그 증감을 청구할 수 있다.

① 지료는 지상권의 성립요소가 아니므로 당사자가 약정한 때에만 지료지급의무가 발생하며, **등기해야** 제3자에게 **대항할 수 있다**.
② **지료가 등기되지 않은 경우**에는 지상권을 양수한 **제3자에게 대항할 수 없으므로**, 제3자에 대해서는 무상의 지상권으로서 지료증액청구권도 발생할 수 없다(대판 99다24874).
③ 지상권자가 **2년 이상의 지료**를 지급하지 않은 때에는 지상권설정자는 지상권의 **소멸을 청구할 수 있다**. 2년 이상의 지료란 연체액이 합산하여 2년분 이상이라는 의미이다. 이는 **편면적 강행규정**으로 지상권자에게 불리한 특약은 무효이다.
④ 지상권자의 **지료지급 연체가 토지소유권의 양도 전후에 이루어진 경우, 지료연체의 효과가 승계되는 것은 아니므로 토지 양수인에 대한 연체기간이 2년이 되지 않는다면**, 토지양수인은 지상권의 **소멸청구를 할 수 없다**(대판 99다17142).
⑤ 지료가 사정변경에 의하여 상당하지 아니하게 된 때에는 당사자는 그 증감을 청구할 수 있다. 증감청구에 대해 당사자가 불응하여 법원이 그 증감을 결정하게 되면, 지료액은 **증감청구한 때로 소급하여 효력이 생긴다**.

3. 채권의 담보를 위하여 토지에 저당권과 함께 지료 없는 지상권을 설정한 경우

① 토지에 대한 저당권과 함께 토지의 담보가치 하락을 막기 위해 토지 위에 지상권을 취득한 경우, 제3자가 그 토지 위에 건물을 신축하면 지상권자는 그 신축 중인 **건물의 철거를 청구할 수 있다**(대판 2005다47205).

② ①의 경우, 저당권의 담보가치를 확보하기 위해 지상권을 취득한 자는 토지에 대한 사용·수익권이 없으므로, 제3자에 대하여 **지상권 자체의 침해를 이유로 한 임료 상당의 손해배상을 청구할 수 없다**(대판2006다586).

③ **피담보채권이** 변제나 소멸시효에 의하여 **소멸하면 지상권도 소멸한다**(대판 2011다6342).

4. 지상권의 존속기간

> 제280조【존속기간을 약정한 지상권】 ① 계약으로 지상권의 존속기간을 정하는 경우에는 그 기간은 다음 연한보다 단축하지 못한다.
> 1. 석조, 석회조, 연와조 또는 이와 유사한 **견고한 건물이나 수목**의 소유를 목적으로 하는 때에는 **30년**
> 2. **전호 이외의 건물**의 소유를 목적으로 하는 때에는 **15년**
> 3. 건물 이외의 **공작물**의 소유를 목적으로 하는 때에는 **5년**
> ② 전항의 기간보다 단축한 기간을 정한 때에는 전항의 기간까지 연장한다.
>
> 제281조【존속기간을 약정하지 아니한 지상권】 ① 계약으로 지상권의 존속기간을 정하지 아니한 때에는 그 기간은 전조의 최단존속기간으로 한다.
> ② 지상권설정당시에 공작물의 종류와 구조를 정하지 아니한 때에는 지상권은 전조 제2호의 건물의 소유를 목적으로 한 것으로 본다.

① 지상권은 최장기간에 관한 제한은 없으므로, **영구무한의 지상권설정도 가능하다**(대판 99다66410).

② 지상권은 최단기간의 제한이 있으므로, 최단기간 미만으로 정한 기간은 무효이며 최단기간으로 강제된다.

③ **존속기간을 약정하지 않은 경우**에는 지상물의 종류와 구조에 따라 제280조의 **최단존속기간**을 그 지상권의 존속기간으로 한다.

④ 지상권설정 당시에 지상물의 종류와 구조를 정하지 않은 경우에는 15년이다.

⑤ 최단기간에 관한 규정은 지상권자가 그 소유의 건물 등을 건축하거나 수목을 식재하여 토지를 이용할 목적으로 지상권을 설정한 경우에만 적용이 있고, **기존의 건물을 사용할 목적으로 지상권을 설정한 경우에는 그 적용이 없다**(대판 95다49318).

5. 지상물매수청구권

> **제285조【수거의무, 매수청구권】** ① 지상권이 소멸한 때에는 지상권자는 건물 기타 공작물이나 수목을 수거하여 토지를 원상에 회복하여야 한다.
> ② 전항의 경우에 지상권설정자가 상당한 가액을 제공하여 그 공작물이나 수목의 매수를 청구한 때에는 지상권자는 정당한 이유 없이 이를 거절하지 못한다.
>
> **제283조【지상권자의 갱신청구권, 매수청구권】** ① 지상권이 소멸한 경우에 건물 기타 공작물이나 수목이 현존한 때에는 지상권자는 계약의 갱신을 청구할 수 있다.
> ② 지상권설정자가 계약의 갱신을 원하지 아니하는 때에는 지상권자는 상당한 가액으로 전항의 공작물이나 수목의 매수를 청구할 수 있다.

① 지상권이 소멸한 때에는 지상권자는 지상물을 수거하여 토지를 **원상에 회복**하여야 한다.

② **지상권설정자가** 상당한 가액을 제공하여 지상물의 **매수를 청구**한 때에는 **지상권자는** 정당한 이유 없이 이를 **거절하지 못한다**.

③ **지상권자는 기간만료시** 그 지상물이 **현존**하는 경우에 한하여 **갱신청구**를 할 수 있으며, 지상권설정자가 이를 **거절**한 경우에는 **지상물매수청구**를 할 수 있다.

④ 지상권자가 **2년 이상 지료를 연체하여** 지상권소멸청구를 당한 경우에는 비록 지상물이 현존하더라도 지상권자에게 **지상물매수청구는 허용되지 않는다**(대판 72다2085).

6. 구분지상권

> **제289조의2【구분지상권】** ① 지하 또는 지상의 공간은 상하의 범위를 정하여 건물 기타 공작물을 소유하기 위한 지상권의 목적으로 할 수 있다. 이 경우 설정행위로써 지상권의 행사를 위하여 토지의 사용을 제한할 수 있다.
> ② 제1항의 규정에 의한 구분지상권은 제3자가 토지를 사용·수익할 권리를 가진 때에도 그 권리자 및 그 권리를 목적으로 하는 권리를 가진 자 전원의 승낙이 있으면 이를 설정할 수 있다. 이 경우 토지를 사용·수익할 권리를 가진 제3자는 그 지상권의 행사를 방해하여서는 아니된다.

① 구분지상권은 타인 토지의 지상 또는 지하의 공간을 상하의 범위로 정하여 그 이용가치를 직접 지배하는 물권으로써 토지의 입체적 이용을 가능케 한다.

② 토지의 상하의 범위를 반드시 정하여 등기하여야 하며, **수목의 소유를 목적으로는 설정이 불가능하다**.

③ 기존의 다른 용익물권이 있어도 구분지상권은 설정이 가능하다. 그러나 대상토지에 다른 권리(지상권, 지역권, 전세권, 임차권)가 있는 경우에는 그 권리자 전원의 동의가 있어야 설정이 가능하다.

7. 분묘기지권

① 분묘기지권은 타인의 토지에 분묘를 설치한 자가 그 분묘를 소유하기 위하여 분묘의 기지부분을 사용할 수 있는 지상권 유사의 관습법상 물권으로 **등기부에 기재되는 권리가 아니다.**

② 토지소유자의 **승낙을 얻어** 분묘를 설치함으로써 **분묘기지권을 취득한 경우**, 설치할 당시 토지소유자와의 **합의에 의하여 정한** 지료지급의무의 존부나 범위의 효력은 그 **토지의 승계인에게도 미친다.**

③ 타인 소유의 토지에 소유자의 승낙 없이 분묘를 설치한 경우에는 20년간 평온, 공연하게 그 분묘의 기지를 점유함으로써 지상권에 유사한 관습법상의 물권인 분묘기지권을 시효로 취득한다(대판 96다14036).

④ 분묘기지권을 시효로 취득한다는 관습법은 **장사법의 시행일인 2001. 1. 13. 이전에 설치된 분묘**에 관하여 현재까지 유지되고 있다(대판 2013다17292).

⑤ 분묘기지권을 **시효로 취득**한 경우, 분묘기지권자는 토지소유자가 분묘기지에 관한 지료를 청구하면 그 **청구한 날부터 지료를 지급할 의무가 있다**(대판 2017다228007).

⑥ 자기 소유 토지에 분묘를 설치한 사람이 그 **토지를 양도하면서** 분묘를 이장하겠다는 특약을 하지 않음으로써 **분묘기지권을 취득한 경우**, 특별한 사정이 없는 한 분묘기지권자는 **분묘기지권이 성립한 때부터** 토지소유자에게 **지료를 지급할 의무가 있다**(대판 2017다271834).

⑦ 자기 소유의 토지 위에 분묘를 설치한 후 토지소유권이 경매 등으로 타인에게 이전되면서 분묘기지권을 취득한 자가 **판결에 따라 분묘기지권에 관한 지료의 액수가 정해졌음에도** 판결확정 후 상당한 기간 동안 지료의 지급을 지체하여 지체된 지료가 판결확정 전후에 걸쳐 **2년분 이상이 되는 경우**에는 새로운 토지소유자는 분묘기지권자에게 분묘기지권의 **소멸을 청구할 수 있다**(대판 2015다206850).

⑧ 분묘를 수호, 봉사하는 동안 존속하게 되며 등기는 불필요하나, 분묘자체가 공시적 기능을 하므로 평장, 암장된 경우에는 분묘기지권을 취득할 수 없다.

⑨ 분묘기지권은 분묘의 기지 자체뿐만 아니라 그 분묘의 설치목적인 분묘의 수호 및 제사에 필요한 범위 내에서 분묘의 기지 주위의 공지를 포함한 지역까지 미친다.

⑩ 분묘기지권에는 그 효력이 미치는 지역의 범위라 할지라도 기존의 분묘 이외에 새로운 분묘를 설치할 권능은 포함되지 아니하므로, 쌍분형태로 분묘를 설치한 것은 허용되지 않으며, **단분형태로도 인정되지 않는다**(대판 2001다28367).

⑪ 분묘기지권의 **존속기간에 관하여 당사자 사이에 약정이 없는 경우**에는 분묘기지권자가 분묘의 수호와 봉사를 계속하고 있는 동안에는 분묘기지권은 존속한다고 해석함이 타당하므로 민법 제281조에 따라 5년간이라고 보아야 할 것은 아니다.

⑫ 분묘기지권자가 분묘기지권을 포기하는 의사를 표시한 경우에는 **점유의 포기가 없더라도** 분묘기지권은 소멸한다.

예제

1. 乙은 甲과의 지상권설정계약으로 甲 소유의 X토지에 지상권을 취득한 후, 그 지상에 Y건물을 완성하여 소유권을 취득하였다. 다음 설명 중 옳은 것을 모두 고른 것은? 제34회

> ㄱ. 乙은 지상권을 유보한 채 Y건물 소유권만을 제3자에게 양도할 수 있다.
> ㄴ. 乙은 Y건물 소유권을 유보한 채 지상권만을 제3자에게 양도할 수 있다.
> ㄷ. 지료지급약정이 있음에도 乙이 3년분의 지료를 미지급한 경우, 甲은 지상권 소멸을 청구할 수 있다.

① ㄱ ② ㄷ ③ ㄱ, ㄴ
④ ㄴ, ㄷ ⑤ ㄱ, ㄴ, ㄷ

해설 ㄱ, ㄴ. 지상권은 독립된 물권이므로, 지상권자는 지상권을 유보한 채 지상물 소유권만을 양도할 수도 있고, 지상물 소유권을 유보한 채 지상권만을 양도할 수도 있다(대판 2006다6126).
ㄷ. 지상권자가 2년 이상의 지료를 지급하지 아니한 때에는 지상권설정자는 지상권의 소멸을 청구할 수 있다. ▶ 정답 ⑤

2. 지상권에 관한 설명으로 옳은 것을 모두 고른 것은? 제31회

> ㄱ. 지료의 지급은 지상권의 성립요소이다.
> ㄴ. 기간만료로 지상권이 소멸하면 지상권자는 갱신청구권을 행사할 수 있다.
> ㄷ. 지료체납 중 토지소유권이 양도된 경우, 양도 전·후를 통산하여 2년에 이르면 지상권 소멸청구를 할 수 있다.
> ㄹ. 채권담보를 위하여 토지에 저당권과 함께 무상의 담보지상권을 취득한 채권자는 특별한 사정이 없는 한 제3자가 토지를 불법점유하더라도 임료상당의 손해배상청구를 할 수 없다.

① ㄴ ② ㄱ, ㄷ ③ ㄴ, ㄹ
④ ㄷ, ㄹ ⑤ ㄱ, ㄷ, ㄹ

해설 ㄱ. 지료지급은 지상권의 성립요소가 아니다.
ㄷ. 지상권자의 지료지급 연체가 토지소유권의 양도 전후에 이루어진 경우, 지료연체의 효과가 승계되는 것은 아니므로 토지 양수인에 대한 연체기간이 2년이 되지 않는다면, 토지양수인은 지상권의 소멸청구를 할 수 없다(대판 99다17142). ▶ 정답 ③

2 법정지상권

1. 민법 제305조에 기한 법정지상권

> 제305조 【건물의 전세권과 법정지상권】 대지와 그 지상건물이 동일소유자에게 속한 경우에 건물에 전세권을 설정한 때에는 그 대지소유권의 특별승계인은 **전세권설정자**(건물소유자)에 대하여 **지상권을 설정한 것으로 본다.**

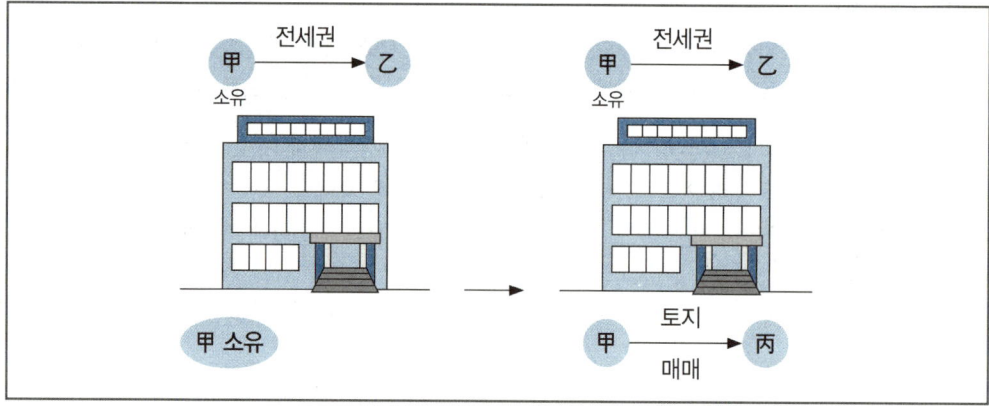

① **동일인 소유의 토지와 건물 중 건물에만 전세권이 설정된 후**에 토지소유자가 변경된 경우에는 새로운 토지소유자는 건물소유자에게 지상권을 설정한 것으로 본다.
② 법정지상권자는 **전세권설정자(건물소유자)**이지, 전세권자가 법정지상권을 취득하는 것이 아니다.

2. 민법 제366조에 기한 법정지상권(저당물의 경매)

> 제366조 【법정지상권】 저당물의 경매로 인하여 토지와 그 지상건물이 다른 소유자에 속한 경우에는 토지소유자는 **건물소유자**에 대하여 **지상권을 설정한 것으로 본다.**

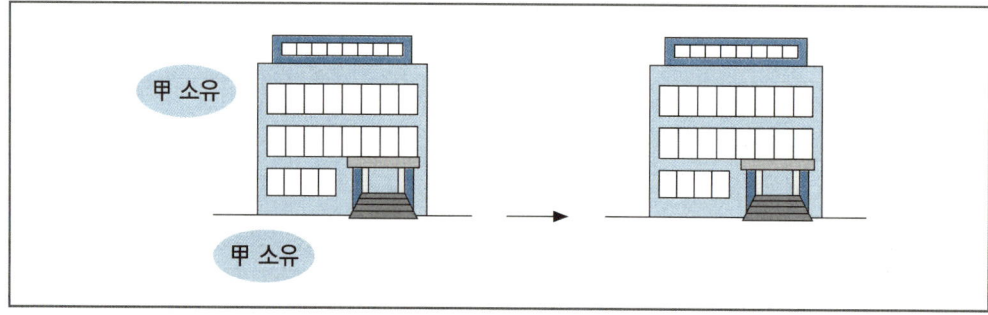

① 저당권설정 당시 토지와 건물이 동일인 소유에 속하였다가 **저당물의 경매**로 토지와 건물의 **소유자가 달라지게 된 경우**에는 토지소유자는 **건물소유자에게 지상권을 설정한 것으로 본다.**

② 저당권설정 당시 토지와 건물이 **동일인 소유에 속하고 있었던 경우**에 한하여 발생할 수 있으며, 이 때 저당권은 최선순위 저당권을 기준으로 한다.

③ 토지에 저당권을 설정할 당시 해당 토지에 일시사용을 위한 **가설건축물**이 존재하였던 경우에는 **법정지상권은 발생하지 않는다**(대판 2020다224821).

④ **나대지에 저당권이 설정된 이후에 신축된 건물에 대해서는 법정지상권은 발생할 여지가 없다.** 따라서 **토지에 저당권이 설정된 후**에 토지소유자가 저당권자의 동의를 얻어 건물을 **신축한 경우**라 하더라도 **법정지상권은 발생할 여지가 없다**(대판 2003다26051).

⑤ 동일인의 소유에 속하는 토지 및 그 지상건물에 관하여 **공동저당권이 설정된 후** 그 지상건물이 철거되고 **신축된 경우**에는 **특별한 사정이 없는 한** 저당물의 경매로 인하여 토지와 그 신축건물이 다른 소유자에 속하게 되더라도 그 신축건물을 위한 **법정지상권은 발생하지 않는다**(대판 98다43601).

⑥ 저당권설정 당시 토지와 건물이 **동일인 소유가 아닌 경우**에는 법정지상권은 발생할 수 없다. 따라서 甲소유의 토지에 설정된 저당권이 실행된 경우, **저당권설정 전부터 乙이 건물을 소유**하고 있었다면 乙은 **법정지상권을 취득하지 못한다.**

⑦ 토지에 저당권이 설정될 당시 그 지상의 건물이 **토지소유자에 의하여 건축 중**이었고, 건물의 규모, 종류가 외형상 예상할 수 있는 정도까지 건축이 진전되어 있는 경우에는 **법정지상권이 발생할 수 있다**(대판 2004다13533).

⑧ 토지에 저당권이 설정될 당시 동일인소유의 건물이 존재하기만 하면 족하고, 그 건물이 **무허가건물**이거나 **미등기건물**이라도 **법정지상권이 발생할 수 있다**(대판 2004다13533).

⑨ 저당권설정당시 동일인 소유이면 족하고 그 후 저당권 실행경매 전에 소유자 변동이 있더라도 **법정지상권은 발생한다.**

⑩ 甲 **소유의 토지** 위에 甲과 乙이 건물을 공유하면서 **토지에만 저당권을 설정**하였다가, 저당권의 실행으로 토지소유자가 달라지게 되면 **법정지상권이 발생한다.**

⑪ 동일인의 소유에 속하는 건물이 있는 토지에만 저당권을 설정한 후 그 건물을 철거하고 **신축**한 때에도 저당권의 실행으로 소유자가 달라지게 되면 **법정지상권이 발생한다**(대판 92다20330). 이 때 법정지상권의 범위와 내용은 **구건물을 기준**으로 한다.

⑫ 법정지상권에 관한 규정은 **강행규정**이므로, 법정지상권의 발생을 배제하는 당사자 간의 **특약은 효력이 없다.**

3. 관습법상의 법정지상권(법정사유 이외의 경우)

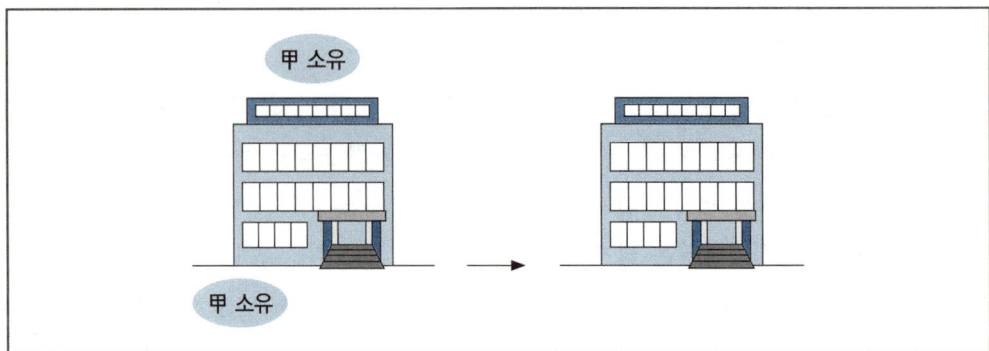

① **토지와 건물이 동일인 소유에게 속하였다가** 매매, 증여, 강제경매 등으로 인하여 토지와 건물의 **소유자가 다르게 된 경우**, 그 건물을 철거한다는 합의 등 **배제특약이 없는 한 건물소유자는 관습법상의 법정지상권을 취득한다.**

② 토지와 건물이 **처분당시 동일인 소유**에 속해야 한다.

③ 당사자 사이에 철거약정 등 **배제특약이 없어야 한다.**

④ **법정지상권**은 당사자 간의 **특약으로 배제할 수 없으나, 관습법상 법정지상권**은 당사자 간의 **특약으로 배제할 수 있다.**

⑤ 대지 상의 건물만을 매수하면서 대지에 관한 **임대차계약을 체결**하였다면 위 건물 매수로 인하여 취득하게 될 관습법상 법정지상권을 **포기하였다고 본다**(대판 92다 3984).

⑥ 토지와 건물의 소유자가 토지만을 타인에게 증여하면서 **건물을 철거하기로 약정한 경우**에는 관습법상 법정지상권을 **포기하였다고 본다.**

⑦ 토지와 건물의 소유자가 토지만을 타인에게 증여한 후 **구 건물을 철거하되** 그 지상에 자신의 이름으로 **건물을 다시 신축하기로 합의한 경우**, 관습법상 법정지상권을 **포기한 것으로 볼 수 없다**(대판 98다58467).

⑧ **강제경매의 경우**, 경매절차의 매수인이 소유권을 취득하는 **매각대금의 완납시가 아니라 압류의 효력이 발생하는 때를 기준으로** 토지와 그 지상 건물이 **동일인에 속하였는지를 판단하여야 한다**(대판 2010다52140).

⑨ 강제경매의 목적이 된 부동산에 대하여 **강제경매개시결정 이전에 가압류가 있고** 그것이 본압류로 이행되어 경매절차가 진행된 경우에는 **애초 가압류가 효력을 발생하는 때를 기준으로** 토지와 그 지상 건물이 동일인에 속하였는지를 판단하여야 한다.

⑩ 강제경매의 목적이 된 토지 또는 그 지상 건물에 관하여 **강제경매를 위한 압류나 가압류가 있기 이전에 저당권이 설정되어 있다가** 그 후 강제경매로 인해 그 저당권이 소멸하는 경우에는 **그 저당권설정당시를 기준으로** 토지와 그 지상 건물이 동일인에 속하였는지를 판단하여야 한다(대판 2009다62059).

4. **일괄매매**(법정지상권 ×, 관습법상 법정지상권 ×)

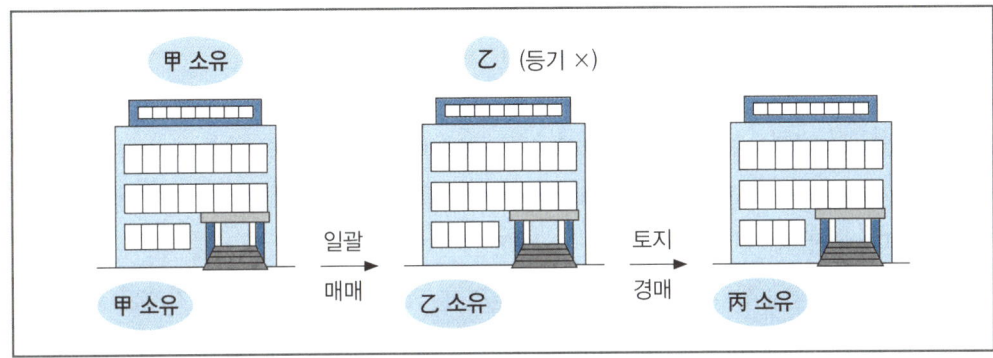

① 원소유자로부터 **대지와 건물이 한 사람에게 일괄하여 매도**되었으나 대지에 관하여만 그 소유권이전등기가 경료되고 건물의 소유명의가 매도인 명의로 남아있게 되어 형식적으로 대지와 건물이 그 소유명의자를 달리하게 된 경우, **관습법상 법정지상권을 인정할 필요가 없다**(대판 98다4798).

② **미등기 건물을 그 대지와 함께 양수**한 사람이 그 대지에 관하여서만 소유권이전등기를 넘겨받고 건물에 대하여는 그 등기를 이전받지 못하고 있는 상태에서 그 대지가 경매되어 소유자가 달라진 경우, 미등기 건물의 양수인은 소유권을 가지고 있지 아니함으로 대지와 건물이 동일인의 소유에 속한 것이라 볼 수 없으므로 **법정지상권이 발생할 수 없다**(대판 98다4798).

③ 乙이 甲으로부터 **甲소유의 토지와 건물을 매수하여** 토지에 대해서만 소유권이전등기를 받은 후 토지에 乙이 설정해 준 저당권이 실행되어 토지와 건물의 소유자가 다르게 된 경우, **법정지상권이 발생할 수 없다.**

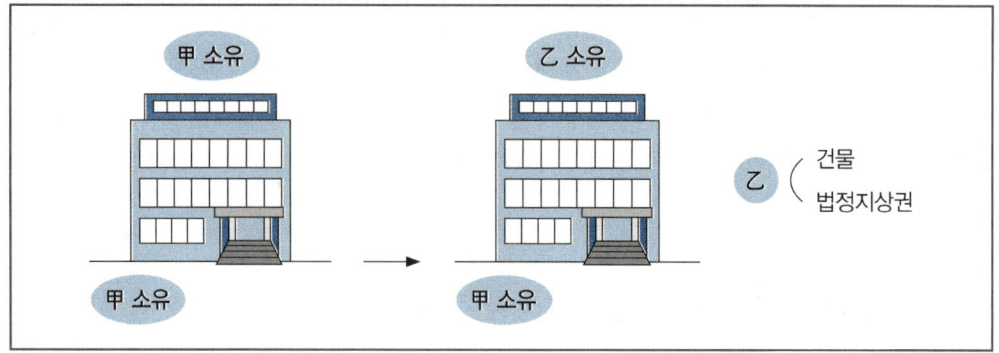

5. 법정지상권의 지료

① 지료에 관하여 당사자 사이에 협의가 없으면 당사자의 신청에 의하여 법원이 이를 정한다. 이렇게 **지료를 정한 바가 없다면** 지료연체를 이유로 한 **소멸청구를 할 수는 없다**(대판 93다10781).

② 법정지상권이 성립되고 **지료액수가 판결에 의하여 정해진 경우**, 지체된 지료가 **판결확정의 전후에 걸쳐 2년분 이상일 경우**에도 토지소유자는 지상권의 **소멸을 청구할 수 있다**(대판 92다44749).

6. 법정지상권의 취득 및 양도

① 법정지상권자는 **등기 없이** 당연히 **취득한다**. 다만, 제3자에게 처분하기 위해서는 지상권설정등기를 경료한 후에 지상권이전등기를 해야 한다.

② **법정지상권자는 건물과 법정지상권을 분리하여 어느 하나만 처분할 수 있다.**

7. 법정지상권이 발생한 토지가 처분된 경우

① **법정지상권자**는 그에 관한 **등기 없이도** 토지소유자나 그 토지소유권을 취득한 선의의 제3자에 대해서도 **지상권을 주장할 수 있다**.

② 법정지상권이 있다는 사실을 모르고 매수한 선의의 매수인은 매도인에게 담보책임을 물을 수 있다.

8. 법정지상권이 발생한 건물이 처분된 경우

① 법정지상권이 발생한 건물을 양수한 **건물양수인은** 지상권에 대한 **등기 없이** 토지소유자에게 **직접 법정지상권을 주장할 수 없다.**

② **건물양수인은** 토지소유자에게 **직접** 자신명의로 지상권설정등기를 **청구할 수는 없고,** 법정지상권자인 건물양도인을 **대위하여 청구할** 수 있을 뿐이다.

③ **지상권 등기가 없더라도** 토지소유자는 건물양수인에게 **건물철거를 청구할 수는 없다.**

④ 토지소유자는 건물양수인에 대하여 불법행위에 기한 손해배상을 청구할 수 없으나, **차임상당액의 부당이득반환을 청구할 수 있다.**

⑤ **법정지상권이 발생한 건물에 저당권이 설정된 경우,** 분리처분특약이 없는 한 건물에 설정된 저당권의 효력은 법정지상권에도 미치므로 **경락인은** 건물뿐 아니라 법정지상권도 **경락대금 완납시에 등기 없이도 취득한다.**

판례

1. **공유토지와 관습법상의 법정지상권**(전원동의)
   ① 토지공유자의 한 사람이 다른 공유자의 **지분의 과반수의 동의**를 얻어 건물을 건축한 후 토지와 건물의 소유자가 달라진 경우 관습법상 법정지상권을 인정할 수 **없다.**
   ② 토지공유자 중의 1인이 공유토지 위에 건물을 소유하고 있다가 **토지지분만을 전매한 경우**에는 건물소유자는 당해 토지에 건물의 소유를 위한 관습법상의 법정지상권을 취득할 수 **없다.**
   ③ 공유지 상에 공유자의 1인 또는 수인 소유의 건물이 있을 경우, **공유지의 분할**로 그 대지와 지상건물이 소유자를 달리하게 될 때에는 다른 특별한 사정이 없는 한 건물소유자는 그 건물부지 상에 그 건물을 위하여 관습법상의 법정지상권을 **취득한다.**

2. **법정지상권이 발생하지 않는 경우**
   ① **구분소유적 공유관계에 있는 자가 자신의 특정 소유가 아닌 토지부분에 건물을 신축한 경우,** 당초부터 건물과 토지의 소유자가 서로 다른 경우에 해당되어 그에 관하여는 관습법상 법정지상권이 성립될 여지가 없다.
   ② 원래 동일인에게의 소유권의 귀속이 **원인무효**로 이루어졌다가 그 원인이 무효임이 밝혀져 그 등기가 말소됨으로써 건물과 토지의 소유자가 달라지게 된 경우에는, 관습법상의 법정지상권이 성립되지 않는다(대판 98다64189).

③ **명의신탁된 토지 위에 수탁자가 건물을 지어 소유하고 있다가** 그 명의신탁이 해지된 경우 그 후 토지소유 명의가 신탁자 앞으로 회복될 당시에 수탁자가 신탁자에 대하여 지상건물의 소유를 위한 관습법상의 법정지상권을 취득하였다고 주장할 수는 없다.

④ 원래 채권을 담보하기 위하여 **나대지 상에** 가등기가 경료된 후 대지소유자가 그 지상에 건물을 신축하였는데, 가등기에 기한 본등기가 경료되어 대지와 건물의 소유자가 달라진 경우, 특별한 사정이 없는 한 건물을 위한 관습법상 법정지상권은 발생하지 않는다.

⑤ **환지로** 인하여 건물의 부지에 관하여 소유권을 상실한 건물소유자가 환지된 토지(건물부지)에 대하여 관습법상 법정지상권을 취득한다고 할 수 없다(대판 2001다4101).

예제

1. 법정지상권이 성립되는 경우를 모두 고른 것은? 　　　　　　　　　　제22회

> ㄱ. 저당권이 설정된 토지 위에 건물이 축조된 후, 토지의 경매로 인하여 토지와 그 건물이 다른 소유자에게 속하게 된 경우
> ㄴ. 토지에 저당권이 설정될 당시 지상에 건물이 존재하고 있었고 그 양자가 동일 소유자에게 속하였다가 그 후 저당권의 실행으로 토지가 매각되기 전에 건물이 제3자에게 양도된 경우
> ㄷ. 토지에 저당권이 설정될 당시 그 지상에 건물이 토지 소유자에 의하여 건축 중이었고, 건물의 규모, 종류가 외형상 예상할 수 있는 정도까지 건축이 진전된 후 저당권의 실행으로 토지가 매각된 경우
> ㄹ. 동일인 소유의 토지와 건물에 관하여 공동저당권이 설정된 후 그 건물이 철거되고 제3자 소유의 건물이 새로이 축조된 다음, 토지에 관한 저당권의 실행으로 토지와 건물의 소유자가 달라진 경우

① ㄱ, ㄴ　　　　　② ㄴ, ㄷ　　　　　③ ㄷ, ㄹ
④ ㄱ, ㄷ　　　　　⑤ ㄴ, ㄹ

해설 ㄱ. 나대지에 저당권이 설정된 이후에 신축된 건물에 대해서는 법정지상권은 발생할 여지가 없다. ㄹ. 동일인의 소유에 속하는 토지 및 그 지상건물에 관하여 공동저당권이 설정된 후 그 지상건물이 철거되고 신축된 경우에는 특별한 사정이 없는 한 저당물의 경매로 인하여 토지와 그 신축건물이 다른 소유자에 속하게 되더라도 그 신축건물을 위한 법정지상권은 발생하지 않는다(대판 98다43601).

▶ 정답 ②

2. 甲에게 법정지상권 또는 관습법상 법정지상권이 인정되는 경우를 모두 고른 것은? (다툼이 있으면 판례에 따름) 제33회

> ㄱ. 乙 소유의 토지 위에 乙의 승낙을 얻어 신축한 丙 소유의 건물을 甲이 매수한 경우
> ㄴ. 乙 소유의 토지 위에 甲과 乙이 건물을 공유하면서 토지에만 저당권을 설정하였다가, 그 실행을 위한 경매로 丙이 토지소유권을 취득한 경우
> ㄷ. 甲이 乙로부터 乙 소유의 미등기건물과 그 대지를 함께 매수하고 대지에 관해서만 소유권이전등기를 한 후, 건물에 대한 등기 전 설정된 저당권에 의해 대지가 경매되어 丙이 토지소유권을 취득한 경우

① ㄱ ② ㄴ ③ ㄱ, ㄷ
④ ㄴ, ㄷ ⑤ ㄱ, ㄴ, ㄷ

해설 ㄱ. 처분당시 토지와 건물이 동일인 소유가 아니므로, 관습법상 법정지상권이 발생할 수 없다.
ㄷ. 저당권설정당시 토지와 건물이 동일인 소유가 아니므로, 법정지상권이 발생할 수 없다.

▶ 정답 ②

3. 甲은 자신의 토지와 그 지상건물 중 건물만을 乙에게 매도하고 건물철거 등의 약정 없이 건물의 소유권이전등기를 해 주었다. 乙은 이 건물을 다시 丙에게 매도하고 소유권이전등기를 마쳐주었다. 다음 설명 중 틀린 것은? (다툼이 있으면 판례에 따름) 제28회

① 乙은 관습법상의 법정지상권을 등기 없이 취득한다.
② 甲은 丙에게 토지의 사용에 대한 부당이득반환청구를 할 수 있다.
③ 甲이 丁에게 토지를 양도한 경우, 乙은 丁에게는 관습법상의 법정지상권을 주장할 수 없다.
④ 甲의 丙에 대한 건물철거 및 토지인도청구는 신의성실의 원칙상 허용될 수 없다.
⑤ 만약 丙이 경매에 의하여 건물의 소유권을 취득한 경우라면, 특별한 사정이 없는 한 丙은 등기 없이도 관습법상의 법정지상권을 취득한다.

해설 ③ 법정지상권자는 그에 관한 등기 없이도 토지소유자나 그 토지소유권을 취득한 선의의 제3자에 대해서도 지상권을 주장할 수 있다.

▶ 정답 ③

3 지역권

1. 의 의

> 제291조 【지역권의 내용】 지역권자는 일정한 목적을 위하여 **타인의 토지를 자기토지의 편익에 이용하는 권리가 있다.**

① 지역권이란 타인의 토지를 자기의 **토지의 편익**에 이용하는 용익물권이다.
② 편익을 얻는 토지를 **요역지**라고 하며, 편익을 제공하는 토지를 **승역지**라고 한다.
③ 요역지에 거주하는 **사람의 편익**을 위하여는 지역권을 설정할 수 없다.

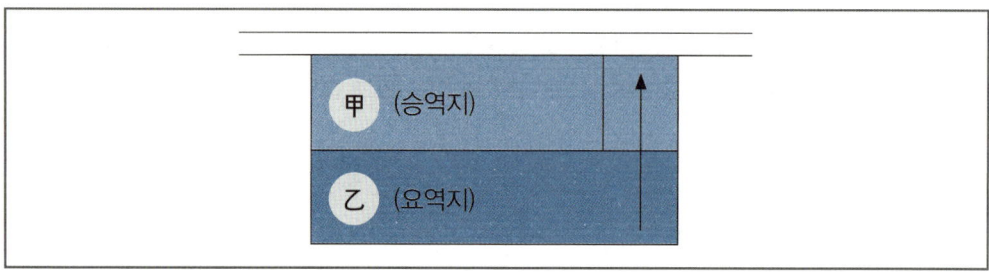

2. 지역권의 법적 성질

① 지역권은 **배타적으로 점유하는 권리가 아니다.**
② 지역권은 유상으로 하거나 무상으로 하거나 무방하다.
③ 지역권의 존속기간은 제한이 없으며 **영구무한의 지역권의 설정도 가능하다.**
④ 지역권자에게 방해제거청구권과 방해예방청구권은 인정되지만, **반환청구권은 인정되지 않는다.**
⑤ 지역권은 **계속되고 표현된 것에 한하여** 시효취득할 수 있다.
⑥ 통행지역권은 요역지소유자가 승역지 상에 **통로를 개설한 경우에 한하여** 시효취득할 수 있다.
⑦ **통행지역권을 주장하는 사람은 통행으로 편익을 얻는 요역지가 있음을 주장·증명하여야 한다.**
⑧ 종전의 승역지 사용이 무상으로 이루어졌다는 등의 다른 특별한 사정이 없다면 **통행지역권을 시효취득한 경우에도** 주위토지통행권의 경우와 마찬가지로 **요역지소유자는 승역지소유자가 입은 손해를 보상하여야 한다**(대판 2012다17479).
⑨ 요역지의 **불법점유자**는 통행지역권을 **시효취득할 수 없다.**

⑩ **요역지는 반드시 1필의 토지이어야 하므로**, **토지의 일부를 위하여 지역권을 설정할 수 없다**.
⑪ **승역지는** 반드시 1필일 필요가 없고 **토지의 일부라도 무방**하므로, 토지의 일부 위에 지역권을 설정할 수 있다.
⑫ 요역지와 승역지는 **반드시 인접**하고 있을 **필요는 없다**.

3. 지역권의 부종성, 수반성

> 제292조【부종성】① 지역권은 **요역지소유권에 부종하여 이전**하며 또는 요역지에 대한 소유권 이외의 권리의 목적이 된다. 그러나 다른 약정이 있는 때에는 그 약정에 의한다.
> ② **지역권은** 요역지와 **분리**하여 양도하거나 다른 권리의 목적으로 **하지 못한다**.

① **지역권은** 다른 약정이 없는 때에는 **요역지소유권의 이전에 따라 함께 이전된다**.
② **지역권은** 요역지와 **분리**하여 양도할 수 **없다**.
③ **지역권은** 요역지와 **분리**하여 저당권의 목적이 될 수 **없다**.
④ **요역지의 지상권자, 전세권자는** 특별한 사정이 없으면 **지역권을 행사할 수 있다**.
⑤ **요역지의 지상권자, 전세권자는** 인접한 토지에 통행지역권을 **시효취득할 수 있다**.

4. 불가분성

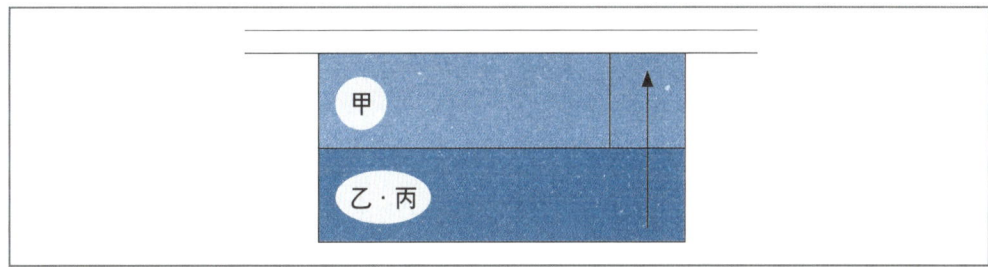

① 공유자의 **1인이** 지역권을 **취득**한 때에는 **다른 공유자도** 이를 **취득**한다.
② 토지공유자의 **1인은** 지분에 관하여 그 토지를 위한 지역권 또는 그 토지가 부담한 **지역권을 소멸시킬 수 없다**.
③ 요역지가 수인의 공유인 경우에 그 **1인에 의한** 지역권의 **소멸시효중단** 또는 정지는 **다른 공유자를 위하여 효력이 있다**.
④ 점유로 인한 지역권의 **취득시효 중단**은 지역권을 행사하는 **모든 공유자에 대한 사유가 아니면 그 효력이 없다**.

> 예제

1. 지역권에 관한 설명으로 틀린 것은? (다툼이 있으면 판례에 따름) 제31회

① 요역지의 소유권이 양도되면 지역권은 원칙적으로 이전되지 않는다.
② 공유자의 1인이 지역권을 취득한 때에는 다른 공유자도 이를 취득한다.
③ 점유로 인한 지역권취득기간의 중단은 지역권을 행사하는 모든 공유자에 대한 사유가 아니면 그 효력이 없다.
④ 어느 토지에 대하여 통행지역권을 주장하려면 그 토지의 통행으로 편익을 얻는 요역지가 있음을 주장·증명해야 한다.
⑤ 승역지에 관하여 통행지역권을 시효취득한 경우, 특별한 사정이 없는 한 요역지 소유자는 승역지 소유자에게 승역지의 사용으로 입은 손해를 보상해야 한다.

해설 ① 요역지의 소유권이 양도되면 지역권은 원칙적으로 함께 이전된다. ▶ 정답 ①

2. 지역권에 관한 설명으로 틀린 것은? 제32회

① 지역권은 요역지와 분리하여 따로 양도하거나 다른 권리의 목적으로 하지 못한다.
② 1필의 토지의 일부에는 지역권을 설정할 수 없다.
③ 요역지의 공유자 중 1인이 지역권을 취득한 경우, 요역지의 다른 공유자도 지역권을 취득한다.
④ 지역권에 기한 승역지 반환청구권은 인정되지 않는다.
⑤ 계속되고 표현된 지역권은 시효취득의 대상이 될 수 있다.

해설 ② 승역지는 반드시 1필의 토지일 필요가 없으므로, 1필의 토지의 일부에도 지역권을 설정할 수 있다. ▶ 정답 ②

4 전세권

1. 의의와 법적 성질

> **제303조【전세권의 내용】** ① 전세권자는 **전세금을 지급하고** 타인의 부동산을 점유하여 그 부동산의 용도에 좇아 사용·수익하며, 그 부동산 전부에 대하여 후순위권리자 기타 채권자보다 전세금의 우선변제를 받을 권리가 있다.
> ② **농경지**는 전세권의 목적으로 하지 못한다.

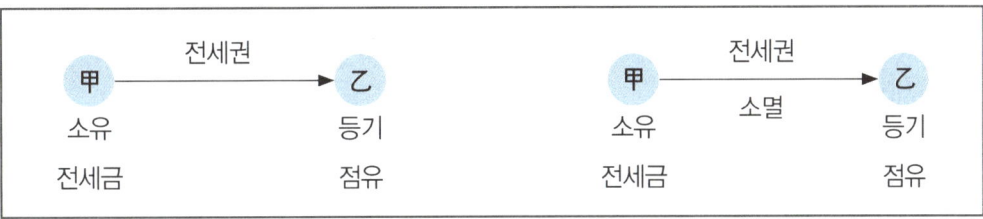

① **전세금을 지급하고** 타인의 부동산을 그 용도에 좇아 **사용·수익하는 용익물권**임과 동시에 **전세권 소멸시** 경매권과 우선변제권이 있는 **담보물권성**을 가진 권리이다.

② 전세권이 성립하기 위해서는 **전세금을 지급하고** 전세권설정등기를 하면 되고, **전세목적물의 인도는 전세권의 성립요건이 아니다.**

③ 전세권의 **존속기간이 만료되면** 전세권의 **용익물권적 권능은** 전세권말소등기 **없이도 당연히 소멸**하며, 전세금을 반환받을 때까지 담보물권으로서 효력이 있다.

④ 전세권은 용익물권이므로 1필 토지의 일부 및 1동 건물의 **일부** 위에도 설정할 수 **있다**.

⑤ 부동산을 점유할 수 있는 권리이므로 **전세권에 기한 물권적 청구권**뿐 아니라 **점유보호청구권**도 행사할 수 있으며, **상린관계**에 관한 규정이 준용된다.

⑥ 전세권도 담보물권으로서 저당권과 같은 담보물권의 공통적 성질을 갖는다.

판례

1. 전세권의 **존속기간이 시작되기 전에 마친 전세권설정등기도** 특별한 사정이 없는 한 **유효한 것으로 추정된다**(대결 2017마1093).

2. 당사자가 **주로 채권담보의 목적으로 전세권을 설정**한 경우라도 장차 **전세권자가 목적물을 사용·수익하는 것을 완전히 배제하는 것이 아니라면**, 그 **전세권설정등기는 유효이다**(대판 94다18508).

3. 당사자가 전세권의 핵심인 **사용·수익 권능을 배제하고 채권담보만을 위해 전세권을 설정하였다면**, 이러한 전세권설정등기는 **무효이다**(대판 2018다40235).

2. 전세금

① **전세권은 전세금지급이 성립요소이다.** 따라서 전세금을 지급하지 않는다는 특약은 무효이고 전세금지급이 없는 한 전세권은 성립할 수 없다.

② 단, 전세금을 현실적으로 수수하여야 하는 것은 아니고, **기존의 채권으로 전세금의 지급에 갈음할 수 있다.**

③ 전세권이 성립한 후 **목적물의 소유권이 이전되면** 전세권자와 구소유자 간의 전세권관계가 신소유자에게 이전된다. 따라서 **전세금반환의무는 신소유자에게 승계되므로 구소유자의 전세금반환의무는 소멸한다.**

3. 전세권의 처분

> 제306조 【전세권의 양도, 임대 등】 전세권자는 전세권을 타인에게 양도 또는 담보로 제공할 수 있고 그 존속기간 내에서 그 목적물을 타인에게 전전세 또는 임대할 수 있다. 그러나 설정행위로 이를 금지한 때에는 그러하지 아니하다.

① 전세권자는 전세권을 타인에게 **자유로이** 양도 또는 전세권에 저당권을 설정할 수 있고, 그 존속기간 내에서 그 목적물을 타인에게 전전세 또는 임대**할 수 있다.**

② 전세권의 처분은 당사자가 **설정행위로써 이를 금지할 수 있으며,** 양도금지특약은 등기하여야만 제3자에게 대항할 수 있다.

4. 전세권자의 비용상환청구권

> 제309조 【전세권자의 유지, 수선의무】 전세권자는 목적물의 현상을 유지하고 그 통상의 관리에 속한 수선을 하여야 한다.
> 제310조 【전세권자의 상환청구권】 ① 전세권자가 목적물을 개량하기 위하여 지출한 금액 기타 유익비에 관하여는 그 가액의 증가가 현존한 경우에 한하여 소유자의 선택에 좇아 그 지출액이나 증가액의 상환을 청구할 수 있다.
> ② 전항의 경우에 법원은 소유자의 청구에 의하여 상당한 상환기간을 허여할 수 있다.

① **전세권자에게 유지수선의무가 있으므로, 전세권자는 필요비를 청구할 수 없다.**

② 전세권자가 지출한 **유익비**는 그 가액의 증가가 **현존**한 경우에 한하여 **소유자의 선택**에 좇아 그 지출액이나 증가액의 상환을 청구할 수 있다.

5. 전세권의 존속기간

> 제312조【전세권의 존속기간】① 전세권의 존속기간은 10년을 넘지 못한다. 당사자의 약정기간이 10년을 넘는 때에는 이를 10년으로 단축한다.
> ② **건물에 대한 전세권**의 존속기간을 1년 미만으로 정한 때에는 이를 **1년으로** 한다.
> ③ 전세권의 설정은 이를 갱신할 수 있다. 그 기간은 갱신한 날로부터 10년을 넘지 못한다.
> ④ **건물의 전세권설정자가** 전세권의 존속기간 만료 전 6월부터 1월까지 사이에 전세권자에 대하여 갱신거절의 통지 또는 조건을 변경하지 아니하면 갱신하지 아니한다는 뜻의 **통지를 하지 아니한 경우**에는 그 기간이 만료된 때에 전전세권과 동일한 조건으로 다시 전세권을 설정한 것으로 본다. 이 경우 전세권의 **존속기간은 그 정함이 없는 것으로 본다.**
> 제313조【전세권의 소멸통고】 전세권의 존속기간을 약정하지 아니한 때에는 각 당사자는 언제든지 상대방에 대하여 전세권의 소멸을 통고할 수 있고 상대방이 이 통고를 받은 날로부터 6월이 경과하면 전세권은 소멸한다.

① 전세권의 존속기간은 **10년을** 넘지 못하며, 당사자의 약정기간이 **10년을 넘는 때에는 10년으로 단축된다**. 전세권을 갱신하는 경우에도 그 기간은 갱신한 날로부터 10년을 넘지 못한다.

② **건물에 대한 전세권**의 존속기간을 1년 미만으로 정한 때에는 이를 **1년으로 한다. 토지전세권에는 최단기간제한이 적용되지 않는다.**

③ **건물**전세권이 **법정갱신**된 경우에는 종전 전세권과 동일한 조건으로 다시 전세권을 설정한 것으로 본다. 이 경우 **전세권의 존속기간은 그 정함이 없는 것으로 본다. 토지전세권에는 법정갱신이 인정되지 않는다.**

④ 건물전세권이 **법정갱신**된 경우, 전세권자는 갱신의 **등기 없이도** 전세목적물을 취득한 제3자에 대하여 전세권을 **주장할 수 있다.**

⑤ 당사자가 **존속기간을 약정하지 않은 경우**에는 각 당사자는 **언제든지** 전세권의 **소멸을 통고할** 수 있고, 상대방이 통고를 받은 날로부터 **6개월이 지나면** 전세권은 **소멸한다.**

6. 전세권설정자의 소멸청구

① **전세권자가** 전세권설정계약 또는 그 목적물의 성질에 의하여 **정하여진 용법으로 사용 수익하지 아니한 경우, 전세권설정자는** 전세권의 **소멸을 청구할 수 있다**(제311조).

② ①의 경우, 전세권은 소멸청구에 의하여 즉시 소멸한다.

7. 건물전세권의 지상권, 임차권에 대한 효력

① **타인소유의 토지에 있는 건물에 전세권을 설정한 때에는 전세권의 효력은** 그 건물의 소유를 목적으로 한 **지상권 또는 임차권에 미친다**(제311조).

② ①의 경우, 전세권설정자는 전세권자의 동의 없이 지상권 또는 임차권을 소멸하게 하는 행위를 할 수 없다.

8. 부속물매수청구권

① 전세권이 소멸한 때에는 전세권자는 그 목적물을 **원상에 회복**하여야 한다.

② **전세권설정자가 부속물매수청구**를 한 때에는 **전세권자는** 정당한 이유 없이 **거절하지 못한다.**

③ **전세권자는** 전세권설정자의 **동의**를 얻어 부속시킨 것이거나 전세권설정자로부터 **매수**한 것인 때에 한하여 전세권설정자에 대하여 **부속물매수청구를 할 수 있다.**

9. 토지전세권자의 지상물매수청구권

토지임차인의 건물 기타 공작물의 매수청구권에 관한 민법 제643조의 규정은 성질상 **토지전세권**에도 유추적용될 수 있다(대판 2005다41740).

10. 전세권의 소멸과 동시이행

① 전세권이 소멸한 경우, 전세권설정자는 전세권자로부터 그 목적물의 인도 및 전세권 설정등기의 말소등기에 필요한 서류를 받는 **동시에** 전세금을 반환하여야 한다.

② 전세권설정자가 전세금의 반환을 지체한 때에는 전세권자는 목적물의 경매를 청구할 수 있고, 후순위자 기타 채권자보다 우선변제를 받을 수 있다.

③ 전세권자가 목적물을 인도하였더라도 전세권설정등기의 **말소에 필요한 서류를 제공하지 않으면** 전세권설정자는 전세금의 반환을 거부할 **동시이행항변권**이 있으므로, **전세권자는 경매를 신청할 수 없고, 전세금에 대한 이자 상당액을 청구할 수도 없다.**

11. 건물의 일부에 전세권을 설정한 경우

① 건물 일부의 전세권자는 건물 **전부**에 대하여 전세금의 **우선변제를 받을 권리가 있다.**

② 건물 일부의 전세권자는 전세권의 목적이 된 부분을 초과하여 건물 **전부의 경매를 청구할 수 없다**(대결 2001마212).

12. 전세권에 저당권이 설정된 경우

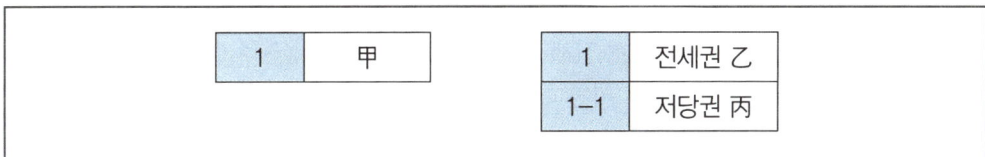

① 전세권에 저당권이 설정된 후 **전세권이 존속기간의 만료로** 소멸하면 저당권자는 더 이상 **전세권 자체에 대하여 저당권을 실행할 수 없다**(대판 98다31301).

② ①의 경우, 저당권자는 전세금반환채권을 **압류**하여 **물상대위할 수 있다.**

③ ①의 경우, 저당권자의 **압류가 없으면** 전세권설정자는 **전세권자에게 전세금을 지급하여야 한다.**

13. 전세금반환채권의 분리 양도

① **전세금반환채권은** 존속기간의 만료로 **전세권이 소멸하는 때에 발생한다**.

② 따라서 전세권이 존속하는 중에는 **전세권을 존속시키기로 하면서 전세금반환채권만을** 전세권과 분리하여 확정적으로 **양도하는 것은 허용되지 않는다**.

③ 전세권이 존속하는 중에는 **장래에 그 전세권이 소멸하는 경우에 전세금반환채권이 발생하는 것을 조건으로** 그 장래의 조건부채권을 **양도할 수 있다**(대판 2001다69122).

예제

1. 전세권에 관한 설명으로 틀린 것은? (다툼이 있으면 판례에 따름) 제32회

① 전세금의 지급은 전세권 성립의 요소이다.

② 당사자가 주로 채권담보의 목적을 갖는 전세권을 설정하였더라도 장차 전세권자의 목적물에 대한 사용수익권을 완전히 배제하는 것이 아니라면 그 효력은 인정된다.

③ 건물전세권이 법정갱신된 경우 전세권자는 전세권갱신에 관한 등기없이도 제3자에게 전세권을 주장할 수 있다.

④ 전세권의 존속기간 중 전세목적물의 소유권이 양도되면, 그 양수인이 전세권설정자의 지위를 승계한다.

⑤ 건물의 일부에 대한 전세에서 전세권설정자가 전세금의 반환을 지체하는 경우, 전세권자는 전세권에 기하여 건물 전부에 대해서 경매청구할 수 있다.

해설 ⑤ 건물 일부의 전세권자는 전세권의 목적이 된 부분을 초과하여 건물 전부의 경매를 청구할 수 없다(대결 2001마212). ▶ **정답** ⑤

2. 전세권에 관한 설명으로 옳은 것은? (다툼이 있으면 판례에 따름) 제34회
① 전세권설정자의 목적물 인도는 전세권의 성립요건이다.
② 타인의 토지에 있는 건물에 전세권을 설정한 경우, 전세권의 효력은 그 건물의 소유를 목적으로 한 지상권에 미친다.
③ 전세권의 사용·수익 권능을 배제하고 채권담보만을 위해 전세권을 설정하는 것은 허용된다.
④ 전세권설정자는 특별한 사정이 없는 한 목적물의 현상을 유지하고 그 통상의 관리에 속한 수선을 해야 한다.
⑤ 건물전세권이 법정갱신된 경우, 전세권자는 이를 등기해야 제3자에게 대항할 수 있다.

해설 ① 목적물 인도는 전세권의 성립요건이 아니다.
③ 전세권의 사용·수익 권능을 배제하고 채권담보만을 위해 전세권을 설정하는 것은 허용되지 않는다.
④ 전세권자가 목적물의 현상을 유지하고 그 통상의 관리에 속한 수선을 해야 한다.
⑤ 건물전세권이 법정갱신된 경우, 전세권자는 등기 없이도 제3자에게 대항할 수 있다. ▶▶ 정답 ②

3. 甲은 자신의 X건물에 관하여 乙과 전세금 1억원으로 하는 전세권설정계약을 체결하고 乙 명의로 전세권설정등기를 마쳐주었다. 이에 관한 설명으로 틀린 것은? (다툼이 있으면 판례에 따름) 제31회
① 전세권존속기간을 15년으로 정하더라도 그 기간은 10년으로 단축된다.
② 乙이 甲에게 전세금으로 지급하기로 한 1억원은 현실적으로 수수될 필요 없이 乙의 甲에 대한 기존의 채권으로 전세금에 갈음할 수도 있다.
③ 甲이 X건물의 소유를 위해 그 대지에 지상권을 취득하였다면, 乙의 전세권의 효력은 그 지상권에 미친다.
④ 乙의 전세권이 법정갱신된 경우, 乙은 전세권갱신에 관한 등기 없이도 甲에 대하여 갱신된 전세권을 주장할 수 있다.
⑤ 합의한 전세권 존속기간이 시작되기 전에 乙 앞으로 전세권설정등기가 마쳐진 경우, 그 등기는 특별한 사정이 없는 한 무효로 추정된다.

해설 ⑤ 전세권이 용익물권적인 성격과 담보물권적인 성격을 모두 갖추고 있는 점에 비추어 전세권 존속기간이 시작되기 전에 마친 전세권설정등기도 특별한 사정이 없는 한 유효한 것으로 추정된다(대결 2017마1093). ▶▶ 정답 ⑤

제4절 담보물권

1 담보물권의 통유성

1. 부종성

① 부종성이란 피담보채권의 존재를 전제로 해서만 담보물권이 존재할 수 있다는 성질을 말한다. 따라서 채권이 소멸하면 담보물권도 당연히 소멸한다.

② **피담보채권이 소멸하면** 저당권은 **말소등기 없이도** 소멸한다.

③ **피담보채권의 소멸 후** 저당권의 말소등기가 경료되기 전에 그 저당권부 채권의 압류 및 전부명령을 받아 저당권이전등기를 경료한 자는 그 **저당권을 취득할 수 없다**.

2. 수반성

① 수반성이란 피담보채권이 이전하면 담보물권도 따라서 이전하는 성질을 말한다. 다만, 채권이 이전한다고 하여 저당권이 당연히 이전하는 것은 아니며, **저당권이전등기**를 하여야 저당권은 이전한다.

② **저당권은** 피담보채권과 **분리**하여 **양도할 수 없다**. 따라서 **저당권만의 양도합의는 무효이다**.

③ 저당권의 양도도 물권변동의 일반원칙에 따라 저당권을 이전할 것을 목적으로 하는 물권적 합의와 등기가 있어야 하나, 이때의 물권적 **합의는 저당권의 양도·양수받는 당사자 사이에 있으면 족하고** 그 외에 그 채무자나 물상보증인 사이에까지 있어야 하는 것은 아니다(대판 2002다15412).

3. 불가분성

① 불가분성이란 피담보채권 전부에 대한 변제가 있을 때까지 담보물권은 그 목적물 전부에 대하여 효력을 미친다는 성질을 말한다.

② **유치권의 불가분성**은 그 목적물이 분할 가능하거나 수개의 물건인 경우에도 **적용된다**. 따라서 유치물이 분할 가능한 경우, 채무자가 피담보채무의 **일부를 변제**하더라도 그 범위에서 **유치권이 일부 소멸하는 것은 아니다**(대판 2005다16942).

4. 물상대위성

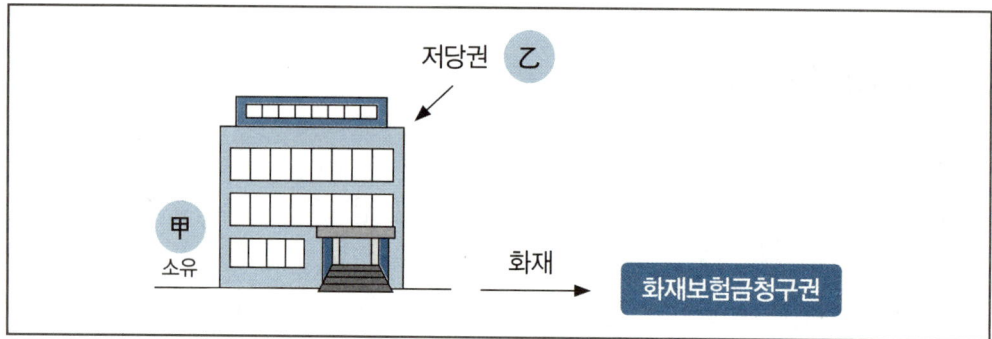

① 목적물의 멸실·훼손·공용징수 등으로 인하여 저당권설정자가 그 목적물에 갈음하는 금전 기타 물건을 취득하게 될 때 그 금전 기타 물건에 대하여 담보물권을 행사할 수 있는 성질을 말한다.

② 물상대위는 담보물권자의 **우선변제권을 보호**하기 위한 제도이므로, 모든 담보물권(전세권, 저당권, 가등기담보권, 양도담보권)에 인정되는 것이 원칙이다.

③ **유치권은** 우선변제권이 없으므로 **물상대위성이 인정되지 않는다.** 따라서 유치권자의 과실 없이 **유치물이 소실**된 경우에는 유치권은 소유자의 **화재보험금청구권 위에 미치지 않는다.**

④ **물상대위의 객체는 저당물의 멸실·훼손·공용징수 등으로 인하여 발생하는** 가치적 변형물에 한정된다(**보험금청구권, 손해배상청구권, 수용보상금청구권**).

⑤ 저당물이 매매되거나 임대차가 되더라도 저당권은 소멸하지 않고 여전히 저당물에 저당권을 행사할 수 있으므로, 저당물의 **매매대금이나 차임은 물상대위의 객체가 될 수 없다.**

⑥ 따라서 저당권이 설정된 토지가 공익사업을 위한 토지 등의 취득 및 보상에 관한 법률에 따라 **협의취득**된 경우에는 저당권자는 그 **보상금**에 대하여 **물상대위권을 행사할 수 없다**(대판 80다2109).

⑦ 물상대위권을 행사하기 위해서는 저당목적물의 변형물인 금전 기타 물건을 **저당권설정자가 수령하기 전에 반드시 압류를 하여야 한다.**

⑧ 따라서 **저당권설정자에게** 저당목적물의 변형물인 금전 기타 물건이 **인도된 후에** 저당권자가 그 것을 **압류한 경우에는 물상대위권을 행사할 수 없다**(대판 2013다216273).

⑨ 물상대위권을 행사하기 위하여 압류하여야 한다고 한 것은 저당목적물의 변형물인 금전 기타 물건의 **특정성을 유지하여** 제3자에게 불측의 손해를 입히지 않으려는 데 있는 것이므로, **저당권자가 반드시 스스로 압류해야 하는 것은 아니다.**

⑩ 따라서 저당목적물의 변형물인 금전 기타 물건에 대하여 **이미 제3자가 압류**하여 그 금전 기타 물건이 특정된 이상 **저당권자는 스스로 이를 압류하지 않고서도 물상대위권을 행사할 수 있다**(대판 98다12812).

예제

1. 담보물권이 가지는 특성(통유성) 중에서 유치권에 인정되는 것을 모두 고른 것은? 제31회

| ㄱ. 부종성 | ㄴ. 수반성 |
| ㄷ. 불가분성 | ㄹ. 물상대위성 |

① ㄱ, ㄴ   ② ㄱ, ㄹ   ③ ㄷ, ㄹ
④ ㄱ, ㄴ, ㄷ   ⑤ ㄴ, ㄷ, ㄹ

해설 ㄹ. 유치권은 우선변제권이 없으므로 물상대위성이 인정되지 않는다.   ▶ 정답 ④

2. 저당권의 물상대위에 관한 설명으로 옳은 것은? 제27회

① 대위할 물건이 제3자에 의하여 압류된 경우에는 물상대위성이 없다.
② 전세권을 저당권의 목적으로 한 경우 저당권자에게 물상대위권이 인정되지 않는다.
③ 저당권설정자에게 대위할 물건이 인도된 후에 저당권자가 그 물건을 압류한 경우 물상대위권을 행사할 수 있다.
④ 저당권자는 저당목적물의 소실로 인하여 저당권설정자가 취득한 화재보험금청구권에 대하여 물상대위권을 행사할 수 있다.
⑤ 저당권이 설정된 토지가 공익사업을 위한 토지 등의 취득 및 보상에 관한 법률에 따라 협의취득된 경우, 저당권자는 그 보상금에 대하여 물상대위권을 행사할 수 있다.

해설 ① 저당목적물의 변형물인 금전 기타 물건에 대하여 이미 제3자가 압류하여 그 금전 기타 물건이 특정된 이상 저당권자는 스스로 이를 압류하지 않고서도 물상대위권을 행사할 수 있다(대판 98다12812).
② 전세권을 저당권의 목적으로 한 경우, 전세권이 기간만료로 소멸하면 저당권자는 전세금반환채권을 압류하여 물상대위할 수 있다.
③ 저당권설정자에게 대위할 물건이 인도된 후에 저당권자가 그 물건을 압류한 경우에는 물상대위권을 행사할 수 없다.
⑤ 협의취득으로 인한 보상금에 대하여 저당권자는 물상대위권을 행사할 수 없다.   ▶ 정답 ④

2 유치권

1. 의의 및 법적 성질

> **제320조 【유치권의 내용】** ① 타인의 물건 또는 유가증권을 점유한 자는 그 물건이나 유가증권에 관하여 생긴 채권이 변제기에 있는 경우에는 변제를 받을 때까지 그 물건 또는 유가증권을 유치할 권리가 있다.
> ② 전항의 규정은 그 점유가 불법행위로 인한 경우에 적용하지 아니한다.

① 유치권이란 타인의 **물건에 관하여 채권이 발생한 경우**에 그 채권을 **변제받을 때까지** 그 물건을 **유치**할 수 있는 권리를 말한다.

② **점유**가 유치권의 성립요건이자 존속요건이다. 따라서 점유상실로 인하여 유치권은 소멸한다.

③ 채권이 변제기에 도래하고 있지 않는 동안은 유치권은 성립하지 않는다. 유치권 이외의 다른 담보물권에서 피담보채권의 **변제기 도래는** 담보권의 실행을 위한 요건에 불과하지만 **유치권에 있어서는 성립요건이다.**

④ 유치권은 **법정담보물권**이므로, 당사자 간의 **약정으로 발생할 수는 없다.**

⑤ 유치권은 **법정담보물권**이지만 **임의규정**이므로 당사자 간의 **약정으로 배제할 수 있다.** 따라서 **유치권배제특약은 유효**이므로, 유치권배제특약이 있는 경우 다른 법정요건이 모두 충족되더라도 유치권은 발생하지 않는데, **특약에 따른 효력은 특약의 상대방뿐 아니라 그 밖의 사람도 주장할 수 있다**(대판 2016다23403).

⑥ 유치권배제특약에도 **조건을 붙일 수 있다**(대판 2016다23403).

⑦ 유치권에는 **우선변제권, 물상대위성은 없다.**

⑧ 유치권에는 부종성, 수반성, 불가분성, **경매청구권**은 있다.

2. 채권과 목적물의 견련관계

① 목적물에 지출한 **비용상환청구권**(필요비·유익비), **공사대금채권**, 목적물에 대한 **수리비채권, 목적물 자체로부터 발생한 손해배상청구권**은 채권과 목적물 사이에 견련관계가 인정되어 **유치권이 발생할 수 있다.**

② 채권과 목적물 사이에 견련관계가 인정되면, **그 채무불이행으로 인한 손해배상채권과** 그 목적물 사이의 **견련관계도 인정된다.** 따라서 **필요비상환채무의 불이행으로 인한 손해배상청구권**을 담보하기 위하여 **유치권을 행사할 수 있다.**

③ **보증금**반환청구권, **권리금**반환청구권, 부속물(지상물)매수청구권 행사시 **매매대금채권, 건축자재대금채권, 외상대금채권, 임대인의 채무불이행으로 발생한 손해배상청구권**은 채권과 목적물 사이에 견련관계가 인정되지 않으므로 **유치권이 발생할 수 없다.**

판례

1. **유치권이 인정되지 않는 경우**
   ① **임차보증금반환청구권**이나 **임대인이 건물시설을 하지 않아** 임차인이 건물을 임대차목적대로 사용하지 못하였음을 이유로 하는 **손해배상청구권은** 모두 그 **건물에 관하여 생긴 채권이라 할 수 없다**(대판 75다1305).
   ② **권리금반환청구권은** 건물에 관하여 생긴 채권이라 할 수 없으므로 건물에 대한 **유치권을 행사할 수 없다**(대판 93다62119).
   ③ **건축자재대금채권은** 건물 자체에 관하여 생긴 채권이라고 할 수 없으므로, 건축자재를 매도한 자는 그 자재로 건축된 건물에 대해 자신의 **대금채권**을 담보하기 위하여 **유치권을 행사할 수 없다**(대판2011다96208).
   ④ 계약명의신탁에 있어 명의신탁자가 명의수탁자에 대하여 가지는 **매매대금 상당의 부당이득반환청구권**은 부동산자체로부터 발생한 채권이 아니므로, 이에 기하여 **유치권을 행사할 수 없다**(대판 2008다34828).
   ⑤ 건물의 신축공사를 도급받은 수급인이 사회통념상 **독립한 건물이라고 볼 수 없는 정착물을 토지에 설치한 상태에서 공사가 중단된 경우**에 위 정착물은 토지의 부합물에 불과하여 이러한 **정착물에 대하여 유치권을 행사할 수 없는 것이고**, 또한 공사중단시까지 발생한 공사대금채권은 토지에 관하여 생긴 것이 아니므로 위 공사대금채권에 기하여 **토지에 대하여 유치권을 행사할 수도 없다**(대결 2007마98).

2. **부동산의 일부에 대한 유치권**
   ① 다세대주택의 창호 등의 공사를 완성한 수급인이 공사대금채권의 변제를 받기 위하여 다세대주택 중 **한 세대를 점유한 경우에도 유치권이 성립할 수 있다.**
   ② 이 경우, 다세대주택 전체에 대하여 시행한 **공사대금채권 전부**가 피담보채권으로 **유치권에 의하여 담보된다**(대판 2005다16942).

3. **도급계약과 유치권**
   ① **도급인 소유에 속하는** 주택건물의 신축공사를 한 수급인은 공사대금채권을 변제받을 때까지 건물을 유치할 권리가 있다.
   ② **수급인의 재료와 노력으로 건축된 건물은 수급인 소유**라 할 것이므로 수급인은 공사대금을 지급받을 때까지 이에 대하여 **유치권을 행사할 수 없다.**

3. 채권과 목적물의 점유 간의 견련성은 불요

① 채권이 목적물의 점유 중에 생긴 것일 필요가 없다.

② 따라서 목적물에 관련되어 **채권이 발생한 후에 점유를 취득한 경우**에도 유치권이 성립한다(대판 64다1977).

4. 채권의 변제기 도래

① 변제기 도래가 유치권의 성립요건이므로, 채권이 변제기에 도래하고 있지 않는 동안은 유치권은 성립하지 않는다.

② **유익비**에 대하여 채무자가 법원으로부터 **상환기간 유예결정**을 받으면 변제기가 도래하지 않으므로, **유치권을 행사할 수 없다**.

5. 유치권자의 점유

① 유치권에서 점유는 **적법한 점유**이어야 한다. 따라서 **불법점유자**는 비용상환은 청구할 수 있으나, **유치권은 행사할 수 없다**.

② 점유자는 적법한 권리자로 추정되므로, 유치권자가 스스로 적법한 점유임을 증명할 필요가 없고, **유치권의 성립을 부정하는 자가 불법점유임을 증명하여야 한다**.

③ 유치권자의 점유는 **제3자에게 보관을 맡기는 형태인 간접점유**도 무방하다.

④ 그러나 채권자가 **채무자를 직접점유자로 하여 간접점유하는 경우에는 유치권은 성립할 수 없다**(대판 2007다27236).

6. 유치권의 새로운 소유자에 대한 주장

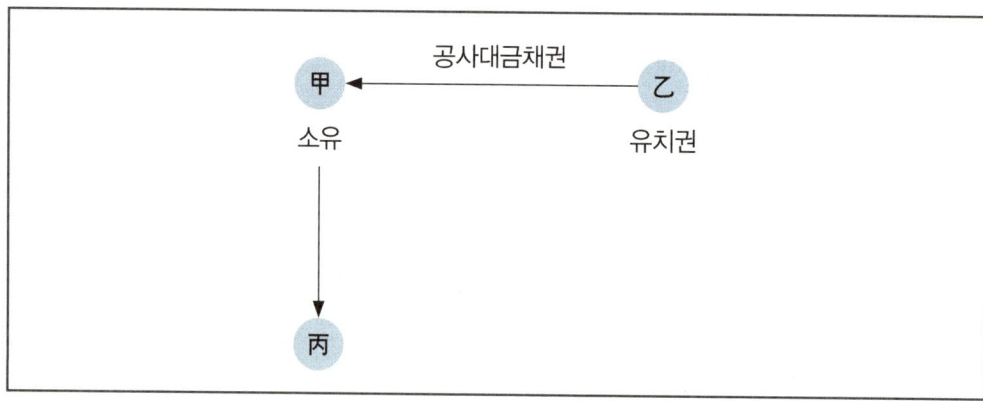

① 유치권은 채무자뿐만 아니라 **새로운 소유자에 대해서도 주장을 할 수 있다.**
② 민사집행법은 "**매수인**은 유치권자에게 그 유치권으로 담보하는 채권을 **변제할 책임이 있다.**"라고 규정하고 있는데, 이는 유치권자는 **매수인(경락인)에게도 유치권을 행사할 수 있다는 의미이지** 매수인(경락인)에게 적극적으로 **변제를 청구할 수 있다는 것을 의미하는 것이 아니다.**
③ **경매개시결정등기가 경료된 이후에** 채무자가 공사대금 채권자에게 **그 점유를 이전함으로써 유치권을 취득하게 한 경우**, 점유자는 **경락인에게 유치권을 행사할 수 없다.**
④ 수급인이 경매개시결정등기 전에 채무자로부터 건물의 점유를 이전받았으나 **경매개시결정등기 후에 공사대금채권을 취득한 경우**, 수급인은 **경락인에게 유치권을 주장할 수 없다**(대판 2021다253710).
⑤ **경매개시결정등기 전에** 이미 그 부동산에 관하여 **유치권을 취득한 사람은** 그 취득에 앞서 저당권설정등기나 가압류등기 또는 체납처분압류등기가 먼저 되어 있다 하더라도 **경매절차의 매수인에게 자기의 유치권으로 대항할 수 있다**(대판 2009다60336).

7. 유치권자의 권리

① 유치권자는 채권 전액을 변제받을 때까지 목적물을 유치할 수 있다.
② **유치권자는 우선변제권은 없지만, 경매청구권은 있다.** 따라서 유치권자는 채권의 **변제**를 받기 위하여 유치물을 **경매할 수 있다.**
③ 유치권자에게는 우선변제권이 인정되지 않으므로 유치권자의 경매신청은 우선변제를 받기 위한 경매가 아니라 환가를 위한 경매이다.
④ 정당한 이유가 있는 경우 감정인의 평가에 의하여 유치물로 직접 변제에 충당할 것을 법원에 청구할 수 있다. 이때 미리 채무자에게 통지하여야 한다(**간이변제충당권**).
⑤ **유치권자에게는** 원칙적으로 **수익목적의 과실수취권은 인정되지 않는다.**
⑥ **유치권자는** 유치물의 **과실을 수취하여** 다른 채권보다 우선하여 그 **채권의 변제에 충당할 수 있다.** 이 때 과실은 먼저 채권의 이자에 충당하고 그 잉여가 있으면 원본에 충당한다.
⑦ 유치권자가 유치물에 대하여 **필요비 및 유익비**를 지출한 때에는 소유자에게 비용의 상환을 **청구할 수 있으며,** 그 비용에 대하여도 유치권을 행사할 수 있다.
⑧ 물건의 인도청구소송에서 피고의 **유치권항변**이 인용되는 경우, 법원은 그 물건에 관하여 생긴 채권의 변제와 **상환으로** 물건을 인도할 것을 명하여야 한다.

8. 유치권자의 의무

① 유치권자는 자기 물건과 동일한 주의의무가 아니라 **선관주의의무**를 부담한다.

② 유치권자는 **채무자의 승낙 없이** 유치물의 사용, 대여 또는 담보제공을 **하지 못한다**.

③ 따라서 유치권자가 **소유자의 승낙 없이** 제3자에게 유치물을 **임대**한 경우, 임차인은 소유자에게 임대차의 효력을 주장할 수 없다.

④ 유치권자가 **선관주의의무를 위반**한 경우, 채무자는 유치권의 **소멸을 청구할 수 있다**.

⑤ 여러 필지의 토지에 유치권을 행사하는 자가 그 토지 중 **일부에 대해 선관주의의무를 위반한 경우**, 모든 토지에 대한 소멸청구가 가능한 것이 아니라 **위반행위가 있었던 토지에 대하여만 소멸청구가 가능하다**(대판 2018다301350).

⑥ 유치권자는 유치물의 **보존에 필요한 사용**은 채무자의 **승낙 없이도 할 수 있다**.

⑦ 따라서 **유치권자가** 유치물인 **주택에 거주하며 이를 사용**하는 경우, 특별한 사정이 없는 한 채무자는 유치권의 소멸을 청구할 수 없다.

⑧ ⑦의 경우, 불법행위로 인한 손해배상책임은 발생할 수 없으나, 사용으로 인하여 취득한 이익은 **부당이득으로 반환할 의무가 있다**.

9. 유치권의 소멸

> **제326조【피담보채권의 소멸시효】** 유치권의 행사는 채권의 소멸시효의 진행에 영향을 미치지 아니한다.
>
> **제327조【타담보제공과 유치권 소멸】** 채무자는 상당한 담보를 제공하고 유치권의 소멸을 청구할 수 있다.
>
> **제328조【점유상실과 유치권 소멸】** 유치권은 점유의 상실로 인하여 소멸한다.

① 유치권자가 유치권이 성립한 후에 이를 **포기하는 의사표시를 한 경우에는 점유를 반환하기 전에도** 유치권은 **소멸한다**(대판 2014다52087).

② 유치권의 행사는 **피담보채권의 소멸시효**에 영향을 미치지 않는다. 따라서 유치권을 행사하고 있더라도 **채권의 소멸시효는 진행한다**.

③ 채무자는 **상당한 담보를 제공하고** 유치권의 소멸을 청구할 수 있다. **유치물 가액이 피담보채권액보다 적을 경우에는 유치물 가액에 해당**하는 담보를 제공하면 된다.

④ 유치권자가 제3자에 의해 **점유를 침탈당한 경우**에는 유치권은 소멸하므로, **유치권에 기한 반환청구권은 인정되지 않고, 점유권에 기한 반환청구권을 행사할 수 있으며**, 이로 인해 **점유를 회수하게 되면 유치권을 회복하게 된다**.

예제

1. 임차인이 임차물에 관한 유치권을 행사하기 위하여 주장할 수 있는 피담보채권을 모두 고른 것은? 제27회

ㄱ. 보증금반환청구권
ㄴ. 권리금반환청구권
ㄷ. 필요비상환채무의 불이행으로 인한 손해배상청구권
ㄹ. 원상회복약정이 있는 경우 유익비상환청구권

① ㄱ ② ㄷ ③ ㄱ, ㄷ
④ ㄴ, ㄹ ⑤ ㄱ, ㄴ, ㄹ

해설 ㄱ, ㄴ. 보증금반환청구권과 권리금반환청구권은 유치권이 발생할 수 없다.
ㄹ. 원상회복약정이 있는 경우에는 유익비상환청구권이 발생하지 않으므로 유치권이 발생할 수 없다.
▶ 정답 ②

2. 유치권에 관한 설명으로 틀린 것은? (다툼이 있으면 판례에 따름) 제31회

① 유치권이 인정되기 위한 유치권자의 점유는 직접점유이든 간접점유이든 관계없다.
② 유치권자와 유치물의 소유자 사이에 유치권을 포기하기로 특약한 경우, 제3자는 특약의 효력을 주장할 수 없다.
③ 유치권자는 채권의 변제를 받기 위하여 유치물을 경매할 수 있다.
④ 채무자는 상당한 담보를 제공하고 유치권의 소멸을 청구할 수 있다.
⑤ 임차인은 임대인과의 약정에 의한 권리금반환채권으로 임차건물에 유치권을 행사할 수 없다.

해설 ② 유치권배제특약이 있으면 유치권은 발생하지 않으므로, 특약에 따른 효력은 특약의 상대방뿐 아니라 그 밖의 사람도 주장할 수 있다(대판 2016다23403).
▶ 정답 ②

3. 민법상 유치권에 관한 설명으로 옳은 것은? (다툼이 있으면 판례에 따름) 제33회

① 유치권자는 유치물에 대한 경매신청권이 없다.
② 유치권자는 유치물의 과실인 금전을 수취하여 다른 채권보다 먼저 피담보채권의 변제에 충당할 수 있다.
③ 유치권자는 채무자의 승낙 없이 유치물을 담보로 제공할 수 있다.
④ 채권자가 채무자를 직접점유자로 하여 간접점유하는 경우에도 유치권은 성립한다.
⑤ 유치권자는 유치물에 관해 지출한 필요비를 소유자에게 상환 청구할 수 없다.

해설 ① 유치권자는 우선변제권은 없으나 경매신청권은 있다.
③ 유치권자는 채무자의 승낙 없이 유치물을 담보로 제공할 수 없다.
④ 채권자가 채무자를 직접점유자로 하여 간접점유하는 경우에는 유치권은 성립할 수 없다.
⑤ 유치권자는 유치물에 관해 지출한 필요비 및 유익비를 소유자에게 상환 청구할 수 있다.
▶ 정답 ②

3 저당권

1. 의의 및 법적 성질

> 제356조 【저당권의 내용】 저당권자는 채무자 또는 제3자가 점유를 이전하지 아니하고 채무의 담보로 제공한 부동산에 대하여 다른 채권자보다 자기채권의 우선변제를 받을 권리가 있다.

① 저당권이란 채무자 또는 제3자가 **점유를 이전하지 않고** 채무의 담보로 제공한 부동산으로부터 채권자가 우선변제를 받을 수 있는 담보물권을 말한다.
② **저당권은 점유를 수반하지 않는다.** 따라서 저당권에 대한 침해나 침해할 염려가 있는 경우 방해제거청구권과 방해예방청구권은 인정되지만 **반환청구권은 인정되지 않는다.**
③ 부종성, 수반성, 불가분성, 물상대위성이 인정된다.

2. 저당권의 객체

① 민법상 저당권의 객체는 부동산(토지, 건물)과 지상권, 전세권이다.
② **지역권은** 요역지와 분리하여 **저당권의 객체가 될 수 없다.**
③ **토지의 일부와 건물의 일부**에 대해서는 **저당권을 설정할 수 없으나, 공유지분** 위에 **저당권설정은 가능하다.**
④ 특별법상 저당권의 객체는 등기된 선박, 등록된 자동차, 항공기, 중기, 광업권, 어업권, 공장재단, 광업재단, 입목 등이 있다.

3. 저당권의 피담보채권

① 피담보채권에는 제한이 없으므로, **피담보채권은 저당권설정당시 반드시 금전채권일 필요는 없다.**
② 피담보채권이 금전채권이 아닌 경우에는 그 채권의 평가액을 등기하여야 한다.
③ 조건부 채권, 기한부 채권과 같이 장래에 발생할 채권을 담보하기 위해서도 저당권을 설정할 수 있다.

4. 저당권설정계약 당사자

① **저당권자는 채권자에 한하는 것이 원칙이다**(부종성). 따라서 채권자가 아닌 **제3자 명의로 된 저당권등기는 무효이다.**

② 그러나 당사자 사이에 **합의**가 있고 **피담보채권이 제3자에게 이전되었다**고 볼 수 있는 특별한 사정이 있는 경우, **제3자명의로 된 근저당권등기는 유효하다**(대판 99다48948).

③ 저당권설정자는 채무자에 한하지 않고 제3자(물상보증인)도 저당권설정자가 될 수 있다.

④ 따라서 **물상보증인은 채무자가 아니다.**

5. 제3취득자

> 제363조 【저당권자의 경매청구권, 경매인】 ② 저당물의 소유권을 취득한 제3자도 **경매인이 될 수 있다.**
>
> 제364조 【제3취득자의 변제】 저당부동산에 대하여 소유권, 지상권 또는 전세권을 취득한 제3자는 저당권자에게 그 부동산으로 담보된 채권을 **변제하고 저당권의 소멸을 청구할 수 있다.**
>
> 제367조 【제3취득자의 비용상환청구권】 저당물의 제3취득자가 그 부동산의 보존, 개량을 위하여 **필요비 또는 유익비**를 지출한 때에는 제203조 제1항, 제2항의 규정에 의하여 저당물의 경매대가에서 **우선상환을 받을 수 있다.**

1	甲
2	丙

1	저당권 乙
	채무자 甲

1	저당권 乙
2	용익권 丙

① 제3취득자란 **저당권이 설정된 후** 저당목적물의 **소유권**을 취득한 자 또는 **용익권(지상권, 전세권, 대항력 있는 임차권)을 취득한 자**를 말한다.

② 제3취득자는 채무자가 아니므로 **경매인이 될 수 있다.**

③ **변제기가 도래한 후에** 채무자가 변제를 하지 않으면 **제3취득자는 채무자의 의사에 반해서도** 저당권자에게 채권을 **변제하고 저당권의 소멸을 청구할 수 있다.**

④ 제3취득자는 채무자가 아니므로 저당권에 있어서 지연이자는 1년분까지만 대위변제하면 저당권의 말소를 청구할 수 있고, 근저당권에 있어서도 **채권최고액까지만 대위변제하면 근저당권의 말소를 청구할 수 있다.**

⑤ 제3취득자가 **필요비 또는 유익비**를 지출한 경우, 저당물의 경매대가에서 **우선변제**를 받을 수 있다. 그러나 제3취득자가 이러한 비용상환청구권을 피담보채권으로 하여 **유치권을 행사할 수는 없다**(대판 2022다273018).

⑥ 근저당부동산에 대하여 **후순위근저당권을 취득한 자는 제3취득자에 해당하지 않으므로**, 선순위근저당권의 확정된 피담보채권액이 채권최고액을 **초과**하는 경우, **후순위근저당권자가 채권최고액을 변제**하더라도, 선순위근저당권의 **소멸을 청구할 수 없다**(대판 2005다17341).

> **예제**

저당부동산의 제3취득자에 관한 설명으로 옳은 것을 모두 고른 것은?   제32회

> ㄱ. 저당부동산에 대한 후순위저당권자는 저당부동산의 피담보채권을 변제하고 그 저당권의 소멸을 청구할 수 있는 제3취득자에 해당하지 않는다.
> ㄴ. 저당부동산의 제3취득자는 부동산의 보존·개량을 위해 지출한 비용을 그 부동산의 경매대가에서 우선상환을 받을 수 없다.
> ㄷ. 저당부동산의 제3취득자는 저당권을 실행하는 경매에 참가하여 매수인이 될 수 있다.
> ㄹ. 피담보채권을 변제하고 저당권의 소멸을 청구할 수 있는 제3취득자에는 경매신청 후에 소유권, 지상권 또는 전세권을 취득한 자도 포함된다.

① ㄱ, ㄴ   ② ㄱ, ㄹ   ③ ㄴ, ㄷ
④ ㄱ, ㄷ, ㄹ   ⑤ ㄴ, ㄷ, ㄹ

해설 ㄴ. 제3취득자가 필요비 또는 유익비를 지출한 경우, 저당물의 경매대가에서 우선변제를 받을 수 있다.

▶ 정답 ④

6. 피담보채권의 범위

> **제360조 【피담보채권의 범위】** 저당권은 원본, 이자, 위약금, 채무불이행으로 인한 손해배상 및 저당권의 실행비용을 담보한다. 그러나 **지연배상**에 대하여는 원본의 이행기일을 경과한 후의 **1년분에 한하여** 저당권을 행사할 수 있다.

① 피담보채권의 범위란 저당권자가 후순위권리자보다 **우선변제를 받을 수 있는 한도액**을 말한다.
② 저당권은 원본, 이자, 위약금, 채무불이행으로 인한 손해배상 및 저당권의 실행비용을 담보한다.
③ 원본에 대한 이자와 위약금은 등기된 경우에 한하여 담보된다.
④ **등기된 이자**는 기간제한 없이 담보되나, 채무불이행으로 인한 손해배상 즉 **지연이자는 1년분에 한하여 담보된다.**
⑤ 지연이자는 1년분에 한하여 담보된다는 규정은 채무자에게는 적용되지 않는다. 따라서 **채무자는 실제채무 전액을 변제하여야 한다.**
⑥ 저당권은 저당목적물을 점유하는 권리가 아니므로, **저당목적물의 하자로 인한 손해배상금과 저당물의 보존비용은 저당권의 피담보채권의 범위에 속할 수 없다.**

7. 저당권의 효력이 미치는 목적물의 범위

> 제358조 【저당권의 효력의 범위】 저당권의 효력은 저당부동산에 **부합된 물건과 종물에 미친다.** 그러나 법률에 특별한 규정 또는 설정행위에 다른 약정이 있으면 그러하지 아니하다.
>
> 제359조 【과실에 대한 효력】 저당권의 효력은 **저당부동산에 대한 압류가 있은 후에** 저당권설정자가 그 부동산으로부터 수취한 과실 또는 수취할 수 있는 **과실에 미친다.** 그러나 저당권자가 그 부동산에 대한 소유권, 지상권 또는 전세권을 취득한 제3자에 대하여는 압류한 사실을 통지한 후가 아니면 이로써 대항하지 못한다.

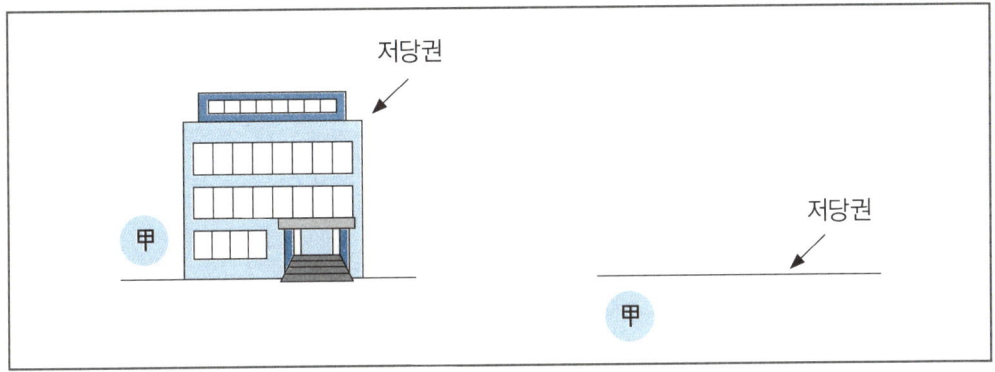

① 저당권의 효력이 미치는 목적물의 범위에 관한 규정은 **임의규정**이므로 당사자가 다른 약정을 할 수 있다.

② 저당권의 효력은 **저당권의 설정 전후를 불문하고** 저당물의 부합물, 종물, 종된 권리에 미친다.

③ **건물이 증축**된 경우에 **증축부분이 본래의 건물에 부합된 경우**, 본래의 건물에 대한 경매절차에서 **경매목적물로 평가되지 아니하였다고 할지라도 경락인은** 그 부합된 증축부분의 소유권을 **취득한다**(대판 80다2757).

④ **건물저당권의 효력은** 특별한 사정이 없는 한 그 건물의 소유를 목적으로 한 **토지임차권에도 미친다.**

⑤ **건물저당권의 효력은** 특별한 사정이 없는 한 그 건물의 소유를 목적으로 한 **지상권에도 미친다.**

⑥ **법정지상권이 붙은 건물에 대해서 저당권이 실행**된 경우, **경락인은** 건물뿐만 아니라 **법정지상권도 등기 없이** 당연히 **취득한다.**

⑦ 구분건물의 **전유부분**만에 관하여 설정된 **저당권의 효력은** 대지사용권의 분리처분이 가능하도록 규약으로 정하는 등의 특별한 사정이 없는 한 **대지사용권에도 미친다.**

⑧ 토지저당권의 효력은 토지 위의 **건물에는 미치지 않는다.**

⑨ 토지저당권의 효력은 제3자가 무단으로 경작한 수확기의 **농작물에는 미치지 않는다.**

⑩ 토지저당권의 효력은 **입목등기 또는 명인방법을 갖춘 수목에는 미치지 않는다.**
⑪ 토지저당권의 효력은 **지상권자 또는 임차인이 식재한 수목에는 미치지 않는다.**
⑫ 저당목적물에 대한 **과실**에 대해서는 원칙적으로 저당권의 효력이 미치지 않는다. 다만, **저당부동산에 대해 압류가 행해진 후에는 과실에 대해서도 저당권의 효력이 미친다.** 따라서 저당부동산에 대한 압류가 있으면 **압류 이후의** 저당권설정자의 저당부동산에 관한 **차임채권에도 저당권의 효력이 미친다.**

예제

1. 저당권에 관한 설명으로 옳은 것은? (다툼이 있으면 판례에 따름) 제29회

① 저당권은 그 담보한 채권과 분리하여 타인에게 양도할 수 있다.
② 저당물의 소유권을 취득한 제3자는 그 저당물의 경매에서 경매인이 될 수 없다.
③ 건물저당권의 효력은 특별한 사정이 없는 한 그 건물의 소유를 목적으로 한 지상권에도 미친다.
④ 저당부동산에 대한 압류가 있으면 압류 이전의 저당권설정자의 저당부동산에 관한 차임채권에도 저당권의 효력이 미친다.
⑤ 저당부동산의 제3취득자는 부동산의 보존·개량을 위해 지출한 비용을 그 부동산의 경매대가에서 우선변제받을 수 없다.

해설 ① 저당권은 그 담보한 채권과 분리하여 양도할 수 없다.
② 저당물의 소유권을 취득한 제3자도 그 저당물의 경매에서 경매인이 될 수 있다.
④ 저당부동산에 대한 압류가 있으면 압류 이후의 저당부동산에 관한 차임채권에 저당권의 효력이 미친다.
⑤ 저당부동산의 제3취득자는 부동산의 보존·개량을 위해 지출한 비용을 그 부동산의 경매대가에서 우선변제받을 수 있다.
▶▶ 정답 ③

2. 법률에 특별한 규정 또는 설정행위에 다른 약정이 없는 경우, 저당권의 우선변제적 효력이 미치는 것을 모두 고른 것은? (다툼이 있으면 판례에 따름) 제33회

> ㄱ. 토지에 저당권이 설정된 후 그 토지 위에 완공된 건물
> ㄴ. 토지에 저당권이 설정된 후 토지소유자가 그 토지에 매설한 유류저장탱크
> ㄷ. 저당토지가 저당권 실행으로 압류된 후 그 토지에 관하여 발생한 저당권설정자의 차임채권
> ㄹ. 토지에 저당권이 설정된 후 토지의 전세권자가 그 토지에 식재하고 등기한 입목

① ㄴ   ② ㄱ, ㄹ   ③ ㄴ, ㄷ
④ ㄱ, ㄷ, ㄹ   ⑤ ㄴ, ㄷ, ㄹ

해설 ㄱ. 토지저당권의 효력은 토지 위의 건물에는 미치지 않는다.
ㄹ. 토지에 저당권이 설정된 후 토지의 전세권자가 그 토지에 식재하고 등기한 입목에는 토지저당권의 효력이 미치지 않는다.
▶▶ 정답 ③

8. 일괄경매청구권

> 제365조 【저당지상의 건물에 대한 경매청구권】 토지를 목적으로 **저당권을 설정한 후 그 설정자가 그 토지에 건물을 축조한 때**에는 저당권자는 **토지와 함께 그 건물에 대하여도 경매를 청구할 수 있다.** 그러나 그 건물의 경매대가에 대하여는 **우선변제를 받을 권리가 없다.**

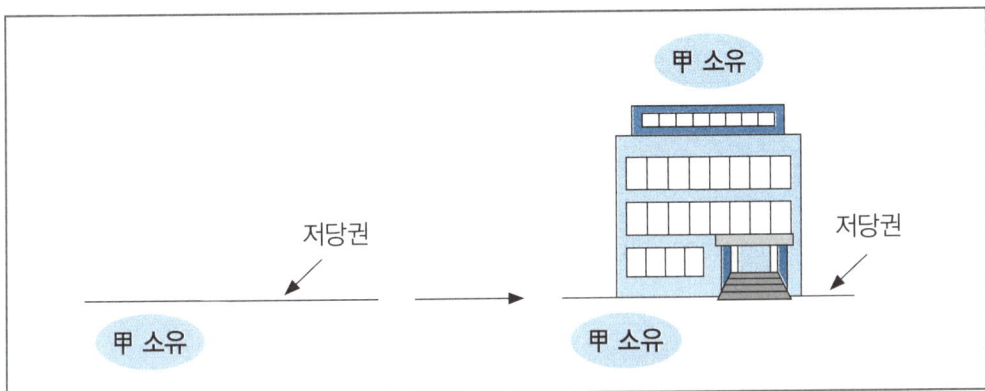

① **나대지에 저당권이 설정된 후에** 저당권설정자가 **건물을 신축한 경우에는** 토지경매로 토지와 건물의 소유자가 달라지게 되면 **법정지상권이 발생하지 않으므로** 건물은 철거될 위험이 있다. 이러한 사회적 경제적 손실을 막기 위하여 토지저당권자에게 토지와 함께 건물도 경매를 청구할 수 있도록 인정되는 것을 일괄경매청구권이라고 한다.

② **나대지에 저당권이 설정된 후에 건물이 신축된 경우에 한하여 인정**되므로, 토지에 저당권을 설정할 당시에 **이미 건물이 있었던 경우**에는 **일괄경매청구권은 인정되지 않는다.**

③ **저당권설정자가 소유하고 있는 건물인 경우에 한하여 인정**되므로, 저당권설정자가 건물을 신축한 후 이를 **제3자에게 양도한 경우**에는 **일괄경매청구권이 인정되지 않는다.**

④ 저당권설정자로부터 저당토지에 대한 용익권을 설정받은 자가 그 토지에 건물을 신축한 경우라도 그 후 **저당권설정자가 그 건물의 소유권을 취득한 경우**에는 저당권자는 토지와 함께 그 건물에 대하여 **일괄경매를 청구할 수 있다**(대판 2003다3850).

⑤ 토지저당권의 효력은 건물에는 미치지 않으므로, **건물의 경매대가에 대해서는 우선변제를 받지 못한다.**

⑥ 토지만을 경매할 것인가, 토지와 건물을 일괄해서 경매할 것인가는 **저당권자의 자유**이다. 즉 반드시 일괄경매하여야 하는 것은 아니다.

⑦ 토지만을 경매하여 충분히 우선변제를 받을 수 있다 하더라도 건물도 함께 일괄경매 청구할 수 있으며, 과잉경매로 되지 않는다.

⑧ 경매법원은 일괄경매된 토지와 건물을 동일인에게 경락하여야 한다.

> **예제**

甲은 乙소유의 X토지에 저당권을 취득하였다. X토지에 Y건물이 존재할 때, 甲이 X토지와 Y건물에 대해 일괄경매를 청구할 수 있는 경우를 모두 고른 것은? (다툼이 있으면 판례에 따름)

제31회

> ㄱ. 甲이 저당권을 취득하기 전, 이미 X토지 위에 乙의 Y건물이 존재한 경우
> ㄴ. 甲이 저당권을 취득한 후, 乙이 X토지 위에 Y건물을 축조하여 소유하고 있는 경우
> ㄷ. 甲이 저당권을 취득한 후, 丙이 X토지에 지상권을 취득하여 Y건물을 축조하고 乙이 그 건물의 소유권을 취득한 경우

① ㄱ ② ㄴ ③ ㄱ, ㄷ
④ ㄴ, ㄷ ⑤ ㄱ, ㄴ, ㄷ

해설 ㄱ. 나대지에 저당권이 설정된 후에 건물이 신축된 경우에 한하여 인정되므로, 토지에 저당권을 설정할 당시에 이미 건물이 있었던 경우에는 일괄경매청구권은 인정되지 않는다. ▶ **정답** ④

9. 경매시 저당권과 용익권의 관계(경매시 저당권 소멸 ⇨ 최선순위저당권이 기준)

1	용익권 甲
2	저당권 乙

1	저당권 甲
2	용익권 乙

1	저당권 甲
2	용익권 乙
3	저당권 丙

① **저당권설정등기 이전**에 성립한 **용익권**은 저당권의 실행(경매)으로 **소멸하지 않는다**.

② **저당권설정등기 이후**에 성립한 **용익권**은 경락인에게 대항하지 못하고 **소멸한다**.

③ A소유의 부동산 위에 甲의 **1번 저당권**, 乙의 **전세권**, 丙의 2번 저당권이 순차로 설정된 경우, 丙이 위 부동산에 대하여 경매를 신청하여 매각된 경우에는 **乙의 전세권은 소멸한다**.

④ **전세권이** 저당권보다 **선순위**인 경우, 선순위 전세권은 소멸하지 않는 것이 원칙이다.

⑤ ④의 경우, 전세권자는 자신의 선택에 따라 **배당요구**를 할 수 있으며, 이때는 전세권도 **소멸**한다.

4 저당권의 침해에 대한 구제

1. 물권적 청구권

① **반환청구권은 인정될 수 없고**, 방해제거와 방해예방청구권만 인정된다.
② **저당권의 침해가 있는 한** 저당부동산으로부터 **피담보채권의 만족을 얻을 수 있는 경우에도 물권적 청구권은 인정된다**.
③ 이미 소멸한 선순위저당권의 설정등기가 말소되지 않고 있는 경우, 후순위저당권자는 방해배제청구권에 기해 선순위저당권등기의 말소를 청구할 수 있다.

2. 손해배상청구권

① 손해배상청구권은 목적물의 침해로 저당권자가 **채권의 완전한 만족을 얻을 수 없을 때에만 인정된다**.
② 채무의 **변제기가 도래하기 전**이라도 손해를 입증할 수 있으면 손해배상청구권은 행사할 수 있다(대판 98다34126).

3. 즉시변제청구권

① **채무자가 담보를 손상, 감소 또는 멸실하게 한 때**에는 기한의 이익을 상실한다.
② 따라서 저당권자는 즉시 변제를 청구하거나 저당권을 실행할 수 있다.

4. 담보물보충청구권

① **저당권설정자의 책임 있는 사유로 인하여** 저당물의 가치가 현저히 감소된 때에는 저당권자는 원상회복 또는 상당한 담보의 제공을 청구할 수 있다.
② 담보물보충청구권을 행사하게 되면, 손해배상청구권이나 기한의 이익의 상실에 따른 즉시변제청구권을 행사하지 못한다.

5 근저당권

> **제357조 【근저당】** ① 저당권은 그 담보할 채무의 최고액만을 정하고 채무의 확정을 장래에 보류하여 이를 설정할 수 있다. 이 경우에는 그 확정될 때까지의 채무의 소멸 또는 이전은 저당권에 영향을 미치지 아니한다.
> ② 전항의 경우에는 채무의 이자는 최고액 중에 산입한 것으로 본다.

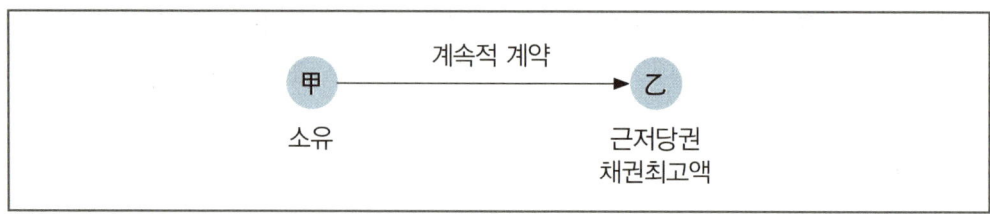

1. 의의 및 특징

① 계속적 거래관계로부터 발생하는 **불특정다수의 채권**을 최고액의 한도 내에서 담보하기 위한 저당권을 근저당이라 한다.
② **피담보채권이 확정될 때까지 부종성이 적용되지 않는다.** 따라서 피담보채권이 **확정되기 전에는 채권이 일시 소멸하더라도 근저당권은 소멸하지 않는다.**
③ 피담보채권이 **확정**되기 전에는 **채권의 일부가 양도**되더라도 **근저당권이 양수인에게 이전되지 않는다.**
④ 근저당권을 실행하기 위해서는 피담보채권이 확정되어야 하고, 확정된 후에는 일반저당권으로 전환되어 이때부터는 부종성도 있고 일반저당권과 동일한 것이 된다.

2. 근저당권설정등기

① **근저당이라는 취지와 채권최고액을 반드시 등기하여야 한다.** 다만, 이자는 최고액에 당연히 산입된 것으로 보므로 별도로 등기할 사항이 아니다.
② 존속기간이나 결산기는 임의적 사항이므로 등기하지 않아도 무방하다. 그러나 일단 등기된 후에는 그 이후에 생긴 채권을 피담보채권에 포함시키지 못한다.

3. 피담보채권의 범위

① 원본, 이자, 위약금, 지연배상이 전부 포함된다. 또한 **채권최고액의 범위 내라면 지연이자도 1년분에 한하지 않고 무제한 담보된다.**
② 근저당권 실행비용은 채권최고액과는 상관없이 최우선으로 변제되는 것이므로, **근저당권 실행비용은 채권최고액에 포함되지 않는다.**

4. 피담보채권의 확정시기

① 피담보채권은 설정계약에서 정한 결산기의 도래, 근저당권 존속기간의 만료, 기본계약의 해지 등으로 확정되며 확정된 후에는 일반저당권으로 전환된다.

② 근저당권의 **존속기간이나 결산기를 정한 경우**에도 채권이 전부 소멸하고 채무자가 거래를 계속할 의사가 전혀 없는 경우에는 **결산기 전이라도 해지하고** 근저당권설정등기의 말소를 청구할 수 있다(대판 2001다47528).

③ 근저당권의 **존속기간이나 결산기를 정하지 않은 경우**에는 근저당권설정자는 근저당권설정계약을 **언제든지 해지하고** 피담보채무를 **확정시킬 수 있다**(대판 2001다47528).

④ **근저당권자가 스스로 경매신청을 한 경우**에는 **경매신청시**에 피담보채권액이 확정되고, **후순위권리자에 의하여 경매가 신청된 경우**에 **선순위근저당권은 경락대금 완납시**에 피담보채권액이 **확정된다**(대판 99다26085).

⑤ **공동근저당권자가** 목적부동산 중 **일부 부동산에 대하여 제3자가 신청한 경매절차에 참가하여 우선배당을 받은 경우**, 해당 부동산에 관한 근저당권의 피담보채권은 매수인이 매각대금을 지급한 때에 확정되지만, **나머지 목적 부동산에 관한 근저당권의 피담보채권은 확정되지 아니한다**(대판 2015다50637).

5. 피담보채권의 확정의 효과

① 근저당권자가 스스로 경매신청을 한 경우에는 경매신청시에 확정되므로, 경매개시결정 후 경매신청이 취하되었다고 하더라도 **채무확정의 효과는 번복되지 않는다**.

② 근저당권의 피담보채권이 **확정된 후에 새로운 거래관계에서 발생한 원본채권**은 근저당권에 의해 **담보되지 않는다**.

③ 근저당권의 피담보채권이 **확정된 후에 발생하는 이자나 지연손해금채권**은 **채권최고액의 범위 내에서** 근저당권에 의하여 **담보된다**(대판 2005다38300).

6. 확정된 채권액이 채권최고액을 초과하는 경우

① 채권최고액이란 **우선변제를 받을 수 있는 한도액**을 의미하고, **책임의 한도액을 의미하는 것은 아니다**.

② 따라서 **채무자는 확정된 채권액 전액을 변제해야** 근저당권의 말소를 청구할 수 있고, **제3취득자와 물상보증인은 최고액만을 변제하고** 근저당권의 말소를 청구할 수 있다.

7. 근저당권설정 후 당사자가 변경된 경우

① 피담보채무가 **확정되기 이전** 채무의 범위나 채무자가 **변경된 경우**에는 당연히 **변경 후**의 범위에 속하는 채권이나 채무자에 대한 채권만이 당해 **근저당권에 의하여 담보되고, 변경 전**의 범위에 속하는 채권이나 채무자에 대한 채권은 그 근저당권에 의하여 담보되는 채무의 범위에서 **제외된다**(대판 97다15777).

② 근저당권 설정 후 부동산소유권이 이전된 경우, **현재의 소유자** 뿐 아니라 근저당권설정자인 **종전의 소유자**도 근저당권설정등기의 **말소를 청구할 수 있다.**

예제

1. 근저당권에 관한 설명으로 틀린 것은? (다툼이 있으면 판례에 따름) 제34회
① 채권최고액에는 피담보채무의 이자가 산입된다.
② 피담보채무 확정 전에는 채무자를 변경할 수 있다.
③ 근저당권자가 피담보채무의 불이행을 이유로 경매신청을 한 경우, 특별한 사정이 없는 한 피담보채무액은 그 신청시에 확정된다.
④ 물상보증인은 채권최고액을 초과하는 부분의 채권액까지 변제할 의무를 부담한다.
⑤ 특별한 사정이 없는 한, 존속기간이 있는 근저당권은 그 기간이 만료한 때 피담보채무가 확정된다.

해설 ④ 물상보증인은 최고액만을 변제하고 근저당권의 말소를 청구할 수 있다.   ▶ 정답 ④

2. 2019. 8. 1. 甲은 乙에게 2억원(대여기간 1년, 이자 월 1.5%)을 대여하면서 乙 소유 X토지(가액 3억원)에 근저당권(채권최고액 2억 5천만원)을 취득하였고, 2020. 7. 1. 丙은 乙에게 1억원(대여기간 1년, 이자 월 1%)을 대여하면서 X토지에 2번 근저당권(채권최고액 1억 5천만원)을 취득하였다. 甲과 丙이 변제를 받지 못한 상황에서 丙이 2022. 6. 1. X토지에 관해 근저당권 실행을 위한 경매를 신청하면서 배당을 요구한 경우, 이에 관한 설명으로 옳은 것은? (다툼이 있으면 판례에 따름)   제33회

> ㄱ. 2022. 6. 1. 甲의 근저당권의 피담보채권액은 확정되지 않는다.
> ㄴ. 甲에게 2022. 6. 1. 이후에 발생한 지연이자는 채권최고액의 범위 내라도 근저당권에 의해 담보되지 않는다.
> ㄷ. 甲이 한 번도 이자를 받은 바 없고 X토지가 3억원에 경매되었다면 甲은 경매대가에서 3억원을 변제받는다.

① ㄱ   ② ㄴ   ③ ㄱ, ㄷ
④ ㄴ, ㄷ   ⑤ ㄱ, ㄴ, ㄷ

해설 ㄴ. 근저당권의 피담보채권이 확정된 후에 발생하는 이자나 지연손해 금채권은 채권최고액의 범위 내에서 근저당권에 의하여 담보된다(대판 2005다38300).
ㄷ. 甲은 채권최고액 2억 5천만원을 우선변제 받는다.   ▶ 정답 ①

6 공동저당

> **제368조 【공동저당과 대가의 배당, 차순위자의 대위】** ① 동일한 채권의 담보로 수개의 부동산에 저당권을 설정한 경우에 그 부동산의 경매대가를 동시에 배당하는 때에는 각 부동산의 경매대가에 비례하여 그 채권의 분담을 정한다.
> ② 전항의 저당부동산 중 일부의 경매대가를 먼저 배당하는 경우에는 그 대가에서 그 채권 전부의 변제를 받을 수 있다. 이 경우에 그 경매한 부동산의 차순위저당권자는 선순위저당권자가 전항의 규정에 의하여 다른 부동산의 경매대가에서 변제를 받을 수 있는 금액의 한도에서 선순위자를 대위하여 저당권을 행사할 수 있다.

1. 의의 및 특징

① 동일한 채권의 담보를 위해 **수개의 부동산** 위에 설정된 저당권을 공동저당이라 한다. 따라서 부동산의 수만큼 **수개의 저당권**이 성립한다.

② 공동저당은 때를 달리하여 설정되는 수도 있고, 수개의 목적물의 소유자나 수개의 저당권의 순위를 달리하여 설정할 수 있다. 따라서 저당목적물이 전부 채무자 소유일 필요는 없고, 물상보증인이 제공한 것이 있더라도 공동저당이 성립하는 데는 지장이 없다.

③ 공동저당권자의 권리행사에는 제한이 없다. 즉, 동시에 실행해도 되고, 순차로 실행해도 된다.

2. 채무자소유 부동산에 공동저당이 설정된 경우

① **각 부동산의 경매대가에 비례하여** 그 채권의 분담을 정한다.

② 이러한 동시배당시 제한은 **후순위자의 존재여부와 상관없이 적용**된다.

③ 대지와 건물이 동시에 매각되어 **주택임차인**에게 그 경매대가를 동시에 배당하는 때에도 공동저당에 관한 민법규정을 유추적용한다.

④ 저당부동산 중 일부의 경매대가를 먼저 배당하는 경우에는 그 대가에서 그 채권 전부의 변제를 받을 수 있다.

⑤ 이 경우에 **후순위저당권자**는 선순위 공동저당권자를 **대위하여** 저당권을 행사할 수 있다.

📘 예제

甲은 乙에 대한 3억원의 채권을 담보하기 위하여 乙소유의 X토지와 Y건물에 각각 1번 공동저당권을 취득하고, 丙은 X토지에 피담보채권 2억 4천만원의 2번 저당권을, 丁은 Y건물에 피담보채권 1억 6천만원의 2번 저당권을 취득하였다. X토지와 Y건물이 모두 경매되어 X토지의 경매대가 4억원과 Y건물의 경매대가 2억원이 동시에 배당되는 경우, 丁이 Y건물의 경매대가에서 배당받을 수 있는 금액은? (경매비용이나 이자 등은 고려하지 않음) 제27회

① 0원 ② 4천만원 ③ 6천만원
④ 1억원 ⑤ 1억 6천만원

해설 ④ 甲이 Y건물의 경매대가에서 우선변제를 받는 금액은 3억×1/3 = 1억원이므로, 丁이 Y건물의 경매대가에서 배당받을 수 있는 금액은 1억원이다. ▶ **정답** ④

⚖️ 판례

공동근저당권자가 공동담보의 목적 부동산 중 일부에 대한 환가대금으로부터 다른 권리자에 우선하여 피담보채권의 일부에 대하여 배당받은 경우

① 공동담보의 나머지 목적 부동산에 대한 경매절차에서 나머지 피담보채권에 대하여 다시 **최초의 채권최고액 범위 내에서** 공동근저당권자로서 **우선변제권을 행사할 수 없다.**

② 공동담보의 나머지 목적 부동산에 대하여 공동근저당권자로서 행사할 수 있는 우선변제권의 범위는 **최초의 채권최고액에서 우선변제받은 금액을 공제한 나머지 채권최고액**이다(대판 전합 2013다16992).

---

3. 채무자소유 부동산과 물상보증인소유 부동산에 공동저당이 설정된 경우

① 동시배당의 경우, 채무자 소유 부동산의 경매대가에서 공동저당권자에게 우선적으로 배당을 하고, **부족분이 있는 경우에 한하여** 물상보증인 소유 부동산의 경매대가에서 추가로 배당을 하여야 한다(대판 2008다41475).

② **채무자소유의 부동산이 먼저 경매된 경우**, 채무자소유의 부동산 위의 후순위저당권자는 물상보증인 소유의 부동산에 대하여 공동저당권자를 대위하여 그 저당권을 실행할 수 **없다**(대결 95마500).

③ 물상보증인 소유의 부동산에 대하여 먼저 경매가 이루어져 그 경매대금의 교부에 의하여 1번 공동저당권자가 변제를 받은 때에는 물상보증인은 채무자 소유의 부동산에 대한 1번 저당권을 취득하고, 이러한 경우 **물상보증인 소유의 부동산에 대한 후순위 저당권자는 물상보증인에게 이전한 1번 저당권으로 우선하여 변제를 받을 수 있다**(대판 2001다21854).

예제

甲은 乙에게 1억 5천만원을 빌려주고, 이 금전채권을 담보하기 위해 乙소유의 X부동산(시가 : 2억원), 丙소유의 Y부동산(시가 : 1억원) 위에 각각 1순위의 저당권을 취득하였다. 그런데 乙이 채무를 이행하지 않아 甲의 저당권 실행으로 X부동산은 1억 2천만원, Y부동산은 8천만원에 동시에 매각(경락)되었다. 甲은 X와 Y부동산의 매각대금으로부터 각각 얼마씩 배당받을 수 있는가? (단, 실행비용 등은 고려하지 않으며, 다툼이 있는 경우에는 판례에 의함)

11. 변리사

① X부동산 : 7,500만원   Y부동산 : 7,500만원
② X부동산 : 9,000만원   Y부동산 : 6,000만원
③ X부동산 : 9,500만원   Y부동산 : 5,500만원
④ X부동산 : 1억원   Y부동산 : 5,000만원
⑤ X부동산 : 1억 2,000만원 Y부동산 : 3,000만원

해설 ⑤ 甲은 X부동산으로부터 1억 2,000만원을 우선배당받고 부족분인 3,000만원에 대해서 Y부동산으로부터 배당을 받는다.

▶ 정답 ⑤

박문각 공인중개사

제1장 계약법 총론
제2장 계약법 각론

PART

03

계약법

Chapter 01 계약법 총론

제1절 서론

1 계약자유의 원칙과 그 제한

1. 계약자유의 원칙
① 계약은 자유가 원칙이므로 계약법규정은 대부분 **임의규정**으로 되어 있다. 임차인과 같은 **경제적 약자를 보호**하기 위한 **강행규정**이 일부 있을 뿐이다.
② 계약자유의 원칙상 계약체결의 자유, 상대방 선택의 자유, 내용결정의 자유, 방식의 자유가 인정된다.

2. 약 관
① 약관이란 일방당사자가 장래에 다수의 고객과 계약을 체결하기 위해 미리 작성해 놓은 정형화된 계약의 내용 내지 계약의 조건을 말한다.
② 약관에 의해서 체결된 계약은 체결의 자유는 인정되지만 내용결정의 자유가 제한된다.
③ **약관은 사업자가 명시·설명의무를 다하여야만 계약내용으로 편입될 수 있다.**
④ 그러나 **당해 거래계약에 당연히 적용되는 법령에 규정되어 있는 사항은 그것이 약관의 중요한 내용에 해당하더라도** 특별한 사정이 없는 한 **사업자가 이를 따로 명시·설명할 의무는 없다.**
⑤ 약관은 신의성실의 원칙에 따라 공정하게 해석되어야 하며 고객에 따라 다르게 해석되어서는 안 된다(객관적 해석의 원칙).
⑥ 약관의 내용과 다르게 합의한 사항이 있을 때에는 그 약정이 약관에 우선한다(개별약정 우선의 원칙).
⑦ **약관에는 민법상 일부무효의 법리가 적용되지 않는다.** 따라서 약관의 일부조항이 무효인 경우라도 나머지 약관은 무효로 되지 않고 유효하게 존속하는 것이 원칙이다.
⑧ 불명확한 조항은 고객에게 유리하게 해석해야 한다.

2 계약의 종류

1. 전형계약과 비전형계약

민법에 규정이 있는 15가지의 계약을 전형계약이라고 하고, 민법에 규정이 없는 계약을 비전형계약이라고 한다.

2. 쌍무계약과 편무계약

① 계약당사자 쌍방이 서로 대가적 의미를 갖는 채무를 부담하는 계약을 **쌍무계약**이라고 하고, 당사자 일방만이 채무를 부담하는 계약을 **편무계약**이라고 한다.

② 매매, 교환, 임대차, 도급계약 등이 쌍무계약이고 증여, 사용대차 등이 편무계약이다.

③ **쌍무계약에서 동시이행의 항변권**과 **위험부담**의 문제가 발생한다.

3. 유상계약과 무상계약

① 계약당사자가 서로 대가적 의미 있는 재산상의 출연을 하는 계약을 **유상계약**이라고 하고, 당사자 일방만이 출연의무를 지는 계약을 **무상계약**이라고 한다.

② 매매, 교환, 임대차, 도급계약 등이 유상계약이고 증여, 사용대차 등이 무상계약이다.

③ **쌍무계약은 모두 유상계약이다**.

④ **유상계약**에 있어서 매도인의 **담보책임**에 관한 규정이 준용된다.

4. 낙성계약과 요물계약

① 당사자의 합의만으로 성립하는 계약을 **낙성계약**이라고 하고, 당사자의 합의 외에 물건의 인도, 기타의 급부를 하여야만 성립하는 계약을 **요물계약**이라고 한다.

② 대부분의 계약은 낙성계약이며, **계약금계약**이 가장 대표적인 **요물계약**이다.

5. 일시적 계약과 계속적 계약

① 급부가 1회적으로 이루어지는 계약을 **일시적 계약**이라고 하고, 급부가 일정기간 동안 계속적으로 이루어지는 계약을 **계속적 계약**이라 한다.

② 매매, 교환은 일시적 계약이며, 임대차는 계속적 계약이다.

③ 일시적 계약은 해제(소급효)에 의해서 실효되고, 계속적 계약은 해지(장래효)에 의해서 실효된다.

6. 요식계약과 불요식계약

① 계약자유의 원칙상 계약이 성립하기 위해서 일정한 방식을 요하지 않는 불요식계약이 원칙이다.

② 우리 시험범위 중 요식계약은 없다.

7. 매매, 교환, 임대차

① 매매, 교환, 임대차는 모두 쌍무, 유상, 낙성, 불요식계약이다.

② 동시이행의 항변권, 위험부담, 담보책임은 매매, 교환, 임대차에 모두 적용된다.

예제

1. 계약의 유형에 관한 설명으로 옳은 것은? 제33회

① 매매계약은 요물계약이다.
② 교환계약은 무상계약이다.
③ 증여계약은 낙성계약이다.
④ 도급계약은 요물계약이다.
⑤ 임대차계약은 편무계약이다.

해설 ①②④⑤ 매매, 교환, 임대차, 도급계약은 모두 쌍무·유상·낙성·불요식계약이다. ▶▶ 정답 ③

2. 부동산의 교환계약에 관한 설명으로 옳은 것을 모두 고른 것은? 제32회

> ㄱ. 유상·쌍무계약이다.
> ㄴ. 일방이 금전의 보충지급을 약정한 경우 그 금전에 대하여는 매매대금에 관한 규정을 준용한다.
> ㄷ. 다른 약정이 없는 한 각 당사자는 목적물의 하자에 대해 담보책임을 부담한다.
> ㄹ. 당사자가 자기 소유 목적물의 시가를 묵비하여 상대방에게 고지하지 않은 경우, 특별한 사정이 없는 한 상대방의 의사결정에 불법적인 간섭을 한 것이다.

① ㄱ, ㄴ   ② ㄷ, ㄹ   ③ ㄱ, ㄴ, ㄷ
④ ㄴ, ㄷ, ㄹ   ⑤ ㄱ, ㄴ, ㄷ, ㄹ

해설 ㄹ. 교환계약의 당사자가 자기가 소유하는 목적물의 시가를 묵비하여 상대방에게 고지하지 않거나 혹은 허위로 시가보다 높은 가액을 시가라고 고지하였다 하더라도 상대방의 의사결정에 불법적인 간섭을 한 것이라고 볼 수 없다(대판 2000다54406). ▶▶ 정답 ③

제 2 절 계약의 성립

1 합의에 의한 계약의 성립

1. 의 의

① 계약이 성립하기 위해서는 청약과 승낙의 **내용이 일치**하고, **당사자가 일치**해야 한다.

② 계약이 성립하기 위하여는 당사자 사이에 의사의 합치가 있을 것이 요구되는데 이러한 의사의 합치는 당해 계약의 내용을 이루는 모든 사항에 관하여 있어야 하는 것은 아니고 그 본질적 사항이나 중요 사항에 관하여 **장래 구체적으로 특정할 수 있는 기준과 방법 등에 관한 합의가 있으면 된다**(대판 2022다225767).

③ 청약과 승낙의 내용이 일치하지 않은 **불합의의 경우에는** 계약은 성립할 수 없으므로, **무효와 취소의 문제는 발생할 여지가 없다.**

2. 청 약

① **청약은** 그에 응하는 승낙만 있으면 곧 계약이 성립하는 **구체적, 확정적 의사표시**여야 하므로, 청약은 계약의 내용을 결정할 수 있을 정도의 사항을 포함시키는 것이 필요하다.

② 청약의 상대방은 특정인이 일반적이나, **불특정다수인에 대한 청약도 가능하다.** 또한 **청약자가 누구인지 청약의 의사표시 속에 반드시 명시되어 있어야 하는 것은 아니다.**

③ 청약은 상대방에 대한 확정적 의사표시인 반면 청약의 유인은 상대방이 자기에게 청약을 해 오도록 유인하는 행위로서 일방적·확정적 의사표시가 아니다.

④ 계약내용이 제시되지 않은 광고나 하도급계약을 체결하려는 교섭당사자가 견적서를 제출하는 행위는 청약의 유인에 해당한다.

⑤ 상가를 분양하면서 그 곳에 첨단 오락타운을 조성·운영하고 전문경영인에 의한 위탁 경영을 통하여 분양계약자들에게 일정액 이상의 **수익을 보장한다는 광고**는 청약의 유인에 불과하므로 분양회사가 그러한 의무를 부담하는 것은 아니다(대판 99다50601).

⑥ 아파트 분양광고도 청약의 유인이다. 다만 아파트 분양광고 중 **아파트의 외형·재질 등에 관한 것과 부대시설에 준하는 것으로서 분양자가 이행 가능한 것은** 이를 분양계약의 내용으로 하기로 하는 묵시적 합의가 있었다고 봄이 상당하므로 **분양계약의 내용이 된다**(대판 2005다5843). 그러나 **선시공·후분양의 방식으로 분양된 경우**에는 분양광고에만 표현되어 있는 아파트의 외형·재질 등에 관한 사항은 특별한 사정이 없는 한 이를 **분양계약의 내용으로 보기는 어렵다**(대판 2012다29601).

3. 청약의 효력

> **제527조 【계약의 청약의 구속력】** 계약의 청약은 이를 철회하지 못한다.

① 청약은 상대방에게 **도달한 때**에 효력이 발생하므로, 상대방에게 도달하기 전에는 철회할 수 있으나 상대방에게 **도달한 후**에는 청약자가 **임의로 철회하지 못한다**.

② 청약의 의사표시를 **발신한 후** 상대방에게 도달되기 전에 청약자가 **사망**하거나 **행위능력을 상실**하더라도 **청약의 효력에는 영향 없다**. 따라서 청약자가 청약의 의사표시를 발신한 후 사망하더라도 상대방이 청약자의 상속인에게 승낙을 하면 계약이 성립할 수 있다.

③ **명예퇴직의 신청은** 근로계약에 대한 합의해지의 청약에 해당하지만, 회사가 이를 수리하여 근로계약이 합의해지되기 전에는 근로자가 임의로 그 청약의 의사표시를 **철회할 수 있다**(대판 2002다11458).

4. 승 낙

① 계약이 성립하기 위해서는 **당사자가 일치**해야 하므로 승낙은 **반드시 청약자**에 대하여 하여야 한다. 따라서 **불특정다수인에 대한 승낙은 불가능하다**.

② 계약이 성립하기 위해서는 승낙은 **청약의 내용과 일치**하여야 한다. 따라서 청약에 **조건**을 붙이거나 그 내용에 **변경**을 가한 승낙은 청약의 거절과 동시에 **새로운 청약**을 한 것으로 본다(제534조).

③ 청약의 상대방은 승낙해야 할 아무런 법적 의무를 지지 않는다. 따라서 **청약에 대한 회답이 없으면 승낙한 것으로 간주한다는 내용의 청약을 한 경우** 그 회답이 없더라도 **계약은 성립될 수 없다**.

5. 승낙기간과 계약의 성립

> **제528조 【승낙기간을 정한 계약의 청약】** ① 승낙의 기간을 정한 계약의 청약은 청약자가 그 기간 내에 승낙의 통지를 받지 못한 때에는 그 효력을 잃는다.
> ② 승낙의 통지가 전항의 기간 후에 도달한 경우에 보통 그 기간 내에 도달할 수 있는 발송인 때에는 청약자는 지체 없이 상대방에게 그 연착의 통지를 하여야 한다. 그러나 그 도달 전에 지연의 통지를 발송한 때에는 그러하지 아니하다.
> ③ 청약자가 전항의 통지를 하지 아니한 때에는 승낙의 통지는 연착되지 아니한 것으로 본다.
>
> **제529조 【승낙기간을 정하지 아니한 계약의 청약】** 승낙의 기간을 정하지 아니한 계약의 청약은 청약자가 상당한 기간 내에 승낙의 통지를 받지 못한 때에는 그 효력을 잃는다.

> 제530조【연착된 승낙의 효력】 전2조의 경우에 연착된 승낙은 청약자가 이를 새 청약으로 볼 수 있다.
> 제531조【격지자 간의 계약성립시기】 격지자 간의 계약은 승낙의 통지를 발송한 때에 성립한다.

① 승낙기간이 정해져 있는 경우에는 승낙이 청약자에게 **승낙기간 내에 도달해야 계약이 성립한다**.

② **격지자** 간의 계약은 **승낙**의 통지를 **발송**한 때에 성립한다(발신주의).

③ 승낙기간을 지나서 도달한 **연착된 승낙**은 승낙으로서 효력이 없으므로 계약은 성립하지 않으며, 청약자가 이를 **새로운 청약**으로 볼 수 있다.

④ 연착된 승낙이라 하더라도 보통 승낙기간 내에 도달할 수 있는 발송인 때에는 청약자는 지체 없이 승낙자에게 **연착의 통지**를 하여야 한다. 따라서 연착통지를 하면 계약은 성립하지 않으나 **연착통지를 하지 아니하면** 승낙의 통지는 연착되지 아니한 것으로 다루어지므로 **계약은 성립한다.**

⑤ **승낙기간을 정하지 않은 경우**에는 상당한 기간 내에 승낙의 의사표시가 도달하여야 계약이 성립한다.

> **사례연습**
>
> 甲이 乙에게 물건을 매도하겠다는 뜻과 **승낙기간을 10월 30일**로 하는 내용의 서면을 발송하여 乙에게 도달하였다.
> ① 乙이 10월 **25일**에 승낙통지를 **발송**하여 10월 **27일**에 **도달**한 경우, 계약은 10월 **25일**에 **성립한다**.
> ② 乙이 10월 **29일**에 승낙통지를 **발송**하여 10월 **31일**에 **도달**한 경우, 연착된 승낙이므로 계약은 성립하지 않으나, **甲이 승낙을 하면 계약은 성립한다**.
> ③ 乙이 10월 **20일**에 승낙통지를 **발송**하여 10월 **31일**에 **도달**한 경우, 甲이 乙에게 **연착통지를 하지 않으면** 계약은 10월 20일에 **성립한다**.

2 기타 방법에 의한 계약의 성립

1. 의사실현에 의한 계약의 성립

① 청약자의 의사표시나 관습에 의하여 승낙의 통지가 필요하지 아니한 경우에는 계약은 승낙의 의사표시로 인정되는 **사실이 있는 때** 성립한다(제532조).

② 청약자가 그러한 행위가 있다는 것을 **알았는지 여부를 불문하고** 그러한 행위가 있은 때에 계약이 성립한다.

2. 교차청약에 의한 계약의 성립

① 당사자 간에 동일한 내용의 청약이 상호교차된 경우에는 양청약이 상대방에게 도달한 때에 계약이 성립한다. 즉, 양 청약이 상대방에게 **모두 도달한 때**에 계약이 성립한다(제533조).

② 모두 청약이므로 격지자 간이라도 발신주의가 적용되지 않는다.

예제

1. 민법상 계약성립에 관한 설명으로 틀린 것은? (다툼이 있으면 판례에 따름) 제29회

① 청약은 불특정 다수인을 상대로 할 수 있다.
② 청약은 특별한 사정이 없는 한 철회하지 못한다.
③ 격지자 간의 계약은 다른 의사표시가 없으면 승낙의 통지를 발송한 때에 성립한다.
④ 청약자가 청약의 의사표시를 발송한 후 제한능력자가 되어도 청약의 효력에 영향을 미치지 않는다.
⑤ 청약자가 청약에 "일정 기간 내에 이의를 제기하지 않으면 승낙한 것으로 본다."는 뜻을 표시한 경우, 이의 없이 그 기간이 지나면 당연히 그 계약은 성립한다.

해설 ⑤ 청약의 상대방은 승낙해야 할 아무런 법적 의무를 지지 않는다. 따라서 청약에 대한 회답이 없으면 승낙한 것으로 간주한다는 내용의 청약을 한 경우 그 회답이 없더라도 계약은 성립될 수 없다.

▶ 정답 ⑤

2. 甲은 乙에게 우편으로 자기 소유의 X건물을 3억원에 매도하겠다는 청약을 하면서, 자신의 청약에 대한 회신을 2022. 10. 5.까지 해 줄 것을 요청하였다. 甲의 편지는 2022. 9. 14. 발송되어 2022. 9. 16. 乙에게 도달되었다. 이에 관한 설명으로 틀린 것을 모두 고른 것은? 제33회

> ㄱ. 甲이 2022. 9. 23. 자신의 청약을 철회한 경우, 특별한 사정이 없는 한 甲의 청약은 효력을 잃는다.
> ㄴ. 乙이 2022. 9. 20. 甲에게 승낙의 통지를 발송하여 2022. 9. 22. 甲에게 도달한 경우, 甲과 乙의 계약은 2022. 9. 22.에 성립한다.
> ㄷ. 乙이 2022. 9. 27. 매매가격을 2억 5천만원으로 조정해 줄 것을 조건으로 승낙한 경우, 乙의 승낙은 청약의 거절과 동시에 새로 청약한 것으로 본다.

① ㄱ
② ㄴ
③ ㄱ, ㄴ
④ ㄴ, ㄷ
⑤ ㄱ, ㄴ, ㄷ

해설 ㄱ. 청약이 상대방에게 도달한 후에는 청약자가 임의로 철회하지 못한다.
ㄴ. 격지자 간의 계약은 승낙의 통지를 발송한 때에 성립하므로, 계약은 2022. 9. 20.에 성립한다.

▶ 정답 ③

제3절 민법상 불능

핵심 다지기

1. **원시적 불능** ⇨ 무효 ⇨ **계약체결상 과실책임**
2. **후발적 불능** ⇨ 유효 ⇨ **매도인이 채무자**
   (1) **채무자에게 귀책사유** ○ ⇨ **채무불이행책임** ⇨ 해제, 손해배상
   (2) **채무자에게 귀책사유** × ⇨ **위험부담**
      ① 쌍방 모두 귀책사유 × ⇨ 채무자위험부담 ⇨ 쌍방 모두 의무 소멸
      ② 채권자에게 귀책사유 ○ ⇨ 채권자위험부담 ⇨ 채무자는 의무 소멸, 채권자는 의무 존재

1 계약체결상 과실책임

> **제535조【계약체결상의 과실】** ① 목적이 불능한 계약을 체결할 때에 그 불능을 알았거나 알 수 있었을 자는 상대방이 그 계약의 유효를 믿었음으로 인하여 받은 손해를 배상하여야 한다. 그러나 그 배상액은 계약이 유효함으로 인하여 생길 이익액을 넘지 못한다.
> ② 전항의 규정은 상대방이 그 불능을 알았거나 알 수 있었을 경우에는 적용하지 아니한다.

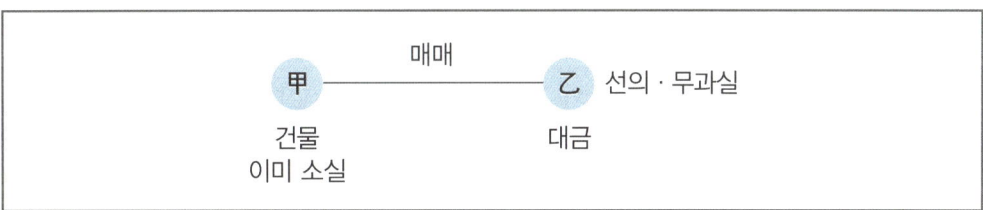

1. 의 의

① 계약의 목적이 **원시적 불능**으로 인하여 계약이 **무효**인 경우, 그 불능을 알았거나 알 수 있었던 자가 상대방이 그 계약의 유효를 믿었음으로 인하여 받은 손해(신뢰이익)를 배상해야 하는 책임을 말한다.

② 건물에 대한 매매계약을 체결할 당시에 **건물이 이미 소실**된 상태인 경우, 토지에 대한 매매계약을 체결할 당시에 **토지가 이미 수용**된 상태인 경우가 원시적 불능에 해당한다.

2. 요 건

① **체결된 계약**의 내용이 **원시적 불능**으로 인하여 그 계약이 **무효**이어야 한다.
② **이행하여야 할 자가** 그 이행의 불능을 **알았거나 알 수 있었어야 한다.**
③ **상대방은** 그 원시적 불능에 대하여 **선의이고 무과실**이어야 한다. 따라서 **상대방이 원시적 불능을 알 수 있었던 경우**에는 **계약체결상의 과실책임은 발생할 수 없다.**

3. 효 과

① 상대방이 그 계약의 유효를 믿었기 때문에 받은 손해, 즉 **신뢰이익**(조사비용, 계약체결비용, 대출의 이자 등)을 배상하여야 한다.
② 그러나 그 손해액은 계약이 **유효함으로 인하여 생길 이익액(이행이익)을 넘지 못한다.** 신뢰이익이 예외로 이행이익을 초과한 경우에는 이행이익의 한도에서 배상한다.

4. 적용범위

① 의사의 불합치로 인하여 **계약이 성립하지 않은 경우**에는 계약체결상의 과실책임은 발생할 수 없다.
② **계약교섭 자체가** 당사자의 일방에 의해 **부당하게 파기된 경우**에는 계약체결상의 과실책임은 발생할 수 없고, 불법행위책임이 발생한다.
③ 부동산매매에 있어서 **실제면적이 계약면적에 미달하는 경우** 그 미달부분이 원시적 불능임을 이유로 계약체결상의 과실책임을 물을 수 없다.

예제

다음 중 계약체결상의 과실책임이 인정될 수 있는 것은? 제23회

① 수량을 지정한 토지매매계약에서 실제면적이 계약면적에 미달하는 경우
② 토지에 대한 매매계약체결 전에 이미 그 토지 전부가 공용수용된 경우
③ 가옥 매매계약 체결 후, 제3자의 방화로 그 가옥이 전소한 경우
④ 유명화가의 그림에 대해 임대차계약을 체결한 후, 임대인의 과실로 그 그림이 파손된 경우
⑤ 저당권이 설정된 토지를 매수하여 이전등기를 마쳤으나, 후에 저당권이 실행되어 소유권을 잃게 된 경우

해설 ② 계약체결상의 과실책임은 계약의 목적이 원시적 불능인 경우에 인정된다. ▶ 정답 ②

2 채무불이행(이행불능)

> 제546조 【이행불능과 해제】 채무자의 책임 있는 사유로 이행이 불능하게 된 때에는 채권자는 계약을 **해제할 수 있다**.
> 제551조 【해지, 해제와 손해배상】 계약의 해지 또는 해제는 **손해배상의 청구에 영향을 미치지 아니한다**.

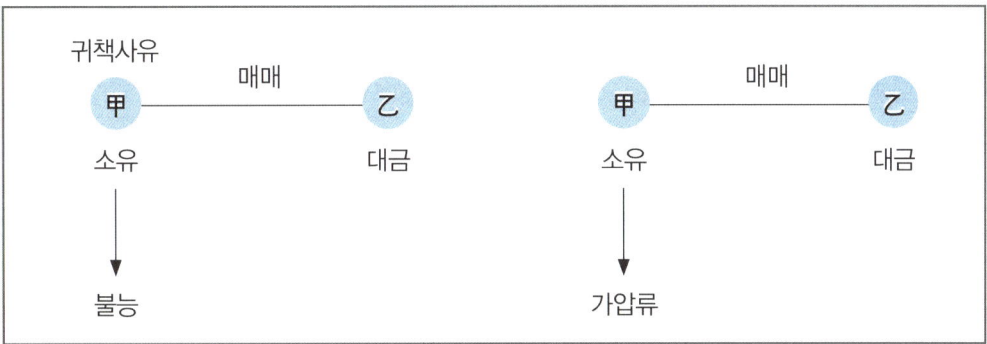

1. 의 의

① **채무자의 귀책사유(책임 있는 사유)**로 인하여 채무의 이행이 **불가능**하게 된 경우에는 채권자에게 **해제권과 손해배상청구권이 발생한다**.

② 따라서 건물매매계약이 체결된 후에 **매도인의 귀책사유로** 건물이 **소실**된 경우에는 **매수인은** 매도인에게 계약을 **해제하고 손해배상을 청구할 수 있다**.

2. 적용범위

① **채무자의 귀책사유 없이** 채무의 이행이 **불가능**하게 된 경우에는 **위험부담**이 적용되므로 채권자는 계약을 **해제할 수 없다**.

② 따라서 토지매매계약체결 후 그 토지가 **수용**되어 소유권이전이 불가능하게 된 경우에는 채무자인 매도인에게 귀책사유가 없으므로 매수인은 계약을 **해제할 수 없다**.

③ 채무자의 채무이행이 불가능한 것으로 확정된 경우라야만 채권자는 계약을 해제할 수 있으므로, **매매계약 후에 매매목적물에 대하여 가압류, 압류, 가처분, 가등기가 경료된 경우에도** 소유권이전이 **불가능하게 된 것은 아니므로**, 매수인은 이러한 사유만으로는 매도인의 계약위반을 이유로 계약을 **해제할 수는 없다**.

판 례

1. 임대차에서 목적물을 사용·수익하게 할 임대인의 의무는 **임대인이** 임대차목적물의 **소유권을 상실한 것만으로 이행불능이 되는 것은 아니다.**
2. 임대인에게 임대목적물에 대한 소유권이 없는 경우, 임차인이 진실한 소유자로부터 목적물의 반환청구를 받는 등의 이유로 **임차인이 이를 사용·수익할 수가 없게 되면** 임대인의 채무는 **이행불능이 된다.**

3 위험부담

1. 의 의

① 유효하게 성립한 **쌍무계약**에서 당사자 일방의 채무가 **채무자의 책임 없는 사유로 인하여 후발적 불능**이 되어 소멸한 경우, **대가위험**을 채무자와 채권자 중 누가 부담해야 하는가의 문제이다.
② 위험부담에 관한 민법규정은 **임의규정**이므로, 당사자 간의 특약으로 달리 정할 수 있다.
③ **편무계약**에는 원칙적으로 위험부담의 법리가 **적용되지 않는다.**

2. 채무자위험부담주의

> 제537조【채무자위험부담주의】 쌍무계약의 당사자 일방의 채무가 당사자 **쌍방의 책임 없는 사유로 이행할 수 없게 된 때에는 채무자는 상대방의 이행을 청구하지 못한다.**

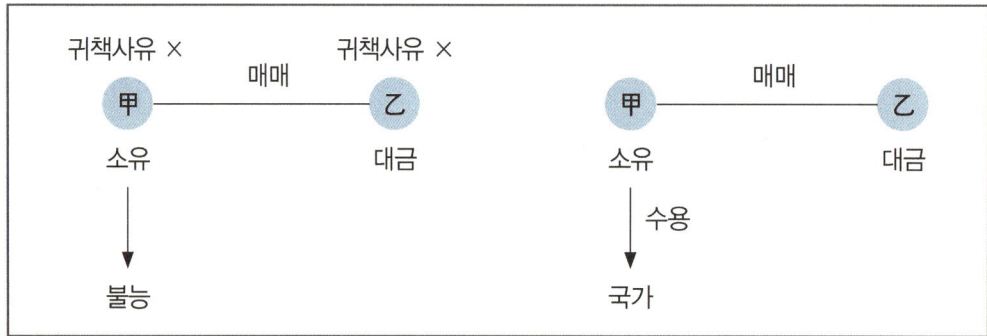

① 쌍무계약의 당사자 일방의 채무가 당사자 **쌍방의 책임 없는 사유로 이행할 수 없게 된 경우**로서 건물매매계약 후 **건물이 천재지변이나 제3자에 의해 멸실, 소실된 경우**, 토지매매계약 후 **토지가 수용된 경우**가 이에 해당한다.

② **양당사자 모두 의무가 소멸한다.** 따라서 양당사자는 채무이행을 청구할 수 없으며, 매도인은 이미 지급받은 **계약금**은 매수인에게 **반환해야 한다.**

③ 채무자인 매도인이 불능을 원인으로 매매목적물에 갈음하여 **대상물을 취득한 경우**, 채권자인 매수인은 자신의 반대급부를 이행하면서 대상물의 이전을 청구할 수 있다.

④ 따라서 토지가 수용되어 채무자인 매도인이 **수용보상금청구권을 취득한 경우**, 채권자인 매수인은 자신의 반대급부를 이행하면서 **수용보상금청구권의 양도를 청구할 수 있다.**

3. 채권자위험부담주의

> 제538조【채권자귀책사유로 인한 이행불능】① 쌍무계약의 당사자 일방의 채무가 **채권자의 책임 있는 사유로 이행할 수 없게 된 때**에는 채무자는 상대방의 이행을 청구할 수 있다. **채권자의 수령지체 중**에 당사자 쌍방의 책임 없는 사유로 이행할 수 없게 된 때에도 같다.
> ② 전항의 경우에 채무자는 자기의 채무를 면함으로써 이익을 얻은 때에는 이를 채권자에게 상환하여야 한다.

① **채권자의 귀책사유**로 이행이 불가능하게 되거나 **채권자의 수령지체 중** 당사자 쌍방의 귀책사유 없이 이행이 불가능하게 된 경우를 말한다.

② **채무자는** 자기의 채무는 면하면서 채권자에게 **이행을 청구할 수 있다.** 이 때 **채무자는** 자기의 채무를 면하면서 **얻은 이익**이 있는 때에는 이를 **채권자에게 상환하여야 한다.**

예제

1. 甲은 자기소유의 주택을 乙에게 매도하는 계약을 체결하였는데, 그 주택의 점유와 등기가 乙에게 이전되기 전에 멸실되었다. 다음 중 틀린 것은? 제22회

① 주택이 태풍으로 멸실된 경우, 甲은 乙에게 대금지급을 청구할 수 없다.
② 주택이 태풍으로 멸실된 경우, 甲은 이미 받은 계약금을 반환할 의무가 없다.
③ 甲의 과실로 주택이 전소된 경우, 乙은 계약을 해제할 수 있다.
④ 乙의 과실로 주택이 전소된 경우, 甲은 乙에게 대금지급을 청구할 수 있다.
⑤ 甲이 이행기에 등기에 필요한 서류를 제공하면서 주택의 인수를 최고하였으나 乙이 이를 거절하던 중 태풍으로 멸실된 경우, 甲은 乙에게 대금지급을 청구할 수 있다.

해설 ② 쌍방의 책임 없는 사유로 이행할 수 없게 된 경우이므로, 甲은 이미 지급받은 계약금은 乙에게 반환해야 한다. ▶ 정답 ②

2. 쌍무계약상 위험부담에 관한 설명으로 틀린 것은? (다툼이 있으면 판례에 따름) 제31회

① 계약당사자는 위험부담에 관하여 민법 규정과 달리 정할 수 있다.
② 채무자의 책임 있는 사유로 후발적 불능이 발생한 경우, 위험부담의 법리가 적용된다.
③ 매매목적물이 이행기 전에 강제수용된 경우, 매수인이 대상청구권을 행사하면 매도인은 매매대금 지급을 청구할 수 있다.
④ 채권자의 수령지체 중 당사자 모두에게 책임 없는 사유로 불능이 된 경우, 채무자는 상대방의 이행을 청구할 수 있다.
⑤ 당사자 일방의 채무가 채권자의 책임 있는 사유로 불능이 된 경우, 채무자는 상대방의 이행을 청구할 수 있다.

해설 ② 채무자의 책임 있는 사유로 후발적 불능이 발생한 경우에는 위험부담의 법리가 적용되는 것이 아니라 채무불이행책임이 발생한다. ▶ 정답 ②

3. 甲과 乙은 甲소유의 X토지에 대하여 매매계약을 체결하였으나 그 후 甲의 채무인 소유권이전등기의무의 이행이 불가능하게 되었다. 다음 설명 중 옳은 것을 모두 고른 것은? (다툼이 있으면 판례에 따름) 제34회

> ㄱ. 甲의 채무가 쌍방의 귀책사유 없이 불능이 된 경우, 이미 대금을 지급한 乙은 그 대금을 부당이득법리에 따라 반환청구할 수 있다.
> ㄴ. 甲의 채무가 乙의 귀책사유로 불능이 된 경우, 특별한 사정이 없는 한 甲은 乙에게 대금지급을 청구할 수 있다.
> ㄷ. 乙의 수령지체 중에 쌍방의 귀책사유 없이 甲의 채무가 불능이 된 경우, 甲은 乙에게 대금지급을 청구할 수 없다.

① ㄱ   ② ㄷ   ③ ㄱ, ㄴ
④ ㄴ, ㄷ   ⑤ ㄱ, ㄴ, ㄷ

해설 ㄷ. 乙의 수령지체 중에 쌍방의 귀책사유 없이 甲의 채무가 불능이 된 경우에는 甲은 乙에게 대금지급을 청구할 수 있다. ▶ 정답 ③

제4절 동시이행항변권

1 의 의

쌍무계약에 있어서 상대방이 그 채무의 이행을 제공할 때까지 자기의 채무이행을 거절할 수 있는 연기적 항변권을 동시이행항변권이라고 한다.

2 요 건

1. 쌍방이 서로 대가적 의미 있는 채무를 부담할 것

① 동시이행관계가 인정되기 위해서는 **원칙적으로 동일한 쌍무계약**에서 발생한 대가적 관계에 있는 채무이어야 한다.

② 당사자 쌍방이 **각각 별개의 약정**으로 상대방에 대하여 채무를 지게 된 경우에는 동시이행을 하기로 **특약한 사실이 없다면 동시이행항변권은 발생할 수 없다.**

③ 동일한 계약에 의해 생긴 쌍방의 채무라도 **부수적인 의무**에는 동시이행항변권이 인정되지 않는 것이 원칙이다.

④ **동시이행관계에 있는** 쌍방의 채무 중 어느 한 채무가 **이행불능**이 됨으로 인하여 발생한 **손해배상채무**도 여전히 다른 채무와 **동시이행관계에 있다**(대판 2010다11323).

⑤ 채무의 동일성만 유지된다면 채권양도·상속 등으로 인하여 당사자가 변경되더라도 동시이행항변권을 주장할 수 있다.

2. 상대방의 채무가 변제기에 있을 것

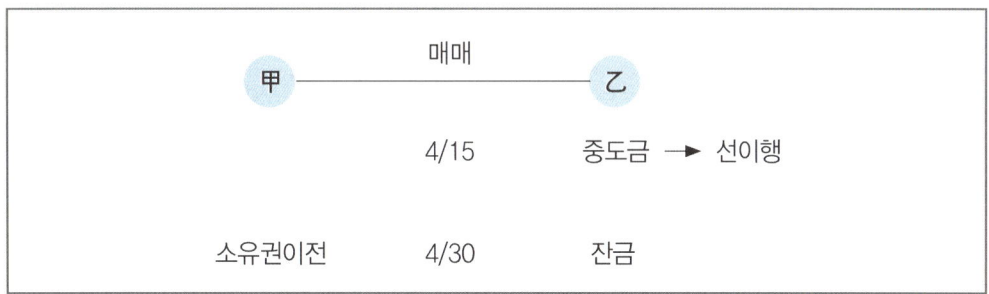

① **선이행의무가 있는 자**는 원칙적으로 동시이행의 항변권을 행사할 수 없다.

② 그러나 **후이행의무자의 이행**이 재산상태의 악화 등으로 **현저히 곤란한 경우**에는 비록 후이행의무자의 채무변제기가 도래하지 않았다 하더라도 **선이행의무자는 동시이행항변권을 행사할 수 있다**(**불안의 항변권**).

③ **선이행의무자의 이행지체 중에 후이행의무자의 변제기가 도래한 경우에는 선이행의무자는 동시이행항변권을 주장할 수 있다.** 따라서 매수인이 중도금을 지급하지 않고 있던 중에 **잔대금 지급기일이 도래**하면, **매수인의 중도금과 지연손해금 및 잔대금지급과 매도인의 소유권이전의무는 동시이행관계에 있다**(대판 2000다577).

3. 상대방이 이행제공 없이 이행을 청구하였을 것

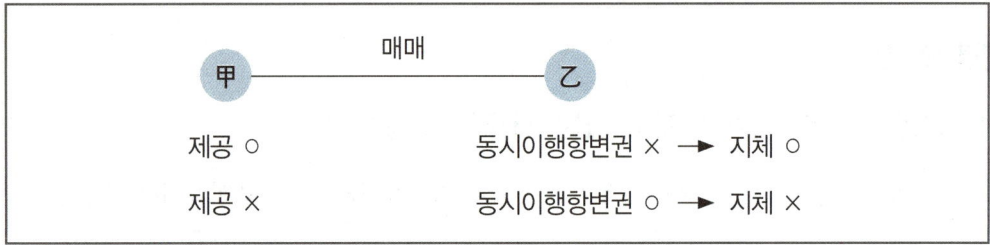

① 당사자 일방이 먼저 이행제공을 하여 상대방을 수령지체에 빠지게 하였더라도 **이행제공이 계속되지 않는 한** 상대방의 **동시이행항변권은 소멸하지 않으므로, 수령지체에 빠진 당사자도 그 후 상대방이 이행제공 없이 이행을 청구하는 경우에는 동시이행항변권을 행사할 수 있다**(대판 98다13754).
② 매도인의 **매매대금채권**을 매도인의 채권자가 압류한 경우에도 매수인은 매도인이 이행제공할 때까지 압류채권자에게 **동시이행항변권을 행사할 수 있다**.

3 효 과

1. 동시이행항변권의 존재의 효과

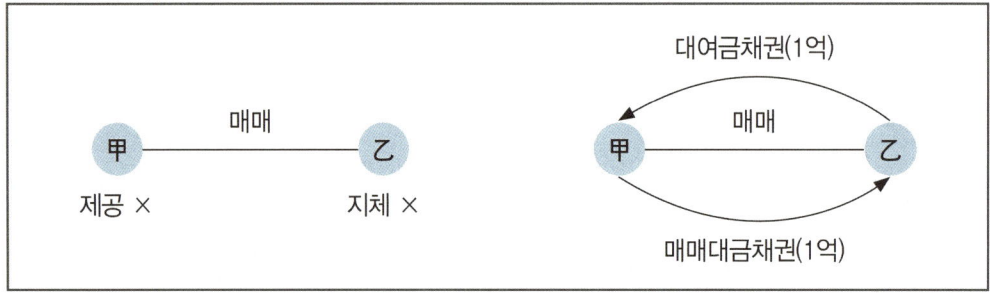

① **동시이행항변권이 있는 자는 동시이행항변권을 행사하지 않더라도 지체책임을 지지 않는다**(대판 97다54604). 따라서 잔대금 지급일이 도래하였는데 **매도인이** 소유권이전등기서류를 **제공하지 않으면** 매수인은 동시이행항변권이 존재하므로, 매수인은 **동시이행항변권을 행사하지 않더라도 동시이행항변권의 존재 자체로 잔대금에 대한 지연이자를 지급할 의무가 없다.**

② 동시이행항변권이 붙은 채권은 이를 자동채권으로 하여 **상계하지 못한다**. 동시이행항변권이 붙은 채권을 자동채권으로 하여 상대방의 채권과의 상계를 허용하면 상계자 일방의 의사표시에 의하여 상대방의 항변권 행사의 기회를 상실시키는 결과가 되기 때문에 그러한 상계는 허용될 수 없는 것이다(대판 2010다11323).

2. 동시이행항변권의 행사의 효과

① 동시이행의 항변권은 당사자가 이를 원용(주장)한 때에 비로소 그 기능을 발휘하며, **법원이 직권으로 고려할 사항이 아니다**.
② 원고의 청구에 대해 피고가 **동시이행항변권을 주장하면 상환이행판결**(원고일부승소판결)을 한다.
③ 원고의 청구에 대해 피고가 **동시이행항변권을 주장하지 않으면 단순이행판결**(원고전부승소판결)을 한다.

예제

1. 乙은 제3자의 가압류등기가 있는 甲소유의 부동산을 甲으로부터 매수하였다. 다음 설명 중 틀린 것은? (다툼이 있으면 판례에 의함)   제21회
① 甲의 소유권이전등기의무 및 가압류등기의 말소의무와 乙의 대금지급의무는 특별한 사정이 없는 한 동시이행관계에 있다.
② 甲은 乙에 대한 매매대금채권을 자동채권으로 하여 상계적상에 있는 乙의 甲에 대한 대여금채권과 상계할 수 없다.
③ 甲의 乙에 대한 매매대금채권이 전부명령에 의해 압류채권자인 丙에게 이전된 경우, 乙은 丙의 대금청구에 대해 동시이행항변권을 행사할 수 없다.
④ 甲이 소유권이전에 필요한 등기서류를 교부하였는데 乙이 그 수령을 거절한 경우, 후에 甲이 재차 이행의 제공 없이 乙에게 대금지급을 청구하면 乙은 동시이행항변권을 행사할 수 있다.
⑤ 乙이 대금채무를 선이행하기로 약정했더라도 그 이행을 지체하는 동안 甲의 채무의 이행기가 도래하였다면, 특별한 사정이 없는 한 甲과 乙의 채무는 동시이행관계에 있다.

해설 ③ 매도인의 매매대금채권에 관하여 매도인의 채권자가 압류 및 추심명령을 받은 경우에도 매수인은 압류채권자에게 동시이행항변권을 행사할 수 있다.   ▶ 정답 ③

2. 동시이행의 항변권에 관한 설명으로 틀린 것은? (다툼이 있으면 판례에 따름) 21. 변리사

① 부동산 매매계약에서 매수인이 부가가치세를 부담하기로 약정한 경우, 특별한 사정이 없는 한 부가가치세를 포함한 매매대금 전부와 부동산의 소유권이전등기의무는 동시이행관계에 있다.
② 선이행의무자가 이행을 지체하는 동안 상대방의 채무가 이행기에 도래한 경우, 특별한 사정이 없는 한 양 당사자의 의무는 동시이행관계에 있다.
③ 구분소유적 공유관계가 전부 해소된 경우, 공유지분권자 상호간의 지분이전등기의무는 동시이행관계에 있다.
④ 동시이행항변권에 따른 이행지체책임 면제의 효력은 그 항변권을 행사·원용하여야 발생한다.
⑤ 동시이행의 관계에 있는 쌍방의 채무 중 어느 한 채무가 이행불능이 됨으로 인하여 발생한 손해배상채무도 여전히 다른 채무와 동시이행관계에 있다.

해설 ④ 동시이행항변권이 있는 자는 동시이행항변권을 행사하지 않더라도 지체책임을 지지 않는다 (대판 97다54604). ▶ 정답 ④

4 동시이행관계

1. 동시이행관계에 있는 경우

① **전세권 소멸시** 전세권설정자의 전세금반환의무와 전세권자의 목적물인도 및 전세권말소등기의무는 동시이행관계에 있다.
② **임대차 종료시** 임대인의 보증금반환의무와 임차인의 목적물반환의무 및 임대인의 협력 하에 경료된 임차권등기말소의무는 동시이행관계에 있다.
③ 임대차계약을 체결하면서 임대차보증금을 전세금으로 하는 전세권설정등기를 경료한 경우, **임대차 종료시** 보증금반환의무와 전세권말소등기의무는 동시이행관계에 있다.
④ 계약의 **해제로** 인한 양당사자의 원상회복의무는 동시이행관계에 있다.
⑤ 계약의 **무효·취소로** 인한 양당사자의 부당이득반환의무는 동시이행관계에 있다.
⑥ **지상물, 부속물매수청구권 행사시** 매매대금채권과 지상물, 부속물이전의무는 동시이행관계에 있다.
⑦ **양도소득세를 매수인이 부담하기로 약정한 경우**, 매수인의 양도소득세 납부의무와 매도인의 소유권이전등기의무는 동시이행관계에 있다.
⑧ **부가가치세를 매수인이 부담하기로 약정한 경우**, 매수인의 부가가치세 납부의무와 매도인의 소유권이전등기의무는 동시이행관계에 있다.

⑨ **저당권이 설정된 부동산의 매매계약**에서 소유권이전등기의무 및 저당권등기말소의무와 매수인의 대금지급의무는 동시이행관계에 있다.

⑩ **가압류등기가 있는 부동산의 매매계약**에서 특약이 없는 한 소유권이전등기의무 및 가압류등기말소의무와 매수인의 대금지급의무는 동시이행관계에 있다.

⑪ 가등기담보권자가 **귀속청산**을 하는 경우, 가등기담보권자의 **청산금지급의무**와 채무자의 **소유권이전등기의무**는 동시이행관계에 있다.

⑫ **구분소유적 공유관계가 해소되는 경우**, 공유지분권자 상호간의 지분이전등기의무는 동시이행관계에 있다.

2. 동시이행관계가 부정되는 경우

① 피담보채무의 **변제와** 담보물권(저당권, 가등기담보권, 양도담보권)의 **말소등기의무는 동시이행관계에 있지 않다**.

② 임대인의 보증금의 반환의무와 **임차권등기명령에 의해 경료된 임차인의 임차권등기 말소의무는 동시이행관계에 있지 않다**(대판 2005다4529).

③ 상가임대차계약 종료에 따른 임차인의 임차목적물 반환의무와 임대인의 **권리금 회수 방해로 인한 손해배상의무**는 별개의 원인에 기하여 발생한 것이므로 **동시이행관계에 있지 않다**(대판 2018다242727).

④ **토지거래허가구역에서** 매도인의 토지거래허가 신청절차 협력의무와 매수인의 매매대금 지급의무는 **동시이행관계에 있지 않다**(대판 96다23825).

⑤ 근저당권 실행을 위한 **경매가 무효인** 경우, **낙찰자의 채무자에 대한** 소유권이전등기말소의무와 **근저당권자의 낙찰자에 대한** 배당금 반환의무는 서로 이행의 상대방이 다르므로 **동시이행관계에 있지 않다**(대판 2006다24049).

예제

1. 동시이행의 관계에 있는 것을 모두 고른 것은? (다툼이 있으면 판례에 따름) 〈제31회〉

> ㄱ. 임대차 종료시 임차보증금 반환의무와 임차물 반환의무
> ㄴ. 피담보채권을 변제할 의무와 근저당권설정등기 말소의무
> ㄷ. 매도인의 토지거래허가 신청절차에 협력할 의무와 매수인의 매매대금지급의무
> ㄹ. 토지임차인이 건물매수청구권을 행사한 경우, 토지임차인의 건물인도 및 소유권이전 등기의무와 토지임대인의 건물대금지급의무

① ㄹ ② ㄱ, ㄴ ③ ㄱ, ㄹ
④ ㄴ, ㄷ ⑤ ㄱ, ㄷ, ㄹ

해설 ㄱ, ㄹ은 동시이행관계에 있고, ㄴ, ㄷ은 동시이행관계에 있지 않다. ▶ 정답 ③

2. 특별한 사정이 없는 한 동시이행의 관계에 있는 경우를 모두 고른 것은? 〈제33회〉

> ㄱ. 임대차계약 종료에 따른 임차인의 임차목적물반환의무와 임대인의 권리금 회수 방해로 인한 손해배상의무
> ㄴ. 주택임대차보호법상 임차권등기명령에 따라 행해진 임차권등기의 말소의무와 임대차보증금 반환의무
> ㄷ. 구분소유적 공유관계의 해소로 인하여 공유지분권자 상호간에 발생한 지분이전등기의무

① ㄱ ② ㄷ ③ ㄱ, ㄴ
④ ㄴ, ㄷ ⑤ ㄱ, ㄴ, ㄷ

해설 ㄷ은 동시이행관계에 있고, ㄱ, ㄴ은 동시이행관계에 있지 않다. ▶ 정답 ②

제 5 절 제3자를 위한 계약

제539조【제3자를 위한 계약】 ① 계약에 의하여 당사자 일방이 제3자에게 이행할 것을 약정한 때에는 그 제3자는 채무자에게 직접 그 이행을 청구할 수 있다.
② 전항의 경우에 제3자의 권리는 그 제3자가 채무자에 대하여 계약의 이익을 받을 의사를 표시한 때에 생긴다.

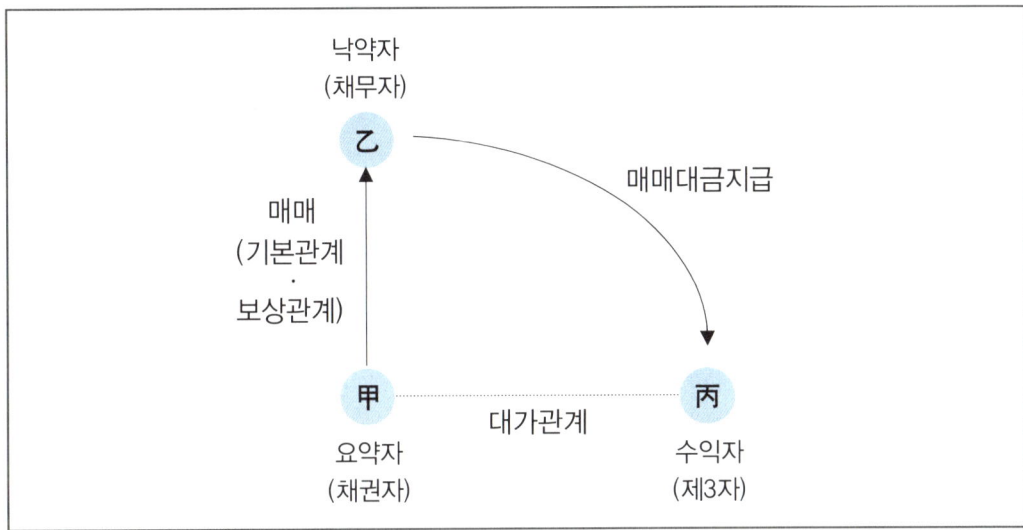

1 의의 및 성질

1. 의 의

① 계약당사자가 아닌 제3자로 하여금 직접 계약으로부터 생긴 권리를 취득하게 하는 것을 목적으로 하는 계약을 말한다. 따라서 계약의 내용에 제3자를 위한다는 '제3자약관'이 존재하여야 한다.

② 甲이 乙에게 자신의 아파트를 매도하면서 매매대금은 乙이 직접 丙에게 지급하기로 약정한 경우, 甲을 요약자(채권자), 乙을 낙약자(채무자), 丙을 수익자(제3자)라고 한다.

2. 성 질

① **제3자는 계약당시 반드시 현존하지 않아도 되며**, 수익의 의사표시를 할 때 현존·특정되면 된다.
② **제3자의 수익의 의사표시는** 제3자를 위한 계약 자체의 성립요건은 아니며, **제3자의 권리발생요건이다.**
③ 제3자는 **낙약자에게 수익의 의사표시를** 함으로써 요약자와 낙약자가 계약한 내용대로 권리를 취득한다.
④ 수익의 의사표시는 명시적·묵시적으로 할 수 있다.
⑤ 낙약자는 상당한 기간을 정하여 계약의 이익의 향수 여부의 확답을 제3자에게 **최고**할 수 있고, 낙약자가 그 기간 내에 확답을 받지 못한 때에는 제3자가 **거절한 것으로 본다.**

2 출연의 원인관계

1. 보상관계(기본관계)

① **요약자와 낙약자 간의 관계를** 보상관계 또는 기본관계라고 한다.
② **보상관계의 흠결이나 하자는 계약의 효력에 영향을 미치고,** 낙약자는 **보상관계에서 생기는 항변권으로** 제3자에게 **대항할 수 있다.** 따라서 요약자가 낙약자에게 이행제공을 하지 않으면 **낙약자는 제3자에게 동시이행항변권을 행사할 수 있다.**

2. 대가관계

① **요약자와 수익자 간의 관계를** 대가관계라고 한다.
② **대가관계의 흠결이나 하자는 계약의 효력에 아무런 영향을 미치지 않는다.**
③ 낙약자는 **대가관계에 기한 항변으로** 수익자에게 **대항하지 못하고,** 요약자도 **대가관계의 부존재나 효력의 상실을 이유로** 자신이 기본관계에 기하여 낙약자에게 부담하는 채무의 **이행을 거부할 수 없다**(대판 2003다49771).

3 제3자를 위한 계약의 효력

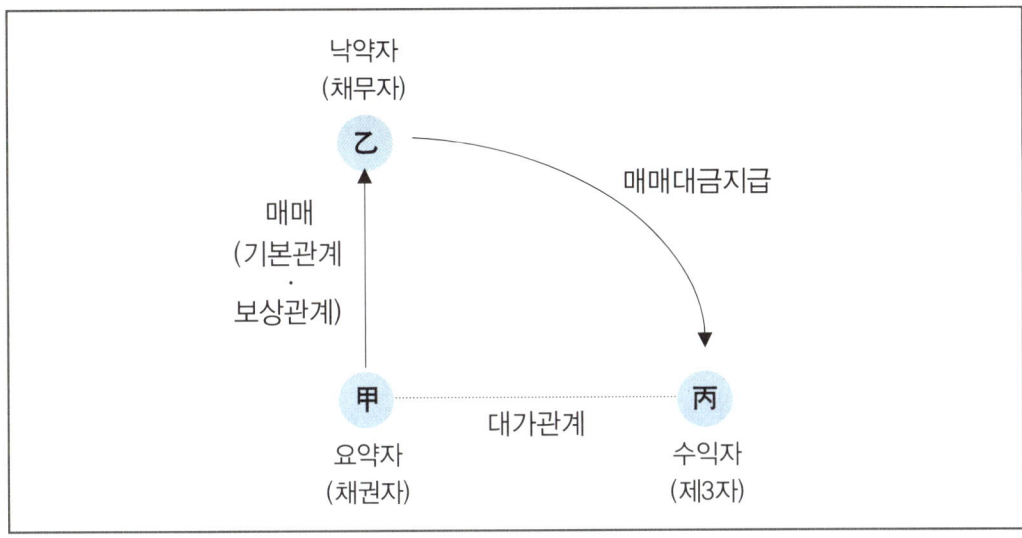

1. 제3자의 지위

① **제3자는 계약당사자가 아니므로 해제권이나 취소권을 행사할 수 없다.** 따라서 낙약자의 채무불이행이 있는 경우, 요약자가 계약을 해제할 수 있는 것이지 **제3자는 계약을 해제할 수 없다.**

② 낙약자의 채무불이행으로 인하여 제3자가 손해를 입은 경우에는 제3자는 낙약자에 대하여 **손해배상을 청구할 수 있다**(대판 92다41559).

③ **제3자를 위한 계약이 무효이거나 해제된 경우** 그 계약관계의 청산은 계약당사자인 낙약자와 요약자 사이에 이루어져야 하므로, 특별한 사정이 없는 한 낙약자가 이미 제3자에게 급부한 것이 있더라도 낙약자는 **제3자를 상대로 그 반환을 청구할 수 없다**(대판 2010다31860).

④ 계약 자체로부터 수익을 받는 자이므로 **제3자보호규정에 있어서 새로운 이해관계를 맺은 제3자에 해당하지 않는다.**

⑤ 제3자를 위한 계약이 통정허위표시로서 **무효**인 경우, 계약당사자는 **선의의 제3자에게 무효로 대항할 수 있다.**

⑥ 요약자가 낙약자의 사기를 이유로 제3자를 위한 계약을 **취소한 경우, 제3자는 그 사실을 몰랐더라도 낙약자에게 이행을 청구할 수 없다.**

2. 제3자의 수익의 의사표시 후 변경 또는 소멸

① 제3자가 수익의 의사표시를 하여 제3자의 권리가 발생한 후에는 계약당사자인 **요약자와 낙약자는 합의로 계약의 내용을 변경 또는 소멸시키지 못한다**. 따라서 제3자가 수익의 의사표시를 한 후에 당사자가 **합의해제**를 하더라도 **제3자에게 해제의 효과를 주장할 수 없다**.

② 요약자와 낙약자가 **계약의 내용을 변경 또는 소멸시킬 수 있음을 미리 유보**하였거나 **제3자의 동의**가 있는 때에 한하여 변경 또는 소멸시키는 것이 **가능하다**(대판 2001다30285).

③ 제3자가 수익의 의사표시를 한 후에도 낙약자의 채무불이행이 있으면 **요약자는 제3자의 동의 없이도 계약을 해제할 수 있다**(대판 69다1410).

판례

1. 낙약자가 제3자에 대하여 가지는 채권에 관하여 **채무를 면제하는 계약**도 제3자를 위한 계약에 준하는 것으로서 이에 의하여 채무면제의 효력이 생긴다(대판 2004다46922).

2. 채무자와 인수인 사이의 계약으로 인한 **중첩적(병존적) 채무인수**는 제3자를 위한 계약으로 볼 수 있으나, **면책적 채무인수**는 제3자를 위한 계약으로 볼 수 없다(대판 97다28698).

예제

甲은 그 소유의 토지를 乙에게 매도하면서 甲의 丙에 대한 채무변제를 위해 乙이 그 대금 전액을 丙에게 지급하기로 하는 제3자를 위한 계약을 乙과 체결하였고, 丙도 乙에 대해 수익의 의사표시를 하였다. 다음 설명 중 틀린 것은? (다툼이 있으면 판례에 따름) 제34회

① 乙은 甲과 丙 사이의 채무부존재의 항변으로 丙에게 대항할 수 없다.
② 丙은 乙의 채무불이행을 이유로 甲과 乙 사이의 계약을 해제할 수 없다.
③ 乙이 甲의 채무불이행을 이유로 계약을 해제한 경우, 특별한 사정이 없는 한 乙은 이미 이행한 급부의 반환을 丙에게 청구할 수 있다.
④ 甲이 乙의 채무불이행을 이유로 계약을 해제하면, 丙은 乙에게 채무불이행으로 인해 자신이 입은 손해의 배상을 청구할 수 있다.
⑤ 甲은 丙의 동의 없이도 乙의 채무불이행을 이유로 계약을 해제할 수 있다.

해설 ③ 제3자를 위한 계약이 무효이거나 해제된 경우 그 계약관계의 청산은 계약의 당사자인 낙약자와 요약자 사이에 이루어져야 하므로, 낙약자는 제3자를 상대로 그 반환을 청구할 수 없다(대판 2010다31860).
▶ 정답 ③

제6절 계약의 해제

1 해제의 의의

1. 계약의 **해제**라 함은 **유효**하게 성립한 계약의 효력을 **소급적으로 소멸**시키고, 처음부터 계약이 존재하지 않았던 것과 같은 상태로 회복시키는 당사자의 일방적 의사표시를 말한다.

2. **해제**는 해제권자의 일방적 의사표시에 의하여 해제의 효력이 발생하는 **상대방 있는 단독행위라는 점에서** 당사자 쌍방의 합의에 의해 해제의 효력이 발생하는 **합의해제와 구별된다.**

3. 해제권이 발생하는 경우는 당사자의 약정에 의해 발생하는 **약정해제권**과 채무자의 채무불이행(이행지체, 이행불능)으로 인해 발생하는 **법정해제권**이 있다.

2 해제권의 발생

1. 약정해제권

① 당사자가 약정한 해제권의 발생사유가 충족되면 발생하는 해제권을 약정해제권이라고 한다.

② 약정해제권의 유보는 채무불이행으로 인한 법정해제권의 성립에 아무런 영향을 미칠 수 없다. 따라서 약정해제권을 유보한 이후에도 채무자가 채무를 불이행하면 법정해제권은 발생할 수 있다.

③ 약정해제권을 행사한 경우 원상회복으로 인한 **이자는 발생하나,** 특약이 없는 한 **손해배상청구권이 인정되지는 않는다.**

④ 약정해제권을 행사한 경우 이로써 **제3자의 권리를 해할 수 없다.**

2. 법정해제권

(1) 이행지체

> **제544조【이행지체와 해제】** 당사자 일방이 그 채무를 **이행하지 아니하는 때**에는 상대방은 상당한 기간을 정하여 그 이행을 **최고하고** 그 기간 내에 이행하지 아니한 때에는 계약을 **해제할 수 있다.** 그러나 **채무자가 미리 이행하지 아니할 의사를 표시한 경우에는 최고를 요하지 아니한다.**

① 채무자가 자신의 귀책사유로 인하여 **이행을 지체한 때에는** 채권자는 상당한 기간을 정하여 이행을 **최고한 후에** 그 기간 내에 채무자가 이행하지 아니하면 계약을 **해제할 수 있다.**

② 채무자가 미리 이행**거절**의사를 **명백히 표시한 때**에는 채권자는 **최고할 필요도 없으며, 이행기를 기다릴 필요도 없고, 자기채무를 제공할 필요 없이** 해제할 수 있다.

③ 그러나 채무자가 이행**거절**의사를 **적법하게 철회**한 경우에는 이행할 의사가 있으므로, 채권자는 **최고를 한 이후에 해제할 수 있다**(대판 2000다40995).

④ 당사자 간에 최고 없이 해제하기로 **특약**한 경우에는 최고할 필요가 없다.

⑤ 기간을 정하지 않고 최고를 한 경우에도 최고로서의 효력은 발생하므로, 최고를 다시 할 필요 없이 상당한 기간이 경과한 때 해제권이 발생한다.

⑥ 실제 채무보다 과다한 수량을 제시하여 최고하는 과대최고의 경우에도 실제 채무와 차이가 적고, 채무의 동일성이 유지되면 유효하다고 본다.

⑦ 그러나 과다한 정도가 현저하고 채권자가 청구한 금액을 제공하지 않으면 그것을 수령하지 않을 것이라는 의사가 분명한 경우에는 최고는 부적법하고, 이러한 최고에 터 잡은 계약해제는 그 효력이 없다(대판 93다47615).

(2) 정기행위의 지체

> **제545조【정기행위와 해제】** 계약의 성질 또는 당사자의 의사표시에 의하여 **일정한 시일 또는 일정한 기간 내에 이행하지 아니하면 계약의 목적을 달성할 수 없을 경우에** 당사자 일방이 그 시기에 이행하지 아니한 때에는 상대방은 전조의 **최고를 하지 아니하고 계약을 해제할 수 있다.**

① 계약의 성질 또는 당사자의 의사표시에 의하여 일정한 기간 내에 이행하지 않으면 계약의 목적을 달성할 수 없는 **정기행위를** 채무자가 **지체한 경우에는** 채권자는 **최고 없이도 계약을 해제할 수 있다.**

② 채무자가 정기행위를 지체한 것만으로 바로 해제의 효력이 발생하는 것이 아니라 채권자가 **해제의 의사를 표시해야 해제의 효과가 발생한다.**

(3) 이행불능

> 제546조 【이행불능과 해제】 채무자의 책임 있는 사유로 이행이 불능하게 된 때에는 채권자는 계약을 해제할 수 있다.

① **채무자의 귀책사유(책임 있는 사유)로** 인하여 채무의 이행이 **불가능**하게 된 경우에는 채권자는 계약을 해제할 수 있다.

② 이행불능을 이유로 해제하는 경우, 채권자는 **최고할 필요가 없으며, 이행기를 기다릴 필요도 없고, 자기채무를 제공할 필요 없이** 계약을 해제할 수 있다.

③ 계약의 **일부가 이행이 불가능**한 경우, 이행이 가능한 나머지 부분만의 이행으로는 **계약의 목적을 달성할 수 없으면** 계약 **전부를 해제할 수 있다**(대판 94다57817).

④ **채무자의 귀책사유 없이** 채무의 이행이 **불가능**하게 된 경우에는 **위험부담**이 적용되므로 채권자는 계약을 **해제할 수 없다**.

⑤ 채무자의 채무이행이 불가능한 것으로 확정된 경우라야만 채권자는 계약을 해제할 수 있으므로, **매매계약 후에 매매목적물에 대하여 가압류, 압류, 가처분, 가등기가 경료된 경우에도** 소유권이전이 불가능하게 된 것은 아니므로, 매수인은 이러한 사유만으로는 매도인의 계약위반을 이유로 계약을 **해제할 수는 없다**.

(4) 불완전이행

① **완전이행이 가능하면 이행지체**에 준하여 채권자는 상당한 기간을 정하여 최고하고 채무자가 최고기간 내에 완전이행을 하지 않으면 해제권이 발생한다.

② **완전이행이 불가능하면 이행불능**에 준하여 최고 없이 해제권이 발생한다.

(5) 부수적 채무의 불이행

주된 채무는 이행을 했으나 부수적 채무를 불이행한 경우에는 특별한 사정이 없는 한 **계약을 해제하지는 못하고**, 손해배상으로 해결해야 한다.

3 해제권의 행사와 소멸

1. 해제권의 행사

① 해제의 의사표시가 상대방에게 도달한 때에는 이를 철회하지 못한다. 따라서 소제기로 해제권을 행사한 후 그 소송을 취하해도 해제의 효력에는 아무런 영향이 없다.

② **해제**의 의사표시는 단독행위이므로 **조건이나 기한을 붙일 수 없는 것이 원칙이다.**

2. 해제권의 불가분성

> 제547조 【해지, 해제권의 불가분성】 ① 당사자의 일방 또는 쌍방이 **수인**인 경우에는 계약의 해지나 해제는 그 **전원으로부터 또는 전원에 대하여 하여야 한다.**
> ② 전항의 경우에 해지나 해제의 권리가 당사자 **1인에 대하여 소멸**한 때에는 **다른 당사자에 대하여도 소멸한다.**

① 해제권자가 **수인**인 경우, **전원이 해제권을 행사해야** 해제의 효력이 발생한다. 따라서 1인이 해제권을 행사한 경우에는 해제의 효력은 발생하지 않는다.

② 해제의 상대방이 **수인**인 경우, **전원을 상대로 해제권을 행사해야** 해제의 효력이 발생한다. 따라서 1인에게만 해제권을 행사한 경우에는 해제의 효력은 발생하지 않는다.

③ 해제의 상대방이 **수인**인 경우, 해제권이 당사자 **1인에 대하여 소멸한 때에는** 다른 당사자에 대하여도 **소멸한다.**

④ 해제권의 불가분성에 관한 민법규정은 임의규정이므로 당사자 간의 특약으로 적용을 배제할 수 있다.

3. 해제권의 소멸사유

① 이행지체 중에 있는 채무자가 최고기간 내에 채무내용에 좇은 이행을 하면 해제권은 소멸한다.

② 해제권은 형성권이므로 10년의 제척기간의 대상이다.

③ 해제권자가 해제권을 행사하지 않고 있는 경우 채무자는 상당한 기간을 정하여 해제권자에게 해제권의 행사 여부를 최고할 수 있고, 그 기간 내에 해제의 통지를 받지 못한 때에는 해제권은 소멸한다.

④ 해제권자의 고의나 과실로 인하여 계약의 목적물이 현저히 훼손되거나 이를 반환할 수 없게 된 때에는 해제권은 소멸한다.

4 해제의 효과

> **제548조 【해제의 효과, 원상회복의무】** ① 당사자 일방이 계약을 해제한 때에는 각 당사자는 그 상대방에 대하여 **원상회복의무**가 있다. 그러나 **제3자의 권리를 해하지 못한다.**
> ② 전항의 경우에 반환할 **금전**에는 그 **받은 날로부터 이자**를 가하여야 한다.

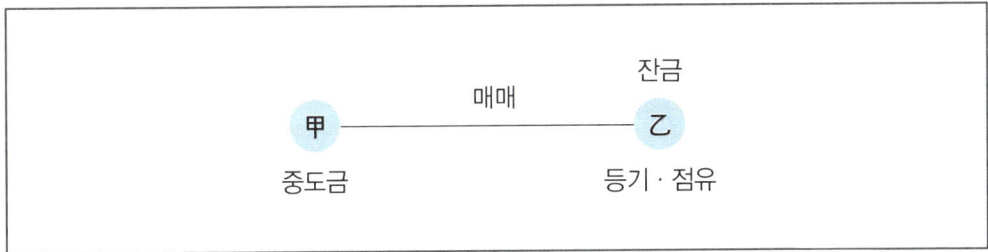

1. 해제의 소급효

① 계약이 **해제되면** 그 계약에 의하여 발생한 법률효과는 **모두 소급하여 소멸한다**. 따라서 **미이행채무는 소멸**하므로 **계약을 위반한 당사자도** 당해 계약이 상대방의 해제로 소멸되었음을 들어 그 **이행을 거절할 수 있다**(대판 2001다21441 · 21458).

② 소유권이전등기가 완료된 부동산 매매계약을 매도인이 해제하면 **말소등기 없이도** 바로 **매도인에게 소유권이 복귀한다**. 따라서 **매도인의 등기청구권은** 소유권에 기한 물권적 청구권으로서 **소멸시효에 걸리지 않는다.**

2. 원상회복의무

① 해제로 인한 원상회복의무의 범위는 **선의 · 악의를 불문하고 받은 이익 전부이다.**

② 채무자가 받은 것이 **금전**인 때에는 **받은 날로부터 이자**를 붙여서 반환하여야 한다.

③ 이 때 이자는 **법정이자**를 의미하는 것이지 이행지체로 인한 지연이자를 의미하는 것이 아니므로, 매매계약이 **해제**된 경우, 매도인은 **대금반환**과 서로 동시이행관계에 있는 소유권이전등기말소에 필요한 제반서류를 매수인이 제공하지 않더라도 **대금에 대한 이자를 지급할 의무가 있다**(대판 2016다17668).

④ 해제로 인한 원상회복의 대상에는 매매대금은 물론 이와 관련하여 그 매매계약의 존속을 전제로 수령한 **지연손해금도 포함된다**(대판 2017다284236).

⑤ 채무자가 받은 것이 **물건**인 때에는 그 물건으로부터 취득한 **과실도 반환**하여야 한다.

⑥ 이행지체로 인해 매매계약이 해제된 경우, 매수인은 **선의인 경우에도** 매매목적물로부터 취득한 **과실을 반환할 의무가 있다.**

3. 해제와 제3자 보호

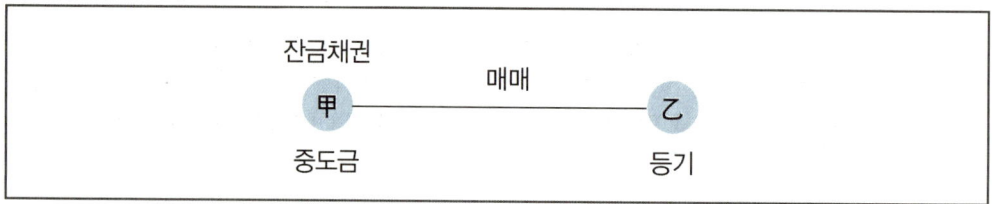

① 해제의 소급효는 제3자의 권리를 해하지 못한다. 따라서 해제하기 전에 권리를 취득한 제3자에게는 해제로 대항할 수 없다.

② 제3자라 함은 새로운 이해관계를 가졌을 뿐 아니라 **부동산에 등기·등록을 하여 완전한 권리를 취득한 자**를 말한다.

③ 소유권이전등기를 경료받은 매수인의 채권자가 그 **부동산을 가압류**한 경우, 해제시 보호되는 제3자에 해당된다.

④ 소유권이전등기를 경료받은 매수인으로부터 부동산을 매수하여 그에 기한 소유권이전청구권보전을 위한 **가등기**를 마친 자는 해제시 보호되는 제3자에 해당된다.

⑤ 주택에 대한 매매계약이 해제되기 전에 매수인으로부터 주택을 임차하여 **대항요건을 갖춘 임차인**은 해제시 보호되는 제3자에 해당된다.

⑥ 계약이 **해제**되기 이전에 계약상의 **채권을 압류 또는 가압류한 자**는 해제시 보호되는 제3자에 해당되지 않는다.

⑦ 계약이 **해제**되기 이전에 계약상의 **채권을 양수**하여 이를 피보전권리로 하여 처분금지가처분결정을 받은 자는 해제시 보호되는 제3자에 해당되지 않는다.

⑧ 매매계약이 해제되기 이전에 **매수인의 소유권이전등기청구권을 양수**한 자는 해제시 보호되는 제3자에 해당되지 않는다.

⑨ **미등기 무허가건물**에 관한 매매계약이 해제되기 전에 매수인으로부터 무허가건물을 다시 매수하고 **무허가건물관리대장에 소유자로 등재된 자**는 해제로 인하여 보호받는 **제3자에 해당하지 않는다.**

⑩ 토지매수인으로부터 그 토지 위에 신축된 **건물을 매수한 자**는 **토지매매계약의 해제**로 인하여 보호되는 **제3자에 해당하지 않는다.**

⑪ 매매계약이 **해제된 후라도** 매수인의 소유권등기가 말소되기 이전에 **권리를 취득한 선의의 제3자**는 해제시 보호되는 제3자에 해당된다. 따라서 매매계약이 **해제된 후** 매수인으로부터 **제3자가** 매수하고 **등기**를 경료한 경우, **선의의 제3자는 소유권을 취득할 수 있다.**

5 채무불이행의 효과

> 제551조 【해지, 해제와 손해배상】 계약의 해지 또는 해제는 **손해배상의 청구에 영향을 미치지 아니한다.**

1. 해제권 발생

2. 손해배상청구권 발생

① 채무자가 **채무를 불이행한 경우(이행지체, 이행불능)**에는 채권자에게 해제권과 함께 **손해배상청구권이 발생한다.**

② **약정해제권**을 행사한 경우, **합의해제**를 한 경우, **해약금에 의한 해제**를 한 경우에는 채무불이행이 아니므로 **손해배상청구권은** 특약이 없는 한 **발생할 수 없다.**

③ **해제는 손해배상청구에 영향을 미치지 아니한다.** 따라서 채무를 불이행한 채무자는 **원상회복의무를 모두 이행한 경우에도 별도의 손해배상책임을 부담한다.**

④ 이행불능을 이유로 손해배상을 청구하는 경우, 손해배상액은 **이행불능 당시**의 목적물의 시가를 기준으로 산정한다.

⑤ 계약이 해제되면 계약당사자는 상대방에 대하여 원상회복의무와 손해배상의무를 부담하는데, 이 때 계약당사자가 부담하는 원상회복의무뿐만 아니라 손해배상의무도 함께 **동시이행의 관계에 있다**(대판 95다25138).

6 구별개념

1. 합의해제(해제계약)

① 계약이 **합의해제**된 경우에는 그 해제시에 **특약이 없는 한** 채무불이행으로 인한 **손해배상을 청구할 수 없으며,** 합의해제로 인하여 반환할 금전에 **이자를 지급할 의무도 없다**(대판 2000다5336).

② 계약을 합의해제 할 때에 **원상회복에 관하여 반드시 약정을 하여야 하는 것은 아니다**(대판 94다17093).

③ 부동산매매계약이 **합의해제**되면 매수인에게 이전되었던 **소유권은 말소등기 없이도 매도인에게 복귀한다**(대판 80다2968).

④ 계약의 합의해제에 있어서도 해제의 경우와 같이 이로써 **제3자의 권리를 해할 수 없다.**

⑤ 합의해제는 **묵시적으로도 가능**하다. 다만, 묵시적인 합의해제를 한 것으로 인정되려면 **당사자 쌍방이 장기간에 걸쳐 나머지 의무를 이행하지 아니함으로써 이를 방치한 것만으로는 부족하고**, 당사자 쌍방에게 계약을 실현할 의사가 없거나 계약을 포기할 의사가 있다고 볼 수 있을 정도에 이르러야 한다(대판 2010다77385).

⑥ **매도인이** 잔금기일 경과 후 해제를 주장하며 **수령한 대금을 공탁하고 매수인이 이의 없이 수령한 경우**, 특별한 사정이 없는 한 **합의해제된 것으로 본다**.

⑦ 계약이 일부이행된 경우, 그 **원상회복에 관하여** 당사자 간의 **의사가 일치되지 않으면** 계약의 **묵시적 합의해제는 인정될 수 없다**.

2. 실권약관(자동해제약정)

① 매수인이 **중도금**을 약정일자에 지급하지 아니하면 계약이 해제된 것으로 한다는 특약이 있는 매매계약에서 매수인이 중도금지급의무를 이행하지 아니하면 그 계약은 그 일자에 **자동적으로 해제된 것으로 보아야 한다**(대판 92다5928).

② 매수인이 **잔대금**지급기일까지 그 대금을 지급하지 못하면 그 계약이 자동적으로 해제된다는 취지의 약정이 있더라도, 특단의 사정이 없는 한 매수인이 그 약정기한을 도과하였더라도 **이행지체에 빠진 것이 아니라면** 대금 미지급으로 계약이 **자동해제된다고 볼 수 없다**(대판 94다8600).

3. 해 지

① **유효**하게 성립하고 있는 **계속적 계약**의 효력을 **장래에 향하여 소멸**케 하는 당사자 일방의 의사표시로서 소급효가 없다.

② 계약관계가 비소급적으로 소멸하므로 해지 전의 모든 계약관계는 유효하게 남으며, 이미 이행된 급부는 반환할 의무가 없다.

4. 취 소

① 취소도 **소급효**가 있는 점에서는 해제와 같다.

② 그러나 **취소권**은 **법률에 규정**이 있는 경우에만 발생하고 **모든 법률행위에 인정**되지만, **해제권**은 **법률에 규정**이 있는 경우뿐 아니라 **당사자의 약정**에 의해서도 발생하고 **계약에만 인정**된다는 점에서 차이가 있다.

③ 또한 해제는 **원상회복의무**가 발생하나, 취소는 **부당이득반환의무**가 발생한다.

예제

1. 계약해제·해지에 관한 설명으로 틀린 것은? (다툼이 있으면 판례에 따름) 제31회

① 계약의 해지는 손해배상청구에 영향을 미치지 않는다.
② 채무자가 불이행 의사를 명백히 표시하더라도 이행기 도래 전에는 최고 없이 해제할 수 없다.
③ 이행불능으로 계약을 해제하는 경우, 채권자는 동시이행관계에 있는 자신의 급부를 제공할 필요가 없다.
④ 일부 이행불능의 경우, 계약목적을 달성할 수 없으면 계약 전부의 해제가 가능하다.
⑤ 계약당사자 일방 또는 쌍방이 여러 명이면, 해지는 특별한 사정이 없는 한 그 전원으로부터 또는 전원에게 해야 한다.

해설 ② 채무자가 미리 이행거절의사를 명백히 표시한 때에는 채권자는 최고할 필요도 없으며, 이행기를 기다릴 필요도 없고, 자기채무를 제공할 필요 없이 해제할 수 있다. ▶정답 ②

2. 계약해제시 보호되는 제3자에 해당하지 않는 자를 모두 고른 것은? 제30회

> ㄱ. 계약해제 전 그 계약상의 채권을 양수하고 이를 피보전권리로 하여 처분금지가처분 결정을 받은 채권자
> ㄴ. 매매계약에 의하여 매수인 명의로 이전등기된 부동산을 계약해제 전에 가압류 집행한 자
> ㄷ. 계약해제 전 그 계약상의 채권을 압류한 자

① ㄱ ② ㄱ, ㄴ ③ ㄱ, ㄷ
④ ㄴ, ㄷ ⑤ ㄱ, ㄴ, ㄷ

해설 ㄱ, ㄷ 계약해제 전 그 계약상의 채권을 양수, 압류, 가압류한 자는 해제시 보호되는 제3자에 해당하지 않는다. ▶정답 ③

3. 甲은 자신의 X토지를 乙에게 매도하고 소유권이전등기를 마쳐주었으나, 乙은 변제기가 지났음에도 매매대금을 지급하지 않고 있다. 이에 관한 설명으로 틀린 것을 모두 고른 것은? (다툼이 있으면 판례에 따름) 제33회

> ㄱ. 甲은 특별한 사정이 없는 한 별도의 최고 없이 매매계약을 해제할 수 있다.
> ㄴ. 甲은 적법하게 매매계약을 해제한 경우, X토지의 소유권은 등기와 무관하게 계약이 없었던 상태로 복귀한다.
> ㄷ. 乙이 X토지를 丙에게 매도하고 그 소유권이전등기를 마친 후 甲이 乙을 상대로 적법하게 매매계약을 해제하였다면, 丙은 X토지의 소유권을 상실한다.

① ㄱ ② ㄴ ③ ㄷ
④ ㄱ, ㄷ ⑤ ㄴ, ㄷ

해설 ㄱ. 乙이 이행을 지체한 경우이므로 甲은 최고를 한 후라야 매매계약을 해제할 수 있다.
ㄷ. 丙이 소유권을 취득한 후에 甲이 매매계약을 해제하였으므로 丙은 X토지의 소유권을 상실하지 않는다. ▶정답 ④

4. 부동산의 매매계약이 합의해제된 경우에 관한 설명으로 틀린 것은? (다툼이 있으면 판례에 따름)   제31회

① 특별한 사정이 없는 한 채무불이행으로 인한 손해배상을 청구할 수 있다.
② 매도인은 원칙적으로 수령한 대금에 이자를 붙여 반환할 필요가 없다.
③ 매도인으로부터 매수인에게 이전되었던 소유권은 매도인에게 당연히 복귀한다.
④ 합의해제의 소급효는 법정해제의 경우와 같이 제3자의 권리를 해하지 못한다.
⑤ 매도인이 잔금기일 경과 후 해제를 주장하며 수령한 대금을 공탁하고 매수인이 이의 없이 수령한 경우, 특별한 사정이 없는 한 합의해제된 것으로 본다.

해설 ① 합의해제된 경우에는 채무불이행으로 해제된 것이 아니므로 특별한 사정이 없는 한 손해배상을 청구할 수 없다.

▶ 정답 ①

Chapter 02 계약법 각론

제1절 매 매

1 계약금

> **제565조【해약금】** ① 매매의 당사자 일방이 계약당시에 금전 기타 물건을 계약금, 보증금 등의 명목으로 상대방에게 **교부한 때에는** 당사자 간에 다른 약정이 없는 한 당사자의 일방이 **이행에 착수할 때까지 교부자는** 이를 포기하고 **수령자는 그 배액을 상환하여** 매매계약을 **해제할 수 있다.**
> ② 제551조의 규정(손해배상규정)은 전항의 경우에 이를 적용하지 아니한다.

1. 계약금계약

① 계약금계약은 **요물계약**이므로, 약정한 계약금이 **완납된 때 성립한다.**
② 단지 **계약금을 지급하기로 약정만 한 단계**에서는 해약금에 의한 해제를 할 수 있는 권리는 발생하지 않는다(대판 2007다73611).
③ 교부자가 약속한 **계약금의 잔금을 지급하지 아니하는 한** 계약금계약은 성립하지 아니하므로, 당사자가 임의로 주계약을 **해제할 수는 없다**(대판 2007다73611).
④ **매도인이 계약금 일부만 지급받은 경우**, 실제 교부받은 계약금의 배액을 상환하고 매매계약을 **해제할 수 없다**(대판 2014다231378).
⑤ 계약금계약은 주된 매매계약의 **종된 계약**이다. 따라서 **매매계약이 무효이거나 취소되면 계약금계약의 효력도 소멸한다.**
⑥ 계약금계약은 주된 계약과 반드시 동시에 이루어질 필요는 없다.

2. 계약금의 성질

① **증약금**: 계약성립의 증거로서 의미를 갖는다. 계약금의 최소한도의 성질이다.
② **해약금**: 당사자 사이의 특별한 약정이 없는 한 계약금은 해약금으로 추정된다.
③ **위약금**: 수수된 계약금을 위약금으로 한다는 약정이 있는 경우에 한해 계약금은 위약금으로서의 성질을 가지며, 이때 손해배상액의 예정으로 추정된다.

3. 해약금에 의한 해제권의 행사

① **계약금이 완납된 후에** 당사자가 **이행에 착수하기 전까지** 교부자는 이를 포기하고 수령자는 계약금의 배액을 상환하여 계약을 해제할 수 있다.

② 교부자가 해제하는 경우에는 해제권을 행사하면 당연히 계약금이 포기되는 것이나, 수령자는 반드시 현실적으로 배액을 상환하거나 배액의 이행제공이 있어야만 해제할 수 있다. 즉, 수령자는 단순히 해제의 의사표시만으로는 해제가 불가능하다.

③ **매도인이 해약금에 의한 해제를 하려면** 해제의 의사표시 외에 매수인에게 계약금의 배액을 **제공하면 족하고**, 매수인이 이를 수령하지 않는다고 하여 이를 **공탁할 필요는 없다**(대판 80다2784).

④ 해약금에 의한 해제는 당사자가 **이행에 착수하기 전까지만 가능하다**. 따라서 **중도금 중 일부라도 지급된 후에는 해약금에 의한 해제는 허용되지 않는다**.

⑤ 이행기의 약정이 있는 경우라 하더라도 당사자가 채무의 이행기 전에는 착수하지 아니하기로 하는 특약이 없는 한 **이행기 전에 이행에 착수할 수 있다**. 따라서 매수인이 **중도금지급기일 전에 중도금을 지급한 경우에도** 특별한 사정이 없는 한 매도인은 계약금의 배액을 제공하고 **해제할 수 없다**(대판 2004다11599).

⑥ 그러나 계약에서 정한 매매대금의 이행기가 **매도인을 위해서도 기한의 이익을 부여하는 것으로 볼 수 있다면**, 이는 매수인이 **이행기 전에 이행에 착수할 수 없는 특별한 사정이 있는 경우에 해당한다**(대판 2022다256624).

⑦ 매매계약 당시 매수인이 **중도금 일부의 지급에 갈음하여** 매도인에게 **제3자에 대한 대여금채권을 양도하기로 약정하고, 그 자리에 제3자도 참석한 경우**, 매수인은 매매계약과 함께 채무의 일부 이행에 착수하였으므로, 매도인은 **해약금에 의한 해제권을 행사할 수 없다**(대판 2005다39594).

⑧ **토지거래허가구역** 내의 토지에 관하여 **허가를 받지 않아** 유동적 무효 상태에 있다고 하더라도 **해약금에 의한 해제는 가능하다**.

⑨ **토지거래허가구역** 내의 토지에 관하여 매매계약이 체결된 후 계약금만 수수한 상태에서 **허가를 받았다 하더라도 이행의 착수로 볼 수 없으므로**, 허가를 받았더라도 중도금이 지급되기 전까지 **해약금에 의한 해제는 가능하다**(대판 2008다62427).

⑩ 매도인이 매수인에 대하여 매매계약의 이행을 최고하고 매매잔대금의 지급을 구하는 **소송을 제기한 것만으로는 이행에 착수하였다고 볼 수 없다**. 따라서 매수인은 **계약금을 포기하고 해제할 수 있다**(대판 2007다72274).

⑪ **해약금에 의한 해제를 한 경우에는** 이행의 착수 전이므로 **원상회복의무는 발생할 여지가 없으며**, 채무불이행이 원인이 아니므로 따로 **손해배상을 청구할 수 없다**.

⑫ 해약금의 약정은 법정해제권과 무관하므로 채무불이행에 기한 법정해제권의 발생 및 행사에 아무런 영향을 주지 않는다. 따라서 해약금약정이 있더라도 매수인이 중도금 지급을 지체하면 매도인은 채무불이행을 이유로 법정해제권을 행사할 수 있다.

⑬ 해약금에 의한 해제권 행사를 **배제하는** 당사자의 **약정**이 있으면, **해약금에 의한 해제를 할 수 없다**.

4. 위약금특약

① **위약금특약이 있는 경우에 한하여** 계약금은 **손해배상액의 예정으로서의 성질**이 있다.

② 따라서 **위약금특약이 없는 한**, 매수인의 채무불이행을 이유로 계약이 해제되더라도 매도인은 **계약금을 몰취할 수는 없고** 실제 손해만을 배상받을 수 있다.

③ 임차인이 위반할 경우에는 계약금을 몰취하기로 약정을 했더라도, **임대인이 계약을 위반할 경우에 관하여는 아무런 합의가 없었다면**, 임대인의 채무불이행이 있는 경우 임차인은 **위약금약정에 따라 계약금 배액을 청구할 수는 없다**(대판 95다11429).

예제

甲은 자신의 X토지를 乙에게 매도하는 계약을 체결하고 乙로부터 계약금을 수령하였다. 이에 관한 설명으로 틀린 것은? (다툼이 있으면 판례에 따름) 제31회

① 乙이 지급한 계약금은 해약금으로 추정한다.
② 甲과 乙이 계약금을 위약금으로 약정한 경우, 손해배상액의 예정으로 추정한다.
③ 乙이 중도금 지급기일 전 중도금을 지급한 경우, 甲은 계약금 배액을 상환하고 해제할 수 없다.
④ 만약 乙이 甲에게 약정한 계약금의 일부만 지급한 경우, 甲은 수령한 금액의 배액을 상환하고 계약을 해제할 수 없다.
⑤ 만약 X토지가 토지거래허가구역 내에 있고 매매계약에 대하여 허가를 받은 경우, 甲은 계약금 배액을 상환하고 해제할 수 없다.

해설 ⑤ 토지거래허가구역 내의 토지에 관하여 매매계약이 체결된 후 계약금만 수수한 상태에서 허가를 받았다 하더라도 이행의 착수로 볼 수 없다(대판 2008다62427). ▶ 정답 ⑤

2 매매의 일반적 법률효과

1. 매매대금은 금전에 한한다.

2. **매매계약이 있은 후** 목적물의 **인도 전에** 목적물에서 **발생하는 과실은** 원칙적으로 **매도인**에게 귀속된다. 그러나 매수인이 이미 **매매대금을 지급**하였으나 매도인이 목적물을 인도하지 않는 동안의 **과실은 매수인**에 속한다.

3. 매수인은 목적물의 인도를 받을 때까지 대금에 대한 이자지급의무를 부담하지 않지만, 대금지급 전 **목적물을 인도받으면** 매수인은 매도인에 대하여 **대금에 대한 이자를 지급하여야 한다**.

4. 매수인의 대금지급의무와 매도인의 소유권이전등기의무가 **동시이행관계**에 있는 관계로 매수인이 **대금지급을 거절할 정당한 사유가 있는 경우**에는 매매목적물을 미리 인도받았다 하더라도 대금에 대한 **이자를 지급할 의무는 없다**(대판 2011다98129).

5. 원칙적으로 매매계약에 있어서 **채무이행비용은 채무자**의 부담이고, **계약체결비용은** 계약당사자 **쌍방이 균분**하여 부담한다.

6. 목적물에 권리를 주장하는 자가 있어서 매수인이 매수한 권리의 전부나 일부를 상실할 염려가 있는 경우, 매수인은 그 위험의 한도에서 대금의 전부나 일부의 지급을 거절할 수 있다.

7. **매매의 일방예약**

> 제564조【매매의 일방예약】① 매매의 일방예약은 상대방이 매매를 완결할 의사를 표시하는 때에 매매의 효력이 생긴다.
> ② 전항의 의사표시의 기간을 정하지 아니한 때에는 예약자는 상당한 기간을 정하여 매매완결여부의 확답을 상대방에게 최고할 수 있다.
> ③ 예약자가 전항의 기간 내에 확답을 받지 못한 때에는 예약은 그 효력을 잃는다.

① 매매의 일방예약은 상대방이 매매를 **완결할 의사를 표시하는 때에** 매매의 효력이 생긴다. 즉, **예약완결권을 행사하면** 그 때부터 매매의 효력이 생기는 것이지 **매매예약 당시로 소급하여 효력이 발생하는 것이 아니다**.

② 예약완결권은 형성권이므로 **예약완결권을 행사하면** 당사자의 **승낙이 없어도 매매의 효력이 발생한다**(대판 93다4908).

③ 예약완결권의 행사기간을 정하지 아니한 때에는 예약의무자는 상당한 기간을 정하여 매매완결여부의 확답을 상대방에게 **최고**할 수 있고, 예약의무자가 그 기간 내에 확답을 받지 못한 때에는 **예약은 그 효력을 잃는다**(제548조 제2항, 제3항).

④ 예약완결권의 **행사기간을 정하지 아니한 때**에는 예약완결권은 그 예약이 성립한 때로부터 **10년 내에 행사해야 한다**(대판 96다47494).

⑤ 예약완결권은 당사자 사이에 그 **행사기간을 약정한 때**에는 그 기간 내에 행사하여야 하며, **약정기간에는 제한이 없으므로 10년을 초과하여 약정하더라도 10년으로 단축되는 것이 아니다**(대판 2016다42077).

⑥ **예약완결권의 행사기간이 지난 때에는** 상대방이 예약목적물인 부동산을 인도받은 경우라고 하더라도 **예약완결권은** 제척기간의 경과로 **소멸한다**(대판 96다47494).

⑦ 당사자 사이에 매매예약완결권을 행사할 수 있는 **시기를 특별히 약정한 경우에도 그 제척기간은 당초 권리의 발생일로부터 진행하는 것이지** 약정으로 정한 때로부터 진행하는 것이 아니다(대판 94다22682,22699).

⑧ **예약완결권의 제척기간이 도과하였는지 여부는** 당사자의 주장이 없더라도 **법원이 직권으로 조사하여 판단하여야 한다**(대판 99다18725).

⑨ **매매예약이 성립한 이후** 상대방의 예약완결권 행사 전에 목적물이 전부 멸실되어 **이행불능이 된 경우에는 예약완결권을 행사할 수 없고**, 이행불능 이후에 예약완결권을 행사하더라도 매매의 효력이 생기지 아니한다(대판 2013다28247).

⑩ **예약완결권은** 재산권이므로 당연히 **양도할 수 있다**.

예제

매매의 일방예약에 관한 설명으로 틀린 것은? (다툼이 있으면 판례에 따름)   제34회

① 일방예약이 성립하려면 본계약인 매매계약의 요소가 되는 내용이 확정되어 있거나 확정할 수 있어야 한다.
② 예약완결권의 행사기간 도과 전에 예약완결권자가 예약 목적물인 부동산을 인도받은 경우, 그 기간이 도과되더라도 예약완결권은 소멸되지 않는다.
③ 예약완결권은 당사자 사이에 행사기간을 약정한 때에는 그 기간 내에 행사해야 한다.
④ 상가에 관하여 매매예약이 성립한 이후 법령상의 제한에 의해 일시적으로 분양이 금지되었다가 다시 허용된 경우, 그 예약완결권 행사는 이행불능이라 할 수 없다.
⑤ 예약완결권 행사의 의사표시를 담은 소장 부본의 송달로써 예약완결권을 재판상 행사하는 경우, 그 행사가 유효하기 위해서는 그 소장 부본이 제척기간 내에 상대방에게 송달되어야 한다.

해설 ② 예약완결권의 행사기간이 지난 때에는 상대방이 예약목적물인 부동산을 인도받은 경우라고 하더라도 예약완결권은 제척기간의 경과로 소멸한다(대판 96다47494).   ▶ 정답 ②

3 매도인의 담보책임

1. 의 의

매도인의 담보책임은 매매의 목적인 재산권에 **원시적 하자**가 있거나 매매목적물에 **원시적 하자**가 있는 경우에 매도인이 매수인에 대하여 부담하는 책임으로서 매매계약의 **유상성**에 비추어 매수인을 보호하고 거래안전을 보장하려는 취지에서 인정된다.

2. 법적 성질

① 매도인의 담보책임은 **무과실의 법정책임**이다. 따라서 매도인의 고의 또는 과실은 담보책임의 성립요건이 아니다.

② 담보책임에 관한 규정은 **임의규정**이므로 당사자 간의 담보책임을 면제·감경·가중하는 특약은 유효하다. 그러나 **매도인이 알면서** 매수인에게 **고지하지 않은 하자**에 대해서는 그 **책임을 면하지 못한다**.

③ 매도인의 담보책임은 매매계약이 유효인 경우에만 인정되므로, **매매계약 자체가 무효인 경우**에는 담보책임은 발생할 여지가 없다(대판 92다15574).

3. 권리의 하자

(1) 전부타인권리매매

> **제569조 【타인의 권리의 매매】** 매매의 목적이 된 권리가 타인에게 속한 경우에는 매도인은 그 권리를 취득하여 매수인에게 이전하여야 한다.
>
> **제570조 【동전 - 매도인의 담보책임】** 전조의 경우에 매도인이 그 권리를 취득하여 매수인에게 이전할 수 없는 때에는 매수인은 계약을 해제할 수 있다. 그러나 매수인이 계약 당시 그 권리가 매도인에게 속하지 아니함을 안 때에는 손해배상을 청구하지 못한다.
>
> **제571조 【동전 - 선의의 매도인의 담보책임】** ① 매도인이 계약 당시에 매매의 목적이 된 권리가 자기에게 속하지 아니함을 알지 못한 경우에 그 권리를 취득하여 매수인에게 이전 할 수 없는 때에는 매도인은 손해를 배상하고 계약을 해제할 수 있다.
> ② 전항의 경우에 매수인이 계약 당시 그 권리가 매도인에게 속하지 아니함을 안 때에는 매도인은 매수인에 대하여 그 권리를 이전할 수 없음을 통지하고 계약을 해제할 수 있다.

① **타인권리의 매매계약은 유효**하므로 매도인은 이를 취득하여 매수인에게 이전해야 할 의무가 있는데, 매도인이 그 권리를 취득하여 매수인에게 이전할 수 없는 경우에 적용되는 담보책임을 말한다.

② 매수인은 선의·**악의**를 불문하고 계약을 **해제할 수 있다**.

③ 매수인은 **선의**인 경우에 한하여 해제와 함께 **손해배상을 청구할 수 있다**.

④ ③의 경우, 매도인은 선의의 매수인에게 **불능 당시의 시가를 표준으로** 계약이 완전히 이행된 것과 동일한 경제적 이익 즉, **이행이익을 배상해야 한다**(대판 66다2618).

⑤ **선의인 매도인**은 매수인에게 손해를 배상하고 계약을 **해제할 수 있다**.

⑥ ⑤의 경우 매수인이 악의인 때에는 매도인은 매수인에 대하여 그 권리를 이전할 수 없음을 통지하고 계약을 해제할 수 있다.

⑦ **선의인 매도인의 해제권 특례**는 전부타인권리매매의 경우에만 적용되며, **일부타인권리매매에는 적용되지 않는다**.

> **판례**
>
> 타인권리매매에 있어서 **매도인의 귀책사유로 인하여 이행불능**이 되었다면 매수인이 매도인의 담보책임에 관한 규정에 의해 손해배상을 청구할 수 없다 하더라도, **채무불이행 책임으로서 계약을 해제하고 손해배상을 청구할 수 있다**(대판 93다37328).

(2) 일부타인권리매매

> **제572조【권리의 일부가 타인에게 속한 경우와 매도인의 담보책임】** ① 매매의 목적이 된 권리의 일부가 타인에게 속함으로 인하여 매도인이 그 권리를 취득하여 매수인에게 이전할 수 없는 때에는 매수인은 그 부분의 비율로 대금의 감액을 청구할 수 있다.
> ② 전항의 경우에 잔존한 부분만이면 매수인이 이를 매수하지 아니하였을 때에는 선의의 매수인은 계약전부를 해제할 수 있다.
> ③ 선의의 매수인은 감액청구 또는 계약해제 외에 손해배상을 청구할 수 있다.
>
> **제573조【전조의 권리행사의 기간】** 전조의 권리는 매수인이 선의인 경우에는 사실을 안 날로부터, 악의인 경우에는 계약한 날로부터 1년 내에 행사하여야 한다.

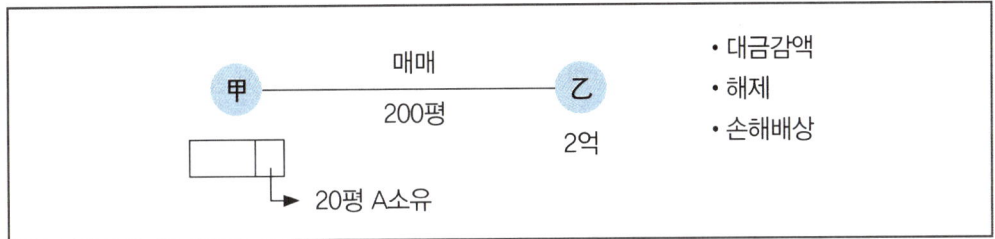

① 매매의 목적이 된 **권리의 일부가 타인**에게 속함으로 인하여 매도인이 그 권리를 취득하여 매수인에게 이전할 수 없는 경우에 적용되는 담보책임을 말한다.
② 매수인은 선의 · **악의**를 불문하고 **대금감액을 청구할 수 있다.**
③ **선의**의 매수인은 대금감액청구와 함께 **손해배상을 청구할 수 있다.**
④ **선의**의 매수인은 **잔존한 부분만이면** 이를 **매수하지 아니하였을 때**에는 계약 전부를 **해제하고 손해배상을 청구할 수 있다.**
⑤ **선의**의 매수인은 그 사실을 **안 날로부터 1년** 내에 권리를 행사해야 한다.
⑥ 선의의 매수인이 사실을 **안 날이란** 단순히 권리의 일부가 타인에게 속한 사실을 안 날이 아니라 그 때문에 매도인이 이를 취득하여 매수인에게 **이전할 수 없게 되었음이 확실하게 된 사실을 안 날을 말한다**(대판 99다58136).

(3) 수량부족, 일부멸실

> **제574조【수량부족, 일부멸실의 경우와 매도인의 담보책임】** 전2조의 규정은 수량을 지정한 매매의 목적물이 부족되는 경우와 매매목적물의 일부가 계약당시에 이미 멸실된 경우에 매수인이 그 부족 또는 멸실을 알지 못한 때에 준용한다.

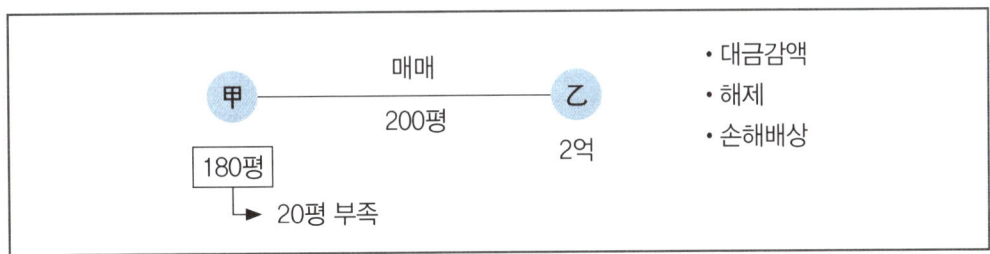

① **수량을 지정한 매매**에서 매매목적물의 **수량이 부족한 경우**와 매매목적물의 **일부가** 계약당시에 **이미 멸실된 경우**에 적용되는 담보책임을 말한다.
② '수량 지정 매매'란 당사자가 매매의 목적물이 일정한 수량을 가지고 있다는 데 주안을 두고 대금도 그 수량을 기준으로 하여 정한 경우를 말한다(대판 2001다12256).
③ **선의**인 경우에 한하여 일부타인 규정이 준용된다.

④ **선의**의 매수인은 대금감액청구와 함께 **손해배상을 청구할 수 있다.**
⑤ **선의**의 매수인은 **잔존한 부분만이면** 이를 **매수하지 아니하였을 때**에는 계약 전부를 **해제**하고 **손해배상을 청구할 수 있다.**
⑥ **선의**의 매수인은 그 사실을 **안 날로부터 1년** 내에 권리를 행사해야 한다.
⑦ **악의**의 매수인은 어떠한 권리도 행사할 수 **없다.**

판례

부동산매매계약에서 **실제면적이 계약면적에 미달하는 경우**, 그 매매가 수량지정매매에 해당할 때에 한하여 제574조, 제572조에 의한 대금감액청구권을 행사함은 별론으로 하고, 그 매매계약이 그 미달 부분만큼 일부 무효임을 들어 부당이득반환청구를 하거나 그 부분의 원시적 불능을 이유로 **계약체결상의 과실에 따른 책임의 이행을 구할 수는 없다**(대판 99다47396).

(4) 제한물권이 있는 경우

> **제575조【제한물권 있는 경우와 매도인의 담보책임】** ① 매매의 목적물이 지상권, 지역권, 전세권, 질권 또는 유치권의 목적이 된 경우에 매수인이 이를 알지 못한 때에는 이로 인하여 계약의 목적을 달성할 수 없는 경우에 한하여 매수인은 계약을 해제할 수 있다. 기타의 경우에는 손해배상만을 청구할 수 있다.
> ② 전항의 규정은 매매의 목적이 된 부동산을 위하여 존재할 지역권이 없거나 그 부동산에 등기된 임대차계약이 있는 경우에 준용한다.
> ③ 전2항의 권리는 매수인이 그 사실을 안 날로부터 1년 내에 행사하여야 한다.

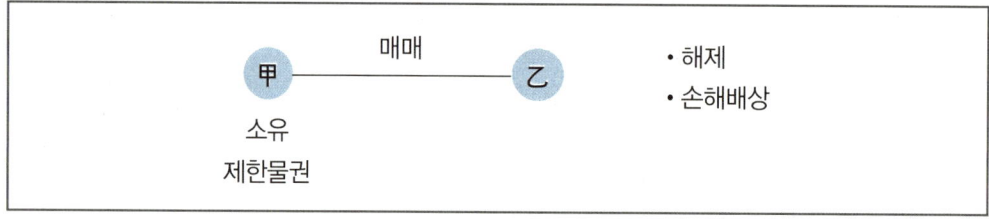

① 매매목적물에 **지상권, 지역권, 전세권, 유치권, 대항력 있는 임차권**이 존재하고 있어서 매수인이 매매목적물을 사용하는 데 제한이 있는 경우에 적용되는 담보책임을 말한다.
② **선의**의 매수인은 이로 인하여 **계약의 목적을 달성할 수 없는 경우에 한하여** 계약을 **해제**하고 **손해배상을 청구할 수 있다.**

③ 계약의 목적을 달성할 수 있는 경우에는 선의의 매수인은 계약을 **해제할 수는 없고**, 매도인에게 손해배상만을 청구할 수 있다.

④ **선의**의 매수인은 그 사실을 **안 날로부터 1년** 내에 권리를 행사해야 한다.

⑤ **악의**의 매수인은 어떠한 권리도 행사할 수 **없다.**

(5) 저당권·전세권의 행사

> **제576조 【저당권, 전세권의 행사와 매도인의 담보책임】** ① 매매의 목적이 된 부동산에 설정된 저당권 또는 전세권의 행사로 인하여 매수인이 그 소유권을 취득할 수 없거나 취득한 소유권을 잃은 때에는 매수인은 계약을 해제할 수 있다.
> ② 전항의 경우에 매수인의 출재로 그 소유권을 보존한 때에는 매도인에 대하여 그 상환을 청구할 수 있다.
> ③ 전2항의 경우에 매수인이 손해를 받은 때에는 그 배상을 청구할 수 있다.

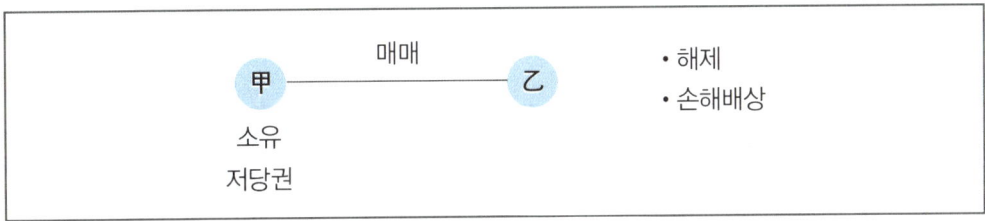

① 매매의 목적이 된 부동산에 설정된 **저당권 또는 전세권의 행사**로 인하여 매수인이 그 소유권을 취득할 수 없거나 취득한 소유권을 상실하게 된 경우에 적용되는 담보책임을 말한다.

② 매수인은 선의·**악의**를 불문하고 매도인에게 계약을 **해제하고 손해배상을 청구할 수 있다.**

③ 계약당시 제3자 명의로 **가등기**가 경료되어 있었는데, 그 후 **본등기**의 경료로 매수인이 소유권을 상실한 경우라면 매수인은 **악의**라도 계약을 **해제하고 손해배상을 청구**할 수 있다(대판 92다21784).

④ 계약당시 제3자 명의로 **가압류 또는 압류등기**가 경료되어 있었는데, 그 후 **강제경매**로 매수인이 소유권을 상실한 경우라면 매수인은 **악의**라도 계약을 **해제하고 손해배상을 청구**할 수 있다.

⑤ 매수인이 피담보채무의 이행을 인수하면서 **채권액을 대금에서 공제하였다면**, 저당권의 실행으로 매수인이 소유권을 상실하더라도 매도인에게 담보책임을 추궁할 수 없다.

핵심 다지기

1. 매수인이 악의인 때에도 담보책임이 인정되는 경우(선·악불문)
   ① 전부 타인의 권리에서 해제권
   ② 일부 타인의 권리에서 대금감액청구권
   ③ 저당권·전세권의 행사에서 해제권과 손해배상청구권
2. 대금감액청구권이 인정되는 경우
   ① 일부 타인의 권리(선·악 불문)
   ② 수량부족·일부멸실(선의)
3. 제척기간(1년)
   ① 제척기간의 규정이 없는 경우 : 전부타인권리, 저당권·전세권의 행사
   ② 선의 : 안 날로부터 1년

예제

권리의 하자에 대한 매도인의 담보책임과 관련하여 '악의의 매수인에게 인정되는 권리'로 옳은 것을 모두 고른 것은?   제33회

ㄱ. 권리의 전부가 타인에게 속하여 매수인에게 이전할 수 없는 경우 - 계약해제권
ㄴ. 권리의 일부가 타인에게 속하여 그 권리의 일부를 매수인에게 이전할 수 없는 경우 - 대금감액청구권
ㄷ. 목적물에 설정된 저당권의 실행으로 인하여 매수인이 소유권을 취득할 수 없는 경우 - 계약해제권
ㄹ. 목적물에 설정된 지상권에 의해 매수인의 권리행사가 제한되어 계약의 목적을 달성할 수 없는 경우 - 계약해제권

① ㄱ, ㄴ ② ㄱ, ㄹ ③ ㄴ, ㄷ
④ ㄷ, ㄹ ⑤ ㄱ, ㄴ, ㄷ

해설 ㄹ. 목적물에 설정된 지상권에 의해 매수인의 권리행사가 제한되어 계약의 목적을 달성할 수 없는 경우에는 매수인은 선의인 경우에 한하여 계약해제권이 인정될 수 있다.   ▶ 정답 ⑤

4. 경매와 담보책임

> **제578조【경매와 매도인의 담보책임】** ① 경매의 경우에는 경락인은 전8조의 규정에 의하여 채무자에게 계약의 해제 또는 대금감액의 청구를 할 수 있다.
> ② 전항의 경우에 채무자가 자력이 없는 때에는 경락인은 대금의 배당을 받은 채권자에 대하여 그 대금전부나 일부의 반환을 청구할 수 있다.
> ③ 전2항의 경우에 채무자가 물건 또는 권리의 흠결을 알고 고지하지 아니하거나 채권자가 이를 알고 경매를 청구한 때에는 경락인은 그 흠결을 안 채무자나 채권자에 대하여 손해배상을 청구할 수 있다.

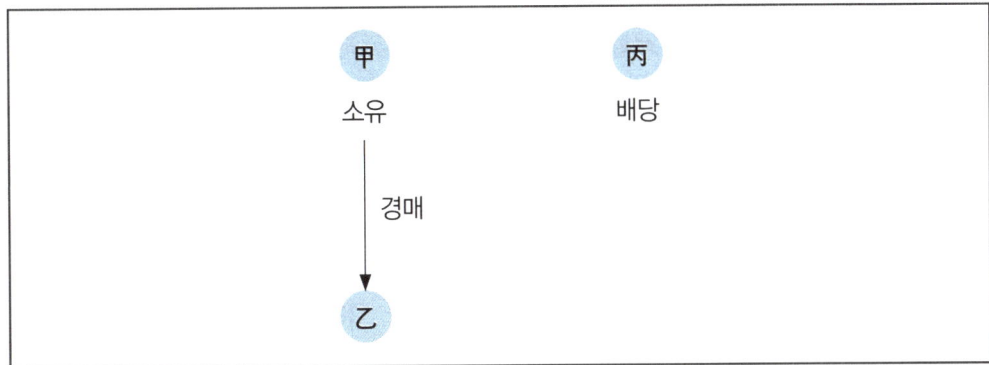

① 경매절차 자체가 **무효**인 경우에는 담보책임은 발생할 수 없으므로, 경매목적부동산의 권리의 하자를 이유로 경락인은 채무자에게 **손해배상을 청구할 수 없다**.

② **경매에서의 담보책임은** 권리의 하자에 대해서만 인정되며, **물건의 하자에 대해서는 인정되지 않는다**.

③ 경매의 경우에는 **채무자가 1차적으로 책임**을 진다. 그러나 **채무자가 자력이 없는 때에는 배당을 받은 채권자가 2차적으로 책임**을 진다.

5. 하자담보책임(물건의 하자)

> **제580조【매도인의 하자담보책임】** ① 매매의 목적물에 하자가 있는 때에는 제575조 제1항의 규정을 준용한다. 그러나 매수인이 하자 있는 것을 알았거나 과실로 인하여 이를 알지 못한 때에는 그러하지 아니하다.
> ② 전항의 규정은 경매의 경우에 적용하지 아니한다.

① 물건의 하자에 대하여 매수인은 **선의·무과실**이어야 담보책임을 물을 수 있다. 따라서 매매목적물에 하자가 있다는 사실을 **과실로 알지 못한 매수인은 매도인에게 하자담보책임을 물을 수 없다**.

② 매수인은 그 사실을 **안 날로부터 6월** 내에 권리를 행사해야 한다.

③ **경매절차에서 취득한 물건에 하자가 있는 경우**, 경락인은 그에 대하여 전혀 몰랐다 하더라도 채무자에게 **담보책임을 물을 수 없다.**

④ 건축을 목적으로 매수한 토지에 대하여 **건축허가를 받을 수 없어 건축이 불가능한 경우**와 같은 **법률적 제한은 매매목적물의 하자에 해당하며**, 하자의 존부는 목적물의 인도시가 아니라 **매매계약 성립시를 기준으로 판단**하여야 한다(대판 98다18506).

예제

1. 수량을 지정한 매매의 목적물의 일부가 멸실된 경우 매도인의 담보책임에 관한 설명으로 틀린 것은? (단, 이에 관한 특약은 없으며, 다툼이 있으면 판례에 따름) 제32회

① 수량을 지정한 매매란 특정물이 일정한 수량을 가지고 있다는 데 주안을 두고 대금도 그 수량을 기준으로 정한 경우를 말한다.
② 악의의 매수인은 대금감액과 손해배상을 청구할 수 있다.
③ 선의의 매수인은 멸실된 부분의 비율로 대금감액을 청구할 수 있다.
④ 잔존한 부분만이면 매수하지 아니하였을 때에는 선의의 매수인은 계약전부를 해제할 수 있다.
⑤ 선의의 매수인은 일부멸실의 사실을 안 날부터 1년 내에 매도인의 담보책임에 따른 매수인의 권리를 행사해야 한다.

해설 ② 수량부족, 일부멸실의 경우, 악의의 매수인은 어떠한 권리도 행사할 수 없다. ▶ **정답** ②

2. 매도인의 담보책임에 관한 설명으로 틀린 것은? 제28회 변형

① 건축의 목적으로 매수한 토지에 대해 법적 제한으로 건축허가를 받을 수 없어 건축이 불가능한 경우, 이는 매매목적물의 하자에 해당한다.
② 매도인이 매매목적물에 하자가 있다는 사실을 알면서 이를 매수인에게 고지하지 않고 담보책임 면제의 특약을 맺은 경우 그 책임을 면할 수 없다.
③ 매매의 목적이 된 부동산에 대항력을 갖춘 임대차가 있는 경우, 선의의 매수인은 그로 인해 계약의 목적을 달성할 수 없음을 이유로 계약을 해제할 수 있다.
④ 매매의 목적인 권리의 일부가 타인에게 속하고 잔존한 부분만이면 매수하지 아니하였을 경우, 악의의 매수인은 매매계약을 해제할 수 있다.
⑤ 매매계약 당시에 그 목적물의 일부가 멸실된 경우, 선의의 매수인은 대금의 감액을 청구할 수 있다.

해설 ④ 권리의 일부가 타인에게 속한 경우, 악의의 매수인은 대금감액은 청구할 수 있으나 해제권을 행사할 수는 없다. ▶ **정답** ④

4 환 매

> **제590조【환매의 의의】** ① 매도인이 매매계약과 동시에 환매할 권리를 보류한 때에는 그 영수한 대금 및 매수인이 부담한 매매비용을 반환하고 그 목적물을 환매할 수 있다.
> ② 전항의 환매대금에 관하여 특별한 약정이 있으면 그 약정에 의한다.
> ③ 전2항의 경우에 **목적물의 과실과 대금의 이자는** 특별한 약정이 없으면 이를 **상계한 것으로 본다.**
>
> **제591조【환매기간】** ① 환매기간은 **부동산은 5년**, 동산은 3년을 넘지 못한다. 약정기간이 이를 넘는 때에는 부동산은 5년, 동산은 3년으로 단축한다.
> ② **환매기간을 정한 때에는 다시 이를 연장하지 못한다.**
> ③ 환매기간을 정하지 아니한 때에는 그 기간은 부동산은 5년, 동산은 3년으로 한다.

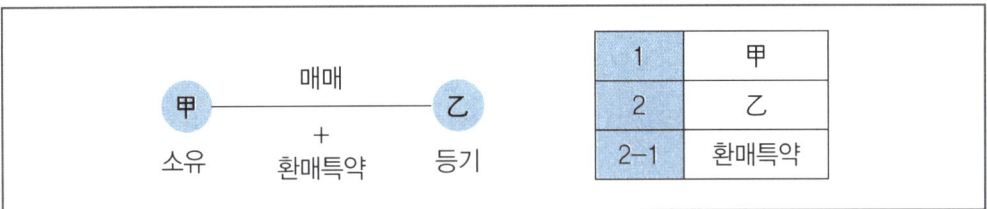

1. 의 의

① 매도인이 매매계약과 동시에 매수인과 특약으로 환매할 권리를 유보하는 경우에, 매도인이 그 환매권을 일정한 기간 내에 행사하여 매매목적물을 매수인으로부터 다시 매수하는 것을 환매라고 한다.

② 환매권도 재산권이므로 매도인은 **환매권을 양도할 수 있다.**

2. 환매의 요건 및 내용

① **환매특약은** 매매계약의 성립과 **반드시 동시에** 하여야 한다.

② 환매대금은 특약이 없으면 매매대금과 매수인이 부담한 매매비용을 합산한 금액이다.

③ **목적물의 과실과 대금의 이자는** 특별한 약정이 없으면 이를 **상계한 것으로 본다.**

④ 부동산의 환매기간은 **5년**을 넘지 못한다. 약정기간이 이를 넘는 때에는 5년으로 단축되며, 환매기간을 정하지 아니한 때에는 5년으로 된다.

⑤ **환매기간은** 이를 절대 **연장하지 못한다.**

⑥ 부동산에 대한 환매특약은 **등기를 하면 제3자에게 대항할 수 있다.**

3. 환매권의 실행 및 효과

① 매도인이 환매기간 내에 매수인에게 환매대금을 제공하면서 환매권을 행사하면 매매계약이 성립한다.

② 매도인이 **환매기간 내에 환매의 의사표시를 하였더라도** 그 환매에 의한 권리취득의 **등기를 하지 않으면** 그 부동산을 가압류 집행한 자에 대하여 **권리취득을 주장할 수 없다.**

③ **환매특약등기가 된 후** 매수인으로부터 그 부동산을 다시 매수한 제3자가 있는 경우, **환매권자가 환매권을 행사하지 아니한 이상** 환매특약등기가 되어 있다는 사실만으로 **매수인은 전득자인 제3자의 소유권이전등기청구를 거절할 수 없다**(대판 94다35527).

④ **환매특약등기가 된 후** 매수인으로부터 그 부동산을 다시 매수한 제3자가 소유권이전등기를 한 경우에는 **환매권자는 그 제3자에 대하여 환매권을 행사할 수 있다.**

판례

환매권의 행사로 발생한 소유권이전등기청구권은 환매권을 행사한 때로부터 10년의 소멸시효 기간이 진행되는 것이지, **환매권 행사기간 내에 행사하여야 하는 것은 아니다**(대판 90다13420).

예제

부동산매매에서 환매특약을 한 경우에 관한 설명으로 틀린 것은? 제30회

① 매매등기와 환매특약등기가 경료된 이후, 그 부동산 매수인은 그로부터 다시 매수한 제3자에 대하여 환매특약의 등기사실을 들어 소유권이전등기절차 이행을 거절할 수 없다.
② 환매기간을 정한 때에는 다시 이를 연장하지 못한다.
③ 매도인이 환매기간 내에 환매의 의사표시를 하면 환매에 의한 권리취득의 등기를 하지 않아도 그 부동산을 가압류 집행한 자에 대하여 권리취득을 주장할 수 있다.
④ 환매기간에 관한 별도의 약정이 없으면 그 기간은 5년이다.
⑤ 환매특약은 매매계약과 동시에 하여야 한다.

해설 ③ 매도인이 환매기간 내에 환매의 의사표시를 하였더라도 그 환매에 의한 권리취득의 등기를 하지 않으면 그 부동산을 가압류 집행한 자에 대하여 권리취득을 주장할 수 없다. ▶ 정답 ③

제2절 임대차

1 의의 및 법적 성질

1. 임대차는 임대인이 목적물을 임차인에게 사용, 수익할 것을 약정하고 임차인은 이에 대하여 차임을 지급할 것을 약정함으로써 그 효력이 생기는 **쌍무, 유상, 낙성, 불요식계약이다.**

2. 임대차는 물건의 이용에 관한 관리행위이지 처분행위가 아니므로 **처분권한이 없는 자도 임대차계약을 체결할 수 있다.**

2 임대차의 존속기간

1. 존속기간의 약정이 있는 경우

① 민법상 임대차는 **최단기간과 최장기간의 제한이 없다.**

② 당사자들이 자유로운 의사에 따라 **임대차기간을 영구로 정한 약정은** 이를 무효로 볼 만한 특별한 사정이 없는 한 계약자유의 원칙에 의하여 **허용된다**고 보아야 한다. 이러한 영구임대는 임대인에게는 의무가 되나 임차인에게는 권리의 성격을 갖는 것이므로, **임차인은 언제라도 그 권리를 포기할 수 있고, 그렇게 되면 임대차계약은 임차인에게 기간의 정함이 없는 임대차가 된다**(대판 2023다209045).

2. 존속기간의 약정이 없는 경우

① 임대차기간의 약정이 없는 경우, **양 당사자는 언제든지** 계약의 **해지통고를 할 수 있다.**

② ①의 경우, 부동산에 대하여는 **임대인이 해지통고를 한** 경우에는 임차인이 통고를 받은 날로부터 **6월이 경과**하면 해지의 효력이 발생하고, **임차인이 해지통고를 한** 경우에는 임대인이 통고를 받은 날로부터 **1월이 경과**하면 해지의 효력이 발생한다.

3. 법정갱신(묵시의 갱신)

① 임대차기간의 만료 후 임차인이 임차목적물을 계속 사용·수익하는 경우에 임대인이 이의를 제기하지 않으면 전임대차와 동일한 조건으로 다시 임대차한 것으로 본다.

② 그러나 **존속기간은 정함이 없는 것으로 본다.** 따라서 당사자는 언제든지 해지통고를 할 수 있다.

③ 묵시의 갱신이 된 경우, 전임대차에 대하여 **제3자가 제공한 담보는** 기간의 만료로 인하여 **소멸한다.**

3 임차권의 대항력

> **제621조 【임대차의 등기】** ① 부동산임차인은 당사자 간에 반대 약정이 없으면 임대인에 대하여 그 임대차등기절차에 협력할 것을 청구할 수 있다.
> ② 부동산임대차를 등기한 때에는 그 때부터 제3자에 대하여 효력이 생긴다.
>
> **제622조 【건물등기 있는 차지권의 대항력】** ① 건물의 소유를 목적으로 한 토지임대차는 이를 등기하지 아니한 경우에도 임차인이 그 지상건물을 등기한 때에는 제3자에 대하여 임대차의 효력이 생긴다.
> ② 건물이 임대차기간 만료전에 멸실 또는 후폐한 때에는 전항의 효력을 잃는다.

1. 임차권등기

① 부동산임차인은 당사자 간 반대의 약정이 없으면 임대인에 대하여 임대차등기절차에 협력하여 줄 것을 청구할 수 있다(**임의규정**).

② 임차인이 임차권등기를 하게 되면 그 때부터 제3자에게 대항할 수 있다.

2. 건물소유를 목적으로 한 토지임대차

① 건물의 소유를 목적으로 한 토지임대차의 경우에는 그 임대차를 등기하지 않더라도 임차인이 그 **지상건물을 등기한 때에는 토지임차권은 대항력을 가진다.**

② ①의 경우, 지상건물이 멸실되면 그 때부터 대항력은 소멸한다.

③ 다만, 제3자가 토지에 대한 물권을 취득하기 전에 건물등기가 경료되어 있어야 하므로, 토지임차인이 **지상건물을 등기하기 전에 제3자가 그 토지에 관하여 물권 취득의 등기를 한 때에는** 임차인이 그 지상건물을 등기하더라도 **제3자에 대하여 임대차의 효력이 없다.**

4 임대인의 유지수선의무

> **제623조 【임대인의 의무】** 임대인은 목적물을 임차인에게 인도하고 계약존속 중 그 사용, 수익에 필요한 상태를 유지하게 할 의무를 부담한다.
> **제624조 【임대인의 보존행위, 인용의무】** 임대인이 임대물의 보존에 필요한 행위를 하는 때에는 임차인은 이를 거절하지 못한다.
> **제625조 【임차인의 의사에 반하는 보존행위와 해지권】** 임대인이 임차인의 의사에 반하여 보존행위를 하는 경우에 임차인이 이로 인하여 임차의 목적을 달성할 수 없는 때에는 계약을 해지할 수 있다.

1. 임대인의 유지수선의무의 범위

① 임차인이 별 비용을 들이지 아니하고도 손쉽게 고칠 수 있을 정도의 **사소한 것**이어서 임차인의 사용·수익을 방해할 정도의 것이 아니라면 **임대인은 수선의무를 부담하지 않는다**(대판 94다34692).

② **통상의 임대차**에서 임대인은 특별한 사정이 없는 한 임차인의 안전을 배려할 의무까지 부담하는 것은 아니다.

③ 일시사용을 위한 임대차에 해당하는 **숙박계약**의 경우 임대인은 임차인의 안전을 배려할 의무가 있다.

2. 임의규정

① 임대인의 수선의무를 면제하는 특약은 유효함이 원칙이다.

② 임대인의 **수선의무를 면제하는 특약**에 의하여 임대인이 수선의무를 면하게 되는 것은 통상 생길 수 있는 파손의 수선 등 소규모의 수선에 한한다 할 것이고, 그러한 특약에서 수선의무의 범위를 명시하고 있는 등의 **특별한 사정이 없는 한, 대규모의 수선은 이에 포함되지 아니하고 여전히 임대인이 그 수선의무를 부담한다**(대판 94다34692).

3. 임차인의 인용의무

① 임대인이 필요비를 부담하여야 하며, **임대인이 보존행위를 하는 때에는 임차인은 이를 거절하지 못한다.**

② 임대인이 수선의무를 이행함으로써 목적물의 **사용·수익에 지장이 초래된 경우**에는 임차인은 그 **지장의 한도 내에서 차임의 지급을 거절할 수 있다**(대판 2014다65724).

③ 임대인이 임차인의 의사에 반한 보존행위를 함으로써 **임차목적을 달성할 수 없는 경우**에는 임차인은 계약을 **해지할 수 있다.**

5 임차인의 권리

구 분	비용상환청구권	부속물매수청구권	지상물매수청구권
행사주체	**모든** 임차인	**건물**임차인	**토지**임차인
채무불이행시	○	×	×
일시사용임대차	○	×	×
규정의 성질	임의규정	편면적 강행규정	편면적 강행규정

1. 비용상환청구권

> **제626조【임차인의 상환청구권】** ① 임차인이 임차물의 보존에 관한 **필요비**를 지출한 때에는 임대인에 대하여 그 상환을 청구할 수 있다.
> ② 임차인이 **유익비**를 지출한 경우에는 임대인은 임대차종료시에 그 가액의 증가가 현존한 때에 한하여 임차인의 지출한 금액이나 그 증가액을 상환하여야 한다. 이 경우에 법원은 임대인의 청구에 의하여 상당한 상환기간을 허여할 수 있다.

① 임대인에게 수선의무가 있으므로, 임차인은 **존속 중에도** 임대인에 대하여 **필요비의 상환을 청구할 수 있다**.

② 임대인의 필요비상환의무는 특별한 사정이 없는 한 임차인의 차임지급의무와 서로 대응하는 관계에 있으므로, **임차인은 지출한 필요비 금액의 한도에서 차임의 지급을 거절할 수 있다**(대판 2016다227694).

③ **유익비상환**을 청구하기 위해서는 **임대차 종료시** 가액의 증가가 **현존**한 경우에 그 지출금액 또는 그 증가액을 **임대인의 선택**에 따라 청구할 수 있다.

④ 유익비가 되기 위해서는 **목적물의 객관적 가치가 증대**한 것이어야 한다.

⑤ 임차인의 비용상환청구규정은 **임의규정**으로서 이는 당사자의 특약으로서 배제할 수 있다. 따라서 **임차인이 필요비를 부담하기로 하는 약정은** 임차인에게 불리하더라도 **유효**이다.

⑥ **원상복구를 하기로 약정한 경우** 임차인의 **유익비상환청구권을 포기하기로 특약**한 것으로 본다(대판 94다20389·20396).

⑦ **유익비상환청구**에 대해서는 임대인의 청구에 의하여 법원이 **상환기간을 허여**할 수 있으며, 상환기간이 허여되면 임차인은 유익비에 대하여 **유치권을 행사할 수 없다**.

⑧ 임차인이 유치권을 포기하고 **임대인에게 목적물을 반환한 경우**에는 임대인이 반환받은 날로부터 **6월 이내**에 비용상환청구권을 행사하여야 한다.

2. 건물임차인의 부속물매수청구권

> **제646조 【임차인의 부속물매수청구권】** ① 건물 기타 공작물의 임차인이 그 사용의 편익을 위하여 임대인의 동의를 얻어 이에 부속한 물건이 있는 때에는 임대차의 종료시에 임대인에 대하여 그 부속물의 매수를 청구할 수 있다.
> ② 임대인으로부터 매수한 부속물에 대하여도 전항과 같다.

① **건물 기타 공작물의 임차인만**이 부속물매수청구권을 갖는다.
② 부속물이 되기 위해서는 **독립성**과 경제적 가치를 갖는 것이어야 한다. 즉, 부합되지 않아야 한다.
③ 임대인의 **동의**를 얻어 부속한 물건 또는 임대인으로부터 **매수**한 물건에 대하여 임대차 종료시에 그 물건의 매수를 청구할 수 있다.
④ 부속물이란 **건물의 사용에 객관적인 편익을 가져오게 하는 물건**이라고 할 것이므로, 부속된 물건이 **오로지 임차인의 특수목적에 사용하기 위하여 부속된 것일 때에는 부속물에 해당하지 않는다**(대판 93다25738).
⑤ 임차인의 차임연체 등 **채무불이행**을 이유로 임대차가 해지된 경우에는 **임차인은 부속물매수청구를 할 수 없다**.
⑥ **일시사용을 위한 임대차**에 있어서는 **임차인은 부속물매수청구를 할 수 없다**.
⑦ **임차인의 지위가 적법하게 승계된 경우**, 현재의 임차인은 종전 임차인이 임대인의 동의를 얻어 설치한 부속물에 대하여 부속물매수청구권을 행사할 수 있다.
⑧ 임차인의 지위와 분리하여 **부속물매수청구권만을 양도할 수 없다**.
⑨ 임차인은 부속물매수청구권에 관하여 유치권을 행사할 수는 없고, **동시이행항변권**을 행사할 수 있다.
⑩ **부속물**매수청구권을 **포기**하기로 하는 **약정**은 임차인에게 불리한 것으로서 **무효임이 원칙**이나, 차임을 시가보다 파격적으로 저렴하게 하는 등 **임차인에게 불리하지 않은 경우에는 유효이다**(대판 92다24998).

3. 토지임차인의 지상물매수청구권

> 제643조 【임차인의 갱신청구권, 매수청구권】 건물 기타 공작물의 소유 또는 식목, 채염, 목축을 목적으로 한 토지임대차의 기간이 만료한 경우에 건물, 수목 기타 지상시설이 현존한 때에는 제283조의 규정을 준용한다.
>
> 제283조 【지상권자의 갱신청구권, 매수청구권】 ① 지상권이 소멸한 경우에 건물 기타 공작물이나 수목이 현존한 때에는 지상권자는 계약의 갱신을 청구할 수 있다.
> ② 지상권설정자가 계약의 갱신을 원하지 아니하는 때에는 지상권자는 상당한 가액으로 전항의 공작물이나 수목의 매수를 청구할 수 있다.

① 토지임차인은 **기간만료시** 그 지상물이 **현존**하는 경우에 한하여 임대인에 대하여 **갱신청구**를 할 수 있으며, 임대인이 이를 **거절**한 경우에는 **지상물매수를 청구**할 수 있다. 임차인이 매수청구권을 행사하면 **임대인의 승낙 없이 매매계약이 성립한다.**

② **기간약정이 없는 토지임대차**에서 임대인이 **해지통고**를 한 경우에는 임대인이 계약의 갱신을 거절한 것으로 볼 수 있으므로, 임차인은 **갱신청구 없이 지상물매수청구를 할 수 있다.**

③ 임차인의 차임연체 등 **채무불이행**을 이유로 임대차가 해지된 경우와 **일시사용을 위한 임대차**에 있어서는 임차인은 **계약갱신청구는 물론 지상물매수청구도 할 수 없다.**

④ 임대인의 **동의**를 얻어 신축한 것이 아니라도 매수청구의 대상이 된다.

⑤ 지상건물이 객관적으로 **경제적 가치**가 있는지 여부나 임대인에게 소용이 있는지 여부는 그 행사요건이라고 볼 수 없다(대판 2001다42080).

⑥ **무허가건물과 미등기건물**이더라도 매수청구권의 대상이 될 수 있다.

⑦ 지상물매수청구권이 행사되면 임대인과 임차인 사이에서는 임차지상의 건물에 대하여 **매수청구권행사 당시의 건물시가를** 대금으로 하는 매매계약이 체결된 것으로 본다.

⑧ 건물의 매수가격에 관하여 당사자 사이에 의사합치가 이루어지지 않았다면, **법원은** 매수청구권행사 당시의 건물시가를 매매대금으로 하는 매매계약이 성립하였음을 인정할 수 있을 뿐, 그와 같이 인정된 시가를 **임의로 증감하여 직권으로 매매대금을 정할 수는 없다**(대판 2023다309020).

⑨ 건물에 근저당권이 설정되어 있는 경우, 그 건물의 매수가격은 시가 상당액이며, 여기에서 근저당권의 피담보채무액을 공제한 금액이 아니다(대판 2007다4356).

⑩ 지상물매수청구권은 원칙적으로 **지상물의 소유자인 임차인만 행사할 수 있다**. 따라서 **임차인이 지상물의 소유권을 타인에게 이전한 경우, 임차인은 지상물매수청구권을 행사할 수 없다**(대판 93다6386).

⑪ **임대인의 동의를 얻어** 종전 임차인으로부터 **임차권과 미등기건물을 양수한 임차인은 지상물매수청구권을 행사할 수 있다**(대판 2013다48364).

⑫ 지상물매수청구의 상대방은 원칙적으로 **임차권 소멸 당시의 토지소유자인 임대인이다**. 따라서 **토지소유자가 아닌 제3자가 토지를 임대한 경우, 임대인은** 특별한 사정이 없는 한 **지상물매수청구권의 상대방이 될 수 없다**(대판 2020다254228).

⑬ 임대차종료 후 임대인이 그 토지를 제3자에게 양도한 경우에는 **제3자에 대하여 대항할 수 있는 토지임차인(임차권등기 또는 건물등기)은 그 신소유자에게 매수청구권을 행사할 수 있다**(대판 75다348).

⑭ 임차인 소유 건물이 임대인이 임대한 토지 외에 제3자 소유의 토지 위에 **걸쳐서 건립되어 있는 경우**에는, 임차지 상에 있는 건물부분 중 구분소유의 객체가 될 수 있는 부분에 한하여 임차인에게 매수청구가 허용된다. 따라서 임차인은 건물 **전부의 매수를 청구할 수는 없다**(대판 93다42634).

⑮ 임대차종료 전 **지상물** 일체를 **포기**하기로 하는 **약정은 특별한 사정이 없는 한 무효**이다. 그러나 제반사정을 종합적으로 고려하여 **실질적으로 임차인에게 불리하지 않은 특별한 사정이 있는 경우에는 효력이 있다**(대판 2001다42080).

⑯ 건물의 소유를 목적으로 한 토지임차인이 그 지상건물에 대하여 매수청구권을 행사한 후 임대인으로부터 매매대금을 지급받을 때까지 **건물의 부지를 계속 점유·사용하고 있다면** 그로 인한 부당이득을 반환할 의무가 있다(대판 99다60535).

예제

1. 임대차계약의 당사자가 아래의 권리에 관하여 임차인에게 불리한 약정을 하더라도 그 효력이 인정되는 것은?　　　　　　　　　　　　　　　　　　　　　　　　　　　제23회

① 차임증감청구권
② 필요비 및 유익비상환청구권
③ 임차인의 지상물매수청구권
④ 임차인의 부속물매수청구권
⑤ 기간의 약정이 없는 임대차의 해지통고

해설 ② 필요비 및 유익비상환청구권은 임의규정이므로, 임차인에게 불리한 약정을 하더라도 그 효력이 있다.　　　　　　　　　　　　　　　　　　　　　　　　▶ 정답 ②

2. 임차인의 부속물매수청구권에 관한 설명으로 틀린 것은? (다툼이 있으면 판례에 따름)
   제30회
① 토지 내지 건물의 임차인에게 인정된다.
② 임대인으로부터 매수한 물건을 부속한 경우에도 인정된다.
③ 적법한 전차인에게도 인정된다.
④ 이를 인정하지 않는 약정으로 임차인에게 불리한 것은 그 효력이 없다.
⑤ 오로지 임차인의 특수목적을 위해 부속된 물건은 매수청구의 대상이 아니다.

해설 ① 부속물매수청구권은 토지임차인에게는 인정될 수 없다. ▶▶ **정답** ①

3. 甲은 건물 소유를 목적으로 乙 소유의 X토지를 임차한 후, 그 지상에 Y건물을 신축하여 소유하고 있다. 위 임대차계약이 종료된 후, 甲이 乙에게 Y건물에 관하여 지상물매수청구권을 행사하는 경우에 관한 설명으로 틀린 것은? (다툼이 있으면 판례에 따름)
   제34회
① 특별한 사정이 없는 한 Y건물이 미등기 무허가건물이라도 매수청구권의 대상이 될 수 있다.
② 임대차기간이 만료되면 甲이 Y건물을 철거하기로 한 약정은 특별한 사정이 없는 한 무효이다.
③ Y건물이 X토지와 제3자 소유의 토지 위에 걸쳐서 건립되었다면, 甲은 Y건물 전체에 대하여 매수청구를 할 수 있다.
④ 甲의 차임연체를 이유로 임대차계약이 해지된 경우에는 甲은 매수청구권을 행사할 수 없다.
⑤ 甲이 적법하게 매수청구권을 행사한 후에도 Y건물의 점유·사용을 통하여 X토지를 계속하여 점유·사용하였다면 甲은 乙에게 X토지 임료 상당액의 부당이득 반환의무를 진다.

해설 ③ 임차인 소유 건물이 임대인이 임대한 토지 외에 제3자 소유의 토지 위에 걸쳐서 건립되어 있는 경우에는 임차인은 건물 전부의 매수를 청구할 수는 없다(대판 93다42634). ▶▶ **정답** ③

6 차 임

1. 차임지급의무

> 제640조 【차임연체와 해지】 건물 기타 공작물의 임대차에는 임차인의 **차임연체액이 2기의 차임액에 달하는 때에는** 임대인은 계약을 **해지할 수 있다.**
>
> 제641조 【동전】 건물 기타 공작물의 소유 또는 식목, 채염, 목축을 목적으로 한 토지임대차의 경우에도 전조의 규정을 준용한다.

① 임차인의 차임연체액이 **2기의 차임액**에 달하는 때에는 임대인은 계약을 **해지**할 수 있다.
② 이는 **편면적 강행규정**으로 임차인에게 불리한 약정은 무효이다.

2. **차임증감청구권**(편면적 강행규정)

> 제628조 【차임증감청구권】 임대물에 대한 공과부담의 증감 기타 경제사정의 변동으로 인하여 약정한 차임이 상당하지 아니하게 된 때에는 당사자는 장래에 대한 차임의 증감을 청구할 수 있다.

① **차임감액금지의 특약**은 임차인에게 불리하므로 **효력이 없다.**
② **차임증액금지의 특약**은 임차인에게 불리하지 않으므로 **효력이 있다.**
③ 임대인이 차임의 증액을 청구한 것에 대해 당사자 사이에 협의가 성립되지 아니하여 법원이 그 청구가 상당하다고 결정하면 **그 증액의 효력은 청구시에 소급해서 발생한다**(대판 2015다239508).
④ 차임증감청구권은 **일시사용**을 위한 임대차의 경우에는 **적용될 여지가 없다.**
⑤ 임차물의 일부가 임차인의 과실 없이 멸실 기타 사유로 인하여 사용·수익할 수 없는 때에는 임차인은 그 부분의 비율에 의한 차임의 감액을 청구할 수 있다.

> **예제**

임대차의 차임에 관한 설명으로 틀린 것은? (다툼이 있으면 판례에 따름)   제31회

① 임차물의 일부가 임차인의 과실 없이 멸실되어 사용·수익할 수 없는 경우, 임차인은 그 부분의 비율에 의한 차임의 감액을 청구할 수 있다.
② 여럿이 공동으로 임차한 경우, 임차인은 연대하여 차임지급의무를 부담한다.
③ 경제사정변동에 따른 임대인의 차임증액청구에 대해 법원이 차임증액을 결정한 경우, 그 결정 다음날부터 지연손해금이 발생한다.
④ 임차인의 차임연체로 계약이 해지된 경우, 임차인은 임대인에 대하여 부속물매수를 청구할 수 없다.
⑤ 연체차임액이 1기의 차임액에 이르면 건물임대인이 차임연체로 해지할 수 있다는 약정은 무효이다.

해설 ③ 임대인이 차임의 증액을 청구한 것에 대해 당사자 사이에 협의가 성립되지 아니하여 법원이 그 청구가 상당하다고 결정하면 그 증액의 효력은 청구시에 소급해서 발생한다(대판 2015다239508).

▶ 정답 ③

7 보증금

1. 보증금계약은 임대차의 **종된 계약**이지만 반드시 임대차계약과 동시에 이루어져야 하는 것은 아니다.

2. 부동산임대차에서 임차인이 임대인에게 지급하는 **보증금은** 임대차관계가 **종료되어 임차인이 목적물을 반환하는 때까지 임대차관계에서 발생하는 임차인의 모든 채무를 담보한다**(대판 2012다49490).

3. 임대차관계가 존속하는 경우에는 임대인은 보증금으로 연체차임에 충당할 수도 있고, 충당하지 않고 연체차임을 청구할 수도 있으므로, **임대차계약이 종료하기 전에는** 별도의 의사표시 없이 **연체차임이 보증금에서 당연히 공제되는 것은 아니다**(대판 2016다211309).

4. **임차인은** 보증금의 존재를 이유로 연체차임의 **지급을 거절할 수는 없다**(대판 94다4417).

5. 임대차계약에서 **보증금을 지급하였다는** 사실에 대한 **증명책임은** 보증금의 반환을 청구하는 **임차인이 부담한다**(대판 2004다19647).

6. 임대인의 보증금반환의무와 임차인의 목적물반환의무는 **동시이행관계**에 있으므로, **보증금의 반환시기**는 임대차종료시가 아니라 **임대차목적물의 반환시이다.**

7. 보증금은 **연체차임채무, 목적물의 멸실·훼손으로 인한 손해배상채무** 등 임대차관계에 따른 임차인의 모든 채무를 담보하는 것으로서 **그 채무액은 임대차관계의 종료 후 목적물이 반환될 때에** 별도의 의사표시 없이 **보증금에서 당연히 공제된다**(대판 99다50729).

8. 임차건물의 양수인이 건물소유권을 취득한 후 **임대차관계가 종료되어** 임차인에게 **보증금을 반환해야 하는 경우**에는 임대인의 지위를 승계하기 전까지 발생한 **연체차임이나 관리비 등**은 그에 관하여 채권양도의 요건을 갖추지 않았다고 하더라도 **보증금에서 당연히 공제된다.** 이는 보증금이 수수된 임대차계약에서 차임채권이 양도되었다거나 차임채권에 관하여 압류 및 추심명령이 있었다고 하더라도 마찬가지이다(대판 2016다277880).

9. 임대인이 임차인을 상대로 차임연체로 인한 임대차계약의 **해지를 원인으로** 목적물인도 및 연체차임의 지급을 구하는 **소송비용은 임대차관계에서 발생하는 임차인의 채무에 해당하므로** 이를 반환할 **보증금에서 당연히 공제할 수 있다**(대판 2012다49490).

10. 그러나 임대차관계와 사실상 관련되어 있는 채무라고 하더라도, **임대차관계에서 당연히 발생하는 임차인의 채무가 아니라** 임대차계약과 별도로 이루어진 약정에 기하여 비로소 발생하는 채무는 **보증금에서 당연히 공제할 수 있는 것은 아니다**(대판 2015다32585).

11. 임대차가 종료된 후 보증금을 반환받지 못한 임차인이 **동시이행항변권에 기하여** 목적물을 계속 점유하는 것은 **불법점유라고 할 수 없으므로**, 임차인은 임대인에 대하여 **불법행위로 인한 손해배상의무는 없다**(대판 2015다32585).

12. 임대차가 종료된 후 보증금을 반환받지 못한 임차인이 **동시이행항변권에 기하여** 목적물을 **계속 사용·수익하는 경우**, 임차인은 임대인에게 차임 상당의 **부당이득을 반환할 의무가 있다**(대판 87다카2114).

13. 그러나 임차인이 계속 점유하기는 하였으나 이를 **본래의 임대차계약상의 목적에 따라 사용·수익하지 아니하여 실질적인 이득을 얻은 바 없는 경우**에는 그로 인하여 임대인에게 손해가 발생하였다 하더라도 임차인의 **부당이득반환의무는 성립하지 않는다**(대판 2009다39233).

> **예제**

건물임대차계약상 보증금에 관한 설명으로 **틀린** 것을 모두 고른 것은? (다툼이 있으면 판례에 따름)
제33회

> ㄱ. 임대차계약에서 보증금을 지급하였다는 사실에 대한 증명책임은 임차인이 부담한다.
> ㄴ. 임대차계약이 종료하지 않은 경우, 특별한 사정이 없는 한 임차인은 보증금의 존재를 이유로 차임의 지급을 거절할 수 없다.
> ㄷ. 임대차 종료 후 보증금이 반환되지 않고 있는 한, 임차인의 목적물에 대한 점유는 적법점유이므로 임차인이 목적물을 계속하여 사용·수익하더라도 부당이득반환의무는 발생하지 않는다.

① ㄱ　　　　② ㄴ　　　　③ ㄷ
④ ㄱ, ㄴ　　　⑤ ㄴ, ㄷ

해설 ㄷ. 임대차가 종료된 후 보증금을 반환받지 못한 임차인이 동시이행항변권에 기하여 목적물을 계속 사용·수익하는 경우, 임차인은 임대인에게 차임 상당의 부당이득을 반환할 의무가 있다(대판 87다카2114).
▶ 정답 ③

8 임차권의 양도 및 전대(임의규정)

> **제629조 【임차권의 양도, 전대의 제한】** ① 임차인은 임대인의 동의 없이 그 권리를 양도하거나 임차물을 전대하지 못한다.
> ② 임차인이 전항의 규정에 위반한 때에는 임대인은 계약을 해지할 수 있다.
> **제632조 【임차건물의 소부분을 타인에게 사용케 하는 경우】** 전3조의 규정은 건물의 임차인이 그 건물의 소부분을 타인에게 사용하게 하는 경우에 적용하지 아니한다.

1. 임차권의 양도 및 전대

① 임차인은 **임대인의 동의 없이** 그 권리를 **양도**하거나 임차물을 **전대**하지 **못한다**.

② 임차인이 임차건물의 **소부분**을 타인에게 사용하게 하는 경우에는 **임대인의 동의를 필요로 하지 않는다**.

③ 임차권의 양도·전대의 제한규정은 **일시사용**하기 위한 임대차임이 명백한 경우에도 **적용된다**.

2. 임대인의 동의 있는 양도

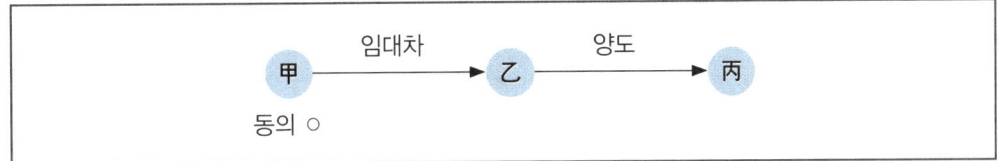

① 임대인의 동의가 있는 양도의 경우, **임차권은 그 동일성을 유지하면서 양수인에게 이전한다**. 따라서 임차인이 지상물 또는 부속물 매수청구요건을 갖춘 경우에는 양수인은 임대인에 대하여 매수청구권을 행사할 수 있다.
② 그러나 임차인의 **연체차임채무나 의무위반에 따른 손해배상채무는 특약이 없는 한 양수인에게 당연히 이전하는 것은 아니다**.

3. 임대인의 동의 있는 전대

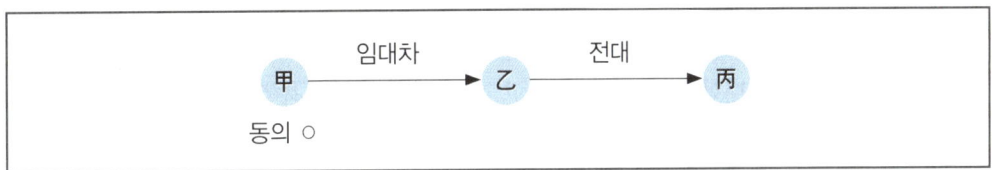

① **임대인의 동의 있는 전대의 경우, 전차인은 임대인에 대해 직접 의무를 부담하나**, 전차인이 임대인에 대하여 **직접 권리를 취득하는 것은 아니다**.
② 전차인은 전대인(임차인)에 대한 차임의 지급으로써 임대인에게 대항하지 못한다.
③ 임차인이 임대인의 동의를 얻어 전대한 경우에는 임대인과 임차인의 **합의로** 계약을 **종료**한 때에도 **전차인의 권리는 소멸하지 아니한다**. 따라서 임대인과 임차인이 **합의해지를 하더라도 이로써 전차인에게 대항하지 못한다**.
④ 임대차기간이 종료되면 전대차도 당연히 소멸한다.
⑤ 기간을 정하지 않은 임대차계약이 임대인의 **해지통고로 인하여 종료된 경우**에는 임대인은 전차인에게 **그 사유를 통지하지 아니하면** 해지로써 **전차인에게 대항하지 못한다**.
⑥ 임차인의 2기의 **차임연체로** 임대인이 임대차계약을 **해지**하는 경우에는 전차인에게 **그 사유를 통지하지 않더라도** 해지로써 **전차인에게 대항할 수 있다**(대판 2012다55860).
⑦ 임대차와 전대차가 **모두 종료**한 경우, 지상물 또는 부속물 매수청구요건을 갖춘 전차인은 임대인에 대하여 매수청구권을 행사할 수 있다.
⑧ ⑦의 경우, 전차인이 임대인에게 **부속물매수청구**를 하기 위해서는 **임대인의 동의를 얻어 부속한 물건 또는 임대인으로부터 매수**한 물건이라야 한다.
⑨ 임대차와 전대차가 **모두 종료**한 경우, **전차인이 임대인에게 목적물을 반환하면** 임차인에 대한 **목적물반환의무를 면한다**.

4. 임대인의 동의 없는 양도 및 전대

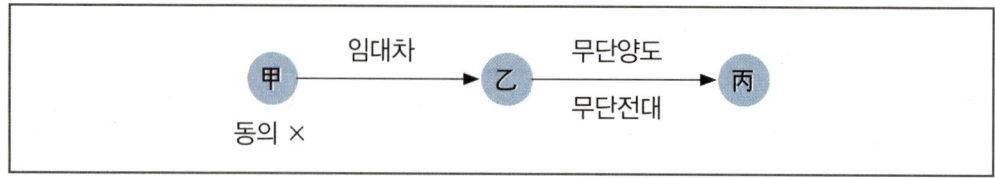

① 임대인의 동의는 양도 및 전대계약의 효력발생요건이 아니라 대항요건이다.
② **무단양도 및 전대계약 자체는 유효이다.** 따라서 임차인은 양수인(전차인)에게 임대차 목적물을 사용할 수 있도록 할 의무와 임대인의 동의를 받아 줄 의무가 있다.
③ 임대인의 동의가 없는 한 양수인(전차인)의 목적물에 대한 점유는 **임대인에 대한 관계에서는 불법점유**가 되므로, 양수인(전차인)은 임대인에게 대항하지 못한다.
④ 임차인이 무단양도 및 무단전대한 경우, 임대인은 임대차계약을 **해지**할 수 있다.
⑤ ④의 경우, 임차인은 **부속물 및 지상물매수청구권을 행사할 수 없다**.
⑥ 임차인이 임대인의 동의 없이 제3자에게 임차물을 사용·수익하도록 한 경우에 있어서도 **임대인에 대한 배신적 행위라고 인정할 수 없는 특별한 사정이 있는 경우에는 해지권은 발생하지 않는다**(대판 92다45308).
⑦ 임대인은 **임대차계약을 해지하지 않는 한** 임차인에게 차임을 받을 권리가 있으므로, 양수인(전차인)에게 차임 상당의 **손해배상청구를 할 수 없다**.

예제

1. 甲은 자기 소유 X창고건물 전부를 乙에게 월차임 60만원에 3년간 임대하였고, 乙은 甲의 동의를 얻어 X건물 전부를 丙에게 월차임 70만원에 2년간 전대하였다. 이에 관한 설명으로 틀린 것은? (단, 이에 관한 특약은 없으며, 다툼이 있으면 판례에 따름) 제32회
① 甲과 乙의 합의로 임대차 계약을 종료한 경우 丙의 권리는 소멸한다.
② 丙은 직접 甲에 대해 월차임 60만원을 지급할 의무를 부담한다.
③ 甲은 乙에게 월차임 60만원의 지급을 청구할 수 있다.
④ 甲에 대한 차임연체액이 120만원에 달하여 甲이 임대차 계약을 해지한 경우, 丙에게 그 사유를 통지하지 않아도 해지로써 丙에게 대항할 수 있다.
⑤ 전대차 기간이 만료한 경우 丙은 甲에게 전전대차(前轉貸借)와 동일한 조건으로 임대할 것을 청구할 수 없다.

해설 ① 임차인이 임대인의 동의를 얻어 전대한 경우에는 임대인과 임차인의 합의로 계약을 종료한 때에도 전차인의 권리는 소멸하지 아니한다. ▶ 정답 ①

2. 甲소유의 건물을 임차하고 있던 乙이 甲의 동의 없이 이를 다시 丙에게 전대하였다. 다음 설명 중 틀린 것은? 제27회
① 특별한 사정이 없는 한, 甲은 무단전대를 이유로 임대차계약을 해지할 수 있다.
② 乙은 丙에게 건물을 인도하여 丙이 사용·수익할 수 있도록 할 의무가 있다.
③ 乙과 丙의 전대차계약에도 불구하고 甲과 乙의 임대차관계는 소멸하지 않는다.
④ 임대차계약이 존속하는 동안에는 甲은 丙에게 불법점유를 이유로 한 차임 상당의 손해배상을 청구할 수 없다.
⑤ 乙이 건물의 소부분을 丙에게 사용하게 한 경우에 甲은 이를 이유로 임대차계약을 해지할 수 있다.

해설 ⑤ 임차인이 임차건물의 소부분을 타인에게 사용하게 하는 경우에는 임대인의 동의를 필요로 하지 않으므로, 甲은 이를 이유로 임대차계약을 해지할 수 없다. ▶ 정답 ⑤

3. 甲은 자신의 X건물을 乙에게 임대하였고, 乙은 甲의 동의 없이 X건물에 대한 임차권을 丙에게 양도하였다. 다음 설명 중 틀린 것은? (다툼이 있으면 판례에 따름) 제28회
① 乙은 丙에게 甲의 동의를 받아 줄 의무가 있다.
② 乙과 丙 사이의 임차권 양도계약은 유동적 무효이다.
③ 甲은 乙에게 차임의 지급을 청구할 수 있다.
④ 만약 丙이 乙의 배우자이고 X건물에서 동거하면서 함께 가구점을 경영하고 있다면, 甲은 임대차계약을 해지할 수 없다.
⑤ 만약 乙이 甲의 동의를 받아 임차권을 丙에게 양도하였다면, 이미 발생된 乙의 연체 차임채무는 특약이 없는 한 丙에게 이전되지 않는다.

해설 ② 무단양도계약 자체는 유효이다. ▶ 정답 ②

 공인중개사

제1장 주택임대차보호법
제2장 상가건물 임대차보호법
제3장 가등기담보 등에 관한 법률
제4장 부동산 실권리자명의 등기에 관한 법률
제5장 집합건물의 소유 및 관리에 관한 법률

PART

04

민사특별법

Chapter 01 주택임대차보호법

1 입법목적

1. 「주택임대차보호법」은 국민의 **주거생활의 안정**을 보장함을 목적으로 민법의 특례를 규정하고 있다. 따라서 이 법에 규정이 없는 사항은 「민법」의 일반규정에 의한다(특별법 우선의 원칙).

2. 「주택임대차보호법」은 **편면적 강행규정**의 성격을 가지므로, 본법의 규정에 위반된 약정으로 임차인에게 불리한 약정은 그 효력이 없다.

2 적용범위

1. 적용(주거용 건물)

① 주거용건물(주택)의 전부 또는 일부의 임대차에 적용되며, 임차주택이 **미등기 무허가 건물**인 경우에도 적용된다.

② 주거용 건물의 기준은 공부상의 표시만을 기준으로 할 것이 아니라, 계약을 체결하는 때를 기준으로 **실제용도**에 따라 정한다.

③ **임차주택의 일부**가 주거 이외의 목적에 사용되는 경우에도 적용이 있으나, 비주거용 건물의 일부가 주거로 사용되는 경우에는 적용되지 않는다.

④ 주택의 **미등기전세**에도 적용된다. 이 경우 전세금을 임대차보증금으로 본다.

⑤ 주택의 소유자는 아니더라도 **적법하게 임대차계약을 체결할 수 있는 권한을 가진 임대인과 주택임대차계약을 체결한 경우**에도 적용된다(대판 2012다45689).

⑥ 주택도시기금을 재원으로 하여 **저소득층의 무주택자에게 주거생활안정을 목적으로 전세임대주택을 지원하는 법인**이 주택을 임차한 후 지방자치단체의 장 또는 해당 법인이 선정한 입주자가 주택인도와 주민등록을 마친 때에는 적용된다(법 제3조 제2항).

⑦ **중소기업기본법 제2조에 따른 중소기업에 해당하는 법인**이 소속 직원의 주거용으로 주택을 임차한 후 그 법인이 선정한 직원이 해당 주택을 인도받고 주민등록을 마쳤을 때에는 대항력을 취득한다(법 제3조 제3항 신설 2013.8.13).

2. 적용 제외

① **일시사용**을 위한 임대차인 것이 명백한 경우에는 **적용되지 않는다**. 집수리, 휴가, 출장 등으로 몇 개월 임대차하여 사용하는 경우에는 이 법의 적용을 받지 못한다.

② **법인이 임차인인 경우**에는 적용되지 않는 것이 원칙이다.

③ 따라서 영리법인의 직원A가 **법인이 임차한** 직원복지용 아파트를 인도 받고 그 주소지에 주민등록을 마쳤을 뿐만 아니라 임대차 계약서상의 확정일자를 구비하였다 하더라도, 법인은 대항력 및 우선변제권을 취득할 수 없다.

판례

1. 임대차 계약의 주된 목적이 **주택을 사용, 수익하려는 것이 아니고,** 실제로는 소액임차인으로 보호받아 선순위담보권자에 우선하여 채권의 회수를 목적으로 한 것이라면 소액임차인으로서 보호할 수 없다(대판 2001다413339).
2. 우선변제권을 행사할 수 있는 주택임차인으로부터 **임차권과 분리된 임차보증금반환채권만을 양수한 채권양수인**은 우선변제권을 행사할 수 없다(대판 2010다10276).

예제

주택임대차보호법의 적용대상이 되는 경우를 모두 고른 것은? 제27회

> ㄱ. 임차주택이 미등기인 경우
> ㄴ. 임차주택이 일시사용을 위한 것임이 명백하게 밝혀진 경우
> ㄷ. 사무실로 사용되던 건물이 주거용 건물로 용도 변경된 경우
> ㄹ. 적법한 임대권한을 가진 자로부터 임차하였으나 임대인이 주택소유자가 아닌 경우

① ㄱ, ㄷ ② ㄴ, ㄹ ③ ㄱ, ㄷ, ㄹ
④ ㄴ, ㄷ, ㄹ ⑤ ㄱ, ㄴ, ㄷ, ㄹ

해설 ㄴ. 임차주택이 일시사용을 위한 것임이 명백한 경우에는 주택임대차보호법이 적용되지 않는다.

▶ 정답 ③

3 대항력

> 제3조【대항력 등】① 임대차는 그 등기가 없는 경우에도 임차인이 **주택의 인도와 주민등록을 마친 때에는 그 다음 날부터 제3자에 대하여 효력이 생긴다**. 이 경우 **전입신고를 한 때에 주민등록이 된 것으로 본다**.
> ④ 임차주택의 양수인은 임대인의 지위를 승계한 것으로 본다.

1. 의 의

① 대항력이란 주택임대차 후에 **주택소유자가 변경된 경우,** 임차인이 새로운 소유자에게 자신의 임차권을 주장할 수 있느냐를 의미한다.

② 임차권은 **채권**이므로 직접 계약을 한 임대인에게만 주장할 수 있을 뿐, 새로운 소유자에게는 대항할 수 없는 것이 원칙이다. 따라서 임차인은 법에서 요구하는 **대항요건**을 갖춰야만 새로운 소유자에게 대항할 수 있다.

2. 요 건

① 주택임차인이 민법상 **임차권등기**를 하면 등기한 **즉시 대항력과 우선변제권이 발생**한다.

② 임차권등기를 하지 않은 경우에도, 임차인이 **주택의 인도와 주민등록**을 마친 때에는 **그 익일(다음날)부터** 제3자에 대하여 대항력이 인정된다. 단, **확정일자는 대항요건이 아니다**.

③ **전입신고**를 한 때에는 주민등록이 된 것으로 본다. 이 때 주민등록의 신고는 행정청에 **도달한 때가 아니라** 행정청이 **수리한 때** 효력이 발생한다.

④ 대항요건은 대항력 취득시는 물론 대항력을 유지하기 위해 **계속 존속**하여야 한다. 따라서 주민등록을 다른 곳에 이전한 후 다시 이전해오면 종전 대항력은 소멸하고 그 때부터 다시 대항력을 취득한다.

⑤ 주민등록은 임차인 본인뿐만 아니라 **공동생활하고 있는 가족의 주민등록도** 포함한다. 따라서 주택임차인이 그 가족과 함께 그 주택의 점유를 계속하면서 그 가족의 주민등록을 그대로 둔 채 임차인만 주민등록을 임시로 옮긴 경우라면, 임대차의 제3자에 대한 대항력은 상실하지 않는다(대판 95다30338).

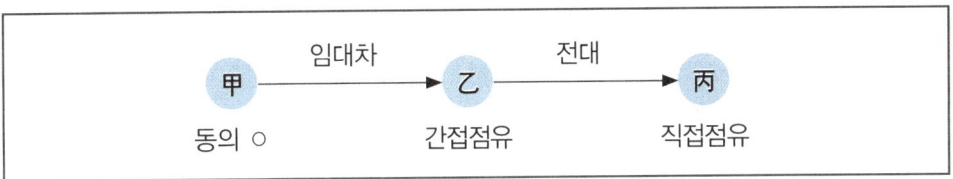

⑥ 대항력은 임차인이 직접점유하는 경우뿐만 아니라 타인의 점유를 매개로 하여 이를 **간접점유**하는 경우에도 인정될 수 있다. 따라서 임차인이 임대인의 승낙을 받아 전대를 한 경우, **전차인**이 점유를 하면서 그의 이름으로 **주민등록**을 하여 대항요건을 갖춘 경우에는 임차인이 대항력을 취득한다.

⑦ **공동주택**(아파트, 연립, 다세대)은 지번뿐 아니라 **동호수까지 정확히 기재**하여야 하나, **다가구용 단독주택**은 **지번만 기재**하는 것으로 충분하고 호수까지 기재하지 않아도 대항력이 인정된다.

⑧ 처음에 **다가구용 단독주택**으로 소유권보존등기가 경료된 건물의 일부를 임차한 임차인이 **지번을 정확히 기재하여 전입신고를 하면 대항력을 취득하고**, 나중에 다가구용 단독주택이 **다세대 주택으로 변경되었다는 사정만으로** 임차인이 이미 취득한 **대항력을 상실하게 되는 것은 아니다**(대판 2006다70516).

3. 효 과

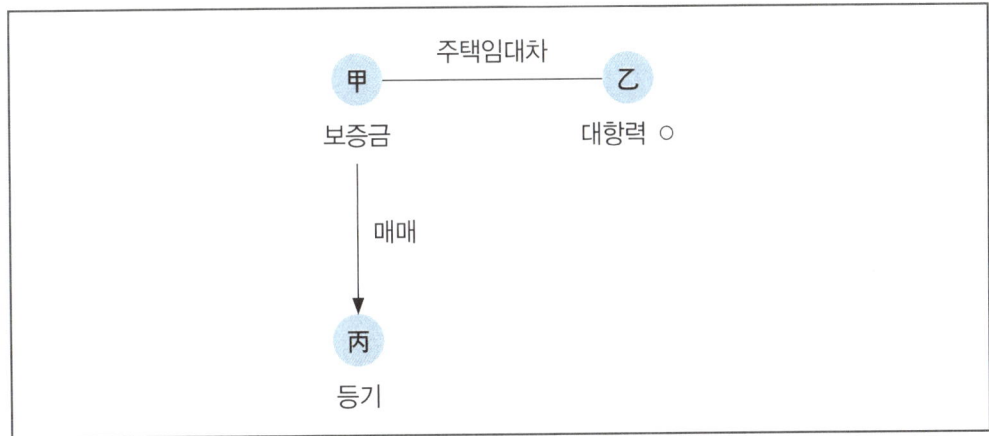

① 대항력이 있는 임차주택의 **양수인은 임대인의 지위를 승계한 것으로 본다**. 따라서 종전 임대인은 임대차관계에서 벗어나 보증금을 반환할 의무가 없고, **양수인이 보증금 반환의무를 부담한다**.

② ①의 경우, 양수인이 임차인에게 보증금을 반환하는 것은 자신의 채무를 이행한 것이므로 **양수인은 양도인에게 부당이득반환을 청구할 수 없다**.

③ 임차인의 **보증금반환채권이 가압류된 상태에서 임대주택이 양도되면** 양수인이 채권가압류의 제3채무자의 지위도 승계하므로, **가압류권자는** 임대주택의 양도인이 아니라 **양수인에 대하여만 가압류의 효력을 주장할 수 있다**(대판 2011다49523).

④ 임대주택의 양수인이 보증금반환채무를 부담하게 된 이후에 **임차인이 주민등록을 다른 곳으로 옮겼다 하여 이미 발생한 양수인의 보증금반환채무가 소멸하는 것은 아니다**(대판 93다36615).

⑤ 임차인이 **임대인의 지위승계를 원하지 않는 경우**에는 임차인이 임차주택의 양도사실을 안 때로부터 상당한 기간 내에 **이의를 제기함으로써** 승계되는 임대차관계의 구속으로부터 벗어날 수 있으며, 그러한 경우에는 **양도인의 임차인에 대한 보증금반환채무는 소멸하지 않는다**(대판 2001다64615).

1	임차권 甲
2	저당권 乙

1	저당권 甲
2	임차권 乙
3	저당권 丙

⑥ 임대차 존속 중 임차주택이 **경매되는 경우, 대항력과 우선변제권이 있는 임차인은** 임대차가 종료되기 이전이라도 보증금의 우선변제를 청구할 수 있다.

⑦ **저당권이 설정된 주택을 임차하여 대항력을 갖춘 임차인**은 경매시 경락인에게 대항하지 못한다. 따라서 주택에 1번 저당권이 설정된 후 임차인이 대항력을 갖춘 경우, 2번 저당권의 실행으로 경락되면 임차인은 대항력을 상실하므로 **경락인에게 대항하지 못한다.**

⑧ 임차인이 **대항력을 취득한 후 저당권이 설정**된 경우, 임차인이 **일시 퇴거**하였다가 **다시 전입**하더라도 경매시 **경락인에게 대항할 수 없다.**

⑨ 임차권의 대항력을 갖춘 후 그 임차물에 **저당권등기**가 경료되고 그 후 보증금을 **증액**한 경우 증액부분은 저당권자에게 **대항할 수 없다**(대판 90다카11377).

⑩ **가등기가 경료된 후 대항력을 취득한 주택임차인**은 그 가등기에 기하여 **본등기를 경료한 자에 대하여** 임대차의 효력으로써 **대항할 수 없다**(대판 2007다25599).

판례

1. 대항력이 발생하기 위해서 반드시 새로운 이해관계인이 생기기 전까지 임대인에게 보증금을 전부 지급하여야 하는 것은 아니다(대판 2000다61855).

2. 기존 채권을 임대차보증금으로 전환하여 임대차계약을 체결한 경우에도, 대항력이 인정된다(대판 2001다47535).

3. **대항력을 갖춘 임차인이 당해 주택을 양수한 때에는** 임대인의 보증금반환채무는 소멸하고 양수인인 임차인이 임대인의 자신에 대한 보증금반환채무를 인수하게 되어, 결국 **임차인의 보증금반환채권은 혼동으로 인하여 소멸한다**(대판 96다38216).

4. 주민등록이 임차인의 의사에 의하지 않고 **제3자에 의하여 임의로 이전된 경우** 주택임차인이 이미 취득한 **대항력은** 주민등록의 이전에도 불구하고 그대로 **유지된다**(대판 2000다37012).

5. **직권말소와 대항력**
   ① 임차인의 의사와 무관하게 주민등록이 행정기관에 의해 **직권말소된 경우**, 임차권은 **대항력을 상실함이 원칙이다**.
   ② 주민등록 직권말소 후「주민등록법」소정의 **이의절차에 의하여 재등록이 이루어진 경우**, 그 재등록이 이루어지기 전에 임차주택에 새로운 이해관계를 맺은 **선의의 제3자에 대해서도** 기존의 주택임차권의 **대항력은 유지된다**.
   ③ 주민등록 직권말소 후 임차인이「주민등록법」소정의 **이의절차에 의하여 말소된 주민등록을 회복한 것이 아니라면**, 직권말소 후 재등록이 이루어지기 이전에 이해관계를 맺은 **선의의 제3자에 대하여** 임차권으로 **대항할 수 없다**(대판 2007다54023).

6. 자기명의의 주택을 **매도하면서** 동시에 그 주택을 **임차하는 경우**, 매도인이 임차인으로서 가지는 대항력은 매수인 명의의 **소유권이전등기가 마쳐진 다음날**부터 효력이 생긴다(대판 98다32939).

7. 丙이 甲회사 소유 임대아파트의 **임차인인 乙로부터 아파트를 전대**하여 전입신고를 마치고 거주하던 중, 乙이 甲회사로부터 위 아파트를 분양받아 자기 명의로 소유권이전등기를 경료한 경우, 丙은 乙 명의의 **소유권이전등기가 경료되는 즉시** 대항력을 취득한다(대판 2000다58026).

8. 임차인이 **전입신고를 올바르게** 하였는데 담당공무원의 착오로 주민등록표상에 신거주지 지번이 다소 틀리게 기재되었다 해도 대항력은 인정된다(대판 91다18118).

9. 주민등록의 신고는 행정청에 **도달한 때가 아니라** 행정청이 **수리한 때** 효력이 발생하는 것이므로, 정확한 지번으로 전입신고서를 작성·제출하였는데 담당공무원이 착오로 수정을 요구하여, **잘못된 지번으로 수정한 전입신고서를 다시 작성·제출하여** 그대로 주민등록이 된 경우에는 **대항력을 인정할 수 없다**(대판 2006다17850).

4 보증금의 우선변제권

1. 의 의

대항요건과 **확정일자**를 갖춘 임차인은 **경매시** 임차주택(**대지를 포함한다**)의 환가대금에서 **후순위권리자 기타 채권자보다 우선**하여 보증금을 변제받을 권리가 있다.

2. 요 건

① 대항요건과 임대차계약서상의 확정일자를 갖춰야 한다. **확정일자가 없는 한** 보증금 우선변제권은 인정될 수 없다.

② 대항력이 발생한 경우에만 확정일자도 효력이 발생한다. 따라서 대항력이 발생하기 전에 확정일자를 찍은 경우에는 **대항력이 발생할 때** 우선변제권도 발생한다.

③ **배당요구**를 해야 배당받을 수 있는 채권이다. 따라서 **제3자가 신청한 주택의 경매절차에서** 우선변제권이 있는 임차인이 **배당요구를 하지 아니하여** 후순위권자에게 먼저 배당된 경우, 임차인은 그에게 **부당이득반환청구를 할 수 없다**.

④ 그러나 **대항력과 우선변제권을 모두 가지고 있는** 임차인이 보증금반환청구소송의 확정판결 등 집행권원을 얻어 임차주택에 대하여 **스스로 강제경매를 신청하였다면** 특별한 사정이 없는 한 우선변제권을 인정받기 위하여 배당요구 종기까지 **별도로 배당요구를 하여야 하는 것은 아니다**(대판 2013다27831).

⑤ 보증금 우선변제를 받기 위해서는 **배당요구 종기까지** 대항력이 존속하고 있어야 한다.

3. 집행개시요건의 완화

① 임차인이 보증금반환청구소송을 통한 확정판결 기타 이에 준하는 채무명의에 기해 강제경매를 신청하는 경우, **반대채무의 이행 또는 이행의 제공을 집행개시요건으로 하지 않는다**.

② 임차주택의 경매시 임차인이 주택의 환가대금으로부터 **보증금을 수령**하기 위해서는 임차주택을 **경락인에게 인도하여야 한다**.

판례

1. 주택의 임차인이 임차권의 대항력을 취득하고 임대차계약서상에 확정일자를 갖춘 후 다른 곳으로 주민등록을 이전하였다가 재전입한 경우, 임대차계약이 동일성을 유지한다면, **다시 확정일자를 받을 필요 없이** 보증금의 우선변제를 받을 수 있다(대판 98다34584).

2. **확정일자를 갖춘** 임대차계약서에 아파트의 명칭과 동 호수의 기재를 누락했더라도 **우선변제권은 인정될 수 있다**(대판 99다7992).

3. **주택임차인이 전세권설정등기를 한 경우**
   ① 전세권설정계약서에 첨부된 **등기필증의 접수인을** 임대차계약서의 **확정일자로 볼 수 있다.**
   ② 주택임차인으로서의 권리와 전세권자로서의 권리는 **전혀 별개의 권리이다.** 따라서 주택임차인이 별도로 전세권설정등기를 마쳤더라도 **대항요건을 상실하면** 이미 취득한 **주택임대차보호법상의 대항력 및 우선변제권을 상실한다**(대판 2004다69741).
   ③ **임차인**으로서의 지위에 기하여 경매법원에 **배당요구**를 하였다면 **전세권**에 관하여는 **배당요구**가 있는 것으로 **볼 수 없다**(대판 2009다40790).
   ④ 주택에 최선순위의 전세권과 주택임대차보호법상 대항력을 함께 갖춘 경우, 최선순위 **전세권자로서 배당요구를 하여 전세권이 매각으로 소멸되었다 하더라도** 변제받지 못한 나머지 보증금에 기하여 **주택임차인은 대항력을 행사할 수 있고,** 그 범위 내에서 임차주택의 매수인은 임대인의 지위를 승계한다(대결 2010마900).
   ⑤ 임대차계약에 따른 보증금반환채권을 담보할 목적으로 전세권설정등기를 한 경우, 임대차계약에 따른 연체차임 공제는 전세권설정계약과 양립할 수 없으므로, 전세권설정자는 **선의의 제3자에 대해서는 연체차임의 공제를 주장할 수 없다**(대판 2020다257999).

5 소액보증금의 최우선변제권

1. 의 의

임차인은 **경매시** 임차주택(대지를 포함한다)의 환가대금에서 **보증금 중 일정액을 다른 담보물권자보다 우선하여 변제받을 권리가 있다.**

2. 요 건

① 서울의 경우, 보증금이 1억 6천 500만원 이하여야 한다.
② 임차인은 주택에 대한 **경매신청등기 전에 대항요건**을 갖추어야 한다. 이 경우 **확정일자는 요건이 아니다.**

3. 효 과

① 서울의 경우, 위의 요건을 갖춘 경우에는 소액보증금 중 최대 5천 500만원까지 선순위 권리자보다도 우선해서 배당받을 수 있다. 보증금 중 일정액에 대한 우선변제권은 **국세나 선순위저당권보다 언제나 우선한다.**
② 소액임차인이 대항요건뿐 아니라 확정일자까지 갖춘 경우에는 먼저 소액임차인으로서 배당받을 수 있는 일정액을 받고, 그 나머지 보증금액은 우선변제순위에 따라 배당을 받는다.
③ 임차인의 보증금 중 일정액이 주택가액의 **2분의 1을 초과하는 경우**에는 주택가액의 2분의 1에 해당하는 금액에 한하여 최우선변제권이 있다.
④ 하나의 주택에 임차인이 2인 이상이고 이들이 그 주택에서 가정공동생활을 하는 경우에는 이들을 1인의 임차인으로 보아 이들의 각 보증금을 합산한다.
⑤ **임차권등기명령에 의한 임차권등기가 경료된 주택**을 그 이후에 임차한 임차인은 **소액보증금의 최우선변제를 받을 권리가 없다.**
⑥ 임차주택의 경매절차에서 일정한 보증금 중 일정액에 대한 **배당요구를 하지 않은 임차인은 배당 받은 후순위채권자에게** 부당이득을 이유로 **배당금의 반환을 청구할 수 없다**(대판 2000다30165).
⑦ 점포 및 사무실로 사용되던 건물에 근저당권이 설정된 후 그 건물이 **주거용 건물로 용도 변경되어 이를 임차한 소액임차인도** 특별한 사정이 없는 한 **보증금 중 일정액을** 근저당권자보다 **우선하여 변제받을 권리가 있다**(대판 2009다26879).

판례

1. **대항요건 및 확정일자를 갖춘 임차인과 소액임차인**은 임차주택과 그 대지가 함께 경매될 경우뿐만 아니라 **임차주택과 별도로 그 대지만이 경매될 경우에도 그 대지의 환가대금에 대하여 우선변제권을 행사할 수 있고**, 임대차 성립 당시 임대인의 소유였던 대지가 타인에게 양도되어 임차주택과 대지의 소유자가 서로 달라지게 된 경우에도 마찬가지이다(대판 2004다26133).
2. **대지에 저당권이 설정된 후 신축된 주택의 소액임차인은 대지의 환가대금에서 최우선변제를 받을 수 없다**(대판 99다25532).

6 임차권등기명령

1. 임대차가 **종료된 후** 보증금을 반환받지 못한 임차인은 **임차주택의 소재지**를 관할하는 법원에 임차권등기명령을 신청할 수 있다.

2. 임차권등기명령의 집행에 의한 임차권등기가 경료되면 임차인은 대항력 및 우선변제권을 취득한다. 다만 임차인이 임차권등기 이전에 이미 대항력 및 우선변제권을 취득한 경우에는 그 대항력 및 우선변제권은 그대로 유지되며, **임차권등기 이후에는 대항요건을 상실하더라도 이미 취득한 대항력 및 우선변제권을 상실하지 아니한다.**

3. 임차인이 **대항력을 상실한 후에** 임차권등기명령에 의해 **임차권등기가 된 경우**, 소멸하였던 대항력이 소급해서 회복되는 것이 아니라 **등기된 때부터 새로운 대항력이 발생한다**(대판 2024다326398).

4. **임차권등기명령에 의한 임차권등기가 경료된 주택**을 그 이후에 임차한 임차인은 **소액보증금의 최우선변제를 받을 권리가 없다**.

5. **임차인은** 임차권등기명령의 신청 및 그에 따른 임차권등기와 관련하여 **소요된 비용을 임대인에게 청구할 수 있다.**

6. 임대인의 임대차보증금의 반환의무와 **임차권등기명령**에 의해 경료된 임차인의 임차권등기 말소의무는 **동시이행관계에 있지 않다.** 즉, **보증금반환의무가 선이행의무**이다(대판 2005다4529).

7. 임차권등기명령에 의하여 임차권등기를 한 임차인은 별도로 **배당요구를 하지 않아도 당연히 배당받을 채권자**에 속하는 것으로 본다.

예 제

1. 「주택임대차보호법」상의 주택임대차에 관한 설명으로 틀린 것은? 　　　　제23회
   ① 대항력 있는 주택임대차가 기간만료로 종료된 상태에서 임차주택이 양도되더라도 임차인은 이 사실을 안 때로부터 상당한 기간 내에 이의를 제기함으로써, 승계되는 임대차관계의 구속에서 벗어날 수 있다.
   ② 다른 특별한 규정이 없는 한, 미등기주택에 대해서도 이 법이 적용된다.
   ③ 임대차기간이 끝난 경우, 임차인이 보증금을 반환받지 못하였다면 임대차관계는 종료하지 않는다.
   ④ 다가구용 단독주택의 임대차에서는 전입신고를 할 때 지번만 기재하고 동·호수의 표시가 없어도 대항력을 취득할 수 있다.
   ⑤ 저당권이 설정된 주택을 임차하여 대항력을 갖춘 이상, 후순위저당권이 실행되더라도 매수인이 된 자에게 대항할 수 있다.

   해설 ⑤ 저당권이 설정된 주택을 임차하여 대항력을 갖춘 임차인은 경매시 경락인에게 대항하지 못한다. 따라서 주택에 1번 저당권이 설정된 후 임차인이 대항력을 갖춘 경우, 2번 저당권의 실행으로 경락되면 임차인은 대항력을 상실하므로 경락인에게 대항하지 못한다. ▶▶ 정답 ⑤

2. 주택임대차보호법에 관한 설명으로 옳은 것은? 　　　　제26회
   ① 주민등록의 신고는 행정청이 수리한 때가 아니라, 행정청에 도달한 때 효력이 발생한다.
   ② 등기명령의 집행에 따라 주택 전부에 대해 타인명의의 임차권 등기가 끝난 뒤 소액보증금을 내고 그 주택을 임차한 자는 최우선변제권을 행사할 수 없다.
   ③ 임차권보다 선순위의 저당권이 존재하는 주택이 경매로 매각된 경우, 경매의 매수인은 임대인의 지위를 승계한다.
   ④ 소액임차인은 경매신청의 등기 전까지 임대차계약서에 확정일자를 받아야 최우선변제권을 행사할 수 있다.
   ⑤ 주택임차인의 우선변제권은 대지의 환가대금에는 미치지 않는다.

   해설 ① 주민등록의 신고는 행정청이 수리한 때 효력이 발생한다.
   ③ 저당권이 설정된 주택을 임차하여 대항력을 갖춘 임차인은 경매시 경락인에게 대항하지 못하므로, 경매의 매수인은 임대인의 지위를 승계하지 않는다.
   ④ 소액임차인은 주택에 대한 경매신청등기 전에 대항요건을 갖추면 되고, 확정일자는 요건이 아니다.
   ⑤ 주택임차인의 우선변제권은 대지의 환가대금에도 미친다. ▶▶ 정답 ②

7 존속기간

1. 최단기간보호

① 기간의 정함이 없거나 기간을 2년 미만으로 정한 임대차는 **그 기간을 2년으로 본다.** 다만 **임차인은 2년 미만으로 정한 기간이 유효함을 주장할 수 있다.**

② 따라서 존속기간을 1년으로 약정한 경우, **임차인은** 1년 또는 2년을 주장할 수 있으나, **임대인은** 1년을 주장할 수 없다.

2. 보증금반환과 임대차관계의 존속

임대차가 **종료**한 경우에도 임차인이 **보증금을 반환받을 때까지는 임대차관계는 존속하는 것으로 본다.**

3. 법정갱신(묵시의 갱신)

① **임대인이 임대차기간이 끝나기 6개월 전부터 2개월 전까지의 기간에** 임차인에게 갱신거절의 통지를 하지 아니하거나 계약조건을 변경하지 아니하면 갱신하지 아니한다는 뜻의 **통지를 하지 아니한 경우**에는 그 기간이 끝난 때에 전 임대차와 동일한 조건으로 다시 임대차한 것으로 본다. **임차인이 임대차기간이 끝나기 2개월 전까지 통지하지 아니한 경우**에도 또한 같다(법 제6조 제1항).

② **2기의 차임액에 달하도록 차임을 연체**하거나 기타 임차인으로서의 의무를 현저히 위반한 임차인에 대하여는 **법정갱신은 인정되지 않는다.**

③ **법정갱신의 경우 임대차의 존속기간은 2년으로 본다**(법 제6조 제2항). 따라서 **임대인**은 해지통지할 수 없으나, **임차인은** 존속기간을 2년으로 주장할 수도 있고 언제든지 임대인에 대하여 계약의 해지를 통지할 수도 있다.

④ **임차인이** 임대인에게 계약의 **해지를 통지한 경우** 임대인이 그 통지를 받은 날로부터 **3월이 경과**하면 해지의 효력이 발생한다.

> **예제**

1. 甲이 그 소유의 X주택에 거주하려는 乙과 존속기간 1년의 임대차계약을 체결한 경우에 관한 설명으로 틀린 것은? 제30회

① 乙은 2년의 임대차 존속기간을 주장할 수 있다.
② 乙은 1년의 존속기간이 유효함을 주장할 수 있다.
③ 乙이 2기의 차임액에 달하도록 차임을 연체한 경우, 묵시적 갱신이 인정되지 아니한다.
④ 임대차계약이 묵시적으로 갱신된 경우, 乙은 언제든지 甲에게 계약해지를 통지할 수 있다.
⑤ X주택의 경매로 인한 환가대금에서 乙이 보증금을 우선변제받기 위해서 X주택을 양수인에게 인도할 필요가 없다.

해설 ⑤ 임차주택의 경매시 임차인이 주택의 환가대금으로부터 보증금을 수령하기 위해서는 임차주택을 경락인에게 인도하여야 한다. ▶▶ 정답 ⑤

2. 甲은 2023. 1. 5. 乙로부터 그 소유의 X주택을 보증금 2억원, 월 임료 50만원, 기간은 계약일로부터 1년으로 정하여 임차하는 내용의 계약을 체결하고 당일 乙에게 보증금을 지급함과 동시에 X주택을 인도받아 주민등록을 마치고 확정일자를 받았다. 다음 중 주택임대차보호법의 적용에 관한 설명으로 틀린 것은? (다툼이 있으면 판례에 따름) 제34회

① 甲은 2023. 1. 6. 오전 영시부터 대항력을 취득한다.
② 제3자에 의해 2023. 5. 9. 경매가 개시되어 X주택이 매각된 경우, 甲은 경매절차에서 배당요구를 하지 않아도 보증금에 대해 우선변제를 받을 수 있다.
③ 乙이 X주택을 丙에게 매도하고 소유권이전등기를 마친 경우, 乙은 특별한 사정이 없는 한 보증금반환의무를 면한다.
④ 甲이 2기의 차임액에 달하는 차임을 연체하면 묵시적 갱신이 인정되지 않는다.
⑤ 묵시적 갱신이 된 경우, 갱신된 임대차 계약의 존속기간은 2년이다.

해설 ② 제3자에 의해 주택이 경매된 경우에는 임차인은 경매절차에서 배당요구를 해야 보증금에 대해 우선변제를 받을 수 있다. ▶▶ 정답 ②

8 계약갱신요구권

1. **임대인은 임차인이 임대차기간이 끝나기 6개월 전부터 2개월 전까지의 기간에 계약갱신을 요구할 경우** 정당한 사유 없이 거절하지 못한다. 다만, 다음의 어느 하나에 해당하는 경우에는 그러하지 아니하다(법 제6조의3).

    ① 임차인이 **2기**의 차임액에 해당하는 금액에 이르도록 차임을 **연체한 사실**이 있는 경우
    ② 임차인이 거짓이나 그 밖의 부정한 방법으로 임차한 경우
    ③ **서로 합의하여** 임대인이 임차인에게 **상당한 보상을 제공**한 경우
    ④ 임차인이 임대인의 **동의 없이** 목적 주택의 전부 또는 일부를 **전대(轉貸)**한 경우
    ⑤ 임차인이 임차한 주택의 전부 또는 일부를 고의나 **중대한 과실로 파손**한 경우
    ⑥ 임차한 주택의 전부 또는 일부가 멸실되어 임대차의 목적을 달성하지 못할 경우
    ⑦ 임대인이 다음의 어느 하나에 해당하는 사유로 목적 주택의 전부 또는 대부분을 철거하거나 재건축하기 위하여 목적 주택의 점유를 회복할 필요가 있는 경우
      ㉠ 임대차계약 체결 당시 공사시기 및 소요기간 등을 포함한 철거 또는 재건축 계획을 임차인에게 구체적으로 고지하고 그 계획에 따르는 경우
      ㉡ 건물이 노후·훼손 또는 일부 멸실되는 등 안전사고의 우려가 있는 경우
      ㉢ 다른 법령에 따라 철거 또는 재건축이 이루어지는 경우
    ⑧ **임대인(임대인의 직계존속·직계비속을 포함한다)이 목적 주택에 실제 거주하려는 경우**
    ⑨ 그 밖에 임차인이 임차인으로서의 의무를 현저히 위반하거나 임대차를 계속하기 어려운 중대한 사유가 있는 경우

2. 임차인은 계약갱신요구권을 **1회에 한하여 행사할 수 있다.** 이 경우 갱신되는 임대차의 **존속기간은 2년으로 본다.**

3. 임차인의 계약갱신요구에 따라 갱신의 효력이 발생한 경우, **임차인은 언제든지 계약의 해지통지를 할 수 있고,** 해지통지가 **임대인에게 도달한 후 3개월이 지나면 그 효력이 발생하며,** 이는 계약해지의 통지가 **갱신된 임대차계약 기간이 개시되기 전에 임대인에게 도달하였더라도 마찬가지이다**(대판 2023다258672).

4. 갱신되는 임대차는 전 임대차와 동일한 조건으로 다시 계약된 것으로 본다. 다만, 차임과 보증금의 **증액청구는** 약정한 차임이나 보증금의 **20분의 1의 금액을 초과하지 못한다.**

5. **임대인이 실거주를 사유로 갱신을 거절하였음에도 불구하고** 갱신요구가 거절되지 아니하였더라면 갱신되었을 기간이 만료되기 전에 **정당한 사유 없이 제3자에게 목적 주택을 임대한 경우** 임대인은 갱신거절로 인하여 임차인이 입은 **손해를 배상하여야 한다.**

6. **5.**의 경우, **손해배상액은** 거절 당시 당사자 간에 손해배상액의 예정에 관한 합의가 이루어지지 않는 한 **다음 중 큰 금액으로 한다.**
   ① 갱신거절 당시 환산월차임의 3개월분에 해당하는 금액
   ② 임대인이 제3자에게 임대하여 얻은 환산월차임과 갱신거절 당시 환산월차임 간 차액의 2년분에 해당하는 금액
   ③ 갱신거절로 인하여 임차인이 입은 손해액

예제

주택임대차보호법상 임차인의 계약갱신요구권에 관한 설명으로 옳은 것을 모두 고른 것은?
제32회

> ㄱ. 임대차기간이 끝나기 6개월 전부터 2개월 전까지의 기간에 행사해야 한다.
> ㄴ. 임대차의 조건이 동일한 경우 여러 번 행사할 수 있다.
> ㄷ. 임차인이 임대인의 동의 없이 목적 주택을 전대한 경우 임대인은 계약갱신요구를 거절하지 못한다.

① ㄱ ② ㄴ ③ ㄷ
④ ㄱ, ㄷ ⑤ ㄴ, ㄷ

해설 ㄴ. 임차인은 계약갱신요구권을 1회에 한하여 행사할 수 있다.
ㄷ. 임차인이 임대인의 동의 없이 주택을 전대한 경우에는 임대인은 계약갱신요구를 거절할 수 있다.
▶ 정답 ①

9 차임 등의 증감청구권

1. **차임증액을 청구하는 경우** 약정한 차임 등의 **20분의 1(5%)을 초과할 수 없으며,** 이 증액청구는 임대차계약 또는 약정한 차임의 증액이 있은 후 **1년 이내에는 하지 못한다.**

2. 이러한 증액청구시 제한규정은 임대차계약의 존속 중 일방적으로 증액을 청구한 때에 한하여 적용되고, 임대차계약이 **종료된 후 재계약을 하거나** 또는 임대차계약 종료 전이라도 당사자의 **합의로 차임 등이 증액된 경우에는 적용되지 않는다**(대판 93다30532).

10 임차권의 승계

1. 임차인이 **상속인 없이** 사망한 경우 그 주택에서 가정공동생활을 하던 **사실상의 혼인관계에 있는 자가 임차인의 권리와 의무를 승계한다.**

2. 임차인의 사망 당시 **상속인이 그 주택에서 가정공동생활을 하지 아니한 때**에는 그 주택에서 가정공동생활을 하던 **사실상의 혼인관계에 있는 자와 2촌 이내의 친족이 공동으로** 임차인의 권리와 의무를 **승계한다.**

3. 임차인의 사망 당시 **상속인이 그 주택에서 가정공동생활을 한 때**에는 상속인이 임차인의 권리와 의무를 승계한다.

4. 승계인이 임차권의 승계를 원하지 않을 경우 임차인의 **사망 후 1개월 이내**에 임대인에 대하여 반대의사를 표시함으로써 승계를 거부할 수 있다.

Chapter 02 상가건물 임대차보호법

1 주택임대차보호법과 상가건물 임대차보호법의 비교

구 분	주택임대차보호법	상가건물 임대차보호법
적용범위	모든 주택임대차	대통령령이 정하는 **보증금액 이하**의 사업자등록의 대상이 되는 상가건물의 임대차
대항요건	주택의 인도와 주민등록(전입신고)	건물의 인도와 **사업자등록신청**
대항력발생	전입신고 다음날	사업자등록신청 다음날
우선변제권	대항력과 확정일자	대항력과 **확정일자(세무서장)**
소액보증금 최우선변제	주택가액의 **1/2 범위 내**에서 대통령령으로 정한 금액	건물가액의 **1/2 범위 내**에서 대통령령으로 정한 금액
최단기간	**2년**	**1년**
계약갱신 요구권	1회에 한하여 인정	**최초 임대차기간을 포함하여 10년**까지 임차인의 계약갱신요구권 인정
해 지	2기 연체	**3기 연체**
차임 등의 증액청구시 제한	약정차임의 1/20(5%) 증액 후 1년 이내 증액제한	약정차임의 5/100(5%) 증액 후 1년 이내 증액제한
임차권의 승계규정	○	×

2 적용범위

1. 상가건물의 임대차에 대해 대통령령이 정하는 보증금액 범위 내의 **사업자등록의 대상이 되는 건물의 임대차에 적용된다.**

   > 1. 서울특별시: 9억원
   > 2. 수도권정비계획법에 의한 과밀억제권역(서울특별시 제외) 및 부산광역시: 6억 9천만원
   > 3. 광역시(수도권정비계획법에 의한 과밀억제권역에 포함된 지역과 군지역, 부산광역시는 제외), 세종특별자치시, 파주시, 화성시, 안산시, 용인시, 김포시 및 광주시: 5억 4천만원
   > 4. 그 밖의 지역: 3억 7천만원

2. 보증금 외에 월차임이 있는 경우에는 월차임액에 100을 곱한 금액을 보증금으로 환산하여 적용범위를 정한다.

3. 이 법은 목적건물의 등기하지 아니한 전세계약에 관하여 이를 준용한다. 이 경우 전세금은 임대차의 보증금으로 본다.

4. 이 법은 **일시사용**을 위한 임대차임이 명백한 경우에는 이를 **적용하지 아니한다.**

3 대항요건

1. 임대차는 그 등기가 없는 경우에도 임차인이 건물의 인도와 사업자등록을 신청한 때에는 그 다음날부터 제3자에 대하여 효력이 생긴다.

2. 임차건물의 양수인(그밖에 임대할 권리를 승계한 자를 포함한다)은 임대인의 지위를 승계한 것으로 본다.

4 보증금의 우선변제권

1. 대항요건과 관할 세무서장으로부터 임대차계약서상의 확정일자를 갖춘 임차인은 경매 시 임차건물(임대인 소유의 대지를 포함한다)의 환가대금에서 후순위 권리자 그 밖의 채권자보다 우선하여 보증금을 변제받을 권리가 있다.

2. 임차인은 임차건물을 양수인에게 인도하지 아니하면 보증금을 수령할 수 없다.

5 소액보증금의 최우선변제권

1. 임차건물에 대해 경매신청등기 전 대항요건을 갖춘 임차인은 보증금 중 일정액을 다른 담보물권자보다 우선하여 변제를 받을 권리가 있다.

2. 임차인의 보증금 중 일정액이 상가건물의 가액의 **2분의 1**을 초과하는 경우에는 상가건물 가액의 **2분의 1**에 해당하는 금액에 한하여 우선변제권이 있다.

6 최단기간

1. 기간의 정함이 없거나 기간을 1년 미만으로 정한 임대차는 **그 기간을 1년으로 본다.** 다만 임차인은 1년 미만으로 정한 기간이 유효함을 주장할 수 있다.

2. 임대차가 **종료**한 경우에도 임차인이 **보증금을 반환받을 때까지는** 임대차관계는 **존속하는 것으로 본다.**

3. 따라서 상가임대차보호법이 적용되는 임대차가 종료된 경우, **보증금을 반환받을 때까지 임차목적물을 계속 점유하면서 사용·수익한 임차인은 종전 임대차계약에서 정한 차임을 지급할 의무를 부담할 뿐이고, 시가에 따른** 차임에 상응하는 부당이득금을 지급할 의무를 부담하는 것은 **아니다**(대판 2023다257600).

7 계약갱신요구권

1. 임대인은 임차인이 임대차기간이 **만료되기 6개월 전부터 1개월 전까지 사이에** 계약갱신을 요구할 경우 정당한 사유 없이 거절하지 못한다. 다만 다음과 같은 사유가 있는 경우에는 그러하지 아니하다(제10조 제1항).

   ① 임차인이 3기의 차임액에 달하도록 차임을 **연체한 사실**이 있는 경우
   ② 임차인이 거짓 그 밖의 부정한 방법으로 임차한 경우
   ③ **쌍방 합의 하에** 임대인이 임차인에게 **상당한 보상을 제공**한 경우
   ④ 임차인이 임대인의 동의 없이 목적 건물의 전부 또는 일부를 전대한 경우
   ⑤ 임차인이 임차한 건물의 전부 또는 일부를 고의 또는 **중대한 과실로 파손**한 경우
   ⑥ 임차한 건물의 전부 또는 일부가 멸실되어 임대차의 목적을 달성하지 못할 경우
   ⑦ 임대인이 다음 어느 하나에 해당하는 사유로 목적 건물의 전부 또는 **대부분을 철거하거나 재건축하기 위해** 목적 건물의 점유 회복이 필요한 경우
      ㉠ 임대차계약 체결 당시 공사시기 및 소요기간 등을 포함한 철거 또는 재건축 계획을 임차인에게 구체적으로 고지하고 그 계획에 따르는 경우
      ㉡ 건물이 노후·훼손 또는 일부 멸실되는 등 안전사고의 우려가 있는 경우
      ㉢ 다른 법령에 따라 철거 또는 재건축이 이루어지는 경우
   ⑧ 그밖에 임차인이 임차인으로서의 의무를 현저히 위반하거나 임대차를 존속하기 어려운 중대한 사유가 있는 경우

2. 임차인의 계약갱신요구권은 **최초의 임대차기간을 포함한 전체 임대차기간이 10년을 초과하지 않는 범위 내에서만** 행사할 수 있다.

3. '최초의 임대차 기간'이라 함은 위 법 시행 이후에 체결된 임대차계약에 있어서나 위 법 시행 이전에 체결되었다가 위 법 시행 이후에 갱신된 임대차계약에 있어서 모두 당해 상가건물에 관하여 **최초로 체결된 임대차계약의 기간**을 의미한다(대판 2005다74320).

4. 갱신되는 임대차는 전임대차와 동일한 조건으로 다시 계약된 것으로 본다. 다만, 차임과 보증금은 **100분의 5 범위 내에서 증액을 청구할 수 있다**.

5. 임대인의 동의를 받고 전대차계약을 체결한 **전차인은** 임차인의 계약갱신요구권 행사기간 범위 내에서 **임차인을 대위하여** 임대인에게 **계약갱신요구권을 행사할 수 있다**(동법 제13조 제2항).

8 법정갱신(묵시적 갱신)

1. **임대인이 임대차기간이 만료되기 6개월 전부터 1개월 전까지 사이에** 임차인에게 갱신 거절의 통지 또는 조건 변경의 **통지를 하지 아니한 경우**에는 그 기간이 만료된 때에 전 임대차와 동일한 조건으로 다시 임대차한 것으로 본다. 이 경우에 임대차의 **존속기간은 1년으로 본다**(제10조 제4항).

2. 법정갱신이 된 경우, 임차인은 언제든지 임대인에게 계약해지의 통고를 할 수 있고, **임대인이 통고를 받은 날부터 3개월이 지나면 효력이 발생한다**(제10조 제5항).

3. **상가임차인이** 임대차기간이 만료되기 6개월 전부터 1개월 전까지 사이에 별다른 조치를 취하지 않고 있다가 임대차기간 **만료 1개월 전부터 만료일 사이에 갱신거절의 통지를 한 경우에는** 해당 임대차계약은 **묵시적 갱신이 인정되지 않고** 임대차기간의 만료일에 종료한다고 보아야 한다(대판 2023다307024).

4. 계약갱신요구권에 관하여 전체 임대차기간을 10년으로 제한하는 규정은 법정갱신에 대하여는 적용되지 아니한다. 따라서 상가임대차의 **법정갱신은 전체 임대차기간이 10년을 초과하더라도 가능하다**(대판 2009다64307).

9 차임 등의 증감청구권

차임 또는 보증금의 증액청구는 청구 당시의 차임 또는 보증금의 **100분의 5의** 금액을 초과하지 못한다. 증액청구는 임대차계약 또는 약정한 차임 등의 증액이 있은 후 1년 이내에는 이를 하지 못한다.

10 권리금

1. 권리금 계약이란 신규임차인이 되려는 자가 임차인에게 권리금을 지급하기로 하는 계약을 말한다.

2. 임대인은 임대차기간이 끝나기 **6개월** 전부터 임대차 종료시까지 특별한 사정이 없는 한 권리금계약에 따라 임차인이 주선한 신규임차인이 되려는 자로부터 권리금을 지급받는 것을 방해하여서는 아니된다.

3. 임차인이 권리금을 지급받는 것을 임대인이 방해하여 임차인에게 손해를 발생하게 한 때에는 임대인은 그 손해를 배상할 책임이 있다.

4. 손해배상액은 신규임차인이 임차인에게 지급하기로 한 권리금과 임대차 종료 당시의 권리금 중 **낮은 금액**을 넘지 못한다.

5. 임대인에게 손해배상을 청구할 권리는 **임대차가 종료한 날부터 3년** 이내에 행사하지 아니하면 시효의 완성으로 소멸한다.

6. 임대인에게 임차인의 **계약갱신요구를 거절할 정당한 사유가 있는 경우**에는 권리금회수를 방해하는 행위에 해당하지 않는다. 따라서 **임차인이** 임차한 건물의 전부 또는 일부를 **중대한 과실로 파손한 경우**에는 임대인은 임차인의 **권리금회수의 기회를 보장할 필요가 없다**.

7. 최초의 임대차기간을 포함한 전체 임대차기간이 **10년을 초과하여 임차인이 계약갱신요구권을 행사할 수 없는 경우에도** 임대인은 **권리금 회수기회 보호의무를 부담한다**고 보아야 한다(대판 2017다225312).

8. 상가임대차계약 종료에 따른 임차인의 임차목적물 반환의무와 임대인의 **권리금 회수 방해로 인한 손해배상의무**는 별개의 원인에 기하여 발생한 것이므로 **동시이행관계에 있지 않다**(대판 2018다242727).

9. 권리금 적용 제외(제10조의5)

① 임대차 목적물인 상가건물이 「유통산업발전법」 제2조에 따른 **대규모점포 또는 준대규모점포의 일부인 경우**에는 권리금에 관한 규정이 **적용되지 않는다**. 다만, 「전통시장 및 상점가 육성을 위한 특별법」 제2조제1호에 따른 **전통시장**의 경우에는 권리금에 관한 규정이 **적용된다**.

② 임대차 목적물인 상가건물이 「국유재산법」에 따른 **국유재산** 또는 「공유재산 및 물품 관리법」에 따른 공유재산인 경우에는 권리금에 관한 규정이 **적용되지 않는다.**

11 환산보증금을 초과하는 경우

1. 환산보증금액을 초과하는 경우에도 적용되는 규정

① 임차권의 **대항력**에 관한 규정(제3조)

② 임차인의 **계약갱신요구**에 관한 규정(제10조 제1항, 제2항, 제3항 본문)

③ 임차인의 **권리금회수기회 보호**에 관한 규정(제10조의2부터 7까지)

④ **3기 차임연체시 계약해지**에 관한 규정(제10조의8)

⑤ **감염병**의 예방 및 관리에 관한 법률에 따른 집합제한조치로 인하여 폐업한 경우, 임차인의 해지권에 관한 규정(제11조의2)

2. 환산보증금액을 초과하는 경우에는 적용되지 않는 규정

① 확정일자 부여와 **보증금의 우선변제**에 관한 규정

② **임차권등기명령**에 관한 규정

③ **최단존속기간**에 관한 규정

④ **법정갱신**에 관한 규정

⑤ 차임 등 증액청구시 제한(100분의 5의 제한)규정

> **판례**
>
> 환산보증금을 **초과**하는 상가임대차에서 **기간약정을 하지 않은 경우**에는 **최단기간에 관한 규정이 적용되지 않으므로**, 임대차기간이 정해져 있음을 전제로 인정되는 임차인의 **계약갱신요구권은 발생할 여지가 없다**(대판 2021다233730).

예제

1. 상가건물 임대차보호법에 관한 설명으로 옳은 것은? 제30회

① 임대차계약을 체결하려는 자는 임대인의 동의 없이도 관할 세무서장에게 해당 상가건물의 임대차에 관한 정보제공을 요구할 수 있다.
② 임차인이 임차한 건물을 중대한 과실로 전부 파손한 경우, 임대인은 권리금회수의 기회를 보장할 필요가 없다.
③ 임차인은 임대인에게 계약갱신을 요구할 수 있으나 전체 임대차기간이 7년을 초과해서는 안된다.
④ 임대차가 종료한 후 보증금이 반환되지 않은 때에는 임차인은 관할 세무서에 임차권등기명령을 신청할 수 있다.
⑤ 임대차계약이 묵시적으로 갱신된 경우, 임차인의 계약해지의 통고가 있으면 즉시 해지의 효력이 발생한다.

해설 ① 임대인의 동의가 있어야 상가건물의 임대차에 관한 정보제공을 요구할 수 있다.
③ 임차인의 계약갱신요구권은 최초의 임대차기간을 포함한 전체 임대차기간이 10년을 초과하지 않는 범위 내에서만 행사할 수 있다.
④ 임차권등기명령은 관할 세무서가 아니라 관할 법원에 신청해야 한다.
⑤ 임차인의 계약해지의 통고가 있으면 임대인에게 도달한 때로부터 3월이 경과한 때 해지의 효력이 발생한다.
▶ 정답 ②

2. 세종특별자치시에 소재하는 甲 소유의 X상가건물의 1층 점포를 乙이 분식점을 하려고 甲으로부터 2022. 2. 16. 보증금 6억원, 차임 월 100만원에 임차하였고 임차권 등기는 되지 않았다. 이에 관한 설명으로 옳은 것을 모두 고른 것은? 제33회

> ㄱ. 乙이 점포를 인도받은 날에 사업자등록을 신청한 경우, 그 다음 날부터 임차권의 대항력이 생긴다.
> ㄴ. 乙이 대항요건을 갖춘 후 임대차계약서에 확정일자를 받은 경우 민사집행법상 경매시 乙은 임차건물의 환가대금에서 후순위권리자보다 우선하여 보증금을 변제받을 권리가 있다.
> ㄷ. 乙은 감염병의 예방 및 관리에 관한 법률 제49조 제1항 제2호에 따른 집합 제한 또는 금지조치를 총 3개월 이상 받음으로써 발생한 경제사정의 중대한 변동으로 폐업한 경우에는 임대차계약을 해지할 수 있다.

① ㄴ   ② ㄷ   ③ ㄱ, ㄴ
④ ㄱ, ㄷ   ⑤ ㄱ, ㄴ, ㄷ

해설 ㄴ. 환산보증금을 초과하는 상가임차인에게는 보증금의 우선변제권이 인정되지 않는다.
▶ 정답 ④

3. 乙은 식당을 운영하기 위해 2023. 5. 1. 甲으로부터 그 소유의 서울특별시 소재 X상가건물을 보증금 10억원, 월 임료 100만원, 기간은 정함이 없는 것으로 하여 임차하는 상가임대차계약을 체결하였다. 상가건물 임대차보호법상 乙의 주장이 인정되는 것을 모두 고른 것은? (다툼이 있으면 판례에 따름)   제34회

> ㄱ. X상가건물을 인도받고 사업자등록을 마친 乙이 대항력을 주장하는 경우
> ㄴ. 乙이 甲에게 1년의 존속기간을 주장하는 경우
> ㄷ. 乙이 甲에게 계약갱신요구권을 주장하는 경우

① ㄱ ② ㄷ ③ ㄱ, ㄴ
④ ㄴ, ㄷ ⑤ ㄱ, ㄴ, ㄷ

해설 ㄴ, ㄷ. 환산보증금을 초과하는 상가임대차에서 기간약정을 하지 않은 경우에는 최단기간에 관한 규정이 적용되지 않으므로, 임대차기간이 정해져 있음을 전제로 인정되는 임차인의 계약갱신요구권은 발생할 여지가 없다(대판 2021다233730). ▶ 정답 ①

MEMO

Chapter 03 가등기담보 등에 관한 법률

1 서 설

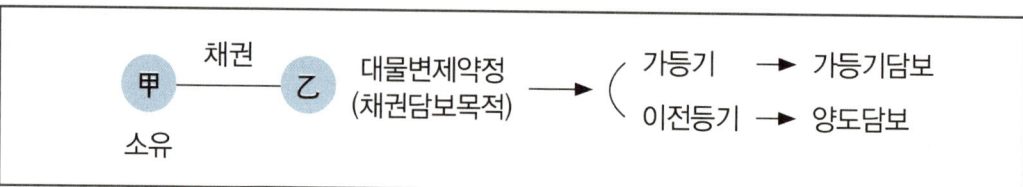

1. 목 적

이 법은 차용물의 반환에 관하여 차주가 차용물에 갈음하여 다른 재산권을 이전할 것을 예약함에 있어서 그 재산의 예약 당시의 가액이 차용액 및 이에 붙인 이자의 합산액을 초과하는 경우에 이에 따른 담보계약과 그 **담보의 목적으로 경료된 가등기(가등기담보) 또는 소유권이전등기(양도담보)**의 효력을 정함을 목적으로 한다.

2. 용어의 정의

① "담보계약"이라 함은 대물반환의 예약(환매, 양도담보 기타 명목여하를 불문한다)에 포함되거나 병존하는 채권담보의 계약을 말한다.
② "채무자 등"이라 함은 채무자와 담보가등기목적 부동산의 물상보증인 및 담보가등기 후 소유권을 취득한 제3자를 말한다.
③ "후순위권리자"라 함은 담보가등기 후에 등기된 저당권자·전세권자 및 담보가등기 권리자를 말한다.

3. 청구권보전가등기와의 구별

① 가등기가 가등기담보인지 청구권보전을 위한 가등기인지의 여부는 그 **등기부상 표시에 의하여 형식적으로 결정될 것이 아니고 거래의 실질과 당사자의 의사해석에 따라 결정될 문제이다**(대판 91다36932).
② 가등기담보권은 청구권보전을 위한 가등기의 형식으로 등기부에 기재되므로, **피담보채권이 등기부에 기재되지 않는다.**

③ 가등기의 원인증서인 매매예약서상의 매매대금은 가등기절차의 편의상 기재하는 것에 불과하고 가등기의 피담보채권이 그 한도로 제한되는 것은 아니며 **피담보채권의 범위는 당사자의 약정에 따라 결정된다**(대판 96다39387 · 39394).

④ 당사자가 가등기담보권 설정계약을 체결하면서 **가등기 이후에 발생할 채권도** 가등기부동산의 **피담보채권에 포함시키기로 한 약정**은 특별한 사정이 없는 한 **유효하다.**

2 가등기담보법의 적용범위

1. 소비대차로 인한 채권

① **소비대차**로 인한 대물변제약정의 경우에 적용하는 것이므로, 소비대차 이외의 사유로 발생한 채권을 담보하기 위하여 가등기가 경료된 경우에는 적용되지 않는다.

② 따라서 **공사대금채권, 매매대금채권, 물품대금채권**을 담보할 목적으로 가등기가 경료된 경우에는 **동법이 적용되지 않는다**(대판 2002다50484).

③ 소비대차에 기한 차용금반환채무와 그 외의 원인으로 발생한 채무를 동시에 담보할 목적으로 경료된 후 후자의 채무가 변제로 소멸하고 **소비대차에 기한 차용금반환채무만이 남게 된 경우**에는 동법이 적용된다(대판 2003다29968).

2. 폭리를 취할 위험성

① **예약당시 담보목적물의 시가가 피담보채권액을 초과하는 경우**에 한하여 적용된다.

② 담보부동산에 대한 **예약당시**의 시가가 그 피담보채권액에 **미치지 못하는 경우**에는 **동법이 적용되지 않는다.**

③ 따라서 가등기담보부동산의 매매예약 당시의 시가가 피담보채권액에 미치지 못하는 경우에는 **실행통지를 할 필요가 없다.**

3. 가등기나 이전등기

① **가등기나 이전등기가 경료된 경우**에 한하여 적용된다.

② 따라서 대물변제의 약정 등 담보계약은 있지만 아직 가등기 또는 소유권이전등기가 이루어지지 않은 경우에는 담보권 실행에 관한 규정(제3조)이 적용될 여지가 없다.

③ 등기 · 등록할 수 없는 동산양도담보에는 적용되지 않는다.

> **예제**

가등기담보 등에 관한 법률이 원칙적으로 적용되는 것은? (단, 이자는 고려하지 않으며, 다툼이 있으면 판례에 따름)   제34회

① 1억원을 차용하면서 부동산에 관하여 가등기나 소유권이전등기를 하지 않은 경우
② 매매대금채무 1억원의 담보로 2억원 상당의 부동산 소유권이전등기를 한 경우
③ 차용금채무 1억원의 담보로 2억원 상당의 부동산에 대해 대물변제예약을 하고 가등기한 경우
④ 차용금채무 3억원의 담보로 이미 2억원의 다른 채무에 대한 저당권이 설정된 4억원 상당의 부동산에 대해 대물변제예약을 하고 가등기한 경우
⑤ 1억원을 차용하면서 2억원 상당의 그림을 양도담보로 제공한 경우

해설 ① 가등기나 소유권이전등기를 하지 않은 경우에는 적용되지 않는다.
② 공사대금채권, 매매대금채권, 물품대금채권을 담보할 목적인 경우에는 적용되지 않는다.
④ 담보부동산에 대한 예약당시의 시가가 그 피담보채권액에 미치지 못하는 경우에는 동법이 적용되지 않는다.
⑤ 등기·등록할 수 없는 동산에는 적용되지 않는다.   ▶ 정답 ③

3 가등기담보권의 실행방법

1. **가등기담보권자는** 변제기 경과 후 **경매에 의한 실행**이나 **권리취득에 의한 실행(귀속청산)**을 **선택**할 수 있다.

2. **사적 실행으로서의 처분청산은 인정되지 않는다.** 따라서 가등기담보권의 사적 실행에 있어서 채권자가 청산금의 지급 이전에 본등기 이전과 담보목적물을 인도받을 것을 내용으로 하는 처분정산형의 담보권실행은 허용되지 않는다.

4 경매에 의한 실행(저당권과 동일)

1. 가등기담보권의 성질은 저당권과 동일하므로, 부종성, 수반성, 불가분성, 물상대위성이 인정되며, 담보물이 경매되는 경우에는 **가등기담보권을 저당권으로 본다.**

2. 가등기담보가 경료된 부동산에 대하여 경매가 실행된 경우, 가등기담보권자는 다른 후순위권리자보다 우선변제를 받을 권리가 있다. 이 경우 그 순위에 관하여는 **가등기가 경료된 때에 저당권설정등기가 행하여진 것으로 본다.**

3. 가등기담보가 경료된 부동산에 대하여 **경매** 등이 행하여진 때에는 **가등기담보권은** 그 부동산의 매각에 의하여 **소멸한다**.

4. **담보가등기**가 경료된 부동산에 대하여 **경매가 행하여져 제3자가 경락받은 후에** 이루어진 가등기에 기한 **본등기는** 원인을 결여한 **무효의 등기**이다(대판 93다52853).

5. 가등기담보자가 목적부동산의 경매를 청구하여 그 **경매절차가 진행 중인 때에는** 특별한 사정이 없는 한 가등기담보법 제3조에 따른 담보권을 실행할 수 없으므로 그 **가등기에 기한 본등기를 청구할 수 없다**(대판 2017다232167·232174).

5 권리취득에 의한 실행(귀속청산)

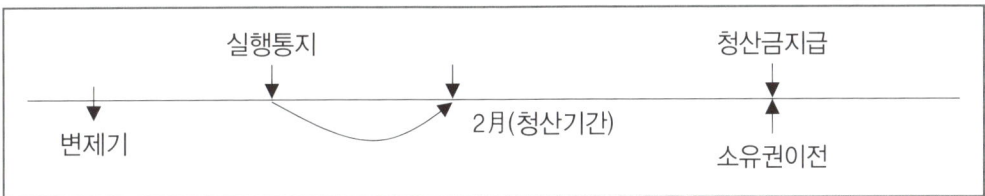

1. 실행통지(변제할 기회)

① 변제기가 도래한 후에 **채무자, 물상보증인, 제3취득자**에게 **실행통지**를 하여야 한다.
② 채무자 등의 전부 또는 일부에 대하여 **실행통지를 하지 않으면** 설령 편법으로 본등기를 마쳤다고 하더라도 그 **소유권을 취득할 수 없다**(대판 2001다81856).
③ **실행통지 당시에 청산금이 없는 경우에도 실행통지를 하여야 한다**.
④ 채권자가 나름대로 평가한 청산금의 액수가 **객관적인 청산금의 평가액에 미치지 못한 경우에도** 실행통지로서의 **효력이 있다**.
⑤ 실행통지는 서면으로 하든 **구두로 하든 무방하다**.

2. 청산기간경과 후 청산금지급

① **실행통지가** 채무자, 물상보증인, 제3취득자 등에게 **도달한 날로부터 2개월이 경과**하면 가등기담보권자는 청산금을 지급하고 소유권이전등기를 함으로써 목적부동산의 소유권을 취득할 수 있다.
② **청산금지급의무**와 가등기에 기한 **본등기** 및 목적물의 **인도의무는 동시이행의 관계에** 있다.

③ 채무자, 물상보증인, 제3취득자 등은 **정당하게 평가된 청산금을 지급받을 때까지는** 자신의 채무를 **변제하고 가등기의 말소를 청구할 수 있다.** 이 때 양자는 **동시이행의 관계가 아니라 변제가 선이행의무**이다.
④ 그러나 변제기가 경과한 때로부터 10년을 경과하거나 선의의 제3자가 소유권을 취득한 때에는 말소청구를 할 수 없다(법 제11조 단서).

3. 청산금

```
                        1. 저당권 A
           채무자  甲    2. 가등기담보권 乙
                        3. 저당권 B
```

① 청산금은 **실행통지 당시** 목적부동산의 가액에서 피담보채권액을 공제한 차액이다.
② 목적부동산에 **선순위담보권자**가 있을 때에는 그 채권액을 **포함**시켜야 한다.
③ 청산금청구권자는 채무자, 물상보증인, 제3취득자, 후순위권리자이며, **선순위담보권자는 청산금청구권자가 될 수 없다.**
④ **채권자는 그가 통지한 청산금의 금액에 관하여 다툴 수 없다.**

4. 후순위권리자 보호

① 채권자는 그의 가등기담보권을 실행함에 있어서 채무자 등에게 통지가 도달한 때에는 지체없이 그 통지의 사실·내용 및 도달일을 후순위권리자에게 통지하여야 한다.
② 청산금에 불만이 있는 **후순위권리자는 청산기간 내에 한하여** 그 피담보채권의 **변제기 도래 전이라도** 목적부동산의 **경매를 청구할 수 있다.**
③ **채무자가** 채권자에 대한 **청산금지급청구권을** 청산기간 내에 **처분한 경우에는 후순위권리자에게** 이로써 **대항하지 못한다.**
④ 후순위 권리자는 청산기간 경과 후 청산금이 채무자에게 지급되기 전에 청산금의 범위 내에서 우선순위에 따라 자기채권의 명세와 증서를 제시하여 그 변제를 청구할 수 있다.
⑤ 담보가등기 후에 성립한 대항력을 갖춘 임차인도 **청산금의 범위 내에서** 보증금의 반환을 청구할 수 있다. 즉 청산금의 범위 내에서 동시이행의 항변권이 인정된다.

판례

1. **청산절차를 거치지 않고** 가등기담보권자가 경료한 소유권이전**등기는 무효**지만 나중에 **청산절차를 마치면** 그 때부터 **유효**한 등기가 된다.

2. **청산절차를 위반하여** 이루어진 담보가등기에 기한 **본등기가 무효**라고 하더라도 **선의의 제3자**가 그 본등기에 터 잡아 소유권이전등기를 마치는 등으로 담보목적 부동산의 **소유권을 취득하면**, 채무자 등은 더 이상 채권자를 상대로 그 **본등기의 말소를 청구할 수 없게 된다.** 이 경우 그 반사적 효과로서 무효인 채권자 명의의 본등기는 그 등기를 마친 시점으로 소급하여 확정적으로 유효하게 된다(대판 2016다248325).

3. **채무자에게 실행통지는 하였으나** 후순위저당권자에게는 통지를 하지 아니한 경우에도, 채무자는 이를 이유로 담보권의 **실행을 거부할 수 없다.**

4. **귀속청산의 경우**
   ① 가등기담보권자는 청산기간 경과 후 청산금을 지급하더라도 **본등기를 해야 소유권을 취득한다.**
   ② 가등기담보권자는 청산기간 경과 후 청산금을 지급하면 **본등기를 경료하기 전에도 과실수취권을 취득한다.**

예제

1. 가등기담보 등에 관한 법률이 적용되는 가등기담보에 관한 설명으로 옳은 것은? (다툼이 있으면 판례에 따름)   제33회

① 채무자가 아닌 제3자는 가등기담보권의 설정자가 될 수 없다.
② 귀속청산에서 변제기 후 청산금의 평가액을 채무자에게 통지한 경우, 채권자는 그가 통지한 청산금의 금액에 관하여 다툴 수 있다.
③ 공사대금채권을 담보하기 위하여 담보가등기를 한 경우, 가등기담보 등에 관한 법률이 적용된다.
④ 가등기담보권자는 특별한 사정이 없는 한 가등기담보권을 그 피담보채권과 함께 제3자에게 양도할 수 있다.
⑤ 가등기담보권자는 담보목적물에 대한 경매를 청구할 수 없다.

해설 ① 제3자도 가등기담보권의 설정자가 될 수 있다.
② 채권자는 그가 통지한 청산금의 금액에 관하여 다툴 수 없다.
③ 공사대금채권을 담보하기 위하여 담보가등기를 한 경우에는 동법이 적용되지 않는다.
⑤ 가등기담보권자는 담보목적물에 대한 경매를 청구할 수 있다.   ▶ 정답 ④

2. 甲은 乙에게 빌려준 1,000만원을 담보하기 위해 乙소유의 X토지(시가 1억원)에 가등기를 마친 다음, 丙이 X토지에 대해 저당권을 취득하였다. 다음 설명 중 옳은 것은? (다툼이 있으면 판례에 의함)
제28회

① 乙의 채무변제의무와 甲의 가등기말소의무는 동시이행의 관계에 있다.
② 甲의 청산기간이 지나기 전에 가등기에 의한 본등기를 마치면 그 본등기는 무효이다.
③ 乙이 청산기간이 지나기 전에 한 청산금에 관한 권리의 양도는 이로써 丙에게 대항할 수 있다.
④ 丙은 청산기간이 지나면 그의 피담보채권 변제기가 도래하기 전이라도 X토지의 경매를 청구할 수 있다.
⑤ 甲의 가등기담보권 실행을 위한 경매절차에서 X토지의 소유권을 丁이 취득한 경우, 甲의 가등기담보권은 소멸하지 않는다.

해설 ① 乙의 변제와 甲의 가등기말소의무는 동시이행관계가 아니라 변제가 선이행의무이다.
③ 乙이 청산기간이 지나기 전에 한 청산금에 관한 권리의 양도는 이로써 丙에게 대항할 수 없다.
④ 丙은 청산기간 내에 한하여 그의 피담보채권 변제기가 도래하기 전이라도 X토지의 경매를 청구할 수 있다.
⑤ 경매가 실행되면 가등기담보권은 소멸한다.
▶ **정답** ②

6 양도담보

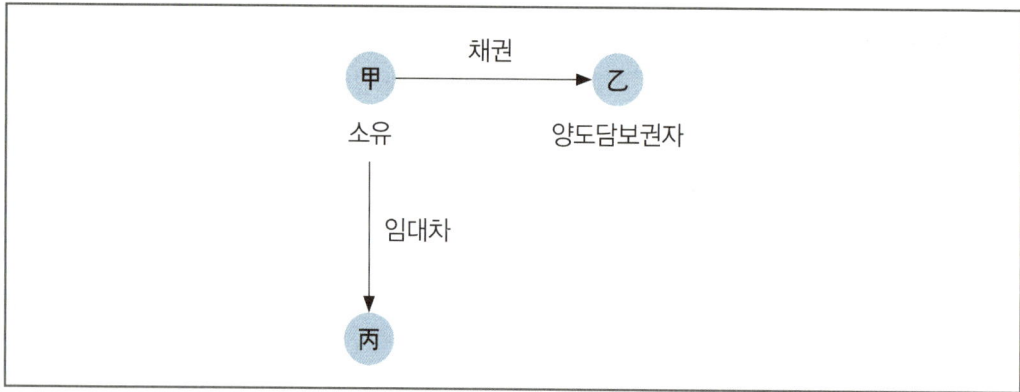

1. 채권자는 담보부동산에 관해 이미 소유권이전등기가 경료된 경우에는 청산기간 경과 후 청산금을 채무자 등에게 지급한 때에 목적부동산의 소유권을 취득한다.

2. 청산금이 없는 경우 양도담보권자는 청산기간의 경과 후, 즉시 목적부동산의 소유권을 취득한다.

3. **양도담보권자**는 양도담보목적물이 소실됨으로 인하여 발생한 화재보험금청구권에 대하여 **물상대위권을 행사할 수 있다.**

4. 양도담보의 경우, 특별한 사정이 없는 한 목적부동산에 대한 **사용수익권은 양도담보권설정자(소유자)에게 있다.** 따라서 **양도담보권자**는 채무자로부터 임차한 자에 대하여 **임료 상당의 손해배상이나 부당이득반환을 청구할 수 없다.**

5. **양도담보권자**는 담보권의 실행으로서 채무자로부터 적법하게 임차한 **임차인에게** 그 목적부동산의 **인도청구를 할 수 있으나**, 직접 **소유권에 기하여 인도청구를 할 수는 없다** (대판 91다21770).

6. **양도담보권자가 청산절차를 이행하지 아니한 채 제3자에게 처분하여** 소유권이전등기를 한 경우, 선의의 제3자는 소유권을 취득한다.

예제

乙은 甲에 대한 1억원의 차용금채무를 담보하기 위해 자신의 X건물(시가 2억원)에 관하여 甲 명의로 소유권이전등기를 마쳤다. 이에 관한 설명으로 옳은 것은? (다툼이 있으면 판례에 따름)

제31회

① 甲은 X건물의 화재로 乙이 취득한 화재보험금청구권에 대하여 물상대위권을 행사할 수 없다.
② 甲은 乙로부터 X건물을 임차하여 사용하고 있는 丙에게 소유권에 기하여 그 반환을 청구할 수 있다.
③ 甲은 담보권실행으로서 乙로부터 임차하여 X건물을 점유하고 있는 丙에게 그 인도를 청구할 수 있다.
④ 甲은 乙로부터 X건물을 임차하여 사용하고 있는 丙에게 임료 상당의 부당이득반환을 청구할 수 있다.
⑤ 甲이 X건물을 선의의 丁에게 소유권이전등기를 해 준 경우, 乙은 丁에게 소유권이전등기말소를 청구할 수 있다.

해설 ① 양도담보권자는 양도담보목적물이 소실됨으로 인하여 발생한 화재보험금청구권에 대하여 물상대위권을 행사할 수 있다.
②③ 양도담보권자는 담보권의 실행으로서 채무자로부터 적법하게 임차한 임차인에게 그 목적 부동산의 인도청구를 할 수 있으나, 직접 소유권에 기하여 인도청구를 할 수는 없다(대판 91다21770).
④ 양도담보권자는 채무자로부터 임차한 자에 대하여 임료 상당의 부당이득반환을 청구할 수 없다.
⑤ 양도담보권자가 제3자에게 처분한 경우, 선의의 제3자는 소유권을 취득한다. ▶ **정답** ③

Chapter 04 부동산 실권리자명의 등기에 관한 법률

1 의의 및 적용범위

1. 의 의

명의신탁약정이란 부동산에 관한 소유권이나 그 밖의 물권을 보유한 자 또는 사실상 취득하거나 취득하려고 하는 자가 타인과의 사이에서 대내적으로는 실권리자가 부동산에 관한 물권을 보유하거나 보유하기로 하고 그에 관한 **등기는 그 타인의 명의로 하기로 하는 약정**을 말한다.

2. 부동산등기

① 부동산소유권에 한하지 않고 **기타 부동산물권**에도 「부동산실명법」이 적용된다.
② 실명등기를 요하는 등기에는 본등기뿐 아니라 **가등기**도 포함된다. 따라서 가등기의 명의신탁도 「부동산실명법」에 의하여 금지된다.

3. 명의신탁약정에 해당하지 않는 경우

① 채무의 변제를 **담보하기 위하여** 채권자가 부동산에 관한 물권을 **이전받거나 가등기하는 경우**(양도담보, 가등기담보)
② 부동산의 위치와 면적을 특정하여 2인 이상이 **구분소유하기로 하는** 약정을 하고 그 구분소유자의 **공유로 등기하는 경우**(상호명의신탁)
③ 「신탁법」 또는 「자본시장과 금융투자업에 관한 법률」에 따른 **신탁재산인 사실을 등기한 경우**

판례

구분소유적 공유관계(상호명의신탁)

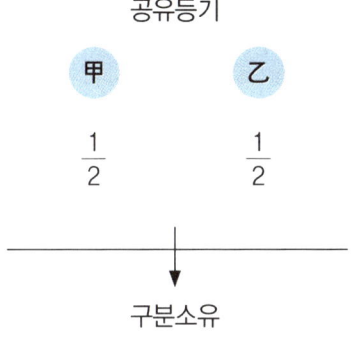

1. **의 의**

   부동산의 일부를 위치와 평수를 지정하여 매수하면서도 매수부분의 면적의 비율로 공유등기를 하는 경우를 말한다. 이러한 경우에는 **대내적**으로는 **구분소유관계**, **대외적**으로는 **공유관계**가 된다.

2. **공유물분할청구는 불가능**(대내적으로는 구분소유관계)

   상호명의신탁관계 내지 구분소유적 공유관계에서 토지의 특정부분을 구분소유하는 자는 그 부분에 대하여 신탁적으로 지분등기를 가지고 있는 자를 상대로 그 토지 전체에 대한 **공유물분할을 청구할 수는 없다.**

3. **방해배제청구 가능**(대외적으로는 공유관계)

   상호명의신탁의 경우 그 지분권자는 외부관계에 있어서는 1필지 전체에 관하여 공유관계가 성립되므로, **제3자의 방해행위가 있는 경우**에는 자기의 구분소유 부분뿐 아니라 **전체 부동산에 대하여 공유물의 보존행위로서 방해배제를 구할 수 있다.**

4. **법정지상권**

   ① 구분소유적 공유관계에 있는 자가 **자신의 특정소유 부분에 건물을 신축한 경우**에는 법정지상권 또는 관습법상 법정지상권이 **발생할 수 있다.**

   ② 구분소유적 공유관계에 있는 자가 **자신의 특정소유가 아닌 토지부분에 건물을 신축한 경우**에는 법정지상권 또는 관습법상 법정지상권이 **발생할 수 없다.**

2 명의신탁약정에 해당하나 예외적으로 유효인 경우

1. 종중, 배우자 및 종교단체에 대한 특례

① 종중이 보유한 부동산에 관한 물권을 종중 외의 자 명의로 등기한 경우와 배우자 명의로 부동산에 관한 물권을 등기한 경우, 종교단체의 명의로 그 산하 조직이 보유한 부동산에 관한 물권을 등기한 경우에는 **조세포탈, 강제집행의 면탈 또는 법령상 제한의 회피를 목적으로 하지 아니하는 경우에 한하여 유효하다.**

② 특례가 적용되는 배우자란 **법률상 배우자만을 의미**하며, **사실혼 관계에 있는 배우자는 포함되지 아니한다**(대판 99두35).

③ 무효인 명의신탁등기가 된 후 신탁자와 수탁자가 혼인하여 그 등기명의자가 배우자로 된 경우에는 법령상 제한의 회피를 목적으로 하지 아니하는 한 특례를 적용하여 그 명의신탁등기는 당사자가 **혼인한 때로부터 유효**하게 된다(대판 2002다23840).

2. 명의신탁약정이 유효인 경우의 법률관계

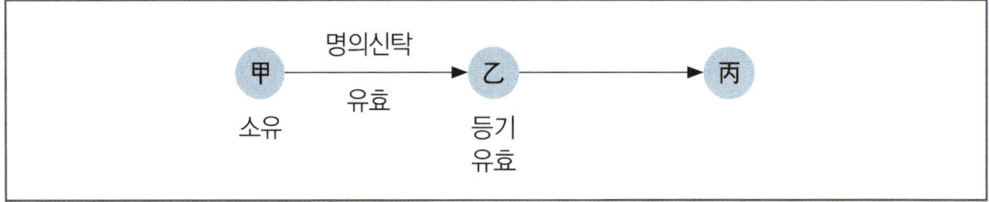

① **대내적**으로는 **신탁자가 소유자**이다. 따라서 신탁자가 제3자에게 명의신탁된 부동산을 매도하는 것은 타인권리매매라고 할 수 없다.

② **대외적**으로는 **수탁자가 완전한 소유자**이다.

③ **제3자는 선의·악의를 불문하고 소유권을 취득한다.** 그러나 제3자가 수탁자의 배임행위에 **적극 가담**한 경우에는 사회질서위반으로서 **무효**이므로, 신탁자는 명의신탁을 해지하고 수탁자를 대위하여 제3자명의의 등기말소를 청구할 수 있다.

④ 명의신탁된 부동산을 **제3자가 침해**하는 경우, **물권적 청구권자는 수탁자**이다. 따라서 **신탁자는** 수탁자의 물권적 청구권을 대위하여 행사할 수 있을 뿐 **직접 제3자에게 소유권에 기한 물권적 청구권을 행사할 수 없다.**

⑤ **제3자 명의로 원인무효등기가 경료된 경우, 신탁자는** 제3자에게 **진정명의회복을** 원인으로 한 소유권이전등기를 **청구할 수 없다.**

⑥ 신탁자가 명의신탁약정을 **해지**하고 수탁자에게 행사하는 **소유권이전등기청구권은** 소유권에 기한 물권적 청구권으로서 **소멸시효에 걸리지 않는다.**

⑦ **신탁자가** 명의신탁약정을 해지한 다음 **제3자에게** 명의신탁 **해지**를 원인으로 한 **소유권이전등기청구권을 양도**하였다고 하더라도 **수탁자가** 양도에 대하여 **동의하지 않고 있다면** 양수인은 수탁자에 대하여 **직접 소유권이전등기청구를 할 수 없다**(대판 2018다280316).

예제

甲은 조세포탈·강제집행의 면탈 또는 법령상 제한의 회피를 목적으로 하지 않고, 배우자 乙과의 명의신탁약정에 따라 자신의 X토지를 乙명의로 소유권이전등기를 마쳐주었다. 다음 설명 중 틀린 것은? (다툼이 있으면 판례에 따름) 제28회

① 乙은 甲에 대해 X토지의 소유권을 주장할 수 없다.
② 甲이 X토지를 丙에게 매도한 경우, 이를 타인의 권리매매라고 할 수 없다.
③ 丁이 X토지를 불법점유하는 경우, 甲은 직접 丁에 대해 소유물반환청구권을 행사할 수 있다.
④ 乙로부터 X토지를 매수한 丙이 乙의 甲에 대한 배신행위에 적극 가담한 경우, 乙과 丙 사이의 계약은 무효이다.
⑤ 丙이 乙과의 매매계약에 따라 X토지에 대한 소유권이전등기를 마친 경우, 특별한 사정이 없는 한 丙이 X토지의 소유권을 취득한다.

해설 ③ 신탁자는 수탁자의 물권적 청구권을 대위하여 행사할 수 있을 뿐 직접 제3자에게 소유권에 기한 물권적 청구권을 행사할 수 없다. ▶ **정답** ③

3 명의신탁약정이 무효인 경우

1. 양자간 등기명의신탁

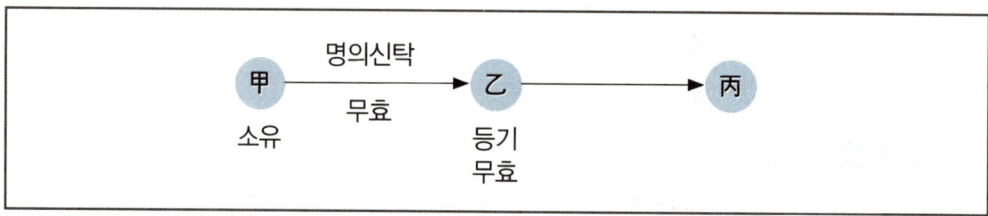

① 신탁자가 수탁자에게 명의신탁약정에 따라 소유권이전등기를 이전해 주는 것을 말하며, 명의신탁약정과 그에 따라 행하여진 **수탁자 명의의 등기는 무효이다.**

② 명의신탁약정은 부동산실명법 위반으로 무효이지만 **사회질서위반에 해당하는 것은 아니다.** 따라서 무효인 명의신탁약정에 따라 수탁자 명의로 등기를 하였다는 이유만으로 그것이 당연히 **불법원인급여에 해당한다고 단정할 수는 없다**(대판 2013다218156).

③ 명의신탁약정이 **무효**인 경우, **신탁자는 수탁자에게 소유권에 기한 방해배제청구권을 행사하여** 등기말소를 청구하거나 진정명의회복을 원인으로 하는 소유권이전**등기를 청구할 수 있다.**

④ 명의신탁약정이 **무효**인 경우, 신탁자는 수탁자에게 명의신탁약정의 **해지를 원인으로 한 소유권이전등기를 청구할 수는 없다**(대판 2012다97864).

⑤ 명의신탁약정이 **무효**인 경우, 신탁자는 수탁자에게 **부당이득반환을 원인으로** 소유권이전등기를 청구할 수 **없다.**

⑥ 명의신탁약정의 **무효**는 제3자의 **선의·악의를 불문**하고 **제3자에게 대항하지 못한다.**

⑦ 그러나 제3자가 수탁자의 처분행위에 **적극 가담하여** 사회질서에 위반한 경우에는 제3자 명의등기는 **무효**이다(대판 2002다48771).

⑧ 양자간 등기명의신탁에서 수탁자가 부동산을 처분하여 **제3자가 유효하게 소유권을 취득하게 되면, 신탁자의 소유권에 기한 물권적 청구권은 소멸한다.** 따라서 그 후 수탁자가 우연히 부동산의 소유권을 다시 취득하더라도 신탁자는 수탁자에게 소유물반환을 청구할 수 없다(대판 2010다89814).

예제

甲은 법령상의 제한을 회피하기 위해 2019. 5. 배우자 乙과 명의신탁약정을 하고 자신의 X건물을 乙명의로 소유권이전등기를 마쳤다. 이에 관한 설명으로 **틀린** 것은? 　제31회

① 甲은 소유권에 의해 乙을 상대로 소유권이전등기의 말소를 청구할 수 있다.
② 甲은 乙에게 명의신탁해지를 원인으로 소유권이전등기를 청구할 수 없다.
③ 乙이 소유권이전등기 후 X건물을 점유하는 경우, 乙의 점유는 타주점유이다.
④ 乙이 丙에게 X건물을 증여하고 소유권이전등기를 해준 경우, 丙은 특별한 사정이 없는 한 소유권을 취득한다.
⑤ 乙이 丙에게 X건물을 적법하게 양도하였다가 다시 소유권을 취득한 경우, 甲은 乙에게 소유물반환을 청구할 수 있다.

해설 ⑤ 乙이 丙에게 X건물을 적법하게 양도하면 甲은 소유권을 상실하므로, 甲은 乙에게 소유물반환을 청구할 수 없다. ▶ **정답** ⑤

2. 3자간 등기명의신탁(중간생략형 명의신탁)

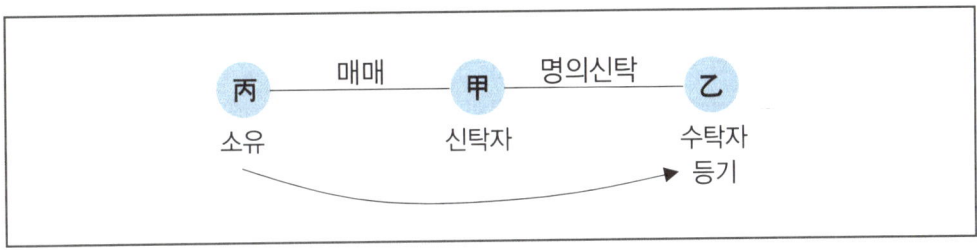

① **신탁자가 매수인**으로서 매도인과 매매계약을 체결한 후, 그 등기를 신탁자가 아닌 수탁자의 명의로 하는 경우를 말한다.
② 신탁자와 수탁자 간의 **명의신탁약정** 및 이에 기한 수탁자 명의의 **등기도** 모두 **무효**이다. 따라서 아직 **소유권은 매도인에게 있으므로 매도인은** 수탁자에게 **말소등기 또는 진정명의회복을 원인으로 한 이전등기를 청구할 수 있다.**
③ 매도인과 신탁자 사이의 **매매계약은 유효**이므로, 신탁자는 매도인에게 매매대금의 반환을 청구할 수는 없다.
④ **신탁자는 수탁자에게 직접 등기를 청구할 수는 없고, 매도인을 대위하여** 무효인 수탁자 명의의 등기를 **말소한 후** 매도인에게 매매계약에 기한 소유권이전등기를 **청구할 수 있다.**
⑤ 만일, **수탁자가 신탁자에게 직접 이전등기를 경료해 준 경우**에는 그 등기는 실체관계와 부합하므로 **유효**하다.

⑥ **신탁자가 제3자와 매매계약을 한 후** 수탁자가 제3자에게 이전등기를 경료해 준 경우, 다른 특별한 사정이 없는 한 실체관계에 부합하는 **등기로서 유효하다**(대판 2022다228933).

⑦ 수탁자가 제3자에게 부동산을 처분한 경우, **제3자는 악의라도 소유권을 취득한다.**

판례

명의신탁약정이 3자간 등기명의신탁인지 아니면 계약명의신탁인지의 구별은 계약당사자가 누구인가를 확정하는 문제로 귀결되는데, **계약명의자가 명의수탁자로 되어 있다 하더라도 계약당사자를 명의신탁자로 볼 수 있다면 이는 3자간 등기명의신탁이 된다.** 따라서 계약명의자인 명의수탁자가 아니라 명의신탁자에게 계약에 따른 법률효과를 직접 귀속시킬 의도로 계약을 체결한 사정이 인정된다면 명의신탁자가 계약당사자이고, 이 경우의 명의신탁관계는 3자간 등기명의신탁으로 보아야 한다(대판 2019다300422).

예제

X부동산을 매수하고자 하는 甲은 친구 乙과 명의신탁약정을 하고 乙명의로 소유권이전등기를 하기로 하였다. 그 후 甲은 丙에게서 그 소유의 X부동산을 매수하고 대금을 지급하였으며, 丙은 甲의 부탁에 따라 乙 앞으로 이전등기를 해 주었다. 다음 설명 중 틀린 것은? 제30회 수정

① 甲과 乙 사이의 명의신탁약정은 무효이다.
② 甲은 乙을 상대로 부당이득반환을 원인으로 한 소유권이전등기를 구할 수 있다.
③ 甲은 丙을 상대로 소유권이전등기청구를 할 수 있다.
④ 甲은 丙을 대위하여 乙명의 등기의 말소를 구할 수 있다.
⑤ 甲과 乙 간의 명의신탁약정 사실을 알고 있는 丁이 乙로부터 X부동산을 매수하고 이전등기를 마쳤다면, 丁은 특별한 사정이 없는 한 그 소유권을 취득한다.

해설 ② 甲은 乙을 상대로 소유권이전등기를 청구할 수 없다.　　　　　　　　　▶ 정답 ②

3. 계약명의신탁(위임형 명의신탁)

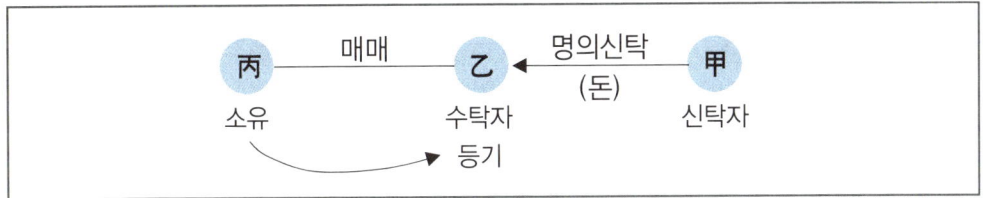

① 신탁자가 매수자금을 제공하여 **수탁자가 매수인**이 되어 매도인과 매매계약을 체결하고, 등기도 직접 수탁자 앞으로 경료함으로써 신탁자는 거래관계에 나타나지 않는 경우를 말한다.
② **매도인이** 명의신탁약정에 관하여 **선의인 경우**에는 매매계약과 수탁자 명의의 **등기는 유효**이므로, **수탁자가 완전한 소유권을 취득한다**.
③ 매도인의 선의는 **계약체결 당시를 기준**으로 판단하므로, 매도인이 **매매계약을 체결한 이후에** 명의신탁약정이 있다는 사실을 **알게 되더라도** 매매계약은 **유효이다**.
④ 매도인이 선인인 경우에도 신탁자와 수탁자 간의 **명의신탁약정은 무효**이다.
⑤ 명의신탁약정은 무효이므로 **신탁자는 수탁자에게 부당이득반환을 청구할 수 있다**.
⑥ 신탁자는 수탁자에게 부당이득반환으로 **매수자금만을 반환청구할 수 있을 뿐 부동산 자체의 반환을 청구할 수는 없다**.
⑦ 신탁자는 수탁자로부터 매수자금을 반환받을 때까지 부동산에 대하여 **유치권을 행사할 수 없다**.
⑧ 신탁자의 지시에 따라 **부동산의 소유명의를 이전하거나 그 처분대금을 반환하기로 한** 신탁자와 수탁자 간의 **약정은 무효**이다.
⑨ 수탁자가 매수자금에 갈음하여 **대물변제**로서 신탁자에게 부동산의 소유권이전등기를 해 준 경우, 그 **등기는 유효**하다.
⑩ 계약명의신탁에 대하여 **매도인이 악의**인 경우에는 매매계약과 등기는 **무효**이므로 **수탁자는 소유권을 취득할 수 없다**.
⑪ ⑩의 경우, 수탁자가 제3자에게 부동산을 처분하면 **제3자는 유효하게 소유권을 취득한다**. 따라서 수탁자의 처분행위는 매도인의 소유권을 침해하는 **불법행위**가 된다.

> **판례**
>
> 계약명의신탁약정과 수탁자 명의의 소유권이전등기가 **부동산실명법이 시행되기 전에 이루어진 것이고** 부동산실명법상의 유예기간 내에 신탁자 명의로 실명등기를 경료하지 않은 채 유예기간이 경과하였다면, **신탁자는 수탁자에게** 매매대금의 반환을 청구할 수 있을 뿐만 아니라 그 **부동산 자체의 반환을 청구할 수도 있다**(대판 2000다21123).

📘 **예 제**

1. 2022. 8. 16. 甲은 조세포탈의 목적으로 친구인 乙과 명의신탁약정을 맺고 乙은 이에 따라 甲으로부터 매수자금을 받아 丙 소유의 X토지를 자신의 명의로 매수하여 등기를 이전받았다. 이에 관한 설명으로 틀린 것은? (다툼이 있으면 판례에 따름) 제33회

① 甲과 乙의 명의신탁약정은 무효이다.
② 甲과 乙의 명의신탁약정이 있었다는 사실을 丙이 몰랐다면, 乙은 丙으로부터 X토지의 소유권을 승계취득한다.
③ 乙이 X토지의 소유권을 취득하더라도, 甲은 乙에 대하여 부당이득을 원인으로 X토지의 소유권이전등기를 청구할 수 없다.
④ 甲은 乙에 대해 가지는 매수자금 상당의 부당이득반환청구권에 기하여 X토지에 유치권을 행사할 수 없다.
⑤ 만일 乙이 丁에게 X토지를 양도한 경우, 丁이 명의신탁약정에 대하여 단순히 알고 있었다면, 丁은 X토지의 소유권을 취득하지 못한다.

해설 ⑤ 수탁자가 제3자에게 부동산을 처분한 경우, 제3자는 악의라도 소유권을 취득한다. ▶ 정답 ⑤

2. 甲은 법령상의 제한을 피하여 乙 소유의 X부동산을 매수하고자 자신의 친구 丙과 X부동산의 매수에 관한 명의신탁약정을 체결하였다. 그에 따라 2021년 5월 丙은 乙과 X부동산 매매계약을 체결하고, 甲의 자금으로 그 대금을 지급하여 丙 명의로 등기 이전을 마쳤다. 이에 관한 설명으로 틀린 것은? (다툼이 있으면 판례에 따름) 제32회

① 甲과 丙 사이의 명의신탁약정은 무효이다.
② 乙이 매매계약 체결 당시 그 명의신탁약정이 있다는 사실을 알았다면 丙은 X부동산의 소유권을 취득할 수 없다.
③ 乙이 매매계약 체결 당시 그 명의신탁약정이 있다는 사실을 몰랐다면, 그 후 명의신탁약정 사실을 알게 되었어도 丙은 X부동산의 소유권을 취득한다.
④ 丙이 X부동산의 소유권을 취득한 경우 甲은 丙에게 제공한 X부동산의 매수자금 상당액을 부당이득으로 반환청구할 수 있다.
⑤ X부동산의 소유권을 유효하게 취득한 丙이 명의신탁약정 외의 적법한 원인에 의하여 甲 앞으로 X부동산에 대한 소유권이전등기를 마친다고 해도 그 소유권이전등기는 무효이다.

해설 ⑤ 수탁자가 적법한 원인에 의하여 신탁자 앞으로 부동산에 대한 소유권이전등기를 해 준 경우에는 그 등기는 유효이다. ▶ 정답 ⑤

4. 경매와 계약명의신탁

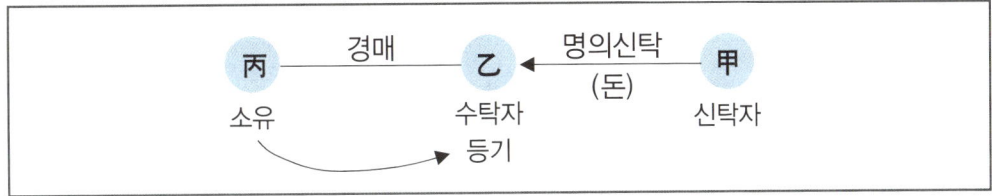

① 신탁자로부터 **수탁자가** 매수자금을 받아 **경매절차의 매수인이 된 경우**에는 계약명의신탁에 해당한다.
② 경매목적물의 소유자가 명의신탁사실을 알았다 하더라도 수탁자가 소유권을 취득한다(대판 2012다69197).
③ **부동산경매절차**에서 매수대금의 실질적 부담자와 명의인 간에 **명의신탁관계가 성립한 경우**, 그들 사이에 매수대금의 실질적 부담자의 지시에 따라 **부동산의 소유명의를 이전하거나 그 처분대금을 반환하기로 한 약정은 무효**이다(대판 2006다35117).

예제

부동산경매절차에서 丙소유의 X건물을 취득하려는 甲은 친구 乙과 명의신탁약정을 맺고 2018. 5. 乙명의로 매각허가결정을 받아 자신의 비용으로 매각대금을 완납하였다. 그 후 乙명의로 X건물의 소유권이전등기가 마쳐졌다. 다음 설명 중 옳은 것은? (다툼이 있으면 판례에 따름) 제29회

① 甲은 乙에 대하여 X건물에 관한 소유권이전등기말소를 청구할 수 있다.
② 甲은 乙에 대하여 부당이득으로 X건물의 소유권반환을 청구할 수 있다.
③ 丙이 甲과 乙 사이의 명의신탁약정이 있다는 사실을 알았더라도 乙은 X건물의 소유권을 취득한다.
④ X건물을 점유하는 甲은 乙로부터 매각대금을 반환받을 때까지 X건물을 유치할 권리가 있다.
⑤ X건물을 점유하는 甲이 丁에게 X건물을 매도하는 계약을 체결한 경우, 그 계약은 무효이다.

해설 ①② 乙이 소유권을 취득하므로, 甲은 乙에게 등기말소와 X건물의 반환을 청구할 수 없다.
④ 매각대금에 대해서는 유치권을 행사할 수 없다.
⑤ 타인권리매매계약은 유효이다. ▶ 정답 ③

Chapter 05 집합건물의 소유 및 관리에 관한 법률

1 구분건물

1. 구분건물이 되기 위한 요건

① 1동의 건물에 대하여 구분소유가 성립하기 위해서는 객관적·물리적인 측면에서 1동의 건물이 존재하고, 구분된 건물부분이 **구조상·이용상 독립성**을 갖추어야 할 뿐 아니라, 1동의 건물 중 물리적으로 구획된 건물부분을 각각 구분소유권의 객체로 하려는 **구분행위**가 있어야 한다.

② 여기서 구분행위는 건물의 물리적 형질에 변경을 가함이 없이 법률관념상 건물의 특정 부분을 구분하여 별개의 소유권의 객체로 하려는 일종의 법률행위로서, 그 시기나 방식에 특별한 제한이 있는 것은 아니고 **처분권자의 구분의사가 객관적으로 외부에 표시되면 인정된다**.

③ 건물을 구분건물로 하겠다는 **구분의사가 객관적으로 표시된 경우**에는 구분건물로 등기부에 **등기되지 않았다 하더라도 구분소유는 성립할 수 있다**(대판 전합 2010다71578).

2. 전유부분과 공용부분

① **전유부분은 구분소유권의 목적인 건물부분**을 말한다.

② **공용부분은 전유부분 외의 건물부분**, 전유부분에 속하지 아니하는 건물의 부속물 및 규약 또는 공정증서에 의하여 공용부분으로 된 부속의 건물을 말한다.

③ **복도, 계단** 기타 구조상 구분소유자의 공용에 제공되는 건물의 일부분인 **법정공용부분(구조상 공용부분)은 공용부분이라는 취지의 등기를 요하지 않는다**.

④ 관리사무소, 집회실, 공동창고 등의 **규약상 공용부분**과 건물부분의 부속건물의 소유자가 공정증서로서 정한 **공정증서에 의한 공용부분은 공용부분이라는 취지의 등기를 하여야 한다**.

⑤ 집합건물의 어느 부분이 전유부분인지 공용부분인지 여부는 **구분소유가 성립한 시점을** 기준으로 판단하여야 하고, 그 후의 건물개조나 이용상황의 변화 등은 전유부분인지 공용부분인지 여부에 영향을 미칠 수 없다(대판 99다1345).

3. 대지와 대지사용권

① 법정대지는 전유부분이 속하는 1동의 건물이 있는 토지를 말한다.

② 규약상 대지는 통로, 주차장, 정원, 부속건물의 대지, 그 밖에 전유부분이 속하는 1동의 건물 및 그 건물이 있는 토지와 하나로 관리되거나 사용되는 토지로 규약이나 공정증서로 건물의 대지로 한 것을 말한다.

③ **대지사용권은** 구분소유자가 전유부분을 소유하기 위하여 **건물의 대지에 대하여 가지는 권리**를 말한다.

④ **대지사용권은** 소유권은 물론 **지상권, 전세권, 임차권도 될 수 있다.**

2 구분소유관계

1. 전유부분과 공용부분

① 공용부분은 구분소유자 전원의 공유에 속한다. 그러나 **일부의 구분소유자의 공용에 속하는 것이 명백한 경우**에는 그들 구분소유자의 공유에 속한다.

② **공용부분은** 전원이 합의하여도 **분할 청구할 수 없으며,** 각 구분소유자는 **공용부분을 지분비율이 아니라 그 용도에 따라 사용할 수 있다.**

③ **공용부분**은 **취득시효**에 의한 소유권 취득의 대상이 **될 수 없다.**

④ 관리단집회 결의나 다른 구분소유자의 동의 없이 **구분소유자 1인이 공용부분을 독점적으로 점유·사용하는 경우, 다른 구분소유자는** 공용부분의 보존행위로서 그 **인도를 청구할 수는 없고,** 자신의 지분권에 기초하여 공용부분에 대한 방해 상태를 제거하거나 공동 점유를 방해하는 행위의 금지 등을 청구할 수 있다(대판 2019다245822).

⑤ 구분소유자 중 일부가 정당한 권원 없이 집합건물의 복도, 계단 등과 같은 공용부분을 배타적으로 점유·사용함으로써 이익을 얻고, 그로 인하여 다른 구분소유자들이 해당 공용부분을 사용할 수 없게 되었다면, **공용부분을 무단점유한 구분소유자는** 특별한 사정이 없는 한 해당 공용부분을 점유·사용함으로써 얻은 이익을 **부당이득으로 반환할 의무가 있다**(대판 2017다220744).

⑥ 전유부분과 공용부분의 지분은 일체성을 가지므로 전유부분이 이전하면 공용부분의 지분은 당연히 함께 이전하므로 **공용부분에 관한 물권의 득실변경은 등기가 필요하지 않다.**

⑦ 구분소유자는 그가 가지는 **전유부분과 분리하여 공용부분에 대한 지분을 처분할 수 없다.**

⑧ 전유부분이 속하는 **1동의 건물의** 설치 또는 보존의 **하자로 인하여** 타인에게 손해를 가한 때에는 그 하자는 **공용부분에 존재하는 것으로 추정**한다.

⑨ 구분소유자는 그 **전유부분이나 공용부분을 보존하거나 개량하기 위하여** 필요한 범위에서 **다른 구분소유자의 전유부분** 또는 자기의 공유에 속하지 아니하는 공용부분의 **사용을 청구할 수 있다.** 이 경우 다른 구분소유자가 손해를 입었을 때에는 보상하여야 한다.

2. 전유부분과 대지사용권

① 구분소유자는 **전유부분과 분리하여 대지사용권을 처분할 수 없는 것이 원칙이다.**
② **규약으로 달리 정할 때**에는 전유부분과 **분리하여** 대지사용권을 **처분할 수 있다.**
③ 특별한 사정이 없는 한 대지사용권을 전유부분과 분리하여 처분할 수는 없으며, 이를 위반한 대지사용권의 처분은 **법원의 강제경매절차**에 의한 것이라 하더라도 **무효**이다.
④ 전유부분에 대한 경매절차가 진행되어 제3자가 이를 경락받은 경우, **수분양자가 분양대금을 완납하지 않았더라도** 경락인은 대지사용권을 취득한다.
⑤ 전유부분의 소유권을 경매로 상실한 자가 장래 취득할 대지사용권을 전유부분의 소유권을 취득한 경락인이 아닌 **제3자에게 분리처분한 행위는 무효**이다.
⑥ **전유부분에 대하여 설정된 전세권은** 전세권설정등기가 건물부분만에 관한 것이라는 취지의 부기등기가 경료되어 있더라도 **대지사용권에 대하여도 미친다.**
⑦ **대지사용권을 가지지 아니한 구분소유자가 있을 때에는 그 전유부분의 철거를 청구할 권리를 가진 자는** 그 구분소유자에 대하여 구분소유권을 **시가(時價)로 매도할 것을 청구할 수 있다.**
⑧ 대지 위에 구분소유권의 목적인 건물이 속하는 1동의 건물이 있을 때에는 그 대지의 공유자는 그 **건물 사용에 필요한 범위의 대지에 대하여는 분할을 청구하지 못한다.**

3. 체납된 관리비 승계

① **전유부분**에 관하여 체납된 관리비는 **승계되지 않는다.**
② **공용부분**에 관하여 체납된 관리비에 한해서는 그 특별승계인에게 **승계된다.** 단, **연체료는 승계되지 않는다.**
③ ②의 경우, 체납된 관리비가 특별승계인에게 승계된다고 하여 **이전 구분소유권자들의 채무가 면책되는 것은 아니다**(대판 2006다50420).
④ 전 구분소유자가 체납한 관리비의 징수를 위해 특별승계인에 대해서 **단전·단수 등의 조치를 취하는 관리단의 사용방해행위는 불법행위**에 해당한다(대판 2004다3598).

4. 관리단 및 관리인

① 구분소유자는 전원으로서 관리단을 구성한다.

② 관리단은 구분소유관계가 성립하는 건물이 있는 경우 당연히 그 구분소유자 전원으로 구성되는 단체이고, **관리단 집회에서 적법하게 결의된 사항**은 그 결의에 반대한 구분소유자에 대하여도 효력이 미친다(대판 94다49687).

③ 관리단은 관리비 징수에 관한 **관리단 규약 등이 존재하지 않더라도** 적어도 **공용부분에 대한 관리비**는 이를 그 부담의무자인 구분소유자에게 **청구할 수 있다**(대판 2009다22266).

④ 규약으로 달리 정함이 없는 한 **각 구분소유자는 공용부분에서 생긴 수익금**을 보관하고 있는 관리단을 상대로 그 수익금 중 자신의 지분비율에 상당하는 부분의 지급을 **청구할 수 있다**(대판 2023다236337).

⑤ 구분소유관계가 성립되면 관리단은 반드시 구성되나 관리인을 반드시 두어야 하는 것은 아니다. 그러나 구분소유자가 **10인 이상**이면 **반드시 관리인을 선임**하여야 한다.

⑥ 관리인은 구분소유자일 필요가 없으므로 **임차인도 관리인이 될 수 있다**.

⑦ **관리인이 공용부분의 관리에 관한 사항에 대해서** 규약에 달리 정함이 없는데도 **관리단집회를 거치지 않은 채 한 법률행위는 무효이다**(대판 2023다287861).

5. 관리위원회

① 관리단에는 규약으로 정하는 바에 따라 관리위원회를 둘 수 있다.

② 관리위원회는 이 법 또는 규약으로 정한 관리인의 사무집행을 감독한다.

③ **관리위원회의 위원은 구분소유자 중에서** 관리단집회의 결의에 의하여 **선출한다**.

④ **관리인은** 규약에 달리 정한 바가 없으면 **관리위원회의 위원이 될 수 없다**.

⑤ 관리위원회 위원의 임기는 2년의 범위에서 규약으로 정한다.

6. 집회

① **임시관리단집회**는 관리인이 필요한 경우 언제나 소집할 수 있으며, 구분소유자의 **1/5 이상**이 회의의 목적사항을 구체적으로 밝혀 관리단집회의 소집을 청구하면 관리인은 관리단집회를 소집하여야 한다.

② 관리단 집회는 구분소유자 **전원의 동의**가 있는 경우 **소집절차를 생략**할 수 있다.

7. 공용부분의 변경

① **공용부분의 변경**에 관한 사항은 관리단집회에서 구분소유자의 **3분의 2 이상** 및 의결권의 3분의 2 이상의 결의로써 결정한다. 다만, **공용부분의 개량을 위한 것으로서 지나치게 많은 비용이 드는 것이 아닐 경우**에는 **통상의 집회결의(과반수)**로써 결정할 수 있다(제15조).

② 건물의 노후화 억제 또는 기능 향상 등을 위한 것으로 **구분소유권 및 대지사용권의 범위나 내용에 변동을 일으키는 공용부분의 변경에 관한 사항**은 관리단집회에서 구분소유자의 **5분의 4 이상** 및 의결권의 5분의 4 이상의 결의로써 결정한다(제15조의2).

8. 전유부분이 공유인 경우

① 전유부분의 공유자는 서로 협의하여 **공유자 중 1인**을 관리단집회에서 의결권을 행사할 자로 정하여야 한다.

② 위의 협의가 이루어지지 않을 경우 공유자 중 전유부분 **지분의 과반수를 가진 자**가 의결권 행사자가 된다.

③ 지분이 동등하여 의결권 행사자를 정하지 못할 경우에는 그 전유부분의 공유자는 의결권을 행사할 수 없으며, **의결권 행사자가 아닌 공유자들이 지분비율로 개별적으로 의결권을 행사할 수도 없다**(대결 2007마1734).

9. 재건축

① **재건축 결의**는 구분소유자의 **5분의 4 이상** 및 의결권의 5분의 4 이상의 결의에 따른다. 다만, 관광진흥법에 따른 휴양 콘도미니엄업의 운영을 위한 휴양 **콘도미니엄**의 재건축 결의는 구분소유자의 **3분의 2 이상** 및 의결권의 3분의 2 이상의 결의에 따른다.

② 결의 후 집회소집자는 결의에 찬성하지 않는 구분소유자에 대하여 지체 없이 결의내용에 따른 재건축 참가 여부의 회답을 **서면으로 촉구(최고)**하여야 한다.

③ 결의내용에 반대하는 구분소유자는 2월 이내에 회답하여야 하며 이 기간 내에 **회답이 없는 경우** 재건축에 **참여하지 않는다**는 뜻을 통지한 것으로 본다.

④ 2월 기간이 경과한 후에는 재건축결의에 참여한 구분소유자 또는 전원의 합의에 의하여 매수지정자로 된 자는 기간 만료일로부터 2월 이내에 재건축 참가 거부 구분소유자에 대하여 구분소유권 및 대지사용권을 시가에 따라 매도할 것을 청구할 수 있다.

⑤ 하나의 단지 내에 있는 여러 동의 건물 전부를 일괄하여 재건축하고자 하는 경우에도 재건축 결의는 **각각의 건물마다 별개로 따져야 한다**(대판 2000다24061).

⑥ 하나의 단지 내에 있는 여러 동의 건물 전부를 일괄하여 재건축하는 경우, 정족수가 충족된 일부 건물의 구분소유자 중 재건축 결의에 찬성하지 아니한 구분소유자에 대하여 먼저 매도청구권을 행사할 수 있다(대판 2003다55455).

⑦ 주거용 집합건물을 철거하고 상가용 집합건물을 신축하는 것과 같이 **건물의 용도를 변경하는 형태의 재건축결의도 허용된다**(대판 2006다32217).

⑧ 재건축 비용의 분담에 관한 사항을 정하지 아니한 재건축결의는 원칙적으로 무효이다(대판 2004다7002).

10. 분양자와 시공자의 담보책임

① **분양자와 시공자는** 구분소유자에 대하여 **담보책임을 진다**.

② 구분소유자는 건물의 주요구조부 및 지반공사의 하자는 10년, 그 외의 하자는 5년의 범위에서 대통령령으로 정하는 기간 내에 담보책임에 관한 권리를 행사해야 한다.

③ ②의 경우, **전유부분은** 구분소유자에게 **인도한 날로부터**, 공용부분은 사용검사일 또는 사용승인일로부터 그 기간을 기산한다.

④ **하자담보추급권은** 집합건물의 수분양자가 집합건물을 양도한 경우, 양도인이 이를 행사하기 위하여 유보하였다는 등의 특별한 사정이 없는 한 **현재의 집합건물의 구분소유자에게 귀속한다**(대판 2013다95070).

예제

1. 집합건물의 소유 및 관리에 관한 법령상 집합건물에 관한 설명으로 틀린 것은? (다툼이 있으면 판례에 따름)

제26회

① 집합건축물대장에 등록되지 않더라도 구분소유가 성립할 수 있다.
② 공용부분의 사용과 비용부담은 전유부분의 지분비율에 따른다.
③ 집합건물의 공용부분은 시효취득의 대상이 될 수 없다.
④ 관리인 선임 여부와 관계없이 공유자는 단독으로 공용부분에 대한 보존행위를 할 수 있다.
⑤ 구분소유자는 규약 또는 공정증서로써 달리 정하지 않는 한 그가 가지는 전유부분과 분리하여 대지사용권을 처분할 수 없다.

해설 ② 각 구분소유자는 공용부분을 지분비율이 아니라 그 용도에 따라 사용할 수 있다. ▶▶ **정답** ②

2. 집합건물의 소유 및 관리에 관한 법률상 공용부분에 관한 설명으로 옳은 것을 모두 고른 것은? (다툼이 있으면 판례에 따름) 　　　　　　　　　　　　　　　제33회

> ㄱ. 관리단집회 결의나 다른 구분소유자의 동의 없이 구분소유자 1인이 공용부분을 독점적으로 점유·사용하는 경우, 다른 구분소유자는 공용부분의 보존행위로서 그 인도를 청구할 수 있다.
> ㄴ. 구분소유자 중 일부가 정당한 권원 없이 구조상 공용부분인 복도를 배타적으로 점유·사용하여 다른 구분소유자가 사용하지 못하였다면, 특별한 사정이 없는 한 이로 인하여 얻은 이익을 다른 구분소유자에게 부당이득으로 반환하여야 한다.
> ㄷ. 관리단은 관리비 징수에 관한 유효한 규약이 없더라도 공용부분에 대한 관리비를 그 부담의무자인 구분소유자에게 청구할 수 있다.

① ㄱ 　② ㄴ 　③ ㄱ, ㄷ
④ ㄴ, ㄷ 　⑤ ㄱ, ㄴ, ㄷ

해설 ㄱ. 다른 구분소유자는 공용부분의 보존행위로서 그 인도를 청구할 수는 없고, 자신의 지분권에 기초하여 공용부분에 대한 방해 상태를 제거하거나 공동 점유를 방해하는 행위의 금지 등을 청구할 수 있다(대판 2019다245822).　　　　　　　　　　　▶ 정답 ④

3. 집합건물의 소유 및 관리에 관한 법률상 집합건물의 전부공용부분 및 대지사용권에 관한 설명으로 틀린 것은? (특별한 사정은 없으며, 다툼이 있으면 판례에 따름)　제34회
① 공용부분은 취득시효에 의한 소유권 취득의 대상이 될 수 없다.
② 각 공유자는 공용부분을 그 용도에 따라 사용할 수 있다.
③ 구조상 공용부분에 관한 물권의 득실변경은 등기가 필요하지 않다.
④ 구분소유자는 규약 또는 공정증서로써 달리 정하지 않는 한 그가 가지는 전유부분과 분리하여 대지사용권을 처분할 수 없다.
⑤ 대지사용권은 전유부분과 일체성을 갖게 된 후 개시된 강제경매절차에 의해 전유부분과 분리되어 처분될 수 있다.

해설 ⑤ 특별한 사정이 없는 한 대지사용권을 전유부분과 분리하여 처분할 수는 없으며, 이를 위반한 대지사용권의 처분은 법원의 강제경매절차에 의한 것이라 하더라도 무효이다.　▶ 정답 ⑤

부록

제36회 기출문제

부록 제36회 기출문제

01 반사회질서의 법률행위에 관한 설명으로 틀린 것은? (다툼이 있으면 판례에 따름)

① 반사회질서의 법률행위인지 여부는 법률행위가 이루어진 때를 기준으로 판단한다.
② 반사회질서의 법률행위의 무효는 선의의 제3자에게 대항할 수 없다.
③ 수사기관에 허위진술을 해주는 대가로 금전을 지급받기로 하는 약정은 반사회질서의 법률행위이다.
④ 법률행위의 성립과정에 단지 강박이라는 불법적 방법이 사용된 데 불과한 때에는 반사회질서의 법률행위라고 할 수 없다.
⑤ 상대방에게 표시된 법률행위의 동기가 반사회질서적인 경우, 그 법률행위는 무효이다.

해설 ② 반사회질서의 법률행위의 무효는 선의의 제3자에게 대항할 수 있다.

02 통정허위표시를 기초로 새로운 법률상 이해관계를 맺은 제3자에 해당하는 자를 모두 고른 것은? (다툼이 있으면 판례에 따름)

> ㉠ 가장채권을 가압류한 자
> ㉡ 파산선고를 받은 가장채권자의 파산관재인
> ㉢ 가장소비대차의 계약상 지위를 이전받은 자

① ㉠
② ㉢
③ ㉠, ㉡
④ ㉡, ㉢
⑤ ㉠, ㉡, ㉢

해설 ㉢ 가장소비대차의 계약상 지위를 이전받은 자는 제3자에 해당하지 않는다.

03 무권대리인 乙이 甲을 대리하여 매수인 丙과 매매계약을 체결하였고, 당시 丙은 乙이 무권대리인이라는 사실에 대해 선의·무과실이었다. 이에 관한 설명으로 틀린 것은? (표현대리는 고려하지 않고, 다툼이 있으면 판례에 따름)

① 甲이 무권대리행위의 일부를 추인한 경우, 丙의 동의가 없더라도 추인의 효력이 있다.
② 甲이 乙로부터 丙이 지급한 매매대금을 수령한 경우, 특별한 사정이 없는 한 甲은 매매계약을 추인한 것으로 본다.
③ 甲을 단독상속한 乙이 본인 甲의 지위에서 무권대리행위의 추인을 거절하는 것은 신의칙에 반한다.
④ 丙이 상당한 기간을 정하여 甲에게 추인 여부의 확답을 최고한 경우, 甲이 그 기간 내에 확답을 발하지 않은 때에는 추인을 거절한 것으로 본다.
⑤ 甲이 乙에게 무권대리행위를 추인한 경우, 이를 알지 못한 丙은 매매계약을 철회할 수 있다.

해설 ① 추인은 상대방의 동의가 필요 없으나, 일부추인, 변경을 가한 추인, 조건을 붙인 추인은 상대방의 동의를 얻지 못하는 한 무효이다.

04 민법상 복대리에 관한 설명으로 옳은 것은?

① 복대리인은 대리인이 자신의 이름으로 선임한 대리인의 대리인이다.
② 대리인이 복대리인을 선임한 때에는 대리인의 대리권은 소멸한다.
③ 임의대리인이 본인의 승낙을 얻어서 복대리인을 선임한 경우, 본인에 대하여 그 선임감독에 관한 책임이 없다.
④ 법정대리인은 본인의 승낙이나 부득이한 사유가 없으면 복대리인을 선임할 수 없다.
⑤ 법정대리인이 부득이한 사유로 복대리인을 선임한 경우, 본인에 대하여 그 선임감독에 관해서만 책임이 있다.

해설 ① 복대리인은 본인의 대리인이다.
② 대리인이 복대리인을 선임하더라도 대리인의 대리권이 소멸하는 것은 아니다.
③ 임의대리인이 본인의 승낙을 얻어서 복대리인을 선임한 경우, 본인에 대하여 그 선임감독에 관한 책임이 있다.
④ 법정대리인은 그 책임으로 복대리인을 선임할 수 있다.

Answer 1. ② 2. ③ 3. ① 4. ⑤

05 의사표시에 관한 설명으로 틀린 것은? (다툼이 있으면 판례에 따름)

① 의사표시의 상대방이 의사표시를 받은 때에 제한능력자인 경우, 표의자는 원칙적으로 그 의사표시로써 대항할 수 없다.
② 비진의표시에서 진의란 특정한 내용의 의사표시를 하고자 하는 표의자의 생각을 말한다.
③ 경과실로 착오에 빠진 표의자가 착오를 이유로 의사표시를 취소한 경우, 표의자는 그로 인해 손해를 입은 상대방에 대하여 불법행위로 인한 손해배상책임을 진다.
④ 통정허위표시로서 무효인 법률행위도 채권자취소권의 대상이 될 수 있다.
⑤ 공무원의 사직 의사표시와 같은 사인의 공법행위에는 비진의표시에 관한 민법 규정이 준용되지 않는다.

> **해설** ③ 표의자가 착오를 이유로 의사표시를 취소하여 상대방이 손해를 입은 경우라도 상대방은 불법행위를 이유로 손해배상을 청구할 수는 없다(대판 97다13023).

06 착오로 인한 의사표시에 관한 설명으로 틀린 것은? (다툼이 있으면 판례에 따름)

① 착오로 인한 의사표시의 취소권은 당사자들이 합의에 의하여 배제할 수 없다.
② 착오로 인하여 표의자가 경제적 불이익을 입은 것이 아니라면 이를 법률행위 내용의 중요부분의 착오라고 할 수 없다.
③ 표의자의 중대한 과실에 관한 증명책임은 의사표시를 취소하게 하지 않으려는 상대방에게 있다.
④ 착오로 인한 취소권은 추인할 수 있는 날로부터 3년 내에, 법률행위를 한 날로부터 10년 내에 행사하여야 한다.
⑤ 매도인이 매수인의 채무불이행을 이유로 매매계약을 적법하게 해제한 후에도 매수인은 착오를 이유로 그 계약을 취소할 수 있다.

> **해설** ① 당사자의 합의로 착오로 인한 취소규정의 적용을 배제할 수 있다. 따라서 당사자가 착오를 이유로 의사표시를 취소하지 않기로 약정한 경우에는 표의자는 의사표시를 취소할 수 없다(대판 2013다97694).

07 불공정한 법률행위에 관한 설명으로 틀린 것은? (다툼이 있으면 판례에 따름)

① 궁박에는 경제적인 궁박뿐만 아니라 정신적·심리적 궁박도 포함된다.
② 무경험은 거래일반에 대한 경험부족이 아니라 해당 법률행위가 속한 특정영역에서의 경험부족을 뜻한다.
③ 급부와 반대급부 사이의 현저한 불균형은 구체적·개별적 사안에서 일반인의 사회통념에 따라 결정된다.
④ 불공정한 법률행위에도 무효행위의 전환에 관한 법리가 적용될 수 있다.
⑤ 대리인에 의해 법률행위가 이루어진 경우, 궁박은 본인을 기준으로 판단한다.

해설 ② 무경험이라 함은 일반적인 생활체험의 부족을 의미하는 것으로서 어느 특정영역에 있어서의 경험부족이 아니라 거래일반에 대한 경험부족을 의미한다.

08 법률행위의 부관에 관한 설명으로 틀린 것은? (다툼이 있으면 판례에 따름)

① 불법조건이 붙은 법률행위는 법률행위 전부가 무효로 된다.
② 법률행위에 조건이 붙어 있는지에 대한 증명책임은 그 조건의 존재를 주장하는 자에게 있다.
③ 기한의 이익은 채무자를 위한 것으로 추정되므로 기한이익 상실에 관한 당사자 간의 특약은 효력이 없다.
④ 불확정한 사실이 발생한 때를 이행기로 정한 경우, 그 사실의 발생이 불가능한 것으로 확정된 때에도 이행기는 도래한 것으로 본다.
⑤ 조건부 권리는 조건 성취가 미정인 동안에도 일반규정에 의해 담보로 할 수 있다.

해설 ③ 기한이익 상실의 특약은 일반적으로 채권자를 위하여 둔 것인 점에 비추어 명백히 정지조건부 기한이익 상실의 특약이라고 볼 만한 특별한 사정이 없는 이상 형성권적 기한이익 상실의 특약으로 추정된다(대판 2002다28340).

Answer 5. ③ 6. ① 7. ② 8. ③

09 법률행위의 무효에 관한 설명으로 틀린 것은? (다툼이 있으면 판례에 따름)

① 무효행위의 추인은 묵시적인 방법으로도 할 수 있다.
② 무효행위의 추인은 그 무효 원인이 소멸한 후에 하여야 한다.
③ 무효인 법률행위는 그에 따른 법률효과를 침해하는 것처럼 보이는 위법행위가 있더라도 법률효과의 침해에 따른 손해배상을 청구할 수 없다.
④ 무권리자의 처분이 계약으로 이루어진 경우, 권리자가 이를 추인하면 계약의 효과는 원칙적으로 추인한 때부터 권리자에게 귀속한다.
⑤ 토지거래허가구역 안의 토지거래계약이 허가를 받지 못해 유동적 무효인 상태에서 허가구역 지정이 해제되면 그 계약은 확정적 유효가 된다.

해설 ④ 무권리자의 처분이 계약으로 이루어진 경우, 권리자가 이를 추인하면 계약의 효과는 계약이 체결된 때로 소급해서 권리자에게 귀속한다.

10 법률행위의 취소에 관한 설명으로 옳은 것을 모두 고른 것은? (다툼이 있으면 판례에 따름)

> ㉠ 취소권자에 대한 상대방의 이행청구는 법정추인사유가 아니다.
> ㉡ 제한능력을 이유로 법률행위가 취소된 경우, 악의의 제한능력자는 그 행위로 인하여 받은 이익이 현존하는 한도에서 상환할 책임이 있다.
> ㉢ 표의자의 착오를 상대방이 알고 이를 이용한 경우라도 그 착오가 표의자의 중대한 과실로 인한 것이면 표의자는 의사표시를 취소할 수 없다.

① ㉠   ② ㉢   ③ ㉠, ㉡
④ ㉡, ㉢   ⑤ ㉠, ㉡, ㉢

해설 ㉢ 표의자에게 중과실이 있다고 하여도 상대방이 표의자의 착오를 알면서 이를 이용한 경우에는 상대방을 보호할 필요가 없으므로 표의자는 그 의사표시를 취소할 수 있다(대판 2013다49794).

11 등기청구권의 법적 성질에 관한 설명으로 옳은 것을 모두 고른 것은? (다툼이 있으면 판례에 따름)

> ㉠ 매매계약에 기한 매수인의 소유권이전등기청구권은 물권적 청구권이다.
> ㉡ 무효인 등기의 말소등기에 갈음하는 진정명의회복을 원인으로 한 소유권이전등기청구권은 물권적 청구권이다.
> ㉢ 점유취득시효 완성을 원인으로 한 소유권이전등기청구권은 채권적 청구권이다.

① ㉠   ② ㉢   ③ ㉠, ㉡
④ ㉡, ㉢   ⑤ ㉠, ㉡, ㉢

해설 ㉠ 매매계약에 기한 매수인의 소유권이전등기청구권은 채권적 청구권이다.

12 민법상 물권에 관한 설명으로 틀린 것은? (다툼이 있으면 판례에 따름)

① 온천권은 관습법상의 물권이라고 볼 수 없다.
② 유치물과 견련관계가 인정되지 않는 채권을 피담보채권으로 하는 유치권을 인정하는 것은 물권법정주의에 반하지 않는다.
③ 저당권은 당사자 약정뿐만 아니라 법률의 규정에 의해서도 성립될 수 있다.
④ 전세권자가 사용·수익의 권능을 완전히 배제하고 채권담보만을 위하여 전세권을 설정받는 것은 물권법정주의에 반한다.
⑤ 근린공원을 자유롭게 이용한 사정만으로 그 공원 인근 주민들이 공원이용권이라는 배타적 권리를 취득하였다고 볼 수 없다.

해설 ② 유치권은 법정담보물권이므로 당사자 간의 약정으로 발생할 수 없다. 따라서 유치물과 견련관계가 인정되지 않는 채권을 피담보채권으로 하는 유치권을 인정하는 것은 물권법정주의에 반하여 허용되지 않는다.

13 권리의 객체가 토지인 경우, 그 토지를 점유할 권리가 인정되지 <u>않는</u> 물권을 모두 고른 것은?

㉠ 저당권	㉡ 전세권	㉢ 지상권

① ㉠
② ㉢
③ ㉠, ㉡
④ ㉡, ㉢
⑤ ㉠, ㉡, ㉢

해설 ㉠ 저당권은 점유를 수반하지 않는다.

14 민법상 합유에 관한 설명으로 틀린 것은? (특별한 사정이 없으며, 다툼이 있으면 판례에 따름)

① 합유자의 권리는 합유물 전부에 미친다.
② 합유는 조합체의 해산으로 인하여 종료한다.
③ 합유자는 조합체가 존속하는 한 합유물의 분할을 청구하지 못한다.
④ 합유자는 합유자 전원의 동의 없이 합유지분을 처분할 수 없다.
⑤ 부동산에 관한 합유지분의 포기는 등기 없이도 물권변동의 효력이 생긴다.

해설 ⑤ 합유지분의 포기는 법률행위로서 상대방 있는 단독행위에 해당하므로, 등기를 하여야 합유지분의 포기에 따른 물권변동의 효력이 발생한다(대판 96다16896).

Answer 9. ④ 10. ③ 11. ④ 12. ② 13. ① 14. ⑤

15 甲 소유의 X토지를 乙이 20년 이상 소유의 의사로 평온, 공연하게 현재까지 점유하고 있다. 乙은 甲에게 취득시효 완성을 이유로 X토지의 소유권이전등기를 청구하였지만, 아직 등기는 이전받지 못하였다. 이후 발생한 아래 각 상황에 관한 설명으로 **틀린** 것은? (다툼이 있으면 판례에 따름)

① 甲이 X토지 위에 비닐하우스를 설치한 경우, 乙은 甲에게 점유권에 기한 방해배제를 청구할 수 있다.
② 甲은 乙에게 X토지의 점유로 인한 손해의 배상을 청구할 수 없다.
③ 甲은 乙에게 X토지의 점유로 인한 부당이득의 반환을 청구할 수 없다.
④ X토지가 수용되어 甲이 보상금을 수령한 경우, 乙은 甲에게 보상금의 반환을 청구할 수 없다.
⑤ 甲이 乙의 시효완성 사실을 알면서도 丙에게 X토지를 처분하여 취득시효완성에 따른 소유권이전등기의무가 이행불능이 된 경우, 乙은 甲에게 불법행위로 인한 손해배상을 청구할 수 있다.

해설 ④ 수용 전에 乙이 甲에게 취득시효 완성을 이유로 X토지의 소유권이전등기를 청구하였으므로, 乙은 甲에게 보상금의 반환을 청구할 수 있다.

16 甲, 乙, 丙이 각각 4/7, 2/7, 1/7의 지분비율로 X토지를 공유하는 경우에 관한 설명으로 **틀린** 것은? (별도의 특약은 없고, 다툼이 있으면 판례에 따름)

① 甲은 乙, 丙과의 협의 없이 X토지의 관리에 관한 사항을 정할 수 있다.
② 甲은 乙, 丙의 동의 없이 X토지를 처분하지 못한다.
③ 丙은 甲, 乙의 동의 없이 자신의 지분을 제3자에게 담보로 제공할 수 있다.
④ 乙이 甲, 丙과의 협의 없이 X토지의 전부를 독점적으로 점유·사용하고 있는 경우, 丙은 공유물의 보존행위로 자신에게 X토지를 인도할 것을 청구할 수 있다.
⑤ 甲이 자신의 지분을 포기한 경우, 그 지분은 乙과 丙에게 각 지분의 비율로 귀속한다.

해설 ④ 소수지분권자가 공유물을 배타적으로 점유하고 있는 경우, 다른 소수지분권자는 공유물의 보존행위로서 그 인도를 청구할 수는 없고, 다만 자신의 지분권에 기초하여 공유물에 대한 방해제거청구와 부당이득반환을 청구할 수 있다(대판 2018다287522).

17 등기 없이도 물권변동의 효력이 생기는 사유가 아닌 것은? (다툼이 있으면 판례에 따름)
없이 사용할 수 있다.

① 상속
② 재결수용
③ 이행판결
④ 건물의 신축
⑤ 국세징수법상 공매

해설 ③ 법률행위를 원인으로 이행소송이 제기되어 이행판결이 확정된 경우에도 등기를 해야 물권변동의 효력이 발생한다.

18 甲이 乙로부터 乙 소유의 X건물에 대하여 전세권을 설정받은 경우에 관한 설명으로 틀린 것은? (다툼이 있으면 판례에 따름)

① 甲이 X건물을 전세권설정계약으로 정한 용법에 따라 사용하지 않더라도 이를 이유로 乙은 전세권소멸을 청구할 수 없다.
② X건물의 소유를 목적으로 지상권을 취득한 乙은 특별한 사정이 없는 한 甲의 동의 없이 그 지상권을 소멸시킬 수 없다.
③ 甲은 전세권이 존속하는 동안에는 특별한 사정이 없는 한 전세권을 존속시키면서 전세금반환채권만을 확정적으로 양도할 수 없다.
④ 乙이 전세권 존속 중에 丙에게 X건물을 양도한 경우, 丙은 전세권의 존속기간 만료 시 甲에게 전세금반환의무를 진다.
⑤ 전세권이 소멸한 경우, 乙은 甲으로부터 X건물의 인도 및 전세권 말소등기에 필요한 서류의 교부를 받는 동시에 전세금을 반환하여야 한다.

해설 ① 전세권자가 전세권설정계약 또는 그 목적물의 성질에 의하여 정하여진 용법으로 사용 수익하지 아니한 경우, 전세권설정자는 전세권의 소멸을 청구할 수 있다(제311조).

Answer 15. ④ 16. ④ 17. ③ 18. ①

19 지상권에 관한 설명으로 옳은 것은? (다툼이 있으면 판례에 따름)

① 지상권자의 지상권갱신청구권은 형성권이다.
② 담보목적의 지상권이 설정된 경우, 피담보채권이 변제로 소멸하면 그 지상권도 소멸한다.
③ 타인 소유의 기존 연와조 건물을 사용하기 위하여 설정하는 지상권의 최단존속기간은 30년이다.
④ 기존 건물의 소유를 목적으로 설정된 지상권은 그 건물이 멸실되면 소멸한다.
⑤ 지상권이 저당권의 목적인 경우, 지료연체에 따른 지상권소멸청구는 저당권자에게 통지하는 즉시 그 효력이 생긴다.

해설 ① 지상권자의 지상권갱신청구권은 형성권이 아니라 청구권이다.
③ 기존 건물을 사용하기 위하여 지상권을 설정하는 경우에는 최단존속기간은 적용되지 않는다.
④ 건물이 멸실되더라도 지상권은 소멸하지 않는다.
⑤ 지상권이 저당권의 목적인 경우, 지료연체에 따른 지상권소멸청구는 저당권자에게 통지한 후 상당한 기간이 경과함으로써 그 효력이 생긴다.

20 지역권에 관한 설명으로 틀린 것은?

① 민법은 지역권의 존속기간을 규정하고 있지 않다.
② 요역지에 설정된 저당권에 기하여 경매가 된 경우, 다른 특약이 없는 한 경매매수인은 요역지의 소유권과 함께 지역권을 취득한다.
③ 점유로 인한 지역권 취득기간의 중단은 지역권을 행사하는 모든 공유자에 대한 사유가 아니면 그 효력이 없다.
④ 지역권자는 지역권을 방해할 염려있는 행위를 하는 자에 대하여 그 예방이나 손해배상의 담보를 청구할 수 있다.
⑤ 승역지 소유자는 지역권의 행사를 방해하지 않는 범위 내에서 지역권자가 지역권의 행사를 위하여 승역지에 설치한 공작물을 수익 정도의 비율에 따른 비용 분담 없이 사용할 수 있다.

해설 ⑤ 승역지 소유자는 지역권의 행사를 방해하지 않는 범위 내에서 지역권자가 지역권 행사를 위해 승역지에 설치한 공작물을 사용할 수 있다. 이때 승역지 소유자는 공작물의 설치·보존에 드는 비용을 수익 정도에 따라 분담해야 한다(제300조).

21 관습법상 법정지상권에 관한 설명으로 옳은 것은? (다툼이 있으면 판례에 따름)

① 무허가건물에 대해서는 법정지상권이 인정될 수 없다.
② 가설건축물에 대해서는 원칙적으로 법정지상권이 인정될 수 있다.
③ 법정지상권을 포기하기로 하는 특약은 효력이 없다.
④ 법정지상권자는 그 지상권등기 없이도 지상권을 취득할 당시의 토지소유자로부터 그 토지를 양수한 제3자에게 대항할 수 있다.
⑤ 법정지상권이 성립한 건물을 매매계약에 기해 양수한 자는 등기 없이도 법정지상권을 취득한다.

해설 ① 무허가 미등기건물에 대해서도 법정지상권이 인정될 수 있다.
② 가설건축물에 대해서는 원칙적으로 법정지상권이 인정될 수 없다.
③ 법정지상권은 당사자 간의 특약으로 배제할 수 없으나, 관습법상 법정지상권은 당사자 간의 특약으로 배제할 수 있다.
⑤ 법정지상권이 성립한 건물을 매매계약에 기해 양수한 자는 등기를 하여야 법정지상권을 취득한다.

22 저당권에 관한 설명으로 **틀린** 것은? (다툼이 있으면 판례에 따름)

① 저당권은 저당권의 실행비용을 담보한다.
② 피담보채권은 금전채권이 아니어도 된다.
③ 저당물의 소유권을 취득한 제3자는 그 저당물의 경매에서 경매인이 될 수 있다.
④ 저당권은 특별한 사정이 없는 한 저당권설정 후에 저당목적물에 부합된 물건에는 그 효력이 미치지 않는다.
⑤ 저당권설정자와 채무자는 반드시 동일인이어야 하는 것은 아니다.

해설 ④ 저당권의 효력은 저당권의 설정 전후를 불문하고 저당물의 부합물, 종물, 종된 권리에 미친다.

Answer 19. ② 20. ⑤ 21. ④ 22. ④

23 저당권에 관하여 (　)에 들어갈 권리로 옳은 것은?

> 저당권자는 저당부동산의 멸실, 훼손 또는 공용징수로 인하여 저당권설정자가 받을 금전 기타 물건에 대하여 (　)을 가진다.

① 비용상환청구권　　　② 물상대위권
③ 매수청구권　　　　　④ 해제권
⑤ 갱신청구권

해설 ② 저당목적물의 멸실·훼손·공용징수 등으로 인하여 저당권설정자가 그 목적물에 갈음하는 금전 기타 물건을 취득하게 될 때 그 금전 기타 물건에 대하여 저당권자는 물상대위권을 가진다.

24 민법상 유치권에 관한 설명으로 틀린 것은? (다툼이 있으면 판례에 따름)

① 유치물의 침탈로 인한 유치권자의 유치권소멸에 따른 손해배상청구권은 침탈당한 날로부터 1년 내에 행사할 것을 요하지 않는다.
② 유치권자로부터 유치물의 유치방법으로 그 보관을 위탁 받은 자는 특별한 사정이 없는 한 유치물 소유자의 소유물반환청구를 거부할 수 있다.
③ 토지전세권이 소멸하기 전에는 전세권자의 지상물매수청구권을 피담보채권으로 하는 유치권은 성립할 수 없다.
④ 복수의 유치물은 그 각 부분으로써 피담보채권의 전부를 담보한다.
⑤ 유치권자가 동일채권을 담보하기 위한 복수의 유치물 중 일부를 채무자의 승낙없이 타인에게 대여한 경우, 특별한 사정이 없는 한 채무자는 유치물 전부에 대한 유치권의 소멸을 청구할 수 있다.

해설 ⑤ 여러 필지의 토지에 유치권을 행사하는 자가 그 토지 중 일부에 대해 선관주의의무를 위반한 경우, 모든 토지에 대한 소멸청구가 가능한 것이 아니라 위반행위가 있었던 토지에 대하여만 소멸청구가 가능하다(대판 2018다301350).

25 甲은 자신의 토지를 乙에게 매도하고 중도금까지 수령하였으나 그 토지가 재결수용되어 乙에게 소유권을 이전할 수 없게 되었다. 이에 관한 설명으로 옳은 것을 모두 고른 것은? (다툼이 있으면 판례에 따름)

> ㉠ 甲과 乙은 특약으로 乙이 대가위험을 부담하는 것으로 정할 수 있다.
> ㉡ 乙은 이행불능을 이유로 매매계약을 해제할 수 있다.
> ㉢ 甲이 수용보상금청구권을 취득한 경우, 乙이 매매대금 전부를 지급하면 그 수용보상금청구권 자체가 乙에게 귀속한다.

① ㉠ ② ㉢ ③ ㉠, ㉡
④ ㉡, ㉢ ⑤ ㉠, ㉡, ㉢

해설 ㉡ 토지매매계약체결 후 그 토지가 수용되어 소유권이전이 불가능하게 된 경우에는 채무자인 매도인에게 귀책사유가 없으므로 매수인은 계약을 해제할 수 없다.
㉢ 토지가 수용되어 채무자인 매도인이 수용보상금청구권을 취득한 경우, 채권자인 매수인은 자신의 반대급부를 이행하면서 수용보상금청구권의 양도를 청구할 수 있다.

26 계약의 성립에 관한 설명으로 옳은 것은? (다툼이 있으면 판례에 따름)

① 청약의 유인을 받은 자가 청약의 유인에 대응하는 의사표시를 하면 계약은 즉시 성립한다.
② 당사자 간에 동일한 내용의 청약이 상호 교차된 경우, 계약은 두 청약이 상대방에게 발송된 때에 성립한다.
③ 합의해제를 청약한 경우, 그 청약에 대해 조건을 붙여 승낙한 때에는 그 청약은 실효된다.
④ 명예퇴직의 합의가 있더라도 명예퇴직 예정일 전이라면 원칙적으로 명예퇴직 청약을 철회할 수 있다.
⑤ 매매의 일방예약이 성립하기 위하여 본계약의 요소가 되는 내용들이 확정되어 있거나 확정할 수 있어야 하는 것은 아니다.

해설 ① 청약의 유인을 받은 자가 청약의 유인에 대응하는 의사표시를 하면 이는 청약이므로 상대방의 승낙이 있어야 계약이 성립한다.
② 당사자 간에 동일한 내용의 청약이 상호 교차된 경우, 계약은 두 청약이 모두 도달된 때에 성립한다.
④ 명예퇴직은 근로자가 명예퇴직의 신청(청약)을 하면 사용자가 요건을 심사한 후 이를 승인(승낙)함으로써 합의에 의하여 근로관계를 종료시키는 것이고, 이러한 합의가 있은 후에는 당사자 일방이 임의로 그 의사표시를 철회할 수 없으며, 이 합의에 따라 명예퇴직예정일이 도래하면 근로자는 당연히 퇴직하고 사용자는 명예퇴직금을 지급할 의무를 부담하게 된다(대판 2000다60890).
⑤ 매매의 일방예약이 성립하기 위하여는 본계약의 요소가 되는 내용들이 확정되어 있거나 확정할 수 있어야 한다.

Answer 23. ② 24. ⑤ 25. ① 26. ③

27 동시이행관계가 인정되지 <u>않는</u> 것을 모두 고른 것은? (다툼이 있으면 판례에 따름)

> ㉠ 담보 목적으로 마쳐진 채권자 명의의 소유권이전등기 말소의무와 피담보채무의 변제의무
> ㉡ 임차인의 임차목적물 반환의무와 임대인의 권리금 회수 방해로 인한 상가건물 임대차보호법에 따른 손해배상의무
> ㉢ 저당권 실행에 따른 경매가 무효로 된 경우, 저당채권자의 경매매수인에 대한 배당금 반환의무와 경매매수인의 채무자에 대한 소유권이전등기 말소의무

① ㉠
② ㉢
③ ㉠, ㉡
④ ㉡, ㉢
⑤ ㉠, ㉡, ㉢

해설 ㉠ 피담보채무의 변제와 담보물권(저당권, 가등기담보권, 양도담보권)의 말소등기의무는 동시이행관계에 있지 않다.
㉡ 상가임대차계약 종료에 따른 임차인의 임차목적물 반환의무와 임대인의 권리금 회수 방해로 인한 손해배상의무는 별개의 원인에 기하여 발생한 것이므로 동시이행관계에 있지 않다(대판 2018다242727).
㉢ 근저당권 실행을 위한 경매가 무효인 경우, 낙찰자의 채무자에 대한 소유권이전등기 말소의무와 근저당권자의 낙찰자에 대한 배당금 반환의무는 서로 이행의 상대방이 다르므로 동시이행관계에 있지 않다(대판 2006다24049).

28 부동산 매매계약이 합의해제된 경우에 관한 설명으로 <u>틀린</u> 것은? (다툼이 있으면 판례에 따름)

① 매매계약에 기해 이전된 소유권은 등기 없이도 당연히 복귀한다.
② 당사자는 특별한 사정이 없는 한 채무불이행으로 인한 손해배상을 청구할 수 없다.
③ 계약의 해제로 제3자의 권리를 해할 수 없다고 규정한 민법 제548조 제1항은 합의해제에 유추적용된다.
④ 합의해제를 무효화시키고 해제된 매매계약을 부활시키는 약정은 원칙적으로 당사자 사이에서도 그 효력이 없다.
⑤ 합의해제를 위한 묵시적 의사표시는 당사자 쌍방에게 계약실현의 의사가 없거나 계약포기의 의사가 있다고 볼 수 있을 정도에 이르러야 한다.

해설 ④ 합의해제를 무효화시키고 해제된 매매계약을 부활시키는 약정은 유효이다.

29 甲과 乙은 X토지에 관한 매매의 예약에서 매수인 乙이 예약완결권을 갖기로 하였다. 이에 관한 설명으로 옳은 것을 모두 고른 것은? (다툼이 있으면 판례에 따름)

> ㉠ 甲과 乙은 예약완결권의 행사기간에 대하여 특별한 제한 없이 약정할 수 있다.
> ㉡ 예약완결권의 행사기간을 약정한 경우, 그 기간이 지났더라도 乙이 X토지를 인도받아 점유하고 있다면 예약완결권은 소멸하지 않는다.
> ㉢ 乙의 예약완결권이 행사기간을 경과하였는지에 관해서는 법원이 직권으로 조사하여 재판에 고려할 수 없다.

① ㉠ ② ㉢ ③ ㉠, ㉡
④ ㉡, ㉢ ⑤ ㉠, ㉡, ㉢

해설 ㉡ 예약완결권의 행사기간이 지난 때에는 상대방이 예약목적물인 부동산을 인도받은 경우라고 하더라도 예약완결권은 제척기간의 경과로 소멸한다(대판 96다47494).
㉢ 예약완결권의 제척기간이 도과하였는지 여부는 당사자의 주장이 없더라도 법원이 직권으로 조사하여 판단하여야 한다(대판 99다18725).

30 민법상 매도인의 담보책임에 관한 설명으로 옳은 것은?
① 특정물 하자로 인한 담보책임은 경매의 경우에도 적용된다.
② 종류물매매에서는 목적물이 특정된 후에 그 물건의 하자로 인한 매도인의 담보책임규정이 적용되지 않는다.
③ 매매의 목적물에 하자가 있는 경우, 매수인은 그 사실을 안 날로부터 1년 내에 손해배상청구권을 행사하여야 한다.
④ 매매계약 당시에 그 목적물의 일부가 멸실된 경우, 선의의 매수인은 대금의 감액을 청구할 수 있다.
⑤ 변제기에 도달하지 않은 채권의 매도인이 채무자의 자력을 담보한 때에는 매매계약 당시의 자력을 담보한 것으로 추정한다.

해설 ① 물건의 하자로 인한 담보책임은 경매의 경우에는 적용되지 않는다.
② 종류물매매에서는 목적물이 특정된 후에 그 물건의 하자로 인한 매도인의 담보책임규정이 적용된다.
③ 매매의 목적물에 하자가 있는 경우, 매수인은 그 사실을 안 날로부터 6월 내에 손해배상청구권을 행사하여야 한다.
⑤ 변제기에 도달하지 않은 채권의 매도인이 채무자의 자력을 담보한 때에는 변제기의 자력을 담보한 것으로 추정한다.

Answer 27. ⑤ 28. ④ 29. ① 30. ④

31 甲은 자기 소유의 X토지와 乙 소유의 Y건물을 교환하자고 청약하였고, 乙이 승낙하였다. 이에 관한 설명으로 옳은 것을 모두 고른 것은? (다툼이 있으면 판례에 따름)

> ㉠ 乙의 승낙은 특별한 사정이 없는 한 그 방식에 제한이 없고 명시적으로 할 필요도 없다.
> ㉡ X토지와 Y건물의 각 소유권이전 및 인도의무는 특별한 약정이나 관습이 없으면 동시에 이행하여야 한다.
> ㉢ 계약 당시 甲이 허위로 X토지의 시가보다 다소 높은 가액을 시가로 고지하더라도 특별한 사정이 없는 한 불법행위가 성립하지 않는다.

① ㉠ ② ㉢ ③ ㉠, ㉡
④ ㉡, ㉢ ⑤ ㉠, ㉡, ㉢

해설 ㉠ 승낙은 묵시적으로도 가능하다.
㉡ 교환계약은 쌍무계약이므로 양 당사자의 채무는 동시이행관계에 있다.
㉢ 교환계약의 당사자가 목적물의 시가를 묵비하여 상대방에게 고지하지 아니하거나 허위로 시가보다 높은 가액을 시가라고 고지한 경우라도 사기에 해당하지 않는다.

32 甲으로부터 X건물을 2년간 임차한 乙이 이를 丙에게 전대한 경우에 관한 설명으로 <u>틀린</u> 것을 모두 고른 것은? (다툼이 있으면 판례에 따름)

> ㉠ 甲이 전대를 동의한 경우, 甲이 乙과 임대차계약을 합의해지하면 丙의 전차권도 소멸한다.
> ㉡ 甲이 전대를 동의하지 않은 경우, 甲은 乙과의 임대차계약이 존속하는 동안 X건물의 불법점유를 이유로 丙에게 차임 상당의 손해배상을 청구할 수 있다.
> ㉢ 甲이 전대를 동의한 경우, 丙이 X건물 사용의 편익을 위하여 甲으로부터 매수한 물건을 X건물에 부속시킨 때에는 丙은 기간만료로 전대차가 종료되면 甲을 상대로 그 물건의 매수를 청구할 수 있다.

① ㉠ ② ㉢ ③ ㉠, ㉡
④ ㉡, ㉢ ⑤ ㉠, ㉡, ㉢

해설 ㉠ 임차인이 임대인의 동의를 얻어 전대한 경우에는 임대인과 임차인의 합의로 계약을 종료한 때에도 전차인의 권리는 소멸하지 아니한다.
㉡ 임대인은 임대차계약을 해지하지 않는 한 임차인에게 차임을 받을 권리가 있으므로, 전차인에게 차임 상당의 손해배상청구를 할 수 없다.

33 甲이 건물소유를 목적으로 乙로부터 乙 소유의 X토지를 기간의 정함 없이 임차하는 계약을 체결하고 그 지상에 Y건물을 신축한 후, 그 임대차계약이 乙의 해지통고로 종료되었다. 이에 관한 설명으로 옳은 것을 모두 고른 것은? (다툼이 있으면 판례에 따름)

> ㉠ Y건물이 무허가건물이라면 원칙적으로 지상물매수청구의 대상이 될 수 없다.
> ㉡ 甲은 계약갱신청구를 하지 않으면 지상물매수청구권을 행사할 수 없다.
> ㉢ 甲과 乙이 임대차 종료 전에 지상물매수청구의 대상인 Y건물을 철거하기로 한 약정은 특별한 사정이 없는 한 무효이다.

① ㉠ ② ㉢ ③ ㉠, ㉡
④ ㉡, ㉢ ⑤ ㉠, ㉡, ㉢

해설 ㉠ 무허가건물과 미등기건물이더라도 매수청구권의 대상이 될 수 있다.
㉡ 기간약정이 없는 토지임대차에서 임대인이 해지통고를 한 경우에는 임대인이 계약의 갱신을 거절한 것으로 볼 수 있으므로, 임차인은 갱신청구 없이 지상물매수청구를 할 수 있다.

34 민법상 계약의 유형과 성질에 관한 설명으로 옳은 것은? (특약은 고려하지 않음)
① 매매계약은 요물계약이다.
② 매매계약은 낙성계약이다.
③ 교환계약은 요식계약이다.
④ 임대차계약은 무상계약이다.
⑤ 임대차계약은 편무계약이다.

해설 ①② 매매계약은 낙성계약이다.
③ 교환계약은 불요식계약이다.
④⑤ 임대차계약은 쌍무유상계약이다.

Answer 31. ⑤ 32. ③ 33. ② 34. ②

35
甲이 2023. 6. 1. 乙로부터 乙 소유의 X주택을 보증금 2억원, 기간은 1년으로 정하여 임차하는 계약을 체결한 경우, 주택임대차보호법에 관한 설명으로 옳은 것을 모두 고른 것은? (다툼이 있으면 판례에 따름)

> ㉠ 1년의 임대차기간이 만료된 경우, 甲은 乙에게 보증금 2억원의 반환을 청구할 수 있다.
> ㉡ 임대차계약이 적법하게 묵시적 갱신이 된 경우, 그 존속기간은 2년으로 보지만 甲은 언제든지 乙에게 계약해지를 통지할 수 있다.
> ㉢ 甲의 적법한 계약갱신요구가 乙에게 2025. 2. 15. 도달한 경우, 갱신거절사유가 없는 한 그 도달 시점에 계약갱신의 효력이 발생한다.

① ㉠   ② ㉢   ③ ㉠, ㉡
④ ㉡, ㉢   ⑤ ㉠, ㉡, ㉢

해설 ㉢ 임차인이 주택임대차보호법 제6조의3 제1항에 따라 임대차계약의 갱신을 요구하면 임대인에게 갱신거절 사유가 존재하지 않는 한 임대인에게 갱신요구가 도달한 때 갱신의 효력이 발생한다. 갱신요구에 따라 임대차계약에 갱신의 효력이 발생한 경우 임차인은 제6조의2 제1항에 따라 언제든지 계약의 해지통지를 할 수 있고, 해지통지 후 3개월이 지나면 그 효력이 발생하며, 이는 계약해지의 통지가 갱신된 임대차계약 기간이 개시되기 전에 임대인에게 도달하였더라도 마찬가지이다(대판 2023다258672).

36
집합건물의 소유 및 관리에 관한 법률에 관한 설명으로 틀린 것은? (다툼이 있으면 판례에 따름)

① 구조상 공용부분은 취득시효에 의한 소유권 취득의 대상이 될 수 없다.
② 전유부분에 관한 담보책임의 존속기간은 특별한 사정이 없는 한 사용검사일부터 기산한다.
③ 관리단은 관리비 징수에 관한 유효한 규약이 없더라도 지분비율에 따라 공용부분의 관리비를 그 부담의무자인 구분소유자에게 청구할 수 있다.
④ 구분소유자가 10인 이상일 때에는 관리단을 대표하고 관리단의 사무를 집행할 관리인을 선임하여야 한다.
⑤ 구분소유자는 규약 또는 공정증서로써 달리 정하지 않는 한 전유부분과 분리하여 대지사용권을 처분할 수 없다.

해설 ② 전유부분에 관한 담보책임의 존속기간은 특별한 사정이 없는 한 인도일부터 기산한다.

37 甲은 2024. 5. 1. 乙에게 1억원을 변제기는 1년 후, 이자는 연 5%로 정하여 대여하면서 그 대여금채권과 乙에 대한 물품대금채권 1억원을 담보하기 위해 가등기담보계약을 체결하고, 이를 위해 乙 소유의 X토지(계약 당시 시가 2억원)에 甲 명의로 가등기를 마쳤다. 그 후 乙은 변제기가 지난 2025. 5. 7. 양 채권 중 물품대금채무만 甲에게 전액 변제하였다. 이에 관한 설명으로 옳은 것을 모두 고른 것은? (다툼이 있으면 판례에 따름)

> ㉠ 甲과 乙의 가등기담보계약에는 가등기담보 등에 관한 법률이 적용된다.
> ㉡ 甲이 청산절차를 거쳐 X토지에 관하여 소유권이전의 본등기를 마친 경우, 본등기를 위해 지출한 절차비용은 청산금에서 공제할 수 없다.
> ㉢ 甲이 청산절차를 거치지 않고 X토지에 관하여 2025. 6. 15. 본등기를 마친 다음, 선의의 丙에게 2025. 8. 1. 소유권이전등기를 마친 경우, 2025. 8. 1.부터 甲 명의의 본등기도 확정적으로 유효해진다.

① ㉠ ② ㉢ ③ ㉠, ㉡
④ ㉡, ㉢ ⑤ ㉠, ㉡, ㉢

해설 ㉠ 가등기담보 등에 관한 법률은 차용물의 반환에 관하여 다른 재산권을 이전할 것을 예약한 경우에 적용되므로 금전소비대차나 준소비대차에 기한 차용금반환채무 이외의 채무를 담보하기 위하여 경료된 가등기나 양도담보에는 위 법이 적용되지 아니하나, 금전소비대차나 준소비대차에 기한 차용금반환채무와 그 외의 원인으로 발생한 채무를 동시에 담보할 목적으로 경료된 가등기나 소유권이전등기라도 그 후 후자의 채무가 변제 기타의 사유로 소멸하고 금전소비대차나 준소비대차에 기한 차용금반환채무의 전부 또는 일부만이 남게 된 경우에는 그 가등기담보나 양도담보에 가등기담보 등에 관한 법률이 적용된다(대판 2003다29968).
㉡ 청산금에서 공제할 수 있는 가등기담보권 실행비용은 경매절차의 집행비용에 상응하는 것이어야 한다. 그러므로 가등기담보권자는 귀속정산 과정에서 담보목적물의 교환가치를 파악하기 위하여 쓴 감정평가비용 등을 실행비용으로서 청산금에서 공제할 수 있을 뿐, 청산의 결과로서 본등기를 마치기 위해 지출한 절차비용과 취득세 등은 스스로 부담해야 한다(대판 2017다266177).
㉢ 청산절차를 위반하여 이루어진 담보가등기에 기한 본등기가 무효라고 하더라도 선의의 제3자가 그 본등기에 터 잡아 소유권이전등기를 마치는 등으로 담보목적부동산의 소유권을 취득하면, 채무자 등은 더 이상 채권자를 상대로 그 본등기의 말소를 청구할 수 없게 된다. 이 경우 그 반사적 효과로서 무효인 채권자 명의의 본등기는 그 등기를 마친 시점으로 소급하여 확정적으로 유효하게 된다(대판 2016다248325).

38 甲은 2022. 7. 1. 자신의 X토지에 관하여 乙과 유효한 명의신탁약정을 체결하고, 乙 명의로 소유권이전등기를 마쳤다. 이에 관한 설명으로 틀린 것은? (다툼이 있으면 판례에 따름)

① 甲과 乙이 부부인 경우, 甲이 사망하더라도 그 명의신탁약정은 甲의 상속인 丙과 乙 사이에 유효하게 존속한다.
② 甲이 丙에게 X토지를 매도한 경우, 그 매매계약은 민법 제569조의 타인 권리의 매매라고 할 수 없다.
③ 丙이 X토지를 무단점유하여 사용·수익할 경우, 甲은 丙에게 직접 그 소유권을 주장할 수 없다.
④ 甲은 乙에게 명의신탁의 해지를 원인으로 소유권에 기한 이전등기를 청구할 수 있다.
⑤ 丙이 X토지에 대해 점유취득시효를 완성한 후 소유권이전등기를 마치기 전에 甲이 명의신탁의 해지를 원인으로 소유권이전등기를 마친 경우, 丙은 특별한 사정이 없는 한 甲에게 취득시효를 주장할 수 있다.

해설 ⑤ 丙이 X토지에 대해 점유취득시효를 완성한 후 소유권이전등기를 마치기 전에 甲이 명의신탁의 해지를 원인으로 소유권이전등기를 마친 경우, 甲은 시효완성 후에 소유권을 취득한 자에 해당하므로, 丙은 특별한 사정이 없는 한 甲에게 시효완성을 주장할 수 없다(대판 2000다8861).

39 甲이 그 소유의 X토지에 관하여 2025. 5. 3. 친구 乙과의 명의신탁약정에 따라 乙 명의로 소유권이전등기를 마쳤다. 이에 관한 설명으로 옳은 것은? (다툼이 있으면 판례에 따름)

① 甲은 乙에게 X토지에 관하여 부당이득을 원인으로 한 소유권이전등기를 청구할 수 없다.
② 乙이 丙에게 X토지를 적법하게 양도하였다가 다시 X토지의 소유권을 취득한 경우, 甲은 乙에게 소유물반환청구권을 행사할 수 있다.
③ 丙이 친구 乙과의 명의신탁약정에 따라 X토지에 관하여 소유권이전등기를 마친 후 명의신탁사실을 알지 못하는 丁에게 X토지를 매도하고 소유권이전등기를 마친 경우, 甲은 丁에게 소유물반환청구권을 행사할 수 있다.
④ 乙이 丙에게 X토지를 처분하여 丙이 유효하게 소유권을 취득한 경우, 乙의 처분행위는 甲에 대한 불법행위에 해당하지 않는다.
⑤ 만약 甲이 乙과 사이에 乙 명의의 X토지를 매수하면서 대외관계에서 甲을 위해 그 등기명의를 乙이 보유하기로 약정한 경우, 甲과 乙 사이에 명의신탁관계가 성립할 수 없다.

해설 ② 乙이 丙에게 X토지를 적법하게 양도하였다가 다시 X토지의 소유권을 취득하더라도 甲은 乙에게 소유물반환청구권을 행사할 수 없다.
③ 丁이 X토지의 소유권을 취득하므로, 甲은 丁에게 소유물반환청구권을 행사할 수 없다.
④ 乙이 丙에게 X토지를 처분하여 丙이 유효하게 소유권을 취득한 경우, 乙의 처분행위는 甲의 소유권을 침해한 불법행위에 해당한다.
⑤ 甲과 乙이 乙 명의의 X토지를 매수하면서 대외관계에서 甲을 위해 그 등기명의를 乙이 보유하기로 약정한 경우, 甲과 乙 사이에 명의신탁관계가 성립할 수 있다.

40 甲은 상품판매를 위해 2025. 5. 1. 乙로부터 부산광역시 소재 乙 소유의 X상가를 보증금 6억원, 월 차임 100만원에 임차하는 계약을 체결하였다. 계약 당일 甲은 乙에게 보증금을 지급하고 X상가를 인도받아 사업자등록과 확정일자까지 마쳤다. 위 계약에 적용되는 상가건물 임대차보호법상의 규정에 해당하는 것을 모두 고른 것은? (다툼이 있으면 판례에 따름)

> ㉠ 임차인의 보증금에 대한 우선변제권에 관한 규정
> ㉡ 임차인의 임차권등기명령에 관한 규정
> ㉢ 차임연체에 따른 임대인의 해지권에 관한 규정

① ㉠   ② ㉢   ③ ㉠, ㉡
④ ㉡, ㉢   ⑤ ㉠, ㉡, ㉢

해설 ◇ 환산보증금액을 초과하는 경우에도 적용되는 규정

① 임차권의 대항력에 관한 규정(제3조)
② 임차인의 계약갱신요구에 관한 규정(제10조 제1항, 제2항, 제3항 본문)
③ 임차인의 권리금회수기회 보호에 관한 규정(제10조의2부터 7까지)
④ 3기 차임연체시 계약해지에 관한 규정(제10조의8)
⑤ 감염병의 예방 및 관리에 관한 법률에 따른 집합제한조치로 인하여 폐업한 경우, 임차인의 해지권에 관한 규정(제11조의2)

Answer 38. ⑤ 39. ① 40. ②

 공인중개사

INDEX

찾아보기

INDEX 찾아보기

ㄱ

가등기	136, 318
가등기담보	318
가장조건	102
가장행위	44
각자대리	64
간이변제충당권	207
간접점유	143
간접점유자	143
강박행위	54
강제경매	186
강행규정	28
갱신청구권	280
건물	168
건물증축	169
격지자	231
견련성	206
경계	156
경락인	206
경매	271, 320
경매인	211
경매청구권	211
계속적 계약	227
계약	21
계약갱신요구권	305, 311
계약금	260
계약금계약	260
계약명의신탁	333
계약의 성립	229, 230
계약의 해제	249
계약자유의 원칙	226
공동저당	221
공시방법	121
공시송달	58
공시의 원칙	121
공신의 원칙	121
공용부분	336, 337, 340
공용징수	124
공유	170, 176
공유물분할판결	124
공유물의 관리	171
공유물의 분할	173
공유물의 처분	173
공유지분	170
과반수지분권자	172
과실 없는 점유	149
과실 있는 점유	149
과실수취권	207
과실책임	233
과실취득권	152
관리단	339
관리비	338
관리인	339
교차청약	232
교환	21
구분건물	336
구분지상권	181
구제	217
권리금	313
권리능력	25
권리변동	20
권한을 넘은 표현대리	80
귀속청산	323
규범적 해석	38
근저당	218
근저당권	218
근저당권설정등기	218
기망행위	53
기성조건	102
기한	104
기한의 이익	104
기한이익 상실의 특약	105

ㄴ

낙성계약	227
내용증명우편	57
농작물	168
능동대리	61

ㄷ

단독행위	21, 78, 103
단속규정	28, 129
단순이행판결	241
담보물권	201
담보물보충청구권	217
담보책임	51, 265
대가관계	246
대가위험	236
대금감액청구권	270
대리	60
대리권	61
대리권남용	42, 66
대리권수여표시	79
대리권의 범위	62
대리권의 소멸	64
대리권의 제한	63
대리의 효과	67
대리인의 행위능력	67
대리행위의 하자	66
대물변제	63, 81, 319
대상청구권	163
대지사용권	337
대항력	276, 294
도달	230
도달주의	57
동기의 착오	49
동산물권	112
동시배당	222
동시이행관계	94, 242
동시이행항변권	239
등기	121
등기명의신탁	330
등기부취득시효	166
등기우편	57
등기청구권	126

ㅁ

매매	263
매수청구권	280
매장물발견	167
멸실	153
명의신탁	164
명의신탁약정	326
목적물의 멸실	140
목적의 확정성	26
무경험	36
무권대리	61, 73, 74, 78
무상계약	227
무주물선점	167
무효	84, 86
무효등기의 유용	133
무효인 법률행위	86
무효행위의 전환	87
무효행위의 추인	88
묵시의 갱신	275
묵시적 승낙	71
묵시적 추인	75
문화재의 국유	167
물권	110
물권법정주의	112
물권변동	121
물권의 객체	110
물권의 소멸	138
물권의 포기	140
물권적 청구권	114, 217
물권행위	21
물상대위성	202
미등기매수인	127
미성년자	25

ㅂ

반사회질서의 법률행위	30
반환청구권	114
발신주의	58
방해배제청구권	114
방해예방청구권	114
배당요구	298
법률행위	123

법률행위의 목적	26
법정갱신	275
법정대리	60
법정대리권	61
법정대리인	70
법정지상권	184
법정추인	96
법정해제권	250
보상관계	246
보존	171
보존행위	176
보증금	284
보충적 해석	38
보통우편	57
복대리인	69
복대리인의 권한	69
복대리인의 복임권	71
복대리인의 지위	70
복임권	69
부동산등기	132
부동산물권	112
부동산물권변동	123
부동산이중매매	33
부속물매수청구권	198, 278, 279
부제소 합의	37
부종성	193, 201, 218
부합	168
분묘기지권	182
분양자	341
분할금지특약	174
불가분성	193, 201
불공정한 법률행위	36
불능	233
불능조건	102
불법말소	132
불법원인급여	30
불법조건	102
불완전이행	251
불요식계약	228
불요식행위	22
비용상환청구권	154, 196, 278
비전형계약	227
비정상적 의사표시	40
비진의표시	41

ㅅ

사기	53
상가건물 임대차보호법	308
상대방 없는 단독행위	21
상대방 있는 단독행위	21
상대방의 철회권	76
상대방의 최고권	75
상린관계	156
상린권	156
상호명의신탁	326, 327
상환이행판결	241
선의점유	149
선의점유자	152
성립요건	23
소급적 무효	94
소멸시효	126, 140
소비대차	319
소수지분권자	172
소액보증금	300
소유권	156
소유물반환청구권	115
손해배상청구권	115, 217, 255
수권행위	61
수동대리	61
수량부족	267
수목	168
수반성	193, 201
수선의무	278
수용보상금청구권	237
수탁자	328
승계취득	20
승낙	230
승낙기간	230
승역지	193
시공자	341
시효완성	164
시효취득의 대상	160
신탁자	328
실권약관	256
실행통지	321
쌍무계약	227
쌍방대리	63

ㅇ

악의점유	149
압류	213
약관	226
약정해제권	249
양도담보	324
연착된 승낙	231
연착의 통지	231
예약완결권	263
요물계약	227
요식계약	228
요식행위	22
요역지	193
용익물권	178
우선변제	211
우선변제권	298, 310
원상회복의무	253
원시적 불능	27, 233
원시취득	20
위약금	260
위약금특약	262
위험부담	236
유권대리	61
유동적 무효	85
유동적 유효	85
유상계약	227
유실물습득	167
유익비	154
유지수선의무	277
유치권	119, 204
유효요건	133
의사능력	25
의사무능력자	25
의사실현	231
이전등기	319
이중보존등기	132, 166
이행불능	235, 251
이행지체	250
인용의무	277
일괄경매청구권	215
일괄매매	187
일물일권주의	111
일방예약	263
일부멸실	267
일부무효	87
일부타인권리매매	266
일시적 계약	227
임대인의 의무	277
임대차	275
임대차의 존속기간	275
임시관리단집회	339
임의규정	28
임의대리	60
임의대리권	61
임의대리의 종료	64
임의대리인	70
임차권	120, 276
임차권등기	276
임차권등기명령	301
임차권의 승계	307
임차권의 양도	286

ㅈ

자기계약	63
자력구제권	143
자연적 해석	38
자주점유	145
자주점유의 추정	146
재건축	340
재단법인	21
저당권	119, 210, 269
저당권의 효력	213
저당물의 경매	184
전부타인권리매매	265
전세권	195, 269
전세권설정등기	299
전세권의 처분	196
전세금	195, 196
전세금반환채권	199
전유부분	336, 337, 340
전입신고	294
전형계약	227
점유	121
점유계속의 추정	150
점유권	142
점유물반환청구권	118
점유보조자	143

점유보호청구권	118	직권말소	297
점유의 보유	118	진의	42
점유의 보전	118	진의 아닌 의사표시	41
점유의 승계	150	집회	339
점유의 태양	149		
점유의 회수	118		
점유자	152		
점유취득시효	161	**ㅊ**	
점유취득시효완성	123, 126	차용금	319
점유취득시효의 중단	164	차임	283
정기행위	250	차임감액금지의 특약	283
정지조건	100	차임증감청구권	283
제3자	46	차임증액	307
제3자를 위한 계약	245	차임지급의무	283
제3취득자	211	착오로 인한 의사표시	49
제한능력자	25, 58, 93, 95	채권	110
제한물권	268	채권자위험부담주의	237
조건	100	채권적 청구권	126
조건부권리	103	채권최고액	218
조건성취	101	채권행위	21
존속기간	303	채무불이행	235, 255
종중	328	채무자위험부담주의	236
주거용 건물	292	처분행위	21
주위토지통행권	157	첩계약	30
주택	292	청산금	322
주택임대차보호법	292	청산금지급	321
중간생략등기	91, 129	청산금지급청구권	322
중간생략등기청구권	130	청산절차	323
중간생략형 명의신탁	331	청약	229
중대한 과실	50	청약의 효력	230
중복등기	132	총유	176, 177
즉시변제청구권	217	최우선변제권	300, 310
증감청구권	307, 312	추인	95
증약금	260	추인의 요건	95
증축	213	추정력	134
지료	179, 188	추정력의 범위	135
지료의 지급	178	취득시효	159
지료증감청구권	179	취소	84, 93, 256
지분포기	170	취소권의 소멸	97
지상권	178	취소권자	93
지상권소멸청구권	179	취소의 방식	94
지상물매수청구권	181, 198, 278, 280	취소의 상대방	94
지역권	119, 192	취소의 효과	94
지연이자	212	취소할 수 있는 법률행위	86

ㅌ

타주점유	145, 146
토지거래허가제도	90
토지임대차	276
토지임차권	276
토지점유	142
통유성	201
통정허위표시	44
통행지역권	192
특별효력요건	24, 100
특정승계	20

ㅍ

파산	64
파산관재인	46
편면적 강행규정	179, 283, 292
편무계약	227
포괄승계	20
포락	140
폭리행위	36
표제부	133
표현대리	79
피담보채권	208, 212, 218
피성년후견인	25
피한정후견인	25
필요비	154

ㅎ

하자 있는 의사표시	53
하자담보책임	271
하자담보추급권	341
합유	176
합의해제	255
해약금	260
해제	249
해제권	252
해제권의 불가분성	252
해제권의 소멸사유	252
해제권의 행사	252
해제의 소급효	253
해제의 효과	253
해제조건	100, 101
해지	256
행위능력	25
허무인	135
현명주의	65
현물분할	174
협의의 무권대리	73
형성판결	124
혼동	138
화해조서	123
확정일자	298
확정적 무효	91
확정적 유효	92
환매	273
환매권	274
환매기간	273
환매의 특약	273
환산보증금	314
환지	190
회복자	152
효력규정	28
효력요건	23
후발적 불능	27, 233
후순위권리자	195
훼손	153

기타

2단의 고의	53

TV방송 편성표

방송대학TV 방송기간 2026. 1. 12 ~ 7. 1
방송시간 – 본방송: 월~수 오전 7시 ~ 7시 30분
　　　　　└ 재방송: 토 오전 6시 ~ 7시 30분(3회 연속방송)

기본이론 방송 (1강 30분, 총 75강)

순서	날짜	요일	과목
1	1. 12	월	부동산학개론 1강
2	1. 13	화	민법·민사특별법 1강
3	1. 14	수	공인중개사법·중개실무 1강
4	1. 19	월	부동산공법 1강
5	1. 20	화	부동산공시법령 1강
6	1. 21	수	부동산학개론 2강
7	1. 26	월	민법·민사특별법 2강
8	1. 27	화	공인중개사법·중개실무 2강
9	1. 28	수	부동산공법 2강
10	2. 2	월	부동산공시법령 2강
11	2. 3	화	부동산학개론 3강
12	2. 4	수	민법·민사특별법 3강
13	2. 9	월	공인중개사법·중개실무 3강
14	2. 10	화	부동산공법 3강
15	2. 11	수	부동산공시법령 3강
16	2. 16	월	부동산세법 1강
17	2. 17	화	부동산학개론 4강
18	2. 18	수	민법·민사특별법 4강
19	2. 23	월	공인중개사법·중개실무 4강
20	2. 24	화	부동산공법 4강
21	2. 25	수	부동산공시법령 4강
22	3. 2	월	부동산세법 2강
23	3. 3	화	부동산학개론 5강
24	3. 4	수	민법·민사특별법 5강
25	3. 9	월	공인중개사법·중개실무 5강
26	3. 10	화	부동산공법 5강
27	3. 11	수	부동산공시법령 5강
28	3. 16	월	부동산세법 3강
29	3. 17	화	부동산학개론 6강
30	3. 18	수	민법·민사특별법 6강
31	3. 23	월	공인중개사법·중개실무 6강
32	3. 24	화	부동산공법 6강
33	3. 25	수	부동산공시법령 6강
34	3. 30	월	부동산세법 4강
35	3. 31	화	부동산학개론 7강
36	4. 1	수	민법·민사특별법 7강
37	4. 6	월	공인중개사법·중개실무 7강
38	4. 7	화	부동산공법 7강
39	4. 8	수	부동산공시법령 7강
40	4. 13	월	부동산세법 5강
41	4. 14	화	부동산학개론 8강
42	4. 15	수	민법·민사특별법 8강
43	4. 20	월	공인중개사법·중개실무 8강
44	4. 21	화	부동산공법 8강
45	4. 22	수	부동산공시법령 8강
46	4. 27	월	부동산세법 6강
47	4. 28	화	부동산학개론 9강
48	4. 29	수	민법·민사특별법 9강
49	5. 4	월	공인중개사법·중개실무 9강
50	5. 5	화	부동산공법 9강
51	5. 6	수	부동산공시법령 9강
52	5. 11	월	부동산세법 7강
53	5. 12	화	부동산학개론 10강
54	5. 13	수	민법·민사특별법 10강
55	5. 18	월	공인중개사법·중개실무 10강
56	5. 19	화	부동산공법 10강
57	5. 20	수	부동산공시법령 10강
58	5. 25	월	부동산세법 8강
59	5. 26	화	부동산학개론 11강
60	5. 27	수	민법·민사특별법 11강
61	6. 1	월	부동산공법 11강
62	6. 2	화	부동산세법 9강
63	6. 3	수	부동산학개론 12강
64	6. 8	월	민법·민사특별법 12강
65	6. 9	화	부동산공법 12강
66	6. 10	수	부동산세법 10강
67	6. 15	월	부동산학개론 13강
68	6. 16	화	민법·민사특별법 13강
69	6. 17	수	부동산공법 13강
70	6. 22	월	부동산학개론 14강
71	6. 23	화	민법·민사특별법 14강
72	6. 24	수	부동산공법 14강
73	6. 29	월	부동산학개론 15강
74	6. 30	화	민법·민사특별법 15강
75	7. 1	수	부동산공법 15강

과목별 강의 수
부동산학개론: 15강 / 민법·민사특별법: 15강
공인중개사법·중개실무: 10강 / 부동산공법: 15강 / 부동산공시법령: 10강 / 부동산세법: 10강

TV방송 편성표

방송기간 문제풀이: 2026. 7. 6 ~ 8. 19 모의고사: 2026. 8. 24 ~ 9. 30
방송시간 본방송: 월~수 오전 7시 ~ 7시 30분
재방송: 토 오전 6시 ~ 7시 30분(3회 연속방송)

문제풀이 방송 (1강 30분, 총 21강)

순서	날짜	요일	과목	순서	날짜	요일	과목
1	7. 6	월	부동산학개론 1강	12	7. 29	수	부동산세법 2강
2	7. 7	화	민법·민사특별법 1강	13	8. 3	월	부동산학개론 3강
3	7. 8	수	공인중개사법·중개실무 1강	14	8. 4	화	민법·민사특별법 3강
4	7. 13	월	부동산공법 1강	15	8. 5	수	공인중개사법·중개실무 3강
5	7. 14	화	부동산공시법령 1강	16	8. 10	월	부동산공법 3강
6	7. 15	수	부동산세법 1강	17	8. 11	화	부동산공시법령 3강
7	7. 20	월	부동산학개론 2강	18	8. 12	수	부동산세법 3강
8	7. 21	화	민법·민사특별법 2강	19	8. 17	월	부동산학개론 4강
9	7. 22	수	공인중개사법·중개실무 2강	20	8. 18	화	민법·민사특별법 4강
10	7. 27	월	부동산공법 2강	21	8. 19	수	부동산공법 4강
11	7. 28	화	부동산공시법령 2강				

과목별 강의 수: 부동산학개론: 4강 / 민법·민사특별법: 4강
공인중개사법·중개실무: 3강 / 부동산공법: 4강 / 부동산공시법령: 3강 / 부동산세법: 3강

모의고사 방송 (1강 30분, 총 18강)

순서	날짜	요일	과목	순서	날짜	요일	과목
1	8. 24	월	부동산학개론 1강	10	9. 14	월	부동산공법 2강
2	8. 25	화	민법·민사특별법 1강	11	9. 15	화	부동산공시법령 2강
3	8. 26	수	공인중개사법·중개실무 1강	12	9. 16	수	부동산세법 2강
4	8. 31	월	부동산공법 1강	13	9. 21	월	부동산학개론 3강
5	9. 1	화	부동산공시법령 1강	14	9. 22	화	민법·민사특별법 3강
6	9. 2	수	부동산세법 1강	15	9. 23	수	공인중개사법·중개실무 3강
7	9. 7	월	부동산학개론 2강	16	9. 28	월	부동산공법 3강
8	9. 8	화	민법·민사특별법 2강	17	9. 29	화	부동산공시법령 3강
9	9. 9	수	공인중개사법·중개실무 2강	18	9. 30	수	부동산세법 3강

과목별 강의 수: 부동산학개론: 3강 / 민법·민사특별법: 3강
공인중개사법·중개실무: 3강 / 부동산공법: 3강 / 부동산공시법령: 3강 / 부동산세법: 3강

연구 집필위원

김덕수	민석기	김민권	서석진
유재헌	이 현	윤태석	안우채
백 헌	고창덕	이강술	

제37회 공인중개사 시험대비 **전면개정**

2026 박문각 공인중개사
기본서 1차 민법·민사특별법

초판발행 | 2025. 10. 25. **2쇄발행** | 2025. 10. 30. **편저** | 김덕수 외 박문각 공인중개사연구소
발행인 | 박 용 **발행처** | (주)박문각출판 **등록** | 2015년 4월 29일 제2019-000137호
주소 | 06654 서울시 서초구 효령로 283 서경빌딩 4층
팩스 | (02)584-2927 **전화** | 교재주문·학습문의 (02)6466-7202

판 권
본 사
소 유

이 책의 무단 전재 또는 복제 행위는 저작권법 제136조에 의거, 5년 이하의 징역 또는 5,000만원 이하의 벌금에 처하거나 이를 병과할 수 있습니다.

정가 41,000원 ISBN 979-11-7519-288-1 / ISBN 979-11-7519-286-7(1차 세트)

박문각 출판 홈페이지에서
공인중개사 정오표를 활용하세요!

보다 빠르고, 편리하게 법령의 제·개정 내용을 확인하실 수 있습니다.

2 / 5

   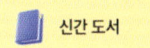   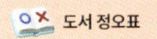

홈페이지 하단

CBT 모의고사 박문각 출판이 제공한 CBT 모의고사로 실전과 동일한 시험 문제를 미리 풀어 보세요.

 PC로 모의고사 풀기    모바일로 모의고사 풀기 (QR코드 찍고 이동)

학습 자료실 도서 및 시험에 관련된 자료를 받아 가세요.

| 도서 정오표 | 학습 자료실 | 수험뉴스 |

[클릭]

박문각 공인중개사 정오표의 장점

✓ 공인중개사 1회부터 함께한 박문각 공인중개사 전문 교수진의 철저한 제·개정 법령 감수
✓ 과목별 정오표 업데이트 서비스 실시! (해당 연도 시험 전까지)
✓ 박문각 공인중개사 온라인 "교수학습 Q&A"에서 박문각 공인중개사 교수진에게 직접 문의·답변

2026

전면개정 제37회 공인중개사 시험대비 방송대학TV 무료강의 | 첫방송 2026.1.12(월) 오전 7시

박문각 공인중개사

기본서 1차
민법·민사특별법

부록 | 법령집

김덕수 외 박문각 공인중개사연구소 편

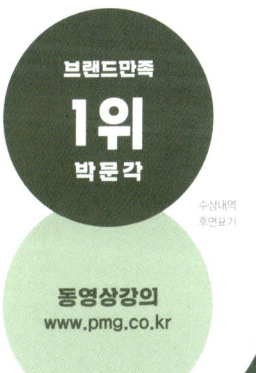

브랜드만족 **1위** 박문각

수상내역 후면표기

동영상강의
www.pmg.co.kr

**합격까지 박문각
세대교체 혁신 기본서!**

합격까지, 박문각

박문각은 1972년 설립 이래, 대한민국 수험 교육의 혁신을 이끌어왔으며,
국가를 이끌어갈 인재를 배출한다는 사명감으로 새로운 콘텐츠 개발과
서비스 개선을 위해 아낌없는 투자와 과감한 도전을 이어가고 있습니다.

박문각은 대표 교육 기업으로서의 자부심과 4차 산업혁명 시대를
열어가는 에듀테크 기업으로서의 혼신을 다하는 노력으로
대한민국 수험생들의 빠른 합격을 이끌어 가겠습니다.

2026

전면개정 | 제37회 공인중개사 시험대비 방송대학TV 무료강의 | 첫방송 2026.1.12(월) 오전 7시

박문각
공인중개사

기본서 1차
민법·민사특별법
부록 | 법령집

김덕수 외 박문각 공인중개사연구소 편

브랜드만족
1위
박문각

수상내역
후면표기

동영상강의
www.pmg.co.kr

합격까지 박문각
세대교체 혁신 기본서!

박문각

박문각 공인중개사

CONTENTS

이 책의 차례

01 민법 · · · · 4

02 주택임대차보호법 · · · · 65

03 주택임대차보호법 시행령 · · · · 74

04 상가건물 임대차보호법 · · · · 80

05 상가건물 임대차보호법 시행령 · · · · 87

06 가등기담보 등에 관한 법률 · · · · 92

07 집합건물의 소유 및 관리에 관한 법률 · · · · 95

08 부동산 실권리자명의 등기에 관한 법률 · · · · 112

01 민 법

[시행 2026.1.1.] [법률 제20432호, 2024.9.20, 일부개정]

제1편 총칙

제1장 통칙

제1조 【법 원】 민사에 관하여 법률에 규정이 없으면 관습법에 의하고 관습법이 없으면 조리에 의한다.

제2조 【신의성실】 ① 권리의 행사와 의무의 이행은 신의에 좇아 성실히 하여야 한다.
② 권리는 남용하지 못한다.

제2장 인

제1절 능력

제3조 【권리능력의 존속기간】 사람은 생존한 동안 권리와 의무의 주체가 된다.

제4조 【성 년】 사람은 19세로 성년에 이르게 된다.

제5조 【미성년자의 능력】 ① 미성년자가 법률행위를 함에는 법정대리인의 동의를 얻어야 한다. 그러나 권리만을 얻거나 의무만을 면하는 행위는 그러하지 아니하다.
② 전항의 규정에 위반한 행위는 취소할 수 있다.

제6조 【처분을 허락한 재산】 법정대리인이 범위를 정하여 처분을 허락한 재산은 미성년자가 임의로 처분할 수 있다.

제7조 【동의와 허락의 취소】 법정대리인은 미성년자가 아직 법률행위를 하기 전에는 전2조의 동의와 허락을 취소할 수 있다.

제8조 【영업의 허락】 ① 미성년자가 법정대리인으로부터 허락을 얻은 특정한 영업에 관하여는 성년자와 동일한 행위능력이 있다.
② 법정대리인은 전항의 허락을 취소 또는 제한할 수 있다. 그러나 선의의 제3자에게 대항하지 못한다.

제9조 【성년후견개시의 심판】 ① 가정법원은 질병, 장애, 노령, 그 밖의 사유로 인한 정신적 제약으로 사무를 처리할 능력이 지속적으로 결여된 사람에 대하여 본인, 배우자, 4촌 이내의 친족, 미성년후견인, 미성년후견감독인, 한정후견인, 한정후견감독인, 특정후견인, 특정후견감독인, 검사 또는 지방자치단체의 장의 청구에 의하여 성년후견개시의 심판을 한다.
② 가정법원은 성년후견개시의 심판을 할 때 본인의 의사를 고려하여야 한다.

제10조 【피성년후견인의 행위와 취소】 ① 피성년후견인의 법률행위는 취소할 수 있다.
② 제1항에도 불구하고 가정법원은 취소할 수 없는 피성년후견인의 법률행위의 범위를 정할 수 있다.
③ 가정법원은 본인, 배우자, 4촌 이내의 친족, 성년후견인, 성년후견감독인, 검사 또는 지방자치단체의 장의 청구에 의하여 제2항의 범위를 변경할 수 있다.
④ 제1항에도 불구하고 일용품의 구입 등 일상생활에 필요하고 그 대가가 과도하지 아니한 법률행위는 성년후견인이 취소할 수 없다.

제11조 【성년후견종료의 심판】 성년후견개시의 원인이 소멸된 경우에는 가정법원은 본인, 배우자, 4촌 이내의 친족, 성년후견인, 성년후견감독인, 검사 또는 지방자치단체의 장의 청구에 의하여 성년후견종료의 심판을 한다.

제12조 【한정후견개시의 심판】 ① 가정법원은 질병, 장애, 노령, 그 밖의 사유로 인한 정신적 제약으로 사무를 처리할 능력이 부족한 사람에 대하여 본인, 배우자, 4촌 이내의 친족, 미성년후견인, 미성년후견감독인, 성년후견인, 성년후견감독인, 특정후견인, 특정후견감독인, 검사 또는 지방자치단체의 장의 청구에 의하여 한정후견개시의 심판을 한다.
② 한정후견개시의 경우에 제9조 제2항을 준용한다.

제13조 【피한정후견인의 행위와 동의】 ① 가정법원은 피한정후견인이 한정후견인의 동의를 받아야 하는 행위의 범위를 정할 수 있다.
② 가정법원은 본인, 배우자, 4촌 이내의 친족, 한정후견인, 한정후견감독인, 검사 또는 지방자치단체의 장의 청구에 의하여 제1항에 따른 한정후견인의 동의를 받아야만 할 수 있는 행위의 범위를 변경할 수 있다.
③ 한정후견인의 동의를 필요로 하는 행위에 대하여 한정후견인이 피한정후견인의 이익이 침해될 염려가 있음에도 그 동의를 하지 아니하는 때에는 가정법원은 피한정후견인의 청구에 의하여 한정후견인의 동의를 갈음하는 허가를 할 수 있다.
④ 한정후견인의 동의가 필요한 법률행위를 피한정후견인이 한정후견인의 동의 없이 하였을 때에는 그 법률행위를 취소할 수 있다. 다만, 일용품의 구입 등 일상생활에 필요하고 그 대가가 과도하지 아니한 법률행위에 대하여는 그러하지 아니하다.

제14조 【한정후견종료의 심판】 한정후견개시의 원인이 소멸된 경우에는 가정법원은 본인, 배우자, 4촌 이내의 친족, 한정후견인, 한정후견감독인, 검사 또는 지방자치단체의 장의 청구에 의하여 한정후견종료의 심판을 한다.

제14조의2 【특정후견의 심판】 ① 가정법원은 질병, 장애, 노령, 그 밖의 사유로 인한 정신적 제약으로 일시적 후원 또는 특정한 사무에 관한 후원이 필요한 사람에 대하여 본인, 배우자, 4촌 이내의 친족, 미성년후견인, 미성년후견감독인, 검사 또는 지방자치단체의 장의 청구에 의하여 특정후견의 심판을 한다.
② 특정후견은 본인의 의사에 반하여 할 수 없다.
③ 특정후견의 심판을 하는 경우에는 특정후견의 기간 또는 사무의 범위를 정하여야 한다.

제14조의3 【심판 사이의 관계】 ① 가정법원이 피한정후견인 또는 피특정후견인에 대하여 성년후견개시의 심판을 할 때에는 종전의 한정후견 또는 특정후견의 종료 심판을 한다.
② 가정법원이 피성년후견인 또는 피특정후견인에 대하여 한정후견개시의 심판을 할 때에는 종전의 성년후견 또는 특정후견의 종료 심판을 한다.

제15조 【제한능력자의 상대방의 확답을 촉구할 권리】 ① 제한능력자의 상대방은 제한능력자가 능력자가 된 후에 그에게 1개월 이상의 기간을 정하여 그 취소할 수 있는 행위를 추인할 것인지 여부의 확답을 촉구할 수 있다. 능력자로 된 사람이 그 기간 내에 확답을 발송하지 아니하면 그 행위를 추인한 것으로 본다.
② 제한능력자가 아직 능력자가 되지 못한 경우에는 그의 법정대리인에게 제1항의 촉구를 할 수 있고, 법정대리인이 그 정하여진 기간 내에 확답을 발송하지 아니한 경우에는 그 행위를 추인한 것으로 본다.
③ 특별한 절차가 필요한 행위는 그 정하여진 기간 내에 그 절차를 밟은 확답을 발송하지 아니하면 취소한 것으로 본다.

제16조 【제한능력자의 상대방의 철회권과 거절권】 ① 제한능력자가 맺은 계약은 추인이 있을 때까지 상대방이 그 의사표시를 철회할 수 있다. 다만, 상대방이 계약 당시에 제한능력자임을 알았을 경우에는 그러하지 아니하다.
② 제한능력자의 단독행위는 추인이 있을 때까지 상대방이 거절할 수 있다.
③ 제1항의 철회나 제2항의 거절의 의사표시는 제한능력자에게도 할 수 있다.

제17조 【제한능력자의 속임수】 ① 제한능력자가 속임수로써 자기를 능력자로 믿게 한 경우에는 그 행위를 취소할 수 없다.
② 미성년자나 피한정후견인이 속임수로써 법정대리인의 동의가 있는 것으로 믿게 한 경우에도 제1항과 같다.

제2절 주소

제18조【주 소】 ① 생활의 근거되는 곳을 주소로 한다.
② 주소는 동시에 두 곳 이상 있을 수 있다.

제19조【거 소】 주소를 알 수 없으면 거소를 주소로 본다.

제20조【거 소】 국내에 주소 없는 자에 대하여는 국내에 있는 거소를 주소로 본다.

제21조【가주소】 어느 행위에 있어서 가주소를 정한 때에는 그 행위에 관하여는 이를 주소로 본다.

제3절 부재와 실종

제22조【부재자의 재산의 관리】 ① 종래의 주소나 거소를 떠난 자가 재산관리인을 정하지 아니한 때에는 법원은 이해관계인이나 검사의 청구에 의하여 재산관리에 관하여 필요한 처분을 명하여야 한다. 본인의 부재 중 재산관리인의 권한이 소멸한 때에도 같다.
② 본인이 그 후에 재산관리인을 정한 때에는 법원은 본인, 재산관리인, 이해관계인 또는 검사의 청구에 의하여 전항의 명령을 취소하여야 한다.

제23조【관리인의 개임】 부재자가 재산관리인을 정한 경우에 부재자의 생사가 분명하지 아니한 때에는 법원은 재산관리인, 이해관계인 또는 검사의 청구에 의하여 재산관리인을 개임할 수 있다.

제24조【관리인의 직무】 ① 법원이 선임한 재산관리인은 관리할 재산목록을 작성하여야 한다.
② 법원은 그 선임한 재산관리인에 대하여 부재자의 재산을 보존하기 위하여 필요한 처분을 명할 수 있다.
③ 부재자의 생사가 분명하지 아니한 경우에 이해관계인이나 검사의 청구가 있는 때에는 법원은 부재자가 정한 재산관리인에게 전2항의 처분을 명할 수 있다.
④ 전3항의 경우에 그 비용은 부재자의 재산으로써 지급한다.

제25조【관리인의 권한】 법원이 선임한 재산관리인이 제118조에 규정한 권한을 넘는 행위를 함에는 법원의 허가를 얻어야 한다. 부재자의 생사가 분명하지 아니한 경우에 부재자가 정한 재산관리인이 권한을 넘는 행위를 할 때에도 같다.

제26조【관리인의 담보제공, 보수】 ① 법원은 그 선임한 재산관리인으로 하여금 재산의 관리 및 반환에 관하여 상당한 담보를 제공하게 할 수 있다.
② 법원은 그 선임한 재산관리인에 대하여 부재자의 재산으로 상당한 보수를 지급할 수 있다.
③ 전2항의 규정은 부재자의 생사가 분명하지 아니한 경우에 부재자가 정한 재산관리인에 준용한다.

제27조【실종의 선고】 ① 부재자의 생사가 5년간 분명하지 아니한 때에는 법원은 이해관계인이나 검사의 청구에 의하여 실종선고를 하여야 한다.
② 전지에 임한 자, 침몰한 선박 중에 있던 자, 추락한 항공기 중에 있던 자 기타 사망의 원인이 될 위난을 당한 자의 생사가 전쟁종지 후 또는 선박의 침몰, 항공기의 추락 기타 위난이 종료한 후 1년간 분명하지 아니한 때에도 제1항과 같다.

제28조【실종선고의 효과】 실종선고를 받은 자는 전조의 기간이 만료한 때에 사망한 것으로 본다.

제29조【실종선고의 취소】 ① 실종자의 생존한 사실 또는 전조의 규정과 상이한 때에 사망한 사실의 증명이 있으면 법원은 본인, 이해관계인 또는 검사의 청구에 의하여 실종선고를 취소하여야 한다. 그러나 실종선고 후 그 취소 전에 선의로 한 행위의 효력에 영향을 미치지 아니한다.
② 실종선고의 취소가 있을 때에 실종의 선고를 직접원인으로 하여 재산을 취득한 자가 선의인 경우에는 그 받은 이익이 현존하는 한도에서 반환할 의무가 있고 악의인 경우에는 그 받은 이익에 이자를 붙여서 반환하고 손해가 있으면 이를 배상하여야 한다.

제30조【동시사망】 2인 이상이 동일한 위난으로 사망한 경우에는 동시에 사망한 것으로 추정한다.

제3장 법 인

제1절 총 칙

제31조 【법인 성립의 준칙】 법인은 법률의 규정에 의함이 아니면 성립하지 못한다.

제32조 【비영리법인의 설립과 허가】 학술, 종교, 자선, 기예, 사교 기타 영리 아닌 사업을 목적으로 하는 사단 또는 재단은 주무관청의 허가를 얻어 이를 법인으로 할 수 있다.

제33조 【법인 설립의 등기】 법인은 그 주된 사무소의 소재지에서 설립등기를 함으로써 성립한다.

제34조 【법인의 권리능력】 법인은 법률의 규정에 좇아 정관으로 정한 목적의 범위 내에서 권리와 의무의 주체가 된다.

제35조 【법인의 불법행위능력】 ① 법인은 이사 기타 대표자가 그 직무에 관하여 타인에게 가한 손해를 배상할 책임이 있다. 이사 기타 대표자는 이로 인하여 자기의 손해배상책임을 면하지 못한다.
② 법인의 목적범위외의 행위로 인하여 타인에게 손해를 가한 때에는 그 사항의 의결에 찬성하거나 그 의결을 집행한 사원, 이사 및 기타 대표자가 연대하여 배상하여야 한다.

제36조 【법인의 주소】 법인의 주소는 그 주된 사무소의 소재지에 있는 것으로 한다.

제37조 【법인의 사무의 검사, 감독】 법인의 사무는 주무관청이 검사, 감독한다.

제38조 【법인의 설립허가의 취소】 법인이 목적 이외의 사업을 하거나 설립허가의 조건에 위반하거나 기타 공익을 해하는 행위를 한 때에는 주무관청은 그 허가를 취소할 수 있다.

제39조 【영리법인】 ① 영리를 목적으로 하는 사단은 상사회사 설립의 조건에 좇아 이를 법인으로 할 수 있다.
② 전항의 사단법인에는 모두 상사회사에 관한 규정을 준용한다.

제2절 설 립

제40조 【사단법인의 정관】 사단법인의 설립자는 다음 각 호의 사항을 기재한 정관을 작성하여 기명날인하여야 한다.
1. 목적
2. 명칭
3. 사무소의 소재지
4. 자산에 관한 규정
5. 이사의 임면에 관한 규정
6. 사원자격의 득실에 관한 규정
7. 존립시기나 해산사유를 정하는 때에는 그 시기 또는 사유

제41조 【이사의 대표권에 대한 제한】 이사의 대표권에 대한 제한은 이를 정관에 기재하지 아니하면 그 효력이 없다.

제42조 【사단법인의 정관의 변경】 ① 사단법인의 정관은 총사원 3분의 2 이상의 동의가 있는 때에 한하여 이를 변경할 수 있다. 그러나 정수에 관하여 정관에 다른 규정이 있는 때에는 그 규정에 의한다.
② 정관의 변경은 주무관청의 허가를 얻지 아니하면 그 효력이 없다.

제43조 【재단법인의 정관】 재단법인의 설립자는 일정한 재산을 출연하고 제40조 제1호 내지 제5호의 사항을 기재한 정관을 작성하여 기명날인하여야 한다.

제44조 【재단법인의 정관의 보충】 재단법인의 설립자가 그 명칭, 사무소소재지 또는 이사임면의 방법을 정하지 아니하고 사망한 때에는 이해관계인 또는 검사의 청구에 의하여 법원이 이를 정한다.

제45조 【재단법인의 정관변경】 ① 재단법인의 정관은 그 변경방법을 정관에 정한 때에 한하여 변경할 수 있다.
② 재단법인의 목적달성 또는 그 재산의 보전을 위하여 적당한 때에는 전항의 규정에 불구하고 명칭 또는 사무소의 소재지를 변경할 수 있다.
③ 제42조 제2항의 규정은 전2항의 경우에 준용한다.

제46조【재단법인의 목적 기타의 변경】 재단법인의 목적을 달성할 수 없는 때에는 설립자나 이사는 주무관청의 허가를 얻어 설립의 취지를 참작하여 그 목적 기타 정관의 규정을 변경할 수 있다.

제47조【증여, 유증에 관한 규정의 준용】 ① 생전처분으로 재단법인을 설립하는 때에는 증여에 관한 규정을 준용한다.
② 유언으로 재단법인을 설립하는 때에는 유증에 관한 규정을 준용한다.

제48조【출연재산의 귀속시기】 ① 생전처분으로 재단법인을 설립하는 때에는 출연재산은 법인이 성립된 때로부터 법인의 재산이 된다.
② 유언으로 재단법인을 설립하는 때에는 출연재산은 유언의 효력이 발생한 때로부터 법인에 귀속한 것으로 본다.

제49조【법인의 등기사항】 ① 법인 설립의 허가가 있는 때에는 3주간 내에 주된 사무소소재지에서 설립등기를 하여야 한다.
② 전항의 등기사항은 다음과 같다.
1. 목적
2. 명칭
3. 사무소
4. 설립허가의 연월일
5. 존립시기나 해산이유를 정한 때에는 그 시기 또는 사유
6. 자산의 총액
7. 출자의 방법을 정한 때에는 그 방법
8. 이사의 성명, 주소
9. 이사의 대표권을 제한한 때에는 그 제한

제50조【분사무소(分事務所) 설치의 등기】 법인이 분사무소를 설치한 경우에는 주사무소(主事務所)의 소재지에서 3주일 내에 분사무소 소재지와 설치 연월일을 등기하여야 한다.

제51조【사무소 이전의 등기】 ① 법인이 주사무소를 이전한 경우에는 종전 소재지 또는 새 소재지에서 3주일 내에 새 소재지와 이전 연월일을 등기하여야 한다.
② 법인이 분사무소를 이전한 경우에는 주사무소 소재지에서 3주일 내에 새 소재지와 이전 연월일을 등기하여야 한다.

제52조【변경등기】 제49조 제2항의 사항 중에 변경이 있는 때에는 3주간 내에 변경등기를 하여야 한다.

제52조의2【직무집행정지 등 가처분의 등기】 이사의 직무집행을 정지하거나 직무대행자를 선임하는 가처분을 하거나 그 가처분을 변경·취소하는 경우에는 주사무소가 있는 곳의 등기소에서 이를 등기하여야 한다.

제53조【등기기간의 기산】 전3조의 규정에 의하여 등기할 사항으로 관청의 허가를 요하는 것은 그 허가서가 도착한 날로부터 등기의 기간을 기산한다.

제54조【설립등기 이외의 등기의 효력과 등기사항의 공고】 ① 설립등기 이외의 본절의 등기사항은 그 등기후가 아니면 제3자에게 대항하지 못한다.
② 등기한 사항은 법원이 지체 없이 공고하여야 한다.

제55조【재산목록과 사원명부】 ① 법인은 성립한 때 및 매년 3월 내에 재산목록을 작성하여 사무소에 비치하여야 한다. 사업연도를 정한 법인은 성립한 때 및 그 연도 말에 이를 작성하여야 한다.
② 사단법인은 사원명부를 비치하고 사원의 변경이 있는 때에는 이를 기재하여야 한다.

제56조【사원권의 양도, 상속금지】 사단법인의 사원의 지위는 양도 또는 상속할 수 없다.

제3절 기 관

제57조 【이 사】 법인은 이사를 두어야 한다.

제58조 【이사의 사무집행】 ① 이사는 법인의 사무를 집행한다.
② 이사가 수인인 경우에는 정관에 다른 규정이 없으면 법인의 사무집행은 이사의 과반수로써 결정한다.

제59조 【이사의 대표권】 ① 이사는 법인의 사무에 관하여 각자 법인을 대표한다. 그러나 정관에 규정한 취지에 위반할 수 없고 특히 사단법인은 총회의 의결에 의하여야 한다.
② 법인의 대표에 관하여는 대리에 관한 규정을 준용한다.

제60조 【이사의 대표권에 대한 제한의 대항요건】 이사의 대표권에 대한 제한은 등기하지 아니하면 제3자에게 대항하지 못한다.

제60조의2 【직무대행자의 권한】 ① 제52조의2의 직무대행자는 가처분명령에 다른 정함이 있는 경우 외에는 법인의 통상사무에 속하지 아니한 행위를 하지 못한다. 다만, 법원의 허가를 얻은 경우에는 그러하지 아니하다.
② 직무대행자가 제1항의 규정에 위반한 행위를 한 경우에도 법인은 선의의 제3자에 대하여 책임을 진다.

제61조 【이사의 주의의무】 이사는 선량한 관리자의 주의로 그 직무를 행하여야 한다.

제62조 【이사의 대리인 선임】 이사는 정관 또는 총회의 결의로 금지하지 아니한 사항에 한하여 타인으로 하여금 특정한 행위를 대리하게 할 수 있다.

제63조 【임시이사의 선임】 이사가 없거나 결원이 있는 경우에 이로 인하여 손해가 생길 염려 있는 때에는 법원은 이해관계인이나 검사의 청구에 의하여 임시이사를 선임하여야 한다.

제64조 【특별대리인의 선임】 법인과 이사의 이익이 상반하는 사항에 관하여는 이사는 대표권이 없다. 이 경우에는 전조의 규정에 의하여 특별대리인을 선임하여야 한다.

제65조 【이사의 임무해태】 이사가 그 임무를 해태한 때에는 그 이사는 법인에 대하여 연대하여 손해배상의 책임이 있다.

제66조 【감 사】 법인은 정관 또는 총회의 결의로 감사를 둘 수 있다.

제67조 【감사의 직무】 감사의 직무는 다음과 같다.
1. 법인의 재산상황을 감사하는 일
2. 이사의 업무집행의 상황을 감사하는 일
3. 재산상황 또는 업무집행에 관하여 부정, 불비한 것이 있음을 발견한 때에는 이를 총회 또는 주무관청에 보고하는 일
4. 전호의 보고를 하기 위하여 필요 있는 때에는 총회를 소집하는 일

제68조 【총회의 권한】 사단법인의 사무는 정관으로 이사 또는 기타 임원에게 위임한 사항 외에는 총회의 결의에 의하여야 한다.

제69조 【통상총회】 사단법인의 이사는 매년 1회 이상 통상총회를 소집하여야 한다.

제70조 【임시총회】 ① 사단법인의 이사는 필요하다고 인정한 때에는 임시총회를 소집할 수 있다.
② 총사원의 5분의 1 이상으로부터 회의의 목적사항을 제시하여 청구한 때에는 이사는 임시총회를 소집하여야 한다. 이 정수는 정관으로 증감할 수 있다.
③ 전항의 청구 있는 후 2주간 내에 이사가 총회소집의 절차를 밟지 아니한 때에는 청구한 사원은 법원의 허가를 얻어 이를 소집할 수 있다.

제71조 【총회의 소집】 총회의 소집은 1주간 전에 그 회의의 목적사항을 기재한 통지를 발하고 기타 정관에 정한 방법에 의하여야 한다.

제72조 【총회의 결의사항】 총회는 전조의 규정에 의하여 통지한 사항에 관하여서만 결의할 수 있다. 그러나 정관에 다른 규정이 있는 때에는 그 규정에 의한다.

제73조 【사원의 결의권】 ① 각 사원의 결의권은 평등으로 한다.
② 사원은 서면이나 대리인으로 결의권을 행사할 수 있다.
③ 전2항의 규정은 정관에 다른 규정이 있는 때에는 적용하지 아니한다.

제74조 【사원이 결의권 없는 경우】 사단법인과 어느 사원과의 관계사항을 의결하는 경우에는 그 사원은 결의권이 없다.

제75조 【총회의 결의방법】 ① 총회의 결의는 본법 또는 정관에 다른 규정이 없으면 사원 과반수의 출석과 출석사원의 결의권의 과반수로써 한다.
② 제73조 제2항의 경우에는 당해사원은 출석한 것으로 한다.

제76조 【총회의 의사록】 ① 총회의 의사에 관하여는 의사록을 작성하여야 한다.
② 의사록에는 의사의 경과, 요령 및 결과를 기재하고 의장 및 출석한 이사가 기명날인하여야 한다.
③ 이사는 의사록을 주된 사무소에 비치하여야 한다.

제4절 해 산

제77조 【해산사유】 ① 법인은 존립기간의 만료, 법인의 목적의 달성 또는 달성의 불능 기타 정관에 정한 해산사유의 발생, 파산 또는 설립허가의 취소로 해산한다.
② 사단법인은 사원이 없게 되거나 총회의 결의로도 해산한다.

제78조 【사단법인의 해산결의】 사단법인은 총사원 4분의 3 이상의 동의가 없으면 해산을 결의하지 못한다. 그러나 정관에 다른 규정이 있는 때에는 그 규정에 의한다.

제79조 【파산신청】 법인이 채무를 완제하지 못하게 된 때에는 이사는 지체 없이 파산신청을 하여야 한다.

제80조 【잔여재산의 귀속】 ① 해산한 법인의 재산은 정관으로 지정한 자에게 귀속한다.
② 정관으로 귀속권리자를 지정하지 아니하거나 이를 지정하는 방법을 정하지 아니한 때에는 이사 또는 청산인은 주무관청의 허가를 얻어 그 법인의 목적에 유사한 목적을 위하여 그 재산을 처분할 수 있다. 그러나 사단법인에 있어서는 총회의 결의가 있어야 한다.
③ 전2항의 규정에 의하여 처분되지 아니한 재산은 국고에 귀속한다.

제81조 【청산법인】 해산한 법인은 청산의 목적범위 내에서만 권리가 있고 의무를 부담한다.

제82조 【청산인】 법인이 해산한 때에는 파산의 경우를 제하고는 이사가 청산인이 된다. 그러나 정관 또는 총회의 결의로 달리 정한 바가 있으면 그에 의한다.

제83조 【법원에 의한 청산인의 선임】 전조의 규정에 의하여 청산인이 될 자가 없거나 청산인의 결원으로 인하여 손해가 생길 염려가 있는 때에는 법원은 직권 또는 이해관계인이나 검사의 청구에 의하여 청산인을 선임할 수 있다.

제84조 【법원에 의한 청산인의 해임】 중요한 사유가 있는 때에는 법원은 직권 또는 이해관계인이나 검사의 청구에 의하여 청산인을 해임할 수 있다.

제85조 【해산등기】 ① 청산인은 법인이 파산으로 해산한 경우가 아니면 취임 후 3주일 내에 다음 각 호의 사항을 주사무소 소재지에서 등기하여야 한다.
1. 해산 사유와 해산 연월일
2. 청산인의 성명과 주소
3. 청산인의 대표권을 제한한 경우에는 그 제한
② 제1항의 등기에 관하여는 제52조를 준용한다.

제86조 【해산신고】 ① 청산인은 파산의 경우를 제하고는 그 취임 후 3주간 내에 전조 제1항의 사항을 주무관청에 신고하여야 한다.
② 청산 중에 취임한 청산인은 그 성명 및 주소를 신고하면 된다.

제87조 【청산인의 직무】 ① 청산인의 직무는 다음과 같다.
1. 현존사무의 종결
2. 채권의 추심 및 채무의 변제
3. 잔여재산의 인도
② 청산인은 전항의 직무를 행하기 위하여 필요한 모든 행위를 할 수 있다.

제88조 【채권신고의 공고】 ① 청산인은 취임한 날로부터 2월 내에 3회 이상의 공고로 채권자에 대하여 일정한 기간 내에 그 채권을 신고할 것을 최고하여야 한다. 그 기간은 2월 이상이어야 한다.
② 전항의 공고에는 채권자가 기간 내에 신고하지 아니하면 청산으로부터 제외될 것을 표시하여야 한다.
③ 제1항의 공고는 법원의 등기사항의 공고와 동일한 방법으로 하여야 한다.

제89조 【채권신고의 최고】 청산인은 알고 있는 채권자에게 대하여는 각각 그 채권신고를 최고하여야 한다. 알고 있는 채권자는 청산으로부터 제외하지 못한다.

제90조 【채권신고기간 내의 변제금지】 청산인은 제88조 제1항의 채권신고기간 내에는 채권자에 대하여 변제하지 못한다. 그러나 법인은 채권자에 대한 지연손해배상의 의무를 면하지 못한다.

제91조 【채권변제의 특례】 ① 청산 중의 법인은 변제기에 이르지 아니한 채권에 대하여도 변제할 수 있다.
② 전항의 경우에는 조건 있는 채권, 존속기간의 불확정한 채권 기타 가액의 불확정한 채권에 관하여는 법원이 선임한 감정인의 평가에 의하여 변제하여야 한다.

제92조 【청산으로부터 제외된 채권】 청산으로부터 제외된 채권자는 법인의 채무를 완제한 후 귀속권리자에게 인도하지 아니한 재산에 대하여서만 변제를 청구할 수 있다.

제93조 【청산 중의 파산】 ① 청산 중 법인의 재산이 그 채무를 완제하기에 부족한 것이 분명하게 된 때에는 청산인은 지체 없이 파산선고를 신청하고 이를 공고하여야 한다.
② 청산인은 파산관재인에게 그 사무를 인계함으로써 그 임무가 종료한다.
③ 제88조 제3항의 규정은 제1항의 공고에 준용한다.

제94조 【청산종결의 등기와 신고】 청산이 종결한 때에는 청산인은 3주간 내에 이를 등기하고 주무관청에 신고하여야 한다.

제95조 【해산, 청산의 검사, 감독】 법인의 해산 및 청산은 법원이 검사, 감독한다.

제96조 【준용규정】 제58조 제2항, 제59조 내지 제62조, 제64조, 제65조 및 제70조의 규정은 청산인에 이를 준용한다.

제5절 벌 칙

제97조 【벌 칙】 법인의 이사, 감사 또는 청산인은 다음 각 호의 경우에는 500만원 이하의 과태료에 처한다.
1. 본장에 규정한 등기를 해태한 때
2. 제55조의 규정에 위반하거나 재산목록 또는 사원명부에 부정기재를 한 때
3. 제37조, 제95조에 규정한 검사, 감독을 방해한 때
4. 주무관청 또는 총회에 대하여 사실 아닌 신고를 하거나 사실을 은폐한 때
5. 제76조와 제90조의 규정에 위반한 때
6. 제79조, 제93조의 규정에 위반하여 파산선고의 신청을 해태한 때
7. 제88조, 제93조에 정한 공고를 해태하거나 부정한 공고를 한 때

제4장 물 건

제98조 【물건의 정의】 본법에서 물건이라 함은 유체물 및 전기 기타 관리할 수 있는 자연력을 말한다.

제99조 【부동산, 동산】 ① 토지 및 그 정착물은 부동산이다.
② 부동산 이외의 물건은 동산이다.

제100조 【주물, 종물】 ① 물건의 소유자가 그 물건의 상용에 공하기 위하여 자기소유인 다른 물건을 이에 부속하게 한 때에는 그 부속물은 종물이다.
② 종물은 주물의 처분에 따른다.

제101조 【천연과실, 법정과실】 ① 물건의 용법에 의하여 수취하는 산출물은 천연과실이다.
② 물건의 사용대가로 받는 금전 기타의 물건은 법정과실로 한다.

제102조 【과실의 취득】 ① 천연과실은 그 원물로부터 분리하는 때에 이를 수취할 권리자에게 속한다.
② 법정과실은 수취할 권리의 존속기간 일수의 비율로 취득한다.

제5장 법률행위

제1절 총 칙

제103조 【반사회질서의 법률행위】 선량한 풍속 기타 사회질서에 위반한 사항을 내용으로 하는 법률행위는 무효로 한다.

제104조 【불공정한 법률행위】 당사자의 궁박, 경솔 또는 무경험으로 인하여 현저하게 공정을 잃은 법률행위는 무효로 한다.

제105조 【임의규정】 법률행위의 당사자가 법령 중의 선량한 풍속 기타 사회질서에 관계없는 규정과 다른 의사를 표시한 때에는 그 의사에 의한다.

제106조 【사실인 관습】 법령 중의 선량한 풍속 기타 사회질서에 관계없는 규정과 다른 관습이 있는 경우에 당사자의 의사가 명확하지 아니한 때에는 그 관습에 의한다.

제2절 의사표시

제107조 【진의 아닌 의사표시】 ① 의사표시는 표의자가 진의 아님을 알고 한 것이라도 그 효력이 있다. 그러나 상대방이 표의자의 진의 아님을 알았거나 이를 알 수 있었을 경우에는 무효로 한다.
② 전항의 의사표시의 무효는 선의의 제3자에게 대항하지 못한다.

제108조 【통정한 허위의 의사표시】 ① 상대방과 통정한 허위의 의사표시는 무효로 한다.
② 전항의 의사표시의 무효는 선의의 제3자에게 대항하지 못한다.

제109조 【착오로 인한 의사표시】 ① 의사표시는 법률행위의 내용의 중요부분에 착오가 있는 때에는 취소할 수 있다. 그러나 그 착오가 표의자의 중대한 과실로 인한 때에는 취소하지 못한다.
② 전항의 의사표시의 취소는 선의의 제3자에게 대항하지 못한다.

제110조 【사기, 강박에 의한 의사표시】 ① 사기나 강박에 의한 의사표시는 취소할 수 있다.
② 상대방 있는 의사표시에 관하여 제3자가 사기나 강박을 행한 경우에는 상대방이 그 사실을 알았거나 알 수 있었을 경우에 한하여 그 의사표시를 취소할 수 있다.
③ 전2항의 의사표시의 취소는 선의의 제3자에게 대항하지 못한다.

제111조 【의사표시의 효력발생시기】 ① 상대방이 있는 의사표시는 상대방에게 도달한 때에 그 효력이 생긴다.
② 의사표시자가 그 통지를 발송한 후 사망하거나 제한능력자가 되어도 의사표시의 효력에 영향을 미치지 아니한다.

제112조 【제한능력자에 대한 의사표시의 효력】 의사표시의 상대방이 의사표시를 받은 때에 제한능력자인 경우에는 의사표시자는 그 의사표시로써 대항할 수 없다. 다만, 그 상대방의 법정대리인이 의사표시가 도달한 사실을 안 후에는 그러하지 아니하다.

제113조 【의사표시의 공시송달】 표의자가 과실 없이 상대방을 알지 못하거나 상대방의 소재를 알지 못하는 경우에는 의사표시는 민사소송법 공시송달의 규정에 의하여 송달할 수 있다.

제3절 대 리

제114조 【대리행위의 효력】 ① 대리인이 그 권한 내에서 본인을 위한 것임을 표시한 의사표시는 직접 본인에게 대하여 효력이 생긴다.
② 전항의 규정은 대리인에게 대한 제3자의 의사표시에 준용한다.

제115조 【본인을 위한 것임을 표시하지 아니한 행위】 대리인이 본인을 위한 것임을 표시하지 아니한 때에는 그 의사표시는 자기를 위한 것으로 본다. 그러나 상대방이 대리인으로서 한 것임을 알았거나 알 수 있었을 때에는 전조 제1항의 규정을 준용한다.

제116조 【대리행위의 하자】 ① 의사표시의 효력이 의사의 흠결, 사기, 강박 또는 어느 사정을 알았거나 과실로 알지 못한 것으로 인하여 영향을 받을 경우에 그 사실의 유무는 대리인을 표준하여 결정한다.
② 특정한 법률행위를 위임한 경우에 대리인이 본인의 지시에 좇아 그 행위를 한 때에는 본인은 자기가 안 사정 또는 과실로 인하여 알지 못한 사정에 관하여 대리인의 부지를 주장하지 못한다.

제117조 【대리인의 행위능력】 대리인은 행위능력자임을 요하지 아니한다.

제118조 【대리권의 범위】 권한을 정하지 아니한 대리인은 다음 각 호의 행위만을 할 수 있다.
1. 보존행위
2. 대리의 목적인 물건이나 권리의 성질을 변하지 아니하는 범위에서 그 이용 또는 개량하는 행위

제119조 【각자대리】 대리인이 수인인 때에는 각자가 본인을 대리한다. 그러나 법률 또는 수권행위에 다른 정한 바가 있는 때에는 그러하지 아니하다.

제120조 【임의대리인의 복임권】 대리권이 법률행위에 의하여 부여된 경우에는 대리인은 본인의 승낙이 있거나 부득이한 사유 있는 때가 아니면 복대리인을 선임하지 못한다.

제121조 【임의대리인의 복대리인 선임의 책임】 ① 전조의 규정에 의하여 대리인이 복대리인을 선임한 때에는 본인에게 대하여 그 선임감독에 관한 책임이 있다.
② 대리인이 본인의 지명에 의하여 복대리인을 선임한 경우에는 그 부적임 또는 불성실함을 알고 본인에게 대한 통지나 그 해임을 태만한 때가 아니면 책임이 없다.

제122조 【법정대리인의 복임권과 그 책임】 법정대리인은 그 책임으로 복대리인을 선임할 수 있다. 그러나 부득이한 사유로 인한 때에는 전조 제1항에 정한 책임만이 있다.

제123조 【복대리인의 권한】 ① 복대리인은 그 권한 내에서 본인을 대리한다.
② 복대리인은 본인이나 제3자에 대하여 대리인과 동일한 권리의무가 있다.

제124조 【자기계약, 쌍방대리】 대리인은 본인의 허락이 없으면 본인을 위하여 자기와 법률행위를 하거나 동일한 법률행위에 관하여 당사자 쌍방을 대리하지 못한다. 그러나 채무의 이행은 할 수 있다.

제125조 【대리권수여의 표시에 의한 표현대리】 제3자에 대하여 타인에게 대리권을 수여함을 표시한 자는 그 대리권의 범위 내에서 행한 그 타인과 그 제3자 간의 법률행위에 대하여 책임이 있다. 그러나 제3자가 대리권 없음을 알았거나 알 수 있었을 때에는 그러하지 아니하다.

제126조 【권한을 넘은 표현대리】 대리인이 그 권한 외의 법률행위를 한 경우에 제3자가 그 권한이 있다고 믿을 만한 정당한 이유가 있는 때에는 본인은 그 행위에 대하여 책임이 있다.

제127조 【대리권의 소멸사유】 대리권은 다음 각 호의 어느 하나에 해당하는 사유가 있으면 소멸된다.
1. 본인의 사망
2. 대리인의 사망, 성년후견의 개시 또는 파산

제128조 【임의대리의 종료】 법률행위에 의하여 수여된 대리권은 전조의 경우 외에 그 원인된 법률관계의 종료에 의하여 소멸한다. 법률관계의 종료 전에 본인이 수권행위를 철회한 경우에도 같다.

제129조 【대리권 소멸 후의 표현대리】 대리권의 소멸은 선의의 제3자에게 대항하지 못한다. 그러나 제3자가 과실로 인하여 그 사실을 알지 못한 때에는 그러하지 아니하다.

제130조 【무권대리】 대리권 없는 자가 타인의 대리인으로 한 계약은 본인이 이를 추인하지 아니하면 본인에 대하여 효력이 없다.

제131조 【상대방의 최고권】 대리권 없는 자가 타인의 대리인으로 계약을 한 경우에 상대방은 상당한 기간을 정하여 본인에게 그 추인 여부의 확답을 최고할 수 있다. 본인이 그 기간 내에 확답을 발하지 아니한 때에는 추인을 거절한 것으로 본다.

제132조 【추인, 거절의 상대방】 추인 또는 거절의 의사표시는 상대방에 대하여 하지 아니하면 그 상대방에 대항하지 못한다. 그러나 상대방이 그 사실을 안 때에는 그러하지 아니하다.

제133조 【추인의 효력】 추인은 다른 의사표시가 없는 때에는 계약시에 소급하여 그 효력이 생긴다. 그러나 제3자의 권리를 해하지 못한다.

제134조 【상대방의 철회권】 대리권 없는 자가 한 계약은 본인의 추인이 있을 때까지 상대방은 본인이나 그 대리인에 대하여 이를 철회할 수 있다. 그러나 계약 당시에 상대방이 대리권 없음을 안 때에는 그러하지 아니하다.

제135조 【상대방에 대한 무권대리인의 책임】
① 다른 자의 대리인으로서 계약을 맺은 자가 그 대리권을 증명하지 못하고 또 본인의 추인을 받지 못한 경우에는 그는 상대방의 선택에 따라 계약을 이행할 책임 또는 손해를 배상할 책임이 있다.
② 대리인으로서 계약을 맺은 자에게 대리권이 없다는 사실을 상대방이 알았거나 알 수 있었을 때 또는 대리인으로서 계약을 맺은 사람이 제한능력자일 때에는 제1항을 적용하지 아니한다.

제136조 【단독행위와 무권대리】 단독행위에는 그 행위 당시에 상대방이 대리인이라 칭하는 자의 대리권 없는 행위에 동의하거나 그 대리권을 다투지 아니한 때에 한하여 전6조의 규정을 준용한다. 대리권 없는 자에 대하여 그 동의를 얻어 단독행위를 한 때에도 같다.

제4절 무효와 취소

제137조 【법률행위의 일부무효】 법률행위의 일부분이 무효인 때에는 그 전부를 무효로 한다. 그러나 그 무효부분이 없더라도 법률행위를 하였을 것이라고 인정될 때에는 나머지 부분은 무효가 되지 아니한다.

제138조 【무효행위의 전환】 무효인 법률행위가 다른 법률행위의 요건을 구비하고 당사자가 그 무효를 알았더라면 다른 법률행위를 하는 것을 의욕하였으리라고 인정될 때에는 다른 법률행위로서 효력을 가진다.

제139조 【무효행위의 추인】 무효인 법률행위는 추인하여도 그 효력이 생기지 아니한다. 그러나 당사자가 그 무효임을 알고 추인한 때에는 새로운 법률행위로 본다.

제140조 【법률행위의 취소권자】 취소할 수 있는 법률행위는 제한능력자, 착오로 인하거나 사기·강박에 의하여 의사표시를 한 자, 그의 대리인 또는 승계인만이 취소할 수 있다.

제141조 【취소의 효과】 취소된 법률행위는 처음부터 무효인 것으로 본다. 다만, 제한능력자는 그 행위로 인하여 받은 이익이 현존하는 한도에서 상환(償還)할 책임이 있다.

제142조 【취소의 상대방】 취소할 수 있는 법률행위의 상대방이 확정한 경우에는 그 취소는 그 상대방에 대한 의사표시로 하여야 한다.

제143조【추인의 방법, 효과】① 취소할 수 있는 법률행위는 제140조에 규정한 자가 추인할 수 있고 추인 후에는 취소하지 못한다.
② 전조의 규정은 전항의 경우에 준용한다.

제144조【추인의 요건】① 추인은 취소의 원인이 소멸된 후에 하여야만 효력이 있다.
② 제1항은 법정대리인 또는 후견인이 추인하는 경우에는 적용하지 아니한다.

제145조【법정추인】취소할 수 있는 법률행위에 관하여 전조의 규정에 의하여 추인할 수 있는 후에 다음 각 호의 사유가 있으면 추인한 것으로 본다. 그러나 이의를 보류한 때에는 그러하지 아니하다.
1. 전부나 일부의 이행
2. 이행의 청구
3. 경개
4. 담보의 제공
5. 취소할 수 있는 행위로 취득한 권리의 전부나 일부의 양도
6. 강제집행

제146조【취소권의 소멸】취소권은 추인할 수 있는 날로부터 3년 내에 법률행위를 한 날로부터 10년 내에 행사하여야 한다.

제5절 조건과 기한

제147조【조건성취의 효과】① 정지조건 있는 법률행위는 조건이 성취한 때로부터 그 효력이 생긴다.
② 해제조건 있는 법률행위는 조건이 성취한 때로부터 그 효력을 잃는다.
③ 당사자가 조건성취의 효력을 그 성취 전에 소급하게 할 의사를 표시한 때에는 그 의사에 의한다.

제148조【조건부권리의 침해금지】조건 있는 법률행위의 당사자는 조건의 성부가 미정한 동안에 조건의 성취로 인하여 생길 상대방의 이익을 해하지 못한다.

제149조【조건부권리의 처분 등】조건의 성취가 미정한 권리의무는 일반규정에 의하여 처분, 상속, 보존 또는 담보로 할 수 있다.

제150조【조건성취, 불성취에 대한 반신의행위】① 조건의 성취로 인하여 불이익을 받을 당사자가 신의성실에 반하여 조건의 성취를 방해한 때에는 상대방은 그 조건이 성취한 것으로 주장할 수 있다.
② 조건의 성취로 인하여 이익을 받을 당사자가 신의성실에 반하여 조건을 성취시킨 때에는 상대방은 그 조건이 성취하지 아니한 것으로 주장할 수 있다.

제151조【불법조건, 기성조건】① 조건이 선량한 풍속 기타 사회질서에 위반한 것인 때에는 그 법률행위는 무효로 한다.
② 조건이 법률행위의 당시 이미 성취한 것인 경우에는 그 조건이 정지조건이면 조건 없는 법률행위로 하고 해제조건이면 그 법률행위는 무효로 한다.
③ 조건이 법률행위의 당시에 이미 성취할 수 없는 것인 경우에는 그 조건이 해제조건이면 조건 없는 법률행위로 하고 정지조건이면 그 법률행위는 무효로 한다.

제152조【기한도래의 효과】① 시기 있는 법률행위는 기한이 도래한 때로부터 그 효력이 생긴다.
② 종기 있는 법률행위는 기한이 도래한 때로부터 그 효력을 잃는다.

제153조【기한의 이익과 그 포기】① 기한은 채무자의 이익을 위한 것으로 추정한다.
② 기한의 이익은 이를 포기할 수 있다. 그러나 상대방의 이익을 해하지 못한다.

제154조【기한부권리와 준용규정】제148조와 제149조의 규정은 기한 있는 법률행위에 준용한다.

제6장 기 간

제155조【본장의 적용범위】기간의 계산은 법령, 재판상의 처분 또는 법률행위에 다른 정한 바가 없으면 본장의 규정에 의한다.

제156조【기간의 기산점】기간을 시, 분, 초로 정한 때에는 즉시로부터 기산한다.

제157조【기간의 기산점】 기간을 일, 주, 월 또는 연으로 정한 때에는 기간의 초일은 산입하지 아니한다. 그러나 그 기간이 오전 영시로부터 시작하는 때에는 그러하지 아니하다.

제158조【나이의 계산과 표시】 나이는 출생일을 산입하여 만(滿) 나이로 계산하고, 연수(年數)로 표시한다. 다만, 1세에 이르지 아니한 경우에는 월수(月數)로 표시할 수 있다.

제159조【기간의 만료점】 기간을 일, 주, 월 또는 연으로 정한 때에는 기간말일의 종료로 기간이 만료한다.

제160조【역에 의한 계산】 ① 기간을 주, 월 또는 연으로 정한 때에는 역에 의하여 계산한다.
② 주, 월 또는 연의 처음으로부터 기간을 기산하지 아니하는 때에는 최후의 주, 월 또는 연에서 그 기산일에 해당한 날의 전일로 기간이 만료한다.
③ 월 또는 연으로 정한 경우에 최종의 월에 해당일이 없는 때에는 그 월의 말일로 기간이 만료한다.

제161조【공휴일 등과 기간의 만료점】 기간의 말일이 토요일 또는 공휴일에 해당한 때에는 기간은 그 익일로 만료한다.

제7장 소멸시효

제162조【채권, 재산권의 소멸시효】 ① 채권은 10년간 행사하지 아니하면 소멸시효가 완성한다.
② 채권 및 소유권 이외의 재산권은 20년간 행사하지 아니하면 소멸시효가 완성한다.

제163조【3년의 단기소멸시효】 다음 각 호의 채권은 3년간 행사하지 아니하면 소멸시효가 완성한다.
1. 이자, 부양료, 급료, 사용료 기타 1년 이내의 기간으로 정한 금전 또는 물건의 지급을 목적으로 한 채권
2. 의사, 조산사, 간호사 및 약사의 치료, 근로 및 조제에 관한 채권
3. 도급받은 자, 기사 기타 공사의 설계 또는 감독에 종사하는 자의 공사에 관한 채권
4. 변호사, 변리사, 공증인, 공인회계사 및 법무사에 대한 직무상 보관한 서류의 반환을 청구하는 채권
5. 변호사, 변리사, 공증인, 공인회계사 및 법무사의 직무에 관한 채권
6. 생산자 및 상인이 판매한 생산물 및 상품의 대가
7. 수공업자 및 제조자의 업무에 관한 채권

제164조【1년의 단기소멸시효】 다음 각 호의 채권은 1년간 행사하지 아니하면 소멸시효가 완성한다.
1. 여관, 음식점, 대석, 오락장의 숙박료, 음식료, 대석료, 입장료, 소비물의 대가 및 체당금의 채권
2. 의복, 침구, 장구 기타 동산의 사용료의 채권
3. 노역인, 연예인의 임금 및 그에 공급한 물건의 대금채권
4. 학생 및 수업자의 교육, 의식 및 유숙에 관한 교주, 숙주, 교사의 채권

제165조【판결 등에 의하여 확정된 채권의 소멸시효】
① 판결에 의하여 확정된 채권은 단기의 소멸시효에 해당한 것이라도 그 소멸시효는 10년으로 한다.
② 파산절차에 의하여 확정된 채권 및 재판상의 화해, 조정 기타 판결과 동일한 효력이 있는 것에 의하여 확정된 채권도 전항과 같다.
③ 전2항의 규정은 판결확정 당시에 변제기가 도래하지 아니한 채권에 적용하지 아니한다.

제166조【소멸시효의 기산점】 ① 소멸시효는 권리를 행사할 수 있는 때로부터 진행한다.
② 부작위를 목적으로 하는 채권의 소멸시효는 위반행위를 한 때로부터 진행한다.

제167조【소멸시효의 소급효】 소멸시효는 그 기산일에 소급하여 효력이 생긴다.

제168조【소멸시효의 중단사유】 소멸시효는 다음 각 호의 사유로 인하여 중단된다.
1. 청구
2. 압류 또는 가압류, 가처분
3. 승인

제169조【시효중단의 효력】 시효의 중단은 당사자 및 그 승계인 간에만 효력이 있다.

제170조【재판상의 청구와 시효중단】 ① 재판상의 청구는 소송의 각하, 기각 또는 취하의 경우에는 시효중단의 효력이 없다.
② 전항의 경우에 6월 내에 재판상의 청구, 파산절차참가, 압류 또는 가압류, 가처분을 한 때에는 시효는 최초의 재판상 청구로 인하여 중단된 것으로 본다.

제171조【파산절차참가와 시효중단】 파산절차참가는 채권자가 이를 취소하거나 그 청구가 각하된 때에는 시효중단의 효력이 없다.

제172조【지급명령과 시효중단】 지급명령은 채권자가 법정기간 내에 가집행신청을 하지 아니함으로 인하여 그 효력을 잃은 때에는 시효중단의 효력이 없다.

제173조【화해를 위한 소환, 임의출석과 시효중단】 화해를 위한 소환은 상대방이 출석하지 아니 하거나 화해가 성립되지 아니한 때에는 1월 내에 소를 제기하지 아니하면 시효중단의 효력이 없다. 임의출석의 경우에 화해가 성립되지 아니한 때에도 그러하다.

제174조【최고와 시효중단】 최고는 6월 내에 재판상의 청구, 파산절차참가, 화해를 위한 소환, 임의출석, 압류 또는 가압류, 가처분을 하지 아니하면 시효중단의 효력이 없다.

제175조【압류, 가압류, 가처분과 시효중단】 압류, 가압류 및 가처분은 권리자의 청구에 의하여 또는 법률의 규정에 따르지 아니함으로 인하여 취소된 때에는 시효중단의 효력이 없다.

제176조【압류, 가압류, 가처분과 시효중단】 압류, 가압류 및 가처분은 시효의 이익을 받은 자에 대하여 하지 아니한 때에는 이를 그에게 통지한 후가 아니면 시효중단의 효력이 없다.

제177조【승인과 시효중단】 시효중단의 효력 있는 승인에는 상대방의 권리에 관한 처분의 능력이나 권한 있음을 요하지 아니한다.

제178조【중단 후에 시효진행】 ① 시효가 중단된 때에는 중단까지에 경과한 시효기간은 이를 산입하지 아니하고 중단사유가 종료한 때로부터 새로이 진행한다.
② 재판상의 청구로 인하여 중단한 시효는 전항의 규정에 의하여 재판이 확정된 때로부터 새로이 진행한다.

제179조【제한능력자의 시효정지】 소멸시효의 기간만료 전 6개월 내에 제한능력자에게 법정대리인이 없는 경우에는 그가 능력자가 되거나 법정대리인이 취임한 때부터 6개월 내에는 시효가 완성되지 아니한다.

제180조【재산관리자에 대한 제한능력자의 권리, 부부 사이의 권리와 시효정지】 ① 재산을 관리하는 아버지, 어머니 또는 후견인에 대한 제한능력자의 권리는 그가 능력자가 되거나 후임 법정대리인이 취임한 때부터 6개월 내에는 소멸시효가 완성되지 아니한다.
② 부부 중 한쪽이 다른 쪽에 대하여 가지는 권리는 혼인관계가 종료된 때부터 6개월 내에는 소멸시효가 완성되지 아니한다.

제181조【상속재산에 관한 권리와 시효정지】 상속재산에 속한 권리나 상속재산에 대한 권리는 상속인의 확정, 관리인의 선임 또는 파산선고가 있는 때로부터 6월 내에는 소멸시효가 완성하지 아니한다.

제182조【천재 기타 사변과 시효정지】 천재 기타 사변으로 인하여 소멸시효를 중단할 수 없을 때에는 그 사유가 종료한 때로부터 1월 내에는 시효가 완성하지 아니한다.

제183조【종속된 권리에 대한 소멸시효의 효력】 주된 권리의 소멸시효가 완성한 때에는 종속된 권리에 그 효력이 미친다.

제184조【시효의 이익의 포기 기타】① 소멸시효의 이익은 미리 포기하지 못한다.
② 소멸시효는 법률행위에 의하여 이를 배제, 연장 또는 가중할 수 없으나 이를 단축 또는 경감할 수 있다.

제2편 물권

제1장 총칙

제185조【물권의 종류】물권은 법률 또는 관습법에 의하는 외에는 임의로 창설하지 못한다.

제186조【부동산물권변동의 효력】부동산에 관한 법률행위로 인한 물권의 득실변경은 등기하여야 그 효력이 생긴다.

제187조【등기를 요하지 아니하는 부동산물권 취득】상속, 공용징수, 판결, 경매 기타 법률의 규정에 의한 부동산에 관한 물권의 취득은 등기를 요하지 아니한다. 그러나 등기를 하지 아니하면 이를 처분하지 못한다.

제188조【동산물권양도의 효력, 간이인도】① 동산에 관한 물권의 양도는 그 동산을 인도하여야 효력이 생긴다.
② 양수인이 이미 그 동산을 점유한 때에는 당사자의 의사표시만으로 그 효력이 생긴다.

제189조【점유개정】동산에 관한 물권을 양도하는 경우에 당사자의 계약으로 양도인이 그 동산의 점유를 계속하는 때에는 양수인이 인도받은 것으로 본다.

제190조【목적물반환청구권의 양도】제3자가 점유하고 있는 동산에 관한 물권을 양도하는 경우에는 양도인이 그 제3자에 대한 반환청구권을 양수인에게 양도함으로써 동산을 인도한 것으로 본다.

제191조【혼동으로 인한 물권의 소멸】① 동일한 물건에 대한 소유권과 다른 물권이 동일한 사람에게 귀속한 때에는 다른 물권은 소멸한다. 그러나 그 물권이 제3자의 권리의 목적이 된 때에는 소멸하지 아니한다.
② 전항의 규정은 소유권 이외의 물권과 그를 목적으로 하는 다른 권리가 동일한 사람에게 귀속한 경우에 준용한다.
③ 점유권에 관하여는 전2항의 규정을 적용하지 아니한다.

제2장 점유권

제192조【점유권의 취득과 소멸】① 물건을 사실상 지배하는 자는 점유권이 있다.
② 점유자가 물건에 대한 사실상의 지배를 상실한 때에는 점유권이 소멸한다. 그러나 제204조의 규정에 의하여 점유를 회수한 때에는 그러하지 아니하다.

제193조【상속으로 인한 점유권의 이전】점유권은 상속인에 이전한다.

제194조【간접점유】지상권, 전세권, 질권, 사용대차, 임대차, 임치 기타의 관계로 타인으로 하여금 물건을 점유하게 한 자는 간접으로 점유권이 있다.

제195조【점유보조자】가사상, 영업상 기타 유사한 관계에 의하여 타인의 지시를 받아 물건에 대한 사실상의 지배를 하는 때에는 그 타인만을 점유자로 한다.

제196조【점유권의 양도】① 점유권의 양도는 점유물의 인도로 그 효력이 생긴다.
② 전항의 점유권의 양도에는 제188조 제2항, 제189조, 제190조의 규정을 준용한다.

제197조【점유의 태양】① 점유자는 소유의 의사로 선의, 평온 및 공연하게 점유한 것으로 추정한다.
② 선의의 점유자라도 본권에 관한 소에 패소한 때에는 그 소가 제기된 때로부터 악의의 점유자로 본다.

제198조 【점유계속의 추정】 전후양시에 점유한 사실이 있는 때에는 그 점유는 계속한 것으로 추정한다.

제199조 【점유의 승계의 주장과 그 효과】 ① 점유자의 승계인은 자기의 점유만을 주장하거나 자기의 점유와 전 점유자의 점유를 아울러 주장할 수 있다.
② 전 점유자의 점유를 아울러 주장하는 경우에는 그 하자도 계승한다.

제200조 【권리의 적법의 추정】 점유자가 점유물에 대하여 행사하는 권리는 적법하게 보유한 것으로 추정한다.

제201조 【점유자와 과실】 ① 선의의 점유자는 점유물의 과실을 취득한다.
② 악의의 점유자는 수취한 과실을 반환하여야 하며 소비하였거나 과실로 인하여 훼손 또는 수취하지 못한 경우에는 그 과실의 대가를 보상하여야 한다.
③ 전항의 규정은 폭력 또는 은비에 의한 점유자에 준용한다.

제202조 【점유자의 회복자에 대한 책임】 점유물이 점유자의 책임 있는 사유로 인하여 멸실 또는 훼손한 때에는 악의의 점유자는 그 손해의 전부를 배상하여야 하며 선의의 점유자는 이익이 현존하는 한도에서 배상하여야 한다. 소유의 의사가 없는 점유자는 선의인 경우에도 손해의 전부를 배상하여야 한다.

제203조 【점유자의 상환청구권】 ① 점유자가 점유물을 반환할 때에는 회복자에 대하여 점유물을 보존하기 위하여 지출한 금액 기타 필요비의 상환을 청구할 수 있다. 그러나 점유자가 과실을 취득한 경우에는 통상의 필요비는 청구하지 못한다.
② 점유자가 점유물을 개량하기 위하여 지출한 금액 기타 유익비에 관하여는 그 가액의 증가가 현존한 경우에 한하여 회복자의 선택에 좇아 그 지출금액이나 증가액의 상환을 청구할 수 있다.
③ 전항의 경우에 법원은 회복자의 청구에 의하여 상당한 상환기간을 허여할 수 있다.

제204조 【점유의 회수】 ① 점유자가 점유의 침탈을 당한 때에는 그 물건의 반환 및 손해의 배상을 청구할 수 있다.
② 전항의 청구권은 침탈자의 특별승계인에 대하여는 행사하지 못한다. 그러나 승계인이 악의인 때에는 그러하지 아니하다.
③ 제1항의 청구권은 침탈을 당한 날로부터 1년 내에 행사하여야 한다.

제205조 【점유의 보유】 ① 점유자가 점유의 방해를 받은 때에는 그 방해의 제거 및 손해의 배상을 청구할 수 있다.
② 전항의 청구권은 방해가 종료한 날로부터 1년 내에 행사하여야 한다.
③ 공사로 인하여 점유의 방해를 받은 경우에는 공사착수 후 1년을 경과하거나 그 공사가 완성한 때에는 방해의 제거를 청구하지 못한다.

제206조 【점유의 보전】 ① 점유자가 점유의 방해를 받을 염려가 있는 때에는 그 방해의 예방 또는 손해배상의 담보를 청구할 수 있다.
② 공사로 인하여 점유의 방해를 받을 염려가 있는 경우에는 전조 제3항의 규정을 준용한다.

제207조 【간접점유의 보호】 ① 전3조의 청구권은 제194조의 규정에 의한 간접점유자도 이를 행사할 수 있다.
② 점유자가 점유의 침탈을 당한 경우에 간접점유자는 그 물건을 점유자에게 반환할 것을 청구할 수 있고 점유자가 그 물건의 반환을 받을 수 없거나 이를 원하지 아니하는 때에는 자기에게 반환할 것을 청구할 수 있다.

제208조 【점유의 소와 본권의 소와의 관계】 ① 점유권에 기인한 소와 본권에 기인한 소는 서로 영향을 미치지 아니한다.
② 점유권에 기인한 소는 본권에 관한 이유로 재판하지 못한다.

제209조 【자력구제】 ① 점유자는 그 점유를 부정히 침탈 또는 방해하는 행위에 대하여 자력으로써 이를 방위할 수 있다.
② 점유물이 침탈되었을 경우에 부동산일 때에는 점유자는 침탈 후 직시 가해자를 배제하여 이를 탈환할 수 있고 동산일 때에는 점유자는 현장에서 또는 추적하여 가해자로부터 이를 탈환할 수 있다.

제210조 【준점유】 본장의 규정은 재산권을 사실상 행사하는 경우에 준용한다.

제3장 소유권

제1절 소유권의 한계

제211조 【소유권의 내용】 소유자는 법률의 범위 내에서 그 소유물을 사용, 수익, 처분할 권리가 있다.

제212조 【토지소유권의 범위】 토지의 소유권은 정당한 이익 있는 범위 내에서 토지의 상하에 미친다.

제213조 【소유물반환청구권】 소유자는 그 소유에 속한 물건을 점유한 자에 대하여 반환을 청구할 수 있다. 그러나 점유자가 그 물건을 점유할 권리가 있는 때에는 반환을 거부할 수 있다.

제214조 【소유물방해제거, 방해예방청구권】 소유자는 소유권을 방해하는 자에 대하여 방해의 제거를 청구할 수 있고 소유권을 방해할 염려 있는 행위를 하는 자에 대하여 그 예방이나 손해배상의 담보를 청구할 수 있다.

제215조 【건물의 구분소유】 ① 수인이 한 채의 건물을 구분하여 각각 그 일부분을 소유한 때에는 건물과 그 부속물 중 공용하는 부분은 그의 공유로 추정한다.
② 공용부분의 보존에 관한 비용 기타의 부담은 각자의 소유부분의 가액에 비례하여 분담한다.

제216조 【인지사용청구권】 ① 토지소유자는 경계나 그 근방에서 담 또는 건물을 축조하거나 수선하기 위하여 필요한 범위 내에서 이웃 토지의 사용을 청구할 수 있다. 그러나 이웃 사람의 승낙이 없으면 그 주거에 들어가지 못한다.
② 전항의 경우에 이웃 사람이 손해를 받은 때에는 보상을 청구할 수 있다.

제217조 【매연 등에 의한 인지에 대한 방해금지】 ① 토지소유자는 매연, 열기체, 액체, 음향, 진동 기타 이에 유사한 것으로 이웃 토지의 사용을 방해하거나 이웃 거주자의 생활에 고통을 주지 아니하도록 적당한 조처를 할 의무가 있다.
② 이웃 거주자는 전항의 사태가 이웃 토지의 통상의 용도에 적당한 것인 때에는 이를 인용할 의무가 있다.

제218조 【수도 등 시설권】 ① 토지소유자는 타인의 토지를 통과하지 아니하면 필요한 수도, 소수관, 까스관, 전선 등을 시설할 수 없거나 과다한 비용을 요하는 경우에는 타인의 토지를 통과하여 이를 시설할 수 있다. 그러나 이로 인한 손해가 가장 적은 장소와 방법을 선택하여 이를 시설할 것이며 타토지의 소유자의 요청에 의하여 손해를 보상하여야 한다.
② 전항에 의한 시설을 한 후 사정의 변경이 있는 때에는 타토지의 소유자는 그 시설의 변경을 청구할 수 있다. 시설변경의 비용은 토지소유자가 부담한다.

제219조 【주위토지통행권】 ① 어느 토지와 공로 사이에 그 토지의 용도에 필요한 통로가 없는 경우에 그 토지소유자는 주위의 토지를 통행 또는 통로로 하지 아니하면 공로에 출입할 수 없거나 과다한 비용을 요하는 때에는 그 주위의 토지를 통행할 수 있고 필요한 경우에는 통로를 개설할 수 있다. 그러나 이로 인한 손해가 가장 적은 장소와 방법을 선택하여야 한다.
② 전항의 통행권자는 통행지소유자의 손해를 보상하여야 한다.

제220조 【분할, 일부양도와 주위통행권】 ① 분할로 인하여 공로에 통하지 못하는 토지가 있는 때에는 그 토지소유자는 공로에 출입하기 위하여 다른 분할자의 토지를 통행할 수 있다. 이 경우에는 보상의 의무가 없다.

② 전항의 규정은 토지소유자가 그 토지의 일부를 양도한 경우에 준용한다.

제221조【자연유수의 승수의무와 권리】 ① 토지소유자는 이웃 토지로부터 자연히 흘러오는 물을 막지 못한다.
② 고지소유자는 이웃 저지에 자연히 흘러 내리는 이웃 저지에서 필요한 물을 자기의 정당한 사용범위를 넘어서 이를 막지 못한다.

제222조【소통공사권】 흐르는 물이 저지에서 폐색된 때에는 고지소유자는 자비로 소통에 필요한 공사를 할 수 있다.

제223조【저수, 배수, 인수를 위한 공작물에 대한 공사청구권】 토지소유자가 저수, 배수 또는 인수하기 위하여 공작물을 설치한 경우에 공작물의 파손 또는 폐색으로 타인의 토지에 손해를 가하거나 가할 염려가 있는 때에는 타인은 그 공작물의 보수, 폐색의 소통 또는 예방에 필요한 청구를 할 수 있다.

제224조【관습에 의한 비용부담】 전2조의 경우에 비용부담에 관한 관습이 있으면 그 관습에 의한다.

제225조【처마물에 대한 시설의무】 토지소유자는 처마물이 이웃에 직접 낙하하지 아니하도록 적당한 시설을 하여야 한다.

제226조【여수소통권】 ① 고지소유자는 침수지를 건조하기 위하여 또는 가용이나 농, 공업용의 여수를 소통하기 위하여 공로, 공류 또는 하수도에 달하기까지 저지에 물을 통과하게 할 수 있다.
② 전항의 경우에는 저지의 손해가 가장 적은 장소와 방법을 선택하여야 하며 손해를 보상하여야 한다.

제227조【유수용공작물의 사용권】 ① 토지소유자는 그 소유지의 물을 소통하기 위하여 이웃 토지소유자의 시설한 공작물을 사용할 수 있다.
② 전항의 공작물을 사용하는 자는 그 이익을 받는 비율로 공작물의 설치와 보존의 비용을 분담하여야 한다.

제228조【여수급여청구권】 토지소유자는 과다한 비용이나 노력을 요하지 아니하고는 가용이나 토지이용에 필요한 물을 얻기 곤란한 때에는 이웃 토지소유자에게 보상하고 여수의 급여를 청구할 수 있다.

제229조【수류의 변경】 ① 구거 기타 수류지의 소유자는 대안의 토지가 타인의 소유인 때에는 그 수로나 수류의 폭을 변경하지 못한다.
② 양안의 토지가 수류지소유자의 소유인 때에는 소유자는 수로와 수류의 폭을 변경할 수 있다. 그러나 하류는 자연의 수로와 일치하도록 하여야 한다.
③ 전2항의 규정은 다른 관습이 있으면 그 관습에 의한다.

제230조【언의 설치, 이용권】 ① 수류지의 소유자가 언을 설치할 필요가 있는 때에는 그 언을 대안에 접촉하게 할 수 있다. 그러나 이로 인한 손해를 보상하여야 한다.
② 대안의 소유자는 수류지의 일부가 자기소유인 때에는 그 언을 사용할 수 있다. 그러나 그 이익을 받는 비율로 언의 설치, 보존의 비용을 분담하여야 한다.

제231조【공유하천용수권】 ① 공유하천의 연안에서 농, 공업을 경영하는 자는 이에 이용하기 위하여 타인의 용수를 방해하지 아니하는 범위 내에서 필요한 인수를 할 수 있다.
② 전항의 인수를 하기 위하여 필요한 공작물을 설치할 수 있다.

제232조【하류 연안의 용수권보호】 전조의 인수나 공작물로 인하여 하류연안의 용수권을 방해하는 때에는 그 용수권자는 방해의 제거 및 손해의 배상을 청구할 수 있다.

제233조【용수권의 승계】 농, 공업의 경영에 이용하는 수로 기타 공작물의 소유자나 몽리자의 특별승계인은 그 용수에 관한 전 소유자나 몽리자의 권리의무를 승계한다.

제234조 【용수권에 관한 다른 관습】 전3조의 규정은 다른 관습이 있으면 그 관습에 의한다.

제235조 【공용수의 용수권】 상린자는 그 공용에 속하는 원천이나 수도를 각 수요의 정도에 응하여 타인의 용수를 방해하지 아니하는 범위 내에서 각각 용수할 권리가 있다.

제236조 【용수장해의 공사와 손해배상, 원상회복】
① 필요한 용도나 수익이 있는 원천이나 수도가 타인의 건축 기타 공사로 인하여 단수, 감수 기타 용도에 장해가 생긴 때에는 용수권자는 손해배상을 청구할 수 있다.
② 전항의 공사로 인하여 음료수 기타 생활상 필요한 용수에 장해가 있을 때에는 원상회복을 청구할 수 있다.

제237조 【경계표, 담의 설치권】 ① 인접하여 토지를 소유한 자는 공동비용으로 통상의 경계표나 담을 설치할 수 있다.
② 전항의 비용은 쌍방이 절반하여 부담한다. 그러나 측량비용은 토지의 면적에 비례하여 부담한다.
③ 전2항의 규정은 다른 관습이 있으면 그 관습에 의한다.

제238조 【담의 특수시설권】 인지소유자는 자기의 비용으로 담의 재료를 통상보다 양호한 것으로 할 수 있으며 그 높이를 통상보다 높게 할 수 있고 또는 방화벽 기타 특수시설을 할 수 있다.

제239조 【경계표 등의 공유추정】 경계에 설치된 경계표, 담, 구거 등은 상린자의 공유로 추정한다. 그러나 경계표, 담, 구거 등이 상린자 일방의 단독비용으로 설치되었거나 담이 건물의 일부인 경우에는 그러하지 아니하다.

제240조 【수지, 목근의 제거권】 ① 인접지의 수목가지가 경계를 넘은 때에는 그 소유자에 대하여 가지의 제거를 청구할 수 있다.
② 전항의 청구에 응하지 아니한 때에는 청구자가 그 가지를 제거할 수 있다.
③ 인접지의 수목뿌리가 경계를 넘은 때에는 임의로 제거할 수 있다.

제241조 【토지의 심굴금지】 토지소유자는 인접지의 지반이 붕괴할 정도로 자기의 토지를 심굴하지 못한다. 그러나 충분한 방어공사를 한 때에는 그러하지 아니하다.

제242조 【경계선부근의 건축】 ① 건물을 축조함에는 특별한 관습이 없으면 경계로부터 반미터 이상의 거리를 두어야 한다.
② 인접지소유자는 전항의 규정에 위반한 자에 대하여 건물의 변경이나 철거를 청구할 수 있다. 그러나 건축에 착수한 후 1년을 경과하거나 건물이 완성된 후에는 손해배상만을 청구할 수 있다.

제243조 【차면시설의무】 경계로부터 2미터 이내의 거리에서 이웃 주택의 내부를 관망할 수 있는 창이나 마루를 설치하는 경우에는 적당한 차면시설을 하여야 한다.

제244조 【지하시설 등에 대한 제한】 ① 우물을 파거나 용수, 하수 또는 오물 등을 저치할 지하시설을 하는 때에는 경계로부터 2미터 이상의 거리를 두어야 하며 저수지, 구거 또는 지하실공사에는 경계로부터 그 깊이의 반 이상의 거리를 두어야 한다.
② 전항의 공사를 함에는 토사가 붕괴하거나 하수 또는 오액이 이웃에 흐르지 아니하도록 적당한 조처를 하여야 한다.

제2절 소유권의 취득

제245조 【점유로 인한 부동산소유권의 취득기간】
① 20년간 소유의 의사로 평온, 공연하게 부동산을 점유하는 자는 등기함으로써 그 소유권을 취득한다.
② 부동산의 소유자로 등기한 자가 10년간 소유의 의사로 평온, 공연하게 선의이며 과실 없이 그 부동산을 점유한 때에는 소유권을 취득한다.

제246조 【점유로 인한 동산소유권의 취득기간】 ① 10년간 소유의 의사로 평온, 공연하게 동산을 점유한 자는 그 소유권을 취득한다.
② 전항의 점유가 선의이며 과실 없이 개시된 경우에는 5년을 경과함으로써 그 소유권을 취득한다.

제247조 【소유권 취득의 소급효, 중단사유】 ① 전2조의 규정에 의한 소유권 취득의 효력은 점유를 개시한 때에 소급한다.
② 소멸시효의 중단에 관한 규정은 전2조의 소유권취득기간에 준용한다.

제248조 【소유권 이외의 재산권의 취득시효】 전3조의 규정은 소유권 이외의 재산권의 취득에 준용한다.

제249조 【선의취득】 평온, 공연하게 동산을 양수한 자가 선의이며 과실 없이 그 동산을 점유한 경우에는 양도인이 정당한 소유자가 아닌 때에도 즉시 그 동산의 소유권을 취득한다.

제250조 【도품, 유실물에 대한 특례】 전조의 경우에 그 동산이 도품이나 유실물인 때에는 피해자 또는 유실자는 도난 또는 유실한 날로부터 2년 내에 그 물건의 반환을 청구할 수 있다. 그러나 도품이나 유실물이 금전인 때에는 그러하지 아니하다.

제251조 【도품, 유실물에 대한 특례】 양수인이 도품 또는 유실물을 경매나 공개시장에서 또는 동종류의 물건을 판매하는 상인에게서 선의로 매수한 때에는 피해자 또는 유실자는 양수인이 지급한 대가를 변상하고 그 물건의 반환을 청구할 수 있다.

제252조 【무주물의 귀속】 ① 무주의 동산을 소유의 의사로 점유한 자는 그 소유권을 취득한다.
② 무주의 부동산은 국유로 한다.
③ 야생하는 동물은 무주물로 하고 사양하는 야생동물도 다시 야생상태로 돌아가면 무주물로 한다.

제253조 【유실물의 소유권 취득】 유실물은 법률에 정한 바에 의하여 공고한 후 6개월 내에 그 소유자가 권리를 주장하지 아니하면 습득자가 그 소유권을 취득한다.

제254조 【매장물의 소유권취득】 매장물은 법률에 정한 바에 의하여 공고한 후 1년 내에 그 소유자가 권리를 주장하지 아니하면 발견자가 그 소유권을 취득한다. 그러나 타인의 토지 기타 물건으로부터 발견한 매장물은 그 토지 기타 물건의 소유자와 발견자가 절반하여 취득한다.

제255조 【국가유산기본법 제3조에 따른 국가유산의 국유】 ① 학술, 기예 또는 고고의 중요한 재료가 되는 물건에 대하여는 제252조 제1항 및 전2조의 규정에 의하지 아니하고 국유로 한다.
② 전항의 경우에 습득자, 발견자 및 매장물이 발견된 토지 기타 물건의 소유자는 국가에 대하여 적당한 보상을 청구할 수 있다.

제256조 【부동산에의 부합】 부동산의 소유자는 그 부동산에 부합한 물건의 소유권을 취득한다. 그러나 타인의 권원에 의하여 부속된 것은 그러하지 아니하다.

제257조 【동산 간의 부합】 동산과 동산이 부합하여 훼손하지 아니하면 분리할 수 없거나 그 분리에 과다한 비용을 요할 경우에는 그 합성물의 소유권은 주된 동산의 소유자에게 속한다. 부합한 동산의 주종을 구별할 수 없는 때에는 동산의 소유자는 부합당시의 가액의 비율로 합성물을 공유한다.

제258조 【혼 화】 전조의 규정은 동산과 동산이 혼화하여 식별할 수 없는 경우에 준용한다.

제259조 【가 공】 ① 타인의 동산에 가공한 때에는 그 물건의 소유권은 원재료의 소유자에게 속한다. 그러나 가공으로 인한 가액의 증가가 원재료의 가액보다 현저히 다액인 때에는 가공자의 소유로 한다.
② 가공자가 재료의 일부를 제공하였을 때에는 그 가액은 전항의 증가액에 가산한다.

제260조 【첨부의 효과】 ① 전4조의 규정에 의하여 동산의 소유권이 소멸한 때에는 그 동산을 목적으로 한 다른 권리도 소멸한다.

② 동산의 소유자가 합성물, 혼화물 또는 가공물의 단독소유자가 된 때에는 전항의 권리는 합성물, 혼화물 또는 가공물에 존속하고 그 공유자가 된 때에는 그 지분에 존속한다.

제261조【첨부로 인한 구상권】전5조의 경우에 손해를 받은 자는 부당이득에 관한 규정에 의하여 보상을 청구할 수 있다.

제3절 공동소유

제262조【물건의 공유】① 물건이 지분에 의하여 수인의 소유로 된 때에는 공유로 한다.
② 공유자의 지분은 균등한 것으로 추정한다.

제263조【공유지분의 처분과 공유물의 사용, 수익】 공유자는 그 지분을 처분할 수 있고 공유물 전부를 지분의 비율로 사용, 수익할 수 있다.

제264조【공유물의 처분, 변경】공유자는 다른 공유자의 동의 없이 공유물을 처분하거나 변경하지 못한다.

제265조【공유물의 관리, 보존】공유물의 관리에 관한 사항은 공유자의 지분의 과반수로써 결정한다. 그러나 보존행위는 각자가 할 수 있다.

제266조【공유물의 부담】① 공유자는 그 지분의 비율로 공유물의 관리비용 기타 의무를 부담한다.
② 공유자가 1년 이상 전항의 의무이행을 지체한 때에는 다른 공유자는 상당한 가액으로 지분을 매수할 수 있다.

제267조【지분포기 등의 경우의 귀속】공유자가 그 지분을 포기하거나 상속인 없이 사망한 때에는 그 지분은 다른 공유자에게 각 지분의 비율로 귀속한다.

제268조【공유물의 분할청구】① 공유자는 공유물의 분할을 청구할 수 있다. 그러나 5년 내의 기간으로 분할하지 아니할 것을 약정할 수 있다.
② 전항의 계약을 갱신한 때에는 그 기간은 갱신한 날로부터 5년을 넘지 못한다.

③ 전2항의 규정은 제215조, 제239조의 공유물에는 적용하지 아니한다.

제269조【분할의 방법】① 분할의 방법에 관하여 협의가 성립되지 아니한 때에는 공유자는 법원에 그 분할을 청구할 수 있다.
② 현물로 분할할 수 없거나 분할로 인하여 현저히 그 가액이 감손될 염려가 있는 때에는 법원은 물건의 경매를 명할 수 있다.

제270조【분할로 인한 담보책임】공유자는 다른 공유자가 분할로 인하여 취득한 물건에 대하여 그 지분의 비율로 매도인과 동일한 담보책임이 있다.

제271조【물건의 합유】① 법률의 규정 또는 계약에 의하여 수인이 조합체로서 물건을 소유하는 때에는 합유로 한다. 합유자의 권리는 합유물 전부에 미친다.
② 합유에 관하여는 전항의 규정 또는 계약에 의하는 외에 다음 3조의 규정에 의한다.

제272조【합유물의 처분, 변경과 보존】합유물을 처분 또는 변경함에는 합유자 전원의 동의가 있어야 한다. 그러나 보존행위는 각자가 할 수 있다.

제273조【합유지분의 처분과 합유물의 분할금지】① 합유자는 전원의 동의 없이 합유물에 대한 지분을 처분하지 못한다.
② 합유자는 합유물의 분할을 청구하지 못한다.

제274조【합유의 종료】① 합유는 조합체의 해산 또는 합유물의 양도로 인하여 종료한다.
② 전항의 경우에 합유물의 분할에 관하여는 공유물의 분할에 관한 규정을 준용한다.

제275조【물건의 총유】① 법인이 아닌 사단의 사원이 집합체로서 물건을 소유할 때에는 총유로 한다.
② 총유에 관하여는 사단의 정관 기타 계약에 의하는 외에 다음 2조의 규정에 의한다.

제276조【총유물의 관리, 처분과 사용, 수익】
① 총유물의 관리 및 처분은 사원총회의 결의에 의한다.

② 각 사원은 정관 기타의 규약에 좇아 총유물을 사용, 수익할 수 있다.

제277조【총유물에 관한 권리의무의 득상】 총유물에 관한 사원의 권리의무는 사원의 지위를 취득상실함으로써 취득상실된다.

제278조【준공동소유】 본절의 규정은 소유권 이외의 재산권에 준용한다. 그러나 다른 법률에 특별한 규정이 있으면 그에 의한다.

제4장 지상권

제279조【지상권의 내용】 지상권자는 타인의 토지에 건물 기타 공작물이나 수목을 소유하기 위하여 그 토지를 사용하는 권리가 있다.

제280조【존속기간을 약정한 지상권】 ① 계약으로 지상권의 존속기간을 정하는 경우에는 그 기간은 다음 연한보다 단축하지 못한다.
1. 석조, 석회조, 연와조 또는 이와 유사한 견고한 건물이나 수목의 소유를 목적으로 하는 때에는 30년
2. 전호 이외의 건물의 소유를 목적으로 하는 때에는 15년
3. 건물 이외의 공작물의 소유를 목적으로 하는 때에는 5년

② 전항의 기간보다 단축한 기간을 정한 때에는 전항의 기간까지 연장한다.

제281조【존속기간을 약정하지 아니한 지상권】 ① 계약으로 지상권의 존속기간을 정하지 아니한 때에는 그 기간은 전조의 최단존속기간으로 한다.
② 지상권설정 당시에 공작물의 종류와 구조를 정하지 아니한 때에는 지상권은 전조 제2호의 건물의 소유를 목적으로 한 것으로 본다.

제282조【지상권의 양도, 임대】 지상권자는 타인에게 그 권리를 양도하거나 그 권리의 존속기간 내에서 그 토지를 임대할 수 있다.

제283조【지상권자의 갱신청구권, 매수청구권】 ① 지상권이 소멸한 경우에 건물 기타 공작물이나 수목이 현존한 때에는 지상권자는 계약의 갱신을 청구할 수 있다.
② 지상권설정자가 계약의 갱신을 원하지 아니하는 때에는 지상권자는 상당한 가액으로 전항의 공작물이나 수목의 매수를 청구할 수 있다.

제284조【갱신과 존속기간】 당사자가 계약을 갱신하는 경우에는 지상권의 존속기간은 갱신한 날부터 제280조의 최단존속기간보다 단축하지 못한다. 그러나 당사자는 이보다 장기의 기간을 정할 수 있다.

제285조【수거의무, 매수청구권】 ① 지상권이 소멸한 때에는 지상권자는 건물 기타 공작물이나 수목을 수거하여 토지를 원상에 회복하여야 한다.
② 전항의 경우에 지상권설정자가 상당한 가액을 제공하여 그 공작물이나 수목의 매수를 청구한 때에는 지상권자는 정당한 이유 없이 이를 거절하지 못한다.

제286조【지료증감청구권】 지료가 토지에 관한 조세 기타 부담의 증감이나 지가의 변동으로 인하여 상당하지 아니하게 된 때에는 당사자는 그 증감을 청구할 수 있다.

제287조【지상권소멸청구권】 지상권자가 2년 이상의 지료를 지급하지 아니한 때에는 지상권설정자는 지상권의 소멸을 청구할 수 있다.

제288조【지상권소멸청구와 저당권자에 대한 통지】 지상권이 저당권의 목적인 때 또는 그 토지에 있는 건물, 수목이 저당권의 목적이 된 때에는 전조의 청구는 저당권자에게 통지한 후 상당한 기간이 경과함으로써 그 효력이 생긴다.

제289조【강행규정】 제280조 내지 제287조의 규정에 위반되는 계약으로 지상권자에게 불리한 것은 그 효력이 없다.

제289조의2 【구분지상권】 ① 지하 또는 지상의 공간은 상하의 범위를 정하여 건물 기타 공작물을 소유하기 위한 지상권의 목적으로 할 수 있다. 이 경우 설정행위로써 지상권의 행사를 위하여 토지의 사용을 제한할 수 있다.
② 제1항의 규정에 의한 구분지상권은 제3자가 토지를 사용·수익할 권리를 가진 때에도 그 권리자 및 그 권리를 목적으로 하는 권리를 가진 자 전원의 승낙이 있으면 이를 설정할 수 있다. 이 경우 토지를 사용·수익할 권리를 가진 제3자는 그 지상권의 행사를 방해하여서는 아니 된다.

제290조 【준용규정】 ① 제213조, 제214조, 제216조 내지 제244조의 규정은 지상권자 간 또는 지상권자와 인지소유자 간에 이를 준용한다.
② 제280조 내지 제289조 및 제1항의 규정은 제289조의2의 규정에 의한 구분지상권에 관하여 이를 준용한다.

제5장 지역권

제291조 【지역권의 내용】 지역권자는 일정한 목적을 위하여 타인의 토지를 자기토지의 편익에 이용하는 권리가 있다.

제292조 【부종성】 ① 지역권은 요역지소유권에 부종하여 이전하며 또는 요역지에 대한 소유권 이외의 권리의 목적이 된다. 그러나 다른 약정이 있는 때에는 그 약정에 의한다.
② 지역권은 요역지와 분리하여 양도하거나 다른 권리의 목적으로 하지 못한다.

제293조 【공유관계, 일부양도와 불가분성】 ① 토지공유자의 1인은 지분에 관하여 그 토지를 위한 지역권 또는 그 토지가 부담한 지역권을 소멸하게 하지 못한다.
② 토지의 분할이나 토지의 일부양도의 경우에는 지역권은 요역지의 각 부분을 위하여 또는 그 승역지의 각 부분에 존속한다. 그러나 지역권이 토지의 일부분에만 관한 것인 때에는 다른 부분에 대하여는 그러하지 아니하다.

제294조 【지역권취득기간】 지역권은 계속되고 표현된 것에 한하여 제245조의 규정을 준용한다.

제295조 【취득과 불가분성】 ① 공유자의 1인이 지역권을 취득한 때에는 다른 공유자도 이를 취득한다.
② 점유로 인한 지역권취득기간의 중단은 지역권을 행사하는 모든 공유자에 대한 사유가 아니면 그 효력이 없다.

제296조 【소멸시효의 중단, 정지와 불가분성】 요역지가 수인의 공유인 경우에 그 1인에 의한 지역권소멸시효의 중단 또는 정지는 다른 공유자를 위하여 효력이 있다.

제297조 【용수지역권】 ① 용수승역지의 수량이 요역지 및 승역지의 수요에 부족한 때에는 그 수요 정도에 의하여 먼저 가용에 공급하고 다른 용도에 공급하여야 한다. 그러나 설정행위에 다른 약정이 있는 때에는 그 약정에 의한다.
② 승역지에 수개의 용수지역권이 설정된 때에는 후순위의 지역권자는 선순위의 지역권자의 용수를 방해하지 못한다.

제298조 【승역지소유자의 의무와 승계】 계약에 의하여 승역지소유자가 자기의 비용으로 지역권의 행사를 위하여 공작물의 설치 또는 수선의 의무를 부담한 때에는 승역지소유자의 특별승계인도 그 의무를 부담한다.

제299조 【위기에 의한 부담면제】 승역지의 소유자는 지역권에 필요한 부분의 토지소유권을 지역권자에게 위기하여 전조의 부담을 면할 수 있다.

제300조 【공작물의 공동사용】 ① 승역지의 소유자는 지역권의 행사를 방해하지 아니하는 범위 내에서 지역권자가 지역권의 행사를 위하여 승역지에 설치한 공작물을 사용할 수 있다.
② 전항의 경우에 승역지의 소유자는 수익 정도의 비율로 공작물의 설치, 보존의 비용을 분담하여야 한다.

제301조【준용규정】 제214조의 규정은 지역권에 준용한다.

제302조【특수지역권】 어느 지역의 주민이 집합체의 관계로 각자가 타인의 토지에서 초목, 야생물 및 토사의 채취, 방목 기타의 수익을 하는 권리가 있는 경우에는 관습에 의하는 외에 본장의 규정을 준용한다.

제6장 전세권

제303조【전세권의 내용】 ① 전세권자는 전세금을 지급하고 타인의 부동산을 점유하여 그 부동산의 용도에 좇아 사용·수익하며, 그 부동산 전부에 대하여 후순위 권리자 기타 채권자보다 전세금의 우선변제를 받을 권리가 있다.
② 농경지는 전세권의 목적으로 하지 못한다.

제304조【건물의 전세권, 지상권, 임차권에 대한 효력】 ① 타인의 토지에 있는 건물에 전세권을 설정한 때에는 전세권의 효력은 그 건물의 소유를 목적으로 한 지상권 또는 임차권에 미친다.
② 전항의 경우에 전세권설정자는 전세권자의 동의 없이 지상권 또는 임차권을 소멸하게 하는 행위를 하지 못한다.

제305조【건물의 전세권과 법정지상권】 ① 대지와 건물이 동일한 소유자에 속한 경우에 건물에 전세권을 설정한 때에는 그 대지소유권의 특별승계인은 전세권설정자에 대하여 지상권을 설정한 것으로 본다. 그러나 지료는 당사자의 청구에 의하여 법원이 이를 정한다.
② 전항의 경우에 대지소유자는 타인에게 그 대지를 임대하거나 이를 목적으로 한 지상권 또는 전세권을 설정하지 못한다.

제306조【전세권의 양도, 임대 등】 전세권자는 전세권을 타인에게 양도 또는 담보로 제공할 수 있고 그 존속기간 내에서 그 목적물을 타인에게 전세 또는 임대할 수 있다. 그러나 설정행위로 이를 금지한 때에는 그러하지 아니하다.

제307조【전세권양도의 효력】 전세권양수인은 전세권설정자에 대하여 전세권양도인과 동일한 권리의무가 있다.

제308조【전전세 등의 경우의 책임】 전세권의 목적물을 전전세 또는 임대한 경우에는 전세권자는 전전세 또는 임대하지 아니하였으면 면할 수 있는 불가항력으로 인한 손해에 대하여 그 책임을 부담한다.

제309조【전세권자의 유지, 수선의무】 전세권자는 목적물의 현상을 유지하고 그 통상의 관리에 속한 수선을 하여야 한다.

제310조【전세권자의 상환청구권】 ① 전세권자가 목적물을 개량하기 위하여 지출한 금액 기타 유익비에 관하여는 그 가액의 증가가 현존한 경우에 한하여 소유자의 선택에 좇아 그 지출액이나 증가액의 상환을 청구할 수 있다.
② 전항의 경우에 법원은 소유자의 청구에 의하여 상당한 상환기간을 허여할 수 있다.

제311조【전세권의 소멸청구】 ① 전세권자가 전세권설정계약 또는 그 목적물의 성질에 의하여 정하여진 용법으로 이를 사용, 수익하지 아니한 경우에는 전세권설정자는 전세권의 소멸을 청구할 수 있다.
② 전항의 경우에는 전세권설정자는 전세권자에 대하여 원상회복 또는 손해배상을 청구할 수 있다.

제312조【전세권의 존속기간】 ① 전세권의 존속기간은 10년을 넘지 못한다. 당사자의 약정기간이 10년을 넘는 때에는 이를 10년으로 단축한다.
② 건물에 대한 전세권의 존속기간을 1년 미만으로 정한 때에는 이를 1년으로 한다.
③ 전세권의 설정은 이를 갱신할 수 있다. 그 기간은 갱신한 날로부터 10년을 넘지 못한다.
④ 건물의 전세권설정자가 전세권의 존속기간 만료 전 6월부터 1월까지 사이에 전세권자에 대하여 갱신거절의 통지 또는 조건을 변경하지 아니하면 갱신하지 아니한다는 뜻의 통지를 하지 아니한 경우에는 그 기간이 만료된 때에 전전세권과 동일한

조건으로 다시 전세권을 설정한 것으로 본다. 이 경우 전세권의 존속기간은 그 정함이 없는 것으로 본다.

제312조의2 【전세금 증감청구권】 전세금이 목적부동산에 관한 조세·공과금 기타 부담의 증감이나 경제사정의 변동으로 인하여 상당하지 아니하게 된 때에는 당사자는 장래에 대하여 그 증감을 청구할 수 있다. 그러나 증액의 경우에는 대통령령이 정하는 기준에 따른 비율을 초과하지 못한다.

제313조 【전세권의 소멸통고】 전세권의 존속기간을 약정하지 아니한 때에는 각 당사자는 언제든지 상대방에 대하여 전세권의 소멸을 통고할 수 있고 상대방이 이 통고를 받은 날로부터 6월이 경과하면 전세권은 소멸한다.

제314조 【불가항력으로 인한 멸실】 ① 전세권의 목적물의 전부 또는 일부가 불가항력으로 인하여 멸실된 때에는 그 멸실된 부분의 전세권은 소멸한다.
② 전항의 일부멸실의 경우에 전세권자가 그 잔존부분으로 전세권의 목적을 달성할 수 없는 때에는 전세권설정자에 대하여 전세권 전부의 소멸을 통고하고 전세금의 반환을 청구할 수 있다.

제315조 【전세권자의 손해배상책임】 ① 전세권의 목적물의 전부 또는 일부가 전세권자에 책임 있는 사유로 인하여 멸실된 때에는 전세권자는 손해를 배상할 책임이 있다.
② 전항의 경우에 전세권설정자는 전세권이 소멸된 후 전세금으로써 손해의 배상에 충당하고 잉여가 있으면 반환하여야 하며 부족이 있으면 다시 청구할 수 있다.

제316조 【원상회복의무, 매수청구권】 ① 전세권이 그 존속기간의 만료로 인하여 소멸한 때에는 전세권자는 그 목적물을 원상에 회복하여야 하며 그 목적물에 부속시킨 물건은 수거할 수 있다. 그러나 전세권설정자가 그 부속물건의 매수를 청구한 때에는 전세권자는 정당한 이유 없이 거절하지 못한다.
② 전항의 경우에 그 부속물건이 전세권설정자의 동의를 얻어 부속시킨 것인 때에는 전세권자는 전세권설정자에 대하여 그 부속물건의 매수를 청구할 수 있다. 그 부속물건이 전세권설정자로부터 매수한 것인 때에도 같다.

제317조 【전세권의 소멸과 동시이행】 전세권이 소멸한 때에는 전세권설정자는 전세권자로부터 그 목적물의 인도 및 전세권설정등기의 말소등기에 필요한 서류의 교부를 받는 동시에 전세금을 반환하여야 한다.

제318조 【전세권자의 경매청구권】 전세권설정자가 전세금의 반환을 지체한 때에는 전세권자는 민사집행법의 정한 바에 의하여 전세권의 목적물의 경매를 청구할 수 있다.

제319조 【준용규정】 제213조, 제214조, 제216조 내지 제244조의 규정은 전세권자 간 또는 전세권자와 인지소유자 및 지상권자 간에 이를 준용한다.

제7장 유치권

제320조 【유치권의 내용】 ① 타인의 물건 또는 유가증권을 점유한 자는 그 물건이나 유가증권에 관하여 생긴 채권이 변제기에 있는 경우에는 변제를 받을 때까지 그 물건 또는 유가증권을 유치할 권리가 있다.
② 전항의 규정은 그 점유가 불법행위로 인한 경우에 적용하지 아니한다.

제321조 【유치권의 불가분성】 유치권자는 채권전부의 변제를 받을 때까지 유치물 전부에 대하여 그 권리를 행사할 수 있다.

제322조 【경매, 간이변제충당】 ① 유치권자는 채권의 변제를 받기 위하여 유치물을 경매할 수 있다.
② 정당한 이유 있는 때에는 유치권자는 감정인의 평가에 의하여 유치물로 직접 변제에 충당할 것을 법원에 청구할 수 있다. 이 경우에는 유치권자는 미리 채무자에게 통지하여야 한다.

제323조【과실수취권】① 유치권자는 유치물의 과실을 수취하여 다른 채권보다 먼저 그 채권의 변제에 충당할 수 있다. 그러나 과실이 금전이 아닌 때에는 경매하여야 한다.
② 과실은 먼저 채권의 이자에 충당하고 그 잉여가 있으면 원본에 충당한다.

제324조【유치권자의 선관의무】① 유치권자는 선량한 관리자의 주의로 유치물을 점유하여야 한다.
② 유치권자는 채무자의 승낙 없이 유치물의 사용, 대여 또는 담보제공을 하지 못한다. 그러나 유치물의 보존에 필요한 사용은 그러하지 아니하다.
③ 유치권자가 전2항의 규정에 위반한 때에는 채무자는 유치권의 소멸을 청구할 수 있다.

제325조【유치권자의 상환청구권】① 유치권자가 유치물에 관하여 필요비를 지출한 때에는 소유자에게 그 상환을 청구할 수 있다.
② 유치권자가 유치물에 관하여 유익비를 지출한 때에는 그 가액의 증가가 현존한 경우에 한하여 소유자의 선택에 좇아 그 지출한 금액이나 증가액의 상환을 청구할 수 있다. 그러나 법원은 소유자의 청구에 의하여 상당한 상환기간을 허여할 수 있다.

제326조【피담보채권의 소멸시효】유치권의 행사는 채권의 소멸시효의 진행에 영향을 미치지 아니한다.

제327조【타담보제공과 유치권 소멸】채무자는 상당한 담보를 제공하고 유치권의 소멸을 청구할 수 있다.

제328조【점유상실과 유치권 소멸】유치권은 점유의 상실로 인하여 소멸한다.

제8장 질권

제1절 동산질권

제329조【동산질권의 내용】동산질권자는 채권의 담보로 채무자 또는 제3자가 제공한 동산을 점유하고 그 동산에 대하여 다른 채권자보다 자기채권의 우선변제를 받을 권리가 있다.

제330조【설정계약의 요물성】질권의 설정은 질권자에게 목적물을 인도함으로써 그 효력이 생긴다.

제331조【질권의 목적물】질권은 양도할 수 없는 물건을 목적으로 하지 못한다.

제332조【설정자에 의한 대리점유의 금지】질권자는 설정자로 하여금 질물의 점유를 하게 하지 못한다.

제333조【동산질권의 순위】수개의 채권을 담보하기 위하여 동일한 동산에 수개의 질권을 설정한 때에는 그 순위는 설정의 선후에 의한다.

제334조【피담보채권의 범위】질권은 원본, 이자, 위약금, 질권실행의 비용, 질물보존의 비용 및 채무불이행 또는 질물의 하자로 인한 손해배상의 채권을 담보한다. 그러나 다른 약정이 있는 때에는 그 약정에 의한다.

제335조【유치적 효력】질권자는 전조의 채권의 변제를 받을 때까지 질물을 유치할 수 있다. 그러나 자기보다 우선권이 있는 채권자에게 대항하지 못한다.

제336조【전질권】질권자는 그 권리의 범위 내에서 자기의 책임으로 질물을 전질할 수 있다. 이 경우에는 전질을 하지 아니하였으면 면할 수 있는 불가항력으로 인한 손해에 대하여도 책임을 부담한다.

제337조【전질의 대항요건】① 전조의 경우에 질권자가 채무자에게 전질의 사실을 통지하거나 채무자가 이를 승낙함이 아니면 전질로써 채무자, 보증인, 질권설정자 및 그 승계인에게 대항하지 못한다.

② 채무자가 전항의 통지를 받거나 승낙을 한 때에는 전질권자의 동의 없이 질권자에게 채무를 변제하여도 이로써 전질권자에게 대항하지 못한다.

제338조 【경매, 간이변제충당】 ① 질권자는 채권의 변제를 받기 위하여 질물을 경매할 수 있다.
② 정당한 이유 있는 때에는 질권자는 감정인의 평가에 의하여 질물로 직접 변제에 충당할 것을 법원에 청구할 수 있다. 이 경우에는 질권자는 미리 채무자 및 질권설정자에게 통지하여야 한다.

제339조 【유질계약의 금지】 질권설정자는 채무변제기전의 계약으로 질권자에게 변제에 갈음하여 질물의 소유권을 취득하게 하거나 법률에 정한 방법에 의하지 아니하고 질물을 처분할 것을 약정하지 못한다.

제340조 【질물 이외의 재산으로부터의 변제】
① 질권자는 질물에 의하여 변제를 받지 못한 부분의 채권에 한하여 채무자의 다른 재산으로부터 변제를 받을 수 있다.
② 전항의 규정은 질물보다 먼저 다른 재산에 관한 배당을 실시하는 경우에는 적용하지 아니한다. 그러나 다른 채권자는 질권자에게 그 배당금액의 공탁을 청구할 수 있다.

제341조 【물상보증인의 구상권】 타인의 채무를 담보하기 위한 질권설정자가 그 채무를 변제하거나 질권의 실행으로 인하여 질물의 소유권을 잃은 때에는 보증채무에 관한 규정에 의하여 채무자에 대한 구상권이 있다.

제342조 【물상대위】 질권은 질물의 멸실, 훼손 또는 공용징수로 인하여 질권설정자가 받을 금전 기타 물건에 대하여도 이를 행사할 수 있다. 이 경우에는 그 지급 또는 인도 전에 압류하여야 한다.

제343조 【준용규정】 제249조 내지 제251조, 제321조 내지 제325조의 규정은 동산질권에 준용한다.

제344조 【타 법률에 의한 질권】 본절의 규정은 다른 법률의 규정에 의하여 설정된 질권에 준용한다.

제2절 권리질권

제345조 【권리질권의 목적】 질권은 재산권을 그 목적으로 할 수 있다. 그러나 부동산의 사용, 수익을 목적으로 하는 권리는 그러하지 아니하다.

제346조 【권리질권의 설정방법】 권리질권의 설정은 법률에 다른 규정이 없으면 그 권리의 양도에 관한 방법에 의하여야 한다.

제347조 【설정계약의 요물성】 채권을 질권의 목적으로 하는 경우에 채권증서가 있는 때에는 질권의 설정은 그 증서를 질권자에게 교부함으로써 그 효력이 생긴다.

제348조 【저당채권에 대한 질권과 부기등기】 저당권으로 담보한 채권을 질권의 목적으로 한 때에는 그 저당권등기에 질권의 부기등기를 하여야 그 효력이 저당권에 미친다.

제349조 【지명채권에 대한 질권의 대항요건】
① 지명채권을 목적으로 한 질권의 설정은 설정자가 제450조의 규정에 의하여 제삼채무자에게 질권설정의 사실을 통지하거나 제삼채무자가 이를 승낙함이 아니면 이로써 제삼채무자 기타 제3자에게 대항하지 못한다.
② 제451조의 규정은 전항의 경우에 준용한다.

제350조 【지시채권에 대한 질권의 설정방법】 지시채권을 질권의 목적으로 한 질권의 설정은 증서에 배서하여 질권자에게 교부함으로써 그 효력이 생긴다.

제351조 【무기명채권에 대한 질권의 설정방법】 무기명채권을 목적으로 한 질권의 설정은 증서를 질권자에게 교부함으로써 그 효력이 생긴다.

제352조 【질권설정자의 권리처분 제한】 질권설정자는 질권자의 동의 없이 질권의 목적된 권리를 소멸하게 하거나 질권자의 이익을 해하는 변경을 할 수 없다.

제353조【질권의 목적이 된 채권의 실행방법】
① 질권자는 질권의 목적이 된 채권을 직접 청구할 수 있다.
② 채권의 목적물이 금전인 때에는 질권자는 자기채권의 한도에서 직접 청구할 수 있다.
③ 전항의 채권의 변제기가 질권자의 채권의 변제기보다 먼저 도래한 때에는 질권자는 제삼채무자에 대하여 그 변제금액의 공탁을 청구할 수 있다. 이 경우에 질권은 그 공탁금에 존재한다.
④ 채권의 목적물이 금전 이외의 물건인 때에는 질권자는 그 변제를 받은 물건에 대하여 질권을 행사할 수 있다.

제354조【동 전】 질권자는 전조의 규정에 의하는 외에 민사집행법에 정한 집행방법에 의하여 질권을 실행할 수 있다.

제355조【준용규정】 권리질권에는 본절의 규정외에 동산질권에 관한 규정을 준용한다.

제9장 저당권

제356조【저당권의 내용】 저당권자는 채무자 또는 제3자가 점유를 이전하지 아니하고 채무의 담보로 제공한 부동산에 대하여 다른 채권자보다 자기채권의 우선변제를 받을 권리가 있다.

제357조【근저당】 ① 저당권은 그 담보할 채무의 최고액만을 정하고 채무의 확정을 장래에 보류하여 이를 설정할 수 있다. 이 경우에는 그 확정될 때까지의 채무의 소멸 또는 이전은 저당권에 영향을 미치지 아니한다.
② 전항의 경우에는 채무의 이자는 최고액 중에 산입한 것으로 본다.

제358조【저당권의 효력의 범위】 저당권의 효력은 저당부동산에 부합된 물건과 종물에 미친다. 그러나 법률에 특별한 규정 또는 설정행위에 다른 약정이 있으면 그러하지 아니하다.

제359조【과실에 대한 효력】 저당권의 효력은 저당부동산에 대한 압류가 있은 후에 저당권설정자가 그 부동산으로부터 수취한 과실 또는 수취할 수 있는 과실에 미친다. 그러나 저당권자가 그 부동산에 대한 소유권, 지상권 또는 전세권을 취득한 제3자에 대하여는 압류한 사실을 통지한 후가 아니면 이로써 대항하지 못한다.

제360조【피담보채권의 범위】 저당권은 원본, 이자, 위약금, 채무불이행으로 인한 손해배상 및 저당권의 실행비용을 담보한다. 그러나 지연배상에 대하여는 원본의 이행기일을 경과한 후의 1년분에 한하여 저당권을 행사할 수 있다.

제361조【저당권의 처분제한】 저당권은 그 담보한 채권과 분리하여 타인에게 양도하거나 다른 채권의 담보로 하지 못한다.

제362조【저당물의 보충】 저당권설정자의 책임 있는 사유로 인하여 저당물의 가액이 현저히 감소된 때에는 저당권자는 저당권설정자에 대하여 그 원상회복 또는 상당한 담보제공을 청구할 수 있다.

제363조【저당권자의 경매청구권, 경매인】 ① 저당권자는 그 채권의 변제를 받기 위하여 저당물의 경매를 청구할 수 있다.
② 저당물의 소유권을 취득한 제3자도 경매인이 될 수 있다.

제364조【제3취득자의 변제】 저당부동산에 대하여 소유권, 지상권 또는 전세권을 취득한 제3자는 저당권자에게 그 부동산으로 담보된 채권을 변제하고 저당권의 소멸을 청구할 수 있다.

제365조【저당지상의 건물에 대한 경매청구권】 토지를 목적으로 저당권을 설정한 후 그 설정자가 그 토지에 건물을 축조한 때에는 저당권자는 토지와 함께 그 건물에 대하여도 경매를 청구할 수 있다. 그러나 그 건물의 경매대가에 대하여는 우선변제를 받을 권리가 없다.

제366조 【법정지상권】 저당물의 경매로 인하여 토지와 그 지상건물이 다른 소유자에 속한 경우에는 토지소유자는 건물소유자에 대하여 지상권을 설정한 것으로 본다. 그러나 지료는 당사자의 청구에 의하여 법원이 이를 정한다.

제367조 【제3취득자의 비용상환청구권】 저당물의 제3취득자가 그 부동산의 보존, 개량을 위하여 필요비 또는 유익비를 지출한 때에는 제203조 제1항, 제2항의 규정에 의하여 저당물의 경매대가에서 우선상환을 받을 수 있다.

제368조 【공동저당과 대가의 배당, 차순위자의 대위】
① 동일한 채권의 담보로 수개의 부동산에 저당권을 설정한 경우에 그 부동산의 경매대가를 동시에 배당하는 때에는 각부동산의 경매대가에 비례하여 그 채권의 분담을 정한다.
② 전항의 저당부동산 중 일부의 경매대가를 먼저 배당하는 경우에는 그 대가에서 그 채권전부의 변제를 받을 수 있다. 이 경우에 그 경매한 부동산의 차순위 저당권자는 선순위 저당권자가 전항의 규정에 의하여 다른 부동산의 경매대가에서 변제를 받을 수 있는 금액의 한도에서 선순위자를 대위하여 저당권을 행사할 수 있다.

제369조 【부종성】 저당권으로 담보한 채권이 시효의 완성 기타 사유로 인하여 소멸한 때에는 저당권도 소멸한다.

제370조 【준용규정】 제214조, 제321조, 제333조, 제340조, 제341조 및 제342조의 규정은 저당권에 준용한다.

제371조 【지상권, 전세권을 목적으로 하는 저당권】
① 본장의 규정은 지상권 또는 전세권을 저당권의 목적으로 한 경우에 준용한다.
② 지상권 또는 전세권을 목적으로 저당권을 설정한 자는 저당권자의 동의 없이 지상권 또는 전세권을 소멸하게 하는 행위를 하지 못한다.

제372조 【타 법률에 의한 저당권】 본장의 규정은 다른 법률에 의하여 설정된 저당권에 준용한다.

제3편 채 권

제1장 총 칙

제1절 채권의 목적

제373조 【채권의 목적】 금전으로 가액을 산정할 수 없는 것이라도 채권의 목적으로 할 수 있다.

제374조 【특정물인도채무자의 선관의무】 특정물의 인도가 채권의 목적인 때에는 채무자는 그 물건을 인도하기까지 선량한 관리자의 주의로 보존하여야 한다.

제375조 【종류채권】 ① 채권의 목적을 종류로만 지정한 경우에 법률행위의 성질이나 당사자의 의사에 의하여 품질을 정할 수 없는 때에는 채무자는 중등품질의 물건으로 이행하여야 한다.
② 전항의 경우에 채무자가 이행에 필요한 행위를 완료하거나 채권자의 동의를 얻어 이행할 물건을 지정한 때에는 그때로부터 그 물건을 채권의 목적물로 한다.

제376조 【금전채권】 채권의 목적이 어느 종류의 통화로 지급할 것인 경우에 그 통화가 변제기에 강제통용력을 잃은 때에는 채무자는 다른 통화로 변제하여야 한다.

제377조 【외화채권】 ① 채권의 목적이 다른 나라 통화로 지급할 것인 경우에는 채무자는 자기가 선택한 그 나라의 각 종류의 통화로 변제할 수 있다.
② 채권의 목적이 어느 종류의 다른 나라 통화로 지급할 것인 경우에 그 통화가 변제기에 강제통용력을 잃은 때에는 그 나라의 다른 통화로 변제하여야 한다.

제378조 【동 전】 채권액이 다른 나라 통화로 지정된 때에는 채무자는 지급할 때에 있어서의 이행지의 환금시가에 의하여 우리나라 통화로 변제할 수 있다.

제379조 【법정이율】 이자 있는 채권의 이율은 다른 법률의 규정이나 당사자의 약정이 없으면 연 5분으로 한다.

제380조【선택채권】채권의 목적이 수개의 행위 중에서 선택에 좇아 확정될 경우에 다른 법률의 규정이나 당사자의 약정이 없으면 선택권은 채무자에게 있다.

제381조【선택권의 이전】① 선택권 행사의 기간이 있는 경우에 선택권자가 그 기간 내에 선택권을 행사하지 아니하는 때에는 상대방은 상당한 기간을 정하여 그 선택을 최고할 수 있고 선택권자가 그 기간 내에 선택하지 아니하면 선택권은 상대방에게 있다.
② 선택권행사의 기간이 없는 경우에 채권의 기한이 도래한 후 상대방이 상당한 기간을 정하여 그 선택을 최고하여도 선택권자가 그 기간 내에 선택하지 아니할 때에도 전항과 같다.

제382조【당사자의 선택권의 행사】① 채권자나 채무자가 선택하는 경우에는 그 선택은 상대방에 대한 의사표시로 한다.
② 전항의 의사표시는 상대방의 동의가 없으면 철회하지 못한다.

제383조【제3자의 선택권의 행사】① 제3자가 선택하는 경우에는 그 선택은 채무자 및 채권자에 대한 의사표시로 한다.
② 전항의 의사표시는 채권자 및 채무자의 동의가 없으면 철회하지 못한다.

제384조【제3자의 선택권의 이전】① 선택할 제3자가 선택할 수 없는 경우에는 선택권은 채무자에게 있다.
② 제3자가 선택하지 아니하는 경우에는 채권자나 채무자는 상당한 기간을 정하여 그 선택을 최고할 수 있고 제3자가 그 기간 내에 선택하지 아니하면 선택권은 채무자에게 있다.

제385조【불능으로 인한 선택채권의 특정】① 채권의 목적으로 선택할 수개의 행위 중에 처음부터 불능한 것이나 또는 후에 이행불능하게 된 것이 있으면 채권의 목적은 잔존한 것에 존재한다.
② 선택권 없는 당사자의 과실로 인하여 이행불능이 된 때에는 전항의 규정을 적용하지 아니한다.

제386조【선택의 소급효】선택의 효력은 그 채권이 발생한 때에 소급한다. 그러나 제3자의 권리를 해하지 못한다.

제2절 채권의 효력

제387조【이행기와 이행지체】① 채무이행의 확정한 기한이 있는 경우에는 채무자는 기한이 도래한 때로부터 지체책임이 있다. 채무이행의 불확정한 기한이 있는 경우에는 채무자는 기한이 도래함을 안 때로부터 지체책임이 있다.
② 채무이행의 기한이 없는 경우에는 채무자는 이행청구를 받은 때로부터 지체책임이 있다.

제388조【기한의 이익의 상실】채무자는 다음 각 호의 경우에는 기한의 이익을 주장하지 못한다.
1. 채무자가 담보를 손상, 감소 또는 멸실하게 한 때
2. 채무자가 담보제공의 의무를 이행하지 아니한 때

제389조【강제이행】① 채무자가 임의로 채무를 이행하지 아니한 때에는 채권자는 그 강제이행을 법원에 청구할 수 있다. 그러나 채무의 성질이 강제이행을 하지 못할 것인 때에는 그러하지 아니하다.
② 전항의 채무가 법률행위를 목적으로 한 때에는 채무자의 의사표시에 갈음할 재판을 청구할 수 있고 채무자의 일신에 전속하지 아니한 작위를 목적으로 한 때에는 채무자의 비용으로 제3자에게 이를 하게 할 것을 법원에 청구할 수 있다.
③ 그 채무가 부작위를 목적으로 한 경우에 채무자가 이에 위반한 때에는 채무자의 비용으로써 그 위반한 것을 제각하고 장래에 대한 적당한 처분을 법원에 청구할 수 있다.
④ 전3항의 규정은 손해배상의 청구에 영향을 미치지 아니한다.

제390조【채무불이행과 손해배상】채무자가 채무의 내용에 좇은 이행을 하지 아니한 때에는 채권자는 손해배상을 청구할 수 있다. 그러나 채무자의 고의나 과실 없이 이행할 수 없게 된 때에는 그러하지 아니하다.

제391조【이행보조자의 고의, 과실】 채무자의 법정대리인이 채무자를 위하여 이행하거나 채무자가 타인을 사용하여 이행하는 경우에는 법정대리인 또는 피용자의 고의나 과실은 채무자의 고의나 과실로 본다.

제392조【이행지체 중의 손해배상】 채무자는 자기에게 과실이 없는 경우에도 그 이행지체 중에 생긴 손해를 배상하여야 한다. 그러나 채무자가 이행기에 이행하여도 손해를 면할 수 없는 경우에는 그러하지 아니하다.

제393조【손해배상의 범위】 ① 채무불이행으로 인한 손해배상은 통상의 손해를 그 한도로 한다.
② 특별한 사정으로 인한 손해는 채무자가 그 사정을 알았거나 알 수 있었을 때에 한하여 배상의 책임이 있다.

제394조【손해배상의 방법】 다른 의사표시가 없으면 손해는 금전으로 배상한다.

제395조【이행지체와 전보배상】 채무자가 채무의 이행을 지체한 경우에 채권자가 상당한 기간을 정하여 이행을 최고하여도 그 기간 내에 이행하지 아니하거나 지체 후의 이행이 채권자에게 이익이 없는 때에는 채권자는 수령을 거절하고 이행에 갈음한 손해배상을 청구할 수 있다.

제396조【과실상계】 채무불이행에 관하여 채권자에게 과실이 있는 때에는 법원은 손해배상의 책임 및 그 금액을 정함에 이를 참작하여야 한다.

제397조【금전채무불이행에 대한 특칙】 ① 금전채무불이행의 손해배상액은 법정이율에 의한다. 그러나 법령의 제한에 위반하지 아니한 약정이율이 있으면 그 이율에 의한다.
② 전항의 손해배상에 관하여는 채권자는 손해의 증명을 요하지 아니하고 채무자는 과실 없음을 항변하지 못한다.

제398조【배상액의 예정】 ① 당사자는 채무불이행에 관한 손해배상액을 예정할 수 있다.
② 손해배상의 예정액이 부당히 과다한 경우에는 법원은 적당히 감액할 수 있다.
③ 손해배상액의 예정은 이행의 청구나 계약의 해제에 영향을 미치지 아니한다.
④ 위약금의 약정은 손해배상액의 예정으로 추정한다.
⑤ 당사자가 금전이 아닌 것으로써 손해의 배상에 충당할 것을 예정한 경우에도 전4항의 규정을 준용한다.

제399조【손해배상자의 대위】 채권자가 그 채권의 목적인 물건 또는 권리의 가액전부를 손해배상으로 받은 때에는 채무자는 그 물건 또는 권리에 관하여 당연히 채권자를 대위한다.

제400조【채권자지체】 채권자가 이행을 받을 수 없거나 받지 아니한 때에는 이행의 제공 있는 때로부터 지체책임이 있다.

제401조【채권자지체와 채무자의 책임】 채권자지체 중에는 채무자는 고의 또는 중대한 과실이 없으면 불이행으로 인한 모든 책임이 없다.

제402조【동 전】 채권자지체 중에는 이자있는 채권이라도 채무자는 이자를 지급할 의무가 없다.

제403조【채권자지체와 채권자의 책임】 채권자지체로 인하여 그 목적물의 보관 또는 변제의 비용이 증가된 때에는 그 증가액은 채권자의 부담으로 한다.

제404조【채권자대위권】 ① 채권자는 자기의 채권을 보전하기 위하여 채무자의 권리를 행사할 수 있다. 그러나 일신에 전속한 권리는 그러하지 아니하다.
② 채권자는 그 채권의 기한이 도래하기 전에는 법원의 허가 없이 전항의 권리를 행사하지 못한다. 그러나 보전행위는 그러하지 아니하다.

제405조【채권자대위권행사의 통지】 ① 채권자가 전조 제1항의 규정에 의하여 보전행위 이외의 권리를 행사한 때에는 채무자에게 통지하여야 한다.

② 채무자가 전항의 통지를 받은 후에는 그 권리를 처분하여도 이로써 채권자에게 대항하지 못한다.

제406조 【채권자취소권】 ① 채무자가 채권자를 해함을 알고 재산권을 목적으로 한 법률행위를 한 때에는 채권자는 그 취소 및 원상회복을 법원에 청구할 수 있다. 그러나 그 행위로 인하여 이익을 받은 자나 전득한 자가 그 행위 또는 전득 당시에 채권자를 해함을 알지 못한 경우에는 그러하지 아니하다.
② 전항의 소는 채권자가 취소원인을 안 날로부터 1년, 법률행위 있은 날로부터 5년 내에 제기하여야 한다.

제407조 【채권자취소의 효력】 전조의 규정에 의한 취소와 원상회복은 모든 채권자의 이익을 위하여 그 효력이 있다.

제3절 수인의 채권자 및 채무자

제1관 총 칙

제408조 【분할채권관계】 채권자나 채무자가 수인인 경우에 특별한 의사표시가 없으면 각 채권자 또는 각 채무자는 균등한 비율로 권리가 있고 의무를 부담한다.

제2관 불가분채권과 불가분채무

제409조 【불가분채권】 채권의 목적이 그 성질 또는 당사자의 의사표시에 의하여 불가분인 경우에 채권자가 수인인 때에는 각 채권자는 모든 채권자를 위하여 이행을 청구할 수 있고 채무자는 모든 채권자를 위하여 각 채권자에게 이행할 수 있다.

제410조 【1인의 채권자에 생긴 사항의 효력】 ① 전조의 규정에 의하여 모든 채권자에게 효력이 있는 사항을 제외하고는 불가분채권자 중 1인의 행위나 1인에 관한 사항은 다른 채권자에게 효력이 없다.
② 불가분채권자 중의 1인과 채무자 간에 경개나 면제 있는 경우에 채무전부의 이행을 받은 다른 채권자는 그 1인이 권리를 잃지 아니하였으면 그에게 분급할 이익을 채무자에게 상환하여야 한다.

제411조 【불가분채무와 준용규정】 수인이 불가분채무를 부담한 경우에는 제413조 내지 제415조, 제422조, 제424조 내지 제427조 및 전조의 규정을 준용한다.

제412조 【가분채권, 가분채무에의 변경】 불가분채권이나 불가분채무가 가분채권 또는 가분채무로 변경된 때에는 각 채권자는 자기부분만의 이행을 청구할 권리가 있고 각 채무자는 자기부담부분만을 이행할 의무가 있다.

제3관 연대채무

제413조 【연대채무의 내용】 수인의 채무자가 채무 전부를 각자 이행할 의무가 있고 채무자 1인의 이행으로 다른 채무자도 그 의무를 면하게 되는 때에는 그 채무는 연대채무로 한다.

제414조 【각 연대채무자에 대한 이행청구】 채권자는 어느 연대채무자에 대하여 또는 동시나 순차로 모든 연대채무자에 대하여 채무의 전부나 일부의 이행을 청구할 수 있다.

제415조 【채무자에 생긴 무효, 취소】 어느 연대채무자에 대한 법률행위의 무효나 취소의 원인은 다른 연대채무자의 채무에 영향을 미치지 아니한다.

제416조 【이행청구의 절대적 효력】 어느 연대채무자에 대한 이행청구는 다른 연대채무자에게도 효력이 있다.

제417조 【경개의 절대적 효력】 어느 연대채무자와 채권자간에 채무의 경개가 있는 때에는 채권은 모든 연대채무자의 이익을 위하여 소멸한다.

제418조 【상계의 절대적 효력】 ① 어느 연대채무자가 채권자에 대하여 채권이 있는 경우에 그 채무자가 상계한 때에는 채권은 모든 연대채무자의 이익을 위하여 소멸한다.
② 상계할 채권이 있는 연대채무자가 상계하지 아니한 때에는 그 채무자의 부담부분에 한하여 다른 연대채무자가 상계할 수 있다.

제419조【면제의 절대적 효력】어느 연대채무자에 대한 채무면제는 그 채무자의 부담부분에 한하여 다른 연대채무자의 이익을 위하여 효력이 있다.

제420조【혼동의 절대적 효력】어느 연대채무자와 채권자 간에 혼동이 있는 때에는 그 채무자의 부담부분에 한하여 다른 연대채무자도 의무를 면한다.

제421조【소멸시효의 절대적 효력】어느 연대채무자에 대하여 소멸시효가 완성한 때에는 그 부담부분에 한하여 다른 연대채무자도 의무를 면한다.

제422조【채권자지체의 절대적 효력】어느 연대채무자에 대한 채권자의 지체는 다른 연대채무자에게도 효력이 있다.

제423조【효력의 상대성의 원칙】전7조의 사항 외에는 어느 연대채무자에 관한 사항은 다른 연대채무자에게 효력이 없다.

제424조【부담부분의 균등】연대채무자의 부담부분은 균등한 것으로 추정한다.

제425조【출재채무자의 구상권】① 어느 연대채무자가 변제 기타 자기의 출재로 공동면책이 된 때에는 다른 연대채무자의 부담부분에 대하여 구상권을 행사할 수 있다.
② 전항의 구상권은 면책된 날 이후의 법정이자 및 피할 수 없는 비용 기타 손해배상을 포함한다.

제426조【구상요건으로서의 통지】① 어느 연대채무자가 다른 연대채무자에게 통지하지 아니하고 변제 기타 자기의 출재로 공동면책이 된 경우에 다른 연대채무자가 채권자에게 대항할 수 있는 사유가 있었을 때에는 그 부담부분에 한하여 이 사유로 면책행위를 한 연대채무자에게 대항할 수 있고 그 대항사유가 상계인 때에는 상계로 소멸할 채권은 그 연대채무자에게 이전된다.
② 어느 연대채무자가 변제 기타 자기의 출재로 공동면책되었음을 다른 연대채무자에게 통지하지 아니한 경우에 다른 연대채무자가 선의로 채권자에게 변제 기타 유상의 면책행위를 한 때에는 그 연대채무자는 자기의 면책행위의 유효를 주장할 수 있다.

제427조【상환무자력자의 부담부분】① 연대채무자 중에 상환할 자력이 없는 자가 있는 때에는 그 채무자의 부담부분은 구상권자 및 다른 자력이 있는 채무자가 그 부담부분에 비례하여 분담한다. 그러나 구상권자에게 과실이 있는 때에는 다른 연대채무자에 대하여 분담을 청구하지 못한다.
② 전항의 경우에 상환할 자력이 없는 채무자의 부담부분을 분담할 다른 채무자가 채권자로부터 연대의 면제를 받은 때에는 그 채무자의 분담할 부분은 채권자의 부담으로 한다.

제4관 보증채무

제428조【보증채무의 내용】① 보증인은 주채무자가 이행하지 아니하는 채무를 이행할 의무가 있다.
② 보증은 장래의 채무에 대하여도 할 수 있다.

제428조의2【보증의 방식】① 보증은 그 의사가 보증인의 기명날인 또는 서명이 있는 서면으로 표시되어야 효력이 발생한다. 다만, 보증의 의사가 전자적 형태로 표시된 경우에는 효력이 없다.
② 보증채무를 보증인에게 불리하게 변경하는 경우에도 제1항과 같다.
③ 보증인이 보증채무를 이행한 경우에는 그 한도에서 제1항과 제2항에 따른 방식의 하자를 이유로 보증의 무효를 주장할 수 없다.

제428조의3【근보증】① 보증은 불확정한 다수의 채무에 대해서도 할 수 있다. 이 경우 보증하는 채무의 최고액을 서면으로 특정하여야 한다.
② 제1항의 경우 채무의 최고액을 제428조의2 제1항에 따른 서면으로 특정하지 아니한 보증계약은 효력이 없다.

제429조【보증채무의 범위】① 보증채무는 주채무의 이자, 위약금, 손해배상 기타 주채무에 종속한 채무를 포함한다.

② 보증인은 그 보증채무에 관한 위약금 기타 손해배상액을 예정할 수 있다.

제430조【목적, 형태상의 부종성】 보증인의 부담이 주채무의 목적이나 형태보다 중한 때에는 주채무의 한도로 감축한다.

제431조【보증인의 조건】 ① 채무자가 보증인을 세울 의무가 있는 경우에는 그 보증인은 행위능력 및 변제자력이 있는 자로 하여야 한다.
② 보증인이 변제자력이 없게 된 때에는 채권자는 보증인의 변경을 청구할 수 있다.
③ 채권자가 보증인을 지명한 경우에는 전2항의 규정을 적용하지 아니한다.

제432조【타담보의 제공】 채무자는 다른 상당한 담보를 제공함으로써 보증인을 세울 의무를 면할 수 있다.

제433조【보증인과 주채무자항변권】 ① 보증인은 주채무자의 항변으로 채권자에게 대항할 수 있다.
② 주채무자의 항변포기는 보증인에게 효력이 없다.

제434조【보증인과 주채무자상계권】 보증인은 주채무자의 채권에 의한 상계로 채권자에게 대항할 수 있다.

제435조【보증인과 주채무자의 취소권 등】 주채무자가 채권자에 대하여 취소권 또는 해제권이나 해지권이 있는 동안은 보증인은 채권자에 대하여 채무의 이행을 거절할 수 있다.

제436조 삭제

제436조의2【채권자의 정보제공의무와 통지의무 등】
① 채권자는 보증계약을 체결할 때 보증계약의 체결 여부 또는 그 내용에 영향을 미칠 수 있는 주채무자의 채무 관련 신용정보를 보유하고 있거나 알고 있는 경우에는 보증인에게 그 정보를 알려야 한다. 보증계약을 갱신할 때에도 또한 같다.
② 채권자는 보증계약을 체결한 후에 다음 각 호의 어느 하나에 해당하는 사유가 있는 경우에는 지체 없이 보증인에게 그 사실을 알려야 한다.

1. 주채무자가 원본, 이자, 위약금, 손해배상 또는 그밖에 주채무에 종속한 채무를 3개월 이상 이행하지 아니하는 경우
2. 주채무자가 이행기에 이행할 수 없음을 미리 안 경우
3. 주채무자의 채무 관련 신용정보에 중대한 변화가 생겼음을 알게 된 경우

③ 채권자는 보증인의 청구가 있으면 주채무의 내용 및 그 이행 여부를 알려야 한다.
④ 채권자가 제1항부터 제3항까지의 규정에 따른 의무를 위반하여 보증인에게 손해를 입힌 경우에는 법원은 그 내용과 정도 등을 고려하여 보증채무를 감경하거나 면제할 수 있다.

제437조【보증인의 최고, 검색의 항변】 채권자가 보증인에게 채무의 이행을 청구한 때에는 보증인은 주채무자의 변제자력이 있는 사실 및 그 집행이 용이할 것을 증명하여 먼저 주채무자에게 청구할 것과 그 재산에 대하여 집행할 것을 항변할 수 있다. 그러나 보증인이 주채무자와 연대하여 채무를 부담한 때에는 그러하지 아니하다.

제438조【최고, 검색의 해태의 효과】 전조의 규정에 의한 보증인의 항변에 불구하고 채권자의 해태로 인하여 채무자로부터 전부나 일부의 변제를 받지 못한 경우에는 채권자가 해태하지 아니하였으면 변제받았을 한도에서 보증인은 그 의무를 면한다.

제439조【공동보증의 분별의 이익】 수인의 보증인이 각자의 행위로 보증채무를 부담한 경우에도 제408조의 규정을 적용한다.

제440조【시효중단의 보증인에 대한 효력】 주채무자에 대한 시효의 중단은 보증인에 대하여 그 효력이 있다.

제441조【수탁보증인의 구상권】 ① 주채무자의 부탁으로 보증인이 된 자가 과실 없이 변제 기타의 출재로 주채무를 소멸하게 한 때에는 주채무자에 대하여 구상권이 있다.
② 제425조 제2항의 규정은 전항의 경우에 준용한다.

제442조 【수탁보증인의 사전구상권】 ① 주채무자의 부탁으로 보증인이 된 자는 다음 각 호의 경우에 주채무자에 대하여 미리 구상권을 행사할 수 있다.
1. 보증인이 과실 없이 채권자에게 변제할 재판을 받은 때
2. 주채무자가 파산선고를 받은 경우에 채권자가 파산재단에 가입하지 아니한 때
3. 채무의 이행기가 확정되지 아니하고 그 최장기도 확정할 수 없는 경우에 보증계약 후 5년을 경과한 때
4. 채무의 이행기가 도래한 때

② 전항 제4호의 경우에는 보증계약 후에 채권자가 주채무자에게 허여한 기한으로 보증인에게 대항하지 못한다.

제443조 【주채무자의 면책청구】 전조의 규정에 의하여 주채무자가 보증인에게 배상하는 경우에 주채무자는 자기를 면책하게 하거나 자기에게 담보를 제공할 것을 보증인에게 청구할 수 있고 또는 배상할 금액을 공탁하거나 담보를 제공하거나 보증인을 면책하게 함으로써 그 배상의무를 면할 수 있다.

제444조 【부탁 없는 보증인의 구상권】 ① 주채무자의 부탁 없이 보증인이 된 자가 변제 기타 자기의 출재로 주채무를 소멸하게 한 때에는 주채무자는 그 당시에 이익을 받은 한도에서 배상하여야 한다.
② 주채무자의 의사에 반하여 보증인이 된 자가 변제 기타 자기의 출재로 주채무를 소멸하게 한 때에는 주채무자는 현존이익의 한도에서 배상하여야 한다.
③ 전항의 경우에 주채무자가 구상한 날 이전에 상계원인이 있음을 주장한 때에는 그 상계로 소멸할 채권은 보증인에게 이전된다.

제445조 【구상요건으로서의 통지】 ① 보증인이 주채무자에게 통지하지 아니하고 변제 기타 자기의 출재로 주채무를 소멸하게 한 경우에 주채무자가 채권자에게 대항할 수 있는 사유가 있었을 때에는 이 사유로 보증인에게 대항할 수 있고 그 대항사유가 상계인 때에는 상계로 소멸할 채권은 보증인에게 이전된다.
② 보증인이 변제 기타 자기의 출재로 면책되었음을 주채무자에게 통지하지 아니한 경우에 주채무자가 선의로 채권자에게 변제 기타 유상의 면책행위를 한 때에는 주채무자는 자기의 면책행위의 유효를 주장할 수 있다.

제446조 【주채무자의 보증인에 대한 면책통지의무】 주채무자가 자기의 행위로 면책하였음을 그 부탁으로 보증인이 된 자에게 통지하지 아니한 경우에 보증인이 선의로 채권자에게 변제 기타 유상의 면책행위를 한 때에는 보증인은 자기의 면책행위의 유효를 주장할 수 있다.

제447조 【연대, 불가분채무의 보증인의 구상권】 어느 연대채무자나 어느 불가분채무자를 위하여 보증인이 된 자는 다른 연대채무자나 다른 불가분채무자에 대하여 그 부담부분에 한하여 구상권이 있다.

제448조 【공동보증인 간의 구상권】 ① 수인의 보증인이 있는 경우에 어느 보증인이 자기의 부담부분을 넘은 변제를 한 때에는 제444조의 규정을 준용한다.
② 주채무가 불가분이거나 각 보증인이 상호연대로 또는 주채무자와 연대로 채무를 부담한 경우에 어느 보증인이 자기의 부담부분을 넘은 변제를 한 때에는 제425조 내지 제427조의 규정을 준용한다.

제4절 채권의 양도

제449조【채권의 양도성】 ① 채권은 양도할 수 있다. 그러나 채권의 성질이 양도를 허용하지 아니하는 때에는 그러하지 아니하다.
② 채권은 당사자가 반대의 의사를 표시한 경우에는 양도하지 못한다. 그러나 그 의사표시로써 선의의 제3자에게 대항하지 못한다.

제450조【지명채권양도의 대항요건】 ① 지명채권의 양도는 양도인이 채무자에게 통지하거나 채무자가 승낙하지 아니하면 채무자 기타 제3자에게 대항하지 못한다.
② 전항의 통지나 승낙은 확정일자 있는 증서에 의하지 아니하면 채무자 이외의 제3자에게 대항하지 못한다.

제451조【승낙, 통지의 효과】 ① 채무자가 이의를 보류하지 아니하고 전조의 승낙을 한 때에는 양도인에게 대항할 수 있는 사유로써 양수인에게 대항하지 못한다. 그러나 채무자가 채무를 소멸하게 하기 위하여 양도인에게 급여한 것이 있으면 이를 회수할 수 있고 양도인에 대하여 부담한 채무가 있으면 그 성립되지 아니함을 주장할 수 있다.
② 양도인이 양도통지만을 한 때에는 채무자는 그 통지를 받은 때까지 양도인에 대하여 생긴 사유로써 양수인에게 대항할 수 있다.

제452조【양도통지와 금반언】 ① 양도인이 채무자에게 채권양도를 통지한 때에는 아직 양도하지 아니하였거나 그 양도가 무효인 경우에도 선의인 채무자는 양수인에게 대항할 수 있는 사유로 양도인에게 대항할 수 있다.
② 전항의 통지는 양수인의 동의가 없으면 철회하지 못한다.

제5절 채무의 인수

제453조【채권자와의 계약에 의한 채무인수】 ① 제3자는 채권자와의 계약으로 채무를 인수하여 채무자의 채무를 면하게 할 수 있다. 그러나 채무의 성질이 인수를 허용하지 아니하는 때에는 그러하지 아니하다.
② 이해관계없는 제3자는 채무자의 의사에 반하여 채무를 인수하지 못한다.

제454조【채무자와의 계약에 의한 채무인수】 ① 제3자가 채무자와의 계약으로 채무를 인수한 경우에는 채권자의 승낙에 의하여 그 효력이 생긴다.
② 채권자의 승낙 또는 거절의 상대방은 채무자나 제3자이다.

제455조【승낙 여부의 최고】 ① 전조의 경우에 제3자나 채무자는 상당한 기간을 정하여 승낙 여부의 확답을 채권자에게 최고할 수 있다.
② 채권자가 그 기간 내에 확답을 발송하지 아니한 때에는 거절한 것으로 본다.

제456조【채무인수의 철회, 변경】 제3자와 채무자 간의 계약에 의한 채무인수는 채권자의 승낙이 있을 때까지 당사자는 이를 철회하거나 변경할 수 있다.

제457조【채무인수의 소급효】 채권자의 채무인수에 대한 승낙은 다른 의사표시가 없으면 채무를 인수한 때에 소급하여 그 효력이 생긴다. 그러나 제3자의 권리를 침해하지 못한다.

제458조【전채무자의 항변사유】 인수인은 전 채무자의 항변할 수 있는 사유로 채권자에게 대항할 수 있다.

제459조【채무인수와 보증, 담보의 소멸】 전 채무자의 채무에 대한 보증이나 제3자가 제공한 담보는 채무인수로 인하여 소멸한다. 그러나 보증인이나 제3자가 채무인수에 동의한 경우에는 그러하지 아니하다.

제6절 채권의 소멸

제1관 변 제

제460조【변제제공의 방법】 변제는 채무내용에 좇은 현실제공으로 이를 하여야 한다. 그러나 채권자가 미리 변제받기를 거절하거나 채무의 이행에 채권자의 행위를 요하는 경우에는 변제준비의 완료를 통지하고 그 수령을 최고하면 된다.

제461조【변제제공의 효과】 변제의 제공은 그때로부터 채무불이행의 책임을 면하게 한다.

제462조【특정물의 현상인도】 특정물의 인도가 채권의 목적인 때에는 채무자는 이행기의 현상대로 그 물건을 인도하여야 한다.

제463조【변제로서의 타인의 물건의 인도】 채무의 변제로 타인의 물건을 인도한 채무자는 다시 유효한 변제를 하지 아니하면 그 물건의 반환을 청구하지 못한다.

제464조【양도능력 없는 소유자의 물건인도】 양도할 능력 없는 소유자가 채무의 변제로 물건을 인도한 경우에는 그 변제가 취소된 때에도 다시 유효한 변제를 하지 아니하면 그 물건의 반환을 청구하지 못한다.

제465조【채권자의 선의소비, 양도와 구상권】
① 전2조의 경우에 채권자가 변제로 받은 물건을 선의로 소비하거나 타인에게 양도한 때에는 그 변제는 효력이 있다.
② 전항의 경우에 채권자가 제3자로부터 배상의 청구를 받은 때에는 채무자에 대하여 구상권을 행사할 수 있다.

제466조【대물변제】 채무자가 채권자의 승낙을 얻어 본래의 채무이행에 갈음하여 다른 급여를 한 때에는 변제와 같은 효력이 있다.

제467조【변제의 장소】 ① 채무의 성질 또는 당사자의 의사표시로 변제장소를 정하지 아니한 때에는 특정물의 인도는 채권 성립 당시에 그 물건이 있던 장소에서 하여야 한다.
② 전항의 경우에 특정물인도 이외의 채무변제는 채권자의 현주소에서 하여야 한다. 그러나 영업에 관한 채무의 변제는 채권자의 현영업소에서 하여야 한다.

제468조【변제기 전의 변제】 당사자의 특별한 의사표시가 없으면 변제기 전이라도 채무자는 변제할 수 있다. 그러나 상대방의 손해는 배상하여야 한다.

제469조【제3자의 변제】 ① 채무의 변제는 제3자도 할 수 있다. 그러나 채무의 성질 또는 당사자의 의사표시로 제3자의 변제를 허용하지 아니하는 때에는 그러하지 아니하다.
② 이해관계없는 제3자는 채무자의 의사에 반하여 변제하지 못한다.

제470조【채권의 준점유자에 대한 변제】 채권의 준점유자에 대한 변제는 변제자가 선의이며 과실 없는 때에 한하여 효력이 있다.

제471조【영수증소지자에 대한 변제】 영수증을 소지한 자에 대한 변제는 그 소지자가 변제를 받을 권한이 없는 경우에도 효력이 있다. 그러나 변제자가 그 권한 없음을 알았거나 알 수 있었을 경우에는 그러하지 아니하다.

제472조【권한 없는 자에 대한 변제】 전2조의 경우 외에 변제받을 권한 없는 자에 대한 변제는 채권자가 이익을 받은 한도에서 효력이 있다.

제473조【변제비용의 부담】 변제비용은 다른 의사표시가 없으면 채무자의 부담으로 한다. 그러나 채권자의 주소 이전 기타의 행위로 인하여 변제비용이 증가된 때에는 그 증가액은 채권자의 부담으로 한다.

제474조【영수증청구권】 변제자는 변제를 받는 자에게 영수증을 청구할 수 있다.

제475조【채권증서반환청구권】 채권증서가 있는 경우에 변제자가 채무전부를 변제한 때에는 채권증서의 반환을 청구할 수 있다. 채권이 변제 이외의 사유로 전부 소멸한 때에도 같다.

제476조【지정변제충당】① 채무자가 동일한 채권자에 대하여 같은 종류를 목적으로 한 수개의 채무를 부담한 경우에 변제의 제공이 그 채무전부를 소멸하게 하지 못하는 때에는 변제자는 그 당시 어느 채무를 지정하여 그 변제에 충당할 수 있다.
② 변제자가 전항의 지정을 하지 아니할 때에는 변제받는 자는 그 당시 어느 채무를 지정하여 변제에 충당할 수 있다. 그러나 변제자가 그 충당에 대하여 즉시 이의를 한 때에는 그러하지 아니하다.
③ 전2항의 변제충당은 상대방에 대한 의사표시로써 한다.

제477조【법정변제충당】 당사자가 변제에 충당할 채무를 지정하지 아니한 때에는 다음 각 호의 규정에 의한다.
1. 채무 중에 이행기가 도래한 것과 도래하지 아니한 것이 있으면 이행기가 도래한 채무의 변제에 충당한다.
2. 채무전부의 이행기가 도래하였거나 도래하지 아니한 때에는 채무자에게 변제이익이 많은 채무의 변제에 충당한다.
3. 채무자에게 변제이익이 같으면 이행기가 먼저 도래한 채무나 먼저 도래할 채무의 변제에 충당한다.
4. 전2호의 사항이 같은 때에는 그 채무액에 비례하여 각 채무의 변제에 충당한다.

제478조【부족변제의 충당】 1개의 채무에 수개의 급여를 요할 경우에 변제자가 그 채무 전부를 소멸하게 하지 못한 급여를 한 때에는 전2조의 규정을 준용한다.

제479조【비용, 이자, 원본에 대한 변제충당의 순서】
① 채무자가 1개 또는 수개의 채무의 비용 및 이자를 지급할 경우에 변제자가 그 전부를 소멸하게 하지 못한 급여를 한 때에는 비용, 이자, 원본의 순서로 변제에 충당하여야 한다.
② 전항의 경우에 제477조의 규정을 준용한다.

제480조【변제자의 임의대위】① 채무자를 위하여 변제한 자는 변제와 동시에 채권자의 승낙을 얻어 채권자를 대위할 수 있다.
② 전항의 경우에 제450조 내지 제452조의 규정을 준용한다.

제481조【변제자의 법정대위】 변제할 정당한 이익이 있는 자는 변제로 당연히 채권자를 대위한다.

제482조【변제자대위의 효과, 대위자 간의 관계】
① 전2조의 규정에 의하여 채권자를 대위한 자는 자기의 권리에 의하여 구상할 수 있는 범위에서 채권 및 그 담보에 관한 권리를 행사할 수 있다.
② 전항의 권리행사는 다음 각 호의 규정에 의하여야 한다.
1. 보증인은 미리 전세권이나 저당권의 등기에 그 대위를 부기하지 아니하면 전세물이나 저당물에 권리를 취득한 제3자에 대하여 채권자를 대위하지 못한다.
2. 제3취득자는 보증인에 대하여 채권자를 대위하지 못한다.
3. 제3취득자 중의 1인은 각 부동산의 가액에 비례하여 다른 제3취득자에 대하여 채권자를 대위한다.
4. 자기의 재산을 타인의 채무의 담보로 제공한 자가 수인인 경우에는 전호의 규정을 준용한다.
5. 자기의 재산을 타인의 채무의 담보로 제공한 자와 보증인 간에는 그 인원수에 비례하여 채권자를 대위한다. 그러나 자기의 재산을 타인의 채무의 담보로 제공한 자가 수인인 때에는 보증인의 부담부분을 제외하고 그 잔액에 대하여 각 재산의 가액에 비례하여 대위한다. 이 경우에 그 재산이 부동산인 때에는 제1호의 규정을 준용한다.

제483조【일부의 대위】① 채권의 일부에 대하여 대위변제가 있는 때에는 대위자는 그 변제한 가액에 비례하여 채권자와 함께 그 권리를 행사한다.

② 전항의 경우에 채무불이행을 원인으로 하는 계약의 해지 또는 해제는 채권자만이 할 수 있고 채권자는 대위자에게 그 변제한 가액과 이자를 상환하여야 한다.

제484조 【대위변제와 채권증서, 담보물】 ① 채권 전부의 대위변제를 받은 채권자는 그 채권에 관한 증서 및 점유한 담보물을 대위자에게 교부하여야 한다.
② 채권의 일부에 대한 대위변제가 있는 때에는 채권자는 채권증서에 그 대위를 기입하고 자기가 점유한 담보물의 보존에 관하여 대위자의 감독을 받아야 한다.

제485조 【채권자의 담보상실, 감소행위와 법정대위자의 면책】 제481조의 규정에 의하여 대위할 자가 있는 경우에 채권자의 고의나 과실로 담보가 상실되거나 감소된 때에는 대위할 자는 그 상실 또는 감소로 인하여 상환을 받을 수 없는 한도에서 그 책임을 면한다.

제486조 【변제 이외의 방법에 의한 채무소멸과 대위】 제3자가 공탁 기타 자기의 출재로 채무자의 채무를 면하게 한 경우에도 전6조의 규정을 준용한다.

제2관 공 탁

제487조 【변제공탁의 요건, 효과】 채권자가 변제를 받지 아니하거나 받을 수 없는 때에는 변제자는 채권자를 위하여 변제의 목적물을 공탁하여 그 채무를 면할 수 있다. 변제자가 과실 없이 채권자를 알 수 없는 경우에도 같다.

제488조 【공탁의 방법】 ① 공탁은 채무이행지의 공탁소에 하여야 한다.
② 공탁소에 관하여 법률에 특별한 규정이 없으면 법원은 변제자의 청구에 의하여 공탁소를 지정하고 공탁물보관자를 선임하여야 한다.
③ 공탁자는 지체 없이 채권자에게 공탁통지를 하여야 한다.

제489조 【공탁물의 회수】 ① 채권자가 공탁을 승인하거나 공탁소에 대하여 공탁물을 받기를 통고하거나 공탁유효의 판결이 확정되기까지는 변제자는 공탁물을 회수할 수 있다. 이 경우에는 공탁하지 아니한 것으로 본다.
② 전항의 규정은 질권 또는 저당권이 공탁으로 인하여 소멸한 때에는 적용하지 아니한다.

제490조 【자조매각금의 공탁】 변제의 목적물이 공탁에 적당하지 아니하거나 멸실 또는 훼손될 염려가 있거나 공탁에 과다한 비용을 요하는 경우에는 변제자는 법원의 허가를 얻어 그 물건을 경매하거나 시가로 방매하여 대금을 공탁할 수 있다.

제491조 【공탁물수령과 상대의무이행】 채무자가 채권자의 상대의무이행과 동시에 변제할 경우에는 채권자는 그 의무이행을 하지 아니하면 공탁물을 수령하지 못한다.

제3관 상 계

제492조 【상계의 요건】 ① 쌍방이 서로 같은 종류를 목적으로 한 채무를 부담한 경우에 그 쌍방의 채무의 이행기가 도래한 때에는 각 채무자는 대등액에 관하여 상계할 수 있다. 그러나 채무의 성질이 상계를 허용하지 아니할 때에는 그러하지 아니하다.
② 전항의 규정은 당사자가 다른 의사를 표시한 경우에는 적용하지 아니한다. 그러나 그 의사표시로써 선의의 제3자에게 대항하지 못한다.

제493조 【상계의 방법, 효과】 ① 상계는 상대방에 대한 의사표시로 한다. 이 의사표시에는 조건 또는 기한을 붙이지 못한다.
② 상계의 의사표시는 각 채무가 상계할 수 있는 때에 대등액에 관하여 소멸한 것으로 본다.

제494조 【이행지를 달리하는 채무의 상계】 각 채무의 이행지가 다른 경우에도 상계할 수 있다. 그러나 상계하는 당사자는 상대방에게 상계로 인한 손해를 배상하여야 한다.

제495조【소멸시효완성된 채권에 의한 상계】 소멸시효가 완성된 채권이 그 완성 전에 상계할 수 있었던 것이면 그 채권자는 상계할 수 있다.

제496조【불법행위채권을 수동채권으로 하는 상계의 금지】 채무가 고의의 불법행위로 인한 것인 때에는 그 채무자는 상계로 채권자에게 대항하지 못한다.

제497조【압류금지채권을 수동채권으로 하는 상계의 금지】 채권이 압류하지 못할 것인 때에는 그 채무자는 상계로 채권자에게 대항하지 못한다.

제498조【지급금지채권을 수동채권으로 하는 상계의 금지】 지급을 금지하는 명령을 받은 제삼채무자는 그 후에 취득한 채권에 의한 상계로 그 명령을 신청한 채권자에게 대항하지 못한다.

제499조【준용규정】 제476조 내지 제479조의 규정은 상계에 준용한다.

제4관 경 개

제500조【경개의 요건, 효과】 당사자가 채무의 중요한 부분을 변경하는 계약을 한 때에는 구채무는 경개로 인하여 소멸한다.

제501조【채무자변경으로 인한 경개】 채무자의 변경으로 인한 경개는 채권자와 신채무자 간의 계약으로 이를 할 수 있다. 그러나 구채무자의 의사에 반하여 이를 하지 못한다.

제502조【채권자변경으로 인한 경개】 채권자의 변경으로 인한 경개는 확정일자 있는 증서로 하지 아니하면 이로써 제3자에게 대항하지 못한다.

제503조【채권자변경의 경개와 채무자승낙의 효과】 제451조 제1항의 규정은 채권자의 변경으로 인한 경개에 준용한다.

제504조【구채무불소멸의 경우】 경개로 인한 신채무가 원인의 불법 또는 당사자가 알지 못한 사유로 인하여 성립되지 아니하거나 취소된 때에는 구채무는 소멸되지 아니한다.

제505조【신채무에의 담보이전】 경개의 당사자는 구채무의 담보를 그 목적의 한도에서 신채무의 담보로 할 수 있다. 그러나 제3자가 제공한 담보는 그 승낙을 얻어야 한다.

제5관 면 제

제506조【면제의 요건, 효과】 채권자가 채무자에게 채무를 면제하는 의사를 표시한 때에는 채권은 소멸한다. 그러나 면제로써 정당한 이익을 가진 제3자에게 대항하지 못한다.

제6관 혼 동

제507조【혼동의 요건, 효과】 채권과 채무가 동일한 주체에 귀속한 때에는 채권은 소멸한다. 그러나 그 채권이 제3자의 권리의 목적인 때에는 그러하지 아니하다.

제7절 지시채권

제508조【지시채권의 양도방식】 지시채권은 그 증서에 배서하여 양수인에게 교부하는 방식으로 양도할 수 있다.

제509조【환배서】 ① 지시채권은 그 채무자에 대하여도 배서하여 양도할 수 있다.
② 배서로 지시채권을 양수한 채무자는 다시 배서하여 이를 양도할 수 있다.

제510조【배서의 방식】 ① 배서는 증서 또는 그 보충지에 그 뜻을 기재하고 배서인이 서명 또는 기명날인함으로써 이를 한다.
② 배서는 피배서인을 지정하지 아니하고 할 수 있으며 또 배서인의 서명 또는 기명날인만으로 할 수 있다.

제511조【약식배서의 처리방식】 배서가 전조 제2항의 약식에 의한 때에는 소지인은 다음 각 호의 방식으로 처리할 수 있다.
1. 자기나 타인의 명칭을 피배서인으로 기재할 수 있다.

2. 약식으로 또는 타인을 피배서인으로 표시하여 다시 증서에 배서할 수 있다.
3. 피배서인을 기재하지 아니하고 배서 없이 증서를 제3자에게 교부하여 양도할 수 있다.

제512조 【소지인출급배서의 효력】 소지인출급의 배서는 약식배서와 같은 효력이 있다.

제513조 【배서의 자격수여력】 ① 증서의 점유자가 배서의 연속으로 그 권리를 증명하는 때에는 적법한 소지인으로 본다. 최후의 배서가 약식인 경우에도 같다.
② 약식배서 다음에 다른 배서가 있으면 그 배서인은 약식배서로 증서를 취득한 것으로 본다.
③ 말소된 배서는 배서의 연속에 관하여 그 기재가 없는 것으로 본다.

제514조 【동전 - 선의취득】 누구든지 증서의 적법한 소지인에 대하여 그 반환을 청구하지 못한다. 그러나 소지인이 취득한 때에 양도인이 권리 없음을 알았거나 중대한 과실로 알지 못한 때에는 그러하지 아니하다.

제515조 【이전배서와 인적항변】 지시채권의 채무자는 소지인의 전자에 대한 인적관계의 항변으로 소지인에게 대항하지 못한다. 그러나 소지인이 그 채무자를 해함을 알고 지시채권을 취득한 때에는 그러하지 아니하다.

제516조 【변제의 장소】 증서에 변제장소를 정하지 아니한 때에는 채무자의 현영업소를 변제장소로 한다. 영업소가 없는 때에는 현주소를 변제장소로 한다.

제517조 【증서의 제시와 이행지체】 증서에 변제기한이 있는 경우에도 그 기한이 도래한 후에 소지인이 증서를 제시하여 이행을 청구한 때로부터 채무자는 지체책임이 있다.

제518조 【채무자의 조사권리의무】 채무자는 배서의 연속 여부를 조사할 의무가 있으며 배서인의 서명 또는 날인의 진위나 소지인의 진위를 조사할 권리는 있으나 의무는 없다. 그러나 채무자가 변제하는 때에 소지인이 권리자 아님을 알았거나 중대한 과실로 알지 못한 때에는 그 변제는 무효로 한다.

제519조 【변제와 증서교부】 채무자는 증서와 교환하여서만 변제할 의무가 있다.

제520조 【영수의 기입청구권】 ① 채무자는 변제하는 때에 소지인에 대하여 증서에 영수를 증명하는 기재를 할 것을 청구할 수 있다.
② 일부변제의 경우에 채무자의 청구가 있으면 채권자는 증서에 그 뜻을 기재하여야 한다.

제521조 【공시최고절차에 의한 증서의 실효】 멸실한 증서나 소지인의 점유를 이탈한 증서는 공시최고의 절차에 의하여 무효로 할 수 있다.

제522조 【공시최고절차에 의한 공탁, 변제】 공시최고의 신청이 있는 때에는 채무자로 하여금 채무의 목적물을 공탁하게 할 수 있고 소지인이 상당한 담보를 제공하면 변제하게 할 수 있다.

제8절 무기명채권

제523조 【무기명채권의 양도방식】 무기명채권은 양수인에게 그 증서를 교부함으로써 양도의 효력이 있다.

제524조 【준용규정】 제514조 내지 제522조의 규정은 무기명채권에 준용한다.

제525조 【지명소지인출급채권】 채권자를 지정하고 소지인에게도 변제할 것을 부기한 증서는 무기명채권과 같은 효력이 있다.

제526조 【면책증서】 제516조, 제517조 및 제520조의 규정은 채무자가 증서소지인에게 변제하여 그 책임을 면할 목적으로 발행한 증서에 준용한다.

제2장 계 약

제1절 총 칙

제1관 계약의 성립

제527조【계약의 청약의 구속력】 계약의 청약은 이를 철회하지 못한다.

제528조【승낙기간을 정한 계약의 청약】 ① 승낙의 기간을 정한 계약의 청약은 청약자가 그 기간 내에 승낙의 통지를 받지 못한 때에는 그 효력을 잃는다.
② 승낙의 통지가 전항의 기간 후에 도달한 경우에 보통 그 기간 내에 도달할 수 있는 발송인 때에는 청약자는 지체 없이 상대방에게 그 연착의 통지를 하여야 한다. 그러나 그 도달 전에 지연의 통지를 발송한 때에는 그러하지 아니하다.
③ 청약자가 전항의 통지를 하지 아니한 때에는 승낙의 통지는 연착되지 아니한 것으로 본다.

제529조【승낙기간을 정하지 아니한 계약의 청약】 승낙의 기간을 정하지 아니한 계약의 청약은 청약자가 상당한 기간 내에 승낙의 통지를 받지 못한 때에는 그 효력을 잃는다.

제530조【연착된 승낙의 효력】 전2조의 경우에 연착된 승낙은 청약자가 이를 새 청약으로 볼 수 있다.

제531조【격지자간의 계약 성립시기】 격지자 간의 계약은 승낙의 통지를 발송한 때에 성립한다.

제532조【의사실현에 의한 계약 성립】 청약자의 의사표시나 관습에 의하여 승낙의 통지가 필요하지 아니한 경우에는 계약은 승낙의 의사표시로 인정되는 사실이 있는 때에 성립한다.

제533조【교차청약】 당사자 간에 동일한 내용의 청약이 상호교차된 경우에는 양 청약이 상대방에게 도달한 때에 계약이 성립한다.

제534조【변경을 가한 승낙】 승낙자가 청약에 대하여 조건을 붙이거나 변경을 가하여 승낙한 때에는 그 청약의 거절과 동시에 새로 청약한 것으로 본다.

제535조【계약체결상의 과실】 ① 목적이 불능한 계약을 체결할 때에 그 불능을 알았거나 알 수 있었을 자는 상대방이 그 계약의 유효를 믿었음으로 인하여 받은 손해를 배상하여야 한다. 그러나 그 배상액은 계약이 유효함으로 인하여 생길 이익액을 넘지 못한다.
② 전항의 규정은 상대방이 그 불능을 알았거나 알 수 있었을 경우에는 적용하지 아니한다.

제2관 계약의 효력

제536조【동시이행의 항변권】 ① 쌍무계약의 당사자 일방은 상대방이 그 채무이행을 제공할 때 까지 자기의 채무이행을 거절할 수 있다. 그러나 상대방의 채무가 변제기에 있지 아니하는 때에는 그러하지 아니하다.
② 당사자 일방이 상대방에게 먼저 이행하여야 할 경우에 상대방의 이행이 곤란할 현저한 사유가 있는 때에는 전항 본문과 같다.

제537조【채무자위험부담주의】 쌍무계약의 당사자 일방의 채무가 당사자 쌍방의 책임 없는 사유로 이행할 수 없게 된 때에는 채무자는 상대방의 이행을 청구하지 못한다.

제538조【채권자귀책사유로 인한 이행불능】 ① 쌍무계약의 당사자 일방의 채무가 채권자의 책임 있는 사유로 이행할 수 없게 된 때에는 채무자는 상대방의 이행을 청구할 수 있다. 채권자의 수령지체 중에 당사자 쌍방의 책임 없는 사유로 이행할 수 없게 된 때에도 같다.
② 전항의 경우에 채무자는 자기의 채무를 면함으로써 이익을 얻은 때에는 이를 채권자에게 상환하여야 한다.

제539조【제3자를 위한 계약】 ① 계약에 의하여 당사자 일방이 제3자에게 이행할 것을 약정한 때에는 그 제3자는 채무자에게 직접 그 이행을 청구할 수 있다.

② 전항의 경우에 제3자의 권리는 그 제3자가 채무자에 대하여 계약의 이익을 받을 의사를 표시한 때에 생긴다.

제540조 【채무자의 제3자에 대한 최고권】 전조의 경우에 채무자는 상당한 기간을 정하여 계약의 이익의 향수 여부의 확답을 제3자에게 최고할 수 있다. 채무자가 그 기간 내에 확답을 받지 못한 때에는 제3자가 계약의 이익을 받을 것을 거절한 것으로 본다.

제541조 【제3자의 권리의 확정】 제539조의 규정에 의하여 제3자의 권리가 생긴 후에는 당사자는 이를 변경 또는 소멸시키지 못한다.

제542조 【채무자의 항변권】 채무자는 제539조의 계약에 기한 항변으로 그 계약의 이익을 받을 제3자에게 대항할 수 있다.

제3관 계약의 해지, 해제

제543조 【해지, 해제권】 ① 계약 또는 법률의 규정에 의하여 당사자의 일방이나 쌍방이 해지 또는 해제의 권리가 있는 때에는 그 해지 또는 해제는 상대방에 대한 의사표시로 한다.
② 전항의 의사표시는 철회하지 못한다.

제544조 【이행지체와 해제】 당사자 일방이 그 채무를 이행하지 아니하는 때에는 상대방은 상당한 기간을 정하여 그 이행을 최고하고 그 기간 내에 이행하지 아니한 때에는 계약을 해제할 수 있다. 그러나 채무자가 미리 이행하지 아니할 의사를 표시한 경우에는 최고를 요하지 아니한다.

제545조 【정기행위와 해제】 계약의 성질 또는 당사자의 의사표시에 의하여 일정한 시일 또는 일정한 기간 내에 이행하지 아니하면 계약의 목적을 달성할 수 없을 경우에 당사자 일방이 그 시기에 이행하지 아니한 때에는 상대방은 전조의 최고를 하지 아니하고 계약을 해제할 수 있다.

제546조 【이행불능과 해제】 채무자의 책임 있는 사유로 이행이 불능하게 된 때에는 채권자는 계약을 해제할 수 있다.

제547조 【해지, 해제권의 불가분성】 ① 당사자의 일방 또는 쌍방이 수인인 경우에는 계약의 해지나 해제는 그 전원으로부터 또는 전원에 대하여 하여야 한다.
② 전항의 경우에 해지나 해제의 권리가 당사자 1인에 대하여 소멸한 때에는 다른 당사자에 대하여도 소멸한다.

제548조 【해제의 효과, 원상회복의무】 ① 당사자 일방이 계약을 해제한 때에는 각 당사자는 그 상대방에 대하여 원상회복의 의무가 있다. 그러나 제3자의 권리를 해하지 못한다.
② 전항의 경우에 반환할 금전에는 그 받은 날로부터 이자를 가하여야 한다.

제549조 【원상회복의무와 동시이행】 제536조의 규정은 전조의 경우에 준용한다.

제550조 【해지의 효과】 당사자 일방이 계약을 해지한 때에는 계약은 장래에 대하여 그 효력을 잃는다.

제551조 【해지, 해제와 손해배상】 계약의 해지 또는 해제는 손해배상의 청구에 영향을 미치지 아니한다.

제552조 【해제권 행사 여부의 최고권】 ① 해제권의 행사의 기간을 정하지 아니한 때에는 상대방은 상당한 기간을 정하여 해제권 행사 여부의 확답을 해제권자에게 최고할 수 있다.
② 전항의 기간 내에 해제의 통지를 받지 못한 때에는 해제권은 소멸한다.

제553조 【훼손 등으로 인한 해제권의 소멸】 해제권자의 고의나 과실로 인하여 계약의 목적물이 현저히 훼손되거나 이를 반환할 수 없게 된 때 또는 가공이나 개조로 인하여 다른 종류의 물건으로 변경된 때에는 해제권은 소멸한다.

제2절 증여

제554조【증여의 의의】 증여는 당사자 일방이 무상으로 재산을 상대방에 수여하는 의사를 표시하고 상대방이 이를 승낙함으로써 그 효력이 생긴다.

제555조【서면에 의하지 아니한 증여와 해제】 증여의 의사가 서면으로 표시되지 아니한 경우에는 각 당사자는 이를 해제할 수 있다.

제556조【수증자의 행위와 증여의 해제】 ① 수증자가 증여자에 대하여 다음 각 호의 사유가 있는 때에는 증여자는 그 증여를 해제할 수 있다.
1. 증여자 또는 그 배우자나 직계혈족에 대한 범죄행위가 있는 때
2. 증여자에 대하여 부양의무 있는 경우에 이를 이행하지 아니하는 때

② 전항의 해제권은 해제원인 있음을 안 날로부터 6월을 경과하거나 증여자가 수증자에 대하여 용서의 의사를 표시한 때에는 소멸한다.

제557조【증여자의 재산상태변경과 증여의 해제】 증여계약 후에 증여자의 재산상태가 현저히 변경되고 그 이행으로 인하여 생계에 중대한 영향을 미칠 경우에는 증여자는 증여를 해제할 수 있다.

제558조【해제와 이행완료부분】 전3조의 규정에 의한 계약의 해제는 이미 이행한 부분에 대하여는 영향을 미치지 아니한다.

제559조【증여자의 담보책임】 ① 증여자는 증여의 목적인 물건 또는 권리의 하자나 흠결에 대하여 책임을 지지 아니한다. 그러나 증여자가 그 하자나 흠결을 알고 수증자에게 고지하지 아니한 때에는 그러하지 아니하다.

② 상대부담 있는 증여에 대하여는 증여자는 그 부담의 한도에서 매도인과 같은 담보의 책임이 있다.

제560조【정기증여와 사망으로 인한 실효】 정기의 급여를 목적으로 한 증여는 증여자 또는 수증자의 사망으로 인하여 그 효력을 잃는다.

제561조【부담부증여】 상대부담 있는 증여에 대하여는 본절의 규정 외에 쌍무계약에 관한 규정을 적용한다.

제562조【사인증여】 증여자의 사망으로 인하여 효력이 생길 증여에는 유증에 관한 규정을 준용한다.

제3절 매 매

제1관 총 칙

제563조【매매의 의의】 매매는 당사자 일방이 재산권을 상대방에게 이전할 것을 약정하고 상대방이 그 대금을 지급할 것을 약정함으로써 그 효력이 생긴다.

제564조【매매의 일방예약】 ① 매매의 일방예약은 상대방이 매매를 완결할 의사를 표시하는 때에 매매의 효력이 생긴다.

② 전항의 의사표시의 기간을 정하지 아니한 때에는 예약자는 상당한 기간을 정하여 매매완결 여부의 확답을 상대방에게 최고할 수 있다.

③ 예약자가 전항의 기간 내에 확답을 받지 못한 때에는 예약은 그 효력을 잃는다.

제565조【해약금】 ① 매매의 당사자 일방이 계약 당시에 금전 기타 물건을 계약금, 보증금 등의 명목으로 상대방에게 교부한 때에는 당사자 간에 다른 약정이 없는 한 당사자의 일방이 이행에 착수할 때까지 교부자는 이를 포기하고 수령자는 그 배액을 상환하여 매매계약을 해제할 수 있다.

② 제551조의 규정은 전항의 경우에 이를 적용하지 아니한다.

제566조【매매계약의 비용의 부담】 매매계약에 관한 비용은 당사자 쌍방이 균분하여 부담한다.

제567조【유상계약에의 준용】 본절의 규정은 매매 이외의 유상계약에 준용한다. 그러나 그 계약의 성질이 이를 허용하지 아니하는 때에는 그러하지 아니하다.

제2관 매매의 효력

제568조【매매의 효력】 ① 매도인은 매수인에 대하여 매매의 목적이 된 권리를 이전하여야 하며 매수인은 매도인에게 그 대금을 지급하여야 한다.
② 전항의 쌍방의무는 특별한 약정이나 관습이 없으면 동시에 이행하여야 한다.

제569조【타인의 권리의 매매】 매매의 목적이 된 권리가 타인에게 속한 경우에는 매도인은 그 권리를 취득하여 매수인에게 이전하여야 한다.

제570조【동전 - 매도인의 담보책임】 전조의 경우에 매도인이 그 권리를 취득하여 매수인에게 이전할 수 없는 때에는 매수인은 계약을 해제할 수 있다. 그러나 매수인이 계약 당시 그 권리가 매도인에게 속하지 아니함을 안 때에는 손해배상을 청구하지 못한다.

제571조【동전 - 선의의 매도인의 담보책임】 ① 매도인이 계약 당시에 매매의 목적이 된 권리가 자기에게 속하지 아니함을 알지 못한 경우에 그 권리를 취득하여 매수인에게 이전할 수 없는 때에는 매도인은 손해를 배상하고 계약을 해제할 수 있다.
② 전항의 경우에 매수인이 계약당시 그 권리가 매도인에게 속하지 아니함을 안 때에는 매도인은 매수인에 대하여 그 권리를 이전할 수 없음을 통지하고 계약을 해제할 수 있다.

제572조【권리의 일부가 타인에게 속한 경우와 매도인의 담보책임】 ① 매매의 목적이 된 권리의 일부가 타인에게 속함으로 인하여 매도인이 그 권리를 취득하여 매수인에게 이전할 수 없는 때에는 매수인은 그 부분의 비율로 대금의 감액을 청구할 수 있다.
② 전항의 경우에 잔존한 부분만이면 매수인이 이를 매수하지 아니하였을 때에는 선의의 매수인은 계약전부를 해제할 수 있다.
③ 선의의 매수인은 감액청구 또는 계약해제 외에 손해배상을 청구할 수 있다.

제573조【전조의 권리행사의 기간】 전조의 권리는 매수인이 선의인 경우에는 사실을 안 날로부터, 악의인 경우에는 계약한 날로부터 1년 내에 행사하여야 한다.

제574조【수량부족, 일부멸실의 경우와 매도인의 담보책임】 전2조의 규정은 수량을 지정한 매매의 목적물이 부족되는 경우와 매매목적물의 일부가 계약 당시에 이미 멸실된 경우에 매수인이 그 부족 또는 멸실을 알지 못한 때에 준용한다.

제575조【제한물권 있는 경우와 매도인의 담보책임】
① 매매의 목적물이 지상권, 지역권, 전세권, 질권 또는 유치권의 목적이 된 경우에 매수인이 이를 알지 못한 때에는 이로 인하여 계약의 목적을 달성할 수 없는 경우에 한하여 매수인은 계약을 해제할 수 있다. 기타의 경우에는 손해배상만을 청구할 수 있다.
② 전항의 규정은 매매의 목적이 된 부동산을 위하여 존재할 지역권이 없거나 그 부동산에 등기된 임대차계약이 있는 경우에 준용한다.
③ 전2항의 권리는 매수인이 그 사실을 안 날로부터 1년 내에 행사하여야 한다.

제576조【저당권, 전세권의 행사와 매도인의 담보책임】 ① 매매의 목적이 된 부동산에 설정된 저당권 또는 전세권의 행사로 인하여 매수인이 그 소유권을 취득할 수 없거나 취득한 소유권을 잃은 때에는 매수인은 계약을 해제할 수 있다.
② 전항의 경우에 매수인의 출재로 그 소유권을 보존한 때에는 매도인에 대하여 그 상환을 청구할 수 있다.
③ 전2항의 경우에 매수인이 손해를 받은 때에는 그 배상을 청구할 수 있다.

제577조【저당권의 목적이 된 지상권, 전세권의 매매와 매도인의 담보책임】 전조의 규정은 저당권의 목적이 된 지상권 또는 전세권이 매매의 목적이 된 경우에 준용한다.

제578조【경매와 매도인의 담보책임】① 경매의 경우에는 경락인은 전8조의 규정에 의하여 채무자에게 계약의 해제 또는 대금감액의 청구를 할 수 있다.
② 전항의 경우에 채무자가 자력이 없는 때에는 경락인은 대금의 배당을 받은 채권자에 대하여 그 대금전부나 일부의 반환을 청구할 수 있다.
③ 전2항의 경우에 채무자가 물건 또는 권리의 흠결을 알고 고지하지 아니하거나 채권자가 이를 알고 경매를 청구한 때에는 경락인은 그 흠결을 안 채무자나 채권자에 대하여 손해배상을 청구할 수 있다.

제579조【채권매매와 매도인의 담보책임】① 채권의 매도인이 채무자의 자력을 담보한 때에는 매매계약 당시의 자력을 담보한 것으로 추정한다.
② 변제기에 도달하지 아니한 채권의 매도인이 채무자의 자력을 담보한 때에는 변제기의 자력을 담보한 것으로 추정한다.

제580조【매도인의 하자담보책임】① 매매의 목적물에 하자가 있는 때에는 제575조 제1항의 규정을 준용한다. 그러나 매수인이 하자 있는 것을 알았거나 과실로 인하여 이를 알지 못한 때에는 그러하지 아니하다.
② 전항의 규정은 경매의 경우에 적용하지 아니한다.

제581조【종류매매와 매도인의 담보책임】① 매매의 목적물을 종류로 지정한 경우에도 그 후 특정된 목적물에 하자가 있는 때에는 전조의 규정을 준용한다.
② 전항의 경우에 매수인은 계약의 해제 또는 손해배상의 청구를 하지 아니하고 하자 없는 물건을 청구할 수 있다.

제582조【전2조의 권리행사기간】전2조에 의한 권리는 매수인이 그 사실을 안 날로부터 6월 내에 행사하여야 한다.

제583조【담보책임과 동시이행】제536조의 규정은 제572조 내지 제575조, 제580조 및 제581조의 경우에 준용한다.

제584조【담보책임면제의 특약】매도인은 전15조에 의한 담보책임을 면하는 특약을 한 경우에도 매도인이 알고 고지하지 아니한 사실 및 제3자에게 권리를 설정 또는 양도한 행위에 대하여는 책임을 면하지 못한다.

제585조【동일 기한의 추정】매매의 당사자 일방에 대한 의무이행의 기한이 있는 때에는 상대방의 의무이행에 대하여도 동일한 기한이 있는 것으로 추정한다.

제586조【대금지급장소】매매의 목적물의 인도와 동시에 대금을 지급할 경우에는 그 인도장소에서 이를 지급하여야 한다.

제587조【과실의 귀속, 대금의 이자】매매계약 있은 후에도 인도하지 아니한 목적물로부터 생긴 과실은 매도인에게 속한다. 매수인은 목적물의 인도를 받은 날로부터 대금의 이자를 지급하여야 한다. 그러나 대금의 지급에 대하여 기한이 있는 때에는 그러하지 아니하다.

제588조【권리주장자가 있는 경우와 대금지급거절권】매매의 목적물에 대하여 권리를 주장하는 자가 있는 경우에 매수인이 매수한 권리의 전부나 일부를 잃을 염려가 있는 때에는 매수인은 그 위험의 한도에서 대금의 전부나 일부의 지급을 거절할 수 있다. 그러나 매도인이 상당한 담보를 제공한 때에는 그러하지 아니하다.

제589조【대금공탁청구권】전조의 경우에 매도인은 매수인에 대하여 대금의 공탁을 청구할 수 있다.

제3관 환 매

제590조【환매의 의의】① 매도인이 매매계약과 동시에 환매할 권리를 보류한 때에는 그 영수한 대금 및 매수인이 부담한 매매비용을 반환하고 그 목적물을 환매할 수 있다.
② 전항의 환매대금에 관하여 특별한 약정이 있으면 그 약정에 의한다.

③ 전2항의 경우에 목적물의 과실과 대금의 이자는 특별한 약정이 없으면 이를 상계한 것으로 본다.

제591조 【환매기간】 ① 환매기간은 부동산은 5년, 동산은 3년을 넘지 못한다. 약정기간이 이를 넘는 때에는 부동산은 5년, 동산은 3년으로 단축한다.
② 환매기간을 정한 때에는 다시 이를 연장하지 못한다.
③ 환매기간을 정하지 아니한 때에는 그 기간은 부동산은 5년, 동산은 3년으로 한다.

제592조 【환매등기】 매매의 목적물이 부동산인 경우에 매매등기와 동시에 환매권의 보류를 등기한 때에는 제3자에 대하여 그 효력이 있다.

제593조 【환매권의 대위행사와 매수인의 권리】 매도인의 채권자가 매도인을 대위하여 환매하고자 하는 때에는 매수인은 법원이 선정한 감정인의 평가액에서 매도인이 반환할 금액을 공제한 잔액으로 매도인의 채무를 변제하고 잉여액이 있으면 이를 매도인에게 지급하여 환매권을 소멸시킬 수 있다.

제594조 【환매의 실행】 ① 매도인은 기간 내에 대금과 매매비용을 매수인에게 제공하지 아니하면 환매할 권리를 잃는다.
② 매수인이나 전득자가 목적물에 대하여 비용을 지출한 때에는 매도인은 제203조의 규정에 의하여 이를 상환하여야 한다. 그러나 유익비에 대하여는 법원은 매도인의 청구에 의하여 상당한 상환기간을 허여할 수 있다.

제595조 【공유지분의 환매】 공유자의 1인이 환매할 권리를 보류하고 그 지분을 매도한 후 그 목적물의 분할이나 경매가 있는 때에는 매도인은 매수인이 받은 또는 받을 부분이나 대금에 대하여 환매권을 행사할 수 있다. 그러나 매도인에게 통지하지 아니한 매수인은 그 분할이나 경매로써 매도인에게 대항하지 못한다.

제4절 교 환

제596조 【교환의 의의】 교환은 당사자 쌍방이 금전 이외의 재산권을 상호이전할 것을 약정함으로써 그 효력이 생긴다.

제597조 【금전의 보충지급의 경우】 당사자 일방이 전조의 재산권이전과 금전의 보충지급을 약정한 때에는 그 금전에 대하여는 매매대금에 관한 규정을 준용한다.

제5절 소비대차

제598조 【소비대차의 의의】 소비대차는 당사자 일방이 금전 기타 대체물의 소유권을 상대방에게 이전할 것을 약정하고 상대방은 그와 같은 종류, 품질 및 수량으로 반환할 것을 약정함으로써 그 효력이 생긴다.

제599조 【파산과 소비대차의 실효】 대주가 목적물을 차주에게 인도하기 전에 당사자 일방이 파산선고를 받은 때에는 소비대차는 그 효력을 잃는다.

제600조 【이자계산의 시기】 이자 있는 소비대차는 차주가 목적물의 인도를 받은 때로부터 이자를 계산하여야 하며 차주가 그 책임 있는 사유로 수령을 지체할 때에는 대주가 이행을 제공한 때로부터 이자를 계산하여야 한다.

제601조 【무이자소비대차와 해제권】 이자 없는 소비대차의 당사자는 목적물의 인도 전에는 언제든지 계약을 해제할 수 있다. 그러나 상대방에게 생긴 손해가 있는 때에는 이를 배상하여야 한다.

제602조 【대주의 담보책임】 ① 이자 있는 소비대차의 목적물에 하자가 있는 경우에는 제580조 내지 제582조의 규정을 준용한다.
② 이자 없는 소비대차의 경우에는 차주는 하자 있는 물건의 가액으로 반환할 수 있다. 그러나 대주가 그 하자를 알고 차주에게 고지하지 아니한 때에는 전항과 같다.

제603조【반환시기】① 차주는 약정시기에 차용물과 같은 종류, 품질 및 수량의 물건을 반환하여야 한다.
② 반환시기의 약정이 없는 때에는 대주는 상당한 기간을 정하여 반환을 최고하여야 한다. 그러나 차주는 언제든지 반환할 수 있다.

제604조【반환불능으로 인한 시가상환】차주가 차용물과 같은 종류, 품질 및 수량의 물건을 반환할 수 없는 때에는 그때의 시가로 상환하여야 한다. 그러나 제376조 및 제377조 제2항의 경우에는 그러하지 아니하다.

제605조【준소비대차】당사자 쌍방이 소비대차에 의하지 아니하고 금전 기타의 대체물을 지급할 의무가 있는 경우에 당사자가 그 목적물을 소비대차의 목적으로 할 것을 약정한 때에는 소비대차의 효력이 생긴다.

제606조【대물대차】금전대차의 경우에 차주가 금전에 갈음하여 유가증권 기타 물건의 인도를 받은 때에는 그 인도시의 가액으로써 차용액으로 한다.

제607조【대물반환의 예약】차용물의 반환에 관하여 차주가 차용물에 갈음하여 다른 재산권을 이전할 것을 예약한 경우에는 그 재산의 예약 당시의 가액이 차용액 및 이에 붙인 이자의 합산액을 넘지 못한다.

제608조【차주에 불이익한 약정의 금지】전2조의 규정에 위반한 당사자의 약정으로서 차주에 불리한 것은 환매 기타 여하한 명목이라도 그 효력이 없다.

제6절 사용대차

제609조【사용대차의 의의】사용대차는 당사자 일방이 상대방에게 무상으로 사용, 수익하게 하기 위하여 목적물을 인도할 것을 약정하고 상대방은 이를 사용, 수익한 후 그 물건을 반환할 것을 약정함으로써 그 효력이 생긴다.

제610조【차주의 사용, 수익권】① 차주는 계약 또는 그 목적물의 성질에 의하여 정하여진 용법으로 이를 사용, 수익하여야 한다.
② 차주는 대주의 승낙이 없으면 제3자에게 차용물을 사용, 수익하게 하지 못한다.
③ 차주가 전2항의 규정에 위반한 때에는 대주는 계약을 해지할 수 있다.

제611조【비용의 부담】① 차주는 차용물의 통상의 필요비를 부담한다.
② 기타의 비용에 대하여는 제594조 제2항의 규정을 준용한다.

제612조【준용규정】제559조, 제601조의 규정은 사용대차에 준용한다.

제613조【차용물의 반환시기】① 차주는 약정시기에 차용물을 반환하여야 한다.
② 시기의 약정이 없는 경우에는 차주는 계약 또는 목적물의 성질에 의한 사용, 수익이 종료한 때에 반환하여야 한다. 그러나 사용, 수익에 족한 기간이 경과한 때에는 대주는 언제든지 계약을 해지할 수 있다.

제614조【차주의 사망, 파산과 해지】차주가 사망하거나 파산선고를 받은 때에는 대주는 계약을 해지할 수 있다.

제615조【차주의 원상회복의무와 철거권】차주가 차용물을 반환하는 때에는 이를 원상에 회복하여야 한다. 이에 부속시킨 물건은 철거할 수 있다.

제616조【공동차주의 연대의무】수인이 공동하여 물건을 차용한 때에는 연대하여 그 의무를 부담한다.

제617조【손해배상, 비용상환청구의 기간】계약 또는 목적물의 성질에 위반한 사용, 수익으로 인하여 생긴 손해배상의 청구와 차주가 지출한 비용의 상환청구는 대주가 물건의 반환을 받은 날로부터 6월 내에 하여야 한다.

제7절 임대차

제618조【임대차의 의의】 임대차는 당사자 일방이 상대방에게 목적물을 사용, 수익하게 할 것을 약정하고 상대방이 이에 대하여 차임을 지급할 것을 약정함으로써 그 효력이 생긴다.

제619조【처분능력, 권한 없는 자의 할 수 있는 단기임대차】 처분의 능력 또는 권한 없는 자가 임대차를 하는 경우에는 그 임대차는 다음 각 호의 기간을 넘지 못한다.
1. 식목, 채염 또는 석조, 석회조, 연와조 및 이와 유사한 건축을 목적으로 한 토지의 임대차는 10년
2. 기타 토지의 임대차는 5년
3. 건물 기타 공작물의 임대차는 3년
4. 동산의 임대차는 6월

제620조【단기임대차의 갱신】 전조의 기간은 갱신할 수 있다. 그러나 그 기간만료 전 토지에 대하여는 1년, 건물 기타 공작물에 대하여는 3월, 동산에 대하여는 1월 내에 갱신하여야 한다.

제621조【임대차의 등기】 ① 부동산임차인은 당사자 간에 반대약정이 없으면 임대인에 대하여 그 임대차등기절차에 협력할 것을 청구할 수 있다.
② 부동산임대차를 등기한 때에는 그때부터 제3자에 대하여 효력이 생긴다.

제622조【건물등기 있는 차지권의 대항력】 ① 건물의 소유를 목적으로 한 토지임대차는 이를 등기하지 아니한 경우에도 임차인이 그 지상건물을 등기한 때에는 제3자에 대하여 임대차의 효력이 생긴다.
② 건물이 임대차기간만료 전에 멸실 또는 후폐한 때에는 전항의 효력을 잃는다.

제623조【임대인의 의무】 임대인은 목적물을 임차인에게 인도하고 계약존속 중 그 사용, 수익에 필요한 상태를 유지하게 할 의무를 부담한다.

제624조【임대인의 보존행위, 인용의무】 임대인이 임대물의 보존에 필요한 행위를 하는 때에는 임차인은 이를 거절하지 못한다.

제625조【임차인의 의사에 반하는 보존행위와 해지권】 임대인이 임차인의 의사에 반하여 보존행위를 하는 경우에 임차인이 이로 인하여 임차의 목적을 달성할 수 없는 때에는 계약을 해지할 수 있다.

제626조【임차인의 상환청구권】 ① 임차인이 임차물의 보존에 관한 필요비를 지출한 때에는 임대인에 대하여 그 상환을 청구할 수 있다.
② 임차인이 유익비를 지출한 경우에는 임대인은 임대차종료시에 그 가액의 증가가 현존한 때에 한하여 임차인의 지출한 금액이나 그 증가액을 상환하여야 한다. 이 경우에 법원은 임대인의 청구에 의하여 상당한 상환기간을 허여할 수 있다.

제627조【일부멸실 등과 감액청구, 해지권】 ① 임차물의 일부가 임차인의 과실 없이 멸실 기타 사유로 인하여 사용, 수익할 수 없는 때에는 임차인은 그 부분의 비율에 의한 차임의 감액을 청구할 수 있다.
② 전항의 경우에 그 잔존부분으로 임차의 목적을 달성할 수 없는 때에는 임차인은 계약을 해지할 수 있다.

제628조【차임증감청구권】 임대물에 대한 공과부담의 증감 기타 경제사정의 변동으로 인하여 약정한 차임이 상당하지 아니하게 된 때에는 당사자는 장래에 대한 차임의 증감을 청구할 수 있다.

제629조【임차권의 양도, 전대의 제한】 ① 임차인은 임대인의 동의 없이 그 권리를 양도하거나 임차물을 전대하지 못한다.
② 임차인이 전항의 규정에 위반한 때에는 임대인은 계약을 해지할 수 있다.

제630조【전대의 효과】 ① 임차인이 임대인의 동의를 얻어 임차물을 전대한 때에는 전차인은 직접 임대인에 대하여 의무를 부담한다. 이 경우에 전차인은 전대인에 대한 차임의 지급으로써 임대인에게 대항하지 못한다.
② 전항의 규정은 임대인의 임차인에 대한 권리행사에 영향을 미치지 아니한다.

제631조 【전차인의 권리의 확정】 임차인이 임대인의 동의를 얻어 임차물을 전대한 경우에는 임대인과 임차인의 합의로 계약을 종료한 때에도 전차인의 권리는 소멸하지 아니한다.

제632조 【임차건물의 소부분을 타인에게 사용케 하는 경우】 전3조의 규정은 건물의 임차인이 그 건물의 소부분을 타인에게 사용하게 하는 경우에 적용하지 아니한다.

제633조 【차임지급의 시기】 차임은 동산, 건물이나 대지에 대하여는 매월 말에, 기타 토지에 대하여는 매년 말에 지급하여야 한다. 그러나 수확기 있는 것에 대하여는 그 수확 후 지체 없이 지급하여야 한다.

제634조 【임차인의 통지의무】 임차물의 수리를 요하거나 임차물에 대하여 권리를 주장하는 자가 있는 때에는 임차인은 지체 없이 임대인에게 이를 통지하여야 한다. 그러나 임대인이 이미 이를 안 때에는 그러하지 아니하다.

제635조 【기간의 약정 없는 임대차의 해지통고】
① 임대차기간의 약정이 없는 때에는 당사자는 언제든지 계약해지의 통고를 할 수 있다.
② 상대방이 전항의 통고를 받은 날로부터 다음 각 호의 기간이 경과하면 해지의 효력이 생긴다.
1. 토지, 건물 기타 공작물에 대하여는 임대인이 해지를 통고한 경우에는 6월, 임차인이 해지를 통고한 경우에는 1월
2. 동산에 대하여는 5일

제636조 【기간의 약정 있는 임대차의 해지통고】 임대차기간의 약정이 있는 경우에도 당사자 일방 또는 쌍방이 그 기간 내에 해지할 권리를 보류한 때에는 전조의 규정을 준용한다.

제637조 【임차인의 파산과 해지통고】 ① 임차인이 파산선고를 받은 경우에는 임대차기간의 약정이 있는 때에도 임대인 또는 파산관재인은 제635조의 규정에 의하여 계약해지의 통고를 할 수 있다.
② 전항의 경우에 각 당사자는 상대방에 대하여 계약해지로 인하여 생긴 손해의 배상을 청구하지 못한다.

제638조 【해지통고의 전차인에 대한 통지】 ① 임대차계약이 해지의 통고로 인하여 종료된 경우에 그 임대물이 적법하게 전대되었을 때에는 임대인은 전차인에 대하여 그 사유를 통지하지 아니하면 해지로써 전차인에게 대항하지 못한다.
② 전차인이 전항의 통지를 받은 때에는 제635조 제2항의 규정을 준용한다.

제639조 【묵시의 갱신】 ① 임대차기간이 만료한 후 임차인이 임차물의 사용, 수익을 계속하는 경우에 임대인이 상당한 기간 내에 이의를 하지 아니한 때에는 전 임대차와 동일한 조건으로 다시 임대차한 것으로 본다. 그러나 당사자는 제635조의 규정에 의하여 해지의 통고를 할 수 있다.
② 전항의 경우에 전 임대차에 대하여 제3자가 제공한 담보는 기간의 만료로 인하여 소멸한다.

제640조 【차임연체와 해지】 건물 기타 공작물의 임대차에는 임차인의 차임연체액이 2기의 차임액에 달하는 때에는 임대인은 계약을 해지할 수 있다.

제641조 【동 전】 건물 기타 공작물의 소유 또는 식목, 채염, 목축을 목적으로 한 토지임대차의 경우에도 전조의 규정을 준용한다.

제642조 【토지임대차의 해지와 지상건물 등에 대한 담보물권자에의 통지】 전조의 경우에 그 지상에 있는 건물 기타 공작물이 담보물권의 목적이 된 때에는 제288조의 규정을 준용한다.

제643조 【임차인의 갱신청구권, 매수청구권】 건물 기타 공작물의 소유 또는 식목, 채염, 목축을 목적으로 한 토지임대차의 기간이 만료한 경우에 건물, 수목 기타 지상시설이 현존한 때에는 제283조의 규정을 준용한다.

제644조 【전차인의 임대청구권, 매수청구권】 ① 건물 기타 공작물의 소유 또는 식목, 채염, 목축을 목적으로 한 토지임차인이 적법하게 그 토지를 전대한 경우에 임대차 및 전대차의 기간이 동시에 만료되고 건물, 수목 기타 지상시설이 현존한 때에는 전차인은 임대인에 대하여 전전대차와 동일한 조건으로 임대할 것을 청구할 수 있다.
② 전항의 경우에 임대인이 임대할 것을 원하지 아니하는 때에는 제283조 제2항의 규정을 준용한다.

제645조 【지상권목적토지의 임차인의 임대청구권, 매수청구권】 전조의 규정은 지상권자가 그 토지를 임대한 경우에 준용한다.

제646조 【임차인의 부속물매수청구권】 ① 건물 기타 공작물의 임차인이 그 사용의 편익을 위하여 임대인의 동의를 얻어 이에 부속한 물건이 있는 때에는 임대차의 종료시에 임대인에 대하여 그 부속물의 매수를 청구할 수 있다.
② 임대인으로부터 매수한 부속물에 대하여도 전항과 같다.

제647조 【전차인의 부속물매수청구권】 ① 건물 기타 공작물의 임차인이 적법하게 전대한 경우에 전차인이 그 사용의 편익을 위하여 임대인의 동의를 얻어 이에 부속한 물건이 있는 때에는 전대차의 종료시에 임대인에 대하여 그 부속물의 매수를 청구할 수 있다.
② 임대인으로부터 매수하였거나 그 동의를 얻어 임차인으로부터 매수한 부속물에 대하여도 전항과 같다.

제648조 【임차지의 부속물, 과실 등에 대한 법정질권】 토지임대인이 임대차에 관한 채권에 의하여 임차지에 부속 또는 그 사용의 편익에 공용한 임차인의 소유동산 및 그 토지의 과실을 압류한 때에는 질권과 동일한 효력이 있다.

제649조 【임차지상의 건물에 대한 법정저당권】 토지임대인이 변제기를 경과한 최후 2년의 차임채권에 의하여 그 지상에 있는 임차인소유의 건물을 압류한 때에는 저당권과 동일한 효력이 있다.

제650조 【임차건물 등의 부속물에 대한 법정질권】 건물 기타 공작물의 임대인이 임대차에 관한 채권에 의하여 그 건물 기타 공작물에 부속한 임차인 소유의 동산을 압류한 때에는 질권과 동일한 효력이 있다.

제651조 【임대차존속기간】 ① 석조, 석회조, 연와조 또는 이와 유사한 견고한 건물 기타 공작물의 소유를 목적으로 하는 토지임대차나 식목, 채염을 목적으로 하는 토지임대차의 경우를 제한 외에는 임대차의 존속기간은 20년을 넘지 못한다. 당사자의 약정기간이 20년을 넘는 때에는 이를 20년으로 단축한다.
② 전항의 기간은 이를 갱신할 수 있다. 그 기간은 갱신한 날로부터 10년을 넘지 못한다.

제652조 【강행규정】 제627조, 제628조, 제631조, 제635조, 제638조, 제640조, 제641조, 제643조 내지 제647조의 규정에 위반하는 약정으로 임차인이나 전차인에게 불리한 것은 그 효력이 없다.

제653조 【일시사용을 위한 임대차의 특례】 제628조, 제638조, 제640조, 제646조 내지 제648조, 제650조 및 전조의 규정은 일시사용하기 위한 임대차 또는 전대차인 것이 명백한 경우에는 적용하지 아니한다.

제654조 【준용규정】 제610조 제1항, 제615조 내지 제617조의 규정은 임대차에 이를 준용한다.

제8절 고용

제655조 【고용의 의의】 고용은 당사자 일방이 상대방에 대하여 노무를 제공할 것을 약정하고 상대방이 이에 대하여 보수를 지급할 것을 약정함으로써 그 효력이 생긴다.

제656조 【보수액과 그 지급시기】 ① 보수 또는 보수액의 약정이 없는 때에는 관습에 의하여 지급하여야 한다.
② 보수는 약정한 시기에 지급하여야 하며 시기의 약정이 없으면 관습에 의하고 관습이 없으면 약정한 노무를 종료한 후 지체 없이 지급하여야 한다.

제657조【권리의무의 전속성】① 사용자는 노무자의 동의 없이 그 권리를 제3자에게 양도하지 못한다.
② 노무자는 사용자의 동의 없이 제3자로 하여금 자기에 갈음하여 노무를 제공하게 하지 못한다.
③ 당사자 일방이 전2항의 규정에 위반한 때에는 상대방은 계약을 해지할 수 있다.

제658조【노무의 내용과 해지권】① 사용자가 노무자에 대하여 약정하지 아니한 노무의 제공을 요구한 때에는 노무자는 계약을 해지할 수 있다.
② 약정한 노무가 특수한 기능을 요하는 경우에 노무자가 그 기능이 없는 때에는 사용자는 계약을 해지할 수 있다.

제659조【3년 이상의 경과와 해지통고권】① 고용의 약정기간이 3년을 넘거나 당사자의 일방 또는 제3자의 종신까지로 된 때에는 각 당사자는 3년을 경과한 후 언제든지 계약해지의 통고를 할 수 있다.
② 전항의 경우에는 상대방이 해지의 통고를 받은 날로부터 3월이 경과하면 해지의 효력이 생긴다.

제660조【기간의 약정이 없는 고용의 해지통고】
① 고용기간의 약정이 없는 때에는 당사자는 언제든지 계약해지의 통고를 할 수 있다.
② 전항의 경우에는 상대방이 해지의 통고를 받은 날로부터 1월이 경과하면 해지의 효력이 생긴다.
③ 기간으로 보수를 정한 때에는 상대방이 해지의 통고를 받은 당기 후의 일기를 경과함으로써 해지의 효력이 생긴다.

제661조【부득이한 사유와 해지권】고용기간의 약정이 있는 경우에도 부득이한 사유 있는 때에는 각 당사자는 계약을 해지할 수 있다. 그러나 그 사유가 당사자 일방의 과실로 인하여 생긴 때에는 상대방에 대하여 손해를 배상하여야 한다.

제662조【묵시의 갱신】① 고용기간이 만료한 후 노무자가 계속하여 그 노무를 제공하는 경우에 사용자가 상당한 기간 내에 이의를 하지 아니한 때에는 전 고용과 동일한 조건으로 다시 고용한 것으로 본다. 그러나 당사자는 제660조의 규정에 의하여 해지의 통고를 할 수 있다.
② 전항의 경우에는 전 고용에 대하여 제3자가 제공한 담보는 기간의 만료로 인하여 소멸한다.

제663조【사용자 파산과 해지통고】① 사용자가 파산선고를 받은 경우에는 고용기간의 약정이 있는 때에도 노무자 또는 파산관재인은 계약을 해지할 수 있다.
② 전항의 경우에는 각 당사자는 계약해지로 인한 손해의 배상을 청구하지 못한다.

제9절 도 급

제664조【도급의 의의】도급은 당사자 일방이 어느 일을 완성할 것을 약정하고 상대방이 그 일의 결과에 대하여 보수를 지급할 것을 약정함으로써 그 효력이 생긴다.

제665조【보수의 지급시기】① 보수는 그 완성된 목적물의 인도와 동시에 지급하여야 한다. 그러나 목적물의 인도를 요하지 아니하는 경우에는 그 일을 완성한 후 지체 없이 지급하여야 한다.
② 전항의 보수에 관하여는 제656조 제2항의 규정을 준용한다.

제666조【수급인의 목적부동산에 대한 저당권설정청구권】부동산공사의 수급인은 전조의 보수에 관한 채권을 담보하기 위하여 그 부동산을 목적으로 한 저당권의 설정을 청구할 수 있다.

제667조【수급인의 담보책임】① 완성된 목적물 또는 완성 전의 성취된 부분에 하자가 있는 때에는 도급인은 수급인에 대하여 상당한 기간을 정하여 그 하자의 보수를 청구할 수 있다. 그러나 하자가 중요하지 아니한 경우에 그 보수에 과다한 비용을 요할 때에는 그러하지 아니하다.
② 도급인은 하자의 보수에 갈음하여 또는 보수와 함께 손해배상을 청구할 수 있다.
③ 전항의 경우에는 제536조의 규정을 준용한다.

제668조 【동전 - 도급인의 해제권】 도급인이 완성된 목적물의 하자로 인하여 계약의 목적을 달성할 수 없는 때에는 계약을 해제할 수 있다. 그러나 건물 기타 토지의 공작물에 대하여는 그러하지 아니하다.

제669조 【동전 - 하자가 도급인의 제공한 재료 또는 지시에 기인한 경우의 면책】 전2조의 규정은 목적물의 하자가 도급인이 제공한 재료의 성질 또는 도급인의 지시에 기인한 때에는 적용하지 아니한다. 그러나 수급인이 그 재료 또는 지시의 부적당함을 알고 도급인에게 고지하지 아니한 때에는 그러하지 아니하다.

제670조 【담보책임의 존속기간】 ① 전3조의 규정에 의한 하자의 보수, 손해배상의 청구 및 계약의 해제는 목적물의 인도를 받은 날로부터 1년 내에 하여야 한다.
② 목적물의 인도를 요하지 아니하는 경우에는 전항의 기간은 일의 종료한 날로부터 기산한다.

제671조 【수급인의 담보책임 - 토지, 건물 등에 대한 특칙】 ① 토지, 건물 기타 공작물의 수급인은 목적물 또는 지반공사의 하자에 대하여 인도 후 5년간 담보의 책임이 있다. 그러나 목적물이 석조, 석회조, 연와조, 금속 기타 이와 유사한 재료로 조성된 것인 때에는 그 기간을 10년으로 한다.
② 전항의 하자로 인하여 목적물이 멸실 또는 훼손된 때에는 도급인은 그 멸실 또는 훼손된 날로부터 1년 내에 제667조의 권리를 행사하여야 한다.

제672조 【담보책임면제의 특약】 수급인은 제667조, 제668조의 담보책임이 없음을 약정한 경우에도 알고 고지하지 아니한 사실에 대하여는 그 책임을 면하지 못한다.

제673조 【완성전의 도급인의 해제권】 수급인이 일을 완성하기 전에는 도급인은 손해를 배상하고 계약을 해제할 수 있다.

제674조 【도급인의 파산과 해제권】 ① 도급인이 파산선고를 받은 때에는 수급인 또는 파산관재인은 계약을 해제할 수 있다. 이 경우에는 수급인은 일의 완성된 부분에 대한 보수 및 보수에 포함되지 아니한 비용에 대하여 파산재단의 배당에 가입할 수 있다.
② 전항의 경우에는 각 당사자는 상대방에 대하여 계약해제로 인한 손해의 배상을 청구하지 못한다.

제9절의2 여행계약

제674조의2 【여행계약의 의의】 여행계약은 당사자 한쪽이 상대방에게 운송, 숙박, 관광 또는 그 밖의 여행 관련 용역을 결합하여 제공하기로 약정하고 상대방이 그 대금을 지급하기로 약정함으로써 효력이 생긴다.

제674조의3 【여행 개시 전의 계약 해제】 여행자는 여행을 시작하기 전에는 언제든지 계약을 해제할 수 있다. 다만, 여행자는 상대방에게 발생한 손해를 배상하여야 한다.

제674조의4 【부득이한 사유로 인한 계약 해지】 ① 부득이한 사유가 있는 경우에는 각 당사자는 계약을 해지할 수 있다. 다만, 그 사유가 당사자 한쪽의 과실로 인하여 생긴 경우에는 상대방에게 손해를 배상하여야 한다.
② 제1항에 따라 계약이 해지된 경우에도 계약상 귀환운송(歸還運送) 의무가 있는 여행주최자는 여행자를 귀환운송할 의무가 있다.
③ 제1항의 해지로 인하여 발생하는 추가 비용은 그 해지 사유가 어느 당사자의 사정에 속하는 경우에는 그 당사자가 부담하고, 누구의 사정에도 속하지 아니하는 경우에는 각 당사자가 절반씩 부담한다.

제674조의5 【대금의 지급시기】 여행자는 약정한 시기에 대금을 지급하여야 하며, 그 시기의 약정이 없으면 관습에 따르고, 관습이 없으면 여행의 종료 후 지체 없이 지급하여야 한다.

제674조의6 【여행주최자의 담보책임】 ① 여행에 하자가 있는 경우에는 여행자는 여행주최자에게 하자의 시정 또는 대금의 감액을 청구할 수 있다. 다만, 그 시정에 지나치게 많은 비용이 들거나 그 밖에 시정을 합리적으로 기대할 수 없는 경우에는 시정을 청구할 수 없다.
② 제1항의 시정 청구는 상당한 기간을 정하여 하여야 한다. 다만, 즉시 시정할 필요가 있는 경우에는 그러하지 아니하다.
③ 여행자는 시정 청구, 감액 청구를 갈음하여 손해배상을 청구하거나 시정 청구, 감액 청구와 함께 손해배상을 청구할 수 있다.

제674조의7 【여행주최자의 담보책임과 여행자의 해지권】 ① 여행자는 여행에 중대한 하자가 있는 경우에 그 시정이 이루어지지 아니하거나 계약의 내용에 따른 이행을 기대할 수 없는 경우에는 계약을 해지할 수 있다.
② 계약이 해지된 경우에는 여행주최자는 대금청구권을 상실한다. 다만, 여행자가 실행된 여행으로 이익을 얻은 경우에는 그 이익을 여행주최자에게 상환하여야 한다.
③ 여행주최자는 계약의 해지로 인하여 필요하게 된 조치를 할 의무를 지며, 계약상 귀환운송 의무가 있으면 여행자를 귀환운송 하여야 한다. 이 경우 상당한 이유가 있는 때에는 여행주최자는 여행자에게 그 비용의 일부를 청구할 수 있다.

제674조의8 【담보책임의 존속기간】 제674조의6과 제674조의7에 따른 권리는 여행 기간 중에도 행사할 수 있으며, 계약에서 정한 여행 종료일부터 6개월 내에 행사하여야 한다.

제674조의9 【강행규정】 제674조의3, 제674조의4 또는 제674조의6부터 제674조의8까지의 규정을 위반하는 약정으로서 여행자에게 불리한 것은 효력이 없다.

제10절 현상광고

제675조 【현상광고의 의의】 현상광고는 광고자가 어느 행위를 한 자에게 일정한 보수를 지급할 의사를 표시하고 이에 응한 자가 그 광고에 정한 행위를 완료함으로써 그 효력이 생긴다.

제676조 【보수수령권자】 ① 광고에 정한 행위를 완료한 자가 수인인 경우에는 먼저 그 행위를 완료한 자가 보수를 받을 권리가 있다.
② 수인이 동시에 완료한 경우에는 각각 균등한 비율로 보수를 받을 권리가 있다. 그러나 보수가 그 성질상 분할할 수 없거나 광고에 1인만이 보수를 받을 것으로 정한 때에는 추첨에 의하여 결정한다.

제677조 【광고부지의 행위】 전조의 규정은 광고 있음을 알지 못하고 광고에 정한 행위를 완료한 경우에 준용한다.

제678조 【우수현상광고】 ① 광고에 정한 행위를 완료한 자가 수인인 경우에 그 우수한 자에 한하여 보수를 지급할 것을 정하는 때에는 그 광고에 응모기간을 정한 때에 한하여 그 효력이 생긴다.
② 전항의 경우에 우수의 판정은 광고 중에 정한 자가 한다. 광고 중에 판정자를 정하지 아니한 때에는 광고자가 판정한다.
③ 우수한 자 없다는 판정은 이를 할 수 없다. 그러나 광고 중에 다른 의사표시가 있거나 광고의 성질상 판정의 표준이 정하여져 있는 때에는 그러하지 아니하다.
④ 응모자는 전2항의 판정에 대하여 이의를 하지 못한다.
⑤ 수인의 행위가 동등으로 판정된 때에는 제676조 제2항의 규정을 준용한다.

제679조 【현상광고의 철회】 ① 광고에 그 지정한 행위의 완료기간을 정한 때에는 그 기간만료 전에 광고를 철회하지 못한다.

② 광고에 행위의 완료기간을 정하지 아니한 때에는 그 행위를 완료한 자 있기 전에는 그 광고와 동일한 방법으로 광고를 철회할 수 있다.
③ 전 광고와 동일한 방법으로 철회할 수 없는 때에는 그와 유사한 방법으로 철회할 수 있다. 이 철회는 철회한 것을 안 자에 대하여만 그 효력이 있다.

제11절 위 임

제680조 【위임의 의의】 위임은 당사자 일방이 상대방에 대하여 사무의 처리를 위탁하고 상대방이 이를 승낙함으로써 그 효력이 생긴다.

제681조 【수임인의 선관의무】 수임인은 위임의 본지에 따라 선량한 관리자의 주의로써 위임사무를 처리하여야 한다.

제682조 【복임권의 제한】 ① 수임인은 위임인의 승낙이나 부득이한 사유 없이 제3자로 하여금 자기에 갈음하여 위임사무를 처리하게 하지 못한다.
② 수임인이 전항의 규정에 의하여 제3자에게 위임사무를 처리하게 한 경우에는 제121조, 제123조의 규정을 준용한다.

제683조 【수임인의 보고의무】 수임인은 위임인의 청구가 있는 때에는 위임사무의 처리상황을 보고하고 위임이 종료한 때에는 지체 없이 그 전말을 보고하여야 한다.

제684조 【수임인의 취득물 등의 인도, 이전의무】
① 수임인은 위임사무의 처리로 인하여 받은 금전 기타의 물건 및 그 수취한 과실을 위임인에게 인도하여야 한다.
② 수임인이 위임인을 위하여 자기의 명의로 취득한 권리는 위임인에게 이전하여야 한다.

제685조 【수임인의 금전소비의 책임】 수임인이 위임인에게 인도할 금전 또는 위임인의 이익을 위하여 사용할 금전을 자기를 위하여 소비한 때에는 소비한 날 이후의 이자를 지급하여야 하며 그 외의 손해가 있으면 배상하여야 한다.

제686조 【수임인의 보수청구권】 ① 수임인은 특별한 약정이 없으면 위임인에 대하여 보수를 청구하지 못한다.
② 수임인이 보수를 받을 경우에는 위임사무를 완료한 후가 아니면 이를 청구하지 못한다. 그러나 기간으로 보수를 정한 때에는 그 기간이 경과한 후에 이를 청구할 수 있다.
③ 수임인이 위임사무를 처리하는 중에 수임인의 책임 없는 사유로 인하여 위임이 종료된 때에는 수임인은 이미 처리한 사무의 비율에 따른 보수를 청구할 수 있다.

제687조 【수임인의 비용선급청구권】 위임사무의 처리에 비용을 요하는 때에는 위임인은 수임인의 청구에 의하여 이를 선급하여야 한다.

제688조 【수임인의 비용상환청구권 등】 ① 수임인이 위임사무의 처리에 관하여 필요비를 지출한 때에는 위임인에 대하여 지출한 날 이후의 이자를 청구할 수 있다.
② 수임인이 위임사무의 처리에 필요한 채무를 부담한 때에는 위임인에게 자기에 갈음하여 이를 변제하게 할 수 있고 그 채무가 변제기에 있지 아니한 때에는 상당한 담보를 제공하게 할 수 있다.
③ 수임인이 위임사무의 처리를 위하여 과실 없이 손해를 받은 때에는 위임인에 대하여 그 배상을 청구할 수 있다.

제689조 【위임의 상호해지의 자유】 ① 위임계약은 각 당사자가 언제든지 해지할 수 있다.
② 당사자 일방이 부득이한 사유 없이 상대방의 불리한 시기에 계약을 해지한 때에는 그 손해를 배상하여야 한다.

제690조 【사망·파산 등과 위임의 종료】 위임은 당사자 한쪽의 사망이나 파산으로 종료된다. 수임인이 성년후견개시의 심판을 받은 경우에도 이와 같다.

제691조 【위임종료시의 긴급처리】 위임종료의 경우에 급박한 사정이 있는 때에는 수임인, 그 상속인이나 법정대리인은 위임인, 그 상속인이나 법정대리인이 위임사무를 처리할 수 있을 때까지 그 사무의 처리를 계속하여야 한다. 이 경우에는 위임의 존속과 동일한 효력이 있다.

제692조 【위임종료의 대항요건】 위임종료의 사유는 이를 상대방에게 통지하거나 상대방이 이를 안 때가 아니면 이로써 상대방에게 대항하지 못한다.

제12절 임 치

제693조 【임치의 의의】 임치는 당사자 일방이 상대방에 대하여 금전이나 유가증권 기타 물건의 보관을 위탁하고 상대방이 이를 승낙함으로써 효력이 생긴다.

제694조 【수치인의 임치물사용금지】 수치인은 임치인의 동의 없이 임치물을 사용하지 못한다.

제695조 【무상수치인의 주의의무】 보수 없이 임치를 받은 자는 임치물을 자기재산과 동일한 주의로 보관하여야 한다.

제696조 【수치인의 통지의무】 임치물에 대한 권리를 주장하는 제3자가 수치인에 대하여 소를 제기하거나 압류한 때에는 수치인은 지체 없이 임치인에게 이를 통지하여야 한다.

제697조 【임치물의 성질, 하자로 인한 임치인의 손해배상의무】 임치인은 임치물의 성질 또는 하자로 인하여 생긴 손해를 수치인에게 배상하여야 한다. 그러나 수치인이 그 성질 또는 하자를 안 때에는 그러하지 아니하다.

제698조 【기간의 약정 있는 임치의 해지】 임치기간의 약정이 있는 때에는 수치인은 부득이한 사유 없이 그 기간만료 전에 계약을 해지하지 못한다. 그러나 임치인은 언제든지 계약을 해지할 수 있다.

제699조 【기간의 약정 없는 임치의 해지】 임치기간의 약정이 없는 때에는 각 당사자는 언제든지 계약을 해지할 수 있다.

제700조 【임치물의 반환장소】 임치물은 그 보관한 장소에서 반환하여야 한다. 그러나 수치인이 정당한 사유로 인하여 그 물건을 전치한 때에는 현존하는 장소에서 반환할 수 있다.

제701조 【준용규정】 제682조, 제684조 내지 제687조 및 제688조 제1항, 제2항의 규정은 임치에 준용한다.

제702조 【소비임치】 수치인이 계약에 의하여 임치물을 소비할 수 있는 경우에는 소비대차에 관한 규정을 준용한다. 그러나 반환시기의 약정이 없는 때에는 임치인은 언제든지 그 반환을 청구할 수 있다.

제13절 조 합

제703조 【조합의 의의】 ① 조합은 2인 이상이 상호출자하여 공동사업을 경영할 것을 약정함으로써 그 효력이 생긴다.
② 전항의 출자는 금전 기타 재산 또는 노무로 할 수 있다.

제704조 【조합재산의 합유】 조합원의 출자 기타 조합재산은 조합원의 합유로 한다.

제705조 【금전출자지체의 책임】 금전을 출자의 목적으로 한 조합원이 출자시기를 지체한 때에는 연체이자를 지급하는 외에 손해를 배상하여야 한다.

제706조 【사무집행의 방법】 ① 조합계약으로 업무집행자를 정하지 아니한 경우에는 조합원의 3분의 2 이상의 찬성으로써 이를 선임한다.
② 조합의 업무집행은 조합원의 과반수로써 결정한다. 업무집행자 수인인 때에는 그 과반수로써 결정한다.
③ 조합의 통상사무는 전항의 규정에 불구하고 각 조합원 또는 각 업무집행자가 전행할 수 있다. 그러나 그 사무의 완료 전에 다른 조합원 또는 다른 업무집행자의 이의가 있는 때에는 즉시 중지하여야 한다.

제707조 【준용규정】 조합업무를 집행하는 조합원에는 제681조 내지 제688조의 규정을 준용한다.

제708조 【업무집행자의 사임, 해임】 업무집행자인 조합원은 정당한 사유 없이 사임하지 못하며 다른 조합원의 일치가 아니면 해임하지 못한다.

제709조 【업무집행자의 대리권추정】 조합의 업무를 집행하는 조합원은 그 업무집행의 대리권 있는 것으로 추정한다.

제710조 【조합원의 업무, 재산상태검사권】 각 조합원은 언제든지 조합의 업무 및 재산상태를 검사할 수 있다.

제711조 【손익분배의 비율】 ① 당사자가 손익분배의 비율을 정하지 아니한 때에는 각 조합원의 출자가액에 비례하여 이를 정한다.
② 이익 또는 손실에 대하여 분배의 비율을 정한 때에는 그 비율은 이익과 손실에 공통된 것으로 추정한다.

제712조 【조합원에 대한 채권자의 권리행사】 조합채권자는 그 채권발생 당시에 조합원의 손실부담의 비율을 알지 못한 때에는 각 조합원에게 균분하여 그 권리를 행사할 수 있다.

제713조 【무자력조합원의 채무와 타조합원의 변제책임】 조합원 중에 변제할 자력 없는 자가 있는 때에는 그 변제할 수 없는 부분은 다른 조합원이 균분하여 변제할 책임이 있다.

제714조 【지분에 대한 압류의 효력】 조합원의 지분에 대한 압류는 그 조합원의 장래의 이익배당 및 지분의 반환을 받을 권리에 대하여 효력이 있다.

제715조 【조합채무자의 상계의 금지】 조합의 채무자는 그 채무와 조합원에 대한 채권으로 상계하지 못한다.

제716조 【임의탈퇴】 ① 조합계약으로 조합의 존속기간을 정하지 아니하거나 조합원의 종신까지 존속할 것을 정한 때에는 각 조합원은 언제든지 탈퇴할 수 있다. 그러나 부득이한 사유 없이 조합의 불리한 시기에 탈퇴하지 못한다.
② 조합의 존속기간을 정한 때에도 조합원은 부득이한 사유가 있으면 탈퇴할 수 있다.

제717조 【비임의 탈퇴】 제716조의 경우 외에 조합원은 다음 각 호의 어느 하나에 해당하는 사유가 있으면 탈퇴된다.
1. 사망
2. 파산
3. 성년후견의 개시
4. 제명(除名)

제718조 【제 명】 ① 조합원의 제명은 정당한 사유 있는 때에 한하여 다른 조합원의 일치로써 이를 결정한다.
② 전항의 제명결정은 제명된 조합원에게 통지하지 아니하면 그 조합원에게 대항하지 못한다.

제719조 【탈퇴조합원의 지분의 계산】 ① 탈퇴한 조합원과 다른 조합원간의 계산은 탈퇴당시의 조합재산상태에 의하여 한다.
② 탈퇴한 조합원의 지분은 그 출자의 종류 여하에 불구하고 금전으로 반환할 수 있다.
③ 탈퇴 당시에 완결되지 아니한 사항에 대하여는 완결 후에 계산할 수 있다.

제720조 【부득이한 사유로 인한 해산청구】 부득이한 사유가 있는 때에는 각 조합원은 조합의 해산을 청구할 수 있다.

제721조 【청산인】 ① 조합이 해산한 때에는 청산은 총 조합원 공동으로 또는 그들이 선임한 자가 그 사무를 집행한다.
② 전항의 청산인의 선임은 조합원의 과반수로써 결정한다.

제722조 【청산인의 업무집행방법】 청산인이 수인인 때에는 제706조 제2항 후단의 규정을 준용한다.

제723조 【조합원인 청산인의 사임, 해임】 조합원 중에서 청산인을 정한 때에는 제708조의 규정을 준용한다.

제724조 【청산인의 직무, 권한과 잔여재산의 분배】
① 청산인의 직무 및 권한에 관하여는 제87조의 규정을 준용한다.
② 잔여재산은 각 조합원의 출자가액에 비례하여 이를 분배한다.

제14절 종신정기금

제725조 【종신정기금계약의 의의】 종신정기금계약은 당사자 일방이 자기, 상대방 또는 제3자의 종신까지 정기로 금전 기타의 물건을 상대방 또는 제3자에게 지급할 것을 약정함으로써 그 효력이 생긴다.

제726조 【종신정기금의 계산】 종신정기금은 일수로 계산한다.

제727조 【종신정기금계약의 해제】 ① 정기금채무자가 정기금채무의 원본을 받은 경우에 그 정기금채무의 지급을 해태하거나 기타 의무를 이행하지 아니한 때에는 정기금채권자는 원본의 반환을 청구할 수 있다. 그러나 이미 지급을 받은 채무액에서 그 원본의 이자를 공제한 잔액을 정기금채무자에게 반환하여야 한다.
② 전항의 규정은 손해배상의 청구에 영향을 미치지 아니한다.

제728조 【해제와 동시이행】 제536조의 규정은 전조의 경우에 준용한다.

제729조 【채무자귀책사유로 인한 사망과 채권존속선고】 ① 사망이 정기금채무자의 책임 있는 사유로 인한 때에는 법원은 정기금채권자 또는 그 상속인의 청구에 의하여 상당한 기간 채권의 존속을 선고할 수 있다.
② 전항의 경우에도 제727조의 권리를 행사할 수 있다.

제730조 【유증에 의한 종신정기금】 본절의 규정은 유증에 의한 종신정기금채권에 준용한다.

제15절 화 해

제731조 【화해의 의의】 화해는 당사자가 상호양보하여 당사자 간의 분쟁을 종지할 것을 약정함으로써 그 효력이 생긴다.

제732조 【화해의 창설적 효력】 화해계약은 당사자 일방이 양보한 권리가 소멸되고 상대방이 화해로 인하여 그 권리를 취득하는 효력이 있다.

제733조 【화해의 효력과 착오】 화해계약은 착오를 이유로 하여 취소하지 못한다. 그러나 화해당사자의 자격 또는 화해의 목적인 분쟁 이외의 사항에 착오가 있는 때에는 그러하지 아니하다.

제3장 사무관리

제734조 【사무관리의 내용】 ① 의무 없이 타인을 위하여 사무를 관리하는 자는 그 사무의 성질에 좇아 가장 본인에게 이익되는 방법으로 이를 관리하여야 한다.
② 관리자가 본인의 의사를 알거나 알 수 있는 때에는 그 의사에 적합하도록 관리하여야 한다.
③ 관리자가 전2항의 규정에 위반하여 사무를 관리한 경우에는 과실 없는 때에도 이로 인한 손해를 배상할 책임이 있다. 그러나 그 관리행위가 공공의 이익에 적합한 때에는 중대한 과실이 없으면 배상할 책임이 없다.

제735조 【긴급사무관리】 관리자가 타인의 생명, 신체, 명예 또는 재산에 대한 급박한 위해를 면하게 하기 위하여 그 사무를 관리한 때에는 고의나 중대한 과실이 없으면 이로 인한 손해를 배상할 책임이 없다.

제736조 【관리자의 통지의무】 관리자가 관리를 개시한 때에는 지체 없이 본인에게 통지하여야 한다. 그러나 본인이 이미 이를 안 때에는 그러하지 아니하다.

제737조 【관리자의 관리계속의무】 관리자는 본인, 그 상속인이나 법정대리인이 그 사무를 관리하는 때까지 관리를 계속하여야 한다. 그러나 관리의 계속이 본인의 의사에 반하거나 본인에게 불리함이 명백한 때에는 그러하지 아니하다.

제738조 【준용규정】 제683조 내지 제685조의 규정은 사무관리에 준용한다.

제739조 【관리자의 비용상환청구권】 ① 관리자가 본인을 위하여 필요비 또는 유익비를 지출한 때에는 본인에 대하여 그 상환을 청구할 수 있다.
② 관리자가 본인을 위하여 필요 또는 유익한 채무를 부담한 때에는 제688조 제2항의 규정을 준용한다.
③ 관리자가 본인의 의사에 반하여 관리한 때에는 본인의 현존이익의 한도에서 전2항의 규정을 준용한다.

제740조 【관리자의 무과실손해보상청구권】 관리자가 사무관리를 함에 있어서 과실 없이 손해를 받은 때에는 본인의 현존이익의 한도에서 그 손해의 보상을 청구할 수 있다.

제4장 부당이득

제741조 【부당이득의 내용】 법률상 원인 없이 타인의 재산 또는 노무로 인하여 이익을 얻고 이로 인하여 타인에게 손해를 가한 자는 그 이익을 반환하여야 한다.

제742조 【비채변제】 채무 없음을 알고 이를 변제한 때에는 그 반환을 청구하지 못한다.

제743조 【기한전의 변제】 변제기에 있지 아니한 채무를 변제한 때에는 그 반환을 청구하지 못한다. 그러나 채무자가 착오로 인하여 변제한 때에는 채권자는 이로 인하여 얻은 이익을 반환하여야 한다.

제744조 【도의관념에 적합한 비채변제】 채무 없는 자가 착오로 인하여 변제한 경우에 그 변제가 도의관념에 적합한 때에는 그 반환을 청구하지 못한다.

제745조 【타인의 채무의 변제】 ① 채무자 아닌 자가 착오로 인하여 타인의 채무를 변제한 경우에 채권자가 선의로 증서를 훼멸하거나 담보를 포기하거나 시효로 인하여 그 채권을 잃은 때에는 변제자는 그 반환을 청구하지 못한다.
② 전항의 경우에 변제자는 채무자에 대하여 구상권을 행사할 수 있다.

제746조 【불법원인급여】 불법의 원인으로 인하여 재산을 급여하거나 노무를 제공한 때에는 그 이익의 반환을 청구하지 못한다. 그러나 그 불법원인이 수익자에게만 있는 때에는 그러하지 아니하다.

제747조 【원물반환불능한 경우와 가액반환, 전득자의 책임】 ① 수익자가 그 받은 목적물을 반환할 수 없는 때에는 그 가액을 반환하여야 한다.
② 수익자가 그 이익을 반환할 수 없는 경우에는 수익자로부터 무상으로 그 이익의 목적물을 양수한 악의의 제3자는 전항의 규정에 의하여 반환할 책임이 있다.

제748조 【수익자의 반환범위】 ① 선의의 수익자는 그 받은 이익이 현존한 한도에서 전조의 책임이 있다.
② 악의의 수익자는 그 받은 이익에 이자를 붙여 반환하고 손해가 있으면 이를 배상하여야 한다.

제749조 【수익자의 악의인정】 ① 수익자가 이익을 받은 후 법률상 원인 없음을 안 때에는 그때부터 악의의 수익자로서 이익반환의 책임이 있다.
② 선의의 수익자가 패소한 때에는 그 소를 제기한 때부터 악의의 수익자로 본다.

제5장 불법행위

제750조 【불법행위의 내용】 고의 또는 과실로 인한 위법행위로 타인에게 손해를 가한 자는 그 손해를 배상할 책임이 있다.

제751조 【재산 이외의 손해의 배상】 ① 타인의 신체, 자유 또는 명예를 해하거나 기타 정신상 고통을 가한 자는 재산 이외의 손해에 대하여도 배상할 책임이 있다.
② 법원은 전항의 손해배상을 정기금채무로 지급할 것을 명할 수 있고 그 이행을 확보하기 위하여 상당한 담보의 제공을 명할 수 있다.

제752조 【생명침해로 인한 위자료】 타인의 생명을 해한 자는 피해자의 직계존속, 직계비속 및 배우자에 대하여는 재산상의 손해 없는 경우에도 손해배상의 책임이 있다.

제753조 【미성년자의 책임능력】 미성년자가 타인에게 손해를 가한 경우에 그 행위의 책임을 변식할 지능이 없는 때에는 배상의 책임이 없다.

제754조 【심신상실자의 책임능력】 심신상실 중에 타인에게 손해를 가한 자는 배상의 책임이 없다. 그러나 고의 또는 과실로 인하여 심신상실을 초래한 때에는 그러하지 아니하다.

제755조 【감독자의 책임】 ① 다른 자에게 손해를 가한 사람이 제753조 또는 제754조에 따라 책임이 없는 경우에는 그를 감독할 법정의무가 있는 자가 그 손해를 배상할 책임이 있다. 다만, 감독의무를 게을리하지 아니한 경우에는 그러하지 아니하다.
② 감독의무자를 갈음하여 제753조 또는 제754조에 따라 책임이 없는 사람을 감독하는 자도 제1항의 책임이 있다.

제756조 【사용자의 배상책임】 ① 타인을 사용하여 어느 사무에 종사하게 한 자는 피용자가 그 사무집행에 관하여 제3자에게 가한 손해를 배상할 책임이 있다. 그러나 사용자가 피용자의 선임 및 그 사무감독에 상당한 주의를 한 때 또는 상당한 주의를 하여도 손해가 있을 경우에는 그러하지 아니하다.
② 사용자에 갈음하여 그 사무를 감독하는 자도 전항의 책임이 있다.
③ 전2항의 경우에 사용자 또는 감독자는 피용자에 대하여 구상권을 행사할 수 있다.

제757조 【도급인의 책임】 도급인은 수급인이 그 일에 관하여 제3자에게 가한 손해를 배상할 책임이 없다. 그러나 도급 또는 지시에 관하여 도급인에게 중대한 과실이 있는 때에는 그러하지 아니하다.

제758조 【공작물 등의 점유자, 소유자의 책임】
① 공작물의 설치 또는 보존의 하자로 인하여 타인에게 손해를 가한 때에는 공작물점유자가 손해를 배상할 책임이 있다. 그러나 점유자가 손해의 방지에 필요한 주의를 해태하지 아니한 때에는 그 소유자가 손해를 배상할 책임이 있다.
② 전항의 규정은 수목의 재식 또는 보존에 하자 있는 경우에 준용한다.
③ 전2항의 경우 점유자 또는 소유자는 그 손해의 원인에 대한 책임 있는 자에 대하여 구상권을 행사할 수 있다.

제759조 【동물의 점유자의 책임】 ① 동물의 점유자는 그 동물이 타인에게 가한 손해를 배상할 책임이 있다. 그러나 동물의 종류와 성질에 따라 그 보관에 상당한 주의를 해태하지 아니한 때에는 그러하지 아니하다.
② 점유자에 갈음하여 동물을 보관한 자도 전항의 책임이 있다.

제760조 【공동불법행위자의 책임】 ① 수인이 공동의 불법행위로 타인에게 손해를 가한 때에는 연대하여 그 손해를 배상할 책임이 있다.
② 공동 아닌 수인의 행위 중 어느 자의 행위가 그 손해를 가한 것인지를 알 수 없는 때에도 전항과 같다.
③ 교사자나 방조자는 공동행위자로 본다.

제761조 【정당방위, 긴급피난】 ① 타인의 불법행위에 대하여 자기 또는 제3자의 이익을 방위하기 위하여 부득이 타인에게 손해를 가한 자는 배상할 책임이 없다. 그러나 피해자는 불법행위에 대하여 손해의 배상을 청구할 수 있다.

② 전항의 규정은 급박한 위난을 피하기 위하여 부득이 타인에게 손해를 가한 경우에 준용한다.

제762조 【손해배상청구권에 있어서의 태아의 지위】
태아는 손해배상의 청구권에 관하여는 이미 출생한 것으로 본다.

제763조 【준용규정】
제393조, 제394조, 제396조, 제399조의 규정은 불법행위로 인한 손해배상에 준용한다.

제764조 【명예훼손의 경우의 특칙】
타인의 명예를 훼손한 자에 대하여는 법원은 피해자의 청구에 의하여 손해배상에 갈음하거나 손해배상과 함께 명예회복에 적당한 처분을 명할 수 있다.
[89헌마160 1991.4.1 민법 제764조(1958. 2. 22. 법률 제471호)의 "명예회복에 적당한 처분"에 사죄광고를 포함시키는 것은 헌법에 위반된다.]

제765조 【배상액의 경감청구】
① 본장의 규정에 의한 배상의무자는 그 손해가 고의 또는 중대한 과실에 의한 것이 아니고 그 배상으로 인하여 배상자의 생계에 중대한 영향을 미치게 될 경우에는 법원에 그 배상액의 경감을 청구할 수 있다.
② 법원은 전항의 청구가 있는 때에는 채권자 및 채무자의 경제상태와 손해의 원인 등을 참작하여 배상액을 경감할 수 있다.

제766조 【손해배상청구권의 소멸시효】
① 불법행위로 인한 손해배상의 청구권은 피해자나 그 법정대리인이 그 손해 및 가해자를 안 날로부터 3년간 이를 행사하지 아니하면 시효로 인하여 소멸한다.
② 불법행위를 한 날로부터 10년을 경과한 때에도 전항과 같다.

02 주택임대차보호법

[시행 2023.7.19.] [법률 제19356호, 2023.4.18, 일부개정]

제1조【목 적】 이 법은 주거용 건물의 임대차에 관하여 「민법」에 대한 특례를 규정함으로써 국민 주거생활의 안정을 보장함을 목적으로 한다.

제2조【적용범위】 이 법은 주거용 건물(이하 "주택"이라 한다)의 전부 또는 일부의 임대차에 관하여 적용한다. 그 임차주택의 일부가 주거 외의 목적으로 사용되는 경우에도 또한 같다.

제3조【대항력 등】 ① 임대차는 그 등기가 없는 경우에도 임차인이 주택의 인도와 주민등록을 마친 때에는 그 다음 날부터 제3자에 대하여 효력이 생긴다. 이 경우 전입신고를 한 때에 주민등록이 된 것으로 본다.
② 주택도시기금을 재원으로 하여 저소득층 무주택자에게 주거생활 안정을 목적으로 전세임대주택을 지원하는 법인이 주택을 임차한 후 지방자치단체의 장 또는 그 법인이 선정한 입주자가 그 주택을 인도받고 주민등록을 마쳤을 때에는 제1항을 준용한다. 이 경우 대항력이 인정되는 법인은 대통령령으로 정한다.
③ 「중소기업기본법」 제2조에 따른 중소기업에 해당하는 법인이 소속 직원의 주거용으로 주택을 임차한 후 그 법인이 선정한 직원이 해당 주택을 인도받고 주민등록을 마쳤을 때에는 제1항을 준용한다. 임대차가 끝나기 전에 그 직원이 변경된 경우에는 그 법인이 선정한 새로운 직원이 주택을 인도받고 주민등록을 마친 다음 날부터 제3자에 대하여 효력이 생긴다.
④ 임차주택의 양수인(그밖에 임대할 권리를 승계한 자를 포함한다)은 임대인의 지위를 승계한 것으로 본다.
⑤ 이 법에 따라 임대차의 목적이 된 주택이 매매나 경매의 목적물이 된 경우에는 「민법」 제575조 제1항·제3항 및 같은 법 제578조를 준용한다.
⑥ 제5항의 경우에는 동시이행의 항변권에 관한 「민법」 제536조를 준용한다.

제3조의2【보증금의 회수】 ① 임차인(제3조 제2항 및 제3항의 법인을 포함한다. 이하 같다)이 임차주택에 대하여 보증금반환청구소송의 확정판결이나 그밖에 이에 준하는 집행권원(執行權原)에 따라서 경매를 신청하는 경우에는 집행개시(執行開始)요건에 관한 「민사집행법」 제41조에도 불구하고 반대의무(反對義務)의 이행이나 이행의 제공을 집행개시의 요건으로 하지 아니한다.
② 제3조 제1항·제2항 또는 제3항의 대항요건(對抗要件)과 임대차계약증서(제3조 제2항 및 제3항의 경우에는 법인과 임대인 사이의 임대차계약증서를 말한다)상의 확정일자(確定日字)를 갖춘 임차인은 「민사집행법」에 따른 경매 또는 「국세징수법」에 따른 공매(公賣)를 할 때에 임차주택(대지를 포함한다)의 환가대금(換價代金)에서 후순위권리자(後順位權利者)나 그 밖의 채권자보다 우선하여 보증금을 변제(辨濟)받을 권리가 있다.
③ 임차인은 임차주택을 양수인에게 인도하지 아니하면 제2항에 따른 보증금을 받을 수 없다.
④ 제2항 또는 제7항에 따른 우선변제의 순위와 보증금에 대하여 이의가 있는 이해관계인은 경매법원이나 체납처분청에 이의를 신청할 수 있다.
⑤ 제4항에 따라 경매법원에 이의를 신청하는 경우에는 「민사집행법」 제152조부터 제161조까지의 규정을 준용한다.

⑥ 제4항에 따라 이의신청을 받은 체납처분청은 이해관계인이 이의신청일부터 7일 이내에 임차인 또는 제7항에 따라 우선변제권을 승계한 금융기관 등을 상대로 소(訴)를 제기한 것을 증명하면 해당 소송이 끝날 때까지 이의가 신청된 범위에서 임차인 또는 제7항에 따라 우선변제권을 승계한 금융기관 등에 대한 보증금의 변제를 유보(留保)하고 남은 금액을 배분하여야 한다. 이 경우 유보된 보증금은 소송의 결과에 따라 배분한다.
⑦ 다음 각 호의 금융기관 등이 제2항, 제3조의3 제5항, 제3조의4 제1항에 따른 우선변제권을 취득한 임차인의 보증금반환채권을 계약으로 양수한 경우에는 양수한 금액의 범위에서 우선변제권을 승계한다.
1. 「은행법」에 따른 은행
2. 「중소기업은행법」에 따른 중소기업은행
3. 「한국산업은행법」에 따른 한국산업은행
4. 「농업협동조합법」에 따른 농협은행
5. 「수산업협동조합법」에 따른 수협은행
6. 「우체국예금·보험에 관한 법률」에 따른 체신관서
7. 「한국주택금융공사법」에 따른 한국주택금융공사
8. 「보험업법」 제4조 제1항 제2호 라목의 보증보험을 보험종목으로 허가받은 보험회사
9. 「주택도시기금법」에 따른 주택도시보증공사
10. 그밖에 제1호부터 제9호까지에 준하는 것으로서 대통령령으로 정하는 기관
⑧ 제7항에 따라 우선변제권을 승계한 금융기관 등(이하 "금융기관 등"이라 한다)은 다음 각 호의 어느 하나에 해당하는 경우에는 우선변제권을 행사할 수 없다.
1. 임차인이 제3조 제1항·제2항 또는 제3항의 대항요건을 상실한 경우
2. 제3조의3 제5항에 따른 임차권등기가 말소된 경우
3. 「민법」 제621조에 따른 임대차등기가 말소된 경우

⑨ 금융기관 등은 우선변제권을 행사하기 위하여 임차인을 대리하거나 대위하여 임대차를 해지할 수 없다.

제3조의3 【임차권등기명령】 ① 임대차가 끝난 후 보증금이 반환되지 아니한 경우 임차인은 임차주택의 소재지를 관할하는 지방법원·지방법원지원 또는 시·군 법원에 임차권등기명령을 신청할 수 있다.
② 임차권등기명령의 신청서에는 다음 각 호의 사항을 적어야 하며, 신청의 이유와 임차권등기의 원인이 된 사실을 소명하여야 한다.
1. 신청의 취지 및 이유
2. 임대차의 목적인 주택(임대차의 목적이 주택의 일부분인 경우에는 해당 부분의 도면을 첨부한다)
3. 임차권등기의 원인이 된 사실(임차인이 제3조 제1항·제2항 또는 제3항에 따른 대항력을 취득하였거나 제3조의2 제2항에 따른 우선변제권을 취득한 경우에는 그 사실)
4. 그밖에 대법원규칙으로 정하는 사항
③ 다음 각 호의 사항 등에 관하여는 「민사집행법」 제280조 제1항, 제281조, 제283조, 제285조, 제286조, 제288조 제1항, 같은 조 제2항 본문, 제289조, 제290조 제2항 중 제288조 제1항에 대한 부분, 제291조, 제292조 제3항 및 제293조를 준용한다. 이 경우 "가압류"는 "임차권등기"로, "채권자"는 "임차인"으로, "채무자"는 "임대인"으로 본다.
1. 임차권등기명령의 신청에 대한 재판
2. 임차권등기명령의 결정에 대한 임대인의 이의신청 및 그에 대한 재판
3. 임차권등기명령의 취소신청 및 그에 대한 재판
4. 임차권등기명령의 집행
④ 임차권등기명령의 신청을 기각하는 결정에 대하여 임차인은 항고할 수 있다.
⑤ 임차인은 임차권등기명령의 집행에 따른 임차권등기를 마치면 제3조 제1항·제2항 또는 제3항에 따른 대항력과 제3조의2 제2항에 따른 우선변제권을 취득한다. 다만, 임차인이 임차권등기 이

전에 이미 대항력이나 우선변제권을 취득한 경우에는 그 대항력이나 우선변제권은 그대로 유지되며, 임차권등기 이후에는 제3조 제1항·제2항 또는 제3항의 대항요건을 상실하더라도 이미 취득한 대항력이나 우선변제권을 상실하지 아니한다.
⑥ 임차권등기명령의 집행에 따른 임차권등기가 끝난 주택(임대차의 목적이 주택의 일부분인 경우에는 해당 부분으로 한정한다)을 그 이후에 임차한 임차인은 제8조에 따른 우선변제를 받을 권리가 없다.
⑦ 임차권등기의 촉탁, 등기관의 임차권등기 기입 등 임차권등기명령을 시행하는 데에 필요한 사항은 대법원규칙으로 정한다.
⑧ 임차인은 제1항에 따른 임차권등기명령의 신청과 그에 따른 임차권등기와 관련하여 든 비용을 임대인에게 청구할 수 있다.
⑨ 금융기관 등은 임차인을 대위하여 제1항의 임차권등기명령을 신청할 수 있다. 이 경우 제3항·제4항 및 제8항의 "임차인"은 "금융기관 등"으로 본다.

제3조의4【「민법」에 따른 주택임대차등기의 효력 등】

①「민법」제621조에 따른 주택임대차등기의 효력에 관하여는 제3조의3 제5항 및 제6항을 준용한다.
② 임차인이 대항력이나 우선변제권을 갖추고「민법」제621조 제1항에 따라 임대인의 협력을 얻어 임대차등기를 신청하는 경우에는 신청서에「부동산등기법」제74조 제1호부터 제6호까지의 사항 외에 다음 각 호의 사항을 적어야 하며, 이를 증명할 수 있는 서면(임대차의 목적이 주택의 일부분인 경우에는 해당 부분의 도면을 포함한다)을 첨부하여야 한다.
1. 주민등록을 마친 날
2. 임차주택을 점유한 날
3. 임대차계약증서상의 확정일자를 받은 날

제3조의5【경매에 의한 임차권의 소멸】

임차권은 임차주택에 대하여「민사집행법」에 따른 경매가 행하여진 경우에는 그 임차주택의 경락(競落)에 따라 소멸한다. 다만, 보증금이 모두 변제되지 아니한, 대항력이 있는 임차권은 그러하지 아니하다.

제3조의6【확정일자 부여 및 임대차 정보제공 등】

① 제3조의2 제2항의 확정일자는 주택 소재지의 읍·면사무소, 동 주민센터 또는 시(특별시·광역시·특별자치시는 제외하고, 특별자치도는 포함한다)·군·구(자치구를 말한다)의 출장소, 지방법원 및 그 지원과 등기소 또는「공증인법」에 따른 공증인(이하 이 조에서 "확정일자부여기관"이라 한다)이 부여한다.
② 확정일자부여기관은 해당 주택의 소재지, 확정일자 부여일, 차임 및 보증금 등을 기재한 확정일자부를 작성하여야 한다. 이 경우 전산처리정보조직을 이용할 수 있다.
③ 주택의 임대차에 이해관계가 있는 자는 확정일자부여기관에 해당 주택의 확정일자 부여일, 차임 및 보증금 등 정보의 제공을 요청할 수 있다. 이 경우 요청을 받은 확정일자부여기관은 정당한 사유 없이 이를 거부할 수 없다.
④ 임대차계약을 체결하려는 자는 임대인의 동의를 받아 확정일자부여기관에 제3항에 따른 정보제공을 요청할 수 있다.
⑤ 제1항·제3항 또는 제4항에 따라 확정일자를 부여받거나 정보를 제공받으려는 자는 수수료를 내야 한다.
⑥ 확정일자부에 기재하여야 할 사항, 주택의 임대차에 이해관계가 있는 자의 범위, 확정일자부여기관에 요청할 수 있는 정보의 범위 및 수수료, 그 밖에 확정일자부여사무와 정보제공 등에 필요한 사항은 대통령령 또는 대법원규칙으로 정한다.

제3조의7【임대인의 정보 제시 의무】

임대차계약을 체결할 때 임대인은 다음 각 호의 사항을 임차인에게 제시하여야 한다.

1. 제3조의6 제3항에 따른 해당 주택의 확정일자 부여일, 차임 및 보증금 등 정보. 다만, 임대인이 임대차계약을 체결하기 전에 제3조의6 제4항에 따라 동의함으로써 이를 갈음할 수 있다.
2. 「국세징수법」 제108조에 따른 납세증명서 및 「지방세징수법」 제5조 제2항에 따른 납세증명서. 다만, 임대인이 임대차계약을 체결하기 전에 「국세징수법」 제109조 제1항에 따른 미납국세와 체납액의 열람 및 「지방세징수법」 제6조 제1항에 따른 미납지방세의 열람에 각각 동의함으로써 이를 갈음할 수 있다.

제4조【임대차기간 등】 ① 기간을 정하지 아니하거나 2년 미만으로 정한 임대차는 그 기간을 2년으로 본다. 다만, 임차인은 2년 미만으로 정한 기간이 유효함을 주장할 수 있다.
② 임대차기간이 끝난 경우에도 임차인이 보증금을 반환받을 때까지는 임대차관계가 존속되는 것으로 본다.

제5조 삭제

제6조【계약의 갱신】 ① 임대인이 임대차기간이 끝나기 6개월 전부터 2개월 전까지의 기간에 임차인에게 갱신거절의 통지를 하지 아니하거나 계약조건을 변경하지 아니하면 갱신하지 아니한다는 뜻의 통지를 하지 아니한 경우에는 그 기간이 끝난 때에 전 임대차와 동일한 조건으로 다시 임대차한 것으로 본다. 임차인이 임대차기간이 끝나기 2개월 전까지 통지하지 아니한 경우에도 또한 같다.
② 제1항의 경우 임대차의 존속기간은 2년으로 본다.
③ 2기의 차임액에 달하도록 연체하거나 그밖에 임차인으로서의 의무를 현저히 위반한 임차인에 대하여는 제1항을 적용하지 아니한다.

제6조의2【묵시적 갱신의 경우 계약의 해지】 ① 제6조 제1항에 따라 계약이 갱신된 경우 같은 조 제2항에도 불구하고 임차인은 언제든지 임대인에게 계약해지를 통지할 수 있다.
② 제1항에 따른 해지는 임대인이 그 통지를 받은 날부터 3개월이 지나면 그 효력이 발생한다.

제6조의3【계약갱신 요구 등】 ① 제6조에도 불구하고 임대인은 임차인이 제6조 제1항 전단의 기간 이내에 계약갱신을 요구할 경우 정당한 사유 없이 거절하지 못한다. 다만, 다음 각 호의 어느 하나에 해당하는 경우에는 그러하지 아니하다.
1. 임차인이 2기의 차임액에 해당하는 금액에 이르도록 차임을 연체한 사실이 있는 경우
2. 임차인이 거짓이나 그 밖의 부정한 방법으로 임차한 경우
3. 서로 합의하여 임대인이 임차인에게 상당한 보상을 제공한 경우
4. 임차인이 임대인의 동의 없이 목적 주택의 전부 또는 일부를 전대(轉貸)한 경우
5. 임차인이 임차한 주택의 전부 또는 일부를 고의나 중대한 과실로 파손한 경우
6. 임차한 주택의 전부 또는 일부가 멸실되어 임대차의 목적을 달성하지 못할 경우
7. 임대인이 다음 각 목의 어느 하나에 해당하는 사유로 목적 주택의 전부 또는 대부분을 철거하거나 재건축하기 위하여 목적 주택의 점유를 회복할 필요가 있는 경우
   가. 임대차계약 체결 당시 공사시기 및 소요기간 등을 포함한 철거 또는 재건축 계획을 임차인에게 구체적으로 고지하고 그 계획에 따르는 경우
   나. 건물이 노후·훼손 또는 일부 멸실되는 등 안전사고의 우려가 있는 경우
   다. 다른 법령에 따라 철거 또는 재건축이 이루어지는 경우
8. 임대인(임대인의 직계존속·직계비속을 포함한다)이 목적 주택에 실제 거주하려는 경우
9. 그밖에 임차인이 임차인으로서의 의무를 현저히 위반하거나 임대차를 계속하기 어려운 중대한 사유가 있는 경우
② 임차인은 제1항에 따른 계약갱신요구권을 1회에 한하여 행사할 수 있다. 이 경우 갱신되는 임대차의 존속기간은 2년으로 본다.

③ 갱신되는 임대차는 전 임대차와 동일한 조건으로 다시 계약된 것으로 본다. 다만, 차임과 보증금은 제7조의 범위에서 증감할 수 있다.
④ 제1항에 따라 갱신되는 임대차의 해지에 관하여는 제6조의2를 준용한다.
⑤ 임대인이 제1항 제8호의 사유로 갱신을 거절하였음에도 불구하고 갱신요구가 거절되지 아니하였더라면 갱신되었을 기간이 만료되기 전에 정당한 사유 없이 제3자에게 목적 주택을 임대한 경우 임대인은 갱신거절로 인하여 임차인이 입은 손해를 배상하여야 한다.
⑥ 제5항에 따른 손해배상액은 거절 당시 당사자 간에 손해배상액의 예정에 관한 합의가 이루어지지 않는 한 다음 각 호의 금액 중 큰 금액으로 한다.
1. 갱신거절 당시 월차임(차임 외에 보증금이 있는 경우에는 그 보증금을 제7조의2 각 호 중 낮은 비율에 따라 월 단위의 차임으로 전환한 금액을 포함한다. 이하 "환산월차임"이라 한다)의 3개월분에 해당하는 금액
2. 임대인이 제3자에게 임대하여 얻은 환산월차임과 갱신거절 당시 환산월차임 간 차액의 2년분에 해당하는 금액
3. 제1항 제8호의 사유로 인한 갱신거절로 인하여 임차인이 입은 손해액

제7조【차임 등의 증감청구권】 ① 당사자는 약정한 차임이나 보증금이 임차주택에 관한 조세, 공과금, 그 밖의 부담의 증감이나 경제사정의 변동으로 인하여 적절하지 아니하게 된 때에는 장래에 대하여 그 증감을 청구할 수 있다. 이 경우 증액청구는 임대차계약 또는 약정한 차임이나 보증금의 증액이 있은 후 1년 이내에는 하지 못한다.
② 제1항에 따른 증액청구는 약정한 차임이나 보증금의 20분의 1의 금액을 초과하지 못한다. 다만, 특별시·광역시·특별자치시·도 및 특별자치도는 관할 구역 내의 지역별 임대차 시장 여건 등을 고려하여 본문의 범위에서 증액청구의 상한을 조례로 달리 정할 수 있다.

제7조의2【월차임 전환시 산정률의 제한】 보증금의 전부 또는 일부를 월 단위의 차임으로 전환하는 경우에는 그 전환되는 금액에 다음 각 호 중 낮은 비율을 곱한 월차임(月借賃)의 범위를 초과할 수 없다.
1. 「은행법」에 따른 은행에서 적용하는 대출금리와 해당 지역의 경제 여건 등을 고려하여 대통령령으로 정하는 비율
2. 한국은행에서 공시한 기준금리에 대통령령으로 정하는 이율을 더한 비율

제8조【보증금 중 일정액의 보호】 ① 임차인은 보증금 중 일정액을 다른 담보물권자보다 우선하여 변제받을 권리가 있다. 이 경우 임차인은 주택에 대한 경매신청의 등기 전에 제3조 제1항의 요건을 갖추어야 한다.
② 제1항의 경우에는 제3조의2 제4항부터 제6항까지의 규정을 준용한다.
③ 제1항에 따라 우선변제를 받을 임차인 및 보증금 중 일정액의 범위와 기준은 제8조의2에 따른 주택임대차위원회의 심의를 거쳐 대통령령으로 정한다. 다만, 보증금 중 일정액의 범위와 기준은 주택가액(대지의 가액을 포함한다)의 2분의 1을 넘지 못한다.

제8조의2【주택임대차위원회】 ① 제8조에 따라 우선변제를 받을 임차인 및 보증금 중 일정액의 범위와 기준을 심의하기 위하여 법무부에 주택임대차위원회(이하 "위원회"라 한다)를 둔다.
② 위원회는 위원장 1명을 포함한 9명 이상 15명 이하의 위원으로 성별을 고려하여 구성한다.
③ 위원회의 위원장은 법무부차관이 된다.
④ 위원회의 위원은 다음 각 호의 어느 하나에 해당하는 사람 중에서 위원장이 임명하거나 위촉하되, 제1호부터 제5호까지에 해당하는 위원을 각각 1명 이상 임명하거나 위촉하여야 하고, 위원 중 2분의 1 이상은 제1호·제2호 또는 제6호에 해당하는 사람을 위촉하여야 한다.

1. 법학·경제학 또는 부동산학 등을 전공하고 주택임대차 관련 전문지식을 갖춘 사람으로서 공인된 연구기관에서 조교수 이상 또는 이에 상당하는 직에 5년 이상 재직한 사람
2. 변호사·감정평가사·공인회계사·세무사 또는 공인중개사로서 5년 이상 해당 분야에서 종사하고 주택임대차 관련 업무경험이 풍부한 사람
3. 기획재정부에서 물가 관련 업무를 담당하는 고위공무원단에 속하는 공무원
4. 법무부에서 주택임대차 관련 업무를 담당하는 고위공무원단에 속하는 공무원(이에 상당하는 특정직 공무원을 포함한다)
5. 국토교통부에서 주택사업 또는 주거복지 관련 업무를 담당하는 고위공무원단에 속하는 공무원
6. 그밖에 주택임대차 관련 학식과 경험이 풍부한 사람으로서 대통령령으로 정하는 사람

⑤ 그밖에 위원회의 구성 및 운영 등에 필요한 사항은 대통령령으로 정한다.

제9조 【주택 임차권의 승계】 ① 임차인이 상속인 없이 사망한 경우에는 그 주택에서 가정공동생활을 하던 사실상의 혼인관계에 있는 자가 임차인의 권리와 의무를 승계한다.
② 임차인이 사망한 때에 사망 당시 상속인이 그 주택에서 가정공동생활을 하고 있지 아니한 경우에는 그 주택에서 가정공동생활을 하던 사실상의 혼인 관계에 있는 자와 2촌 이내의 친족이 공동으로 임차인의 권리와 의무를 승계한다.
③ 제1항과 제2항의 경우에 임차인이 사망한 후 1개월 이내에 임대인에게 제1항과 제2항에 따른 승계 대상자가 반대의사를 표시한 경우에는 그러하지 아니하다.
④ 제1항과 제2항의 경우에 임대차 관계에서 생긴 채권·채무는 임차인의 권리의무를 승계한 자에게 귀속된다.

제10조 【강행규정】 이 법에 위반된 약정으로서 임차인에게 불리한 것은 그 효력이 없다.

제10조의2 【초과 차임 등의 반환청구】 임차인이 제7조에 따른 증액비율을 초과하여 차임 또는 보증금을 지급하거나 제7조의2에 따른 월차임 산정률을 초과하여 차임을 지급한 경우에는 초과 지급된 차임 또는 보증금 상당금액의 반환을 청구할 수 있다.

제11조 【일시사용을 위한 임대차】 이 법은 일시사용하기 위한 임대차임이 명백한 경우에는 적용하지 아니한다.

제12조 【미등기 전세에의 준용】 주택의 등기를 하지 아니한 전세계약에 관하여는 이 법을 준용한다. 이 경우 "전세금"은 "임대차의 보증금"으로 본다.

제13조 【「소액사건심판법」의 준용】 임차인이 임대인에 대하여 제기하는 보증금반환청구소송에 관하여는 「소액사건심판법」 제6조, 제7조, 제10조 및 제11조의2를 준용한다.

제14조 【주택임대차분쟁조정위원회】 ① 이 법의 적용을 받는 주택임대차와 관련된 분쟁을 심의·조정하기 위하여 대통령령으로 정하는 바에 따라 「법률구조법」 제8조에 따른 대한법률구조공단(이하 "공단"이라 한다)의 지부, 「한국토지주택공사법」에 따른 한국토지주택공사(이하 "공사"라 한다)의 지사 또는 사무소 및 「한국감정원법」에 따른 한국감정원(이하 "감정원"이라 한다)의 지사 또는 사무소에 주택임대차분쟁조정위원회(이하 "조정위원회"라 한다)를 둔다. 특별시·광역시·특별자치시·도 및 특별자치도(이하 "시·도"라 한다)는 그 지방자치단체의 실정을 고려하여 조정위원회를 둘 수 있다.
② 조정위원회는 다음 각 호의 사항을 심의·조정한다.
1. 차임 또는 보증금의 증감에 관한 분쟁
2. 임대차 기간에 관한 분쟁
3. 보증금 또는 임차주택의 반환에 관한 분쟁
4. 임차주택의 유지·수선 의무에 관한 분쟁
5. 그밖에 대통령령으로 정하는 주택임대차에 관한 분쟁

③ 조정위원회의 사무를 처리하기 위하여 조정위원회에 사무국을 두고, 사무국의 조직 및 인력 등에 필요한 사항은 대통령령으로 정한다.
④ 사무국의 조정위원회 업무담당자는 「상가건물임대차보호법」 제20조에 따른 상가건물임대차분쟁조정위원회 사무국의 업무를 제외하고 다른 직위의 업무를 겸직하여서는 아니 된다.

제15조 【예산의 지원】 국가는 조정위원회의 설치·운영에 필요한 예산을 지원할 수 있다.

제16조 【조정위원회의 구성 및 운영】 ① 조정위원회는 위원장 1명을 포함하여 5명 이상 30명 이하의 위원으로 성별을 고려하여 구성한다.
② 조정위원회의 위원은 조정위원회를 두는 기관에 따라 공단 이사장, 공사 사장, 감정원 원장 또는 조정위원회를 둔 지방자치단체의 장이 각각 임명하거나 위촉한다.
③ 조정위원회의 위원은 주택임대차에 관한 학식과 경험이 풍부한 사람으로서 다음 각 호의 어느 하나에 해당하는 사람으로 한다. 이 경우 제1호부터 제4호까지에 해당하는 위원을 각 1명 이상 위촉하여야 하고, 위원 중 5분의 2 이상은 제2호에 해당하는 사람이어야 한다.
1. 법학·경제학 또는 부동산학 등을 전공하고 대학이나 공인된 연구기관에서 부교수 이상 또는 이에 상당하는 직에 재직한 사람
2. 판사·검사 또는 변호사로 6년 이상 재직한 사람
3. 감정평가사·공인회계사·법무사 또는 공인중개사로서 주택임대차 관계 업무에 6년 이상 종사한 사람
4. 「사회복지사업법」에 따른 사회복지법인과 그 밖의 비영리법인에서 주택임대차분쟁에 관한 상담에 6년 이상 종사한 경력이 있는 사람
5. 해당 지방자치단체에서 주택임대차 관련 업무를 담당하는 4급 이상의 공무원
6. 그밖에 주택임대차 관련 학식과 경험이 풍부한 사람으로서 대통령령으로 정하는 사람

④ 조정위원회의 위원장은 제3항 제2호에 해당하는 위원 중에서 위원들이 호선한다.
⑤ 조정위원회위원장은 조정위원회를 대표하여 그 직무를 총괄한다.
⑥ 조정위원회위원장이 부득이한 사유로 직무를 수행할 수 없는 경우에는 조정위원회위원장이 미리 지명한 조정위원이 그 직무를 대행한다.
⑦ 조정위원의 임기는 3년으로 하되 연임할 수 있으며, 보궐위원의 임기는 전임자의 남은 임기로 한다.
⑧ 조정위원회는 조정위원회위원장 또는 제3항 제2호에 해당하는 조정위원 1명 이상을 포함한 재적위원 과반수의 출석과 출석위원 과반수의 찬성으로 의결한다.
⑨ 그밖에 조정위원회의 설치, 구성 및 운영 등에 필요한 사항은 대통령령으로 정한다.

제17조 【조정부의 구성 및 운영】 ① 조정위원회는 분쟁의 효율적 해결을 위하여 3명의 조정위원으로 구성된 조정부를 둘 수 있다.
② 조정부에는 제16조 제3항 제2호에 해당하는 사람이 1명 이상 포함되어야 하며, 그중에서 조정위원회위원장이 조정부의 장을 지명한다.
③ 조정부는 다음 각 호의 사항을 심의·조정한다.
1. 제14조 제2항에 따른 주택임대차분쟁 중 대통령령으로 정하는 금액 이하의 분쟁
2. 조정위원회가 사건을 특정하여 조정부에 심의·조정을 위임한 분쟁

④ 조정부는 조정부의 장을 포함한 재적위원 과반수의 출석과 출석위원 과반수의 찬성으로 의결한다.
⑤ 제4항에 따라 조정부가 내린 결정은 조정위원회가 결정한 것으로 본다.
⑥ 그밖에 조정부의 설치, 구성 및 운영 등에 필요한 사항은 대통령령으로 정한다.

제18조 【조정위원의 결격사유】 「국가공무원법」 제33조 각 호의 어느 하나에 해당하는 사람은 조정위원이 될 수 없다.

제19조 【조정위원의 신분보장】 ① 조정위원은 자신의 직무를 독립적으로 수행하고 주택임대차분쟁의 심리 및 판단에 관하여 어떠한 지시에도 구속되지 아니한다.
② 조정위원은 다음 각 호의 어느 하나에 해당하는 경우를 제외하고는 그 의사에 반하여 해임 또는 해촉되지 아니한다.
1. 제18조에 해당하는 경우
2. 신체상 또는 정신상의 장애로 직무를 수행할 수 없게 된 경우

제20조 【조정위원의 제척 등】 ① 조정위원이 다음 각 호의 어느 하나에 해당하는 경우 그 직무의 집행에서 제척된다.
1. 조정위원 또는 그 배우자나 배우자이었던 사람이 해당 분쟁사건의 당사자가 되는 경우
2. 조정위원이 해당 분쟁사건의 당사자와 친족관계에 있거나 있었던 경우
3. 조정위원이 해당 분쟁사건에 관하여 진술, 감정 또는 법률자문을 한 경우
4. 조정위원이 해당 분쟁사건에 관하여 당사자의 대리인으로서 관여하거나 관여하였던 경우
② 사건을 담당한 조정위원에게 제척의 원인이 있는 경우에는 조정위원회는 직권 또는 당사자의 신청에 따라 제척의 결정을 한다.
③ 당사자는 사건을 담당한 조정위원에게 공정한 직무집행을 기대하기 어려운 사정이 있는 경우 조정위원회에 기피신청을 할 수 있다.
④ 기피신청에 관한 결정은 조정위원회가 하고, 해당 조정위원 및 당사자 쌍방은 그 결정에 불복하지 못한다.
⑤ 제3항에 따른 기피신청이 있는 때에는 조정위원회는 그 신청에 대한 결정이 있을 때까지 조정절차를 정지하여야 한다.
⑥ 조정위원은 제1항 또는 제3항에 해당하는 경우 조정위원회의 허가를 받지 아니하고 해당 분쟁사건의 직무집행에서 회피할 수 있다.

제21조 【조정의 신청 등】 ① 제14조 제2항 각 호의 어느 하나에 해당하는 주택임대차 분쟁의 당사자는 해당 주택이 소재하는 지역을 관할하는 조정위원회에 분쟁의 조정을 신청할 수 있다.
② 조정위원회는 신청인이 조정을 신청할 때 조정절차 및 조정의 효력 등 분쟁조정에 관하여 대통령령으로 정하는 사항을 안내하여야 한다.
③ 조정위원회의 위원장은 다음 각 호의 어느 하나에 해당하는 경우 신청을 각하한다. 이 경우 그 사유를 신청인에게 통지하여야 한다.
1. 이미 해당 분쟁조정사항에 대하여 법원에 소가 제기되거나 조정 신청이 있은 후 소가 제기된 경우
2. 이미 해당 분쟁조정사항에 대하여 「민사조정법」에 따른 조정이 신청된 경우나 조정신청이 있은 후 같은 법에 따른 조정이 신청된 경우
3. 이미 해당 분쟁조정사항에 대하여 이 법에 따른 조정위원회에 조정이 신청된 경우나 조정신청이 있은 후 조정이 성립된 경우
4. 조정신청 자체로 주택임대차에 관한 분쟁이 아님이 명백한 경우
5. 피신청인이 조정절차에 응하지 아니한다는 의사를 통지한 경우
6. 신청인이 정당한 사유 없이 조사에 응하지 아니하거나 2회 이상 출석요구에 응하지 아니한 경우

제22조 【조정절차】 ① 조정위원회의 위원장은 신청인으로부터 조정신청을 접수한 때에는 지체 없이 조정절차를 개시하여야 한다.
② 조정위원회의 위원장은 제1항에 따라 조정신청을 접수하면 피신청인에게 조정신청서를 송달하여야 한다. 이 경우 제21조 제2항을 준용한다.
③ 조정서류의 송달 등 조정절차에 관하여 필요한 사항은 대통령령으로 정한다.

제23조 【처리기간】 ① 조정위원회는 분쟁의 조정 신청을 받은 날부터 60일 이내에 그 분쟁조정을 마쳐야 한다. 다만, 부득이한 사정이 있는 경우에는 조정위원회의 의결을 거쳐 30일의 범위에서 그 기간을 연장할 수 있다.

② 조정위원회는 제1항 단서에 따라 기간을 연장한 경우에는 기간 연장의 사유와 그밖에 기간 연장에 관한 사항을 당사자에게 통보하여야 한다.

제24조【조사 등】 ① 조정위원회는 조정을 위하여 필요하다고 인정하는 경우 신청인, 피신청인, 분쟁 관련 이해관계인 또는 참고인에게 출석하여 진술하게 하거나 조정에 필요한 자료나 물건 등을 제출하도록 요구할 수 있다.

② 조정위원회는 조정을 위하여 필요하다고 인정하는 경우 조정위원 또는 사무국의 직원으로 하여금 조정 대상물 및 관련 자료에 대하여 조사하게 하거나 자료를 수집하게 할 수 있다. 이 경우 조정위원이나 사무국의 직원은 그 권한을 표시하는 증표를 지니고 이를 관계인에게 내보여야 한다.

③ 조정위원회위원장은 특별시장, 광역시장, 특별자치시장, 도지사 및 특별자치도지사(이하 "시·도지사"라 한다)에게 해당 조정업무에 참고하기 위하여 인근지역의 확정일자 자료, 보증금의 월차임 전환율 등 적정 수준의 임대료 산정을 위한 자료를 요청할 수 있다. 이 경우 시·도지사는 정당한 사유가 없으면 조정위원회위원장의 요청에 따라야 한다.

제25조【조정을 하지 아니하는 결정】 ① 조정위원회는 해당 분쟁이 그 성질상 조정을 하기에 적당하지 아니하다고 인정하거나 당사자가 부당한 목적으로 조정을 신청한 것으로 인정할 때에는 조정을 하지 아니할 수 있다.

② 조정위원회는 제1항에 따라 조정을 하지 아니하기로 결정하였을 때에는 그 사실을 당사자에게 통지하여야 한다.

제26조【조정의 성립】 ① 조정위원회가 조정안을 작성한 경우에는 그 조정안을 지체 없이 각 당사자에게 통지하여야 한다.

② 제1항에 따라 조정안을 통지받은 당사자가 통지받은 날부터 14일 이내에 수락의 의사를 서면으로 표시하지 아니한 경우에는 조정을 거부한 것으로 본다.

③ 제2항에 따라 각 당사자가 조정안을 수락한 경우에는 조정안과 동일한 내용의 합의가 성립된 것으로 본다.

④ 제3항에 따른 합의가 성립한 경우 조정위원회위원장은 조정안의 내용을 조정서로 작성한다. 조정위원회위원장은 각 당사자 간에 금전, 그 밖의 대체물의 지급 또는 부동산의 인도에 관하여 강제집행을 승낙하는 취지의 합의가 있는 경우에는 그 내용을 조정서에 기재하여야 한다.

제27조【집행력의 부여】 제26조 제4항 후단에 따라 강제집행을 승낙하는 취지의 내용이 기재된 조정서의 정본은 「민사집행법」 제56조에도 불구하고 집행력 있는 집행권원과 같은 효력을 가진다. 다만, 청구에 관한 이의의 주장에 대하여는 같은 법 제44조 제2항을 적용하지 아니한다.

제28조【비밀유지의무】 조정위원, 사무국의 직원 또는 그 직에 있었던 자는 다른 법률에 특별한 규정이 있는 경우를 제외하고는 직무상 알게 된 정보를 타인에게 누설하거나 직무상 목적 외에 사용하여서는 아니 된다.

제29조【다른 법률의 준용】 조정위원회의 운영 및 조정절차에 관하여 이 법에서 규정하지 아니한 사항에 대하여는 「민사조정법」을 준용한다.

제30조【주택임대차표준계약서 사용】 주택임대차계약을 서면으로 체결할 때에는 법무부장관이 국토교통부장관과 협의하여 정하는 주택임대차표준계약서를 우선적으로 사용한다. 다만, 당사자가 다른 서식을 사용하기로 합의한 경우에는 그러하지 아니하다.

제31조【벌칙 적용에서 공무원 의제】 공무원이 아닌 주택임대차위원회의 위원 및 주택임대차분쟁조정위원회의 위원은 「형법」 제127조, 제129조부터 제132조까지의 규정을 적용할 때에는 공무원으로 본다.

03 주택임대차보호법 시행령

[시행 2025.3.1.] [대통령령 제35161호, 2024.12.31, 일부개정]

제1조【목 적】이 영은「주택임대차보호법」에서 위임된 사항과 그 시행에 관하여 필요한 사항을 정함을 목적으로 한다.

제2조【대항력이 인정되는 법인】「주택임대차보호법」(이하 "법"이라 한다) 제3조 제2항 후단에서 "대항력이 인정되는 법인"이란 다음 각 호의 법인을 말한다.
1. 「한국토지주택공사법」에 따른 한국토지주택공사(이하 "공사"라 한다)
2. 「지방공기업법」제49조에 따라 주택사업을 목적으로 설립된 지방공사

제3조【고유식별정보의 처리】다음 각 호의 어느 하나에 해당하는 자는 법 제3조의6에 따른 확정일자 부여 및 임대차 정보제공 등에 관한 사무를 수행하기 위하여 불가피한 경우「개인정보 보호법 시행령」제19조 제1호 및 제4호에 따른 주민등록번호 및 외국인등록번호를 처리할 수 있다.
1. 시장(「제주특별자치도 설치 및 국제자유도시 조성을 위한 특별법」제11조에 따른 행정시장을 포함하며, 특별시장·광역시장·특별자치시장은 제외한다), 군수 또는 구청장(자치구의 구청장을 말한다)
2. 읍·면·동의 장
3. 「공증인법」에 따른 공증인

제4조【확정일자부 기재사항 등】① 법 제3조의6 제1항에 따른 확정일자부여기관(지방법원 및 그 지원과 등기소는 제외하며, 이하 "확정일자부여기관"이라 한다)이 같은 조 제2항에 따라 작성하는 확정일자부에 기재하여야 할 사항은 다음 각 호와 같다.
1. 확정일자번호
2. 확정일자 부여일
3. 임대인·임차인의 인적사항
   가. 자연인인 경우
      성명, 주소, 주민등록번호(외국인은 외국인등록번호)
   나. 법인이거나 법인 아닌 단체인 경우
      법인명·단체명, 법인등록번호·부동산등기용등록번호, 본점·주사무소 소재지
4. 주택 소재지
5. 임대차 목적물
6. 임대차 기간
7. 차임·보증금
8. 신청인의 성명과 주민등록번호 앞 6자리(외국인은 외국인등록번호 앞 6자리)

② 확정일자는 확정일자번호, 확정일자 부여일 및 확정일자부여기관을 주택임대차계약증서에 표시하는 방법으로 부여한다.

③ 제1항 및 제2항에서 규정한 사항 외에 확정일자부 작성방법 및 확정일자 부여 시 확인사항 등 확정일자 부여 사무에 관하여 필요한 사항은 법무부령으로 정한다.

제5조【주택의 임대차에 이해관계가 있는 자의 범위】법 제3조의6 제3항에 따라 정보제공을 요청할 수 있는 주택의 임대차에 이해관계가 있는 자(이하 "이해관계인"이라 한다)는 다음 각 호의 어느 하나에 해당하는 자로 한다.
1. 해당 주택의 임대인·임차인
2. 해당 주택의 소유자
3. 해당 주택 또는 그 대지의 등기기록에 기록된 권리자 중 법무부령으로 정하는 자
4. 법 제3조의2 제7항에 따라 우선변제권을 승계한 금융기관

5. 법 제6조의3 제1항 제8호의 사유로 계약의 갱신이 거절된 임대차계약의 임차인이었던 자
6. 제1호부터 제5호까지의 규정에 준하는 지위 또는 권리를 가지는 자로서 법무부령으로 정하는 자

제6조 【요청할 수 있는 정보의 범위 및 제공방법】
① 제5조 제1호 또는 제5호에 해당하는 자는 법 제3조의6 제3항에 따라 확정일자부여기관에 해당 임대차계약(제5조 제5호에 해당하는 자의 경우에는 갱신요구가 거절되지 않았더라면 갱신되었을 기간 중에 존속하는 임대차계약을 말한다)에 관한 다음 각 호의 사항의 열람 또는 그 내용을 기록한 서면의 교부를 요청할 수 있다.
1. 임대차목적물
2. 임대인·임차인의 인적사항(제5조 제5호에 해당하는 자는 임대인·임차인의 성명, 법인명 또는 단체명으로 한정한다)
3. 확정일자 부여일
4. 차임·보증금
5. 임대차기간
② 제5조 제2호부터 제4호까지 또는 제6호의 어느 하나에 해당하는 자이거나 임대차계약을 체결하려는 자는 법 제3조의6 제3항 또는 제4항에 따라 확정일자부여기관에 다음 각 호의 사항의 열람 또는 그 내용을 기록한 서면의 교부를 요청할 수 있다.
1. 임대차목적물
2. 확정일자 부여일
3. 차임·보증금
4. 임대차기간
③ 제1항 및 제2항에서 규정한 사항 외에 정보제공 요청에 필요한 사항은 법무부령으로 정한다.

제7조 【수수료】
① 법 제3조의6 제5항에 따라 확정일자부여기관에 내야 하는 수수료는 확정일자 부여에 관한 수수료와 정보제공에 관한 수수료로 구분하며, 그 구체적인 금액은 법무부령으로 정한다.
② 「국민기초생활 보장법」에 따른 수급자 등 법무부령으로 정하는 사람에 대해서는 제1항에 따른 수수료를 면제할 수 있다.

제8조 【차임 등 증액청구의 기준 등】
① 법 제7조에 따른 차임이나 보증금(이하 "차임 등"이라 한다)의 증액청구는 약정한 차임 등의 20분의 1의 금액을 초과하지 못한다.
② 제1항에 따른 증액청구는 임대차계약 또는 약정한 차임 등의 증액이 있은 후 1년 이내에는 하지 못한다.

제9조 【월차임 전환시 산정률】
① 법 제7조의2 제1호에서 "대통령령으로 정하는 비율"이란 연 1할을 말한다.
② 법 제7조의2 제2호에서 "대통령령으로 정하는 이율"이란 연 2퍼센트를 말한다.

제10조 【보증금 중 일정액의 범위 등】
① 법 제8조에 따라 우선변제를 받을 보증금 중 일정액의 범위는 다음 각 호의 구분에 의한 금액 이하로 한다.
1. 서울특별시 : 5천500만원
2. 「수도권정비계획법」에 따른 과밀억제권역(서울특별시는 제외한다), 세종특별자치시, 용인시, 화성시 및 김포시 : 4천 800만원
3. 광역시(「수도권정비계획법」에 따른 과밀억제권역에 포함된 지역과 군지역은 제외한다), 안산시, 광주시, 파주시, 이천시 및 평택시 : 2천 800만원
4. 그 밖의 지역 : 2천 500만원
② 임차인의 보증금 중 일정액이 주택가액의 2분의 1을 초과하는 경우에는 주택가액의 2분의 1에 해당하는 금액까지만 우선변제권이 있다.
③ 하나의 주택에 임차인이 2명 이상이고, 그 각 보증금 중 일정액을 모두 합한 금액이 주택가액의 2분의 1을 초과하는 경우에는 그 각 보증금 중 일정액을 모두 합한 금액에 대한 각 임차인의 보증금 중 일정액의 비율로 그 주택가액의 2분의 1에 해당하는 금액을 분할한 금액을 각 임차인의 보증금 중 일정액으로 본다.
④ 하나의 주택에 임차인이 2명 이상이고 이들이 그 주택에서 가정공동생활을 하는 경우에는 이들을 1명의 임차인으로 보아 이들의 각 보증금을 합산한다.

제11조【우선변제를 받을 임차인의 범위】 법 제8조에 따라 우선변제를 받을 임차인은 보증금이 다음 각 호의 구분에 의한 금액 이하인 임차인으로 한다.
1. 서울특별시 : 1억 6천 500만원
2. 「수도권정비계획법」에 따른 과밀억제권역(서울특별시는 제외한다), 세종특별자치시, 용인시, 화성시 및 김포시 : 1억 4천 500만원
3. 광역시(「수도권정비계획법」에 따른 과밀억제권역에 포함된 지역과 군지역은 제외한다), 안산시, 광주시, 파주시, 이천시 및 평택시 : 8천 500만원
4. 그 밖의 지역 : 7천 500만원

제12조【주택임대차위원회의 구성】 법 제8조의2 제4항 제6호에서 "대통령령으로 정하는 사람"이란 다음 각 호의 어느 하나에 해당하는 사람을 말한다.
1. 특별시·광역시·특별자치시·도 및 특별자치도(이하 "시·도"라 한다)에서 주택정책 또는 부동산 관련 업무를 담당하는 주무부서의 실·국장
2. 법무사로서 5년 이상 해당 분야에서 종사하고 주택임대차 관련 업무 경험이 풍부한 사람

제13조【위원의 임기 등】 ① 법 제8조의2에 따른 주택임대차위원회(이하 "위원회"라 한다)의 위원의 임기는 2년으로 하되, 한 차례만 연임할 수 있다. 다만, 공무원인 위원의 임기는 그 직위에 재직하는 기간으로 한다.
② 위원장은 위촉된 위원이 다음 각 호의 어느 하나에 해당하는 경우에는 해당 위원을 해촉할 수 있다.
1. 심신장애로 인하여 직무를 수행할 수 없게 된 경우
2. 직무와 관련한 형사사건으로 기소된 경우
3. 직무태만, 품위손상, 그 밖의 사유로 인하여 위원으로 적합하지 아니하다고 인정되는 경우
4. 위원 스스로 직무를 수행하는 것이 곤란하다고 의사를 밝히는 경우

제14조【위원장의 직무】 ① 위원장은 위원회를 대표하고, 위원회의 업무를 총괄한다.
② 위원장이 부득이한 사유로 인하여 직무를 수행할 수 없을 때에는 위원장이 미리 지명한 위원이 그 직무를 대행한다.

제15조【간 사】 ① 위원회에 간사 1명을 두되, 간사는 주택임대차 관련 업무에 종사하는 법무부 소속의 고위공무원단에 속하는 일반직 공무원(이에 상당하는 특정직·별정직 공무원을 포함한다) 중에서 위원회의 위원장이 지명한다.
② 간사는 위원회의 운영을 지원하고, 위원회의 회의에 관한 기록과 그밖에 서류의 작성과 보관에 관한 사무를 처리한다.
③ 간사는 위원회에 참석하여 심의사항을 설명하거나 그밖에 필요한 발언을 할 수 있다.

제16조【위원회의 회의】 ① 위원회의 회의는 매년 1회 개최되는 정기회의와 위원장이 필요하다고 인정하거나 위원 3분의 1 이상이 요구할 경우에 개최되는 임시회의로 구분하여 운영한다.
② 위원장은 위원회의 회의를 소집하고, 그 의장이 된다.
③ 위원회의 회의는 재적위원 과반수의 출석으로 개의하고, 출석위원 과반수의 찬성으로 의결한다.
④ 위원회의 회의는 비공개로 한다.
⑤ 위원장은 위원이 아닌 자를 회의에 참석하게 하여 의견을 듣거나 관계 기관·단체 등에게 필요한 자료, 의견 제출 등 협조를 요청할 수 있다.

제17조【실무위원회】 ① 위원회에서 심의할 안건의 협의를 효율적으로 지원하기 위하여 위원회에 실무위원회를 둔다.
② 실무위원회는 다음 각 호의 사항을 협의·조정한다.
1. 심의안건 및 이와 관련하여 위원회가 위임한 사항
2. 그 밖에 위원장 및 위원이 실무협의를 요구하는 사항
③ 실무위원회의 위원장은 위원회의 간사가 되고, 실무위원회의 위원은 다음 각 호의 사람 중에서 그 소속기관의 장이 지명하는 사람으로 한다.

1. 기획재정부에서 물가 관련 업무를 담당하는 5급 이상의 국가공무원
2. 법무부에서 주택임대차 관련 업무를 담당하는 5급 이상의 국가공무원
3. 국토교통부에서 주택사업 또는 주거복지 관련 업무를 담당하는 5급 이상의 국가공무원
4. 시·도에서 주택정책 또는 부동산 관련 업무를 담당하는 5급 이상의 지방공무원

제18조 【전문위원】 ① 위원회의 심의사항에 관한 전문적인 조사·연구업무를 수행하기 위하여 5명 이내의 전문위원을 둘 수 있다.
② 전문위원은 법학, 경제학 또는 부동산학 등에 학식과 경험을 갖춘 사람 중에서 법무부장관이 위촉하고, 임기는 2년으로 한다.

제19조 【수당】 위원회 또는 실무위원회 위원에 대해서는 예산의 범위에서 수당을 지급할 수 있다. 다만, 공무원인 위원이 그 소관 업무와 직접적으로 관련되어 위원회에 출석하는 경우에는 그러하지 아니하다.

제20조 【운영세칙】 이 영에서 규정한 사항 외에 위원회의 운영에 필요한 사항은 법무부장관이 정한다.

제21조 【주택임대차분쟁조정위원회의 설치】 법 제14조 제1항에 따른 주택임대차분쟁조정위원회(이하 "조정위원회"라 한다)를 두는 「법률구조법」 제8조에 따른 대한법률구조공단(이하 "공단"이라 한다), 공사 및 「한국부동산원법」에 따른 한국부동산원(이하 "부동산원"이라 한다)의 지부, 지사 또는 사무소와 그 관할구역은 별표 1과 같다.

제22조 【조정위원회의 심의·조정 사항】 법 제14조 제2항 제5호에서 "대통령령으로 정하는 주택임대차에 관한 분쟁"이란 다음 각 호의 분쟁을 말한다.
1. 임대차계약의 이행 및 임대차계약 내용의 해석에 관한 분쟁
2. 임대차계약 갱신 및 종료에 관한 분쟁
3. 임대차계약의 불이행 등에 따른 손해배상청구에 관한 분쟁
4. 공인중개사 보수 등 비용부담에 관한 분쟁
5. 「공인중개사법」 제30조에 따른 공인중개사의 손해배상책임(중개의뢰인이 같은 법 시행령 제26조 제1항에 따라 보증기관에 손해배상금으로 공제금의 지급을 청구하는 경우를 포함한다)에 관한 분쟁
6. 주택임대차표준계약서 사용에 관한 분쟁
7. 그 밖에 제1호부터 제6호까지의 규정에 준하는 분쟁으로서 조정위원회의 위원장(이하 "위원장"이라 한다)이 조정이 필요하다고 인정하는 분쟁

제23조 【공단의 지부 등에 두는 조정위원회 사무국】 ① 법 제14조 제3항에 따라 공단, 공사 및 부동산원의 지부, 지사 또는 사무소에 두는 조정위원회 사무국(이하 "사무국"이라 한다)에는 사무국장 1명을 두며, 사무국장 밑에 심사관 및 조사관을 둔다.
② 사무국장은 공단 이사장, 공사 사장 및 부동산원 원장이 각각 임명하며, 조정위원회의 위원(이하 "조정위원"이라 한다)을 겸직할 수 있다.
③ 심사관 및 조사관은 공단 이사장, 공사 사장 및 부동산원 원장이 각각 임명한다.
④ 사무국장은 사무국의 업무를 총괄하고, 소속 직원을 지휘·감독한다.
⑤ 심사관은 다음 각 호의 업무를 담당한다.
1. 분쟁조정신청 사건에 대한 쟁점정리 및 법률적 검토
2. 조사관이 담당하는 업무에 대한 지휘·감독
3. 그밖에 위원장이 조정위원회의 사무 처리를 위하여 필요하다고 인정하는 업무
⑥ 조사관은 다음 각 호의 업무를 담당한다.
1. 조정신청의 접수
2. 분쟁조정 신청에 관한 민원의 안내
3. 조정당사자에 대한 송달 및 통지
4. 분쟁의 조정에 필요한 사실조사
5. 그밖에 위원장이 조정위원회의 사무 처리를 위하여 필요하다고 인정하는 업무
⑦ 사무국장 및 심사관은 변호사의 자격이 있는 사람으로 한다.

제24조 【시·도의 조정위원회 사무국】 시·도가 법 제14조 제1항 후단에 따라 조정위원회를 두는 경우 사무국의 조직 및 운영 등에 관한 사항은 그 지방자치단체의 실정을 고려하여 해당 시·도 조례로 정한다.

제25조 【조정위원회 구성】 법 제16조 제3항 제6호에서 "대통령령으로 정하는 사람"이란 세무사·주택관리사·건축사로서 주택임대차 관계 업무에 6년 이상 종사한 사람을 말한다.

제26조 【조정위원회 운영】 ① 조정위원회는 효율적인 운영을 위하여 필요한 경우에는 분쟁조정사건을 분리하거나 병합하여 심의·조정할 수 있다. 이 경우 당사자에게 지체 없이 그 사실을 통보하여야 한다.
② 조정위원회 회의는 공개하지 아니한다. 다만, 필요하다고 인정되는 경우에는 조정위원회의 의결로 당사자 또는 이해관계인에게 방청을 허가할 수 있다.
③ 조정위원회에 간사를 두며, 사무국의 직원 중에서 위원장이 지명한다.
④ 조정위원회는 회의록을 작성하고, 참여한 조정위원으로 하여금 서명 또는 기명날인하게 하여야 한다.

제27조 【조정위원에 대한 수당 등】 조정위원회 또는 조정부에 출석한 조정위원에 대해서는 예산의 범위에서 수당, 여비 및 그밖에 필요한 경비를 지급할 수 있다.

제28조 【조정부에서 심의·조정할 사항】 법 제17조 제3항 제1호에서 "대통령령으로 정하는 금액 이하의 분쟁"이란 다음 각 호의 어느 하나에 해당하는 분쟁을 말한다.
1. 임대차계약의 보증금이 다음 각 목에서 정하는 금액 이하의 분쟁
 가.「수도권정비계획법」제2조 제1호에 따른 수도권 지역 : 5억원
 나. 가목에 따른 지역 외의 지역 : 3억원
2. 조정으로 주장하는 이익의 값(이하 "조정목적의 값"이라 한다)이 2억원 이하인 분쟁. 이 경우 조정목적의 값 산정은 「민사소송 등 인지법」에 따른 소송목적의 값에 관한 산정 방식을 준용한다.

제29조 【조정부의 구성 및 운영】 ① 조정부의 위원은 조정위원 중에서 위원장이 지명한다.
② 둘 이상의 조정부를 두는 경우에는 위원장이 분쟁조정 신청사건을 담당할 조정부를 지정할 수 있다.
③ 조정부의 운영에 관하여는 제26조를 준용한다. 이 경우 "조정위원회"는 "조정부"로, "위원장"은 "조정부의 장"으로 본다.

제30조 【조정의 신청】 ① 조정의 신청은 서면(「전자문서 및 전자거래 기본법」제2조 제1호에 따른 전자문서를 포함한다. 이하 같다) 또는 구두로 할 수 있다.
② 구두로 조정을 신청하는 경우 조정신청인은 심사관 또는 조사관에게 진술하여야 한다. 이 경우 조정신청을 받은 심사관 또는 조사관은 조정신청조서를 작성하고 신청인으로 하여금 서명 또는 기명날인하도록 하여야 한다.
③ 조정신청서 또는 조정신청조서에는 당사자, 대리인, 신청의 취지와 분쟁의 내용 등을 기재하여야 한다. 이 경우 증거서류 또는 증거물이 있는 경우에는 이를 첨부하거나 제출하여야 한다.

제31조 【조정신청인에게 안내하여야 할 사항】
① 법 제21조 제2항에서 "대통령령으로 정하는 사항"이란 다음 각 호의 사항을 말한다.
1. 법 제21조 제3항 각 호에 따른 조정 신청의 각하 사유
2. 법 제22조 제2항에 따른 조정절차의 개시 요건
3. 법 제23조의 처리기간
4. 법 제24조에 따라 필요한 경우 신청인, 피신청인, 분쟁 관련 이해관계인 또는 참고인에게 출석하여 진술하게 하거나 필요한 자료나 물건 등의 제출을 요구할 수 있다는 사실
5. 조정성립의 요건 및 효력
6. 당사자가 부담하는 비용
② 제1항에 따른 안내는 안내할 사항이 기재된 서면을 교부 또는 송달하는 방법으로 할 수 있다.

제32조【조정서류의 송달 등】① 위원장은 조정신청을 접수하면 지체 없이 조정신청서 또는 조정신청조서 부본(이하 이 조에서 "조정신청서 등"이라 한다)을 피신청인에게 송달하여야 한다.
② 피신청인은 조정에 응할 의사가 있는 경우에는 조정신청서등을 송달받은 날부터 7일 이내에 그 의사를 조정위원회에 통지하여야 한다.
③ 위원장은 제2항에 따른 통지를 받은 경우 피신청인에게 기간을 정하여 신청내용에 대한 답변서를 제출할 것을 요구할 수 있다.

제33조【수수료】① 법 제21조 제1항에 따라 조정을 신청하는 자는 별표 2에서 정하는 수수료를 내야 한다.
② 신청인이 다음 각 호의 어느 하나에 해당하는 경우에는 제1항에 따른 수수료를 면제할 수 있다.
1. 법 제8조에 따라 우선변제를 받을 수 있는 임차인
2. 「국민기초생활 보장법」 제2조 제2호에 따른 수급자
3. 「독립유공자예우에 관한 법률」 제6조에 따라 등록된 독립유공자 또는 그 유족(선순위자 1명만 해당된다. 이하 이 조에서 같다)
4. 「국가유공자 등 예우 및 지원에 관한 법률」 제6조에 따라 등록된 국가유공자 또는 그 유족
5. 「고엽제후유의증 등 환자지원 및 단체설립에 관한 법률」 제4조에 따라 등록된 고엽제후유증환자, 고엽제후유의증환자 또는 고엽제후유증 2세환자
6. 「참전유공자 예우 및 단체설립에 관한 법률」 제5조에 따라 등록된 참전유공자
7. 「5·18민주유공자예우 및 단체설립에 관한 법률」 제7조에 따라 등록 결정된 5·18민주유공자 또는 그 유족
8. 「특수임무유공자 예우 및 단체설립에 관한 법률」 제6조에 따라 등록된 특수임무유공자 또는 그 유족
9. 「의사상자 등 예우 및 지원에 관한 법률」 제5조에 따라 인정된 의상자 또는 의사자유족
10. 「한부모가족지원법」 제5조 및 제5조의2에 따른 지원대상자
11. 그밖에 제1호부터 제10호까지의 규정에 준하는 사람으로서 법무부장관과 국토교통부장관이 공동으로 정하여 고시하는 사람 또는 시·도 조례로 정하는 사람

③ 신청인은 다음 각 호의 어느 하나에 해당하는 경우에는 수수료의 환급을 청구할 수 있다.
1. 법 제21조 제3항 제1호 및 제2호에 따라 조정신청이 각하된 경우. 다만, 조정신청 있은 후 신청인이 법원에 소를 제기하거나 「민사조정법」에 따른 조정을 신청한 경우는 제외한다.
2. 법 제21조 제3항 제3호 및 제5호에 따라 조정신청이 각하된 경우
3. 신청인이 조정위원회 또는 조정부의 회의가 소집되기 전에 조정신청을 취하한 경우. 이 경우 환급 금액은 납부한 수수료의 2분의 1에 해당하는 금액으로 한다.

④ 제1항에 따른 수수료의 납부방법 및 제3항에 따른 수수료의 환급절차 등에 관하여 필요한 사항은 법무부장관과 국토교통부장관이 공동으로 정하여 고시하거나 시·도의 조례로 정한다.

제34조【조정서의 작성】법 제26조 제4항에 따른 조정서에는 다음 각 호의 사항을 기재하고, 위원장 및 조정에 참여한 조정위원이 서명 또는 기명날인하여야 한다.
1. 사건번호 및 사건명
2. 당사자의 성명, 생년월일 및 주소(법인의 경우 명칭, 법인등록번호 및 본점의 소재지를 말한다)
3. 임차주택 소재지
4. 신청의 취지 및 이유
5. 조정내용(법 제26조 제4항에 따라 강제집행을 승낙하는 취지의 합의를 포함한다)
6. 작성일

제35조【조정결과의 통지】① 조정위원회는 조정절차가 종료되면 그 결과를 당사자에게 통지하여야 한다.
② 조정위원회는 법 제26조 제4항에 따른 조정서가 작성된 경우 조정서 정본을 지체 없이 당사자에게 교부 또는 송달하여야 한다.

04 상가건물 임대차보호법

[시행 2022.1.4.] [법률 제18675호, 2022.1.4, 일부개정]

제1조 【목 적】 이 법은 상가건물 임대차에 관하여 「민법」에 대한 특례를 규정하여 국민 경제생활의 안정을 보장함을 목적으로 한다.

제2조 【적용범위】 ① 이 법은 상가건물(제3조 제1항에 따른 사업자등록의 대상이 되는 건물을 말한다)의 임대차(임대차 목적물의 주된 부분을 영업용으로 사용하는 경우를 포함한다)에 대하여 적용한다. 다만, 제14조의2에 따른 상가건물임대차위원회의 심의를 거쳐 대통령령으로 정하는 보증금액을 초과하는 임대차에 대하여는 그러하지 아니하다.
② 제1항 단서에 따른 보증금액을 정할 때에는 해당 지역의 경제 여건 및 임대차 목적물의 규모 등을 고려하여 지역별로 구분하여 규정하되, 보증금 외에 차임이 있는 경우에는 그 차임액에 「은행법」에 따른 은행의 대출금리 등을 고려하여 대통령령으로 정하는 비율을 곱하여 환산한 금액을 포함하여야 한다.
③ 제1항 단서에도 불구하고 제3조, 제10조 제1항, 제2항, 제3항 본문, 제10조의2부터 제10조의9까지의 규정, 제11조의2 및 제19조는 제1항 단서에 따른 보증금액을 초과하는 임대차에 대하여도 적용한다.

제3조 【대항력 등】 ① 임대차는 그 등기가 없는 경우에도 임차인이 건물의 인도와 「부가가치세법」 제8조, 「소득세법」 제168조 또는 「법인세법」 제111조에 따른 사업자등록을 신청하면 그 다음 날부터 제3자에 대하여 효력이 생긴다.
② 임차건물의 양수인(그밖에 임대할 권리를 승계한 자를 포함한다)은 임대인의 지위를 승계한 것으로 본다.
③ 이 법에 따라 임대차의 목적이 된 건물이 매매 또는 경매의 목적물이 된 경우에는 「민법」 제575조 제1항·제3항 및 제578조를 준용한다.
④ 제3항의 경우에는 「민법」 제536조를 준용한다.

제4조 【확정일자 부여 및 임대차정보의 제공 등】 ① 제5조 제2항의 확정일자는 상가건물의 소재지 관할 세무서장이 부여한다.
② 관할 세무서장은 해당 상가건물의 소재지, 확정일자 부여일, 차임 및 보증금 등을 기재한 확정일자부를 작성하여야 한다. 이 경우 전산정보처리조직을 이용할 수 있다.
③ 상가건물의 임대차에 이해관계가 있는 자는 관할 세무서장에게 해당 상가건물의 확정일자 부여일, 차임 및 보증금 등 정보의 제공을 요청할 수 있다. 이 경우 요청을 받은 관할 세무서장은 정당한 사유 없이 이를 거부할 수 없다.
④ 임대차계약을 체결하려는 자는 임대인의 동의를 받아 관할 세무서장에게 제3항에 따른 정보제공을 요청할 수 있다.
⑤ 확정일자부에 기재하여야 할 사항, 상가건물의 임대차에 이해관계가 있는 자의 범위, 관할 세무서장에게 요청할 수 있는 정보의 범위 및 그밖에 확정일자 부여사무와 정보제공 등에 필요한 사항은 대통령령으로 정한다.

제5조 【보증금의 회수】 ① 임차인이 임차건물에 대하여 보증금반환청구소송의 확정판결, 그밖에 이에 준하는 집행권원에 의하여 경매를 신청하는 경우에는 「민사집행법」 제41조에도 불구하고 반대의무의 이행이나 이행의 제공을 집행개시의 요건으로 하지 아니한다.
② 제3조 제1항의 대항요건을 갖추고 관할 세무서장으로부터 임대차계약서상의 확정일자를 받은 임차인은 「민사집행법」에 따른 경매 또는 「국세징수법」에 따른 공매시 임차건물(임대인 소유의 대지를 포함한다)의 환가대금에서 후순위 권리자나 그 밖의 채권자보다 우선하여 보증금을 변제받을 권리가 있다.

③ 임차인은 임차건물을 양수인에게 인도하지 아니하면 제2항에 따른 보증금을 받을 수 없다.
④ 제2항 또는 제7항에 따른 우선변제의 순위와 보증금에 대하여 이의가 있는 이해관계인은 경매법원 또는 체납처분청에 이의를 신청할 수 있다.
⑤ 제4항에 따라 경매법원에 이의를 신청하는 경우에는 「민사집행법」 제152조부터 제161조까지의 규정을 준용한다.
⑥ 제4항에 따라 이의신청을 받은 체납처분청은 이해관계인이 이의신청일부터 7일 이내에 임차인 또는 제7항에 따라 우선변제권을 승계한 금융기관 등을 상대로 소를 제기한 것을 증명한 때에는 그 소송이 종결될 때까지 이의가 신청된 범위에서 임차인 또는 제7항에 따라 우선변제권을 승계한 금융기관 등에 대한 보증금의 변제를 유보하고 남은 금액을 배분하여야 한다. 이 경우 유보된 보증금은 소송 결과에 따라 배분한다.
⑦ 다음 각 호의 금융기관 등이 제2항, 제6조 제5항 또는 제7조 제1항에 따른 우선변제권을 취득한 임차인의 보증금반환채권을 계약으로 양수한 경우에는 양수한 금액의 범위에서 우선변제권을 승계한다.
1. 「은행법」에 따른 은행
2. 「중소기업은행법」에 따른 중소기업은행
3. 「한국산업은행법」에 따른 한국산업은행
4. 「농업협동조합법」에 따른 농협은행
5. 「수산업협동조합법」에 따른 수협은행
6. 「우체국예금·보험에 관한 법률」에 따른 체신관서
7. 「보험업법」 제4조 제1항 제2호 라목의 보증보험을 보험종목으로 허가받은 보험회사
8. 그밖에 제1호부터 제7호까지에 준하는 것으로서 대통령령으로 정하는 기관
⑧ 제7항에 따라 우선변제권을 승계한 금융기관 등(이하 "금융기관 등"이라 한다)은 다음 각 호의 어느 하나에 해당하는 경우에는 우선변제권을 행사할 수 없다.

1. 임차인이 제3조 제1항의 대항요건을 상실한 경우
2. 제6조 제5항에 따른 임차권등기가 말소된 경우
3. 「민법」 제621조에 따른 임대차등기가 말소된 경우
⑨ 금융기관 등은 우선변제권을 행사하기 위하여 임차인을 대리하거나 대위하여 임대차를 해지할 수 없다.

제6조【임차권등기명령】 ① 임대차가 종료된 후 보증금이 반환되지 아니한 경우 임차인은 임차건물의 소재지를 관할하는 지방법원, 지방법원지원 또는 시·군법원에 임차권등기명령을 신청할 수 있다.
② 임차권등기명령을 신청할 때에는 다음 각 호의 사항을 기재하여야 하며, 신청 이유 및 임차권등기의 원인이 된 사실을 소명하여야 한다.
1. 신청 취지 및 이유
2. 임대차의 목적인 건물(임대차의 목적이 건물의 일부분인 경우에는 그 부분의 도면을 첨부한다)
3. 임차권등기의 원인이 된 사실(임차인이 제3조 제1항에 따른 대항력을 취득하였거나 제5조 제2항에 따른 우선변제권을 취득한 경우에는 그 사실)
4. 그밖에 대법원규칙으로 정하는 사항
③ 임차권등기명령의 신청에 대한 재판, 임차권등기명령의 결정에 대한 임대인의 이의신청 및 그에 대한 재판, 임차권등기명령의 취소신청 및 그에 대한 재판 또는 임차권등기명령의 집행 등에 관하여는 「민사집행법」 제280조 제1항, 제281조, 제283조, 제285조, 제286조, 제288조 제1항·제2항 본문, 제289조, 제290조 제2항 중 제288조 제1항에 대한 부분, 제291조, 제293조를 준용한다. 이 경우 "가압류"는 "임차권등기"로, "채권자"는 "임차인"으로, "채무자"는 "임대인"으로 본다.
④ 임차권등기명령신청을 기각하는 결정에 대하여 임차인은 항고할 수 있다.

⑤ 임차권등기명령의 집행에 따른 임차권등기를 마치면 임차인은 제3조 제1항에 따른 대항력과 제5조 제2항에 따른 우선변제권을 취득한다. 다만, 임차인이 임차권등기 이전에 이미 대항력 또는 우선변제권을 취득한 경우에는 그 대항력 또는 우선변제권이 그대로 유지되며, 임차권등기 이후에는 제3조 제1항의 대항요건을 상실하더라도 이미 취득한 대항력 또는 우선변제권을 상실하지 아니한다.
⑥ 임차권등기명령의 집행에 따른 임차권등기를 마친 건물(임대차의 목적이 건물의 일부분인 경우에는 그 부분으로 한정한다)을 그 이후에 임차한 임차인은 제14조에 따른 우선변제를 받을 권리가 없다.
⑦ 임차권등기의 촉탁, 등기관의 임차권등기 기입 등 임차권등기명령의 시행에 관하여 필요한 사항은 대법원규칙으로 정한다.
⑧ 임차인은 제1항에 따른 임차권등기명령의 신청 및 그에 따른 임차권등기와 관련하여 든 비용을 임대인에게 청구할 수 있다.
⑨ 금융기관 등은 임차인을 대위하여 제1항의 임차권등기명령을 신청할 수 있다. 이 경우 제3항·제4항 및 제8항의 "임차인"은 "금융기관 등"으로 본다.

제7조 【「민법」에 따른 임대차등기의 효력 등】
① 「민법」 제621조에 따른 건물임대차등기의 효력에 관하여는 제6조 제5항 및 제6항을 준용한다.
② 임차인이 대항력 또는 우선변제권을 갖추고 「민법」 제621조 제1항에 따라 임대인의 협력을 얻어 임대차등기를 신청하는 경우에는 신청서에 「부동산등기법」 제74조 제1호부터 제6호까지의 사항 외에 다음 각 호의 사항을 기재하여야 하며, 이를 증명할 수 있는 서면(임대차의 목적이 건물의 일부분인 경우에는 그 부분의 도면을 포함한다)을 첨부하여야 한다.
1. 사업자등록을 신청한 날
2. 임차건물을 점유한 날
3. 임대차계약서상의 확정일자를 받은 날

제8조 【경매에 의한 임차권의 소멸】
임차권은 임차건물에 대하여 「민사집행법」에 따른 경매가 실시된 경우에는 그 임차건물이 매각되면 소멸한다. 다만, 보증금이 전액 변제되지 아니한 대항력이 있는 임차권은 그러하지 아니하다.

제9조 【임대차기간 등】
① 기간을 정하지 아니하거나 기간을 1년 미만으로 정한 임대차는 그 기간을 1년으로 본다. 다만, 임차인은 1년 미만으로 정한 기간이 유효함을 주장할 수 있다.
② 임대차가 종료한 경우에도 임차인이 보증금을 돌려받을 때까지는 임대차 관계는 존속하는 것으로 본다.

제10조 【계약갱신 요구 등】
① 임대인은 임차인이 임대차기간이 만료되기 6개월 전부터 1개월 전까지 사이에 계약갱신을 요구할 경우 정당한 사유 없이 거절하지 못한다. 다만, 다음 각 호의 어느 하나의 경우에는 그러하지 아니하다.
1. 임차인이 3기의 차임액에 해당하는 금액에 이르도록 차임을 연체한 사실이 있는 경우
2. 임차인이 거짓이나 그 밖의 부정한 방법으로 임차한 경우
3. 서로 합의하여 임대인이 임차인에게 상당한 보상을 제공한 경우
4. 임차인이 임대인의 동의 없이 목적 건물의 전부 또는 일부를 전대한 경우
5. 임차인이 임차한 건물의 전부 또는 일부를 고의나 중대한 과실로 파손한 경우
6. 임차한 건물의 전부 또는 일부가 멸실되어 임대차의 목적을 달성하지 못할 경우
7. 임대인이 다음 각 목의 어느 하나에 해당하는 사유로 목적 건물의 전부 또는 대부분을 철거하거나 재건축하기 위하여 목적 건물의 점유를 회복할 필요가 있는 경우
   가. 임대차계약체결 당시 공사시기 및 소요기간 등을 포함한 철거 또는 재건축 계획을 임차인에게 구체적으로 고지하고 그 계획에 따르는 경우

나. 건물이 노후·훼손 또는 일부 멸실되는 등 안전사고의 우려가 있는 경우
다. 다른 법령에 따라 철거 또는 재건축이 이루어지는 경우
8. 그밖에 임차인이 임차인으로서의 의무를 현저히 위반하거나 임대차를 계속하기 어려운 중대한 사유가 있는 경우

② 임차인의 계약갱신요구권은 최초의 임대차기간을 포함한 전체 임대차기간이 10년을 초과하지 아니하는 범위에서만 행사할 수 있다.

③ 갱신되는 임대차는 전 임대차와 동일한 조건으로 다시 계약된 것으로 본다. 다만, 차임과 보증금은 제11조에 따른 범위에서 증감할 수 있다.

④ 임대인이 제1항의 기간 이내에 임차인에게 갱신 거절의 통지 또는 조건 변경의 통지를 하지 아니한 경우에는 그 기간이 만료된 때에 전 임대차와 동일한 조건으로 다시 임대차한 것으로 본다. 이 경우에 임대차의 존속기간은 1년으로 본다.

⑤ 제4항의 경우 임차인은 언제든지 임대인에게 계약해지의 통고를 할 수 있고, 임대인이 통고를 받은 날부터 3개월이 지나면 효력이 발생한다.

제10조의2 【계약갱신의 특례】 제2조 제1항 단서에 따른 보증금액을 초과하는 임대차의 계약갱신의 경우에는 당사자는 상가건물에 관한 조세, 공과금, 주변 상가건물의 차임 및 보증금, 그 밖의 부담이나 경제사정의 변동 등을 고려하여 차임과 보증금의 증감을 청구할 수 있다.

제10조의3 【권리금의 정의 등】 ① 권리금이란 임대차 목적물인 상가건물에서 영업을 하는 자 또는 영업을 하려는 자가 영업시설·비품, 거래처, 신용, 영업상의 노하우, 상가건물의 위치에 따른 영업상의 이점 등 유형·무형의 재산적 가치의 양도 또는 이용대가로서 임대인, 임차인에게 보증금과 차임 이외에 지급하는 금전 등의 대가를 말한다.

② 권리금 계약이란 신규임차인이 되려는 자가 임차인에게 권리금을 지급하기로 하는 계약을 말한다.

제10조의4 【권리금 회수기회 보호 등】 ① 임대인은 임대차기간이 끝나기 6개월 전부터 임대차 종료시까지 다음 각 호의 어느 하나에 해당하는 행위를 함으로써 권리금 계약에 따라 임차인이 주선한 신규임차인이 되려는 자로부터 권리금을 지급받는 것을 방해하여서는 아니 된다. 다만, 제10조 제1항 각 호의 어느 하나에 해당하는 사유가 있는 경우에는 그러하지 아니하다.

1. 임차인이 주선한 신규임차인이 되려는 자에게 권리금을 요구하거나 임차인이 주선한 신규임차인이 되려는 자로부터 권리금을 수수하는 행위
2. 임차인이 주선한 신규임차인이 되려는 자로 하여금 임차인에게 권리금을 지급하지 못하게 하는 행위
3. 임차인이 주선한 신규임차인이 되려는 자에게 상가건물에 관한 조세, 공과금, 주변 상가건물의 차임 및 보증금, 그 밖의 부담에 따른 금액에 비추어 현저히 고액의 차임과 보증금을 요구하는 행위
4. 그밖에 정당한 사유 없이 임대인이 임차인이 주선한 신규임차인이 되려는 자와 임대차계약의 체결을 거절하는 행위

② 다음 각 호의 어느 하나에 해당하는 경우에는 제1항 제4호의 정당한 사유가 있는 것으로 본다.

1. 임차인이 주선한 신규임차인이 되려는 자가 보증금 또는 차임을 지급할 자력이 없는 경우
2. 임차인이 주선한 신규임차인이 되려는 자가 임차인으로서의 의무를 위반할 우려가 있거나 그밖에 임대차를 유지하기 어려운 상당한 사유가 있는 경우
3. 임대차 목적물인 상가건물을 1년 6개월 이상 영리목적으로 사용하지 아니한 경우
4. 임대인이 선택한 신규임차인이 임차인과 권리금계약을 체결하고 그 권리금을 지급한 경우

③ 임대인이 제1항을 위반하여 임차인에게 손해를 발생하게 한 때에는 그 손해를 배상할 책임이 있다. 이 경우 그 손해배상액은 신규임차인이 임차인에게 지급하기로 한 권리금과 임대차 종료 당시의 권리금 중 낮은 금액을 넘지 못한다.

④ 제3항에 따라 임대인에게 손해배상을 청구할 권리는 임차차가 종료한 날부터 3년 이내에 행사하지 아니하면 시효의 완성으로 소멸한다.

⑤ 임차인은 임대인에게 임차인이 주선한 신규임차인이 되려는 자의 보증금 및 차임을 지급할 자력 또는 그밖에 임차인으로서의 의무를 이행할 의사 및 능력에 관하여 자신이 알고 있는 정보를 제공하여야 한다.

제10조의5 【권리금 적용 제외】 제10조의4는 다음 각 호의 어느 하나에 해당하는 상가건물 임대차의 경우에는 적용하지 아니한다.
1. 임대차 목적물인 상가건물이 「유통산업발전법」 제2조에 따른 대규모점포 또는 준대규모점포의 일부인 경우(다만, 「전통시장 및 상점가 육성을 위한 특별법」 제2조 제1호에 의한 전통시장은 제외한다)
2. 임대차 목적물인 상가건물이 「국유재산법」에 따른 국유재산 또는 「공유재산 및 물품 관리법」에 따른 공유재산인 경우

제10조의6 【표준권리금계약서의 작성 등】 국토교통부장관은 법무부장관과 협의를 거쳐 임차인과 신규임차인이 되려는 자의 권리금 계약 체결을 위한 표준권리금계약서를 정하여 그 사용을 권장할 수 있다.

제10조의7 【권리금 평가기준의 고시】 국토교통부장관은 권리금에 대한 감정평가의 절차와 방법 등에 관한 기준을 고시할 수 있다.

제10조의8 【차임연체와 해지】 임차인의 차임연체액이 3기의 차임액에 달하는 때에는 임대인은 계약을 해지할 수 있다.

제10조의9 【계약 갱신요구 등에 관한 임시 특례】 임차인이 이 법(법률 제17490호 상가건물 임대차보호법 일부개정법률을 말한다) 시행일부터 6개월까지의 기간 동안 연체한 차임액은 제10조 제1항 제1호, 제10조의4 제1항 단서 및 제10조의8의 적용에 있어서는 차임연체액으로 보지 아니한다. 이 경우 연체한 차임액에 대한 임대인의 그 밖의 권리는 영향을 받지 아니한다.

제11조 【차임 등의 증감청구권】 ① 차임 또는 보증금이 임차건물에 관한 조세, 공과금, 그 밖의 부담의 증감이나 「감염병의 예방 및 관리에 관한 법률」 제2조 제2호에 따른 제1급감염병 등에 의한 경제사정의 변동으로 인하여 상당하지 아니하게 된 경우에는 당사자는 장래의 차임 또는 보증금에 대하여 증감을 청구할 수 있다. 그러나 증액의 경우에는 대통령령으로 정하는 기준에 따른 비율을 초과하지 못한다.

② 제1항에 따른 증액 청구는 임대차계약 또는 약정한 차임 등의 증액이 있은 후 1년 이내에는 하지 못한다.

③ 「감염병의 예방 및 관리에 관한 법률」 제2조 제2호에 따른 제1급감염병에 의한 경제사정의 변동으로 차임 등이 감액된 후 임대인이 제1항에 따라 증액을 청구하는 경우에는 증액된 차임 등이 감액 전 차임 등의 금액에 달할 때까지는 같은 항 단서를 적용하지 아니한다.

제11조의2 【폐업으로 인한 임차인의 해지권】 ① 임차인은 「감염병의 예방 및 관리에 관한 법률」 제49조 제1항 제2호에 따른 집합 제한 또는 금지 조치(같은 항 제2호의2에 따라 운영시간을 제한한 조치를 포함한다)를 총 3개월 이상 받음으로써 발생한 경제사정의 중대한 변동으로 폐업한 경우에는 임대차계약을 해지할 수 있다.

② 제1항에 따른 해지는 임대인이 계약해지의 통고를 받은 날부터 3개월이 지나면 효력이 발생한다.

제12조 【월차임 전환시 산정률의 제한】 보증금의 전부 또는 일부를 월단위의 차임으로 전환하는 경우에는 그 전환되는 금액에 다음 각 호 중 낮은 비율을 곱한 월차임의 범위를 초과할 수 없다.
1. 「은행법」에 따른 은행의 대출금리 및 해당 지역의 경제 여건 등을 고려하여 대통령령으로 정하는 비율
2. 한국은행에서 공시한 기준금리에 대통령령으로 정하는 배수를 곱한 비율

제13조【전대차관계에 대한 적용 등】① 제10조, 제10조의2, 제10조의8, 제10조의9(제10조 및 제10조의8에 관한 부분으로 한정한다), 제11조 및 제12조는 전대인(轉貸人)과 전차인(轉借人)의 전대차관계에 적용한다.
② 임대인의 동의를 받고 전대차계약을 체결한 전차인은 임차인의 계약갱신요구권 행사기간 이내에 임차인을 대위하여 임대인에게 계약갱신요구권을 행사할 수 있다.

제14조【보증금 중 일정액의 보호】① 임차인은 보증금 중 일정액을 다른 담보물권자보다 우선하여 변제받을 권리가 있다. 이 경우 임차인은 건물에 대한 경매신청의 등기 전에 제3조 제1항의 요건을 갖추어야 한다.
② 제1항의 경우에 제5조 제4항부터 제6항까지의 규정을 준용한다.
③ 제1항에 따라 우선변제를 받을 임차인 및 보증금 중 일정액의 범위와 기준은 임대건물가액(임대인 소유의 대지가액을 포함한다)의 2분의 1 범위에서 해당 지역의 경제 여건, 보증금 및 차임 등을 고려하여 제14조의2에 따른 상가건물임대차위원회의 심의를 거쳐 대통령령으로 정한다.

제14조의2【상가건물임대차위원회】① 상가건물 임대차에 관한 다음 각 호의 사항을 심의하기 위하여 법무부에 상가건물임대차위원회(이하 "위원회"라 한다)를 둔다.
1. 제2조 제1항 단서에 따른 보증금액
2. 제14조에 따라 우선변제를 받을 임차인 및 보증금 중 일정액의 범위와 기준
② 위원회는 위원장 1명을 포함한 10명 이상 15명 이하의 위원으로 성별을 고려하여 구성한다.
③ 위원회의 위원장은 법무부차관이 된다.
④ 위원회의 위원은 다음 각 호의 어느 하나에 해당하는 사람 중에서 위원장이 임명하거나 위촉하되, 제1호부터 제6호까지에 해당하는 위원을 각각 1명 이상 임명하거나 위촉하여야 하고, 위원 중 2분의 1 이상은 제1호·제2호 또는 제7호에 해당하는 사람을 위촉하여야 한다.

1. 법학·경제학 또는 부동산학 등을 전공하고 상가건물 임대차 관련 전문지식을 갖춘 사람으로서 공인된 연구기관에서 조교수 이상 또는 이에 상당하는 직에 5년 이상 재직한 사람
2. 변호사·감정평가사·공인회계사·세무사 또는 공인중개사로서 5년 이상 해당 분야에서 종사하고 상가건물 임대차 관련 업무경험이 풍부한 사람
3. 기획재정부에서 물가 관련 업무를 담당하는 고위공무원단에 속하는 공무원
4. 법무부에서 상가건물 임대차 관련 업무를 담당하는 고위공무원단에 속하는 공무원(이에 상당하는 특정직공무원을 포함한다)
5. 국토교통부에서 상가건물 임대차 관련 업무를 담당하는 고위공무원단에 속하는 공무원
6. 중소벤처기업부에서 소상공인 관련 업무를 담당하는 고위공무원단에 속하는 공무원
7. 그밖에 상가건물 임대차 관련 학식과 경험이 풍부한 사람으로서 대통령령으로 정하는 사람
⑤ 그밖에 위원회의 구성 및 운영 등에 필요한 사항은 대통령령으로 정한다.

제15조【강행규정】이 법의 규정에 위반된 약정으로서 임차인에게 불리한 것은 효력이 없다.

제16조【일시사용을 위한 임대차】이 법은 일시사용을 위한 임대차임이 명백한 경우에는 적용하지 아니한다.

제17조【미등기전세에의 준용】목적건물을 등기하지 아니한 전세계약에 관하여 이 법을 준용한다. 이 경우 "전세금"은 "임대차의 보증금"으로 본다.

제18조【「소액사건심판법」의 준용】임차인이 임대인에게 제기하는 보증금반환청구소송에 관하여는 「소액사건심판법」제6조·제7조·제10조 및 제11조의2를 준용한다.

제19조【표준계약서의 작성 등】법무부장관은 국토교통부장관과 협의를 거쳐 보증금, 차임액, 임대차기간, 수선비 분담 등의 내용이 기재된 상가건물임대차표준계약서를 정하여 그 사용을 권장할 수 있다.

제20조 【상가건물임대차분쟁조정위원회】 ① 이 법의 적용을 받는 상가건물 임대차와 관련된 분쟁을 심의·조정하기 위하여 대통령령으로 정하는 바에 따라 「법률구조법」 제8조에 따른 대한법률구조공단(이하 "공단"이라 한다)의 지부, 「한국토지주택공사법」에 따른 한국토지주택공사의 지사 또는 사무소 및 「한국감정원법」에 따른 한국감정원의 지사 또는 사무소에 상가건물임대차분쟁조정위원회(이하 "조정위원회"라 한다)를 둔다. 특별시·광역시·특별자치시·도 및 특별자치도는 그 지방자치단체의 실정을 고려하여 조정위원회를 둘 수 있다.
② 조정위원회는 다음 각 호의 사항을 심의·조정한다.
1. 차임 또는 보증금의 증감에 관한 분쟁
2. 임대차기간에 관한 분쟁
3. 보증금 또는 임차주택의 반환에 관한 분쟁
4. 임차상가건물의 유지·수선의무에 관한 분쟁
5. 권리금에 관한 분쟁
6. 그밖에 대통령령으로 정하는 상가건물 임대차에 관한 분쟁

③ 조정위원회의 사무를 처리하기 위하여 조정위원회에 사무국을 두고, 사무국의 조직 및 인력 등에 필요한 사항은 대통령령으로 정한다.
④ 사무국의 조정위원회 업무담당자는 주택임대차분쟁조정위원회 사무국의 업무를 제외하고 다른 직위의 업무를 겸직하여서는 아니 된다.

제21조 【주택임대차분쟁조정위원회 준용】 조정위원회에 대하여는 이 법에 규정한 사항 외에는 주택임대차분쟁조정위원회에 관한 「주택임대차보호법」 제14조부터 제29조까지의 규정을 준용한다. 이 경우 "주택임대차분쟁조정위원회"는 "상가건물임대차분쟁조정위원회"로 본다.

제22조 【벌칙 적용에서 공무원 의제】 공무원이 아닌 상가건물임대차위원회의 위원 및 상가건물임대차분쟁조정위원회의 위원은 「형법」 제127조, 제129조부터 제132조까지의 규정을 적용할 때에는 공무원으로 본다.

05 상가건물 임대차보호법 시행령

[시행 2025.3.1.] [대통령령 제35162호, 2024.12.31, 일부개정]

제1조【목 적】 이 영은 「상가건물 임대차보호법」에서 위임된 사항과 그 시행에 관하여 필요한 사항을 정하는 것을 목적으로 한다.

제2조【적용범위】 ① 「상가건물 임대차보호법」(이하 "법"이라 한다) 제2조 제1항 단서에서 "대통령령으로 정하는 보증금액"이라 함은 다음 각 호의 구분에 의한 금액을 말한다.
1. 서울특별시 : 9억원
2. 「수도권정비계획법」에 따른 과밀억제권역(서울특별시는 제외한다) 및 부산광역시 : 6억 9천만원
3. 광역시(「수도권정비계획법」에 따른 과밀억제권역에 포함된 지역과 군지역, 부산광역시는 제외한다), 세종특별자치시, 파주시, 화성시, 안산시, 용인시, 김포시 및 광주시 : 5억 4천만원
4. 그 밖의 지역 : 3억 7천만원

② 법 제2조 제2항의 규정에 의하여 보증금 외에 차임이 있는 경우의 차임액은 월단위의 차임액으로 한다.
③ 법 제2조 제2항에서 "대통령령으로 정하는 비율"이라 함은 1분의 100을 말한다.

제3조【확정일자부 기재사항 등】 ① 상가건물 임대차 계약증서 원본을 소지한 임차인은 법 제4조 제1항에 따라 상가건물의 소재지 관할 세무서장에게 확정일자 부여를 신청할 수 있다. 다만, 「부가가치세법」 제8조 제3항에 따라 사업자 단위 과세가 적용되는 사업자의 경우 해당 사업자의 본점 또는 주사무소 관할 세무서장에게 확정일자 부여를 신청할 수 있다.

② 확정일자는 제1항에 따라 확정일자 부여의 신청을 받은 세무서장(이하 "관할 세무서장"이라 한다)이 확정일자 번호, 확정일자 부여일 및 관할 세무서장을 상가건물 임대차 계약증서 원본에 표시하고 관인을 찍는 방법으로 부여한다.

③ 관할 세무서장은 임대차계약이 변경되거나 갱신된 경우 임차인의 신청에 따라 새로운 확정일자를 부여한다.

④ 관할 세무서장이 법 제4조 제2항에 따라 작성하는 확정일자부에 기재하여야 할 사항은 다음 각 호와 같다.
1. 확정일자 번호
2. 확정일자 부여일
3. 임대인·임차인의 인적사항
   가. 자연인인 경우 : 성명, 주민등록번호(외국인은 외국인등록번호)
   나. 법인인 경우 : 법인명, 대표자 성명, 법인등록번호
   다. 법인 아닌 단체인 경우 : 단체명, 대표자 성명, 사업자등록번호·고유번호
4. 임차인의 상호 및 법 제3조 제1항에 따른 사업자등록 번호
5. 상가건물의 소재지, 임대차 목적물 및 면적
6. 임대차기간
7. 보증금·차임

⑤ 제1항부터 제4항까지에서 규정한 사항 외에 확정일자 부여 사무에 관하여 필요한 사항은 법무부령으로 정한다.

제3조의2【이해관계인의 범위】 법 제4조 제3항에 따라 정보의 제공을 요청할 수 있는 상가건물의 임대차에 이해관계가 있는 자(이하 "이해관계인"이라 한다)는 다음 각 호의 어느 하나에 해당하는 자로 한다.
1. 해당 상가건물 임대차계약의 임대인·임차인
2. 해당 상가건물의 소유자
3. 해당 상가건물 또는 그 대지의 등기부에 기록된 권리자 중 법무부령으로 정하는 자

4. 법 제5조 제7항에 따라 우선변제권을 승계한 금융기관 등
5. 제1호부터 제4호까지에서 규정한 자에 준하는 지위 또는 권리를 가지는 자로서 임대차 정보의 제공에 관하여 법원의 판결을 받은 자

제3조의3 【이해관계인 등이 요청할 수 있는 정보의 범위】 ① 제3조의2 제1호에 따른 임대차계약의 당사자는 관할 세무서장에게 다음 각 호의 사항이 기재된 서면의 열람 또는 교부를 요청할 수 있다.
1. 임대인·임차인의 인적사항(제3조 제4항 제3호에 따른 정보를 말한다. 다만, 주민등록번호 및 외국인등록번호의 경우에는 앞 6자리에 한정한다)
2. 상가건물의 소재지, 임대차 목적물 및 면적
3. 사업자등록 신청일
4. 보증금·차임 및 임대차기간
5. 확정일자 부여일
6. 임대차계약이 변경되거나 갱신된 경우에는 변경·갱신된 날짜, 새로운 확정일자 부여일, 변경된 보증금·차임 및 임대차기간
7. 그밖에 법무부령으로 정하는 사항

② 임대차계약의 당사자가 아닌 이해관계인 또는 임대차계약을 체결하려는 자는 관할 세무서장에게 다음 각 호의 사항이 기재된 서면의 열람 또는 교부를 요청할 수 있다.
1. 상가건물의 소재지, 임대차 목적물 및 면적
2. 사업자등록 신청일
3. 보증금 및 차임, 임대차기간
4. 확정일자 부여일
5. 임대차계약이 변경되거나 갱신된 경우에는 변경·갱신된 날짜, 새로운 확정일자 부여일, 변경된 보증금·차임 및 임대차기간
6. 그밖에 법무부령으로 정하는 사항

③ 제1항 및 제2항에서 규정한 사항 외에 임대차 정보의 제공 등에 필요한 사항은 법무부령으로 정한다.

제4조 【차임 등 증액청구의 기준】 법 제11조 제1항의 규정에 의한 차임 또는 보증금의 증액청구는 청구 당시의 차임 또는 보증금의 100분의 5의 금액을 초과하지 못한다.

제5조 【월차임 전환시 산정률】 ① 법 제12조 제1호에서 "대통령령으로 정하는 비율"이라 함은 연 1할 2푼을 말한다.
② 법 제12조 제2호에서 "대통령령으로 정하는 배수"라 함은 4.5배수를 말한다.

제6조 【우선변제를 받을 임차인의 범위】 법 제14조의 규정에 의하여 우선변제를 받을 임차인은 보증금과 차임이 있는 경우 법 제2조 제2항의 규정에 의하여 환산한 금액의 합계가 다음 각 호의 구분에 의한 금액 이하인 임차인으로 한다.
1. 서울특별시 : 6천 500만원
2. 「수도권정비계획법」에 따른 과밀억제권역(서울특별시는 제외한다) : 5천 500만원
3. 광역시(「수도권정비계획법」에 따른 과밀억제권역에 포함된 지역과 군지역은 제외한다), 안산시, 용인시, 김포시 및 광주시 : 3천 800만원
4. 그 밖의 지역 : 3천만원

제7조 【우선변제를 받을 보증금의 범위 등】 ① 법 제14조의 규정에 의하여 우선변제를 받을 보증금 중 일정액의 범위는 다음 각 호의 구분에 의한 금액 이하로 한다.
1. 서울특별시 : 2천 200만원
2. 「수도권정비계획법」에 따른 과밀억제권역(서울특별시는 제외한다) : 1천 900만원
3. 광역시(「수도권정비계획법」에 따른 과밀억제권역에 포함된 지역과 군지역은 제외한다), 안산시, 용인시, 김포시 및 광주시 : 1천 300만원
4. 그 밖의 지역 : 1천만원

② 임차인의 보증금 중 일정액이 상가건물의 가액의 2분의 1을 초과하는 경우에는 상가건물의 가액의 2분의 1에 해당하는 금액에 한하여 우선변제권이 있다.

③ 하나의 상가건물에 임차인이 2인 이상이고, 그 각 보증금 중 일정액의 합산액이 상가건물의 가액의 2분의 1을 초과하는 경우에는 그 각 보증금 중 일정액의 합산액에 대한 각 임차인의 보증금 중 일정액의 비율로 그 상가건물의 가액의 2분의 1에 해당하는 금액을 분할한 금액을 각 임차인의 보증금 중 일정액으로 본다.

제7조의2 【상가건물임대차위원회의 구성】 법 제14조의2 제4항 제7호에서 "대통령령으로 정하는 사람"이란 다음 각 호의 어느 하나에 해당하는 사람을 말한다.
1. 특별시·광역시·특별자치시·도 및 특별자치도(이하 "시·도"라 한다)에서 상가건물 정책 또는 부동산 관련 업무를 담당하는 주무부서의 실·국장
2. 법무사로서 5년 이상 해당 분야에서 종사하고 상가건물 임대차 관련 업무 경험이 풍부한 사람

제7조의3 【위원의 임기 등】 ① 법 제14조의2에 따른 상가건물임대차위원회(이하 "위원회"라 한다)의 위원의 임기는 2년으로 하되, 한 차례만 연임할 수 있다. 다만, 공무원인 위원의 임기는 그 직위에 재직하는 기간으로 한다.
② 위원회의 위원장(이하 "위원장"이라 한다)은 위촉된 위원이 다음 각 호의 어느 하나에 해당하는 경우에는 해당 위원을 해촉할 수 있다.
1. 심신장애로 직무를 수행할 수 없게 된 경우
2. 직무와 관련한 형사사건으로 기소된 경우
3. 직무태만, 품위손상, 그 밖의 사유로 위원으로 적합하지 않다고 인정되는 경우
4. 위원 스스로 직무를 수행하는 것이 곤란하다고 의사를 밝히는 경우

제7조의4 【위원장의 직무】 ① 위원장은 위원회를 대표하고, 위원회의 업무를 총괄한다.
② 위원장이 부득이한 사유로 직무를 수행할 수 없을 때에는 위원장이 미리 지명한 위원이 그 직무를 대행한다.

제7조의5 【간 사】 ① 위원회에 간사 1명을 두되, 간사는 상가건물 임대차 관련 업무에 종사하는 법무부 소속의 고위공무원단에 속하는 일반직 공무원(이에 상당하는 특정직·별정직 공무원을 포함한다) 중에서 위원장이 지명한다.
② 간사는 위원회의 운영을 지원하고, 위원회의 회의에 관한 기록과 그밖에 서류의 작성·보관에 관한 사무를 처리한다.
③ 간사는 위원회에 참석하여 심의사항을 설명하거나 그밖에 필요한 발언을 할 수 있다.

제7조의6 【위원회의 회의】 ① 위원회의 회의는 매년 1회 개최되는 정기회의와 위원장이 필요하다고 인정하거나 위원 3분의 1 이상이 요구하는 경우에 개최되는 임시회의로 구분하여 운영한다.
② 위원장은 위원회의 회의를 소집하고, 그 의장이 된다.
③ 위원회의 회의는 재적위원 과반수의 출석으로 개의하고, 출석위원 과반수의 찬성으로 의결한다.
④ 위원회의 회의는 비공개로 한다.
⑤ 위원장은 위원이 아닌 사람을 회의에 참석하게 하여 의견을 듣거나 관계 기관·단체 등에 필요한 자료, 의견 제출 등 협조를 요청할 수 있다.

제7조의7 【실무위원회】 ① 위원회에서 심의할 안건의 협의를 효율적으로 지원하기 위하여 위원회에 실무위원회를 둔다.
② 실무위원회는 다음 각 호의 사항을 협의·조정한다.
1. 심의안건 및 이와 관련하여 위원회가 위임한 사항
2. 그밖에 위원장 및 위원이 실무협의를 요구하는 사항
③ 실무위원회의 위원장은 위원회의 간사가 되고, 실무위원회의 위원은 다음 각 호의 사람 중에서 그 소속기관의 장이 지명하는 사람으로 한다.
1. 기획재정부에서 물가 관련 업무를 담당하는 5급 이상의 국가공무원
2. 법무부에서 상가건물 임대차 관련 업무를 담당하는 5급 이상의 국가공무원

3. 국토교통부에서 상가건물 임대차 관련 업무를 담당하는 5급 이상의 국가공무원
4. 중소벤처기업부에서 소상공인 관련 업무를 담당하는 5급 이상의 국가공무원
5. 시·도에서 소상공인 또는 민생경제 관련 업무를 담당하는 5급 이상의 지방공무원

제7조의8 【전문위원】 ① 위원회의 심의사항에 관한 전문적인 조사·연구업무를 수행하기 위하여 5명 이내의 전문위원을 둘 수 있다.
② 전문위원은 법학, 경제학 또는 부동산학 등에 학식과 경험을 갖춘 사람 중에서 법무부장관이 위촉하고, 임기는 2년으로 한다.

제7조의9 【수 당】 위원회 또는 실무위원회 위원에게는 예산의 범위에서 수당을 지급할 수 있다. 다만, 공무원인 위원이 그 소관 업무와 직접적으로 관련되어 위원회에 출석하는 경우는 제외한다.

제7조의10 【운영세칙】 이 영에서 규정한 사항 외에 위원회의 운영에 필요한 사항은 법무부장관이 정한다.

제8조 【상가건물임대차분쟁조정위원회의 설치】
법 제20조 제1항에 따른 상가건물임대차분쟁조정위원회(이하 "조정위원회"라 한다)를 두는 「법률구조법」 제8조에 따른 대한법률구조공단(이하 "공단"이라 한다), 「한국토지주택공사법」에 따른 한국토지주택공사(이하 "공사"라 한다) 및 「한국부동산원법」에 따른 한국부동산원(이하 "부동산원"이라 한다)의 지부, 지사 또는 사무소와 그 관할구역은 별표와 같다.

제9조 【조정위원회의 심의·조정 사항】 법 제20조 제2항 제6호에서 "대통령령으로 정하는 상가건물 임대차에 관한 분쟁"이란 다음 각 호의 분쟁을 말한다.
1. 임대차계약의 이행 및 임대차계약 내용의 해석에 관한 분쟁
2. 임대차계약 갱신 및 종료에 관한 분쟁
3. 임대차계약의 불이행 등에 따른 손해배상청구에 관한 분쟁
4. 공인중개사 보수 등 비용부담에 관한 분쟁
5. 「공인중개사법」 제30조에 따른 공인중개사의 손해배상책임(중개의뢰인이 같은 법 시행령 제26조 제1항에 따라 보증기관에 손해배상금으로 공제금의 지급을 청구하는 경우를 포함한다)에 관한 분쟁
6. 법 제19조에 따른 상가건물임대차표준계약서의 사용에 관한 분쟁
7. 그밖에 제1호부터 제6호까지의 규정에 준하는 분쟁으로서 조정위원회의 위원장이 조정이 필요하다고 인정하는 분쟁

제10조 【공단의 지부에 두는 조정위원회의 사무국】
① 법 제20조 제3항에 따라 공단, 공사 또는 부동산원의 지부, 지사 또는 사무소에 두는 조정위원회의 사무국(이하 "사무국"이라 한다)에는 사무국장 1명을 각각 두며, 사무국장 밑에 심사관 및 조사관을 각각 둔다.
② 사무국장은 공단 이사장, 공사 사장 및 부동산원 원장이 각각 임명하며, 조정위원회의 위원을 겸직할 수 있다.
③ 심사관 및 조사관은 공단 이사장, 공사 사장 및 부동산원 원장이 각각 임명한다.
④ 사무국장은 사무국의 업무를 총괄하고, 소속 직원을 지휘·감독한다.
⑤ 심사관은 다음 각 호의 업무를 담당한다.
1. 분쟁조정 신청 사건에 대한 쟁점정리 및 법률적 검토
2. 조사관이 담당하는 업무에 대한 지휘·감독
3. 그밖에 조정위원회의 위원장이 조정위원회의 사무 처리를 위하여 필요하다고 인정하는 업무
⑥ 조사관은 다음 각 호의 업무를 담당한다.
1. 분쟁조정 신청의 접수
2. 분쟁조정 신청에 관한 민원의 안내
3. 조정당사자에 대한 송달 및 통지
4. 분쟁의 조정에 필요한 사실조사
5. 그밖에 조정위원회의 위원장이 조정위원회의 사무 처리를 위하여 필요하다고 인정하는 업무
⑦ 사무국장 및 심사관은 변호사의 자격이 있는 사람으로 한다.

제11조【시·도의 조정위원회 사무국】시·도가 법 제20조 제1항 후단에 따라 조정위원회를 두는 경우 사무국의 조직 및 운영 등에 관한 사항은 그 지방자치단체의 실정을 고려하여 해당 지방자치단체의 조례로 정한다.

제12조【고유식별정보의 처리】관할 세무서장은 법 제4조에 따른 확정일자 부여에 관한 사무를 수행하기 위하여 불가피한 경우 「개인정보 보호법 시행령」제19조 제1호, 제4호에 따른 주민등록번호, 외국인등록번호가 포함된 자료를 처리할 수 있다.

06 가등기담보 등에 관한 법률

[시행 2017.3.28.] [법률 제14474호, 2016.12.27, 타법개정]

제1조【목 적】이 법은 차용물의 반환에 관하여 차주가 차용물을 갈음하여 다른 재산권을 이전할 것을 예약할 때 그 재산의 예약 당시 가액이 차용액과 이에 붙인 이자를 합산한 액수를 초과하는 경우에 이에 따른 담보계약과 그 담보의 목적으로 마친 가등기 또는 소유권이전등기의 효력을 정함을 목적으로 한다.

제2조【정 의】이 법에서 사용하는 용어의 뜻은 다음과 같다.
1. "담보계약"이란 「민법」 제608조에 따라 그 효력이 상실되는 대물반환의 예약[환매, 양도담보 등 명목이 어떠하든 그 모두를 포함한다]에 포함되거나 병존하는 채권담보계약을 말한다.
2. "채무자 등"이란 다음 각 목의 자를 말한다.
   가. 채무자
   나. 담보가등기목적 부동산의 물상보증인
   다. 담보가등기 후 소유권을 취득한 제3자
3. "담보가등기"란 채권담보의 목적으로 마친 가등기를 말한다.
4. "강제경매 등"이란 강제경매와 담보권의 실행 등을 위한 경매를 말한다.
5. "후순위 권리자"란 담보가등기 후에 등기된 저당권자·전세권자 및 담보가등기권리자를 말한다.

제3조【담보권 실행의 통지와 청산기간】① 채권자가 담보계약에 따른 담보권을 실행하여 그 담보목적부동산의 소유권을 취득하기 위하여는 그 채권의 변제기 후에 제4조의 청산금의 평가액을 채무자 등에게 통지하고, 그 통지가 채무자 등에게 도달한 날부터 2개월(이하 "청산기간"이라 한다)이 지나야 한다. 이 경우 청산금이 없다고 인정되는 경우에는 그 뜻을 통지하여야 한다.
② 제1항에 따른 통지에는 통지 당시의 담보목적부동산의 평가액과 「민법」 제360조에 규정된 채권액을 밝혀야 한다. 이 경우 부동산이 둘 이상인 경우에는 각 부동산의 소유권이전에 의하여 소멸시키려는 채권과 그 비용을 밝혀야 한다.

제4조【청산금의 지급과 소유권의 취득】① 채권자는 제3조 제1항에 따른 통지 당시의 담보목적부동산의 가액에서 그 채권액을 뺀 금액(이하 "청산금"이라 한다)을 채무자 등에게 지급하여야 한다. 이 경우 담보목적부동산에 선순위 담보권 등의 권리가 있을 때에는 그 채권액을 계산할 때에 선순위담보 등에 의하여 담보된 채권액을 포함한다.
② 채권자는 담보목적부동산에 관하여 이미 소유권이전등기를 마친 경우에는 청산기간이 지난 후 청산금을 채무자등에게 지급한 때에 담보목적부동산의 소유권을 취득하며, 담보가등기를 마친 경우에는 청산기간이 지나야 그 가등기에 따른 본등기를 청구할 수 있다.
③ 청산금의 지급채무와 부동산의 소유권이전등기 및 인도채무의 이행에 관하여는 동시이행의 항변권에 관한 「민법」 제536조를 준용한다.
④ 제1항부터 제3항까지의 규정에 어긋나는 특약으로서 채무자 등에게 불리한 것은 그 효력이 없다. 다만, 청산기간이 지난 후에 행하여진 특약으로서 제3자의 권리를 침해하지 아니하는 것은 그러하지 아니하다.

제5조【후순위 권리자의 권리행사】① 후순위 권리자는 그 순위에 따라 채무자 등이 지급받을 청산금에 대하여 제3조 제1항에 따라 통지된 평가액의 범위에서 청산금이 지급될 때까지 그 권리를 행사할 수 있고, 채권자는 후순위 권리자의 요구가 있는 경우에는 청산금을 지급하여야 한다.

② 후순위 권리자는 제1항의 권리를 행사할 때에는 그 피담보채권의 범위에서 그 채권의 명세와 증서를 채권자에게 교부하여야 한다.
③ 채권자가 제2항의 명세와 증서를 받고 후순위 권리자에게 청산금을 지급한 때에는 그 범위에서 청산금채무는 소멸한다.
④ 제1항의 권리행사를 막으려는 자는 청산금을 압류하거나 가압류하여야 한다.
⑤ 담보가등기 후에 대항력 있는 임차권을 취득한 자에게는 청산금의 범위에서 동시이행의 항변권에 관한 「민법」 제536조를 준용한다.

제6조 【채무자 등 외의 권리자에 대한 통지】 ① 채권자는 제3조 제1항에 따른 통지가 채무자 등에게 도달하면 지체 없이 후순위 권리자에게 그 통지의 사실과 내용 및 도달일을 통지하여야 한다.
② 제3조 제1항에 따른 통지가 채무자 등에게 도달한 때에는 담보가등기 후에 등기한 제3자(제1항에 따라 통지를 받을 자를 제외하고, 대항력 있는 임차권자를 포함한다)가 있으면 채권자는 지체 없이 그 제3자에게 제3조 제1항에 따른 통지를 한 사실과 그 채권액을 통지하여야 한다.
③ 제1항과 제2항에 따른 통지는 통지를 받을 자의 등기부상의 주소로 발송함으로써 그 효력이 있다. 그러나 대항력 있는 임차권자에게는 그 담보목적부동산의 소재지로 발송하여야 한다.

제7조 【청산금에 대한 처분 제한】 ① 채무자가 청산기간이 지나기 전에 한 청산금에 관한 권리의 양도나 그 밖의 처분은 이로써 후순위 권리자에게 대항하지 못한다.
② 채권자가 청산기간이 지나기 전에 청산금을 지급한 경우 또는 제6조 제1항에 따른 통지를 하지 아니하고 청산금을 지급한 경우에도 제1항과 같다.

제8조 【청산금의 공탁】 ① 청산금채권이 압류되거나 가압류된 경우에 채권자는 청산기간이 지난 후 이에 해당하는 청산금을 채무이행지를 관할하는 지방법원이나 지원에 공탁하여 그 범위에서 채무를 면할 수 있다.

② 제1항에 따라 공탁이 있는 경우에는 채무자 등의 공탁금출급청구권이 압류되거나 가압류된 것으로 본다.
③ 채권자는 제14조에 따른 경우 외에는 공탁금의 회수를 청구할 수 없다.
④ 채권자는 제1항에 따라 공탁을 한 경우에는 채무자등과 압류채권자 또는 가압류채권자에게 지체 없이 공탁의 통지를 하여야 한다.

제9조 【통지의 구속력】 채권자는 제3조 제1항에 따라 그가 통지한 청산금의 금액에 관하여 다툴 수 없다.

제10조 【법정지상권】 토지와 그 위의 건물이 동일한 소유자에게 속하는 경우 그 토지나 건물에 대하여 제4조 제2항에 따른 소유권을 취득하거나 담보가등기에 따른 본등기가 행하여진 경우에는 그 건물의 소유를 목적으로 그 토지 위에 지상권이 설정된 것으로 본다. 이 경우 그 존속기간과 지료는 당사자의 청구에 의하여 법원이 정한다.

제11조 【채무자 등의 말소청구권】 채무자 등은 청산금채권을 변제받을 때까지 그 채무액(반환할 때까지의 이자와 손해금을 포함한다)을 채권자에게 지급하고 그 채권담보의 목적으로 마친 소유권이전등기의 말소를 청구할 수 있다. 다만, 그 채무의 변제기가 지난 때부터 10년이 지나거나 선의의 제3자가 소유권을 취득한 경우에는 그러하지 아니하다.

제12조 【경매의 청구】 ① 담보가등기권리자는 그 선택에 따라 제3조에 따른 담보권을 실행하거나 담보목적부동산의 경매를 청구할 수 있다. 이 경우 경매에 관하여는 담보가등기권리를 저당권으로 본다.
② 후순위 권리자는 청산기간에 한정하여 그 피담보채권의 변제기 도래 전이라도 담보목적부동산의 경매를 청구할 수 있다.

제13조【우선변제청구권】 담보가등기를 마친 부동산에 대하여 강제경매 등이 개시된 경우에 담보가등기권리자는 다른 채권자보다 자기채권을 우선변제 받을 권리가 있다. 이 경우 그 순위에 관하여는 그 담보가등기권리를 저당권으로 보고, 그 담보가등기를 마친 때에 그 저당권의 설정등기가 행하여진 것으로 본다.

제14조【강제경매 등의 경우의 담보가등기】 담보가등기를 마친 부동산에 대하여 강제경매 등의 개시 결정이 있는 경우에 그 경매의 신청이 청산금을 지급하기 전에 행하여진 경우(청산금이 없는 경우에는 청산기간이 지나기 전)에는 담보가등기권리자는 그 가등기에 따른 본등기를 청구할 수 없다.

제15조【담보가등기권리의 소멸】 담보가등기를 마친 부동산에 대하여 강제경매 등이 행하여진 경우에는 담보가등기권리는 그 부동산의 매각에 의하여 소멸한다.

제16조【강제경매 등에 관한 특칙】 ① 법원은 소유권의 이전에 관한 가등기가 되어 있는 부동산에 대한 강제경매 등의 개시결정이 있는 경우에는 가등기권리자에게 다음 각 호의 구분에 따른 사항을 법원에 신고하도록 적당한 기간을 정하여 최고하여야 한다.
1. 해당 가등기가 담보가등기인 경우: 그 내용과 채권[이자나 그 밖의 부수채권을 포함한다]의 존부·원인 및 금액
2. 해당 가등기가 담보가등기가 아닌 경우: 해당 내용

② 압류등기 전에 이루어진 담보가등기권리가 매각에 의하여 소멸되면 제1항의 채권신고를 한 경우에만 그 채권자는 매각대금을 배당받거나 변제금을 받을 수 있다. 이 경우 그 담보가등기의 말소에 관하여는 매수인이 인수하지 아니한 부동산의 부담에 관한 기입을 말소하는 등기의 촉탁에 관한 「민사집행법」 제144조 제1항 제2호를 준용한다.
③ 소유권의 이전에 관한 가등기권리자는 강제경매 등 절차의 이해관계인으로 본다.

제17조【파산 등 경우의 담보가등기】 ① 파산재단에 속하는 부동산에 설정한 담보가등기권리에 대하여는 「채무자 회생 및 파산에 관한 법률」 중 저당권에 관한 규정을 적용한다.
② 파산재단에 속하지 아니하는 파산자의 부동산에 대하여 설정되어 있는 담보가등기권리자에 관하여는 준별제권자에 관한 「채무자 회생 및 파산에 관한 법률」 제414조를 준용한다.
③ 담보가등기권리는 「국세기본법」, 「국세징수법」, 「지방세기본법」, 「지방세징수법」, 「채무자 회생 및 파산에 관한 법률」을 적용할 때에는 저당권으로 본다.

제18조【다른 권리를 목적으로 하는 계약에의 준용】 등기 또는 등록할 수 있는 부동산소유권 외의 권리(질권·저당권 및 전세권은 제외한다)의 취득을 목적으로 하는 담보계약에 관하여는 제3조부터 제17조까지의 규정을 준용한다. 다만, 「동산·채권 등의 담보에 관한 법률」에 따라 담보등기를 마친 경우에는 그러하지 아니하다.

07 집합건물의 소유 및 관리에 관한 법률

[시행 2023.9.29.] [법률 제19282호, 2023.3.28, 일부개정]

제1장 건물의 구분소유

제1절 총 칙

제1조【건물의 구분소유】 1동의 건물 중 구조상 구분된 여러 개의 부분이 독립한 건물로서 사용될 수 있을 때에는 그 각 부분은 이 법에서 정하는 바에 따라 각각 소유권의 목적으로 할 수 있다.

제1조의2【상가건물의 구분소유】 ① 1동의 건물이 다음 각 호에 해당하는 방식으로 여러 개의 건물부분으로 이용상 구분된 경우에 그 건물부분(이하 "구분점포"라 한다)은 이 법에서 정하는 바에 따라 각각 소유권의 목적으로 할 수 있다.
1. 구분점포의 용도가 「건축법」 제2조 제2항 제7호의 판매시설 및 같은 항 제8호의 운수시설일 것
2. 삭제
3. 경계를 명확하게 알아볼 수 있는 표지를 바닥에 견고하게 설치할 것
4. 구분점포별로 부여된 건물번호표지를 견고하게 붙일 것

② 제1항에 따른 경계표지 및 건물번호표지에 관하여 필요한 사항은 대통령령으로 정한다.

제2조【정 의】 이 법에서 사용하는 용어의 뜻은 다음과 같다.
1. "구분소유권"이란 제1조 또는 제1조의2에 규정된 건물부분[제3조 제2항 및 제3항에 따라 공용부분으로 된 것은 제외한다]을 목적으로 하는 소유권을 말한다.
2. "구분소유자"란 구분소유권을 가지는 자를 말한다.
3. "전유부분"이란 구분소유권의 목적인 건물부분을 말한다.
4. "공용부분"이란 전유부분 외의 건물부분, 전유부분에 속하지 아니하는 건물의 부속물 및 제3조 제2항 및 제3항에 따라 공용부분으로 된 부속의 건물을 말한다.
5. "건물의 대지"란 전유부분이 속하는 1동의 건물이 있는 토지 및 제4조에 따라 건물의 대지로 된 토지를 말한다.
6. "대지사용권"이란 구분소유자가 전유부분을 소유하기 위하여 건물의 대지에 대하여 가지는 권리를 말한다.

제2조의2【다른 법률과의 관계】 집합주택의 관리방법과 기준, 하자담보책임에 관한 「주택법」 및 「공동주택관리법」의 특별한 규정은 이 법에 저촉되어 구분소유자의 기본적인 권리를 해치지 아니하는 범위에서 효력이 있다.

제3조【공용부분】 ① 여러 개의 전유부분으로 통하는 복도, 계단, 그밖에 구조상 구분소유자 전원 또는 일부의 공용에 제공되는 건물부분은 구분소유권의 목적으로 할 수 없다.

② 제1조 또는 제1조의2에 규정된 건물부분과 부속의 건물은 규약으로써 공용부분으로 정할 수 있다.

③ 제1조 또는 제1조의2에 규정된 건물부분의 전부 또는 부속건물을 소유하는 자는 공정증서로써 제2항의 규약에 상응하는 것을 정할 수 있다.

④ 제2항과 제3항의 경우에는 공용부분이라는 취지를 등기하여야 한다.

제4조【규약에 따른 건물의 대지】 ① 통로, 주차장, 정원, 부속건물의 대지, 그밖에 전유부분이 속하는 1동의 건물 및 그 건물이 있는 토지와 하나로 관리되거나 사용되는 토지는 규약으로써 건물의 대지로 할 수 있다.

② 제1항의 경우에는 제3조 제3항을 준용한다.

③ 건물이 있는 토지가 건물이 일부 멸실함에 따라 건물이 있는 토지가 아닌 토지로 된 경우에는 그 토지는 제1항에 따라 규약으로써 건물의 대지로 정한 것으로 본다. 건물이 있는 토지의 일부가 분할로 인하여 건물이 있는 토지가 아닌 토지로 된 경우에도 같다.

제5조 【구분소유자의 권리·의무 등】 ① 구분소유자는 건물의 보존에 해로운 행위나 그밖에 건물의 관리 및 사용에 관하여 구분소유자 공동의 이익에 어긋나는 행위를 하여서는 아니 된다.
② 전유부분이 주거의 용도로 분양된 것인 경우에는 구분소유자는 정당한 사유 없이 그 부분을 주거 외의 용도로 사용하거나 그 내부 벽을 철거하거나 파손하여 증축·개축하는 행위를 하여서는 아니 된다.
③ 구분소유자는 그 전유부분이나 공용부분을 보존하거나 개량하기 위하여 필요한 범위에서 다른 구분소유자의 전유부분 또는 자기의 공유에 속하지 아니하는 공용부분의 사용을 청구할 수 있다. 이 경우 다른 구분소유자가 손해를 입었을 때에는 보상하여야 한다.
④ 전유부분을 점유하는 자로서 구분소유자가 아닌 자(이하 "점유자"라 한다)에 대하여는 제1항부터 제3항까지의 규정을 준용한다.

제6조 【건물의 설치·보존상의 흠 추정】 전유부분이 속하는 1동의 건물의 설치 또는 보존의 흠으로 인하여 다른 자에게 손해를 입힌 경우에는 그 흠은 공용부분에 존재하는 것으로 추정한다.

제7조 【구분소유권 매도청구권】 대지사용권을 가지지 아니한 구분소유자가 있을 때에는 그 전유부분의 철거를 청구할 권리를 가진 자는 그 구분소유자에 대하여 구분소유권을 시가로 매도할 것을 청구할 수 있다.

제8조 【대지공유자의 분할청구 금지】 대지 위에 구분소유권의 목적인 건물이 속하는 1동의 건물이 있을 때에는 그 대지의 공유자는 그 건물 사용에 필요한 범위의 대지에 대하여는 분할을 청구하지 못한다.

제9조 【담보책임】 ① 제1조 또는 제1조의2의 건물을 건축하여 분양한 자(이하 "분양자"라 한다)와 분양자와의 계약에 따라 건물을 건축한 자로서 대통령령으로 정하는 자(이하 "시공자"라 한다)는 구분소유자에 대하여 담보책임을 진다. 이 경우 그 담보책임에 관하여는 「민법」 제667조 및 제668조를 준용한다.
② 제1항에도 불구하고 시공자가 분양자에게 부담하는 담보책임에 관하여 다른 법률에 특별한 규정이 있으면 시공자는 그 법률에서 정하는 담보책임의 범위에서 구분소유자에게 제1항의 담보책임을 진다.
③ 제1항 및 제2항에 따른 시공자의 담보책임 중 「민법」 제667조 제2항에 따른 손해배상책임은 분양자에게 회생절차개시 신청, 파산 신청, 해산, 무자력 또는 그밖에 이에 준하는 사유가 있는 경우에만 지며, 시공자가 이미 분양자에게 손해배상을 한 경우에는 그 범위에서 구분소유자에 대한 책임을 면한다.
④ 분양자와 시공자의 담보책임에 관하여 이 법과 「민법」에 규정된 것보다 매수인에게 불리한 특약은 효력이 없다.

제9조의2 【담보책임의 존속기간】 ① 제9조에 따른 담보책임에 관한 구분소유자의 권리는 다음 각 호의 기간 내에 행사하여야 한다.
1. 「건축법」 제2조 제1항 제7호에 따른 건물의 주요구조부 및 지반공사의 하자 : 10년
2. 제1호에 규정된 하자 외의 하자 : 하자의 중대성, 내구연한, 교체가능성 등을 고려하여 5년의 범위에서 대통령령으로 정하는 기간

② 제1항의 기간은 다음 각 호의 날부터 기산한다.
1. 전유부분 : 구분소유자에게 인도한 날
2. 공용부분 : 「주택법」 제49조에 따른 사용검사일(집합건물 전부에 대하여 임시 사용승인을 받은 경우에는 그 임시 사용승인일을 말하고, 「주택법」 제49조 제1항 단서에 따라 분할 사용검사나 동별 사용검사를 받은 경우에는 분할 사용검사일 또는 동별 사용검사일을 말한다) 또는 「건축법」 제22조에 따른 사용승인일
③ 제1항 및 제2항에도 불구하고 제1항 각 호의 하자로 인하여 건물이 멸실되거나 훼손된 경우에는 그 멸실되거나 훼손된 날부터 1년 이내에 권리를 행사하여야 한다.

제9조의3【분양자의 관리의무 등】 ① 분양자는 제24조 제3항에 따라 선임(選任)된 관리인이 사무를 개시(開始)할 때까지 선량한 관리자의 주의로 건물과 대지 및 부속시설을 관리하여야 한다.
② 분양자는 제28조 제4항에 따른 표준규약 및 같은 조 제5항에 따른 지역별 표준규약을 참고하여 공정증서로써 규약에 상응하는 것을 정하여 분양계약을 체결하기 전에 분양을 받을 자에게 주어야 한다.
③ 분양자는 예정된 매수인의 2분의 1 이상이 이전등기를 한 때에는 규약 설정 및 관리인 선임을 위한 관리단집회(제23조에 따른 관리단의 집회를 말한다. 이하 같다)를 소집할 것을 대통령령으로 정하는 바에 따라 구분소유자에게 통지하여야 한다. 이 경우 통지받은 날부터 3개월 이내에 관리단집회를 소집할 것을 명시하여야 한다.
④ 분양자는 구분소유자가 제3항의 통지를 받은 날부터 3개월 이내에 관리단집회를 소집하지 아니하는 경우에는 지체 없이 관리단집회를 소집하여야 한다.

제2절 공용부분

제10조【공용부분의 귀속 등】 ① 공용부분은 구분소유자 전원의 공유에 속한다. 다만, 일부의 구분소유자만이 공용하도록 제공되는 것임이 명백한 공용부분(이하 "일부공용부분"이라 한다)은 그들 구분소유자의 공유에 속한다.
② 제1항의 공유에 관하여는 제11조부터 제18조까지의 규정에 따른다. 다만, 제12조, 제17조에 규정한 사항에 관하여는 규약으로써 달리 정할 수 있다.

제11조【공유자의 사용권】 각 공유자는 공용부분을 그 용도에 따라 사용할 수 있다.

제12조【공유자의 지분권】 ① 각 공유자의 지분은 그가 가지는 전유부분의 면적 비율에 따른다.
② 제1항의 경우 일부공용부분으로서 면적이 있는 것은 그 공용부분을 공용하는 구분소유자의 전유부분의 면적 비율에 따라 배분하여 그 면적을 각 구분소유자의 전유부분 면적에 포함한다.

제13조【전유부분과 공용부분에 대한 지분의 일체성】
① 공용부분에 대한 공유자의 지분은 그가 가지는 전유부분의 처분에 따른다.
② 공유자는 그가 가지는 전유부분과 분리하여 공용부분에 대한 지분을 처분할 수 없다.
③ 공용부분에 관한 물권의 득실변경은 등기가 필요하지 아니하다.

제14조【일부공용부분의 관리】 일부공용부분의 관리에 관한 사항 중 구분소유자 전원에게 이해관계가 있는 사항과 제29조 제2항의 규약으로써 정한 사항은 구분소유자 전원의 집회결의로써 결정하고, 그 밖의 사항은 그것을 공용하는 구분소유자만의 집회결의로써 결정한다.

제15조【공용부분의 변경】 ① 공용부분의 변경에 관한 사항은 관리단집회에서 구분소유자의 3분의 2 이상 및 의결권의 3분의 2 이상의 결의로써 결정한다. 다만, 다음 각 호의 어느 하나에 해당하는 경우에는 제38조 제1항에 따른 통상의 집회결의로써 결정할 수 있다.

1. 공용부분의 개량을 위한 것으로서 지나치게 많은 비용이 드는 것이 아닐 경우
2. 「관광진흥법」 제3조 제1항 제2호 나목에 따른 휴양 콘도미니엄업의 운영을 위한 휴양 콘도미니엄의 공용부분 변경에 관한 사항인 경우

② 제1항의 경우에 공용부분의 변경이 다른 구분소유자의 권리에 특별한 영향을 미칠 때에는 그 구분소유자의 승낙을 받아야 한다.

제15조의2 【권리변동 있는 공용부분의 변경】
① 제15조에도 불구하고 건물의 노후화 억제 또는 기능 향상 등을 위한 것으로 구분소유권 및 대지사용권의 범위나 내용에 변동을 일으키는 공용부분의 변경에 관한 사항은 관리단집회에서 구분소유자의 5분의 4 이상 및 의결권의 5분의 4 이상의 결의로써 결정한다. 다만, 「관광진흥법」 제3조 제1항 제2호 나목에 따른 휴양 콘도미니엄업의 운영을 위한 휴양 콘도미니엄의 권리변동 있는 공용부분 변경에 관한 사항은 구분소유자의 3분의 2 이상 및 의결권의 3분의 2 이상의 결의로써 결정한다.
② 제1항의 결의에서는 다음 각 호의 사항을 정하여야 한다. 이 경우 제3호부터 제7호까지의 사항은 각 구분소유자 사이에 형평이 유지되도록 정하여야 한다.
1. 설계의 개요
2. 예상 공사 기간 및 예상 비용(특별한 손실에 대한 전보 비용을 포함한다)
3. 제2호에 따른 비용의 분담 방법
4. 변경된 부분의 용도
5. 전유부분 수의 증감이 발생하는 경우에는 변경된 부분의 귀속에 관한 사항
6. 전유부분이나 공용부분의 면적에 증감이 발생하는 경우에는 변경된 부분의 귀속에 관한 사항
7. 대지사용권의 변경에 관한 사항
8. 그밖에 규약으로 정한 사항

③ 제1항의 결의를 위한 관리단집회의 의사록에는 결의에 대한 각 구분소유자의 찬반 의사를 적어야 한다.

④ 제1항의 결의가 있는 경우에는 제48조 및 제49조를 준용한다.

제16조 【공용부분의 관리】 ① 공용부분의 관리에 관한 사항은 제15조 제1항 본문 및 제15조의2의 경우를 제외하고는 제38조 제1항에 따른 통상의 집회결의로써 결정한다. 다만, 보존행위는 각 공유자가 할 수 있다.
② 구분소유자의 승낙을 받아 전유부분을 점유하는 자는 제1항 본문에 따른 집회에 참석하여 그 구분소유자의 의결권을 행사할 수 있다. 다만, 구분소유자와 점유자가 달리 정하여 관리단에 통지한 경우에는 그러하지 아니하며, 구분소유자의 권리·의무에 특별한 영향을 미치는 사항을 결정하기 위한 집회인 경우에는 점유자는 사전에 구분소유자에게 의결권 행사에 대한 동의를 받아야 한다.
③ 제1항 및 제2항에 규정된 사항은 규약으로써 달리 정할 수 있다.
④ 제1항 본문의 경우에는 제15조 제2항을 준용한다.

제17조 【공용부분의 부담·수익】 각 공유자는 규약에 달리 정한 바가 없으면 그 지분의 비율에 따라 공용부분의 관리비용과 그 밖의 의무를 부담하며 공용부분에서 생기는 이익을 취득한다.

제17조의2 【수선적립금】 ① 제23조에 따른 관리단(이하 "관리단"이라 한다)은 규약에 달리 정한 바가 없으면 관리단집회 결의에 따라 건물이나 대지 또는 부속시설의 교체 및 보수에 관한 수선계획을 수립할 수 있다.
② 관리단은 규약에 달리 정한 바가 없으면 관리단집회의 결의에 따라 수선적립금을 징수하여 적립할 수 있다. 다만, 다른 법률에 따라 장기수선을 위한 계획이 수립되어 충당금 또는 적립금이 징수·적립된 경우에는 그러하지 아니하다.
③ 제2항에 따른 수선적립금(이하 이 조에서 "수선적립금"이라 한다)은 구분소유자로부터 징수하며 관리단에 귀속된다.

④ 관리단은 규약에 달리 정한 바가 없으면 수선적립금을 다음 각 호의 용도로 사용하여야 한다.
1. 제1항의 수선계획에 따른 공사
2. 자연재해 등 예상하지 못한 사유로 인한 수선공사
3. 제1호 및 제2호의 용도로 사용한 금원의 변제
⑤ 제1항에 따른 수선계획의 수립 및 수선적립금의 징수·적립에 필요한 사항은 대통령령으로 정한다.

제18조【공용부분에 관하여 발생한 채권의 효력】 공유자가 공용부분에 관하여 다른 공유자에 대하여 가지는 채권은 그 특별승계인에 대하여도 행사할 수 있다.

제19조【공용부분에 관한 규정의 준용】 건물의 대지 또는 공용부분 외의 부속시설(이들에 대한 권리를 포함한다)을 구분소유자가 공유하는 경우에는 그 대지 및 부속시설에 관하여 제15조, 제15조의2, 제16조 및 제17조를 준용한다.

제3절 대지사용권

제20조【전유부분과 대지사용권의 일체성】 ① 구분소유자의 대지사용권은 그가 가지는 전유부분의 처분에 따른다.
② 구분소유자는 그가 가지는 전유부분과 분리하여 대지사용권을 처분할 수 없다. 다만, 규약으로써 달리 정한 경우에는 그러하지 아니하다.
③ 제2항 본문의 분리처분금지는 그 취지를 등기하지 아니하면 선의로 물권을 취득한 제3자에게 대항하지 못한다.
④ 제2항 단서의 경우에는 제3조 제3항을 준용한다.

제21조【전유부분의 처분에 따르는 대지사용권의 비율】 ① 구분소유자가 둘 이상의 전유부분을 소유한 경우에는 각 전유부분의 처분에 따르는 대지사용권은 제12조에 규정된 비율에 따른다. 다만, 규약으로써 달리 정할 수 있다.
② 제1항 단서의 경우에는 제3조 제3항을 준용한다.

제22조【「민법」제267조의 적용 배제】 제20조 제2항 본문의 경우 대지사용권에 대하여는 「민법」 제267조(같은 법 제278조에서 준용하는 경우를 포함한다)를 적용하지 아니한다.

제4절 관리단 및 관리단의 기관

제23조【관리단의 당연 설립 등】 ① 건물에 대하여 구분소유 관계가 성립되면 구분소유자 전원을 구성원으로 하여 건물과 그 대지 및 부속시설의 관리에 관한 사업의 시행을 목적으로 하는 관리단이 설립된다.
② 일부공용부분이 있는 경우 그 일부의 구분소유자는 제28조 제2항의 규약에 따라 그 공용부분의 관리에 관한 사업의 시행을 목적으로 하는 관리단을 구성할 수 있다.

제23조의2【관리단의 의무】 관리단은 건물의 관리 및 사용에 관한 공동이익을 위하여 필요한 구분소유자의 권리와 의무를 선량한 관리자의 주의로 행사하거나 이행하여야 한다.

제24조【관리인의 선임 등】 ① 구분소유자가 10인 이상일 때에는 관리단을 대표하고 관리단의 사무를 집행할 관리인을 선임하여야 한다.
② 관리인은 구분소유자일 필요가 없으며, 그 임기는 2년의 범위에서 규약으로 정한다.
③ 관리인은 관리단집회의 결의로 선임되거나 해임된다. 다만, 규약으로 제26조의3에 따른 관리위원회의 결의로 선임되거나 해임되도록 정한 경우에는 그에 따른다.
④ 구분소유자의 승낙을 받아 전유부분을 점유하는 자는 제3항 본문에 따른 관리단집회에 참석하여 그 구분소유자의 의결권을 행사할 수 있다. 다만, 구분소유자와 점유자가 달리 정하여 관리단에 통지하거나 구분소유자가 집회 이전에 직접 의결권을 행사할 것을 관리단에 통지한 경우에는 그러하지 아니하다.
⑤ 관리인에게 부정한 행위나 그밖에 그 직무를 수행하기에 적합하지 아니한 사정이 있을 때에는 각 구분소유자는 관리인의 해임을 법원에 청구할 수 있다.

⑥ 전유부분이 50개 이상인 건물(「공동주택관리법」에 따른 의무관리대상 공동주택 및 임대주택과 「유통산업발전법」에 따라 신고한 대규모점포등관리자가 있는 대규모점포 및 준대규모점포는 제외한다)의 관리인으로 선임된 자는 대통령령으로 정하는 바에 따라 선임된 사실을 특별자치시장, 특별자치도지사, 시장, 군수 또는 자치구의 구청장(이하 "소관청"이라 한다)에게 신고하여야 한다.

제24조의2 【임시관리인의 선임 등】
① 구분소유자, 그의 승낙을 받아 전유부분을 점유하는 자, 분양자 등 이해관계인은 제24조 제3항에 따라 선임된 관리인이 없는 경우에는 법원에 임시관리인의 선임을 청구할 수 있다.
② 임시관리인은 선임된 날부터 6개월 이내에 제24조 제3항에 따른 관리인 선임을 위하여 관리단집회 또는 관리위원회를 소집하여야 한다.
③ 임시관리인의 임기는 선임된 날부터 제24조 제3항에 따라 관리인이 선임될 때까지로 하되, 같은 조 제2항에 따라 규약으로 정한 임기를 초과할 수 없다.

제25조 【관리인의 권한과 의무】
① 관리인은 다음 각 호의 행위를 할 권한과 의무를 가진다.
1. 공용부분의 보존행위
1의2. 공용부분의 관리 및 변경에 관한 관리단집회 결의를 집행하는 행위
2. 공용부분의 관리비용 등 관리단의 사무 집행을 위한 비용과 분담금을 각 구분소유자에게 청구·수령하는 행위 및 그 금원을 관리하는 행위
3. 관리단의 사업 시행과 관련하여 관리단을 대표하여 하는 재판상 또는 재판 외의 행위
3의2. 소음·진동·악취 등을 유발하여 공동생활의 평온을 해치는 행위의 중지 요청 또는 분쟁조정절차 권고 등 필요한 조치를 하는 행위
4. 그밖에 규약에 정하여진 행위
② 관리인의 대표권은 제한할 수 있다. 다만, 이로써 선의의 제3자에게 대항할 수 없다.

제26조 【관리인의 보고의무 등】
① 관리인은 대통령령으로 정하는 바에 따라 매년 1회 이상 구분소유자 및 그의 승낙을 받아 전유부분을 점유하는 자에게 그 사무에 관한 보고를 하여야 한다.
② 전유부분이 50개 이상인 건물의 관리인은 관리단의 사무 집행을 위한 비용과 분담금 등 금원의 징수·보관·사용·관리 등 모든 거래행위에 관하여 장부를 월별로 작성하여 그 증빙서류와 함께 해당 회계연도 종료일부터 5년간 보관하여야 한다.
③ 이해관계인은 관리인에게 제1항에 따른 보고자료, 제2항에 따른 장부나 증빙서류의 열람을 청구하거나 자기 비용으로 등본의 교부를 청구할 수 있다. 이 경우 관리인은 다음 각 호의 정보를 제외하고 이에 응하여야 한다.
1. 「개인정보 보호법」 제24조에 따른 고유식별정보 등 개인의 사생활의 비밀 또는 자유를 침해할 우려가 있는 정보
2. 의사결정 과정 또는 내부검토 과정에 있는 사항 등으로서 공개될 경우 업무의 공정한 수행에 현저한 지장을 초래할 우려가 있는 정보
④ 「공동주택관리법」에 따른 의무관리대상 공동주택 및 임대주택과 「유통산업발전법」에 따라 신고한 대규모점포등관리자가 있는 대규모점포 및 준대규모점포에 대해서는 제1항부터 제3항까지를 적용하지 아니한다.
⑤ 이 법 또는 규약에서 규정하지 아니한 관리인의 권리의무에 관하여는 「민법」의 위임에 관한 규정을 준용한다.

제26조의2 【회계감사】
① 전유부분이 150개 이상으로서 대통령령으로 정하는 건물의 관리인은 「주식회사 등의 외부감사에 관한 법률」 제2조 제7호에 따른 감사인(이하 이 조에서 "감사인"이라 한다)의 회계감사를 매년 1회 이상 받아야 한다. 다만, 관리단집회에서 구분소유자의 3분의 2 이상 및 의결권의 3분의 2 이상이 회계감사를 받지 아니하기로 결의한 연도에는 그러하지 아니하다.
② 구분소유자의 승낙을 받아 전유부분을 점유하는

자는 제1항 단서에 따른 관리단집회에 참석하여 그 구분소유자의 의결권을 행사할 수 있다. 다만, 구분소유자와 점유자가 달리 정하여 관리단에 통지하거나 구분소유자가 집회 이전에 직접 의결권을 행사할 것을 관리단에 통지한 경우에는 그러하지 아니하다.
③ 전유부분이 50개 이상 150개 미만으로서 대통령령으로 정하는 건물의 관리인은 구분소유자의 5분의 1 이상이 연서(連署)하여 요구하는 경우에는 감사인의 회계감사를 받아야 한다. 이 경우 구분소유자의 승낙을 받아 전유부분을 점유하는 자가 구분소유자를 대신하여 연서할 수 있다.
④ 관리인은 제1항 또는 제3항에 따라 회계감사를 받은 경우에는 대통령령으로 정하는 바에 따라 감사보고서 등 회계감사의 결과를 구분소유자 및 그의 승낙을 받아 전유부분을 점유하는 자에게 보고하여야 한다.
⑤ 제1항 또는 제3항에 따른 회계감사의 기준·방법 및 감사인의 선정방법 등에 관하여 필요한 사항은 대통령령으로 정한다.
⑥ 제1항 또는 제3항에 따라 회계감사를 받는 관리인은 다음 각 호의 어느 하나에 해당하는 행위를 하여서는 아니 된다.
1. 정당한 사유 없이 감사인의 자료열람·등사·제출 요구 또는 조사를 거부·방해·기피하는 행위
2. 감사인에게 거짓 자료를 제출하는 등 부정한 방법으로 회계감사를 방해하는 행위
⑦ 「공동주택관리법」에 따른 의무관리대상 공동주택 및 임대주택과 「유통산업발전법」에 따라 신고한 대규모점포 등 관리자가 있는 대규모점포 및 준대규모점포에는 제1항부터 제6항까지의 규정을 적용하지 아니한다.

제26조의3【관리위원회의 설치 및 기능】 ① 관리단에는 규약으로 정하는 바에 따라 관리위원회를 둘 수 있다.
② 관리위원회는 이 법 또는 규약으로 정한 관리인의 사무 집행을 감독한다.
③ 제1항에 따라 관리위원회를 둔 경우 관리인은 제25조 제1항 각 호의 행위를 하려면 관리위원회의 결의를 거쳐야 한다. 다만, 규약으로 달리 정한 사항은 그러하지 아니하다.

제26조의4【관리위원회의 구성 및 운영】 ① 관리위원회의 위원은 구분소유자 중에서 관리단집회의 결의에 의하여 선출한다. 다만, 규약으로 관리단집회의 결의에 관하여 달리 정한 경우에는 그에 따른다.
② 관리인은 규약에 달리 정한 바가 없으면 관리위원회의 위원이 될 수 없다.
③ 관리위원회 위원의 임기는 2년의 범위에서 규약으로 정한다.
④ 제1항부터 제3항까지에서 규정한 사항 외에 관리위원회의 구성 및 운영에 필요한 사항은 대통령령으로 정한다.
⑤ 구분소유자의 승낙을 받아 전유부분을 점유하는 자는 제1항 본문에 따른 관리단집회에 참석하여 그 구분소유자의 의결권을 행사할 수 있다. 다만, 구분소유자와 점유자가 달리 정하여 관리단에 통지하거나 구분소유자가 집회 이전에 직접 의결권을 행사할 것을 관리단에 통지한 경우에는 그러하지 아니하다.

제26조의5【집합건물의 관리에 관한 감독】 ① 특별시장·광역시장·특별자치시장·도지사·특별자치도지사(이하 "시·도지사"라 한다) 또는 시장·군수·구청장(자치구의 구청장을 말하며, 이하 "시장·군수·구청장"이라 한다)은 집합건물의 효율적인 관리와 주민의 복리증진을 위하여 필요하다고 인정하는 경우에는 전유부분이 50개 이상인 건물의 관리인에게 다음 각 호의 사항을 보고하게 하거나 관련 자료의 제출을 명할 수 있다.
1. 제17조의2 제2항에 따른 수선적립금의 징수·적립·사용 등에 관한 사항
2. 제24조에 따른 관리인의 선임·해임에 관한 사항

3. 제26조 제1항에 따른 보고와 같은 조 제2항에 따른 장부의 작성·보관 및 증빙서류의 보관에 관한 사항
4. 제26조의2 제1항 또는 제3항에 따른 회계감사에 관한 사항
5. 제32조에 따른 정기 관리단집회의 소집에 관한 사항
6. 그밖에 집합건물의 관리에 관한 감독을 위하여 필요한 사항으로서 대통령령으로 정하는 사항

② 제1항에 따른 명령의 절차 등 필요한 사항은 해당 지방자치단체의 조례로 정한다.

제27조【관리단의 채무에 대한 구분소유자의 책임】
① 관리단이 그의 재산으로 채무를 전부 변제할 수 없는 경우에는 구분소유자는 제12조의 지분비율에 따라 관리단의 채무를 변제할 책임을 진다. 다만, 규약으로써 그 부담비율을 달리 정할 수 있다.
② 구분소유자의 특별승계인은 승계 전에 발생한 관리단의 채무에 관하여도 책임을 진다.

제5절 규약 및 집회

제28조【규약】
① 건물과 대지 또는 부속시설의 관리 또는 사용에 관한 구분소유자들 사이의 사항 중 이 법에서 규정하지 아니한 사항은 규약으로써 정할 수 있다.
② 일부공용부분에 관한 사항으로써 구분소유자 전원에게 이해관계가 있지 아니한 사항은 구분소유자 전원의 규약에 따로 정하지 아니하면 일부공용부분을 공용하는 구분소유자의 규약으로써 정할 수 있다.
③ 제1항과 제2항의 경우에 구분소유자 외의 자의 권리를 침해하지 못한다.
④ 법무부장관은 이 법을 적용받는 건물과 대지 및 부속시설의 효율적이고 공정한 관리를 위하여 표준규약을 마련하여야 한다.
⑤ 시·도지사는 제4항에 따른 표준규약을 참고하여 대통령령으로 정하는 바에 따라 지역별 표준규약을 마련하여 보급하여야 한다.

제29조【규약의 설정·변경·폐지】
① 규약의 설정·변경 및 폐지는 관리단집회에서 구분소유자의 4분의 3 이상 및 의결권의 4분의 3 이상의 찬성을 얻어서 한다. 이 경우 규약의 설정·변경 및 폐지가 일부 구분소유자의 권리에 특별한 영향을 미칠 때에는 그 구분소유자의 승낙을 받아야 한다.
② 제28조 제2항에 규정한 사항에 관한 구분소유자 전원의 규약의 설정·변경 또는 폐지는 그 일부 공용부분을 공용하는 구분소유자의 4분의 1을 초과하는 자 또는 의결권의 4분의 1을 초과하는 의결권을 가진 자가 반대할 때에는 할 수 없다.

제30조【규약의 보관 및 열람】
① 규약은 관리인 또는 구분소유자나 그 대리인으로서 건물을 사용하고 있는 자 중 1인이 보관하여야 한다.
② 제1항에 따라 규약을 보관할 구분소유자나 그 대리인은 규약에 다른 규정이 없으면 관리단집회의 결의로써 정한다.
③ 이해관계인은 제1항에 따라 규약을 보관하는 자에게 규약의 열람을 청구하거나 자기 비용으로 등본의 발급을 청구할 수 있다.

제31조【집회의 권한】
관리단의 사무는 이 법 또는 규약으로 관리인에게 위임한 사항 외에는 관리단집회의 결의에 따라 수행한다.

제32조【정기 관리단집회】
관리인은 매년 회계연도 종료 후 3개월 이내에 정기 관리단집회를 소집하여야 한다.

제33조【임시 관리단집회】
① 관리인은 필요하다고 인정할 때에는 관리단집회를 소집할 수 있다.
② 구분소유자의 5분의 1 이상이 회의의 목적 사항을 구체적으로 밝혀 관리단집회의 소집을 청구하면 관리인은 관리단집회를 소집하여야 한다. 이 정수는 규약으로 감경할 수 있다.
③ 제2항의 청구가 있은 후 1주일 내에 관리인이 청구일부터 2주일 이내의 날을 관리단집회일로 하는 소집통지 절차를 밟지 아니하면 소집을 청구

한 구분소유자는 법원의 허가를 받아 관리단집회를 소집할 수 있다.

④ 관리인이 없는 경우에는 구분소유자의 5분의 1 이상은 관리단집회를 소집할 수 있다. 이 정수는 규약으로 감경할 수 있다.

제34조 【집회소집통지】 ① 관리단집회를 소집하려면 관리단집회일 1주일 전에 회의의 목적사항을 구체적으로 밝혀 각 구분소유자에게 통지하여야 한다. 다만, 이 기간은 규약으로 달리 정할 수 있다.
② 전유부분을 여럿이 공유하는 경우에 제1항의 통지는 제37조 제2항에 따라 정하여진 의결권을 행사할 자(그가 없을 때에는 공유자 중 1인)에게 통지하여야 한다.
③ 제1항의 통지는 구분소유자가 관리인에게 따로 통지장소를 제출하였으면 그 장소로 발송하고, 제출하지 아니하였으면 구분소유자가 소유하는 전유부분이 있는 장소로 발송한다. 이 경우 제1항의 통지는 통상적으로 도달할 시기에 도달한 것으로 본다.
④ 건물 내에 주소를 가지는 구분소유자 또는 제3항의 통지장소를 제출하지 아니한 구분소유자에 대한 제1항의 통지는 건물 내의 적당한 장소에 게시함으로써 소집통지를 갈음할 수 있음을 규약으로 정할 수 있다. 이 경우 제1항의 통지는 게시한 때에 도달한 것으로 본다.
⑤ 회의의 목적사항이 제15조 제1항, 제29조 제1항, 제47조 제1항 및 제50조 제4항인 경우에는 그 통지에 그 의안 및 계획의 내용을 적어야 한다.

제35조 【소집절차의 생략】 관리단집회는 구분소유자 전원이 동의하면 소집절차를 거치지 아니하고 소집할 수 있다.

제36조 【결의사항】 ① 관리단집회는 제34조에 따라 통지한 사항에 관하여만 결의할 수 있다.
② 제1항의 규정은 이 법에 관리단집회의 결의에 관하여 특별한 정수가 규정된 사항을 제외하고는 규약으로 달리 정할 수 있다.

③ 제1항과 제2항은 제35조에 따른 관리단집회에 관하여는 적용하지 아니한다.

제37조 【의결권】 ① 각 구분소유자의 의결권은 규약에 특별한 규정이 없으면 제12조에 규정된 지분비율에 따른다.
② 전유부분을 여럿이 공유하는 경우에는 공유자는 관리단집회에서 의결권을 행사할 1인을 정한다.
③ 구분소유자의 승낙을 받아 동일한 전유부분을 점유하는 자가 여럿인 경우에는 제16조 제2항, 제24조 제4항, 제26조의2 제2항 또는 제26조의4 제5항에 따라 해당 구분소유자의 의결권을 행사할 1인을 정하여야 한다.

제38조 【의결방법】 ① 관리단집회의 의사는 이 법 또는 규약에 특별한 규정이 없으면 구분소유자의 과반수 및 의결권의 과반수로써 의결한다.
② 의결권은 서면이나 전자적 방법(전자정보처리조직을 사용하거나 그밖에 정보통신기술을 이용하는 방법으로서 대통령령으로 정하는 방법을 말한다. 이하 같다)으로 또는 대리인을 통하여 행사할 수 있다.
③ 제34조에 따른 관리단집회의 소집통지나 소집통지를 갈음하는 게시를 할 때에는 제2항에 따라 의결권을 행사할 수 있다는 내용과 구체적인 의결권 행사 방법을 명확히 밝혀야 한다.
④ 제1항부터 제3항까지에서 규정한 사항 외에 의결권 행사를 위하여 필요한 사항은 대통령령으로 정한다.

제39조 【집회의 의장과 의사록】 ① 관리단집회의 의장은 관리인 또는 집회를 소집한 구분소유자 중 연장자가 된다. 다만, 규약에 특별한 규정이 있거나 관리단집회에서 다른 결의를 한 경우에는 그러하지 아니하다.
② 관리단집회의 의사에 관하여는 의사록을 작성하여야 한다.
③ 의사록에는 의사의 경과와 그 결과를 적고 의장과 구분소유자 2인 이상이 서명날인 하여야 한다.
④ 의사록에 관하여는 제30조를 준용한다.

제40조 【점유자의 의견진술권】 ① 구분소유자의 승낙을 받아 전유부분을 점유하는 자는 집회의 목적사항에 관하여 이해관계가 있는 경우에는 집회에 출석하여 의견을 진술할 수 있다.
② 제1항의 경우 집회를 소집하는 자는 제34조에 따라 소집통지를 한 후 지체 없이 집회의 일시, 장소 및 목적사항을 건물 내의 적당한 장소에 게시하여야 한다.

제41조 【서면 또는 전자적 방법에 의한 결의 등】
① 이 법 또는 규약에 따라 관리단집회에서 결의할 것으로 정한 사항에 관하여 구분소유자의 4분의 3 이상 및 의결권의 4분의 3 이상이 서면이나 전자적 방법 또는 서면과 전자적 방법으로 합의하면 관리단집회를 소집하여 결의한 것으로 본다.
② 제1항에도 불구하고 다음 각 호의 경우에는 그 구분에 따른 의결정족수 요건을 갖추어 서면이나 전자적 방법 또는 서면과 전자적 방법으로 합의하면 관리단집회를 소집하여 결의한 것으로 본다.
1. 제15조 제1항 제2호의 경우: 구분소유자의 과반수 및 의결권의 과반수
2. 제15조의2 제1항 본문, 제47조 제2항 본문 및 제50조 제4항의 경우: 구분소유자의 5분의 4 이상 및 의결권의 5분의 4 이상
3. 제15조의2 제1항 단서 및 제47조 제2항 단서의 경우: 구분소유자의 3분의 2 이상 및 의결권의 3분의 2 이상
③ 구분소유자들은 미리 그들 중 1인을 대리인으로 정하여 관리단에 신고한 경우에는 그 대리인은 그 구분소유자들을 대리하여 관리단집회에 참석하거나 서면 또는 전자적 방법으로 의결권을 행사할 수 있다.
④ 제1항 및 제2항의 서면 또는 전자적 방법으로 기록된 정보에 관하여는 제30조를 준용한다.

제42조 【규약 및 집회의 결의의 효력】 ① 규약 및 관리단집회의 결의는 구분소유자의 특별승계인에 대하여도 효력이 있다.
② 점유자는 구분소유자가 건물이나 대지 또는 부속시설의 사용과 관련하여 규약 또는 관리단집회의 결의에 따라 부담하는 의무와 동일한 의무를 진다.

제42조의2 【결의취소의 소】 구분소유자는 다음 각 호의 어느 하나에 해당하는 경우에는 집회 결의 사실을 안 날부터 6개월 이내에, 결의한 날부터 1년 이내에 결의취소의 소를 제기할 수 있다.
1. 집회의 소집 절차나 결의 방법이 법령 또는 규약에 위반되거나 현저하게 불공정한 경우
2. 결의 내용이 법령 또는 규약에 위배되는 경우

제6절 의무위반자에 대한 조치

제43조 【공동의 이익에 어긋나는 행위의 정지청구 등】
① 구분소유자가 제5조 제1항의 행위를 한 경우 또는 그 행위를 할 우려가 있는 경우에는 관리인 또는 관리단집회의 결의로 지정된 구분소유자는 구분소유자 공동의 이익을 위하여 그 행위를 정지하거나 그 행위의 결과를 제거하거나 그 행위의 예방에 필요한 조치를 할 것을 청구할 수 있다.
② 제1항에 따른 소송의 제기는 관리단집회의 결의가 있어야 한다.
③ 점유자가 제5조 제4항에서 준용하는 같은 조 제1항에 규정된 행위를 한 경우 또는 그 행위를 할 우려가 있는 경우에도 제1항과 제2항을 준용한다.

제44조 【사용금지의 청구】 ① 제43조 제1항의 경우에 제5조 제1항에 규정된 행위로 구분소유자의 공동생활상의 장해가 현저하여 제43조 제1항에 규정된 청구로는 그 장해를 제거하여 공용부분의 이용 확보나 구분소유자의 공동생활 유지를 도모함이 매우 곤란할 때에는 관리인 또는 관리단집회의 결의로 지정된 구분소유자는 소(訴)로써 적당한 기간 동안 해당 구분소유자의 전유부분 사용금지를 청구할 수 있다.
② 제1항의 결의는 구분소유자의 4분의 3 이상 및 의결권의 4분의 3 이상의 관리단집회 결의가 있어야 한다.
③ 제1항의 결의를 할 때에는 미리 해당 구분소유자에게 변명할 기회를 주어야 한다.

제45조 【구분소유권의 경매】 ① 구분소유자가 제5조 제1항 및 제2항을 위반하거나 규약에서 정한 의무를 현저히 위반한 결과 공동생활을 유지하기 매우 곤란하게 된 경우에는 관리인 또는 관리단집회의 결의로 지정된 구분소유자는 해당 구분소유자의 전유부분 및 대지사용권의 경매를 명할 것을 법원에 청구할 수 있다.
② 제1항의 청구는 구분소유자의 4분의 3 이상 및 의결권의 4분의 3 이상의 관리단집회 결의가 있어야 한다.
③ 제2항의 결의를 할 때에는 미리 해당 구분소유자에게 변명할 기회를 주어야 한다.
④ 제1항의 청구에 따라 경매를 명한 재판이 확정되었을 때에는 그 청구를 한 자는 경매를 신청할 수 있다. 다만, 그 재판확정일부터 6개월이 지나면 그러하지 아니하다.
⑤ 제1항의 해당 구분소유자는 제4항 본문의 신청에 의한 경매에서 경락인이 되지 못한다.

제46조 【전유부분의 점유자에 대한 인도청구】
① 점유자가 제45조 제1항에 따른 의무위반을 한 결과 공동생활을 유지하기 매우 곤란하게 된 경우에는 관리인 또는 관리단집회의 결의로 지정된 구분소유자는 그 전유부분을 목적으로 하는 계약의 해제 및 그 전유부분의 인도를 청구할 수 있다.
② 제1항의 경우에는 제44조 제2항 및 제3항을 준용한다.
③ 제1항에 따라 전유부분을 인도받은 자는 지체 없이 그 전유부분을 점유할 권원이 있는 자에게 인도하여야 한다.

제7절 재건축 및 복구

제47조 【재건축결의】 ① 건물 건축 후 상당한 기간이 지나 건물이 훼손되거나 일부 멸실되거나 그 밖의 사정으로 건물 가격에 비하여 지나치게 많은 수리비·복구비나 관리비용이 드는 경우 또는 부근 토지의 이용 상황의 변화나 그 밖의 사정으로 건물을 재건축하면 재건축에 드는 비용에 비하여 현저하게 효용이 증가하게 되는 경우에 관리단집회는 그 건물을 철거하여 그 대지를 구분소유권의 목적이 될 새 건물의 대지로 이용할 것을 결의할 수 있다. 다만, 재건축의 내용이 단지 내 다른 건물의 구분소유자에게 특별한 영향을 미칠 때에는 그 구분소유자의 승낙을 받아야 한다.
② 제1항의 결의는 구분소유자의 5분의 4 이상 및 의결권의 5분의 4 이상의 결의에 따른다. 다만, 「관광진흥법」 제3조 제1항 제2호 나목에 따른 휴양 콘도미니엄업의 운영을 위한 휴양 콘도미니엄의 재건축 결의는 구분소유자의 3분의 2 이상 및 의결권의 3분의 2 이상의 결의에 따른다.
③ 재건축을 결의할 때에는 다음 각 호의 사항을 정하여야 한다.
1. 새 건물의 설계 개요
2. 건물의 철거 및 새 건물의 건축에 드는 비용을 개략적으로 산정한 금액
3. 제2호에 규정된 비용의 분담에 관한 사항
4. 새 건물의 구분소유권 귀속에 관한 사항
④ 제3항 제3호 및 제4호의 사항은 각 구분소유자 사이에 형평이 유지되도록 정하여야 한다.
⑤ 제1항의 결의를 위한 관리단집회의 의사록에는 결의에 대한 각 구분소유자의 찬반 의사를 적어야 한다.

제48조 【구분소유권 등의 매도청구 등】 ① 재건축의 결의가 있으면 집회를 소집한 자는 지체 없이 그 결의에 찬성하지 아니한 구분소유자(그의 승계인을 포함한다)에 대하여 그 결의 내용에 따른 재건축에 참가할 것인지 여부를 회답할 것을 서면으로 촉구하여야 한다.
② 제1항의 촉구를 받은 구분소유자는 촉구를 받은 날부터 2개월 이내에 회답하여야 한다.
③ 제2항의 기간 내에 회답하지 아니한 경우 그 구분소유자는 재건축에 참가하지 아니하겠다는 뜻을 회답한 것으로 본다.
④ 제2항의 기간이 지나면 재건축결의에 찬성한 각 구분소유자, 재건축결의 내용에 따른 재건축에 참가할 뜻을 회답한 각 구분소유자(그의 승계인을 포함한다) 또는 이들 전원의 합의에 따라 구분소

유권과 대지사용권을 매수하도록 지정된 자(이하 "매수지정자"라 한다)는 제2항의 기간 만료일부터 2개월 이내에 재건축에 참가하지 아니하겠다는 뜻을 회답한 구분소유자(그의 승계인을 포함한다)에게 구분소유권과 대지사용권을 시가로 매도할 것을 청구할 수 있다. 재건축결의가 있은 후에 이 구분소유자로부터 대지사용권만을 취득한 자의 대지사용권에 대하여도 또한 같다.
⑤ 제4항에 따른 청구가 있는 경우에 재건축에 참가하지 아니하겠다는 뜻을 회답한 구분소유자가 건물을 명도하면 생활에 현저한 어려움을 겪을 우려가 있고 재건축의 수행에 큰 영향이 없을 때에는 법원은 그 구분소유자의 청구에 의하여 대금 지급일 또는 제공일부터 1년을 초과하지 아니하는 범위에서 건물 명도에 대하여 적당한 기간을 허락할 수 있다.
⑥ 재건축결의일부터 2년 이내에 건물 철거공사가 착수되지 아니한 경우에는 제4항에 따라 구분소유권이나 대지사용권을 매도한 자는 이 기간이 만료된 날부터 6개월 이내에 매수인이 지급한 대금에 상당하는 금액을 그 구분소유권이나 대지사용권을 가지고 있는 자에게 제공하고 이들의 권리를 매도할 것을 청구할 수 있다. 다만, 건물 철거공사가 착수되지 아니한 타당한 이유가 있을 경우에는 그러하지 아니하다.
⑦ 제6항 단서에 따른 건물 철거공사가 착수되지 아니한 타당한 이유가 없어진 날부터 6개월 이내에 공사에 착수하지 아니하는 경우에는 제6항 본문을 준용한다. 이 경우 같은 항 본문 중 "이 기간이 만료된 날부터 6개월 이내에"는 "건물 철거공사가 착수되지 아니한 타당한 이유가 없어진 것을 안 날부터 6개월 또는 그 이유가 없어진 날부터 2년 중 빠른 날까지"로 본다.

제49조 【재건축에 관한 합의】 재건축결의에 찬성한 각 구분소유자, 재건축결의 내용에 따른 재건축에 참가할 뜻을 회답한 각 구분소유자 및 구분소유권 또는 대지사용권을 매수한 각 매수지정자(이들의 승계인을 포함한다)는 재건축결의 내용에 따른 재건축에 합의한 것으로 본다.

제50조 【건물이 일부 멸실된 경우의 복구】 ① 건물가격의 2분의 1 이하에 상당하는 건물부분이 멸실되었을 때에는 각 구분소유자는 멸실한 공용부분과 자기의 전유부분을 복구할 수 있다. 다만, 공용부분의 복구에 착수하기 전에 제47조 제1항의 결의나 공용부분의 복구에 대한 결의가 있는 경우에는 그러하지 아니하다.
② 제1항에 따라 공용부분을 복구한 자는 다른 구분소유자에게 제12조의 지분비율에 따라 복구에 든 비용의 상환을 청구할 수 있다.
③ 제1항 및 제2항의 규정은 규약으로 달리 정할 수 있다.
④ 건물이 일부 멸실된 경우로서 제1항 본문의 경우를 제외한 경우에 관리단집회는 구분소유자의 5분의 4 이상 및 의결권의 5분의 4 이상으로 멸실한 공용부분을 복구할 것을 결의할 수 있다.
⑤ 제4항의 결의가 있는 경우에는 제47조 제5항을 준용한다.
⑥ 제4항의 결의가 있을 때에는 그 결의에 찬성한 구분소유자(그의 승계인을 포함한다) 외의 구분소유자는 결의에 찬성한 구분소유자(그의 승계인을 포함한다)에게 건물 및 그 대지에 관한 권리를 시가로 매수할 것을 청구할 수 있다.
⑦ 제4항의 경우에 건물 일부가 멸실한 날부터 6개월 이내에 같은 항 또는 제47조 제1항의 결의가 없을 때에는 각 구분소유자는 다른 구분소유자에게 건물 및 그 대지에 관한 권리를 시가로 매수할 것을 청구할 수 있다.
⑧ 법원은 제2항, 제6항 및 제7항의 경우에 상환 또는 매수청구를 받은 구분소유자의 청구에 의하여 상환금 또는 대금의 지급에 관하여 적당한 기간을 허락할 수 있다.

제2장 단지

제51조【단지관리단】① 한 단지에 여러 동의 건물이 있고 그 단지 내의 토지 또는 부속시설(이들에 관한 권리를 포함한다)이 그 건물 소유자(전유부분이 있는 건물에서는 구분소유자를 말한다)의 공동소유에 속하는 경우에는 이들 소유자는 그 단지 내의 토지 또는 부속시설을 관리하기 위한 단체를 구성하여 이 법에서 정하는 바에 따라 집회를 개최하고 규약을 정하며 관리인을 둘 수 있다.
② 한 단지에 여러 동의 건물이 있고 단지 내의 토지 또는 부속시설(이들에 관한 권리를 포함한다)이 그 건물 소유자(전유부분이 있는 건물에서는 구분소유자를 말한다) 중 일부의 공동소유에 속하는 경우에는 이들 소유자는 그 단지 내의 토지 또는 부속시설을 관리하기 위한 단체를 구성하여 이 법에서 정하는 바에 따라 집회를 개최하고 규약을 정하며 관리인을 둘 수 있다.
③ 제1항의 단지관리단은 단지관리단의 구성원이 속하는 각 관리단의 사업의 전부 또는 일부를 그 사업 목적으로 할 수 있다. 이 경우 각 관리단의 구성원의 4분의 3 이상 및 의결권의 4분의 3 이상에 의한 관리단집회의 결의가 있어야 한다.

제52조【단지에 대한 준용】제51조의 경우에는 제3조, 제23조의2, 제24조, 제24조의2, 제25조, 제26조, 제26조의2부터 제26조의5까지, 제27조부터 제42조까지 및 제42조의2를 준용한다. 이 경우 전유부분이 없는 건물은 해당 건물의 수를 전유부분의 수로 한다.

제2장의2 집합건물분쟁조정위원회

제52조의2【집합건물분쟁조정위원회】① 이 법을 적용받는 건물과 관련된 분쟁을 심의·조정하기 위하여 특별시·광역시·특별자치시·도 또는 특별자치도(이하 "시·도"라 한다)에 집합건물분쟁조정위원회(이하 "조정위원회"라 한다)를 둔다.
② 조정위원회는 분쟁 당사자의 신청에 따라 다음 각 호의 분쟁(이하 "집합건물분쟁"이라 한다)을 심의·조정한다.

1. 이 법을 적용받는 건물의 하자에 관한 분쟁. 다만, 「공동주택관리법」 제36조 및 제37조에 따른 공동주택의 담보책임 및 하자보수 등과 관련된 분쟁은 제외한다.
2. 관리인·관리위원의 선임·해임 또는 관리단·관리위원회의 구성·운영에 관한 분쟁
3. 공용부분의 보존·관리 또는 변경에 관한 분쟁
4. 관리비의 징수·관리 및 사용에 관한 분쟁
5. 규약의 제정·개정에 관한 분쟁
6. 재건축과 관련된 철거, 비용분담 및 구분소유권 귀속에 관한 분쟁
6의2. 소음·진동·악취 등 공동생활과 관련된 분쟁
7. 그밖에 이 법을 적용받는 건물과 관련된 분쟁으로서 대통령령으로 정한 분쟁

제52조의3【조정위원회의 구성과 운영】① 조정위원회는 위원장 1명과 부위원장 1명을 포함한 10명 이내의 위원으로 구성한다.
② 조정위원회의 위원은 집합건물분쟁에 관한 법률지식과 경험이 풍부한 사람으로서 다음 각 호의 어느 하나에 해당하는 사람 중에서 시·도지사가 임명하거나 위촉한다. 이 경우 제1호 및 제2호에 해당하는 사람이 각각 2명 이상 포함되어야 한다.

1. 법학 또는 조정·중재 등의 분쟁조정 관련 학문을 전공한 사람으로서 대학에서 조교수 이상으로 3년 이상 재직한 사람
2. 변호사 자격이 있는 사람으로서 3년 이상 법률에 관한 사무에 종사한 사람
3. 건설공사, 하자감정 또는 공동주택관리에 관한 전문적 지식을 갖춘 사람으로서 해당 업무에 3년 이상 종사한 사람
4. 해당 시·도 소속 5급 이상 공무원으로서 관련 업무에 3년 이상 종사한 사람

③ 조정위원회의 위원장은 해당 시·도지사가 위원 중에서 임명하거나 위촉한다.
④ 조정위원회에는 분쟁을 효율적으로 심의·조정하기 위하여 3명 이내의 위원으로 구성되는 소위원회를 둘 수 있다. 이 경우 소위원회에는 제2항 제1호 및 제2호에 해당하는 사람이 각각 1명 이상 포함되어야 한다.

⑤ 조정위원회는 재적위원 과반수의 출석과 출석위원 과반수의 찬성으로 의결하며, 소위원회는 재적위원 전원 출석과 출석위원 과반수의 찬성으로 의결한다.
⑥ 제1항부터 제5항까지에서 규정한 사항 외에 조정위원회와 소위원회의 구성 및 운영에 필요한 사항과 조정 절차에 관한 사항은 대통령령으로 정한다.

제52조의4【위원의 제척 등】 ① 조정위원회의 위원이 다음 각 호의 어느 하나에 해당하는 경우에는 그 사건의 심의·조정에서 제척된다.
1. 위원 또는 그 배우자나 배우자이었던 사람이 해당 집합건물분쟁의 당사자가 되거나 그 집합건물분쟁에 관하여 당사자와 공동권리자 또는 공동의무자의 관계에 있는 경우
2. 위원이 해당 집합건물분쟁의 당사자와 친족이거나 친족이었던 경우
3. 위원이 해당 집합건물분쟁에 관하여 진술이나 감정을 한 경우
4. 위원이 해당 집합건물분쟁에 당사자의 대리인으로서 관여한 경우
5. 위원이 해당 집합건물분쟁의 원인이 된 처분이나 부작위에 관여한 경우

② 조정위원회는 위원에게 제1항의 제척 원인이 있는 경우에는 직권이나 당사자의 신청에 따라 제척의 결정을 한다.
③ 당사자는 위원에게 공정한 직무집행을 기대하기 어려운 사정이 있으면 조정위원회에 해당 위원에 대한 기피신청을 할 수 있다.
④ 위원은 제1항 또는 제3항의 사유에 해당하면 스스로 그 집합건물분쟁의 심의·조정을 회피할 수 있다.

제52조의5【분쟁조정신청과 통지 등】 ① 조정위원회는 당사자 일방으로부터 분쟁의 조정신청을 받은 경우에는 지체 없이 그 신청내용을 상대방에게 통지하여야 한다.
② 제1항에 따라 통지를 받은 상대방은 그 통지를 받은 날부터 7일 이내에 조정에 응할 것인지에 관한 의사를 조정위원회에 통지하여야 한다.
③ 제1항에 따라 분쟁의 조정신청을 받은 조정위원회는 분쟁의 성질 등 조정에 적합하지 아니한 사유가 있다고 인정하는 경우에는 해당 조정의 불개시 결정을 할 수 있다. 이 경우 조정의 불개시 결정 사실과 그 사유를 당사자에게 통보하여야 한다.

제52조의6【조정의 절차】 ① 조정위원회는 제52조의5 제1항에 따른 조정신청을 받으면 같은 조 제2항에 따른 조정 불응 또는 같은 조 제3항에 따른 조정의 불개시 결정이 있는 경우를 제외하고는 지체 없이 조정 절차를 개시하여야 하며, 신청을 받은 날부터 60일 이내에 그 절차를 마쳐야 한다.
② 조정위원회는 제1항의 기간 내에 조정을 마칠 수 없는 경우에는 조정위원회의 의결로 그 기간을 30일의 범위에서 한 차례만 연장할 수 있다. 이 경우 그 사유와 기한을 분명히 밝혀 당사자에게 서면으로 통지하여야 한다.
③ 조정위원회는 제1항에 따른 조정의 절차를 개시하기 전에 이해관계인 등의 의견을 들을 수 있다.
④ 조정위원회는 제1항에 따른 절차를 마쳤을 때에는 조정안을 작성하여 지체 없이 각 당사자에게 제시하여야 한다.
⑤ 제4항에 따른 조정안을 제시받은 당사자는 제시받은 날부터 14일 이내에 조정안의 수락 여부를 조정위원회에 통보하여야 한다. 이 경우 당사자가 그 기간 내에 조정안에 대한 수락 여부를 통보하지 아니한 경우에는 조정안을 수락한 것으로 본다.

제52조의7【출석 및 자료제출 요구】 ① 조정위원회는 조정을 위하여 필요하다고 인정하는 경우 분쟁당사자, 분쟁 관련 이해관계인 또는 참고인에게 출석하여 진술하게 하거나 조정에 필요한 자료나 물건 등을 제출하도록 요구할 수 있다.
② 조정위원회는 해당 조정업무에 참고하기 위하여 시·도지사 및 관련기관에 해당 분쟁과 관련된 자료를 요청할 수 있다.

제52조의8 【조정의 중지 등】 ① 조정위원회는 당사자가 제52조의5 제2항에 따라 조정에 응하지 아니할 의사를 통지하거나 제52조의6 제5항에 따라 조정안을 거부한 경우에는 조정을 중지하고 그 사실을 상대방에게 서면으로 통보하여야 한다.
② 조정위원회는 당사자 중 일방이 소를 제기한 경우에는 조정을 중지하고 그 사실을 상대방에게 통보하여야 한다.
③ 조정위원회는 법원에 소송계속 중인 당사자 중 일방이 조정을 신청한 때에는 해당 조정 신청을 결정으로 각하하여야 한다.

제52조의9 【조정의 효력】 ① 당사자가 제52조의6 제5항에 따라 조정안을 수락하면 조정위원회는 지체 없이 조정서 3부를 작성하여 위원장 및 각 당사자로 하여금 조정서에 서명날인하게 하여야 한다.
② 제1항의 경우 당사자 간에 조정서와 같은 내용의 합의가 성립된 것으로 본다.

제52조의10 【하자 등의 감정】 ① 조정위원회는 당사자의 신청으로 또는 당사자와 협의하여 대통령령으로 정하는 안전진단기관, 하자감정전문기관 등에 하자진단 또는 하자감정 등을 요청할 수 있다.
② 조정위원회는 당사자의 신청으로 또는 당사자와 협의하여 「공동주택관리법」 제39조에 따른 하자심사·분쟁조정위원회에 하자판정을 요청할 수 있다.
③ 제1항 및 제2항에 따른 비용은 대통령령으로 정하는 바에 따라 당사자가 부담한다.

제3장 구분건물의 건축물대장

제53조 【건축물대장의 편성】 ① 소관청은 이 법을 적용받는 건물에 대하여는 이 법에서 정하는 건축물대장과 건물의 도면 및 각 층의 평면도를 갖추어 두어야 한다.
② 대장은 1동의 건물을 표시할 용지와 그 1동의 건물에 속하는 전유부분의 건물을 표시할 용지로 편성한다.
③ 1동의 건물에 대하여는 각 1용지를 사용하고 전유부분의 건물에 대하여는 구분한 건물마다 1용지를 사용한다.
④ 1동의 건물에 속하는 구분한 건물의 대장은 1책에 편철하고 1동의 건물을 표시할 용지 다음에 구분한 건물을 표시할 용지를 편철한다.
⑤ 제4항의 경우에 편철한 용지가 너무 많을 때에는 여러 책으로 나누어 편철할 수 있다.

제54조 【건축물대장의 등록사항】 ① 1동의 건물을 표시할 용지에는 다음 각 호의 사항을 등록하여야 한다.
1. 1동의 건물의 소재지와 지번
2. 1동의 건물에 번호가 있을 때에는 그 번호
3. 1동의 건물의 구조와 면적
4. 1동의 건물에 속하는 전유부분의 번호
5. 그밖에 국토교통부령으로 정하는 사항
② 전유부분을 표시할 용지에는 다음 각 호의 사항을 등록하여야 한다.
1. 전유부분의 번호
2. 전유부분이 속하는 1동의 건물의 번호
3. 전유부분의 종류, 구조와 면적
4. 부속건물이 있을 때에는 부속건물의 종류, 구조, 면적
5. 소유자의 성명 또는 명칭과 주소 또는 사무소. 이 경우 소유자가 둘 이상일 때에는 그 지분
6. 그밖에 국토교통부령으로 정하는 사항
③ 제2항 제4호의 경우에 부속건물이 그 전유부분과 다른 별채의 건물이거나 별채인 1동의 건물을 구분한 것일 때에는 그 1동의 건물의 소재지, 지번, 번호, 종류, 구조 및 면적을 등록하여야 한다.
④ 제3항의 경우에 건물의 표시 및 소유자의 표시에 관한 사항을 등록할 때에는 원인 및 그 연월일과 등록연월일을 적어야 한다.
⑤ 제3조 제2항 및 제3항에 따른 공용부분의 등록에 관하여는 제2항과 제4항을 준용한다. 이 경우 그 건물의 표시란에 공용부분이라는 취지를 등록한다.
⑥ 구분점포의 경우에는 전유부분 용지의 구조란에 경계벽이 없다는 뜻을 적어야 한다.

제55조 【건축물대장의 등록절차】 건축물대장의 등록은 소유자 등의 신청이나 소관청의 조사결정에 의한다.

제56조 【건축물대장의 신규 등록신청】 ① 이 법을 적용받는 건물을 신축한 자는 1개월 이내에 1동의 건물에 속하는 전유부분 전부에 대하여 동시에 건축물대장 등록신청을 하여야 한다.
② 제1항의 신청서에는 제54조에 규정된 사항을 적고 건물의 도면, 각 층의 평면도(구분점포의 경우에는 「건축사법」 제23조에 따라 신고한 건축사 또는 「공간정보의 구축 및 관리 등에 관한 법률」 제39조 제2항에서 정한 측량기술자가 구분점포의 경계표지에 관한 측량성과를 적어 작성한 평면도를 말한다)와 신청인의 소유임을 증명하는 서면을 첨부하여야 하며, 신청서에 적은 사항 중 규약이나 규약에 상당하는 공정증서로써 정한 것이 있는 경우에는 그 규약이나 공정증서를 첨부하여야 한다.
③ 이 법을 적용받지 아니하던 건물이 구분, 신축 등으로 인하여 이 법을 적용받게 된 경우에는 제1항과 제2항을 준용한다.
④ 제3항의 경우에 건물 소유자는 다른 건물의 소유자를 대위하여 제1항의 신청을 할 수 있다.

제57조 【건축물대장의 변경등록신청】 ① 건축물대장에 등록한 사항이 변경된 경우에는 소유자는 1개월 이내에 변경등록신청을 하여야 한다.
② 1동의 건물을 표시할 사항과 공용부분의 표시에 관한 사항의 변경등록은 전유부분 소유자 중 1인 또는 여럿이 제1항의 기간까지 신청할 수 있다.
③ 제1항 및 제2항의 신청서에는 변경된 사항과 1동의 건물을 표시하기에 충분한 사항을 적고 그 변경을 증명하는 서면을 첨부하여야 하며 건물의 소재지, 구조, 면적이 변경되거나 부속건물을 신축한 경우에는 건물도면 또는 각 층의 평면도도 첨부하여야 한다.
④ 구분점포는 제1조의2 제1항 제1호의 용도 외의 다른 용도로 변경할 수 없다.

제58조 【신청의무의 승계】 소유자가 변경된 경우에는 전 소유자가 하여야 할 제56조와 제57조 제1항의 등록신청은 소유자가 변경된 날부터 1개월 이내에 새로운 소유자가 하여야 한다.

제59조 【소관청의 직권조사】 ① 소관청은 제56조 또는 제57조의 신청을 받아 또는 직권으로 건축물대장에 등록할 때에는 소속 공무원에게 건물의 표시에 관한 사항을 조사하게 할 수 있다.
② 소관청은 구분점포에 관하여 제56조 또는 제57조의 신청을 받으면 신청 내용이 제1조의2 제1항 각 호의 요건을 충족하는지와 건축물의 실제 현황과 일치하는지를 조사하여야 한다.
③ 제1항 및 제2항의 조사를 하는 경우 해당 공무원은 일출 후 일몰 전까지 그 건물에 출입할 수 있으며, 점유자나 그 밖의 이해관계인에게 질문하거나 문서의 제시를 요구할 수 있다. 이 경우 관계인에게 그 신분을 증명하는 증표를 보여주어야 한다.

제60조 【조사 후 처리】 ① 제56조의 경우에 소관청은 관계 공무원의 조사 결과 그 신고 내용이 부당하다고 인정할 때에는 그 취지를 적어 정정할 것을 명하고, 그 신고 내용을 정정하여도 그 건물의 상황이 제1조 또는 제1조의2의 규정에 맞지 아니하다고 인정할 때에는 그 등록을 거부하고 그 건물 전체를 하나의 건물로 하여 일반건축물대장에 등록하여야 한다.
② 제1항의 경우에는 일반건축물대장에 등록한 날부터 7일 이내에 신고인에게 그 등록거부 사유를 서면으로 통지하여야 한다.

제61조 삭제

제62조 삭제

제63조 삭제

제64조 삭제

제4장 벌 칙

제65조【벌금】① 제1조의2 제1항에서 정한 경계표지 또는 건물번호표지를 파손, 이동 또는 제거하거나 그 밖의 방법으로 경계를 알아볼 수 없게 한 사람은 3년 이하의 징역 또는 1천만원 이하의 벌금에 처한다.

② 건축사 또는 측량기술자가 제56조 제2항에서 정한 평면도에 측량성과를 사실과 다르게 적었을 때에는 2년 이하의 징역 또는 500만원 이하의 벌금에 처한다.

제66조【과태료】① 다음 각 호의 어느 하나에 해당하는 자에게는 500만원 이하의 과태료를 부과한다.

1. 제26조의2 제1항 또는 제3항(제52조에서 준용하는 경우를 포함한다)에 따른 회계감사를 받지 아니하거나 부정한 방법으로 받은 자
2. 제26조의2 제6항(제52조에서 준용하는 경우를 포함한다)을 위반하여 회계감사를 방해하는 등 같은 항 각 호의 어느 하나에 해당하는 행위를 한 자

② 다음 각 호의 어느 하나에 해당하는 자에게는 300만원 이하의 과태료를 부과한다.

1. 제26조의2 제4항(제52조에서 준용하는 경우를 포함한다)을 위반하여 회계감사 결과를 보고하지 아니하거나 거짓으로 보고한 자
1의2. 제26조의5 제1항(제52조에서 준용하는 경우를 포함한다)에 따른 보고 또는 자료 제출 명령을 위반한 자
2. 제59조 제1항에 따른 조사를 거부·방해 또는 기피한 자
3. 제59조 제3항에 따른 질문 및 문서 제시 요구에 응하지 아니하거나 거짓으로 응한 자

③ 다음 각 호의 어느 하나에 해당하는 자에게는 200만원 이하의 과태료를 부과한다.

1. 제9조의3 제3항을 위반하여 통지를 하지 아니한 자
2. 제9조의3 제4항을 위반하여 관리단집회를 소집하지 아니한 자
3. 제24조 제6항(제52조에서 준용하는 경우를 포함한다)에 따른 신고를 하지 아니한 자
4. 제26조 제1항(제52조에서 준용하는 경우를 포함한다)을 위반하여 보고를 하지 아니하거나 거짓으로 보고한 자
4의2. 제26조 제2항(제52조에서 준용하는 경우를 포함한다)을 위반하여 장부 또는 증빙서류를 작성·보관하지 아니하거나 거짓으로 작성한 자
4의3. 제26조 제3항 각 호 외의 부분 후단(제52조에서 준용하는 경우를 포함한다)을 위반하여 정당한 사유 없이 제26조 제1항에 따른 보고 자료 또는 같은 조 제2항에 따른 장부나 증빙서류에 대한 열람 청구 또는 등본의 교부 청구에 응하지 아니하거나 거짓으로 응한 자
5. 제30조 제1항, 제39조 제4항, 제41조 제4항(이들 규정을 제52조에서 준용하는 경우를 포함한다)을 위반하여 규약, 의사록 또는 서면(전자적 방법으로 기록된 정보를 포함한다)을 보관하지 아니한 자
6. 제30조 제3항, 제39조 제4항, 제41조 제4항(이들 규정을 제52조에서 준용하는 경우를 포함한다)을 위반하여 정당한 사유 없이 규약, 의사록 또는 서면(전자적 방법으로 기록된 정보를 포함한다)의 열람이나 등본의 발급청구를 거부한 자
7. 제39조 제2항 및 제3항(이들 규정을 제52조에서 준용하는 경우를 포함한다)을 위반하여 의사록을 작성하지 아니하거나 의사록에 적어야 할 사항을 적지 아니하거나 거짓으로 적은 자
8. 제56조 제1항, 제57조 제1항, 제58조에 따른 등록신청을 게을리 한 자

④ 제1항부터 제3항까지의 규정에 따른 과태료는 대통령령으로 정하는 바에 따라 소관청(제2항 제1호의2의 경우에는 시·도지사 또는 시장·군수·구청장을 말한다)이 부과·징수한다.

08 부동산 실권리자명의 등기에 관한 법률

[시행 2020.3.24.] [법률 제17091호, 2020.3.24, 타법개정]

제1장 건물의 구분소유

제1조【목 적】 이 법은 부동산에 관한 소유권과 그 밖의 물권을 실체적 권리관계와 일치하도록 실권리자 명의로 등기하게 함으로써 부동산등기제도를 악용한 투기·탈세·탈법행위 등 반사회적 행위를 방지하고 부동산 거래의 정상화와 부동산 가격의 안정을 도모하여 국민경제의 건전한 발전에 이바지함을 목적으로 한다.

제2조【정 의】 이 법에서 사용하는 용어의 뜻은 다음과 같다.
1. "명의신탁약정"이란 부동산에 관한 소유권이나 그 밖의 물권(이하 "부동산에 관한 물권"이라 한다)을 보유한 자 또는 사실상 취득하거나 취득하려고 하는 자(이하 "실권리자"라 한다)가 타인과의 사이에서 대내적으로는 실권리자가 부동산에 관한 물권을 보유하거나 보유하기로 하고 그에 관한 등기(가등기를 포함한다. 이하 같다)는 그 타인의 명의로 하기로 하는 약정(위임·위탁매매의 형식에 의하거나 추인에 의한 경우를 포함한다)을 말한다. 다만, 다음 각 목의 경우는 제외한다.
   가. 채무의 변제를 담보하기 위하여 채권자가 부동산에 관한 물권을 이전받거나 가등기하는 경우
   나. 부동산의 위치와 면적을 특정하여 2인 이상이 구분소유하기로 하는 약정을 하고 그 구분소유자의 공유로 등기하는 경우
   다. 「신탁법」 또는 「자본시장과 금융투자업에 관한 법률」에 따른 신탁재산인 사실을 등기한 경우
2. "명의신탁자"란 명의신탁약정에 따라 자신의 부동산에 관한 물권을 타인의 명의로 등기하게 하는 실권리자를 말한다.
3. "명의수탁자"란 명의신탁약정에 따라 실권리자의 부동산에 관한 물권을 자신의 명의로 등기하는 자를 말한다.
4. "실명등기"란 법률 제4944호 부동산 실권리자명의 등기에 관한 법률 시행 전에 명의신탁약정에 따라 명의수탁자의 명의로 등기된 부동산에 관한 물권을 법률 제4944호 부동산 실권리자명의 등기에 관한 법률 시행일 이후 명의신탁자의 명의로 등기하는 것을 말한다.

제3조【실권리자명의 등기의무 등】 ① 누구든지 부동산에 관한 물권을 명의신탁약정에 따라 명의수탁자의 명의로 등기하여서는 아니 된다.
② 채무의 변제를 담보하기 위하여 채권자가 부동산에 관한 물권을 이전받는 경우에는 채무자, 채권금액 및 채무변제를 위한 담보라는 뜻이 적힌 서면을 등기신청서와 함께 등기관에게 제출하여야 한다.

제4조【명의신탁약정의 효력】 ① 명의신탁약정은 무효로 한다.
② 명의신탁약정에 따른 등기로 이루어진 부동산에 관한 물권변동은 무효로 한다. 다만, 부동산에 관한 물권을 취득하기 위한 계약에서 명의수탁자가 어느 한쪽 당사자가 되고 상대방 당사자는 명의신탁약정이 있다는 사실을 알지 못한 경우에는 그러하지 아니하다.
③ 제1항 및 제2항의 무효는 제3자에게 대항하지 못한다.

제5조【과징금】 ① 다음 각 호의 어느 하나에 해당하는 자에게는 해당 부동산 가액(價額)의 100분의 30에 해당하는 금액의 범위에서 과징금을 부과한다.
1. 제3조 제1항을 위반한 명의신탁자

2. 제3조 제2항을 위반한 채권자 및 같은 항에 따른 서면에 채무자를 거짓으로 적어 제출하게 한 실채무자(實債務者)

② 제1항의 부동산 가액은 과징금을 부과하는 날 현재의 다음 각 호의 가액에 따른다. 다만, 제3조 제1항 또는 제11조 제1항을 위반한 자가 과징금을 부과받은 날 이미 명의신탁관계를 종료하였거나 실명등기를 하였을 때에는 명의신탁관계 종료 시점 또는 실명등기 시점의 부동산 가액으로 한다.

1. 소유권의 경우에는 「소득세법」 제99조에 따른 기준시가
2. 소유권 외의 물권의 경우에는 「상속세 및 증여세법」 제61조 제5항 및 제66조에 따라 대통령령으로 정하는 방법으로 평가한 금액

③ 제1항에 따른 과징금의 부과기준은 제2항에 따른 부동산 가액(이하 "부동산평가액"이라 한다), 제3조를 위반한 기간, 조세를 포탈하거나 법령에 따른 제한을 회피할 목적으로 위반하였는지 여부 등을 고려하여 대통령령으로 정한다.

④ 제1항에 따른 과징금이 대통령령으로 정하는 금액을 초과하는 경우에는 그 초과하는 부분은 대통령령으로 정하는 바에 따라 물납(物納)할 수 있다.

⑤ 제1항에 따른 과징금은 해당 부동산의 소재지를 관할하는 특별자치도지사·특별자치시장·시장·군수 또는 구청장이 부과·징수한다. 이 경우 과징금은 위반사실이 확인된 후 지체 없이 부과하여야 한다.

⑥ 제1항에 따른 과징금을 납부기한까지 내지 아니하면 「지방행정제재·부과금의 징수 등에 관한 법률」에 따라 징수한다.

⑦ 제1항에 따른 과징금의 부과 및 징수 등에 필요한 사항은 대통령령으로 정한다.

제5조의2 【과징금 납부기한의 연장 및 분할 납부】
① 특별자치도지사·특별자치시장·시장·군수 또는 구청장은 제5조 제1항에 따른 과징금을 부과받은 자(이하 이 조에서 "과징금 납부의무자"라 한다)가 과징금의 금액이 대통령령으로 정하는 기준을 초과하는 경우로서 다음 각 호의 어느 하나에 해당하여 과징금의 전액을 일시에 납부하기가 어렵다고 인정할 때에는 그 납부기한을 연장하거나 분할 납부하게 할 수 있다. 이 경우 필요하다고 인정할 때에는 대통령령으로 정하는 바에 따라 담보를 제공하게 할 수 있다.

1. 재해 또는 도난 등으로 재산에 현저한 손실을 입은 경우
2. 사업 여건의 악화로 사업이 중대한 위기에 처한 경우
3. 과징금을 일시에 내면 자금사정에 현저한 어려움이 예상되는 경우
4. 과징금 납부의무자 또는 동거 가족이 질병이나 중상해(重傷害)로 장기 치료가 필요한 경우
5. 그밖에 제1호부터 제4호까지의 규정에 준하는 사유가 있는 경우

② 과징금 납부의무자가 제1항에 따른 과징금 납부기한의 연장 또는 분할 납부를 신청하려는 경우에는 과징금 납부를 통지받은 날부터 30일 이내에 특별자치도지사·특별자치시장·시장·군수 또는 구청장에게 신청하여야 한다.

③ 특별자치도지사·특별자치시장·시장·군수 또는 구청장은 제1항에 따라 납부기한이 연장되거나 분할 납부가 허용된 과징금 납부의무자가 다음 각 호의 어느 하나에 해당하게 된 때에는 그 납부기한의 연장 또는 분할 납부 결정을 취소하고 일시에 징수할 수 있다.

1. 납부기한의 연장 또는 분할 납부 결정된 과징금을 그 납부기한 내에 납부하지 아니한 때
2. 담보의 변경, 그밖에 담보 보전에 필요한 특별자치도지사·특별자치시장·시장·군수 또는 구청장의 요구를 이행하지 아니한 때
3. 강제집행, 경매의 개시, 파산선고, 법인의 해산, 국세 또는 지방세의 체납처분을 받은 때 등 과징금의 전부 또는 잔여분을 징수할 수 없다고 인정되는 때

④ 제1항부터 제3항까지의 규정에 따른 과징금 납부기한의 연장, 분할 납부 또는 담보의 제공 등에 필요한 사항은 대통령령으로 정한다.

제6조【이행강제금】 ① 제5조 제1항 제1호에 따른 과징금을 부과받은 자는 지체 없이 해당 부동산에 관한 물권을 자신의 명의로 등기하여야 한다. 다만, 제4조 제2항 단서에 해당하는 경우에는 그러하지 아니하며, 자신의 명의로 등기할 수 없는 정당한 사유가 있는 경우에는 그 사유가 소멸된 후 지체 없이 자신의 명의로 등기하여야 한다.
② 제1항을 위반한 자에 대하여는 과징금 부과일(제1항 단서 후단의 경우에는 등기할 수 없는 사유가 소멸한 때를 말한다)부터 1년이 지난 때에 부동산평가액의 100분의 10에 해당하는 금액을, 다시 1년이 지난 때에 부동산평가액의 100분의 20에 해당하는 금액을 각각 이행강제금으로 부과한다.
③ 이행강제금에 관하여는 제5조 제4항부터 제7항까지의 규정을 준용한다.

제7조【벌 칙】 ① 다음 각 호의 어느 하나에 해당하는 자는 5년 이하의 징역 또는 2억원 이하의 벌금에 처한다.
1. 제3조 제1항을 위반한 명의신탁자
2. 제3조 제2항을 위반한 채권자 및 같은 항에 따른 서면에 채무자를 거짓으로 적어 제출하게 한 실채무자

② 제3조 제1항을 위반한 명의수탁자는 3년 이하의 징역 또는 1억원 이하의 벌금에 처한다.

제8조【종중, 배우자 및 종교단체에 대한 특례】 다음 각 호의 어느 하나에 해당하는 경우로서 조세포탈, 강제집행의 면탈 또는 법령상 제한의 회피를 목적으로 하지 아니하는 경우에는 제4조부터 제7조까지 및 제12조 제1항부터 제3항까지를 적용하지 아니한다.
1. 종중이 보유한 부동산에 관한 물권을 종중(종중과 그 대표자를 같이 표시하여 등기한 경우를 포함한다) 외의 자의 명의로 등기한 경우
2. 배우자 명의로 부동산에 관한 물권을 등기한 경우
3. 종교단체의 명의로 그 산하 조직이 보유한 부동산에 관한 물권을 등기한 경우

제9조【조사 등】 ① 특별자치도지사·특별자치시장·시장·군수 또는 구청장은 필요하다고 인정하는 경우에는 제3조, 제10조부터 제12조까지 및 제14조를 위반하였는지를 확인하기 위한 조사를 할 수 있다.
② 국세청장은 탈세 혐의가 있다고 인정하는 경우에는 제3조, 제10조부터 제12조까지 및 제14조를 위반하였는지를 확인하기 위한 조사를 할 수 있다.
③ 공무원이 그 직무를 수행할 때에 제3조, 제10조부터 제12조까지 및 제14조를 위반한 사실을 알게 된 경우에는 국세청장과 해당 부동산의 소재지를 관할하는 특별자치도지사·특별자치시장·시장·군수 또는 구청장에게 그 사실을 통보하여야 한다.

제10조【장기미등기자에 대한 벌칙 등】 ①「부동산등기 특별조치법」제2조 제1항, 제11조 및 법률 제4244호 부동산등기특별조치법 부칙 제2조를 적용받는 자로서 다음 각 호의 어느 하나에 해당하는 날부터 3년 이내에 소유권이전등기를 신청하지 아니한 등기권리자(이하 "장기미등기자"라 한다)에게는 부동산평가액의 100분의 30의 범위에서 과징금(「부동산등기 특별조치법」제11조에 따른 과태료가 이미 부과된 경우에는 그 과태료에 상응하는 금액을 뺀 금액을 말한다)을 부과한다. 다만, 제4조 제2항 본문 및 제12조 제1항에 따라 등기의 효력이 발생하지 아니하여 새로 등기를 신청하여야 할 사유가 발생한 경우와 등기를 신청하지 못할 정당한 사유가 있는 경우에는 그러하지 아니하다.
1. 계약당사자가 서로 대가적(代價的)인 채무를 부담하는 경우에는 반대급부의 이행이 사실상 완료된 날
2. 계약당사자의 어느 한쪽만이 채무를 부담하는 경우에는 그 계약의 효력이 발생한 날

② 제1항에 따른 과징금의 부과기준은 부동산평가액, 소유권이전등기를 신청하지 아니한 기간, 조세를 포탈하거나 법령에 따른 제한을 회피할 목적으로 하였는지 여부, 「부동산등기 특별조치법」 제11조에 따른 과태료가 부과되었는지 여부 등을 고려하여 대통령령으로 정한다.
③ 제1항의 과징금에 관하여는 제5조 제4항부터 제7항까지 및 제5조의2를 준용한다.
④ 장기미등기자가 제1항에 따라 과징금을 부과받고도 소유권이전등기를 신청하지 아니하면 제6조 제2항 및 제3항을 준용하여 이행강제금을 부과한다.
⑤ 장기미등기자(제1항 단서에 해당하는 자는 제외한다)는 5년 이하의 징역 또는 2억원 이하의 벌금에 처한다.

제11조【기존 명의신탁약정에 따른 등기의 실명등기 등】 ① 법률 제4944호 부동산 실권리자명의 등기에 관한 법률 시행 전에 명의신탁약정에 따라 부동산에 관한 물권을 명의수탁자의 명의로 등기하거나 등기하도록 한 명의신탁자(이하 "기존 명의신탁자"라 한다)는 법률 제4944호 부동산 실권리자명의 등기에 관한 법률 시행일부터 1년의 기간(이하 "유예기간"이라 한다) 이내에 실명등기 하여야 한다. 다만, 공용징수, 판결, 경매 또는 그밖에 법률에 따라 명의수탁자로부터 제3자에게 부동산에 관한 물권이 이전된 경우(상속에 의한 이전은 제외한다)와 종교단체, 향교 등이 조세 포탈, 강제집행의 면탈을 목적으로 하지 아니하고 명의신탁한 부동산으로서 대통령령으로 정하는 경우는 그러하지 아니하다.
② 다음 각 호의 어느 하나에 해당하는 경우에는 제1항에 따라 실명등기를 한 것으로 본다.
1. 기존 명의신탁자가 해당 부동산에 관한 물권에 대하여 매매나 그 밖의 처분행위를 하고 유예기간 이내에 그 처분행위로 인한 취득자에게 직접 등기를 이전한 경우
2. 기존 명의신탁자가 유예기간 이내에 다른 법률에 따라 해당 부동산의 소재지를 관할하는 특별자치도지사·특별자치시장·시장·군수 또는 구청장에게 매각을 위탁하거나 대통령령으로 정하는 바에 따라 「한국자산관리공사 설립 등에 관한 법률」에 따라 설립된 한국자산관리공사에 매각을 의뢰한 경우. 다만, 매각위탁 또는 매각의뢰를 철회한 경우에는 그러하지 아니하다.
③ 실권리자의 귀책사유 없이 다른 법률에 따라 제1항 및 제2항에 따른 실명등기 또는 매각처분 등을 할 수 없는 경우에는 그 사유가 소멸한 때부터 1년 이내에 실명등기 또는 매각처분 등을 하여야 한다.
④ 법률 제4944호 부동산 실권리자명의 등기에 관한 법률 시행 전 또는 유예기간 중에 부동산물권에 관한 쟁송이 법원에 제기된 경우에는 그 쟁송에 관한 확정판결(이와 동일한 효력이 있는 경우를 포함한다)이 있은 날부터 1년 이내에 제1항 및 제2항에 따른 실명등기 또는 매각처분 등을 하여야 한다.

제12조【실명등기의무 위반의 효력 등】 ① 제11조에 규정된 기간 이내에 실명등기 또는 매각처분 등을 하지 아니한 경우 그 기간이 지난 날 이후의 명의신탁약정 등의 효력에 관하여는 제4조를 적용한다.
② 제11조를 위반한 자에 대하여는 제3조 제1항을 위반한 자에 준하여 제5조, 제5조의2 및 제6조를 적용한다.
③ 법률 제4944호 부동산 실권리자명의 등기에 관한 법률 시행 전에 명의신탁약정에 따른 등기를 한 사실이 없는 자가 제11조에 따른 실명등기를 가장하여 등기한 경우에는 5년 이하의 징역 또는 2억원 이하의 벌금에 처한다.

제12조의2 【양벌규정】 법인 또는 단체의 대표자나 법인·단체 또는 개인의 대리인·사용인 및 그 밖의 종업원이 그 법인·단체 또는 개인의 업무에 관하여 제7조, 제10조 제5항 또는 제12조 제3항의 위반행위를 하면 그 행위자를 벌하는 외에 그 법인·단체 또는 개인에게도 해당 조문의 벌금형을 과한다. 다만, 법인·단체 또는 개인이 그 위반행위를 방지하기 위하여 해당 업무에 관하여 상당한 주의와 감독을 게을리 하지 아니한 경우에는 그러하지 아니하다.

제13조 【실명등기에 대한 조세부과의 특례】 ① 제11조에 따라 실명등기를 한 부동산이 1건이고 그 가액이 5천만원 이하인 경우로서 다음 각 호의 어느 하나에 해당하는 경우에는 이미 면제되거나 적게 부과된 조세 또는 부과되지 아니한 조세는 추징하지 아니한다. 이 경우 실명등기를 한 부동산의 범위 및 가액의 계산에 대하여는 대통령령으로 정한다.
1. 종전의 「소득세법」(법률 제4803호로 개정되기 전의 법률을 말한다) 제5조 제6호에 따라 명의신탁자 및 그와 생계를 같이 하는 1세대가 법률 제4944호 부동산 실권리자명의 등기에 관한 법률 시행 전에 1세대 1주택 양도에 따른 비과세를 받은 경우로서 실명등기로 인하여 해당 주택을 양도한 날에 비과세에 해당하지 아니하게 되는 경우
2. 종전의 「상속세법」(법률 제5193호로 개정되기 전의 법률을 말한다) 제32조의2에 따라 명의자에게 법률 제4944호 부동산 실권리자명의 등기에 관한 법률 시행 전에 납세의무가 성립된 증여세를 부과하는 경우

② 실명등기를 한 부동산이 비업무용 부동산에 해당하는 경우로서 유예기간(제11조 제3항 및 제4항의 경우에는 그 사유가 소멸한 때부터 1년의 기간을 말한다) 종료시까지 해당 법인의 고유업무에 직접 사용할 때에는 법률 제6312호 지방세법중개정법률 부칙 제10조에도 불구하고 종전의 「지방세법」(법률 제6312호로 개정되기 전의 법률을 말한다) 제112조 제2항의 세율을 적용하지 아니한다.

제14조 【기존 양도담보권자의 서면 제출 의무 등】
① 법률 제4944호 부동산 실권리자명의 등기에 관한 법률 시행 전에 채무의 변제를 담보하기 위하여 채권자가 부동산에 관한 물권을 이전받은 경우에는 법률 제4944호 부동산 실권리자명의 등기에 관한 법률 시행일부터 1년 이내에 채무자, 채권금액 및 채무변제를 위한 담보라는 뜻이 적힌 서면을 등기관에게 제출하여야 한다.
② 제1항을 위반한 채권자 및 제1항에 따른 서면에 채무자를 거짓으로 적어 제출하게 한 실채무자에 대하여는 해당 부동산평가액의 100분의 30의 범위에서 과징금을 부과한다.
③ 제2항에 따른 과징금의 부과기준은 부동산평가액, 제1항을 위반한 기간, 조세를 포탈하거나 법령에 따른 제한을 회피할 목적으로 위반하였는지 여부 등을 고려하여 대통령령으로 정한다.
④ 제2항에 따른 과징금에 관하여는 제5조 제4항부터 제7항까지 및 제5조의2를 준용한다.

연구 집필위원

김덕수	민석기	김민권	서석진
유재헌	이 현	윤태석	안우채
백 헌	고창덕	이강술	

제37회 공인중개사 시험대비 **전면개정**

2026 박문각 공인중개사
기본서 1차 민법·민사특별법 부록 | 법령집

초판발행 | 2025. 10. 25. **2쇄발행** | 2025. 10. 30. **편저** | 김덕수 외 박문각 공인중개사연구소
발행인 | 박 용 **발행처** | (주)박문각출판 **등록** | 2015년 4월 29일 제2019-000137호
주소 | 06654 서울시 서초구 효령로 283 서경빌딩 4층
팩스 | (02)584-2927 **전화** | 교재주문·학습문의 (02)6466-7202

판 권
본 사
소 유

이 책의 무단 전재 또는 복제 행위는 저작권법 제136조에 의거, 5년 이하의 징역 또는 5,000만원 이하의 벌금에 처하거나 이를 병과할 수 있습니다.

비매품   ISBN 979-11-7519-288-1 / ISBN 979-11-7519-286-7(1차 세트)

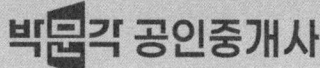

박문각 공인중개사

박문각 공인중개사

2026 박문각 공인중개사
전국 네트워크 시스템

업계 최대 규모 박문각공인중개사 학원!
박문각의 합격시스템을 전국에서 만나보실 수 있습니다.

서울 경기

강남 박문각	02)3476-3670	검단 박문각	032)565-0707
종로 박문각	02)733-2288	부천 박문각	032)348-7676
노량진 박문각	02)812-6666	분당 박문각	031)711-0019
평택 박문각	031)691-1972	이천 박문각	031)633-2980
병점 박문각	031)224-3003	시흥 배곧공인중개사	031)432-3040

충북 충남

대전 박문각	042)483-5252	청주 박문각	043)265-4001
세종 박문각	044)862-0992	충주 충주고시	043)852-3660
천안 박문각	041)592-1335		

전북 전남

광주 박문각	062)361-8111	전주 행정고시	063)276-2000
순천 박문각	061)725-0555	익산 행정고시	063)837-9998

경북 경남

대구 서대구박문각	053)624-0070

강원

강릉 영동고시	033)646-5611

제주

제주 탐라고시	064)743-4393

박문각 공인중개사
기본서 1차

민법·민사특별법

박문각 공인중개사
온라인강의 www.pmg.co.kr
유튜브   박문각 클라쓰

박문각 북스파
박문각 공식
온라인 서점

동영상강의 무료제공 | 방송시간표 수록

기본이론 방송 2026. 1. 12(월) ~ 7. 1(수)
문제풀이 방송 2026. 7. 6(월) ~ 8. 19(수)
모의고사 방송 2026. 8. 24(월) ~ 9. 30(수)

 2025 고객선호브랜드지수 1위
교육(교육서비스)부문

 2024 고객선호브랜드지수 1위
교육(교육서비스)부문

 2023 고객선호브랜드지수 1위
교육(교육서비스)부문

 2022 한국 브랜드 만족지수 1위
교육(교육서비스)부문 1위

 2021 조선일보 국가브랜드 대상
에듀테크 부문 수상

 2021 대한민국 소비자 선호도 1위
교육부문 1위

 2020 한국 산업의 1등
브랜드 대상 수상

비매품

ISBN 979-11-7519-288-1
ISBN 979-11-7519-286-7 (1차 세트)

 www.pmg.co.kr   교재문의 02-6466-7202   동영상강의 문의 02-6466-7201

합격까지 박문각

수험생이 꿈꾸는 합격,
박문각의 노하우와 실력으로
빠르게 완성됩니다.

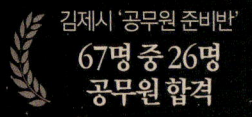

김제시 '공무원 준비반'
**67명 중 26명
공무원 합격**

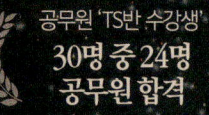

공무원 'TS반 수강생'
**30명 중 24명
공무원 합격**

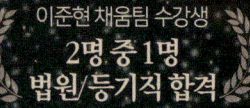

이준현 채움팀 수강생
**2명 중 1명
법원/등기직 합격**

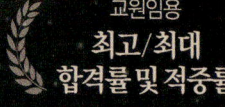

교원임용
**최고/최대
합격률 및 적중률**

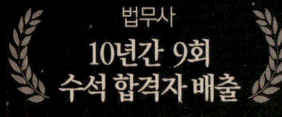

법무사
**10년간 9회
수석 합격자 배출**

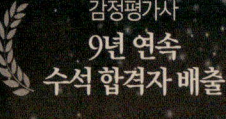

감정평가사
**9년 연속
수석 합격자 배출**

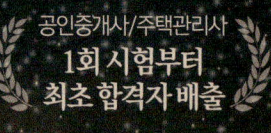

공인중개사/주택관리사
**1회 시험부터
최초 합격자 배출**

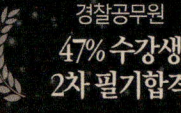

경찰공무원
**47% 수강생
2차 필기합격**